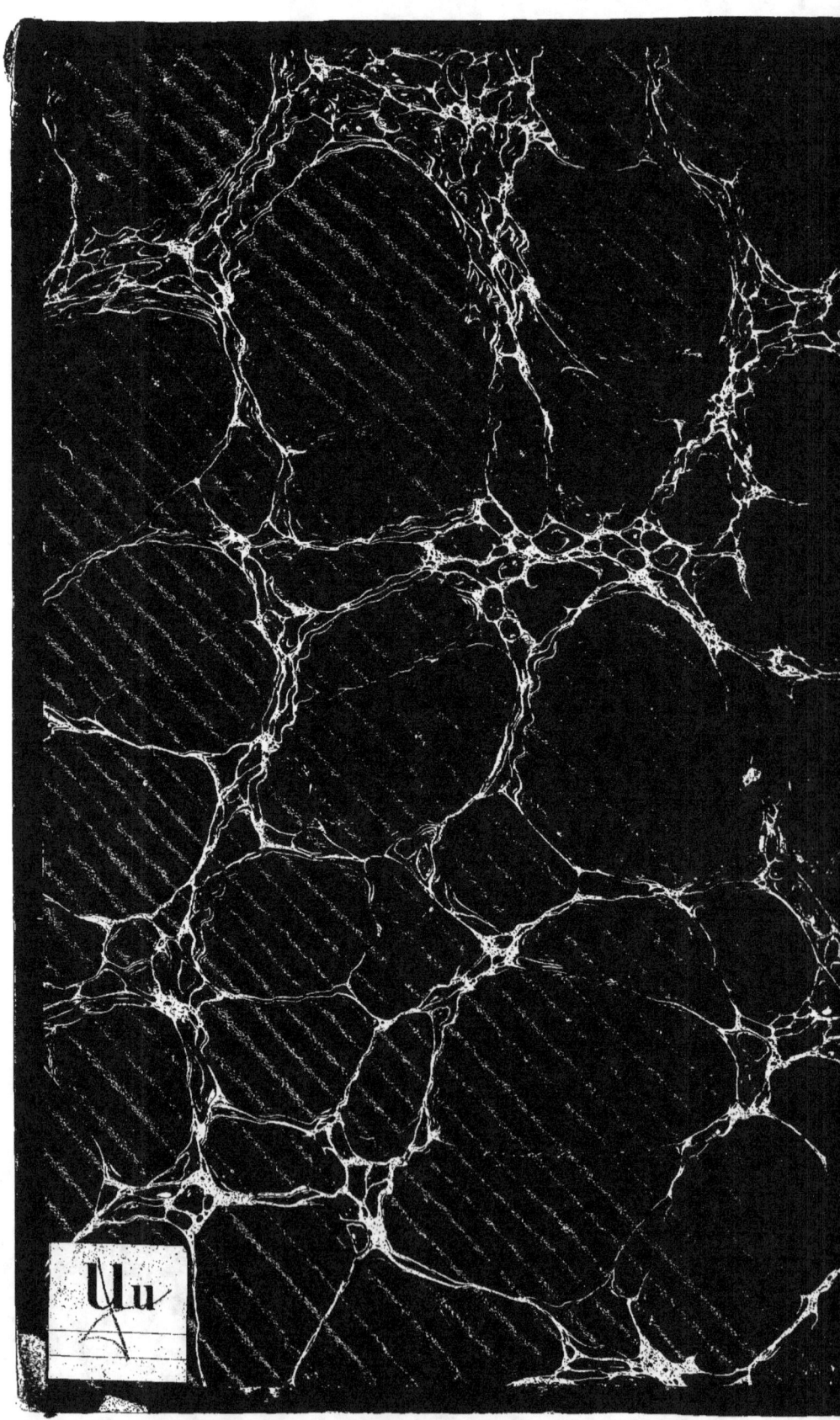

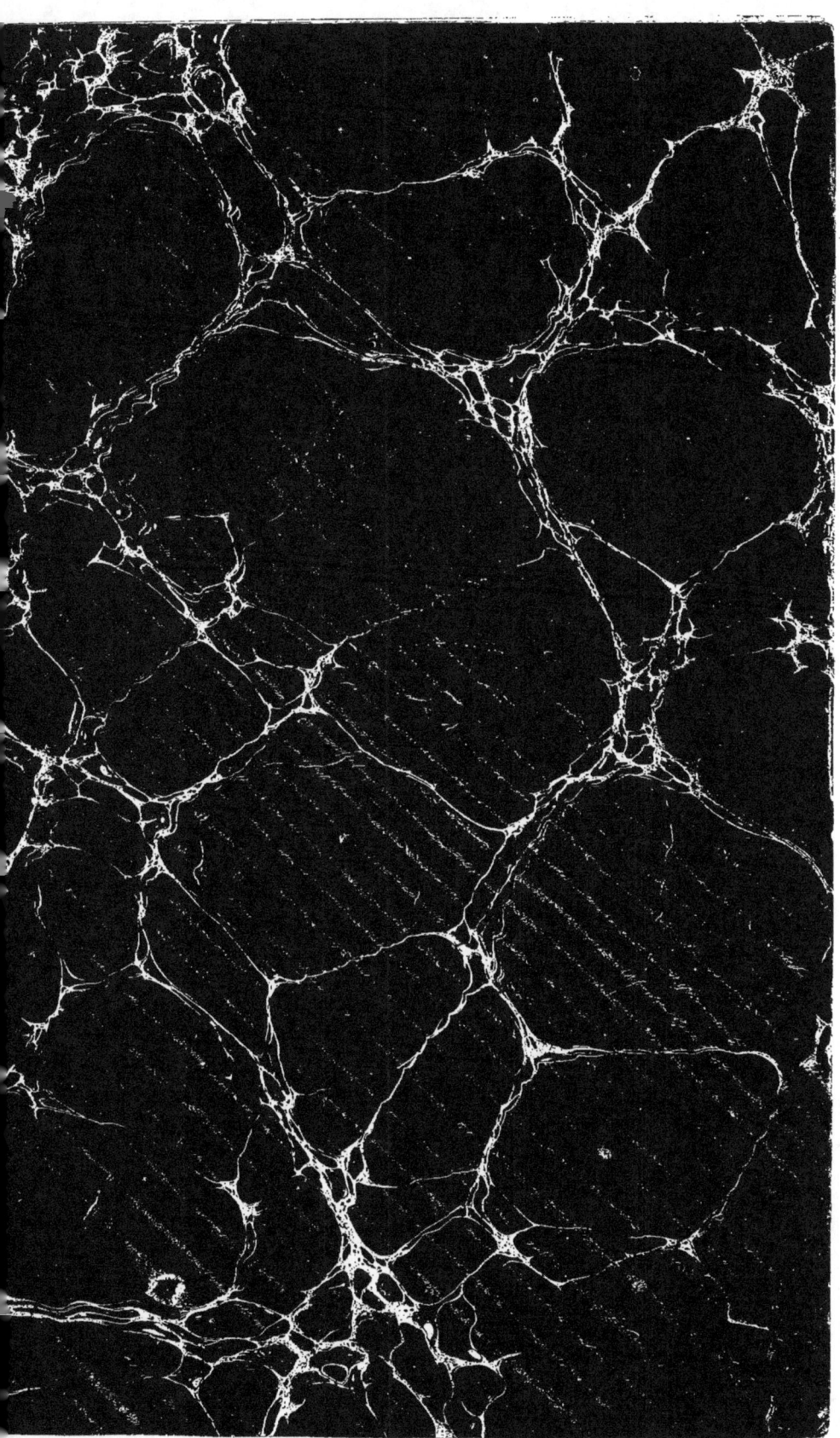

Ul-6128

HISTOIRE

COMPLÈTE

DE BORDEAUX

HISTOIRE COMPLÈTE

DE

BORDEAUX

PAR

M. l'Abbé PATRICE-JOHN O'REILLY

CHANOINE HONORAIRE,

LICENCIÉ ÈS-LETTRES, CORRESPONDANT DU MINISTÈRE DE L'INSTRUCTION PUBLIQUE
POUR LES TRAVAUX HISTORIQUES,
MEMBRE CORRESPONDANT DE L'ACADÉMIE IMPÉRIALE DES SCIENCES,
BELLES-LETTRES ET ARTS DE BORDEAUX,
DE LA SOCIÉTÉ DES ANTIQUAIRES DE L'OUEST (A POITIERS),
DE LA COMMISSION DES MONUMENTS HISTORIQUES DE LA GIRONDE, ETC.

PREMIÈRE PARTIE. — TOME IV

I" ÉDITION

Non modo casus et eventus rerum, sed ratio
etiam, causæque noscantur.
TACITE.

Historia testis temporum, lux veritatis, vita
memoriæ, magistra vitæ, nuntia vetustatis.
Cicéron. (*De Oratore.*)

BORDEAUX	**PARIS**
CHEZ J. DELMAS, IMPRIMEUR,	CHEZ FURNE, LIBRAIRE,
Éditeur et propriétaire de l'Ouvrage.	RUE SAINT-ANDRÉ-DES-ARTS, 45,
RUE SAINTE-CATHERINE, 139,	DIDIER, quai des Augustins, 35.
Et chez les principaux Libraires de la ville.	

1861

ERRATA.

Page 39, ligne 21, au lieu de : *officier ;* lisez : *office.*
Page 106, ligne 23, au lieu de : *pancoffeyras ;* lisez : *pancosseyras.*
Page 269, ligne 28, au lieu de : *Champ-Vert ;* lisez : *Chêne-Vert.*
Page 382, ligne 12, au lieu de : *ses ;* lisez : *leurs.*
Page 503, ligne dernière, au lieu de : *Santaulary ;* lisez : *Sainctaulary.*
Page 508, ligne 24, au lieu de : *Larchebaut ;* lisez : *Larcebaut.*

LÉGENDE DU PLAN DE BORDEAUX EN 1550

Annexé au 4ᵉ volume de l'HISTOIRE COMPLÈTE DE BORDEAUX, par l'abbé Patrice-John O'Reilly.

1. Cette **Tour de Sainte-Croix** s'appelait, au XVIIᵉ siècle, *Tour de Lentillac*, du nom d'un avocat à qui les jurats l'avaient donnée à fief.
2. La **Tour de Merle** était située derrière Sainte-Croix, près de l'endroit où fut construit le *Fort Louis* et où se trouve aujourd'hui l'*Abattoir*. Sur la fin du XIVᵉ et au XVᵉ siècle, on y faisait passer les pestiférés qui sortaient de l'hôpital de la peste. Son nom vient de Joan de Merle, qui y résidait, d'après un acte de 1456. Cette tour servait à la défense de la ville, de ce côté.
3. La **Tour de Sainte-Eulalie**, bâtie en même temps que le mur de ville, qui faisait en cet endroit un angle, servait de bastion pour la défense de ce quartier; elle fut rebâtie en 1448 et démolie vers le milieu du XVIIIᵉ siècle. Depuis 1448, on l'appelait *la Tour Neuve*.
4. La **Tour du Pendard** était sur l'ancienne ligne générale, dans la rue du *Puits de Toscanam*, aujourd'hui rue *des Lois*. Elle fut ainsi appelée, parce que c'était là que résidait le pendard ou exécuteur des hautes œuvres, jusque sur la fin du XVᵉ siècle. Depuis lors le pendard fut logé dans la rue Clare, jusqu'à l'époque où fut construite la porte des Capucins.
5. La **Tour Saint-Georges**, ainsi appelée parce qu'on y arborait la bannière d'Angleterre, sur laquelle était représenté ce saint. Elle fut appelée plus tard *Tour du Saint-Esprit* à cause d'une chapelle du Saint-Esprit qui se trouvait tout près. On l'appelait ensuite *la Tour Audeyola*, d'un ruisseau qui venait de l'ancienne fontaine d'*Audeja* et qui coulait à côté. Dans les derniers temps on lui donnait le nom de *Tour Riquet*, parce que le célèbre écuyer Antoine Riquet y avait établi tout près un manège, dans l'emplacement de la Vieille-Corderie (rue Condillac).
6. La **Tour du Dragon**, appelée dans les derniers temps la *Tour du Canon*, parce qu'on y tirait le canon d'alarme en temps de guerre et pour le couvre-feu. (Voir pages 66 et 67 de ce volume.)
7. Il y avait au coin du quartier du Chapeau-Rouge, une poste ou tour, une petite tour; on l'appelait, aux XIVᵉ et XVᵉ siècles, le **Portau de Corne** ou **de l'Angle**. (*Corner*, en anglais, veut dire *angle*.) On l'appelait plus tard porte du *Chapeau-Rouge*, à cause d'un hôtel qui s'y trouvait et qui avait pris pour enseigne un chapeau rouge. De cette porte ou tour, jusqu'aux fossés du Château-Trompette, selon une chronique, se trouvait, aux XVᵉ et XVIᵉ siècles, une vaste halle où se vendaient « les beurres, chandelles, chairs et autres menues denrées que les Flamands, » Anglais, Eccossais, Picards et autres marchands étrangers et forains apportaient pour la « commodité des bourgeois et habitants de cette ville. »
8. La **Tour du Reige** (roi, *regis*) fut démolie par Vauban pour la construction du Château-Trompette. Nous ne pouvons pas désigner sa place sur notre plan.
9. La **Tour Douet** se trouvait un peu au nord de la *Porte Despaux* (entrée de la rue St-Remi.)
10. La **Tour d'Arsac**, ainsi appelée du seigneur d'Arsac, qui la fit construire dans les dépendances de son hôtel, se trouvait un peu au nord de l'église Saint-Remi. Cet hôtel et la tour appartenaient, au XVIᵉ siècle, au frère du célèbre Michel-Montaigne. (*Variétés bordelaises*, t. II, 270.)
11. La **Tour du Bessan** se trouvait tout près de l'embouchure de la Devèze au midi; elle fut ainsi appelée d'une ancienne famille du Médoc, dont l'hôtel était à côté.
12. Les deux tours à l'embouchure du Peugue.
13. Tour ou **Clocher Pey-Berland**, commencé en 1440 et fini en 1492.
14. **Tours du Château-Trompette** et du **Fort du Hâ**. (Voir IIᵉ volume, Iʳᵉ partie, page 67.)
15. Aux XVᵉ et XVIᵉ siècles, on ne voyait, depuis la **Tour Douet** jusqu'au Peugue, que de misérables échoppes dans lesquelles les fortes marées faisaient entrer l'eau de la rivière. L'embouchure de la Devèze s'appelait *Port Saint-Peyre* et souvent l'*Estey des Anguilles*, parce que c'était là que stationnaient les navires d'une forme légère et allongée qui venaient dans la rade de Bordeaux. L'embouchure du Peugue s'appelait le *Port des Pelegris*, c'est-à-dire le port des étrangers, des pèlerins : les pèlerins qui allaient à Rome ou à Saint-Jacques-de-Compostelle avaient la franchise du trajet par eau depuis la rive droite du Cypressat jusqu'au port des pèlerins.
16. **Porte Cailhau**. (Voir tome II, Iʳᵉ partie, page 145; tome IV, pages 241, 285.)
17. **Hôpital de la Peste**. (Voir tome II, Iʳᵉ partie, page 376.)
18. Boulevard de Sainte-Croix, appelé plus tard **Fort Louis**, dont on a conservé ici comme supplément le plan au XVIIᵉ siècle.
19. Le **Château-Trompette**, bâti sous Charles VII. (Voir Nº 14.) Ces travaux d'agrandissement furent commencés par Vauban, en 1660, et continués jusqu'en 1678. (Voir Nº 20.)

COUP D'ŒIL

SUR L'ENSEMBLE DE L'HISTOIRE DE BORDEAUX

La publication du sixième volume, que nous livrons au public, termine le grand ouvrage entrepris par le regrettable abbé O'Reilly. Ainsi, grâce à ce labeur héroïque d'un homme qui, en sa qualité d'étranger, n'avait nul intérêt à pénétrer dans le champ de nos annales pour mettre sous nos yeux les événements dont nos pères furent les acteurs et les témoins, nous possédons une histoire complète de Bordeaux, qu'aucun de ceux qui ont écrit avant lui n'avait eu le courage d'entreprendre dans des proportions aussi larges, et, disons-le en toute franchise, parce qu'ils manquaient peut-être des connaissances nécessaires pour ce grand travail et d'une érudition qui ne faisait pas défaut au savant auteur que la mort nous a trop tôt enlevé.

M. O'Reilly, ainsi que nous l'avons dit ailleurs, ne s'est pas borné, comme la plupart de ses prédécesseurs, à effleurer simplement le champ de l'histoire pour ne nous donner que des fragments et des épisodes pris çà et là dans les siècles écoulés : il voyait mieux et de plus haut, et quel que fût le labeur qui l'attendit, les difficultés disparaissaient devant son énergique volonté. La statue est dans le bloc, a-t-on dit avec vérité, mais il faut la trouver. C'est à quoi notre regrettable ami s'est employé. Travailleur infatigable, il mit son existence au service de son idée, et le jour comme la nuit, s'enflammant devant les obstacles qui pouvaient se dresser sur sa voie, il a marché résolument vers le but et l'a atteint en le scellant de sa vie ; car pour nous qui l'avons connu, nous savons, à n'en pas douter, qu'il creusait chaque jour sa tombe dans un travail pénible, au-dessus de ses forces physiques. Nous pouvons dire de lui ce qu'un auteur moderne dit en parlant de M. Fauriel : « Il avait cette horreur de l'*à peu près* qui marque les bons esprits : il était capable de tout, excepté de se satisfaire. » (1)

Remontons dans le passé et passons succinctement en revue ce que nous ont laissé les auteurs qui ont écrit sur l'histoire de Bordeaux. Nous possédons les *Annales d'Aquitaine*, de J. Bouchet ; les *Chroniques Bordelaises*, de Delurbe, de Darnal de Tillet ; l'*Antiquité et l'Histoire des mouvements de Bordeaux*, de Fonteneil ; l'*Histoire d'Aquitaine, Guienne et Gascogne*, de P. Louvet ; l'*Essai historique sur la Guienne*, de l'abbé Boudot ; la *Dissertation sur la ville de Bordeaux*, de Vénuti ; l'*Histoire curieuse et remarquable de la ville et province de Bordeaux*, de Lacolonie ; l'*Histoire de la ville de Bordeaux*, de Dom Devienne ; les *Variétés Bordelaises*, de l'abbé Baurein ; les *Études sur l'histoire de Bordeaux*, de Guilhe ; l'*Histoire de Bordeaux*, de Bernadeau ; la *Statistique du département de la Gironde*, de Jouannet ; *la Guienne historique et monumentale*, de Ducourneau, et autres documents plus ou moins intéressants que nous passons sous silence pour ne pas trop charger cette nomenclature. Certes ces richesses ne sont pas à dédaigner ; mais de tous les auteurs que nous venons de citer, quel est l'historien complet qui puisse satisfaire la curiosité du lecteur en l'initiant à la connaissance des événements dont son pays a été le théâtre ? Nous n'hésitons pas à le dire, aucun.

Est-ce dans les dix-huit ou dix-neuf pages de Dom Devienne sur le XIIIe siècle que nous pouvons apprécier comme il convient cette belle époque du moyen-âge, si féconde en grands événements pour notre patrie et surtout pour notre province ? M. O'Reilly n'a pas imité le laconisme de son prédécesseur : il a exposé avec de nombreux détails les grands faits historiques de ce siècle, et nous devons lui en savoir gré, car il a mis sous nos yeux les scènes émouvantes d'une époque qui a vu briller d'un éclat qui n'a pas encore été surpassé de grands hommes tels que saint Thomas d'Aquin, ce génie si profond de la science théolo-

---

(1) Ozanam, t. VIII, p. 105.

gique, Albert le Grand, saint Bonaventure, Vincent de Beauvais, Dante et saint Louis, ce roi que le ciel a voulu montrer à la terre pour glorifier la justice et l'héroïsme chrétien.

On se ferait difficilement une idée de l'immense labeur accompli par M. O'Reilly, à l'érudition si vaste et à l'intelligence supérieure, quoi qu'en aient pu dire quelques critiques. Pour nous, par un privilége que nous n'avons pas recherché, il nous a été donné d'avoir à notre disposition ses nombreux manuscrits sur l'histoire en général, sur l'archéologie religieuse et un grand nombre de sujets littéraires et autres. En présence de ces documents précieux à plus d'un titre, notamment ceux sur l'histoire ecclésiastique du diocèse, nous avons compris qu'il devait infailliblement succomber dans l'accomplissement d'une œuvre au-dessus des forces humaines; et en assistant à ses modestes obsèques nous avons pu dire de lui ce que le jeune et savant Ozanam disait sur la tombe d'un ami que la mort venait de frapper : « Ce sont les » fatigues que s'imposait cet homme, non du XVIe siècle, non » du siècle d'Érasme et de Scaliger, mais du nôtre, où nous trou- » vons le travail si difficile et le temps si disputé. »

Tout a été dit, ou à peu près, sur le mérite de l'ouvrage de M. O'Reilly. Notre savant cardinal en a fait ressortir les beautés et quelquefois aussi les défauts dans ses lettres livrées à la publicité et toujours accueillies avec le plus grand intérêt par les érudits; la presse locale n'a pas non plus manqué à sa mission en présence d'une œuvre qui a pu l'étonner par l'érudition de l'auteur et surtout de ce courage qu'il puisait dans sa conviction pour faire jouir ses contemporains du fruit de ses laborieuses recherches.

Nous n'avons pas l'intention de détailler ici ce qui nous a le plus frappé dans les six volumes de l'*Histoire de Bordeaux ;* le temps et l'espace qu'on veut bien nous accorder nous manquent pour cela. Nous mentionnerons en passant, pour les signaler une fois de plus au lecteur, les luttes héroïques de la France pour chasser définitivement les Anglais de la Guienne, la mort de Talbot dans les plaines de Castillon, la présence dans nos murs de la princesse de Condé, les troubles de la Fronde, les luttes du parlement avec la royauté, la conduite si belle et si ferme du clergé en présence des événements dont la lueur sinistre éclairait déjà les consciences catholiques sur les tristes conséquences que nous avons vu se produire. Toutes ces scènes émouvantes sont palpitantes d'intérêt sous la plume de l'historien, et nous regrettons de ne pouvoir leur consacrer ici quelques développements ; mais nous ne pouvons nous empêcher de faire ressortir ce qui a trait aux troubles religieux du XVIe siècle.

L'histoire de la Ligue, les révoltes incessantes des protestants et le massacre de la Saint-Barthélemy sont examinés par M. O'Reilly avec ce calme et cette impartialité qui devraient toujours distinguer un historien. Quand on juge ces événements sans passion, sans parti pris d'avance de tout approuver d'un côté, de tout blâmer de l'autre, on ne peut s'empêcher de rendre justice à l'auteur, qui s'est entouré de tous les documents les plus importants et les plus véridiques pour colorer ces belles pages que nous lui devons. On sait à n'en pas douter que le protestantisme était une conspiration permanente à la solde d'Élisabeth d'Angleterre, pour renverser le trône et protestantiser la France, et ceux qui pourraient l'ignorer n'ont qu'à lire l'excellent travail de notre auteur pour en être convaincus. Ainsi on apprendra avec étonnement peut-être que le nombre des victimes de la Saint-Barthélemy, à Bordeaux, que Dom Devienne n'a pas craint de porter à 264, sans en administrer la preuve, ne s'est élevé qu'au chiffre de sept. Cette affirmation trouvera des incrédules, nous n'en doutons pas, mais nous tenons pour irréfutables les aveux des protestants eux-mêmes, qui, dans le martyrologe qu'ils dressèrent à l'appui, ne trouvèrent que sept noms à Bordeaux.

En parlant du commencement du XVIe siècle, M. O'Reilly dit avec beaucoup de raison : « Nous sommes sur les bords d'un nouvel univers, » et il cite à ce sujet les hommes que la Providence fit paraître sur la scène pour accomplir les grands événements de cette époque de rénovation. Ces pages sont curieuses à lire, non seulement comme une appréciation historique parfaitement tracée, mais encore par un style tout à fait à la hauteur des faits.

La plupart des écrivains qui se sont occupés de l'histoire de ces temps malheureux, n'ont vu dans les événements accomplis que les aberrations ordinaires de l'esprit humain, flottant sans boussole et sans règle et courant d'illusions en illusions à la recherche d'un progrès toujours insaisissable quand il n'est pas dans l'ordre divin. La cause première de ces désordres, qui ont coûté à l'humanité tant de larmes et de sang, a été écartée ou méconnue par la plupart des historiens ; ils ont disserté à perte de vue sur les effets, mais il n'ont pas pris la peine de les ramener à leur point de départ, à leur seule et véritable origine, à l'orgueil, et, avant tout, à l'impudicité du père de la réforme. Cependant ce moine débauché avait pris la peine de leur indiquer lui-même la source de sa révolte contre Dieu, quand il leur avait dit en termes qui excluent tout doute : « Je brûle de mille feux dans ma chair » indomptée..... Moi qui devrais être fervent en esprit, je ne le » suis qu'en impureté. » Voilà la source d'où découlent tous les maux qui ont affligé le monde ; c'est à l'impureté, à cette passion immonde, que nous devons d'avoir vu les autels renversés, les trônes s'écrouler, les rois conduits à l'échafaud par leurs sujets révoltés, et les peuples traînés à la boucherie par les réformateurs politiques et religieux issus du moine de Wittemberg.

Cherchez une autre cause à ces effroyables désordres, vous ne la trouverez pas. Vous rencontrerez bien ce qu'on a vu dans tous les temps, l'ambition des grands, la licence des petits, cherchant à briser les entraves qui s'opposent à leurs convoitises ; mais après avoir parcouru inutilement ce cercle pour trouver la clé de ces terribles événements, vous serez forcé de revenir à cette parole effrayante de Luther, à ce *non serviam* sorti des profondeurs de son impudicité. Le mal intellectuel et moral est là ; il ne peut être que là, et Dieu n'a pas permis qu'il en fût autrement, pour montrer aux ennemis de son Église la profondeur de l'abîme que l'impureté creuse sous leurs pas.

Voilà ce que l'historien a fait ressortir à grands traits dans les 250 pages consacrées à reproduire les événements du XVIe siècle ; voilà ce qu'on lira toujours avec intérêt quand on cherchera la vérité de bonne foi et sans parti pris de rejeter ce qu'elle peut avoir de blessant pour certaines opinions.

Quoique né sujet anglais, M. l'abbé O'Reilly ne professait pas une haute estime pour l'Angleterre ; mais, disons-le, il n'était que juste envers une nation qui s'est appliquée constamment, depuis l'ère de sa réforme, à bouleverser le monde pour satisfaire sa passion dévorante de l'or. « Si les Français, dit-il, voulaient
» remonter à l'origine de leurs malheurs politiques, de leurs
» guerres religieuses et de leur Révolution, ils rencontreraient,
» comme nous, à toutes les époques de leurs embarras histori-
» ques, le doigt de l'Angleterre et l'influence anti-française de sa
» politique et de ses écus. »

Ce langage pourrait paraître passionné dans la bouche d'un fils de cette malheureuse Irlande, qui a tant souffert et souffre tant encore pour sa foi ; mais quelque violent qu'on le suppose, il est loin d'être aussi expressif que ces paroles prononcées en plein parlement, en 1839, par un ministre de l'Angleterre : *Quand la Grande-Bretagne se dirigera par des principes de justice, elle sera perdue.* L'accusation de notre historien pâlit en présence d'un tel aveu et n'a pas besoin d'être justifiée.

L'auteur s'était engagé à publier une histoire des Israélites de Bordeaux, comme pouvant intéresser les lecteurs, et son travail était à peu près terminé quand la mort l'a surpris ; mais nous nous sommes aperçu, en vérifiant ses manuscrits, qu'il n'avait fait que reproduire l'excellent travail publié par M. Detcheverry, en 1850, en lui faisant de nombreux emprunts.

Nous avons dû renoncer à donner suite à sa pensée, persuadé que cette partie de notre histoire locale, traitée avec autant d'habileté que d'érudition par M. l'Archiviste de la Mairie de Bordeaux, ne laissait rien à désirer.

Avec le sixième volume paraîtra, comme supplément au premier volume de la deuxième partie, l'histoire de la terreur à Bordeaux, contenant les noms des victimes des terroristes, ainsi que les jugements motivés de la Commission militaire présidée par le trop célèbre Lacombe. Ce travail curieux, et en partie inédit en ce qui concerne les interrogatoires et la défense des accusés, était terminé depuis longtemps, et l'auteur se proposait de le publier tel qu'il était sorti de ses mains. Mais après sa mort l'éditeur a hésité pour savoir s'il serait convenable de livrer à la publicité les noms tristement célèbres de quelques individus ayant encore leurs familles parmi nous. La question nous a paru grave et délicate, et nous nous sommes demandé à notre tour s'il était permis, pour ménager l'honneur de quelques familles, de jeter un voile sur l'histoire, en cachant les actions de quelques grands coupables.

Nous ne tairons pas notre embarras en pareil cas. L'histoire, qui n'est que l'exposé de faits accomplis, doit-elle se prêter à ces ménagements pour tenir dans l'ombre l'auteur d'une action coupable? En thèse générale, nous n'hésitons pas à nous prononcer pour la négative. La vérité a des droits qu'on ne saurait contester, et la taire ou l'amoindrir est un acte répréhensible au tribunal de la postérité.

Nous ne savons à quelles sources M. O'Reilly avait puisé les documents inédits qu'il possédait sur cette époque néfaste de notre histoire locale; mais nous pouvons assurer qu'ils ne sont pas toujours d'accord avec les titres originaux déposés aux archives de la ville. Nous n'élèverons pas le moindre doute sur sa bonne foi; il a pu les tenir de personnes qui les avaient religieusement conservés inédits pour des raisons qu'il ne nous est pas donné d'apprécier, et sous ce rapport ils n'ont peut-être pas moins d'importance que les mémoires parus après la mort de leurs auteurs. Mais les faits qu'ils contiennent n'étant pas la plupart de notoriété publique, nous avons cru prudent de les passer sous silence par respect pour la véracité de l'histoire elle-même.

Le récit du drame de 1793 ne perdra rien de son intérêt par cette suppression légitime : les 200 pages consacrées à retracer les hauts faits des hommes de la Révolution seront un mémorial suffisant pour apprécier à quel excès de bassesse et de sauvagerie la France était descendue, quand à la voix de ses philosophes qui engendrèrent les bourreaux, elle chassa Dieu de ses temples pour offrir son encens et ses adorations à une prostituée affublée du nom de déesse de la Raison.

Nous reprocherons ici à M. l'abbé O'Reilly de n'avoir pas fait assez ressortir l'influence des abominables doctrines prêchées par

Voltaire et les ignobles écrivains qu'il traînait après lui, pour livrer la France à l'empire des bourreaux. Nous regrettons qu'il n'ait pas tiré parti de cet aveu de Condorcet, si précieux et si vrai : « Voltaire n'a pas vu tout ce qu'il a fait, mais tout ce qu'il » a fait nous le voyons. C'est lui qui a fait tomber la plus formi- » dable barrière du despotisme, le pouvoir religieux et sacerdo- » tal. S'il n'eût pas brisé le joug des prêtres, jamais on n'eût brisé » celui des tyrans. »

En rattachant les conséquences aux principes, il est évident pour tout homme de bonne foi que les misérables qui ont souillé la France de tant de crimes, étaient les disciples des philosophes du XVIIIe siècle. Encore une fois, nous regrettons que M. O'Reilly n'ait pas entrepris ce travail facile pour son jugement et son érudition.

Disons en terminant cette revue succincte de l'œuvre remarquable de l'auteur, que quelle que soit l'opinion que l'on se forme sur la valeur de l'écrivain, il n'en mérite pas moins la reconnaissance des Bordelais pour avoir eu le courage d'entreprendre et terminer un ouvrage qui sera de plus en plus apprécié par les érudits et les hommes amis de leur pays.

P. Marchandon.

A MONSIEUR O'REILLY,

CURÉ DE MONTFERRAND.

Bordeaux, 25 janvier 1861.

MONSIEUR LE CURÉ,

Le volume que vous venez de publier et qui est le *troisième* de la *première partie* de votre histoire complète, s'ouvre en pleine Fronde, à l'année 1650, et se termine en 1789, après les élections préparatoires des États généraux. Cette période d'un peu plus d'un siècle fut pour Bordeaux, qui tint alors une large place dans l'histoire générale de la France, bien féconde en événements importants. Elle fut marquée par quelques joies, mais par plus encore de larmes et de misères. Aussi ne crains-je pas de dire que, de tous les volumes que vous avez publiés, celui-ci est le plus intéressant, non seulement à raison de l'importance des faits qu'il relate, mais encore à cause du nombre considérable de circonstances peu connues, et pourtant bonnes à connaître, et souvent à méditer.

J'ajoute, et c'est avec bonheur, que dans aucun de vos volumes précédents, vous n'avez aussi bien réussi que dans celui-ci à parer votre récit des qualités qui constituent le mérite d'une bonne histoire. J'ai trouvé l'exposition des faits plus méthodique, plus uniforme et plus claire. Vous avez presque toujours évité ces retours en arrière, ces répétitions, ces groupements inopportuns de détails, au sujet desquels je vous avais franchement exprimé mes impressions, parce que vous m'aviez demandé de vous parler avec toute la franchise de l'estime et de l'affection que je vous porte. Votre narration est plus rapide, votre style plus soutenu, et c'est là un mérite qui a droit d'être apprécié, quand il se joint à celui que vous aviez déjà d'écrire le français comme l'écrivent si peu d'hommes parmi ceux dont il n'a pas été la langue maternelle. En un mot, il y a progrès, et je crois pouvoir le dire, progrès très-marqué dans la rédaction de ce volume. Vous ne serez pas blessé d'entendre cet éloge adressé à un travailleur déjà blanchi par l'âge, car vous entretenez avec les lettres un commerce trop assidu pour avoir oublié que l'écrivain grandit à mesure que ses travaux se multiplient.

Les faits que vous racontez dans ce volume, se groupent sous trois chefs principaux : les quatre dernières années de la Fronde et les troubles partiels et momentanés qui la suivirent, — l'administration de M. de Tourny, — les événements qui précédèrent et amenèrent la convocation des États généraux.

Vous avez eu bien des torts à signaler, et vous l'avez fait avec une consciencieuse franchise, alors même qu'ils venaient de ceux qui ont toutes vos sympathies. Vous avez eu bien des crimes, bien des hontes à stigmatiser, et vous l'avez fait avec l'énergie d'un cœur honnête qui parle sans peur, parce qu'il est sans reproche. Vous avez eu aussi quelques beaux caractères à dessiner, de grandes et d'héroïques vertus à mettre en relief, et vous l'avez fait avec cette chaleur d'âme qui doit caractériser l'écrivain qui n'a d'autre passion que celle du bien et du vrai.

Vous avez eu bien des fois ce bonheur, Monsieur, dans le cours de votre nouveau volume, et je m'en suis réjoui pour vous.

Quoi de plus noble, en effet, que la fidélité de Jacques de Filhot, lorsqu'il négocia les bases du traité qui fit rentrer notre ville sous l'obéissance du roi et le parlement dans Bordeaux (en 1653, p. 112) ? Quoi de plus courageux que sa résistance désespérée contre les misérables qu'on nommait alors les *ormistes*, et dont les successeurs, un siècle et demi plus tard, se décoraient du nom de *patriotes?* Quoi de plus beau que sa constance à refuser, pendant quatre heures de torture, les noms de ceux qu'on appelait ses complices? Ce courageux Bordelais reçut la récompense de son héroïsme, lorsque Louis XIV, après lui avoir conféré le droit de porter la fleur de lis dans ses armes, lui adressa cette parole vraiment royale : « Eh bien! sire de Filhot, martyr de mon État, comment vous trouvez-vous de vos blessures? » La réponse fut digne de la question et du prince qui l'avait faite ; et lorsqu'un siècle plus tard, une alliance fut nouée entre la descendance de Filhot et cette illustre maison de Lur, qui, en même temps que la sienne, avait donné presque une martyre à la cause royale, n'eût-on pas dit que le grand roi, avec ses longs regards en avant, qui lui étaient propres, avait d'avance béni cette union, d'où devaient naître des serviteurs si fidèles de la monarchie?

Vous avez fait ressortir avec éclat un autre héroïsme, celui du jurat Fontenel. En 1675, le peuple, à peine sevré des orgies sanglantes de l'armée, s'insurge contre le nouvel impôt du timbre et de l'étain. Les privations qu'il avait endurées auraient pu légitimer des plaintes, mais ne pouvaient excuser l'assassinat. C'est pourtant à la vie des pauvres commis gabeleurs qu'il en veut, et, fidèle jusqu'à la mort à ses devoirs de magistrat, Fontenel expose sa vie pour les défendre.

Plus loin, après avoir montré Louis XIV faisant fondre sa vaisselle pour soulager la grande misère de l'hiver de 1709 (p. 227), et sondé le gouffre bien plus difficile à combler des folies du système de Law, vous avez saisi l'occasion de rendre un juste hommage aux estimables qualités du maréchal de Berwick et aux vertus du digne évêque de Marseille, Mgr de Belsunce. Des mesures sanitaires furent prises avec intelligence à Bordeaux par l'autorité ecclésiastique et le parlement, et la contagion redoutée n'arriva pas jusqu'à nous.

Ce n'est pas, du reste, la seule occasion que vous ayez eue de mettre en relief le dévoûment et l'abnégation des membres du clergé. Au point de vue politique, du temps de la Fronde, les RR. PP. Ithier et Berthod, cordeliers, avaient accompli des merveilles d'intrépidité en même temps que d'intelligence pour rétablir l'ordre dans la ville et la faire rentrer sous l'obéissance du roi. (P. 102 à 106.)

En 1675 (p. 174), Mgr de Béthune, archevêque de Bordeaux, se porta de sa personne au devant des séditieux, dans l'espoir d'épargner à ses enfants les horreurs de la guerre civile. Bordeaux, en présence des efforts du saint vieillard, recule devant le crime qui, deux cents ans plus tard, devait ensanglanter les barricades de Paris.

Entre les deux époques que je viens de rappeler, en 1787 (p. 430), vous avez fait voir combien fut noble et généreux le désintéressement de Mgr de Cicé et du clergé de France, qu'on accusait pourtant, ainsi que les grandes familles, de se refuser à tout sacrifice, à tout arrangement, à tout progrès. Vous avez montré quelle fut leur sollicitude pour les intérêts du Tiers-État. C'était justice de leur part, puisque les évêques n'ont qu'un seul troupeau, aux intérêts duquel ils se doivent indistinctement et sans hésitation; mais puisqu'on les a si injustement accusés d'avoir manqué à ce devoir, il est de toute justice de prouver qu'ils y ont été fidèles.

Vous avez rendu, Monsieur le Curé, aux jésuites de Bordeaux le public hommage qui leur était dû. Vous avez éprouvé une satisfaction vraie, en prenant en main la cause d'une société objet de tant de calomnies et d'injustices, mais toujours calme et résignée, heureuse de souffrir pour la cause de Dieu. (P. 309 à 322.)

Les Bordelais vous sauront gré, mon cher curé, des témoignages d'estime dont vous avez été prodigue envers le parlement, qui déploya tant de zèle, et avec trop d'ardeur, peut-être, pour maintenir les priviléges de la cité, pour procurer le bien-être des citoyens, cicatriser leurs plaies.

Vous deviez à la ville de Bordeaux, à qui votre travail est comme dédié, cette prédilection avec laquelle vous vous êtes attaché à faire connaître les actes de ce parlement, ainsi que ceux de la jurade; et, tout en signalant les fautes commises par quelques-uns des membres de ces corps, vous avez pensé avec raison de les compter parmi les gloires réelles de notre cité. Vous avez fait remarquer l'énergie calme avec laquelle ils combattaient souvent la hautaine âpreté des représentants du pouvoir, comme le courage qu'ils opposèrent aux efforts de l'anarchie. Vous avez fait ressortir avec un soin respectueux les grandes figures que Bordeaux compte avec orgueil dans son sein, et vous avez appelé sur ces têtes vénérables la couronne d'honneur à laquelle a droit leur mémoire.

Vous avez rempli le même devoir envers ce grand administrateur qui fut la gloire la plus incontestable de notre ville, parce qu'il consacra les plus belles années de sa vie à son bien-être, à son embellissement. C'est de M. de Tourny que la génération actuelle a reçu Bordeaux dans sa majestueuse beauté ; non qu'elle fût, quand il quitta l'intendance, arrivée au degré de splendeur que des travaux encore désirables lui feront bientôt atteindre, mais parce que Tourny a élevé ce qu'on peut appeler les premières assises de ces travaux, après que l'un des plus illustres de mes prédécesseurs, le cardinal de Sourdis, eut desséché les marais qui répandaient périodiquement la pestilence dans nos murs. Comme figure administrative, nul n'est au-dessus de M. de Tourny, et chez lui les mérites de l'homme étaient en parfait équilibre avec ceux de l'organisateur : aussi a-t-il joui du privilége de n'être pas compris de son vivant et de n'avoir été apprécié qu'après sa mort.

Quittons maintenant, si vous le voulez bien, les grands intérêts et les grands acteurs du drame historique dont Bordeaux fut le théâtre, de 1520 à 1789, et délassons-nous quelques instants en portant nos regards sur ce qui, dans cette longue période, intéresse spécialement les lettres et les arts.

Vous avez consacré tout un chapitre de 70 pages à l'histoire des théâtres de Bordeaux, et spécialement à celle du splendide édifice qui fait la gloire de l'architecte Louis. Il se pourrait que quelque esprit frondeur, se trouvant à bout de querelles à vous faire sur un volume si bien rempli, feignît de vous reprocher un travail aussi développé sur un sujet peu compatible avec les études ordinaires d'un ecclésiastique. Mais ce sujet, qui a effectivement tenu une place considérable dans l'histoire des finances et de la jurade bordelaises au XVIIIe siècle, votre devoir d'historien était de le traiter, et vous l'avez fait avec soin, d'après les documents amassés par les autres; vous l'avez traité avec gravité, et cela ne vous messied pas plus qu'il ne messied à un prêtre archéologue de disserter sur des temples et des théâtres grecs ou romains. La seule chose que j'eusse désirée, c'est que cette dissertation étant tout à fait spéciale et formant un tout, absolument isolé du courant de l'histoire, vous en eussiez dit seulement quelques mots, à leur heure, dans la narration chronologique, et que vous eussiez reporté la *notice historique* à la fin du volume, comme pièce justificative, comme appendice, ainsi que vous l'avez fait pour votre très-curieuse notice sur les trois croissants de Bordeaux et les couleurs nationales, comme aussi pour vos savantes recherches sur la porte Dijeaux.

Je serais fort tenté d'en dire autant au sujet de votre chapitre de 14 pages, beaucoup plus court, mais tout aussi spécial, sur la fondation et l'histoire de l'Académie des sciences, belles-lettres et arts de Bordeaux.

Il ne me reste plus du plan que je me suis tracé, qu'un compartiment à épuiser, et c'est un détail bien futile qui me sert de transition pour arriver à le faire.

Vous donnez *in extenso* (p. 28) le texte d'une lettre adressée (mais non *écrite*, je pense, et ce serait une circonstance atténuante en leur faveur!) par les dames du parlement de Bordeaux, en 1650, pendant la Fronde, aux femmes de Messieurs du parlement de Paris. Vous donnez aussi (p. 48) une adresse de la même année, signée *les Enfants de Bordeaux,* au prince de Condé. Il n'est ni de votre gravité ni de la mienne que je m'arrête à faire ressortir le ridicule du style littéraire de cette époque. Aussi bien, Molière en a fait bonne justice et n'a laissé qu'à glaner après lui aux plus joyeux écrivains de notre *petite presse.* Ce que je veux tirer de ces grotesques épîtres, c'est cette remarque, que Louis XIV, en qui était inné le sentiment profond de tout ce qui est *grand,* si ce n'est de toutes les nuances du *beau,* fut contraint en quelque sorte, par les excès de la littérature qui précéda son règne, de résister à l'invasion de tous les genres de mauvaise littérature par une réaction forte et puissante comme lui-même. Seul monarque véritablement *absolu* qu'ait eu la France avant 89, le seul alors qui ait pu dire avec vérité : « L'État, c'est moi ! » Louis XIV réussit à imposer cette réaction, non seulement à son royaume, mais encore à l'Europe, parce qu'il était roi de France. Comme toutes les réactions, celle-ci dut être et fut exagérée. De là, la raideur ample et majestueuse du style, des vêtements, des décorations; et comme les lettres touchent aux arts et que tous les arts se touchent, la même raideur ample et majestueuse, et par suite incorrigiblement lourde et froide, s'impatronisa dans l'architecture; en sorte que rien ne fit défaut à ce grand ensemble qu'on a si bien nommé *le siècle de Louis XIV*.

Cependant, à son tour, une autre réaction a eu lieu contre la grandeur massive et compassée qui, comme toujours, avait fini par être poussée, sous le premier Empire et la Restauration, jusqu'au dernier terme d'une insipidité glacée; et c'est de là qu'est né le *réalisme* qui régna dix ans dans les lettres et les arts et qu'on a tant de peine à combattre encore aujourd'hui.

M. de Tourny a décoré Bordeaux à *la Louis XIV*. Louez-le, c'est bien et c'est juste; mais vous maudissez un peu trop ce que vous appelez le *gothique* et qui avait bien ses avantages, ne fût-ce que celui de laisser aux différentes provinces, *nuancées* par les diverses écoles régionales, une physionomie propre, qui contribue à leur enlever l'uniformité architecturale, tout comme l'uniformité des costumes modernes.

Je termine par une simple réflexion. C'est qu'il est impossible de ne pas admirer en vous la justesse du premier coup d'œil et l'éclair que vous jetez sur les situations que vous groupez autour de vous. Quelle vue sympathique, non systématique, sur tout ce qui tient au cœur de la nation et s'y rattache par quelque fibre profonde! Quelle modération! on a droit de le dire, après avoir lu les historiens du temps dans les jugements sur tous les frondeurs de haute lignée ou de bas étage. Vous les désavouez pour leurs révoltes et pour leurs iniquités, mais vous sentez en même temps ce qu'il y avait dans quelques-uns d'essentiellement patriotique.

Là on a pu vous croire entraîné, fasciné, tant vous avez pénétré avec satisfaction et avec plénitude dans toutes les branches de votre sujet, tant vous vous êtes laissé porter avec la pensée de vos plus fameux personnages jusqu'aux éblouissements de votre époque. Formé à votre tour à la connaissance des affaires, vous devenez un historien administratif et stratégique; tous les ressorts des machines diverses, vous les touchez; tous les plans et les projets jaillissent du front de vos héros; qu'ils s'appellent Condé, Mazarin ou Louis XIV, vous les avez sous les yeux, entre les mains. Vous ne résumez rien, ce n'est pas votre manière; vous recommencez votre étude entière et toute votre information personnelle pour tous et devant tous. Vos lecteurs assistent dans le plus parfait détail à ce que des particuliers, comme on disait jadis en Angleterre, n'auraient jamais eu chance autrement de savoir, au secret des conseils, des négociations, à l'intimité des entretiens souverains, à la succession des pensées agitées sous les tentes de la révolte ou au chevet du monarque.

Le souffle de votre histoire, Monsieur le Curé, est le même dans toute son étendue. Votre admiration pour la personne de Louis le Grand encore plus que pour son œuvre, votre goût vif pour cette nature de conquérant organisateur et civilisateur ne vous quitte pas un instant; et lorsqu'aux dernières heures de la lutte, lorsque Massillon allait laisser tomber de ses lèvres ces grandes et si courtes paroles : « *Dieu seul est grand!* mes frères, » vous croyez le revoir tout d'un coup rajeuni, éblouissant de génie et d'ardeur; vous retrouvez à votre tour votre note jeune, émue; c'est le chant des premières victoires, trop tôt éteint et reperdu dans les deuils, dans les tristesses suprêmes des caveaux de Saint-Denis.

Agréez, etc.

Signé : † Ferdinand, Cardinal Donnet,
Archevêque de Bordeaux.

HISTOIRE

COMPLÈTE

DE BORDEAUX

PREMIÈRE PARTIE. — TOME IV.

LIVRE XV.

CHAPITRE PREMIER.

Prestation du serment par les trois ordres.—Le clergé de retour à l'Archevêché. — La noblesse au Musée. — Le Tiers-État dans la chapelle du collège (St-Paul). — Les commissaires de la noblesse.—Une députation du clergé auprès de la noblesse.—Les sacrifices généreux.— Cahiers de la noblesse. —Opinion de M. de Ladebat. — Nomination des députés. — Scission fâcheuse dans le corps de la noblesse.—Conduite de M. le vicomte de Brous. — Lettre de M. du Périer de Larsan.—Députation du Tiers-État introduite. — Élection des députés du Tiers-État. — Conduite du grand-sénéchal.—Dissensions intestines, etc.

Tous les travaux préliminaires étant terminés, comme nous l'avons vu à la fin du tome III, ch. 12, il fallait ensuite procéder au serment; c'était un point assez délicat : les mœurs, quelque mauvaises qu'elles fussent, n'étaient pas assez corrompues pour qu'on attachât peu d'importance à un acte si solennel, où Dieu devait être appelé comme témoin. Le clergé prêta le serment purement et simplement; trois membres de la noblesse le firent de même, le reste avec des réserves. Le

1789.

Livre XV. Chap. 1.
1789.

Tiers-État de la ville fit comme le clergé; mais celui de la campagne ne fut pas d'accord; les uns voulaient prêter le serment comme les ecclésiastiques; d'autres opinèrent pour des réserves; quelques-uns prétendaient ne devoir le prêter qu'en protestant contre le nouveau règlement et en s'opposant à son exécution. Dans l'impossibilité de concilier toutes ces prétentions avec les ordres de Paris, on renvoya la séance au lendemain.

Le grand-sénéchal avait donné aux députés de la ville acte de la prestation de leur serment; mais le procureur du roi fit en sorte que cet acte ne fût pas inscrit sur le procès-verbal. Quelques députés allèrent dénoncer cette affaire à M. du Périer de Larsan, qui ne put s'empêcher de dire tout haut qu'il avait de grandes raisons de se plaindre de cet officier; l'acte fut transcrit et lu le lendemain à l'assemblée des ordres. Les députés de la campagne prêtèrent le serment comme ils l'entendaient, avec des réserves, et en protestant contre le nouveau règlement et contre son exécution. Puis les ordres se séparèrent; le clergé se retira au palais épiscopal, sous la présidence de Mgr l'Archevêque; la noblesse, dans la salle du Musée, sous celle du sénéchal; et le tiers, dans la chapelle du collège (Saint-Paul), avec le lieutenant général pour président.

Procès-verbal des réunions de la noblesse.

Comme le grand-sénéchal devait présider l'assemblée, il prévint les membres, à l'issue de la réunion des trois ordres, que leur première assemblée aurait lieu dans la salle du Musée, à quatre heures de relevée, le 24 mars. On s'y réunit en effet; la salle était remplie. Après toutes les formalités préparatoires, la formation du bureau, etc., etc., M. de Cazalet fut nommé secrétaire, à la grande majorité. On délibéra ensuite si la noblesse procéderait, conjointement avec les autres ordres, à la rédaction de leur cahier; il fut arrêté qu'elle le ferait séparément et que la rédaction en serait confiée à douze commissaires, indépendamment du secrétaire qui y aurait voix ainsi que dans toutes les opérations et délibérations de la noblesse.

Le lendemain, on procéda à la nomination des douze commissaires et à la vérification et au recensement des voix. Cette opération fut très-longue et ne se termina que le 23. Les douze commissaires étaient MM. le vicomte de Ségur, de Galatheau, le vicomte de Pontac, le chevalier de Verthamont, de Sentout, de Lavie, le marquis de Dunes, de Marbotin-Conteneuil, le chevalier de Cazaux, de La Rigaudière, de Chillaud, de Gauffreteau, de La Gorce. Ces noms furent proclamés dans la réunion du soir, et l'on nomma comme secrétaires-adjoints, pour aider M. de Cazalet, MM. le marquis de Dunes, de Chillaud et de Gauffreteau. La séance fut renvoyée au 26, après quelques motions peu importantes.

Le 26, l'assemblée était complète ; il se présenta plusieurs votants qui n'avaient pas répondu à l'appel nominal fait en présence des trois ordres, ou contre lesquels il avait été donné défaut ; on délibéra de ne pas les admettre au nombre des votants.

A la suite de cette opération, on introduisit quatre députés du clergé, qui avaient demandé d'être admis. L'un d'eux, M. Boudin, dit que *son ordre déclare renoncer à toute exemption pécuniaire, consentir à l'estimation contradictoire de ses biens, et supporter une contribution proportionnée à celle des autres ordres.*

Cette déclaration du clergé impressionna vivement l'assemblée ; c'était la première démarche faite dans un esprit d'union et de concorde, le premier acte d'adhésion volontaire à un nouvel ordre de choses dans lequel son influence sociale devait être détruite et ses biens confisqués.

M. du Périer de Larsan répondit en ces termes :

« Messieurs, la noblesse est sensible au témoignage de
» confiance dont le clergé vient de l'honorer ; elle désirerait
» seulement savoir si, pour sa contribution à l'impôt, votre

Livre XV.
Chap. 1.

1789.
21 Mars.

23 Mars.

26 Mars.
NOTE 1.

» ordre entend se confondre avec les autres ordres, pour la » forme comme pour le fond ; après quoi, la noblesse déli- » bérera et aura l'honneur de vous envoyer une députation. »

M. l'abbé Coppinger répliqua, par manière de conversation, que son ordre était disposé à faire des sacrifices quant à ses anciennes formes, mais qu'il n'y avait encore rien d'arrêté à cet égard.

Après la sortie de ces ecclésiastiques, plusieurs nobles firent observer que la plus vulgaire honnêteté exigeait qu'on envoyât au clergé une députation ; l'idée fut adoptée, et des députés furent chargés de répéter au sein du clergé les choses en substance que le grand-sénéchal venait de dire. Après quoi la séance fut renvoyée au 31 mars, afin de donner aux commissaires le temps de rédiger le cahier.

Au jour indiqué, la noblesse se réunit pour examiner le cahier, dont on fit trois exemplaires pour en faciliter la lecture à tout le monde ; mais il fut défendu, à qui que ce fût, de transcrire le texte dont la minute devait rester chez le secrétaire.

Le 4 avril, on se réunit de nouveau, et, après plusieurs discours peu importants, on arrêta qu'on délibérerait le soir même sur chaque article du canevas ou projet de cahier dressé le 10 février et sur les changements ou modifications à y apporter.

Comme le local était trop petit pour un si grand nombre de personnes, on arrêta qu'on s'assemblerait le soir du même jour dans la salle des Concerts de la Comédie. Au procès-verbal de cette séance, le grand-sénéchal fit des ratures qui excitèrent des réclamations bruyantes ; nous aurons plus bas occasion d'en parler.

L'examen et la discussion des articles du cahier projeté furent continués le 5 avril, dans la salle des Concerts ; mais le lendemain, on se réunit dans la salle du Musée, et le cahier fut enfin lu en entier. L'assemblée désirait ne donner à ses députés que des pouvoirs conformes aux articles et leur défendait de passer (aux États-généraux) à aucune délibération avant que les objets contenus dans la première section n'eussent été arrêtés définitivement. Les articles du cahier furent approuvés, mais avec des réserves par quelques membres; puis on passa aux voix pour déterminer l'étendue et la nature des pouvoirs qu'il faudrait conférer aux députés. Il y avait ce jour-là 560 membres inscrits : 213 voix s'élevaient pour des pouvoirs limités; les autres 347 hésitaient; enfin, les uns se retirèrent, les autres firent des réserves et allèrent signer une protestation.

M. de Ladebat voulait qu'on donnât aux futurs députés des pouvoirs généraux et suffisants, pour plusieurs raisons; mais principalement parce que les lettres de convocation émanées du gouvernement portaient que « les députés seraient munis » d'instructions et de pouvoirs généraux et suffisants pour » proposer, remontrer, aviser et consentir tout ce qui peut » concerner les besoins de l'État, la réforme des abus, l'éta- » blissement d'un ordre fixe et durable dans toutes les parties » de l'administration, la prospérité générale du royaume, le » bien-être de tous et de chacun de nous. » C'était aller contre le cahier présenté par les commissaires; il n'accordait pas ces pouvoirs généraux; il limitait au contraire l'action, le vote et la conscience des députés.

Les raisons sur lesquelles se fondait M. de Ladebat, les voici : Les délibérations des États-généraux seraient impossibles, si chaque député ne pouvait délibérer dès qu'on s'écarterait des termes de son mandat limité; il n'y avait aucun danger à craindre en donnant des pouvoirs généraux, puisque la voix publique était fixée sur les principes qui devaient former la constitution et assurer la liberté de la patrie; vouloir que les députés fussent obligés de recourir à leurs commettants pour avoir des instructions spéciales sur tous les objets non compris dans les limites de leur mandat, c'était vouloir que la noblesse restât toujours assemblée ; c'était arrêter à chaque pas les travaux et les délibérations des États-généraux. On proposerait peut-être une commission toujours subsistante, mais aurait-elle, oui ou non, des pouvoirs généraux et suffisants ? Dans la première hypothèse, pourquoi revêtir quelques membres de la noblesse de pouvoirs suffisants, qu'on déniait aux députés ? Dans la seconde, la difficulté était toujours la même. N'était-il pas plus sage, plus raisonnable, de donner des pouvoirs suffisants aux députés qui, se trouvant au sein de l'Assemblée nationale, aux discussions savantes et approfondies de leurs collègues, en présence de toutes les lumières de la France, seraient à même de juger, mieux que leurs commettants chez eux, de tous les rapports, de toutes les mesures politiques, de tous les liens qui devaient unir et coordonner les différentes parties de l'administration entre elles. Enfin, en imposant silence aux députés, en certains cas, n'était-il pas à craindre qu'on augmentât par là la force des opinions contraires et qu'on laissât le champ libre aux députés non limités.

A ces arguments, qui paraissaient péremptoires à quelques membres, la grande majorité répondait que la lettre du roi n'était qu'une invitation et nullement une injonction ; qu'elle laissait toute liberté aux votants, et, en effet, ne serait-il pas ridicule qu'au moment où le roi, ayant reconnu leurs anciens droits à la liberté, les appelait à en jouir, il eût la pensée, au premier pas, de les charger de chaînes ? qu'on pouvait, à la rigueur, leur donner tous pouvoirs sur les points principaux qu'on venait de constater et développer ; mais qu'il y avait mille autres points accessoires qu'on ne prévoyait pas et qui, avec des pouvoirs vagues et généraux, sous l'influence des ruses de la cour, pouvaient compromettre le sort de la liberté ; les députés représentant la nation ne devaient pas se fier à leurs propres sagesse et lumières ; leur volonté individuelle devait se subordonner à celle de leurs commettants, dont l'autorité déléguée ne reconnaissait d'autres limites que celle de la pluralité des voix aux États-généraux ; que le roi pouvait fixer d'une manière impérative la forme de la convocation ; mais les délibérations des députés convoqués devaient être libres.

Livre XV.
Chap. I.
—
1789.

Vous dites (ajoutent-ils en interpellant les partisans de M. de Ladebat) que les pouvoirs que vous entendez donner ne seront ni absolus ni illimités ; ils ne seront donc pas généraux. Ou vos pouvoirs sont généraux ou ils sont limités : dans le premier cas, rien n'arrête le mandataire ; c'est le pouvoir arbitraire. Au lieu d'un despote, on s'en donne des centaines. S'ils sont limités, ce ne sont donc pas des pouvoirs généraux que vous demandez, et alors nous ne voyons pas la raison d'un sacrifice parmi nous.

Dire que les députés seront des hommes sages et éclairés, qui ne laisseront planer aucun doute sur leur conduite, nous le croyons comme vous ; mais ce n'est pas les offenser de dire que l'honneur n'est pas infaillible ; des milliers de commettants peuvent voir plus loin, se tromper moins et juger mieux qu'un seul mandataire.

Vous dites que les délibérations des États-généraux seraient impossibles, si chaque député ne pouvait délibérer dès qu'on s'écarterait de son mandat. Sans doute ces délibérations seraient, non pas impossibles, mais difficiles ; tous les points essentiels étant développés dans les cahiers, rien n'arrêterait le vote du mandataire là-dessus ; la difficulté ne surgirait que lorsqu'on s'écarterait des mandats ; elle aurait un bon résultat, celui de mûrir avec plus de temps l'objet mis en délibération.

La grande majorité vota pour des pouvoirs limités. On se réunit le soir pour nommer les scrutateurs ; on élut au scrutin MM. le chevalier de Verthamont, qui eut soixante-dix-neuf voix de majorité ; le chevalier de La Rigaudière, soixante-quinze voix ; le vicomte de Ségur, soixante-six voix. Comme suppléants, en cas de maladie ou d'absence, furent nommés MM. de Chillaud, quarante-cinq voix; de Conteneuil-Marbotin, quarante-une voix ; de Galatheau, quarante-une voix. L'assemblée se prorogea au lendemain pour procéder à la nomination des députés.

Le lendemain, le cahier n'étant pas encore rédigé avec les additions et les modifications proposées, l'assemblée ne pouvant pas, par conséquent, procéder à la clôture, s'occupa d'une motion sur la nécessité d'aviser aux moyens d'améliorer le sort de la noblesse pauvre; on décida qu'il serait inséré dans le cahier un article sur cet objet. Le soir, on lut le cahier ; les commissaires reçurent ordre de le clore et de le signer comme arrêté et approuvé par ordre.

On procéda ensuite à la nomination des députés, par voie de scrutin : M. de Leberthon, premier-président du parlement eut deux cent vingt-six voix sur trois cent soixante-quatorze votants. Après la vérification du scrutin et s'être assuré que les formes légales avaient été observées, M. de Leberthon fut proclamé député. Le secrétaire remit à M. le Grand-Sénéchal une copie du cahier, dûment collationnée et signée par les commissaires; laquelle copie le grand-sénéchal se dit obligé de remettre aux députés qui seront élus.

Dans la soirée, une partie de la noblesse, réunie chez M. du Périer de Larsan, déclara adopter les sentiments de M. de Ladebat et ne pas considérer comme constitutionnels la forme et le fond de tous les articles portés dans le cahier, par la pluralité des gentilshommes de la sénéchaussée ; ils se dirent persuadés qu'il y avait des articles d'une haute importance omis dans le même cahier, tels que les États provinciaux, le jugement par jurés, la liberté de la presse, et qu'ils regardaient ces points comme essentiellement liés à la constitution qu'on allait faire et à la liberté qu'on désirait assurer et consolider.

Ils protestèrent donc contre le mandat donné aux députés *de ne voter que par ordre;* la forme de délibérer ne pouvait émaner que des États-généraux eux-mêmes.

Ils protestèrent contre l'*ordre positif* donné aux députés, de *prendre des instructions ultérieures sur les objets qui leur seraient proposés et qui ne seraient pas compris dans ce cahier.*

Ils protestèrent contre *toute limitation de pouvoirs*, qui pourrait mettre les députés de Bordeaux dans la nécessité de ne concourir à aucune délibération, si le vœu général s'écartait des ordres portés dans le cahier, et finirent par déclarer qu'ils donnaient aux députés des pouvoirs généraux et suffisants pour faire la constitution, assurer la liberté, réprimer les abus et pourvoir aux besoins (1).

Le vicomte de Brons ayant appris que quelques membres de la noblesse, au nombre desquels se trouvait M. le baron du Périer de Larsan, son fondé de procuration, avaient protesté contre la limitation des pouvoirs que l'assemblée générale avait cru pouvoir donner aux députés, écrivit, le 10 avril, aux nobles réunis, qu'il n'avait jamais eu l'intention de se séparer de l'ordre dont il avait l'honneur d'être membre; que sa *procuration n'avait pu ni dû* s'étendre jusqu'au pouvoir de protester, pour lui, contre une délibération

(1) Signataires de cette protestation et déclaration : MM. le comte de Preissac, lieutenant général des armées; le duc de Duras, en son nom et pour le maréchal duc de Duras; le vicomte de Grenier, en son nom et pour Mlle Louise de Grenier-Floirac, Barrot de Ferraud, le chevalier de Cosson, le marquis de Joigny, le marquis de Joigny fils, de Morin, le chevalier de Filley, le chevalier Dufau, en son nom et pour M. Le Moine; le chevalier Jean du Périer, le chevalier Louis du Périer, d'Aulide de Pardaillan, de Bellot, en son nom et comme procureur fondé du duc de Lesparre, le baron de Wormeselle, Lavergne de Peyredouble; Rattier du Pin, du Périer, tant en son nom que pour le vicomte de Brons et le comte de Calvimont Saint-Martial; de Ladebat, tant en son nom que pour M. Laffon-Ladebat, son père, et Mme la comtesse de Wavrans; Grenier, Bodet de Lavalade, tant en son nom que pour M. Boyer *bras-de-fer;* Dublan, en son nom, et par procuration, pour Mme Dublan de Lahet; Barbot de Bellegarde, le baron de Ségur La Roquette, le chevalier de Paty-Mayneviel, en son nom et pour M. Sudre des Ardouins, de Laville, Louis-Hyacinthe du Devant.

« J'adhère à la publication faite par les gentilshommes ci-dessus, parce qu'elle est conforme aux sentiments que j'ai manifestés dans les assemblées où j'ai assisté.
» DE SOYRES. »

prise par l'ordre en général et qui était d'ailleurs conforme à ses sentiments. Il désavoua donc et annula, en ce qui le regardait, la protestation signée pour lui par M. du Périer de Larsan, et déclara adhérer formellement et en tout point aux dispositions du cahier.

Cette rétractation exigeait une réponse; c'était un désaveu blessant et une rétractation d'un pouvoir accordé sans réflexion, sans prévoyance. M. du Périer ayant appris, en Médoc, que M. de Brons l'avait désavoué d'une manière offensante, crut devoir publier les observations suivantes en réponse à cette rétractation :

« Un gentilhomme qui, dans toutes ses démarches, n'a jamais écouté que la voix de l'honneur et de sa conscience, ne croit pas devoir se reprocher d'avoir uni à son sort celui qui l'avait choisi pour être son représentant.

» La procuration de M. le vicomte de Brons (1) autorisait le sieur du Périer à donner aux députés des États-généraux des pouvoirs généraux et suffisants; il paraît conséquent que M. du Périer pouvait faire jouir les dits députés du droit que lui avait donné M. le Vicomte. Mais les pouvoirs donnés aux députés par la plus grande partie de la noblesse, n'ont été ni généraux ni suffisants. M. du Périer, à qui sa conscience prescrivait de les donner conformes aux règlements, n'a pas cru devoir adopter des pouvoirs trop bornés; il a protesté, en conséquence, contre la restriction portée dans le cahier.

» Que devait-il faire à l'égard de M. le Vicomte? L'ayant

---

(1) La procuration porte : « Donne pouvoir de, pour lui et en son nom, etc., etc.,
» concourir, au nom du dit constituant, à l'élection des députés de son ordre,
» qui seront envoyés aux États-généraux, dans le nombre et la proportion déter-
» minés par la lettre de Sa Majesté ; de leur donner tous pouvoirs généraux et suf-
» fisants pour proposer, aviser, consentir, etc., etc.

» Promettant, le dit constituant, agréer et approuver tout ce que le dit sieur
» procureur constitué aura fait, délibéré et signé en vertu des présentes, comme
» si le dit constituant y avait assisté en personne, etc. »

fait comparaître dans l'assemblée des trois ordres, comme gentilhomme, il devait bien se charger de lui jusqu'à la fin; la procuration qu'il avait acceptée l'y obligeait ; M. du Périer a donc protesté tant pour lui que pour le vicomte.

» Si M. du Périer avait obtenu des grades militaires à peu de frais ; s'il réunissait, sans les avoir méritées, des pensions considérables ; s'il craignait enfin d'être ridiculisé pour certaines prétentions, qu'il aurait pu avoir comme bien d'autres, il se serait gardé peut-être de quitter un parti dans lequel il avait trouvé beaucoup plus d'indulgence, en le suivant, qu'il n'en aurait éprouvé en s'en séparant.

» Mais comme il l'a déjà dit, il ne connaît que sa conscience et il n'a aucune raison pour ne pas la suivre. Si M. le vicomte de Brons a cru que son procureur-fondé dût se conduire autrement, il aurait dû choisir un représentant plus digne de lui et lui dicter ses volontés.

» M. du Périer croit devoir finir ses observations par l'assurance qu'il donne à M. le Commandant des ville et pays de Libourne, qu'il est au désespoir de l'avoir, suivant lui, si mal représenté, et que son plus grand désir serait de l'avoir placé dans le rang où il croit naturellement que M. le vicomte de Brons devrait être.

» Du Périer de Larsan,

» Chevalier honoraire de Malte et procureur-fondé de M. le vicomte de Brons, chevalier, seigneur de Vérac, Pommiers et Litterie, colonel au corps de l'état-major des armées du roi, commandant, pour Sa Majesté, des ville et pays de Libourne. »

Cette réponse si verte, si incisive, et cependant si mesurée, produisit une profonde impression parmi la noblesse; il n'y avait pas de réplique possible, et le vicomte lui-même, soit qu'il eût honte de sa démarche si offensante, si irréfléchie, soit qu'il ne comprît pas bien la profondeur de la plaie que lui avait faite la plume acérée de son procureur-fondé, se tut et n'osa plus élever la voix.

Le 8 avril, les nobles se réunirent pour l'élection des autres députés ; M. le vicomte de Ségur-Cabanac, maréchal-de-camp des armées du roi, obtint deux cent cinquante-quatre suffrages sur trois cent soixante-cinq votants ; il fut proclamé député.

L'ordre délibéra ensuite qu'il fallait communiquer au Tiers-État l'article de son cahier concernant la renonciation aux priviléges pécuniaires. MM. de Sentout, de La Marthonie, le baron de Ségur et le vicomte de Pontac furent envoyés au palais où le Tiers s'assemblait. M. de Sentout, portant la parole, s'exprima ainsi :

« Messieurs, l'ordre de la noblesse de la sénéchaussée de
» Guienne désirant être uni avec vous de cœur et de senti-
» ments, nous charge d'être l'organe des siens et de vous
» annoncer qu'il met son plus vif désir à cimenter l'union
» qui doit exister entre de vrais citoyens. Persuadés de la
» façon de penser de l'ordre essentiel du Tiers-État et assurés
» qu'il rend justice à la loyauté de la noblesse, nous sommes
» chargés par elle de vous communiquer l'article de son
» cahier qui porte renonciation à ses priviléges pécuniaires. »

Étant de retour au Musée, les quatre députés rendirent compte de leur mission et de la manière gracieuse dont ils avaient été accueillis et placés sur les hauts-bancs par M. le Lieutenant général, président de l'ordre, qui leur aurait répondu : « Que le Tiers-État était très-sensible à la démarche
» loyale que la noblesse venait de faire et que le Tiers ne
» tarderait pas à lui en témoigner sa reconnaissance. »

A quatre heures du soir, l'assemblée se réunit encore : M. du Périer de Larsan, président, écrivit au bas du procès-verbal, malgré l'opposition de la majorité de la réunion, ces lignes relatives à une protestation que vingt députés avaient signée et fait déposer au bureau : « Lecture ayant été faite
» à l'assemblée de la noblesse de la signification à nous faite
» des protestations signées par vingt membres de la noblesse

» de la présente sénéchaussée, et ayant requis que les dites
» protestations fussent insérées dans le verbal, il a été una-
» nimement décidé de les refuser et de me remettre les dites
» protestations. Telle a été la délibération.
» *Signé* : Du Périer. »

On allait procéder à l'élection des autres députés, lorsqu'on annonça une députation du Tiers-État. Elle fut introduite par MM. de Sentout, de La Marthonie, le baron de Ségur et le vicomte de Pontac, et placée à côté de M. le Grand-Sénéchal. Alors, l'un de ces députés, M. Roullet, se leva et s'exprima ainsi au nom de son ordre : « Messieurs, l'ordre du Tiers-État
» de la sénéchaussée, qui s'est toujours fait honneur de sui-
» vre l'exemple de la noblesse, soit à la défense, soit au
» soutien de ce royaume, la félicite de l'avoir aujourd'hui pré-
» venu par le seul acte, peut-être, qu'il ne puisse imiter,
» puisqu'il en doit recueillir tout le fruit. On n'attendait pas
» moins d'un ordre aussi distingué par la gloire de ses servi-
» ces que par les prérogatives qu'il s'honore de n'avoir ac-
» quises et pu recevoir qu'à ce titre. Les sentiments de
» reconnaissance du Tiers-État ne sauraient être comparés
» (il ose et doit s'en flatter) qu'aux sacrifices de la noblesse;
» il suffit que l'honneur l'y ait engagé pour qu'on ne puisse
» douter de la loyauté qui l'a guidée dans sa renonciation à
» ses priviléges pécuniaires. Ce ne fut jamais un vil intérêt
» qui dût se mêler à l'antique et pur héroïsme de la noblesse
» française. Elle s'élève aujourd'hui plus haut que ses aïeux,
» en se dépouillant d'une portion de jouissances qu'elle en
» avait hérité; elle rend à la nation ce qu'elle avait obtenu
» de son acquiescement. La nation lui devra toujours un sen-
» timent de vénération et de reconnaissance qu'après un
» abandon si généreux elle ne saurait assez lui rendre. »

Le grand-sénéchal répondit à ce discours en ces termes :
« Messieurs, l'ordre de la noblesse vous a témoigné le désir
» qu'elle a de vivre avec vous dans la meilleure intelligence ;

» elle ne négligera pas une seule occasion de maintenir cette
» union nécessaire pour le bien de la patrie, qui est également
» chère à votre ordre et au nôtre. »

Alors l'un des députés du Tiers-État demanda à la noblesse qu'on leur donnât communication de l'article de son cahier, qui contenait la renonciation à ses priviléges. Le secrétaire lui remit de suite une copie. Ils répondirent que « l'intention » de leur ordre, en demandant cette copie, était de la con- » server dans son greffe, comme un monument de la générosité » de la noblesse. » Ils furent accompagnés en partant comme à leur arrivée.

On procéda de suite à l'élection des autres députés. Il y avait trois cent soixante-six bulletins; aucun des candidats n'ayant réuni le nombre de suffrages suffisants, on procéda à un second tour de scrutin. M. le chevalier de Verthamont d'Ambloy, ayant réuni deux cent trente-quatre suffrages sur trois cent quarante-trois votants, fut proclamé député. Le lendemain (9 avril), le président de Lavie fut proclamé député, par une majorité de cent soixante-dix-huit voix, sur trois cent vingt. On procéda, le 10, à la nomination d'un suppléant; mais personne n'ayant obtenu la majorité, sur trois cent dix-huit bulletins, on leva la séance.

Le lendemain, M. le marquis de Dunes et M. de Sentout ayant eu le plus grand nombre de suffrages, savoir : le premier, quatre-vingts, le second, soixante-douze; mais aucun n'ayant réuni la majorité, M. de Sentout fut élu au second scrutin.

Alors, tout étant terminé, M. le Grand-Sénéchal demanda : 1° que la minute du procès-verbal de l'assemblée de la noblesse, ainsi que celle du cahier, fussent remises à M. le Secrétaire, qui en ferait le dépôt au greffe de la sénéchaussée; 2° que les fonctions des commissaires nommés pour la rédaction du cahier, ainsi que celles du secrétaire, cesseraient après la remise du procès-verbal de l'assemblée et du cahier, et le dépôt au greffe ; 3° que la noblesse reconnût le droit de M. le Grand-Sénéchal, d'avoir un fauteuil dans ses assemblées ; 4° que lui, grand-sénéchal, ajoutât à la signature du procès-verbal de ce jour les termes qui suivent : « Sans préjudice, » néanmoins, et sous la réserve de la déclaration déposée en » nos mains par un grand nombre de gentilshommes de cette » sénéchaussée, et de la rédaction de leur cahier qu'ils » entendraient faire même de la nomination par eux de » députés aux États-généraux.

» *Signé :* DU PÉRIER. »

On délibéra de suite d'accorder la première et la troisième demande. Quant à la deuxième, il fut aussi unanimement délibéré que la noblesse était en droit d'avoir et de conserver un secrétaire, aussi bien que les secrétaires-adjoints ; savoir, ceux déjà nommés le 23 mars. Il fut aussi arrêté que les commissaires, à l'exception des quatre d'entre eux nommés députés aux États-généraux, seraient autorisés à s'assembler pour les affaires de l'ordre, avec les messieurs dont les noms sont consignés ici, et qui remplaceraient ceux qui avaient été élus députés, savoir : MM. du Périer, grand-sénéchal, de Reignac, de Léglise et de Perganson. La noblesse déclara à cet effet vouloir proroger et continuer son assemblée pour tout le temps que durerait la tenue des États-généraux.

La quatrième question souleva de grandes difficultés ; elle était grosse d'orages ! La noblesse ne concevait pas ce que pouvait être cette *déclaration d'un grand nombre de gentilshommes* dont parlait M. du Périer. Parlait-il de la protestation faite, non par un *grand nombre*, mais simplement par vingt gentilshommes, comme M. le Grand-Sénéchal l'avait écrit de sa propre main, au pied de la délibération de l'ordre de la noblesse, dans la matinée du 8 du présent mois? En ce cas, il y avait lieu de rejeter et proscrire hautement une demande qui heurtait de front les droits de tous les corps politiques, lors-

<small>Livre XV.
Chap. 1.
1789.</small>

qu'ils ont solennellement et loyalement délibéré, comme l'ordre de la noblesse l'a toujours fait, sous la propre présidence de M. du Périer, lequel a signé et arrêté les procès-verbaux et le cahier de l'ordre, à la pluralité d'environ quatre cents voix, contre vingt opposants.

CHAPITRE II.

La conduite de M. du Périer de Larsan désapprouvée et dénoncée aux États-généraux. — Les différentes charges. — Paroles de M. de Pontac à M. du Périer. — La prudente réserve du grand-sénéchal. — Déclaration de M. du Périer. — Lettres de M. Dudon fils à M. du Périer. — Caractère et conduite de M. du Périer. — M. de Ladebat est envoyé à l'Assemblée nationale par les députés qui s'étaient séparés des autres députés de leur corps. — Leurs promesses et leurs vœux politiques. — Conduite du clergé. — Sa première réunion. — Ses commissaires nommés. — Déclaration et sacrifices du clergé. — Traitement demandé, etc.

Au moment de se séparer, on se ravisa, et, donnant suite à la suggestion de l'un de ses membres, l'assemblée déclara que MM. les Députés demeureraient expressément chargés de dénoncer aux États-généraux, tant les demandes inouies faites par M. du Périer, que la conduite arbitraire qu'il avait tenue dans l'assemblée des trois-ordres, et en particulier dans celle de l'ordre de la noblesse, et d'en demander une justice éclatante. Dans ce but, il fut sur-le-champ procédé à la rédaction d'un procès-verbal qui devait contenir les principaux faits qu'on avait à reprocher à M. du Périer, et sur lesquels la noblesse n'avait, jusqu'à présent, gardé le silence, que par un esprit de paix et de modération et dans le seul objet de ne pas interrompre le cours des opérations nécessaires pour répondre aux vues de Sa Majesté.

Ces faits étaient : 1° Qu'en vertu de l'ordonnance de M. le Grand-Sénéchal, du 18 février, les trois-ordres se rendirent au palais archiépiscopal, le 9 mars, jour indiqué par la dite ordonnance; mais que, au lieu d'être admises à leur arrivée ce jour-là dans le palais de Mgr l'Archevêque, la noblesse et la majeure partie des deux autres corps avaient été obligées de rester dans la cour pendant deux heures et demie;

Livre XV.
1789.

2° Qu'au bout de ce temps, sans que M. le Grand-Sénéchal eût rendu une ordonnance pour changer le lieu de convocation, mon dit sieur du Périer changea tout à coup d'idée et dit aux trois-ordres de le suivre à l'église de Saint-André ;

3° Qu'arrivés à l'église, sans qu'il y eût eu d'autres préparatifs que ceux qui y furent faits à la hâte, les trois-ordres se trouvèrent, à leur grande surprise, confondus pêle-mêle ; plusieurs des membres de chaque ordre manquèrent même de siéges ;

4° Que l'assemblée des trois-ordres s'ouvrit par une réclamation faite par M. le Grand-Sénéchal, contre la présence de M. de La Rose, son lieutenant-général, qui assistait en robe à la dite assemblée, à côté du Tiers-État ; que M. du Périer insista très-fortement et durant plus d'une heure, afin que M. de La Rose eût à sortir de l'assemblée, disant que ce magistrat avait forcé la garde ; inculpation qui fut repoussée, comme elle devait l'être, par mon dit sieur de La Rose ; qu'après de longs débats, pendant lesquels il répéta, à diverses fois, du ton le plus impérieux, les termes : *sic volo, sic jubeo, sit pro ratione voluntas*, M. le Grand-Sénéchal, pensant faire un grand sacrifice sur ce qu'il appelait les *droits de sa place*, déclara consentir que M. de La Rose demeurât dans l'assemblée, pourvu qu'il se dépouillât sur-le-champ de sa robe et qu'il la déposât sur le bureau.

Qu'enfin, vaincu ou plutôt lassé par une résistance générale, M. du Périer fut forcé de passer condamnation sur son exigence ; que l'appel des ordres fut enfin commencé par celui du clergé ; qu'étant obligé de suspendre cette opération, M. le Grand-Sénéchal prorogea l'assemblée au lendemain, sans qu'il y eût été dressé de procès-verbal de cette première séance ;

5° Que ce ne fut que le lendemain (10) que ce verbal fut dressé et lu en présence des trois-ordres, quoiqu'on lui eût, contre l'exactitude des faits, donné la date du 9 mars ;

6° Que le même jour (10 avril), ayant été faites plusieurs

motions qui furent interrompues par le tumulte et le désordre bruyant de l'assemblée, il fut arrêté et convenu entre les trois-ordres, que toute motion qui serait faite par quelque ordre que ce fût, serait couché sur le procès-verbal; que cependant, le 12 du même mois, M. le Procureur du roi, voulant requérir qu'une motion serait écrite, et prendre des conclusions y relatives, M. le Grand-Sénéchal déclara hautement que le procureur du roi ne pouvait rien requérir *sans son ordre;*

7° Que le 11 il avait été fait, par un des membres du Tiers-État, une motion relative aux jurats de Bordeaux; que cette motion était déjà écrite dans le procès-verbal, à la vue et du consentement de M. du Périer; que, néanmoins, le dit sieur du Périer, changeant de sentiment, donna ordre au greffe de lui apporter le procès-verbal; qu'il s'en empara et prit sur lui d'effacer et de raturer cette motion, en présence de tous les ordres, malgré les réclamations de plusieurs membres de chaque ordre, et contre les conclusions du procureur du roi; à quoi le grand-sénéchal se contenta de répondre : « Qu'il convenait qu'il n'avait pas le droit de faire » cette radiation, mais qu'il en faisait son affaire propre, et » que, si on croyait pouvoir lui enlever cette faculté, on » n'avait qu'à le faire »;

8° Qu'après la séparation des trois-ordres et dans l'assemblée particulière de la noblesse, tenue l'après-midi du 4 avril, M. le Grand-Sénéchal, qui, jusqu'alors, avait signé tous les procès-verbaux de la noblesse, sans réserve ni protestation, trouva à propos d'ajouter à sa signature les termes suivants : « Je m'oppose aux délibérations, en ce qu'elles n'accordent » point les pouvoirs généraux exigés par le règlement. »

Qu'il s'était élevé une rumeur générale sur cette clause, insérée par manière d'*opposition*, comme si M. le Grand-Sénéchal avait le droit d'arrêter, par son opposition personnelle, le cours des délibérations prises sous sa présidence, à la très-grande pluralité des voix. M. le Grand-Sénéchal, voyant que la noblesse était déterminée à attribuer la présidence au doyen de l'ordre, sans préjudice à lui (M. du Périer) d'assister, si bon lui semblait, aux délibérations, mais en sa seule qualité de commissaire du roi, se décida, après une longue résistance, à raturer, de sa propre main, l'opposition par lui faite, ce qui engagea M. le Secrétaire à n'approuver la rature faite par M. du Périer, qu'en ajoutant à sa signature que *son approbation était faite du consentement de l'ordre;*

9° Que le 10, M. le Grand-Sénéchal, qui, la veille, avait fixé l'assemblée à trois heures de l'après-dîner, se fit attendre jusqu'à six heures, et ne se rendit qu'après les instances réitérées que l'assemblée lui fit faire à deux reprises, et même par quatre commissaires envoyés chez lui à cet effet.

Que c'est sans doute pour mettre le comble à ces procédés extraordinaires et dont aucun des grands-sénéchaux du royaume n'a donné l'exemple, que M. du Périer vient de faire aujourd'hui les demandes et les réclamations ci-dessus rappelées, dont le principal objet tend à donner, autant qu'il est en lui, de la consistance à une protestation isolée, faite par un petit nombre de nobles, qui cherchent indûment à créer, dans l'ordre de la noblesse, deux corps différents ; qu'au surplus, cette protestation irrégulière mérite d'autant moins de considération, que deux des membres qui l'ont souscrite, comme procureurs-fondés, ont été formellement désavoués par leurs constituants, savoir : M. du Périer, fils aîné de M. le Grand-Sénéchal, par M. le vicomte de Brons et M. Ozée Dublanc (qui, depuis le 8 avril, s'est joint aux vingt protestants); par Mme veuve Dublanc de Lahet, ainsi qu'il est établi par les lettres que la noblesse assemblée a reçues cejourd'hui, de la part du dit sieur vicomte de Brons et la dite veuve Dublanc de Lahet, lesquelles lettres demeurent annexées au procès-verbal.

Signé : De Cazalet.

On décida ensuite que les commissaires seraient chargés de tenir registre des lettres qu'ils recevraient et des réponses qu'ils feraient à MM. les Députés. Délibérant ensuite sur le traitement à faire aux quatre députés et à l'adjoint, la noblesse arrêta qu'il serait accordé à chacun d'eux 24 livres par jour, à commencer cinq jours avant l'ouverture des États-généraux, et à finir cinq jours après leur clôture. Cette allocation comprenait les frais de voyage.

Livre XV.
Chap. 2.
—
1789.

M. du Périer, avant de signer cette pièce comme président, écrivit, avant son nom, ces lignes : « Sans préjudice
» de ma justification aux fins de l'inculpation qui m'est faite
» dans le présent verbal et dans tous les autres subséquents,
» et sans entendre, par ma signature, approuver ce qui,
» dans la présente délibération, pourrait être contraire à la
» lettre de convocation de Sa Majesté, au règlement de son
» conseil et au préjudice du droit de la nation et des États-
» généraux; ne donnant pas mon consentement à la commis-
» sion établie, ni à la nomination de ma personne qui a été
» faite contre le vœu que jai prononcé à l'assemblée.

» *Signé* : Du Périer.

De Cazalet, *secrétaire.* »

Après quoi les trois députés présents prêtèrent serment entre les mains de M. le Grand-Sénéchal, de bien et fidèlement procéder à l'exécution du mandat qui leur avait été donné par la noblesse.

Fait à Bordeaux, le 11 avril, à sept heures de l'après-dîner.

Signé : Du Périer, sans préjudice et sous la réserve ci-dessus.

De Cazalet, *secrétaire.*

Le procès-verbal étant clos et signé, M. du Périer allait lever la séance, lorsque M. le vicomte de Pontac l'arrêta et lui parla en ces termes : « M. le Grand-Sénéchal, quoique
» vous ayez donné à la noblesse de la sénéchaussée de grands
» sujets de mécontentement, elle veut bien encore s'intéres-

» ser à vous, dans la persuasion où elle est que vous n'avez
» erré que par l'impulsion d'un mauvais conseil, sans que
» votre cœur y ait eu de part. C'est donc à vous-même que
» nous croyons devoir dénoncer un bruit scandaleux qui,
» dans ce moment-ci, se répand en ville. On assure qu'avant
» d'ouvrir aujourd'hui l'assemblée de notre ordre, vous aviez
» donné au petit nombre de gentilshommes qui ont protesté,
» *rendez-vous* à votre hôtel, et qu'à l'issue de la présente
» séance, vous allez les présider, recevoir leur cahier et ad-
» mettre leurs nominations de députés. Vous sentez, Monsieur,
» tout ce que ce bruit a d'injurieux pour vous. La noblesse
» aime à croire que vous allez incontinent le désavouer et en
» témoigner la plus juste indignation; elle attend votre
» réponse. »

M. du Périer, homme de beaucoup de caractère uni à un grand sang-froid et à beaucoup de pénétration, s'aperçut bien vite du piége qu'on lui tendait; on voulait le faire bien parler, afin de trouver un autre sujet de l'inculper auprès du ministère et de neutraliser tous ses efforts à faire triompher la pensée royale manifestée par la lettre de Sa Majesté et le règlement de son conseil. « Messieurs, dit-il en se levant avec
» calme, je n'ai rien pris depuis ce matin; je ne puis faire d'au-
» tre réponse à ce que vous venez de me faire dire. — Oh !
» M. le Grand-Sénéchal, s'écria un autre membre, par rapport
» à vous-même, par rapport à votre famille, daignez réflé-
» chir à la réponse que vous venez de faire; elle présente
» l'aveu d'un fait qui ne tend à rien moins qu'à compromettre
» votre loyauté, soit comme gentilhomme, soit comme ayant
» l'honneur de présider la noblesse. »

M. du Périer se contint en présence de cette inconvenante provocation, et, se retournant vers l'auteur de cette indiscrète taquinerie, répondit encore avec dignité : « Je vous ai
» dit, Messieurs, que je n'ai pas de réponse à vous faire; »
et il se retira.

La noblesse exigea que le secrétaire constatât sur le registre ces réponses de M. le Grand-Sénéchal, afin de les dénoncer à la nation assemblée. M. de Cazalet le fit et signa ce nouveau procès-verbal, à la suite duquel il transcrivit la lettre de M. le vicomte de Brons, que nous avons donnée plus haut, ainsi que celle de Mᵐᵉ veuve Dublanc de Lahet, désavouant aussi son procureur-fondé qui avait protesté.

M. du Périer de Larsan manda chez lui, le lendemain, M. Séjourné, notaire, et lui remit l'acte suivant, signé de sa main, dans lequel il déclara que : « Excédé de fatigue hier
» au soir, je n'ai pu dresser que ce matin le verbal des violen-
» ces exercées contre moi dans l'assemblée de la noblesse,
» tenue au Musée le jour de hier (11 avril).

» Je déclare avoir été retenu forcément dans cette assem-
» blée, depuis huit heures du matin jusqu'à sept heures et
» demie du soir, sans qu'il m'ait été permis de sortir, même
» pour mes besoins physiques.

» Cette assemblée était indiquée pour remettre les pouvoirs
» aux députés et recevoir leur serment que la noblesse as-
» semblée au Musée n'avait voulu être prêté qu'en sa pré-
» sence ; on devait aussi y nommer un suppléant.

» J'avais consenti à tous ces objets, avec les réserves de
» droit et avec celles dues à la partie de la noblesse qui
» s'était séparée et qui avait remis en mes mains la déclara-
» tion qu'elle a faite le 7 avril.

» Ces réserves ont excité plus de quatre heures de débats,
» et lorsque je les ai écrites de ma main, la noblesse, as-
» semblée au Musée, a fait les protestations les plus outra-
» geantes contre moi, déclarant que j'étais traître envers la
» patrie ; qu'on me dénoncerait à la nation et aux États-géné-
» raux ; que moi et mes enfants mériteraient d'être dégradés ;
» j'ai conservé le sang-froid nécessaire à ma place.

» On a dit dans ces protestations que je n'avais cherché
» qu'à troubler l'assemblée depuis le commencement ; on a

Livre XV.
Chap. 2.
1789.

» rappelé la discussion qui s'était élevée dans l'assemblée des
» trois-ordres, sur la robe de mon lieutenant-général ; la
» rature que j'avais faite de ma main sur le verbal, de
» quelques expressions injurieuses aux jurats, insérées par le
» procureur du roi de mon siége, sans me les avoir communi-
» quées ; de l'opposition que j'avais faite au refus des pouvoirs
» généraux et suffisants demandés par Sa Majesté ; du consen-
» tement enfin que j'avais donné à l'assemblée de la partie
» de la noblesse qui, se conformant aux ordres du roi, s'est
» séparée, n'a point concouru à l'élection et m'a signifié
» le vœu de donner des pouvoirs généraux et suffisants aux
» députés qu'elle pourrait nommer.

» Ma conduite sur tous ces points est facile à justifier. Pré-
» sidant seul l'assemblée des trois-ordres, j'ai cru que mon
» lieutenant ne devait pas y paraître avec le costume de pré-
» sident, et cependant, pour ne pas troubler les opérations
» importantes de l'assemblée, j'ai consenti qu'il demeurât
» revêtu de sa robe. Je ne rappelerai pas la violence de l'es-
» prit de parti qui se manifesta dès le premier jour.

» J'ai raturé sur le verbal des inculpations qui n'avaient
» aucun rapport à l'assemblée des trois-ordres ; qui n'étaient
» pas convenables et qui pourraient donner naissance à une
» accusation criminelle, et qui, enfin, comme je l'ai dit,
» avaient été insérées par le procureur du roi ou le greffier,
» sans me les avoir communiquées.

» L'opposition que j'ai faite n'est qu'une protestation et je
» l'ai retirée dès qu'elle a paru troubler la liberté de l'assem-
» blée, sans me départir cependant des réserves que les
» ordres du roi et le bien de la chose publique exigeaient.

» Je n'ai pu refuser aux mêmes principes la liberté de
» reconnaître la légalité des assemblées de la partie de la
» noblesse qui s'est séparée, et qui, en adoptant des principes
» différents, a demandé de donner à ses députés des pouvoirs
» généraux et suffisants.

» Après les débats causés par la déclaration insérée dans
» le verbal, et après la protestation que la noblesse, assem-
» blée au Musée, a mise à la suite, elle a procédé à la nomi-
» nation d'un secrétaire et d'une commission subsistante. Je
» me suis opposé à ces nominations absolument irrégulières
» et inconstitutionnelles, et pour lesquelles je n'ai reçu aucun
» ordre du roi. On y a procédé également, et, par une con-
» tradiction qui ne peut se concevoir, on m'a nommé moi-
» même président de cette commission. Après m'avoir déclaré
» traître à la patrie, on m'a nommé conservateur de ses droits!
» Je m'y suis également opposé, et cependant on n'a rien
» changé à cette délibération.

» J'ai arrêté le verbal de l'assemblée du Musée avec toutes
» les réserves et protestations successives que j'ai faites.

» J'avais indiqué à la partie de la noblesse qui s'est con-
» formée aux ordres du roi, une assemblée pour quatre heu-
» res; je n'ai pu rentrer chez moi qu'à huit, avec quatre des
» députés nommés par l'assemblée tenue au Musée, qui ne
» m'ont quitté qu'après avoir reçu le cahier de leurs pou-
» voirs. Lorsque je suis sorti du Musée, on m'a crié : « Qu'on
» l'entoure, qu'on ne le laisse pas entrer chez lui, où une
» partie de la noblesse l'attend; qu'on ne lui permette pas
» d'entrer à l'Archevêché; il faut tous le suivre ! » L'assem-
» blée m'aurait toute accompagné, sans la sagesse de M. le
» Procureur général, qui fit observer que cela pourrait causer
» quelque tumulte dans la ville. On se borna alors à me faire
» accompagner par quatre députés; d'autres gentilshommes
» me suivirent jusques dans mon antichambre.

» La noblesse réunie chez moi et l'un de mes fils m'ont dit
» avoir envoyé cinq ou six fois pour savoir la cause de mon
» retard, m'avoir écrit par mes gens, et que constamment la
» porte leur avait été refusée et les lettres renvoyées. Une
» pareille violence faite à ma liberté est sans exemple de la
» part d'une assemblée qui réclame elle-même les droits de
» la liberté.

Livre XV.
Chap. 2.
1789.

» Ma conduite a été dictée par le zèle qui m'anime pour la
» chose publique, par le respect que je dois aux ordres du
» roi et par ma conscience elle-même. Je n'ai cherché qu'à
» éviter les discussions et le trouble, et je ne crains pas de
» soumettre le détail de tout ce que j'ai fait aux yeux du roi
» et de la nation.

» Je n'opposerai que cet exposé simple et fidèle aux vio-
» lences que j'ai éprouvées, aux inculpations odieuses dont
» le verbal de l'assemblée de la noblesse réunie au Musée
» est remplie. J'ai fait et clos le présent procès-verbal pour
» être déposé dans les mains d'un notaire aujourd'hui.

» 12 avril 1789.   *Signé* : Du Périer.

M. Dudon fils, ayant pris lecture de cette pièce le même jour, écrivit à M. du Périer la lettre suivante, le 15 avril :

« J'aurais bien désiré, Monsieur, que vous ne m'eussiez pas
» distingué d'aucune manière dans le verbal que vous avez
» trouvé à propos de dresser, et de remettre plutôt chez un
» notaire qu'au greffe de votre sénéchaussée. Je ne puis ac-
» cepter l'honneur que vous me faites d'avoir calmé l'effer-
» vescence des esprits ; je ne puis même me dispenser de
» désavouer, d'une manière authentique, le fait sur lequel
» vous provoquez mon témoignage. Mon silence aurait l'air
» d'un aveu dont toute la noblesse aurait droit de s'offenser ;
» dans la vérité du fait, je n'ai point le mérite que vous
» m'attribuez, parce que pas un gentilhomme n'a eu le tort
» que vous attribuez au corps entier de la noblesse. »

Deux heures après la réception de cette lettre, le notaire alla communiquer à M. du Périer le désaveu du procureur général, et, arrivant à ces mots : *parlant à lui,* il fut interrompu par le grand-sénéchal qui lui dit : « Écrivez : Qui a
» fait pour réponse, que le procureur général avait fait un
» acte de la plus grande prudence, samedi dernier, veille de
» Pâques, qui lui faisait le plus grand honneur, et que le ré-
» pondant était bien étonné de son désaveu.

» Que quelque sacrifice que puisse faire M. le Procureur
» général en faveur du corps auquel il veut, de préférence,
» appartenir, il ne le peut aux dépens d'un témoignage que
» le répondant a affirmé véritable dans le procès-verbal qu'il
» a dressé et dont il offre la confirmation par serment. »

Livre XV.
Chap. 2.

1789.

Le lendemain 16 avril, M. le Grand-Sénéchal écrivit au ministre, M. de Villedeuil, en lui envoyant la feuille officielle qui devait contenir les noms des députés. Il n'y consigna que les noms des députés nommés dans les ordres du clergé et du Tiers-État. « Je n'ai pas, dit-il, inséré ceux des nobles, par
» l'illégalité et l'irrégularité qui se sont commises, à la dernière
» séance, dans cet ordre, dont un très-grand nombre aurait
» dû rentrer dans l'ordre du tiers. » Il lui rappelle les faits consignés dans le verbal sus-mentionné.

Dans cet intervalle, la réponse de M. du Périer à M. Séjourné, notaire, circulait en ville et était même parvenue aux oreilles de M. Dudon fils, procureur général. Celui-ci, mécontent, écrivit au notaire et le mit dans la nécessité de révéler l'auteur de ces assertions qu'il qualifiait de blessantes. La réponse de M. Séjourné était la révélation du fait et de ses incidents ; elle mit le procureur général dans la nécessité d'adresser un acte à M. le Grand-Sénéchal, sur les faits relatifs à la dernière séance de la noblesse au Musée, le 11 du mois, par lequel il déclara qu'il n'avait pas eu « le mérite
» d'arrêter, par ses représentations, les actes de violence dont
» parlait M. du Périer, parce qu'il n'avait vu chez aucun
» membre de la noblesse la moindre disposition de s'y laisser
» entraîner, et qu'on ne peut se permettre de dire qu'un
» gentilhomme en eût conçu l'idée, moins encore qu'elle eût
» pu être adoptée dans l'assemblée d'un ordre dont l'honneur
» est la première loi.

» La vérité est, ajoute M. Dudon, que, tout étant consommé
» le 11 du mois, vers les six heures et demie du soir, et le
» verbal clos, M. le vicomte de Pontac, adressant la parole

» à M. le Grand-Sénéchal, lui dit que le bruit s'était répandu
» en ville qu'il était attendu chez lui pour présider un petit
» nombre de gentilshommes que nous avions eu la douleur
» de voir enlever au milieu de nous par l'esprit de discorde,
» sous le prétexte d'une légère diversité d'opinion ; qu'une
» pareille contradiction dans sa conduite devant nécessaire-
» ment l'exposer à la censure générale, il le priait de s'ex-
» pliquer d'une manière assez précise, pour mettre tous les
» gentilshommes présents à la séance à portée de prendre sa
» défense dans le monde. Sur quoi, mon dit sieur du Périer,
» paraissant d'abord vouloir éluder la réponse, excita un
» murmure général, M. le vicomte de Pontac ayant insisté,
» M. du Périer se leva une seconde fois et dit : « *Messieurs,*
» *ma réponse est que je n'ai rien à répondre à cet égard.* »
» Ce propos, justement pris pour un aveu, renouvela le mur-
» mure au milieu duquel il était physiquement impossible,
» tant à mon dit sieur du Périer qu'à tout autre individu, de
» distinguer autre expression que celle-ci : *Délibérer! délibé-*
» *rer!* Ce fut alors que le comparant (M. Dudon), élevant la
» voix, obtint un moment de silence de l'assemblée et dit :
» Messieurs, je ne pense pas qu'il y ait à délibérer sur la ré-
» ponse de M. le Grand-Sénéchal ; notre travail est fini, tout
» est consommé ; c'est à lui à juger maintenant de l'usage qu'il
» doit faire du pouvoir qu'on ne lui a conféré que pour être
» le centre de l'union ; c'est à lui et aux gentilshommes qui
» nous ont précipitamment abandonnés, à voir s'ils ne ser-
» vent pas des passions étrangères, lors même qu'ils croient
» n'obéir qu'au cri de leur conscience. Rien ne nous ôtera
» l'avantage d'être essentiellement le corps de la noblesse,
» par la grande prédominance du nombre, et par notre réu-
» nion sous la présidence de celui que la loi nous indiqua.
» Nous nous sommes conformés aux ordres du roi ; nous avons,
» en notre âme et conscience, travaillé pour ce que nous avons
» jugé le plus grand avantage de cette sénéchaussée. Si nous

» sommes inculpés par M. le Grand-Sénéchal ou par quel-
» ques-uns de nos membres séparés, la nation assemblée en
» décidera. Je pense qu'il y a lieu de nous séparer à l'instant,
» en chargeant nos députés d'aller, tout de suite, chez M. le
« Grand-Sénéchal pour retirer de ses mains l'exemplaire des
» cahiers qu'ils doivent porter aux États-généraux, ainsi que
» M. le Grand-Sénéchal vient de me le proposer lui-même.

» L'opinion générale se manifesta par un applaudissement
» à ce peu de mots; tout le monde se retira, et M. le Grand-
» Sénéchal aussi librement que tout autre membre de l'assem-
» blée. Ce ne peut donc être que par oubli ou préoccupation
» que M. le Grand-Sénéchal ait consigné, dans son procès-
» verbal, des faits différents et employé des tournures qui
» donnent encore plus à entendre.

» Le comparant se réfère au parti que l'ordre de la noblesse
» jugera à propos de prendre pour tout ce qui est inculpation
» générale et commune à tous ses membres; il y adhère
» d'avance avec d'autant plus de confiance qu'il est certain
» qu'aucun gentilhomme n'a eu l'idée de substituer la violence
» et l'injure à la fermeté avec laquelle il convient de défendre
» l'opinion qu'on croit juste; qu'il a toujours remarqué que,
» dans les discussions un peu vives, chaque individu a soi-
» gneusement évité tout ce qui pourrait être personnellement
» offensant pour M. le Grand-Sénéchal et pour les siens. C'est
» avec ces mêmes sentiments que le comparant proteste contre
» l'erreur dans laquelle mon dit sieur le grand-sénéchal est
» tombé dans la rédaction de son verbal ; et, par les raisons
» énoncées en le présent acte, il lui déclare qu'il se croit obligé,
» en honneur et conscience, à révoquer le témoignage sur
» lequel il paraît compter, les faits étant tels qu'ils viennent
» d'être déduits; lui déclarant, au surplus, qu'il choisit pour
» détenteur du présent acte, le notaire chez lequel a été fait
» dépôt du soi-disant verbal, afin qu'il n'en soit pas délivré
» une expédition sans y joindre celle du présent acte ; de quoi

» faire il somme expressément le dit notaire, même d'en en-
» voyer une copie à toute personne à qui, jusqu'à ce jour, il
» aurait pu fournir celle du dit verbal, sans préjudice à Mes-
» sieurs les Commissaires de la noblesse, ainsi qu'à ses députés
» aux États-généraux auxquels il en sera fourni expédition,
» d'en faire tel usage que l'intérêt de l'ordre exigera et que
» leur sagesse leur suggérera. Dont acte requis et octroyé
» pour être notifié à M. le Grand-Sénéchal, etc., etc., etc. »

Voilà les misérables tracasseries, les haineuses jalousies, les efforts stériles et avortés dans lesquels la noblesse française épuisait sa vitalité.

Au travers de cette enveloppe, dont le procureur général s'efforce de couvrir les scènes du Musée, on entrevoit une partie de la vérité. Il régnait dans cette assemblée une profonde jalousie et une injustifiable antipathie pour le grand-sénéchal. Désigné par le roi comme président de la noblesse, il désirait répondre à l'attente de Sa Majesté, et croyant, comme d'autres, que dans des circonstances si graves, lorsqu'il s'agissait de débattre les grands intérêts de la patrie sur une si vaste scène, à Paris, loin de Bordeaux, où convergeaient tous les regards, où devaient se trouver réunies toutes les lumières de la France, il fallait poser les principes généraux dans les cahiers et laisser toute liberté, donner des pouvoirs généraux et suffisants aux hommes vertueux, éclairés, indépendants et patriotes, afin de discuter, juger et adopter la meilleure marche possible pour les points secondaires. Il était d'ailleurs homme de tête et de cœur, et ne voulait subir d'autre influence que celle du devoir envers son roi, de sa propre conscience et des égards nécessaires pour sa haute position sociale. Il déplaisait à plusieurs, qui entraînèrent à leur suite d'autres gentilshommes moins intrigants qu'eux. Ami de M. de Marcellus, de M. de Fumel et de plusieurs autres qui désiraient, sans bouleverser la France, sans renverser la monarchie à laquelle ils tenaient du fond de leurs entrailles, il voulait améliorer la condition du Tiers-État et se montrait partout l'ami du peuple dont il se faisait un devoir d'étendre et de développer le bien-être, tout en réformant les abus.

Ayant considéré la dernière séance de l'ordre de la noblesse comme étant irrégulière, M. le Grand-Sénéchal n'envoya point au ministre, comme nous l'avons dit plus haut, les noms des députés de cet ordre, et continua à réunir chez lui les nobles qui entendaient donner, conformément au vœu du gouvernement, des pouvoirs suffisants et généraux aux mandataires. Ils arrêtèrent le cahier le 23 avril et nommèrent leurs députés le 30. Instruit de cette division, le ministre, M. de Villedeuil, écrivit pour empêcher l'envoi aux États-généraux des députés nommés par cette fraction de la noblesse ; mais on se réunit le 11 juin et on chargea M. de Ladebat, commissaire et secrétaire de l'assemblée, de porter aux États-généraux ses réclamations et de demander l'admission de ses représentants.

M. de Ladebat se présenta, le 22 juin, à l'assemblée nationale tenue dans l'église de Saint-Louis de Versailles ; il remit ses pouvoirs et demanda que les députés de la noblesse qu'il représentait fussent admis, et que, s'il y avait contestation résultant de l'admission des autres députés dans la chambre de la noblesse, elle fût jugée dans l'assemblée nationale.

Les signataires de la protestation dressèrent un cahier d'instructions et de pouvoirs pour les députés, avec faculté de voter selon leur conscience, en conformité à la pluralité des opinions et selon les circonstances, et d'insister surtout, après la vérification des pouvoirs des représentants de la nation, sur la nécessité de régler la constitution, comme le meilleur palladium de la liberté, de la propriété et de la sûreté de tout le monde.

Dans le même document, ils tracèrent les principes et les articles essentiels de la constitution française, de la manière suivante :

1° La nation française est libre ;

2° Son gouvernement est monarchique. Le trône est héréditaire dans la ligne mâle de la famille régnante ;

3° La régence et sa forme ne doivent être établies que par les États assemblés ;

4° En cas d'extinction de la famille régnante en France, le choix d'une nouvelle famille royale n'appartient qu'à la nation représentée par les États assemblés ;

5° Les États ne peuvent être formés que de députés librement élus par les Français contribuables ;

6° Le roi et les États ont seuls le droit de statuer sur les lois constitutionnelles ;

7° La nation, représentée par les États assemblés, a seule le droit de consentir l'impôt.

Nous ne croyons pas devoir reproduire textuellement les autres principes mis en avant par cette portion de la noblesse du pays ; ils portent bien les caractères d'une haute sagesse et de l'amour de la véritable liberté : c'était le jugement par jurés ; la mise en jugement de tout citoyen arrêté, dans les vingt-quatre heures, ou sa liberté sous caution ; la convocation périodique des États-généraux et toutes les fois que les circonstances l'exigeraient ; la puissance exécutrice exercée par le roi ; la forme, la compétence et le ressort des tribunaux réglés par le roi ; l'administration des provinces par les États provinciaux formés de députés librement élus, avec une commission extraordinaire subsistant pendant l'intervalle de leurs sessions ; des assemblées de districts, des conseils municipaux, le vote quinquennal de l'impôt ; la liberté de la presse, sous la condition que l'auteur mettrait son nom au bas de ses articles ou le ferait connaître à l'imprimeur qui serait alors chargé d'en répondre ; le secret des lettres confiées à la poste, etc., etc., etc.

Outre ce mandat spécial, on ajouta des instructions détaillées qui embrassaient les dépenses et les recettes, les emprunts, les impôts, leur égale répartition, l'éducation et l'instruction publique, l'administration de la justice, la guerre, la marine, l'administration de l'intérieur, le commerce, l'agriculture, les manufactures, les hôpitaux, etc., etc., etc.

Livre XV
Chap. 2.
—
1789.

Ces instructions furent signées par les commissaires : MM. le duc de Duras, le comte de Preissac, le baron de Ségur La Roquette, le vicomte de Grenier, le baron du Périer de Larsan, grand-sénéchal de Guienne; de Ladebat, secrétaire. A la suite de ces noms furent imprimés ceux des députés déjà nommés. Quelque temps après, dix autres gentilshommes y apposèrent leurs signatures : c'étaient MM. le baron de Beaufort-Saint-Aulaire, le comte de Blangy, Desclaux de Latané pour lui et pour demoiselle de Ballade, Brunaud, Le Tellier, du Foussat de Bogeron.

Pendant que la noblesse entretenait dans son sein ces désolantes divisions, chaque incident était publié par la sotte indiscrétion des uns, les commentaires malveillants des autres et l'insatiable avidité de tout le monde, qui voulait savoir ce qui se passait dans ces réunions politiques, d'où semblait devoir sortir un jour le salut de la France. Le clergé, de son côté, éclairé par ces fâcheuses divisions, s'efforça d'éviter les mêmes désordres et se réunit paisiblement, le 24 mars, sous la présidence de Mgr de Cicé, à l'archevêché. Après avoir nommé M. Gouges, curé de Tabanac, secrétaire, M. Le Chevalier, curé de Ludon, et M. Lavaissière, sous-secrétaire, on nomma quatorze commissaires, dont deux étaient pris dans le chapitre, un curé de la ville, six curés de la campagne, deux bénéficiers, deux réguliers, et un prêtre n'ayant pas de bénéfice.

Le lendemain, après plusieurs motions, M. l'abbé Graillet lut un savant travail sur les abus en fait de discipline ecclésiastique et en particulier dans l'administration épiscopale.

Le 24, on témoigna le désir de connaître la dette du clergé; Mgr l'Archevêque s'empressa de satisfaire à ce vœu, et dit que la dette était alors de 150 à 155 millions ! Puis, arrivé au chapitre des dépenses, il dit qu'elles consistaient principalement dans les 14,000 liv. qu'on donnait annuellement aux agents du clergé, 1,000 liv. à chacun des avocats du clergé pendant la tenue des assemblées, 24 liv. par jour à nos seigneurs les évêques, et 15 à chacun du second ordre; mais que la plus forte dépense consistait dans les présents qu'on était dans l'usage de faire aux personnes de la cour.

M. l'abbé Mangin fit plusieurs motions remarquables contre les abus des audiences, la vénalité des charges de magistrature, qu'on désirait voir données au concours, la députation ou représentation du clergé, et enfin sur la modification ou plutôt la nullité du concordat en ce qui concerne les grades.

M. l'abbé de l'Épinay, prieur de Lansac, insista pour qu'on délibérât si le clergé ferait le sacrifice pécuniaire nécessité par les circonstances. Après quelques observations de Mgr l'Archevêque, on consentit au sacrifice pécuniaire et on nomma de suite des députés pour en instruire la noblesse et le Tiers-État, ce qui fut fait à l'instant même. Arrivant au Musée où se trouvait la noblesse, M. l'abbé Boudin dit : « que son ordre dé-
» clarait à la noblesse renoncer à toute exemption pécuniaire,
» consentir à une vérification contradictoire de ses biens et
» supporter une contribution proportionnelle à celle des autres
» ordres. » La même communication fut faite au tiers-ordre, et bientôt après on vit arriver les députations respectives de la noblesse et du Tiers-État. M. Brochon, au nom du Tiers-État, dit que « MM. les Commissaires avaient été on ne peut
» plus sensibles aux marques d'intérêt que le clergé donne
» pour la chose publique; qu'ils avaient su apprécier le sacri-
» fice pécuniaire. »

On s'occupa alors de la question de savoir si le clergé opinerait par ordre ou par tête ; on décida qu'en cette matière, on s'en référerait aux États-généraux. M. Chausson, curé de Landiras et de La Conque, exposa l'état de gêne et les besoins d'un curé. L'assemblée s'accorda à dire qu'il fallait demander aux États-généraux la somme de 1,800 liv. pour chaque curé.

M. Lespiaut, curé de Saint-Éloi, dit que si les bénéfices ecclésiastiques étaient mieux répartis, il n'y aurait pas tant de prêtres dans la misère, et il ajouta que si les décrets de l'Église étaient mieux observés, on ne verrait point les chefs de la hiérarchie accumuler sur leurs têtes plusieurs bénéfices et les meilleurs ; que la pluralité des bénéfices était contraire aux canons, etc., etc.

Ses avis furent combattus par ceux qui avaient intérêt à les faire avorter. M. Comet, curé de Puy-Paulin, parla longuement en faveur des curés congruistes. On proposa plusieurs mesures sans importance et sans suite sur ce sujet.

L'abbé Dudon exprima le désir que le clergé portât aux États-généraux son vœu sur la nullité du concordat, qui n'avait jamais été une loi en France. Le concordat annulé, le clergé, d'accord avec la noblesse et le Tiers-État, nommerait les évêques qui ne pourraient être promus qu'après l'âge de cinquante ans et sans avoir passé un certain temps curés et vicaires. « Nous aurons alors des évêques, dit-il, qui sauront dire la » messe, prêcher et parler souvent à leur peuple ; des évê- » ques qui sauront faire leurs mandements, sans avoir besoin » de ces plumes mercenaires qui les exposent le plus souvent » au ridicule et à la censure. »

M. Andrezes releva quelques écarts indécents de M. Dudon. Enfin, après plusieurs intéressants débats, on procéda à l'élection ; sur 447 votants, Mgr l'Archevêque obtint 284 voix. Le 2 avril, le scrutin fut favorable à M. l'abbé Piffon, curé de Valeyrac, et le soir, à M. Delage, curé de Saint-Christophe en Bourgès. Le lendemain, vendredi 3 avril, M. L'Héral fut proclamé député.

On trouvera d'autres détails plus développés sur ce sujet dans notre *Histoire de l'Église de Bordeaux*, ou *Vies des Archevêques de ce diocèse*.

En résumant substantiellement les chapitres précédents, il sera peut-être bon de placer sous les yeux des lecteurs les résultats des élections :

Le 3 avril, le clergé nomma pour ses députés Mgr de Cicé, archevêque; MM. L'Héral, vicaire général ; Piffon, curé de Valeyrac ; Delage, curé de Saint-Christoly en Médoc ; le bénédictin Laveissière fut élu député suppléant.

Le 6 avril, la noblesse assemblée dans l'église des Irlandais, nomma pour ses députés MM. Leberthon, premier-président au Parlement ; de Lavie, président à mortier ; le vicomte de Ségur et le baron de Verthamont. M. de Sentout fut élu député suppléant.

Le 11 avril, le Tiers-État de la sénéchaussée élut Messieurs Tisson; Jaubert, médecin de Cadillac; M. Boissonneau, notaire à Blaye ; Valentin Bernard, bourgeois de Bourg, et de Luze de Lestang, de Coutras.

Le Tiers-État de la ville de Bordeaux élut MM. Lafargue, Paul Nairac, Gachet de Lile, négociant, et Desèze, médecin; suppléants : MM. Mercier et Terrefort, bourgeois.

Pendant ces grands travaux d'économie politique et sociale, on n'oubliait pas les jurats et leur inqualifiable obstination à rester en place, malgré le vœu de la population ; M. de La Montagne surtout était l'objet de l'animadversion populaire. Le 30 avril, l'assemblée des Cent-Trente se réunit et, épanchant de nouveau son antipathie pour la municipalité, adressa au roi la *supplique* suivante, qui mérite plutôt le nom de remontrance et comme telle une place parmi les grands et importants documents de l'époque.

« Sire,

» L'assemblée des Cent-Trente de la ville de Bordeaux ne cessera pas de supplier Votre Majesté de pourvoir au remplacement des officiers municipaux dont vous avez accepté la démission et de retirer le brevet de nomination du sieur La Montagne à la place de procureur-syndic.

» La police de cette grande ville et son administration souffrent depuis longtemps ; il est impossible que des fonctions qui exigent la surveillance la plus éclairée et la plus active, et dont l'exercice ordinaire se partage entre huit magistrats, soient suffisamment remplies par les trois officiers qui composent aujourd'hui le corps municipal.....

» Si, depuis le 2 décembre dernier que l'assemblée des Cent-Trente s'est formée et que les citoyens de tous les ordres se sont livrés à l'examen d'une administration qui, pendant dix-sept ans, avait été dérobée à l'assemblée des Cent-Trente, elle n'a pu découvrir encore tous les abus et les réparer, elle a du moins cette confiance que son zèle ne l'a pas égarée sur l'objet de ses recherches.

» Ses premiers regards se sont portés sur une délibération du 24 janvier 1788, dans laquelle vos fidèles sujets avaient été représentés par les officiers municipaux, comme capables de manquer à la déférence et au respect dû à la personne sacrée de Votre Majesté. Cet outrage fait à la cité entière, par ses magistrats, excita l'indignation de l'assemblée ; cette délibération fut biffée sur le registre ; c'est le premier hommage que l'assemblée a rendu à Votre Majesté.

» Les officiers municipaux eurent ensuite l'inconsidération de présenter à l'assemblée un procès-verbal qu'ils avaient fait le 14 novembre 1788, dans lequel ils attaquaient indistinctement tous les ordres des citoyens, et imputaient à des complots et à des manœuvres secrètes ce qui n'avait été que l'effet naturel des circonstances.

» La lecture du procès-verbal fut cause qu'on demanda la lettre que les officiers municipaux avaient écrite à votre ministre en la lui envoyant ; ils répondirent qu'ils ne l'avaient pas. Le registre de la correspondance fut apporté ; il fut observé que la lettre des jurats, qui avait accompagné le procès-verbal, n'avait pas été transcrite sur ce registre, qu'il n'en avait été fait aucune note. Il ne se trouva, sur ce registre, aucune des lettres écrites à M. de Villedeuil, depuis le 18 octobre jusqu'au 29 novembre. Il fut observé encore que dans une lettre du 12 septembre, les jurats, *en parlant des priviléges de la ville, les qualifiaient de prétendus priviléges qui n'avaient existé dans pas un temps.*

» Il fut observé enfin que trois lettres antérieures, des 22, 26 et 29 janvier, adressées à M. le baron de Breteuil, alors ministre de la province, par les officiers municipaux, n'étaient que datées sur le registre de correspondance et laissées en blanc.

» Ces infidélités déterminèrent l'assemblée à arrêter qu'il serait rédigé un procès-verbal du procès-verbal des jurats, du 14 novembre, des blancs du registre de correspondance, et que le procès-verbal des jurats serait adressé à Votre Majesté, en la suppliant d'en ordonner la suppression par un arrêt de son Conseil.

» L'assemblée arrêta encore que les officiers municipaux avaient perdu la confiance de la commune; elle supplia Votre Majesté d'ordonner une élection de sujets pour les six places de jurats, celles de procureur-syndic et de lieutenant de la ville; de prendre, dans sa sagesse, les moyens de faire un choix éclairé de prud'hommes qui devraient procéder à l'élection, sans en confier le soin aux jurats actuels, et de pourvoir provisoirement, jusqu'à la réception et installation des nouveaux jurats, au remplacement de ceux qui étaient en exercice et aux fonctions de la police.

» Cette délibération fut presque unanime; tous les membres de l'assemblée présents signèrent le procès-verbal qui accompagnait la supplique.

» Les officiers municipaux, pressés par les résultats de ce procès-verbal, sollicitèrent quelques adoucissements à la résolution que l'assemblée venait de prendre; on fut touché de leurs supplications; on arrêta *de suspendre l'envoi du procès-verbal et de la supplique par un courrier, afin que les sieurs*

Villotte et Acquard eussent le temps d'envoyer leur démission, qu'ils offrirent à l'assemblée.

» Dans une nouvelle séance, l'assemblée s'occupa de l'atteinte portée aux priviléges de la ville, par la nomination du sieur La Montagne à la place de procureur-syndic, par lettre de cachet; il fut reconnu qu'il l'avait provoquée par les moyens les plus odieux, en se permettant de calomnier ses concitoyens, pour empêcher une élection dans laquelle il ne pouvait espérer d'obtenir aucun suffrage. Par cette conduite, il s'était rendu coupable envers la commune, de la violation de ses priviléges, qu'il avait juré deux fois de défendre.

» Une supplique délibérée sur ces considérations et adressée à votre ministre, développait l'impression qu'avaient faite sur l'esprit de l'assemblée les procédés du sieur La Montagne; elle protesta que tels étaient ses sentiments, *qu'aucun citoyen honnête ne consentirait à occuper les places municipales pour en partager les fonctions avec lui.*

» Ce même jour, Sire, nous nous occupâmes du vicomte de Noé, qui, depuis quatre années, gémit de la rigueur d'un jugement du tribunal des maréchaux de France, pour un fait de son officier municipal, et Votre Majesté fut suppliée d'anéantir ce jugement, de faire cesser la douleur de la commune et celle d'une famille distinguée qui a reçu des rois, vos augustes ancêtres, le témoignage honorable dû à ses services et à sa fidélité!

» Le système actuel de notre administration donna lieu, dans une autre séance, à des observations sur les changements qu'il convenait d'y apporter; il fut vérifié que tels étaient les vices des élections des officiers municipaux, que, quoique, par les anciens statuts de la ville, il fût défendu d'appeler deux années de suite les mêmes électeurs, le choix s'en trouvait concentré depuis très-longtemps dans le cercle des mêmes sujets; il fut observé que l'un d'eux l'avait été *pendant neuf années de suite.* Cette infraction d'une loi faite pour prévenir les brigues dans la nomination des officiers municipaux, détermina l'assemblée à en prescrire l'observation rigoureuse....

» Il a été nommé des commissaires pour faire la recherche et la vérification de tous les abus qui se sont introduits dans l'administration des revenus de la commune; ce travail est commencé, et lorsqu'il sera fini, l'assemblée se propose de le mettre *sous les yeux de Votre Majesté.*

» La position du magasin des poudres alarmait plusieurs citoyens; l'assemblée a pris des mesures pour le placer dans un autre lieu.

» Depuis longtemps une réclamation générale accusait la police de *ne pas surveiller le prix des viandes;* l'assemblée a délibéré des expériences d'après lesquelles on pût établir une taxe qui satisfît également le marchand et le consommateur.

» Nous supprimons, Sire, le détail de plusieurs autres objets non moins importants; les propriétés de la ville, l'amélioration de ses revenus, rien n'a été étranger à notre zèle, et nous sommes à la veille d'en recueillir les salutaires effets.

» Mais les travaux seraient perdus, notre zèle impuissant, si la régénération que nous sollicitons de Votre Majesté n'était prompte, et si la municipalité restait plus longtemps incomplète. Des hommes, vivement animés du bien public, encouragés par l'estime et la confiance de leurs concitoyens, réaliseront nos projets restaurateurs d'un régime absolument dénaturé.

» L'arrêt de votre conseil, du 26 février dernier, n'a pas accueilli la présentation que nous avions faite à Votre Majesté, de vingt-quatre sujets qui, provisoirement et dans des circonstances où l'insuffisance des officiers municipaux rendait notre réclamation puissante, devaient administrer la police et le patrimoine de la ville jusqu'à une nomination définitive. Votre Majesté a pensé que cette présentation n'était pas conforme aux règlements et notamment aux lettres-patentes de 1767 et 1772.

» Sire, c'est précisément de ces lois que nous sollicitons l'exécution, et l'arrêt de votre Conseil ne peut nous laisser aucun doute sur votre volonté constante de les maintenir. Vous voulez régner par la loi, le bonheur public doit être votre ouvrage ; tous les actes émanés de Votre Majesté expriment le vœu si digne de votre cœur et de votre amour pour vos peuples.

» Sire, votre ville de Bordeaux serait-elle donc privée de la douce influence de votre autorité paternelle? serait-elle réduite à voir ses intérêts les plus chers, les plus précieux, confiés à *un sujet qu'elle n'a pas choisi* et qui se trouve revêtu des plus importantes fonctions contre le vœu des lois, qui ont eu pour objet d'assurer aux habitants de cette ville le droit constitutionnel d'élire ses officiers municipaux? Toute la France attend avec confiance l'heureux effet des grands principes qui ont guidé Votre Majesté dans la convocation des États-généraux ; elle a voulu, autant que les circonstances le lui ont permis, que les représentants de la nation qu'elle appelait auprès d'elle, fussent librement élus ; *ce que Votre Majesté a fait pour ses peuples, nous le demandons, Sire, pour votre ville de Bordeaux.* Dans les assemblées du commerce, comme dans les assemblées nationales, le concours des suffrages peut seul rendre une représentation légale.

» Au droit naturel qui assure la liberté des élections, se joint cette considération, *que la ville de Bordeaux a, dans des temps difficiles, fait de grands sacrifices pour conserver la propriété de ses offices municipaux;* que de motifs, Sire, pour obtenir incessamment, de votre justice, la liberté de vous présenter des sujets dignes de notre confiance et de celle de Votre Majesté.

» Ce sont les très-humbles supplications qu'a l'honneur d'adresser à Votre Majesté, Sire, l'assemblée des Cent-Trente de la ville de Bordeaux.

» 23 mai 1789. *Signé :* LES CENT-TRENTE. »

Dans le règlement de convocation, le roi avait déclaré *que le respect pour les anciens usages et la nécessité de les concilier avec les circonstances présentes, sans blesser les principes de la justice, avaient rendu l'ensemble de l'organisation et toutes les dispositions préalables très-difficiles et souvent impossibles.*

Le Conseil des Cent-Trente se réunit le 23 mai et écrivit à M. Necker, pour lui dire que *la ville de Bordeaux avait souffert particulièrement de ces circonstances; qu'elle avait été privée de l'envoi d'un député particulier aux États-généraux, dans l'ordre du tiers.* « Ce droit, dit le Conseil, dont
» elle a constamment joui, est d'autant plus précieux pour
» elle, que la forme de convocation du Tiers-État de la séné-
» chaussée a donné la plus grande part, dans le choix des
» députés, à des personnes qui ne connaissent pas ses droits,
» ses priviléges, et dont les prétentions lui sont contraires.
» Notre chronique atteste que dans la tenue des anciens États,
» la ville a toujours eu des officiers municipaux au nombre
» des députés. »

Le Conseil se plaignait que, par un abus criant, les grands propriétaires du Tiers-État n'eussent pas eu, par suite des formes défectueuses, l'influence que leur fortune et leurs lumières auraient dû leur assurer dans la nomination des députés; la ville était propriétaire de grands fiefs, et cependant elle n'a pas même joui de la prérogative d'un simple gentilhomme. Le Conseil se plaignait aussi que, par suite de ces abus et de la coupable négligence des officiers municipaux, la ville allait courir le risque d'être sans défense aux États-généraux.

On demandait à grands cris la cessation de cet abus et de mille autres; on ne songeait pas que la France était à la veille de passer sous le niveau et qu'une égalité universelle devant la loi allait remplacer tous ces vices de forme, toutes ces institutions défectueuses. Nous n'avons donc plus à nous occuper des quatre-vingt-dix, ni des officiers municipaux ; nous allons voir le Tiers-État à l'œuvre et suivre le développement de ses travaux orageux qui semblaient annoncer au loin la tempête qui allait tout renverser sans savoir ce qu'on pourrait mettre à sa place. Nous aurons occasion, dans le premier volume de la seconde partie, de revenir sur les travaux des quatre-vingt-dix électeurs de la ville de Bordeaux.

CHAPITRE III.

Le Tiers-État se réunit. — Un esprit de méfiance et de discorde et des désordres par suite. — Les commissaires du Tiers-État. — Duranteau. — Brochon. — Discussions intérieures. — Conduite de M. Fisson et de M. Séjourné. — La ville renonce à ses privilèges. — Discussions fâcheuses. — Animosités personnelles. — La lecture du cahier. — Élection des députés. — Dernière réunion. — Fête, banquet, etc., etc.

Livre XV.
1789.

Détournons un instant nos regards de toutes ces dissensions intestines qui déchiraient le sein de la noblesse; ce corps, le plus ancien, le plus imposant, le plus respectable et le plus respecté du monde, ne faisait que se suicider lui-même; il se dépouillait de ses antiques droits légitimement acquis, au prix de son sang et de ses services, sur mille champs de bataille. Un esprit d'union et de concorde aurait dû guider ses pas; ce n'était plus une classe de privilégiés; c'étaient des frères et des amis qui, par leurs sacrifices en faveur du Tiers-État, acquéraient de nouveaux droits à la vénération, à l'estime et à la reconnaissance de la nation. Hélas! le bienfait est bientôt oublié et l'ingratitude le suit de près!....... Nous allons maintenant assister aux opérations du Tiers-Ordre.

Après la prestation du serment, le Tiers, comme nous l'avons vu plus haut, se retira d'abord dans la chapelle du collége (Saint-Paul) et ensuite au palais de l'Ombrière. On s'attendait à entendre, de la part de M. La Rose, lieutenant-général au sénéchal de Guienne, un discours de circonstance sur les avantages politiques et administratifs qui allaient découler naturellement du nouvel ordre qu'on allait inaugurer; il n'en fut rien: tout se passa dans un morne silence; c'était l'inexpérience en action; de beaux talents inconnus qui s'ignoraient eux-mêmes et qui allaient s'emparer timidement du timon des affaires.

Les députés de la campagne demandèrent que le cahier de la ville fût remis avant ceux des différentes communautés de la sénéchaussée ; la jalousie et la défiance s'étaient déjà glissées dans ce corps. Les députés de la ville objectèrent les formelles dispositions du règlement envoyé par le gouvernement ; ils étaient dispensés de porter leur cahier à l'assemblée des ordres et déclaraient que, quand même le cahier serait rédigé (ce qui n'était pas), il ne serait déposé qu'après que la sénéchaussée aurait satisfait au règlement qui ordonnait la réduction des électeurs à deux cents ; que cette réduction faite, on nommerait des commissaires pour travailler à la rédaction du cahier général et que, jusqu'à ce moment, le cahier de la ville ne pouvait ni ne devait être remis.

L'invocation du règlement fut le signal des désordres ; la bonté naturelle ou plutôt la pusillanimité du président eut bientôt enhardi les plus timides et encouragé le mépris de la décence et du respect. L'assemblée se métamorphosa tout à coup en un attroupement de séditieux et d'anarchistes, auxquels le président ne se donna pas la peine d'opposer un frein. C'étaient des réclamations intempestives, des apostrophes offensantes, des cris tumultueux, des scènes de bacchanales sans exemple dans nos annales. Dans l'espoir d'enchaîner cette tempête, le président ordonna enfin que le cahier de la ville serait remis le lendemain matin à huit heures. De nouveaux cris discordants retentirent dans tous les coins ; les uns le voulaient de suite, les autres, pas du tout. Témoins et acteurs en partie, dans ces inconvenantes scènes de désordre, les députés de la ville se retirèrent enfin à l'Hôtel-de-Ville, et, dans une pensée de confraternité, rédigèrent leur cahier, que les deux cent dix-huit furent invités le lendemain à signer après en avoir entendu la lecture. La séance fut aussi tumultueuse que la précédente ; les quatre-vingt-dix députés de la ville insistèrent de nouveau sur la réduction; mais s'étant, par une lâche concession, relâchés des dispositions du règlement, ils furent, un moment après, forcés de se taire. Ne pouvant se faire entendre, ils se retirèrent et adressèrent un acte au président, pour l'inviter à se conformer au règlement et pour lui déclarer qu'ils n'assisteraient plus à aucune assemblée avant que la réduction ne fût entièrement opérée.

Les quatre commissaires chargés de notifier cet acte à M. le Président, ne furent pas admis; ils firent inscrire leurs noms et l'objet de leur visite chez le concierge; ils rougissaient de se voir condamnés à se roidir contre le courant et à en venir à des actes hostiles pour ramener un juge à l'exécution de la loi!

Cet acte n'eut pas les suites qu'on en attendait; il opéra cependant quelque effet, celui d'un acte du procureur du roi, signifié le soir même aux quatre-vingt-dix, de se rendre le lendemain à l'assemblée, pour procéder, conjointement avec le tiers de la campagne, à la nomination des commissaires qui seraient chargés de la rédaction du cahier général.

On ne savait que faire; les uns tenaient fortement à la lettre du règlement; les autres, ennuyés, vexés de tant de tracasseries gratuites, opinèrent, dans une pensée de conciliation et de paix, pour se rendre à l'assemblée. Ce dernier avis fut jugé sage et suivi, mais on dressa une protestation contre l'infraction du règlement; on délibéra que cet acte serait couché sur le registre, et l'on se rendit à l'assemblée.

M. Duranteau père, orateur des quatre-vingt-dix, étant malade, fut remplacé par M. Brochon; il lut la protestation et en requit acte, qui lui fut accordé. On nomma trente-six commissaires, dix-huit de la ville et autant de la campagne; ils furent invités à se rendre après-midi dans la salle du sénéchal. L'assemblée se sépara jusqu'au 2 avril.

Les quatre-vingt-dix écrivirent au ministre et lui rendirent compte de tout ce qu'ils avaient été obligés de faire pour ramener le bonordre et la paix à Bordeaux ; mais, dans cet intervalle, le cahier du Tiers-État de la ville fut soustrait au dépôt ; c'était pour beaucoup de monde un objet d'une inquiète curiosité ; il fut lu dans presque tous les salons, et peu s'en fallut qu'il ne fût imprimé ! Enfin, les commissaires se réunirent, et, après avoir délibéré sur la marche à suivre, ils résolurent de s'en tenir à celle adoptée par les rédacteurs du cahier de la ville. Ils se partagèrent en neuf bureaux composés chacun de quatre membres, deux de la ville et deux de la campagne, et l'on assigna, au moyen du sort, à chaque bureau son travail particulier. Les commissaires de la ville étaient heureux de ce mélange ; par des égards et des formes polies, ils espéraient détruire les préventions défavorables qu'on avait inspirées à ceux de la campagne contre eux. Ce travail dura huit jours consécutifs et fut achevé à la satisfaction de tout le monde, avec les formes de l'honnêteté la plus exquise, des égards réciproques, avec beaucoup d'ordre et d'intelligence ; on y voyait partout un esprit de concorde et un gage de paix. Dans cet intervalle, le clergé envoya au Tiers une députation pour lui annoncer les sacrifices qu'il voulait faire ; la visite fut rendue le même jour.

On touchait au jour indiqué pour la lecture du cahier ; mais ce travail n'était pas encore en état d'être présenté, il avait besoin d'être corrigé, transcrit et mis au net. Le 1er avril, les trente-six commissaires se réunirent pour le lire en commun et le signer. La lecture fut longue et fatigante ; on fut obligé d'en renvoyer une partie au lendemain, et dans l'après-midi, on acheva la lecture de tout le document, même du *chapitre des demandes locales*, quoiqu'il n'eût pas été relu par les commissaires. Ce chapitre ne contenait que les demandes faites par diverses communautés de la campagne et par les corporations de la ville, dans leur intérêt particulier. La rédaction de ce *chapitre* offrait beaucoup de difficultés, par l'impossibilité où l'on se trouvait d'y faire entrer tous les objets qu'on voulait demander; et il était d'autant plus désagréable d'en faire la lecture, qu'on était assuré que, l'intérêt particulier prévalant sur l'intérêt général, il n'était pas de communauté qui n'exigeât que toutes ses demandes absurdes ou ridicules fussent exprimées.

Pendant cette lecture, il s'éleva plusieurs discussions trèsvives; enfin, l'orage éclata de nouveau lorsqu'on entendit que quelques corporations avaient demandé l'entrée en ville des vins de la sénéchaussée et que la ville n'exprimait pas ellemême ce vœu. Un des commissaires de la compagnie, M. Fisson, médecin à Cadillac, qui avait coopéré à la rédaction du cahier, voulant se garantir des reproches qu'il pourrait plaire à quelqu'un de ses confrères de lui adresser, osa dire qu'on était convenu de cette renonciation et eut l'impudence d'ajouter que si elle n'était pas formellement exprimée, elle avait été soustraite, et que *c'était une infidélité à laquelle les commissaires de la campagne n'avaient aucune part.*

Était-il de bonne foi en avançant ce mensonge? Il est difficile de le croire. Le bureau chargé de la rédaction du chapitre « *Demande locale* » était composé de quatre commissaires de la ville et de deux de la campagne; l'intérêt de la sénéchaussée avait donc seul déterminé ainsi le nombre. L'article dont il s'agit avait été copié du cahier de la ville, où les *rhabilleurs de vieille ferraille* et les *portefaix de bande* faisaient seuls cette demande. Le bureau était composé d'hommes honorables : MM. Séjourné, notaire, Lemesle, Peychaud de Bourg, Deleuze, de Coutras; Lesnier, du Fronsadais, et Gazailhan, de Parentis. Ce dernier avait copié lui-même l'article en question, et Séjourné ne fit que le transcrire sur le cahier général. C'était donc bien faussement que M. Fisson avait avancé que l'article avait été soustrait. On voulait répondre au bruit de l'assemblée; il fallait se ranger, non pas du côté de la vertu et de la raison, qui ne sont pas toujours favorables aux intérêts particuliers, mais du côté de la passion générale et implacable, dont on est toujours sûr d'obtenir les suffrages. M. Fisson prit ce parti ; son zèle intéressé fut dignement récompensé.

Livre XV.
Chap. 3.
1789.

M. Séjourné, homme honorable, voulut se justifier de cette inculpation aussi fausse qu'odieuse et invraisemblable ; mais la foule se mit à crier avec une telle violence, que sa voix s'éteignit dans ce tonnerre étourdissant. Le président lui-même, homme facile à séduire, se permit de dire à cet honorable inculpé que la place qu'il occupait n'était pas la sienne, qu'il y était de trop. M. Séjourné se tut ; que pouvait-il faire pour prouver son innocence à ceux qui ne voulaient voir en lui qu'un coupable et qui refusaient de l'entendre ?

Il serait impossible de décrire la fureur, les gestes violents, les vociférations de ces hommes qui avaient abdiqué leur raison pour n'écouter que la voix trompeuse de la passion ! Les députés de la ville firent preuve, dans ces circonstances, d'une modération exemplaire ; ébahis et étonnés de ces scènes scandaleuses, ils gardèrent une attitude calme et ne répondirent que par le silence et l'indifférence aux invectives dont ils étaient assaillis de tous côtés ; un seul mot acerbe de leur part eût été le signal du carnage, car l'exaspération était à son comble, et jamais émeute n'avait offert aux regards des Bordelais des scènes de désordre si effroyables ! *Renonciation absolue ! renonciation absolue !* on n'entendait pas autre chose ! C'était la foule qui voulait la liberté et qui commençait alors à en abuser ! des hommes libres qui agissaient en esclaves de leurs passions haineuses et anarchiques !

Enfin, un commissaire de police, prévoyant que ces scènes tragi-comiques allaient finir mal, et consultant son cœur plutôt que la prudence de ses confrères, perce la foule qui allait ondulant d'un côté à l'autre, comme les vagues d'une mer en fureur, et, se frayant un passage jusqu'au bureau du président, s'écrie que *la ville renonçait à ses priviléges.*

A ces mots qui, au fond, ne signifiaient rien de plus que ce que la ville avait déjà demandé, savoir, de partager le fardeau des impôts en renonçant au privilége d'être exemptée de la taille ; à ces mots, dis-je, les cris cessent, les esprits se calment, le silence se rétablit et des battements de mains succèdent aux hurlements de ces forcenés et à leurs étourdissants trépignements. Un commissaire de la campagne s'empare du cahier et se hâte d'y écrire cette expression énigmatique de la volonté d'un seul individu, sans caractère, sans mission, comme la renonciation expresse de toutes les corporations de la ville au droit particulier de l'entrée des vins.

La manière odieuse, injuste et mortifiante dont les commissaires-rédacteurs avaient été traités par les députés de la campagne, leur imprima dans l'âme un sentiment douloureux dont ils ne purent se défendre. Cependant ils convinrent de se rendre le lendemain au palais pour entendre la lecture et faire la révision du cahier. On devait y être en nombre égal; les explications n'en seraient que plus faciles.

Les commissaires s'exprimèrent avec fermeté et franchise; ils se plaignirent sans ménagement et reprochèrent à leurs adversaires les injustes inculpations dont ils avaient été les objets. Voyant qu'on allait leur appliquer la loi du talion, les vrais auteurs de ces scandales sortirent et entraînèrent avec eux quelques-uns de leurs amis. La séance devint très-orageuse ; M. Fisson fut rudement semoncé par M. Brochon, qui, repoussant avec mépris ses impossibles justifications, lui dit en face : « Après les odieuses inculpations que vous vous êtes » permises si faussement, vous êtes indigne de la moindre » confiance. » M. Sers arriva, et, interrompant M. Brochon, reprocha plus vivement encore à *certaines personnes d'afficher sans pudeur une odieuse duplicité*. M. Chéry se crut désigné ; il prit son chapeau et sa canne et gagna la porte. M. Darolles de Langoiran, causant avec M. de Sèze, se permit de nommer M. Crozilhac, qui, se trouvant assez près pour l'entendre, lui dit assez crûment : « Bon Dieu ! M. Darolles, cessez donc de me nommer ; on n'entend ici que mon nom ! » M. Darolles, caractère franc, loyal, impétueux, s'emportait contre tous, excité, stimulé qu'il était contre M. Fisson. Ils sortirent en criant que les gens de la ville méprisaient ceux de la campagne, qui les valaient bien !

Les commissaires de la ville et plusieurs de ceux de la campagne attendaient le lieutenant général ; il ne vint pas. On alla le prier de vouloir bien indiquer une réunion des trente-six commissaires pour relire et réviser le cahier ; mais ce magistrat objecta que c'était inutile, que la révision en était impossible, attendu que le cahier était déposé entre les mains du secrétaire.

On lui répondit que ce n'était qu'un projet informe ; que le dépôt réel et légal n'en pourrait être fait qu'après qu'il aurait été arrêté, clos et signé de qui de droit ; que quand même on l'aurait remis au net, les députés de la ville étaient bien résolus à ne rien signer que ce qu'ils auraient lu et révisé avec attention.

Frappé de ces observations et de la fermeté de ces assurances, le lieutenant général consentit à la révision ; mais il la renvoya après la réduction des députés de la campagne.

Les commissaires de la ville ne se rendirent pas à la séance du soir ; MM. Fisson et Darolles profitèrent de leur absence pour se plaindre à leurs collègues des scènes de la séance précédente. La réduction fut alors terminée et les députés qui se trouvèrent en dehors du cadre des deux cents élus furent congédiés. Alors M. le Lieutenant général prévint les commissaires de la ville de se tenir prêts à aller le lendemain au palais, à telle heure. Ces commissaires se réunirent la veille au soir ; on y reconnut que le Tiers-État de la ville ne pouvait pas plus exprimer la renonciation au droit de la libre entrée des vins, que celui de la campagne ne pouvait l'exiger. On délibéra pour savoir de quelle manière il faudrait classer cette demande ; il fut décidé de laisser aux commissaires de

Livre XV.
Chap. 5.
—
1789.

Livre XV.
Chap. 3.
—
1789.

la campagne la liberté de la placer où ils voudraient dans leur cahier; mais qu'une demande en sens contraire, exprimée par la ville, aurait sa place dans le *chapitre de ses demandes particulières*.

Le lendemain, 5 avril; les trente-six se rendirent au palais, d'après l'avis de M. le Lieutenant général.

La lecture commencée le matin fit oublier les querelles de la veille; l'assemblée était paisible. On nomma deux commissaires pour corriger les fautes de style; on chargea deux avocats de retoucher le chapitre de l'administration de la justice, et, après quelques autres observations, on se sépara pour reprendre ses travaux le soir. C'est alors qu'on reconnut une omission dans le chapitre des impôts. Quelques villes de la sénéchaussée demandèrent la suppression du *don gratuit*. On fit insérer cette demande dans le cahier général. Dans le chapitre de l'administration de la justice, on avait, à l'insu des commissaires de la ville, substitué le mot *présidiaux* à celui de *tribunaux*. Lors de la première lecture, le mot *tribunaux* fut employé; mais le mot *présidiaux* fut substitué à sa place, malgré les réclamations des commissaires de la ville. Les commissaires de la campagne prétendaient que, sur la fin de la séance de la première lecture, l'opinion générale était pour changer le mot. MM. Soulié, Gazailhan et Darolles s'emportaient beaucoup et menaçaient de protester avec éclat, si l'on faisait le moindre changement au cahier, à l'exception toutefois des modifications et additions qu'ils voulaient, eux, y introduire. Que le cahier reste tel qu'il est, disaient-ils; mais ils furent bientôt réduits au silence, en leur demandant : Si le cahier doit rester tel qu'il est, pourquoi sommes-nous ici? Si le cahier doit être rétabli tel qu'il avait été, pourquoi ces observations, ces changements, ces additions que vous proposez?

Ces discussions avaient, aux yeux des commissaires de la campagne, une importance vitale; ils voulaient le cahier tel qu'il avait été, parce qu'ils y avaient fait mettre que les commissaires de la ville avaient renoncé à la libre entrée des vins. Cette idée était absurde! Comment pouvaient-ils croire qu'il était possible de forcer quelqu'un de céder ou d'abandonner ce qu'il ne pouvait ni ne voulait céder. Les pouvoirs des députés n'allaient pas si loin.

Les têtes s'échauffèrent, les cris recommencèrent de plus belle, et, croyant qu'il était impossible de s'entendre, les commissaires de la ville allaient se retirer ; la scission paraissait résolue. C'eût été un malheur ; mais qui ou quelle en était la cause? M. le Lieutenant général, dans cette situation embarrassante, comprenant peut-être enfin les suites funestes qui pourraient résulter de sa faiblesse et de sa condescendance, proposa des moyens de conciliation. Les commissaires de la campagne opinèrent à leur tour pour laisser subsister l'article tel qu'il était, sauf à ceux de la ville de faire leur protestation particulière. Ceux-ci, un peu plus conciliants et plus raisonnables, proposèrent que la demande de la campagne fût exprimée, selon son vœu, et que le vœu contraire de la ville fût également aussi clairement énoncé. La discussion fut longue ; chaque parti tenait à son opinion ; il n'y avait pas moyen de s'entendre. Les commissaires de la ville furent d'avis qu'il fallait compter les voix ; ceux de la ville refusèrent, à cause de l'absence de deux de leurs collègues ; mais les autres répliquèrent que, puisque l'assemblée était toujours subsistante, ils seraient à temps d'opérer à leur rentrée, et que l'absence momentanée de quelques membres ne pourrait rendre une décision ni obligatoire, ni invalide. On alla aux voix ; mais, après le premier tour de scrutin et même un second, on n'obtint aucun résultat. Alors le lieutenant général, dans un moment de dépit, déclara qu'il enverrait le cahier informe et raturé tel qu'il était, et que son procès-verbal en expliquerait la cause et les motifs. Les commissaires de la ville le voulaient bien ; mais quel ne fut pas l'étonnement général, lorsque le secrétaire fit observer que le cahier, outre ses ratures et sa malpropreté, était chargé de mots écrits par d'autres que par lui ; que la prétendue renonciation de la ville était en marge ; que cette clause et les mots étrangers à la rédaction primitive ne pouvaient y être introduits que par un des commissaires de la campagne, lorsque dans le désordre général ils s'étaient rendus maîtres du bureau, et enfin, que le procès-verbal devait faire mention de cette illégalité.

Cette étonnante révélation était trop humiliante pour ne pas calmer la fougue des commissaires de la campagne. MM. Lesnier, Clochard et plusieurs autres se prononçaient pour la paix et y insistaient alors plus que jamais. MM. Darolles, Fisson et Gazailhan se turent, et, l'orage ayant enfin cessé de gronder, on continua la lecture du cahier et l'on finit par adopter la proposition des commissaires de la campagne.

On continua la lecture et la discussion le 6 avril, mais avec un ton de politesse et toutes les formes de la bienséance, sans autre incident remarquable que la réception d'une lettre du curé de Puy-Paulin. Cet ecclésiastique prévenait le Tiers, au nom de ses confrères de la ville, qu'ils se proposaient de renoncer à toute espèce de casuel ; mais que, pour les dédommager de ce sacrifice, ils allaient demander aux États-généraux d'être promus de préférence aux canonicats qui deviendraient vacants dans les chapitres collateurs, et qu'ils priaient le Tiers d'appuyer cette demande. Le Tiers répondit qu'il ne pouvait nullement le faire, attendu qu'il allait demander lui-même que tout prêtre desservant fût honorablement entretenu. On lut ensuite une protestation, signée de quinze députés, et plusieurs demandes ridicules ou inadmissibles, dont une, des maîtres des corporations, demandait qu'*ils fussent érigés en officiers du roi.*

Le lendemain, 7 avril, il devait y avoir une assemblée générale aux Jacobins (Notre-Dame). Les commissaires résolurent d'y aller pour faire connaître les propositions déjà arrêtées; mais que la lecture du cahier ne serait reprise au palais qu'après dix heures, et que, si leurs propositions étaient acceptées ou qu'on parût disposé à les accepter, la moitié d'entre ceux qui iraient aux Jacobins reviendraient annoncer les dispositions de l'assemblée à leurs collègues, au palais. Ils revinrent, en effet, avec la bonne nouvelle que les propositions étaient acceptées et que les demandes seraient classées comme les trente-six l'avaient décidé. Tout cela semblait le présage de l'union et de la paix.

Dans l'assemblée du 8, le président proposa de délibérer sur le traitement à faire aux députés et sur l'étendue de leurs pouvoirs. On crut devoir s'occuper d'abord de la seconde question ; les voix furent partagées là-dessus. Les uns voulaient qu'ils votassent aux États, par tête et non par ordre ; que, du moment que la Constitution serait arrêtée et bien publiée, le reste ne pouvait et ne devait être abandonné à la prudence des députés ; c'était là l'opinion des cent vingt-deux députés. La grande majorité vota pour donner aux représentants de la nation des pouvoirs généraux et suffisants, conformément au règlement du ministre ; c'était la manière de voir de cent cinquante députés ; les autres voix se perdirent dans des opinions particulières.

Ce résultat étonna beaucoup de monde ; l'assemblée devint bruyante et les vieilles passions de jalousie et de haine semblaient se raviver par une désolante recrudescence. Le président leva la séance.

Le soir, on procéda à l'élection de trois scrutateurs. Les députés de la campagne désiraient s'en aller et demandèrent d'être expédiés les premiers. Les députés de la ville y consentirent avec l'empressement des hommes honnêtes, ce qui, au lieu de plaire, excita un sentiment de défiance chez ceux de la campagne qui, changeant d'avis, voulurent rester et demandèrent, outre la lecture du procès-verbal, que les quatre-vingt-dix fussent les premiers à procéder à l'élection. Ceux-ci objectèrent que, n'en étant pas prévenus, plusieurs de leurs amis étaient absents; qu'il n'était pas juste qu'ils fussent privés de leurs suffrages; mais que, pour laisser les deux cents de la campagne libres, ils allaient se retirer à l'Hôtel-de-Ville. Ils le firent sur-le-champ, à la satisfaction des deux cents.

Le président invita les scrutateurs à prendre leurs places et les électeurs à venir déposer leurs bulletins. On demanda, avec une ennuyeuse persistance, la lecture du procès-verbal que le président avait renvoyée après les opérations du scrutin. Ils restèrent longtemps indécis; quelques-uns se décidèrent enfin, et à leur suite vint la grande majorité. Plusieurs, malgré cet exemple de conciliation, ne voulurent pas faire la remise de leurs billets. Après les avoir fait avertir plusieurs fois, le président fit ouvrir le scrutin à sept heures du soir; il était neuf heures lorsqu'on annonça les noms des scrutateurs élus.

Cette nouvelle fut portée de suite aux quatre-vingt-dix, à l'Hôtel-de-Ville. Ceux-ci se félicitèrent de n'avoir pas entravé l'élection des scrutateurs par leur présence et se réunirent le soir à l'Hôtel-de-Ville. Ils y apprirent que la noblesse avait député quelques-uns de ses membres au Tiers, et que ceux-ci, à leur arrivée au palais, étaient très-étonnés de ne pas y voir les quatre-vingt-dix de la ville. Cet étonnement n'était qu'un acte de politique. La noblesse savait les intrigues des partis; elle comptait moins sur les députés de la ville que sur ceux de la campagne, et profita adroitement du moment où ceux-ci étaient seuls pour aller réclamer la lecture des derniers procès-verbaux et pour demander si les députés de la campagne devaient s'occuper séparément du traitement des députés aux États, ou si ceux de la ville et de la campagne, comme représentant ensemble le Tiers-État de la sénéchaussée, voulaient que les frais fussent supportés par la sénéchaussée tout entière.

Le 9 avril, les deux cents de la campagne finirent l'élection de leurs députés : c'étaient MM. Fisson, médecin à Cadillac; Deleuze-Letang, notaire à Coutras; Valentin-Bernard, bourgeois de Bourg; Boissonneau, notaire à Blaye, et, comme député suppléant, M. Lesnier, avocat du Fronsadais.

Le lendemain (10), les quatre-vingt-dix s'assemblèrent dans l'après-midi et nommèrent leurs trois scrutateurs et deux députés. Les deux cents députèrent vers eux quatre de leurs collègues, pour les informer de la démarche, des demandes et de l'étonnement de la députation de la noblesse. On fit pour réponse à la noblesse qu'on était sensible à sa visite et qu'on s'empresserait de la lui rendre ; que M. le Président ferait sans doute lire les procès-verbaux dès qu'ils seraient rédigés; que le traitement des députés et la manière d'y pourvoir exigeaient de sérieuses réflexions et qu'il leur serait fait une réponse convenable après avoir terminé la séance et connu le résultat des opinions. On délibéra en effet sur cette dernière question et il fut arrêté, à la majorité, que tous les députés seraient regardés indistinctement comme les vrais représentants du Tiers-État de la sénéchaussée de Guienne, et qu'ils seraient défrayés à raison de 24 livres par jour. Cette décision fut annoncée aux deux cents qui attendaient la réponse dans la grande salle d'audience.

L'élection fut continuée pour le Tiers-État de la ville et terminée le 12 au matin. MM. Lafargue, ancien consul ; Paul Nairac aîné, négociant; Desèze, médecin ; Gachet de l'Isle, négociant; et enfin, Mercier de Terrefort, bourgeois, comme suppléant, furent proclamés députés.

On convint qu'on s'assemblerait le 15 pour entendre la lecture des procès-verbaux des élections et ceux des pouvoirs. Une copie des uns et des autres et tous les cahiers des diverses communautés de la sénéchaussée furent remis aux huit députés, et l'assemblée se sépara pour se réunir le soir à un banquet où, libres, dégagés des préventions et des impres-

Livre XV.
Chap. 3.
1789.

Livre XV.
Chap. 3.
—
1789.

sions fâcheuses, réunis et confondus, les députés se livrèrent, avec la cordialité la plus franche et la franchise la plus cordiale, aux épanchements d'une amitié mutuelle. C'était une fête simple comme le motif qui l'avait déterminée : la paix, l'union et une douce joie y régnaient. Les places d'honneur furent réservées aux nouveaux députés ; et des couplets, je veux dire la chanson française pleine de gaîté et de patriotisme, terminèrent cette fête de concorde et de fraternité.

CHAPITRE IV.

Les quatre-vingt-dix électeurs. — Leur influence. — M. Dudon, procureur général, avoue que le parlement avait perdu son influence. — Disette, misère. — La municipalité s'empare de la *caisse de deux sous*. — Froid intense. — Ateliers de charité. — Le commerce heureux dans ces mauvais jours. — Travaux et embellissements de Bordeaux. — La tour du Canon. — La rue des Remparts. — Porte du Pape, appelée plus tard la porte de Saint-Symphorien. — Les trous du mur du couchant. — L'état de l'ancien Bordeaux, sur la fin du XVIIIe siècle. — La chapelle de Saint-Symphorien. — Le prolongement de la rue Saint-Martin. — Promenades créées. — Travaux de M. Pierre-Pierre, de M. de Fieffé, de M. Blanc-Dutrouilh.

Nous avons réservé, pour la seconde partie de notre travail, presque tous les événements de 1789; cependant, avant de terminer cette première partie de cet ouvrage, nous croyons devoir donner une idée générale des quatre-vingt-dix électeurs et de leurs travaux. Ce sera une courte notice préliminaire qui préparera le lecteur à ces événements majeurs, dont nous parlerons plus tard, et au développement de cette nouvelle magistrature populaire qui eut le courage douloureux d'assister à ces scènes étranges, sans pouvoir ni empêcher le progrès du mal, ni réaliser le bien qui était dans sa pensée l'objet de ses études et de ses patriotiques poursuites.

Malgré les orages qui éclataient tous les jours autour d'eux, ces électeurs (les quatre-vingt-dix) tenaient régulièrement leurs séances depuis le 19 juillet 1789 jusqu'au 20 mars 1790. Grâce à eux, la garde nationale, l'infanterie, la cavalerie s'organisèrent avec un empressement patriotique; l'administration était forte de leur zèle, de leur concours et de leur dévoûment; et tous les fonctionnaires étaient admirables d'exactitude et d'assiduité à leurs devoirs.

Livre XV.
—
1789.

Voir, pour leurs noms, t. I de la 2e partie, p. 4 et 517.

Sachant que cette assemblée devait se séparer après la nomination des nouveaux officiers municipaux et celle des notables, les vingt-huit sections se réunirent et nommèrent chacune deux députés, pour aller lui exprimer leurs sentiments de reconnaissance pour leurs pénibles travaux. Prévenue de cette députation par M. Jaubert qu'on en avait nommé le président, vingt-quatre des électeurs allèrent recevoir ces députés sur les Fossés et les introduisirent dans la salle.

M. Jaubert, dans son discours, fit l'éloge des travaux de l'assemblée des quatre-vingt-dix et de la sagesse de ses délibérations. M. Sers lui répondit, et la députation des sections fut reconduite par les mêmes députés qui l'avaient reçue.

Bordeaux était tranquille; mais on ne prévoyait pas les catastrophes que la disette allait produire. Les électeurs s'étaient reposés sur les jurats, qui étaient naturellement chargés de pourvoir aux besoins publics. Mais les jurats eux-mêmes ne pouvaient rien faire sans le parlement; et dans les débats auxquels la Cour invitait les officiers municipaux, tout se passait à huis-clos; on ignorait où l'on en était pour l'approvisionnement de la ville, et l'on comptait sur le mouvement habituel du commerce qui, d'ordinaire, alimentait la place suffisamment.

On croyait en public que le parlement savait tout; mais que, jaloux de la puissance des quatre-vingt-dix, qui paralysait la sienne et absorbait celle des jurats, il n'était pas fâché de créer des embarras pour cette nouvelle autorité qu'on voyait surgir dans une société d'où il allait disparaître. M. Dudon, procureur général, vint avouer, devant les électeurs, que le parlement avait perdu non seulement son influence, mais même la confiance du peuple; que les électeurs avaient pour eux toute la force de l'opinion publique; que la Cour s'en rapportait à leur sagesse pour le maintien de l'ordre et de la paix.

Les quatre-vingt-dix électeurs firent tout ce qui était humainement possible pour satisfaire aux besoins du moment ; mais ces besoins se multipliaient et la disette allait en augmentant. Dans cet intervalle, un navire arriva de l'Irlande, à l'adresse de M. Coppinger ; il apportait du froment ; mais ce négociant refusa de le vendre aux boulangers, même avec le cautionnement des jurats. Les quatre-vingt-dix intervinrent et offrirent leur garantie propre et personnelle, qui fut acceptée, et les grains furent distribués aux boulangers. A l'échéance du terme, les boulangers refusèrent de rembourser la somme due pour l'achat, sous le prétexte que la ville leur devait une indemnité, dont le compte n'était pas réglé et pour lequel ils étaient en instance.

Ce ne fut plus le moment de délibérer sur la chicane des boulangers ; ce fut celui d'agir et de pourvoir aux besoins pressants du moment et de payer M. Coppinger, ne fût-ce que pour ne pas anéantir complètement la confiance et le crédit.

M. Feuilherade proposa de s'emparer de la caisse, dite de *deux sous par livre*. C'était un impôt que le commerce payait à la douane ; mais il appartenait à la ville. On approuva la proposition, qui semblait offrir à la population alarmée une ancre de salut dans la tempête.

Après de longues discussions, on arrêta que des commissaires iraient chez le directeur de la caisse, avec la décision de l'assemblée. Il les accueillit avec bonté et ne fit pas la moindre difficulté à leur ouvrir ses registres et leur laisser les fonds auxquels les maire et jurats n'avaient jamais touché et dont le parlement seul pouvait jusque-là disposer, quoiqu'ils appartinssent à la ville. Les électeurs s'estimaient heureux de pouvoir, par cette caisse, faire face, pour quelques jours encore, aux besoins du moment. Dans cet état de choses, l'hiver s'annonçait avec une rigueur extraordinaire ; le froid intense suspendait les travaux ; les glaces empêchaient les arrivages ; les classes laborieuses étaient sans travail, sans pain ; le malaise, la misère, le désespoir partout. Jamais Bordeaux

Livre XV.
Chap. 4.
—
1789.

n'avait tant souffert : le ciel et la terre, tous les éléments semblaient se combiner pour lui faire éprouver toutes sortes de maux. On fit un appel à la bienfaisance et à la charité : la quête donna 92,000 livres à peu près. Il fut arrêté que la classe indigente jouirait d'une diminution de cinq deniers par livre de pain, et que la distribution de ces secours serait laissée aux membres de l'assemblée, chacun dans sa paroisse. Les dames charitables, les curés, les hommes pieux et compatissants rendirent, par leur connaissance des misères de certaines familles, cette tâche légère et douce aux quatre-vingt-dix électeurs.

On s'occupa ensuite de la classe laborieuse et de quelques ateliers de charité et de travail ; on porta d'abord son attention sur les communications d'un quartier à un autre, sur les embellissements de la ville et sur les réparations indispensables et urgentes ; on désigna les lieux, on nomma des surveillants bénévoles et on organisa des bandes de travailleurs.

Ateliers. — 1° Le premier atelier fut établi au Château-Trompette. Les fausses braies, entre le château et la rivière, depuis la porte Richelieu jusqu'au pavé des Chartrons, furent complètement réparés. La porte Richelieu fermait alors la rue nommée aujourd'hui *Esprit-des-Lois*. Le pavé fut refait avec un trottoir du côté de la rivière. Cette réparation était très-urgente : les voitures n'y pouvaient pas passer.

2° Le second atelier de travail devait s'occuper des réparations des rues des *Remparts, Porte-Dijeaux*, etc., etc. Malgré les incessantes réclamations des habitants du quartier, depuis quinze ou vingt ans, auprès des jurats, et même en 1787, auprès de l'assemblée des Cent-Trente, l'entrée du bas de la rue des Remparts était impraticable. Jusqu'à la construction du palais archiépiscopal (la Mairie), cette rue était très-fréquentée ; la porte Dijeaux était la seule par laquelle les habitants des landes de Mérignac, de Caudéran, de St-Médard pénétraient jusqu'alors en ville ; les bouviers des landes stationnaient, les jours de marché, sur la place Dauphine ; la rue des Remparts était fermée par le mur du jardin de l'archevêché (hôtel de la Mairie), et l'on passait par la rue de l'Hôpital pour aller au marché.

3° Le troisième atelier était employé à enlever les terres, reste d'une partie des anciens remparts, depuis l'église des Minimes jusqu'à celle de Sainte-Eulalie ; il étendit son travail au nivellement de l'esplanade du Fort du Hâ. La place dite aujourd'hui *place d'Armes*, était, du côté des Minimes où siége maintenant la Cour d'assises, un vaste jardin dépendant du Fort du Hâ. Des monceaux de terre de tous côtés obstruaient le passage et s'élevaient jusqu'à la hauteur du cordon de la maison qui fait l'encoignure de la rue *Ségur;* la rue *Berry* était impraticable ; on allait au Petit-Séminaire (aujourd'hui caserne Saint-Raphaël) par une voie incommode, étroite, sale, pratiquée entre cette masse de terre et le mur du jardin du séminaire, sur lequel jardin on a construit l'hôpital. Pour entrer dans l'église de Sainte-Eulalie, il fallait descendre huit à dix marches. Tel était l'état du terrain, depuis la rue du Hâ jusqu'à Sainte-Eulalie.

Toutes ces terres furent enlevées par les ouvriers du troisième atelier de charité et servirent à combler le chemin de Saint-Genès, alors impraticable, depuis l'embranchement du chemin de Pessac jusqu'à celui de Saint-Nicolas. C'est avec cette terre qu'on a fait la belle chaussée à l'entrée de la ville, sur cette route ; c'est en les enlevant et en comblant les bas-fonds qu'on a réussi à ouvrir un passage de la rue des Minimes au cours d'Albret.

4° Le quatrième atelier fut établi sur le port ; les cales, devant les *portes de la Monnaie* et de *Sainte-Croix*, furent établies ou réparées.

5° Le cinquième atelier fut occupé à déblayer la rue Fondaudège, alors encombrée de grosses masses de terre ; on répara alors l'entrée de la rue de la Taupe, qui était impraticable.

6° Les ouvriers du sixième atelier furent employés à remblayer les chemins, qui, partant du Bouscat, Bruges et autres communes voisines, aboutissaient au Palais-Gallien ; c'étaient de nouvelles et belles chaussées.

7° Cet atelier combla et nivela les grands fossés où croupissaient des eaux fangeuses dans le quartier du Jardin-Public et des Chartrons.

8° Le huitième atelier fut chargé de remblayer les places Royale, Dauphine, Saint-Germain, des Capucins et d'Aquitaine, et de poser, à l'extrémité de ces places ainsi nivelées, des bornes pour en défendre l'entrée aux voitures.

9° Le pont de la rue Saint-Louis, sur le ruisseau la Devèze (quartier de la rue Bouffard), dont le mauvais état menaçait ruine, fut entièrement réparé par cet atelier.

10° Le dixième atelier s'occupa à réparer des voies de communication entre les différents quartiers de la ville et des faubourgs et à les rendre plus faciles.

11° Par cet atelier, le sol des allées de Tourny et du Jardin-Public fut considérablement exhaussé.

12° On établit un douzième atelier ; mais on n'en a guère parlé, parce que les travaux dont il fut chargé, pour la réparation du chemin du Tondu, n'étaient pas assez considérables pour fixer l'attention publique.

Toutes ces réparations, tous ces établissements sont dus au zèle et au généreux concours des quatre-vingt-dix électeurs ; plusieurs d'entre eux présidaient à ces travaux ou en surveillaient l'exécution ; ils furent commencés au mois rigoureux de janvier 1790 et ne furent terminés que sur la fin de 1791. Les deniers publics furent alors utilement employés ; le travail est un préservatif contre les dangers que l'oisiveté, les vices et la misère peuvent engendrer pour le repos et le bonheur d'une société.

Il leur était d'autant plus facile de faire exécuter ces travaux, que leur puissance paraissait avoir plus de solidité en s'appuyant sur le peuple. Que peut-on espérer d'une administration mobile qui prend le timon des affaires aujourd'hui pour le quitter demain, sans avoir le temps de mûrir ses projets, et moins encore que le temps, les moyens de les exécuter? Tourny lui-même nous fut enlevé trop tôt. C'est autant à son amour pour les arts qu'à son habileté et à son génie que notre cité doit, non seulement les établissements qu'il créa, mais encore ceux qui ont été créés après lui; il donna l'impulsion au génie et à l'émulation des artistes et enflamma, pour ainsi dire, toutes les sortes d'ambition. On connaît ses projets et leur utilité; il excita partout le goût des bâtiments; on en comprit les avantages, et l'amour du lucre trouva son aliment dans ces louables entreprises. La valeur des terres s'élevait toujours et se tenait en rapport avec les heureuses spéculations des propriétaires des bâtisses. Le commerce accroissait les richesses nationales; l'industrie locale y apportait son tribut et l'aisance générale créa le luxe et excita le désir de jouir des commodités de la vie. On bâtit alors des maisons plus vastes, plus élégantes, plus appropriées à ses fantaisies ou à ses besoins réels; le goût se perfectionna; les idées de l'utile et du beau furent propagées; c'était la suite des progrès du luxe, de l'opulence et de la civilisation.

Le commerce fut constamment heureux depuis la paix de 1763; le goût des bâtisses prit un nouvel essor lors de la construction du Grand-Théâtre, dont nous devons le projet au maréchal de Richelieu et l'exécution au célèbre Louis. Sous ce génie et par ses soins, furent formés de jeunes architectes dont les talents ont contribué puissamment aux autres embellissements de la ville. Malgré la guerre avec l'Angleterre, cette époque si glorieuse pour la marine française fut aussi celle où le commerce de notre ville fut le plus actif, le plus brillant et le plus lucratif. Sous la protection des vaisseaux de l'État, nos flottes marchandes parcouraient les mers, allaient et revenaient, comme si le monde était en pleine paix. Nous étions, en quelque sorte, les maîtres de la mer; tous les événements, toutes les circonstances concouraient à favoriser la prospérité de notre cité et à rendre l'intervalle, depuis 1777 jusqu'à la paix (en 1783), l'une des époques les plus heureuses, les plus prospères de nos annales. C'est alors que furent bâties les belles maisons qui forment ce magnifique carré de la rue Esprit-des-Lois, la place Richelieu et le côté nord du Chapeau-Rouge. On rebâtit alors les vieilles maisons du côté méridional de cette rue; on s'occupa aussi de celles de la rue Saint-Remi, quartier populeux et beau alors et très-fréquenté en raison de sa proximité avec la Bourse, le port et la Douane. Le commerce des colonies et surtout de Saint-Domingue était la source de ces richesses qui ne trouvaient pas d'autre voie d'expansion, d'autre placement plus utile que la construction des maisons en ville.

Plus tard, la suppression des couvents laissait aux spéculateurs les vastes emplacements qu'occupaient celui des Récollets et celui des Jacobins, séparés l'un de l'autre par une simple muraille; vis-à-vis, de l'autre côté des fossés de l'Intendance, on livra à l'exploitation le jardin de l'hôtel de l'intendance et l'emplacement qu'occupait le couvent des Grandes-Carmélites.

La vieille salle de spectacle était bâtie à l'entrée de la rue de la Corderie (aujourd'hui rue Condillac); elle était appuyée sur le mur de clôture du couvent des Récollets; ce mur se prolongeait plus loin, presque vis-à-vis de la rue des Carmélites. Ce dernier couvent (des Carmélites) occupait l'espace depuis la rue de ces religieuses jusqu'à celle du Canon, aujourd'hui de *la Vieille-Tour*. Qui croirait aujourd'hui que cette rue, dont la largeur a été conservée, était alors absolument isolée, ou, qu'après la sortie du spectacle, on craignait d'en approcher; il était même très-dangereux d'y passer.

Puisque nous venons de parler incidemment de la vieille tour du Canon, il ne sera pas hors de propos de dire un mot de trois de ces tours qui existaient, selon les anciens historiens, sur les remparts de Bordeaux, et dont on voyait encore les restes sur la fin du XVIIIe siècle. La première de ces tours était celle du Dragon; on en fit une maison à un seul étage avec rez-de-chaussée. Son emplacement est occupé aujourd'hui par la maison n° 9, *rue des Remparts*, et, sur le côté opposé, par la maison n° 34, *rue Saint-Paul*. Le mur extérieur était construit en moellons, mais on a trouvé dans la cave des blocs de pierre énormes posés les uns sur les autres sans mortier. Dans cette tour, il y avait deux caves l'une sur l'autre; la première était faite dans le sol de la rue des Remparts; la seconde était plus profonde, et la porte qui en fermait l'entrée était de niveau avec le sol de la rue Saint-Paul; on y voyait les restes de quelques colonnes cannelées, adhérentes au mur, avec un passage ou ouverture pour pénétrer sous les remparts.

Il est probable que la rue Saint-Paul fut construite sur le fossé des remparts, qui longeait en dehors le mur de la première enceinte; mais ce mur où était-il? L'ouverture de cette cave et son passage sous les remparts fait naître des doutes.

On dit que la vieille tour du Dragon était à l'angle. Si la ligne murale partait du pied de cette tour, les rues de la *Vieille-Tour du Dragon* et de *Saint-Paul* se trouvaient dans la première enceinte; mais cela ne s'accorde pas avec la description de Vinet et de D. Devienne; celui-ci ne parle pas du rempart, et cependant le mur dont il fait mention et sur lequel se trouvait la *tour du Dragon*, le flanquait de ce côté. Mais le rempart existait-il à l'époque de la construction de ce mur? S'il n'existait pas, alors l'ouverture de la cave à l'extérieur, la *porte du Pape* (tel était son nom), ainsi que l'aqueduc qui conduit le ruisseau (la Devèze) dans la rue Saint-Paul, s'expliquent. Cette supposition peut seule résoudre toutes les difficultés ; mais il reste à savoir à quelle époque fut construit le rempart dont la rue porte le nom ?

Nous avons déjà vu, dans le cours de cet ouvrage, que les murs de *Burdigala* furent renversés par les Goths, les Sarrasins et, enfin, par les Normands, au neuvième siècle. Les ducs d'Aquitaine les firent relever au dixième siècle sur leurs fondements et jetèrent dans certains endroits, à défaut d'autres matériaux, des fragments de colonnes, des frises, des chapiteaux et autres débris sculptés. D'après ces données, il paraîtrait que l'ancienne ligne murale ne fut pas déplacée; cependant, il semble naturel de supposer qu'elle l'a été, puisqu'on n'en a pas trouvé de vestiges dans les fouilles faites dans la rue Saint-Paul. On a fait de nouveaux fondements avec des matériaux différents de ceux de l'enceinte primitive et qui n'étaient que les débris des temples, des monuments et même des statues et des tombeaux. On a retrouvé le vieux mur de la première enceinte dans le local de l'intendance et de son jardin, lors de la construction de la maison n° 8, dans la nouvelle rue qui conduit de la place Puy-Paulin aux fossés de l'Intendance ; il décrivait une ligne droite depuis la vieille tour du Dragon jusqu'à la Bourse, en parfaite conformité au plan de Vinet et à la description d'Ausone. Il semble qu'il en devait être ainsi de la ligne du couchant.

La vieille tour du Dragon était bâtie par les Anglais; elle était très-haute, et sur le faîte était planté l'étendard d'Angleterre, sur lequel on voyait, en grand, le léopard britannique, que les enfants appelaient le *dragon*. L'entrée de la tour était sur la rue des Remparts; mais sa rondeur, sur ce point, n'était en saillie que d'un mètre quarante centimètres à peu près; tout le reste de son emplacement était sur la rue Saint-Paul.

Il est impossible aujourd'hui de déterminer avec précision les lieux où se trouvaient les différentes tours de la première enceinte, ni même celles des premiers accroissements de notre ville. La *porte des Juifs* (Dijeaux) formait, du temps de Mazarin, une demi-lune, et fut reculée et rebâtie par Tourny, qui bouleversa tout pour tout renouveler. La construction de cette nouvelle porte *Dijeaux* et l'établissement de la grille en fer qui formait la porte Dauphine, ont nécessité des travaux qui ont coupé la continuité des fossés. La construction du Château-Trompette et de la porte Saint-Germain ont produit de si grands changements dans ce quartier, que l'on ignore complètement où commençaient les fossés, du côté des Chartrons. Les maisons bâties depuis l'encoignure de la place de Tourny, qui formait aussi celle de la Corderie (rue Condillac) jusqu'à la porte Dijeaux, ont été construites sur les fossés des remparts ; la rue de la Corderie était en ville, lors du second accroissement et était séparée des fossés par un mur de clôture de près de trois mètres d'épaisseur.

Du côté du couchant, les fossés étaient fort larges ; on construisit à peu près au milieu un nouveau mur de clôture, dont l'épaisseur était réduite à un mètre quarante centimètres et qui séparait la rue des Remparts, qui était en ville, du fossé sur lequel a été construite, à une époque plus récente, la rue Bouffard hors ville.

Dans la seconde des trois tours dont nous avons parlé plus haut, il y avait, sur la fin du dernier siècle, un atelier de forgeron ; elle était près de celle du Dragon et fut démolie en 1764-65 ; la maison n° 59 la remplace.

La troisième tour était beaucoup plus loin, à dix ou quinze toises du ruisseau la Devèze, qui coule sous la maison n° 46 sur les remparts et sous la rue Saint-Paul, où il suit son cours entre les maisons n°s 14 et 15. Cette troisième tour déviait un peu de la ligne de la deuxième tour ; il y avait au devant d'elle une échoppe ; l'échoppe et la tour appartenaient à l'hospice de Saint-André ; on les vendit en 1794. Leur emplacement est occupé par la maison n° 48.

L'intervalle entre la porte du Dragon et la seconde porte

Livre XV.
Chap. 4.
—
1789.

dont nous venons de parler était muré ; cette dernière s'appelait la *porte du Pape*. Mais quelle est l'origine de ce nom ? Est-ce que cette porte fut bâtie par les ordres de Clément V, lors de son séjour à Bordeaux ? On l'appelait ainsi peut-être parce que ce pontife sortait par là pour aller à la campagne.

Le mur qui séparait la rue des Remparts de celle de Bouffard s'arrêtait à cette porte, qui, si elle existait aujourd'hui, conduirait dans la rue Saint-Paul, à la distance de quelques pieds de celle de Montméjean. Il a existé longtemps, vis-à-vis, un passage par lequel on allait à la rue Saint-Paul, en descendant par un escalier en bois très-élevé ; la porte de cet escalier est murée, mais l'emplacement existe avec sa profondeur, n° 14, et la vieille maison dont il dépend, rue Saint-Paul, n° 30. Le sol de la rue des Remparts était à peu près à douze mètres au-dessus du niveau de celui des fossés, où ces tours de la porte du Pape étaient bâties, et comme la même différence d'élévation existe encore entre la rue des Remparts et celle de Saint-Paul, on est conduit naturellement à croire que cette dernière rue (Saint-Paul) était construite sur les fossés. A l'extérieur, dans la rue Bouffard, et plus loin, tout le long de la Devèze jusques et y compris la rue Dauphine, on exhaussa considérablement le sol ; c'est là que M. de Tourny fit répandre les débris, les décombres provenant de la démolition de la vieille porte Dijeaux et toutes les terres inutiles à l'intérieur de ce quartier de la ville (1).

Baurein parle de cette porte et dit qu'elle existait près du ruisseau Lamothe.

Ce nom Lamothe remplace mal à propos, chez Baurein, le nom de Devèze ; voici comment : La famille Lamothe fit bâtir, dans ce quartier, un pont sur ce ruisseau, qui, depuis

---

(1) Nous donnons ici les numéros des maisons, tels qu'ils étaient en 1798 ; le numérotage des maisons ayant été changé, nous ne pouvons déterminer exactement les emplacements véritables. Nous écrivons ces détails d'après un cahier écrit par l'un des quatre-vingt-dix électeurs de 1789.

lors, s'appelle, chez quelques écrivains, le ruisseau Lamothe. Le nom de *porte du Pape*, qui était en usage au commencement du quatorzième siècle, fut remplacé dans le quinzième par celui de *porte Saint-Symphorien*, qu'on lui donnait par suite de la construction d'une chapelle en l'honneur de ce saint. Cette chapelle se voyait en allant des allées d'Albret (le cours) vers Pont-Long ; on en découvrit les fondements, dit Baurein, lorsqu'on construisit les maisons qui forment l'alignement de la grande rue Saint-Martin. Elle existait sur le terrain qu'occupe aujourd'hui cette rue, là où elle est coupée par la rue Pont-Long, car son prolongement jusqu'à la rue Judaïque ne date que de peu d'années. Cette chapelle était plus près de la porte Dijeaux que de la porte du Pape. La construction du rempart est postérieure à celle de cette porte, qui depuis lors a cessé d'être utile ; mais il est impossible aujourd'hui de déterminer l'époque.

Les deux tours de cette porte étaient construites, comme celle du Fort du Hâ, de pierres de forme semblable ; elles ne furent démolies qu'en 1785, avec la vieille maison dont elles faisaient partie.

Dans ce quartier se trouvait aussi le prieuré de Saint-Martin, bénéfice dépendant des Feuillants et dont les revenus devaient s'être accrus avant 1793, par suite des réparations et embellissements entrepris par M. de Tourny. La chapelle fut vendue en 1794, et les maisons n°s 18 et 19, de la rue Judaïque, près de la petite rue Saint-Martin, occupent aujourd'hui son emplacement.

Le prolongement de la rue Saint-Martin fut proposé, en 1782, par deux architectes, acquéreurs des jardins de M. Dufresne, entre la rue Pont-Long et la rue Judaïque. Leur projet, qui fut présenté à M. de Tourny, embrassait tout le terrain qui se trouvait entre l'impasse des Lauriers et la petite rue Saint-Martin ; cette dernière rue devait disparaître et se confondre avec le prolongement. Tout ce terrain, couvert de vieilles échoppes, mais donnant cependant un certain revenu, devait changer de forme et s'embellir par la construction de nouvelles maisons et de nouvelles rues. Ce projet offrait certains attraits au génie entreprenant de l'Intendant; mais son exécution présentait de grandes difficultés et ruinait les ressources des propriétaires sans leur offrir une indemnité convenable. M. de Tourny ne s'arrêtait pas pour si peu de chose; sans daigner consulter ceux dont il prévoyait le refus, il envoya les plans au ministre et obtint du Conseil d'État un arrêt qui en ordonnait l'exécution.

Deux familles honorables, M. Testas, à la porte Dijeaux, et M. Mamsusse, chirurgien à Saint-Pierre, propriétaires de presque tout le terrain en question et des échoppes, formèrent opposition à l'exécution de l'arrêt du Conseil d'État; il en résulta un procès. La Révolution survint, et, en donnant droit à M. de Tourny, fit taire tous les intérêts.

Le prolongement rencontra un autre adversaire très-obstiné, M. Gaubric, propriétaire de la maison qu'il fallait démolir pour ouvrir un passage sur la rue Judaïque. Ce local était avantageusement situé pour son commerce et réunissait toutes les commodités désirables pour sa profession de fabricant de chandelles; il résista constamment. A sa mort, ses enfants acceptèrent l'indemnité qu'on lui avait proposée, et le procès, commencé en 1782, fut terminé sous M. le baron d'Haussez, préfet de la Gironde, qui fit démolir la maison et ouvrir le passage en 1828.

Au commencement du XVIIIe siècle, on songea à créer des promenades publiques à Bordeaux; il n'y en avait presque pas. Les jurats décidèrent, le 17 novembre 1708, d'en faire une sur les Fossés. On y planta des ormeaux de chaque côté, depuis la rue Leyteire jusqu'à celle du Hâ; on les a remplacés, de nos jours, par d'autres arbres dont les racines, comprimées sous une terre constamment foulée et privée de toute humidité par le pavé, ne communiquent que peu de suc nutritif aux tiges, et, selon les apparences, ne pourront pas lutter longtemps contre la mort.

On délibéra aussi, le même jour, de faire un quai depuis la porte des Salinières jusqu'à la Douane inclusivement. L'ouvrage fut commencé et bientôt achevé. Lorsqu'on commença, en 1715, à bâtir la belle façade sur la rivière, on délibéra, le 27 juin, de planter une allée d'ormeaux, sur le port, depuis la Cour des Aides jusqu'à la porte Cailhau ; cette allée ne subsista pas longtemps.

Comme il n'y avait alors, dans ce quartier, aucun passage de l'intérieur jusqu'au port, il fut proposé en jurade, le 17 septembre 1736, d'ouvrir deux portes de ville, vis-à-vis du quai de Royan. La Cour des Aides s'opposa à ce qu'on ouvrît la rue du *Chai-des-Farines;* mais la construction de la porte Saint-Pierre fut approuvée et ordonnée, et, pour l'exécuter, on fut obligé de prendre un peu de terrain sur le cimetière de Saint-Pierre ; l'archevêque y consentit et le travail fut achevé.

Le 30 juin 1750, les jurats délibérèrent de faire faire, le *peyrat,* c'est-à-dire de paver depuis la place Royale jusqu'à la porte Saint-Pierre ; c'était la partie la plus anciennement empierrée du port de Bordeaux, et, pendant une partie du XVIIIe siècle, il n'y avait là que de petits espaces mal pavés ; le reste du terrain était couvert de boue; les aqueducs et les canaux versaient leurs eaux fécales, toutes leurs immondices sur ce terrain fangeux et presque inabordable. Cet état de choses offusquait tous les regards ; les ressources financières de la ville ne permettaient pas d'y porter remède. M. Gaschet de l'Isle, jurat, offrit de mettre à la disposition de ses collègues des fonds suffisants pour exhausser le sol, finir le pavé, prolonger jusqu'à la rivière les canaux souterrains et livrer aux piétons et au public tout le quai. Cette offre patriotique fut acceptée le 7 février 1789, et, le 3 juin suivant, les jurats prirent des mesures pour le remboursement à M. Gaschet

Livre XV.
Chap. 4.

1789.

de la somme de 15,000 livres par trimestre, jusqu'à l'entière extinction de la dette.

Au commencement du XIXe siècle, le gouvernement de Napoléon Ier prit à sa charge l'entretien du port et le confia à l'administration des ponts-et-chaussées. De toutes les attributions confiées aux maires et jurats, par l'ordonnance de la marine de 1681, l'autorité impériale n'a conservé que la police ordinaire sur les quais. Les officiers de police du port, nommés autrefois par les jurats, ensuite par le Conseil municipal, sont, depuis Napoléon Ier, nommés par le ministre.

Plus tard, Pierre Pierre arriva à Bordeaux comme commissaire général de police. C'était un excellent administrateur, un homme actif et intelligent; il contenait les partis, maintenait le calme, garantissait la sûreté des personnes et des propriétés; il sut se concilier l'estime et le respect de tous et l'affection d'un grand nombre de Bordelais. On avait arrêté, en 1792, de transporter le marché sur le terrain qu'occupaient l'ancien Hôtel-de-Ville et le collége de Guienne. Dès que les travaux furent finis, le commissaire général ordonna la translation; il rencontra une certaine résistance; mais, après quelques menaces, les mécontents se turent et l'ordre fut exécuté.

Dans ce temps, le petit marché de la porte Dijeaux était très-fréquenté; les marchands s'étaient établis, selon leurs convenances, sur les bords de la place Dauphine, et leurs bancs, couverts de tuiles, de planches, de toiles cirées, obstruaient la place et lui donnaient un aspect triste et repoussant.

Lors de la distribution en lots des terrains des Récollets et des Jacobins, on donna à chaque rue le nom de l'une de nos grandes illustrations et on traça une place qui devait être appelée la *place des Grands-Hommes*. M. Pierre Pierre y fit transférer le marché de la porte Dijeaux; le marché, disait-il, fera bâtir la place et de belles maisons tout autour. L'exécution de son projet éprouva quelques lenteurs et même de la résistance; personne ne songeait à bouger ou à déménager. Alors le commissaire général s'y transporta, par une belle matinée, avec des ouvriers, fit abattre ces vilains étalages, et, au son de la trompette, fit signifier aux intéressés que si les débris n'étaient pas enlevés dans les vingt-quatre heures, il y ferait mettre le feu. On apprit enfin à obéir.

Il existait alors sur les Fossés une vieille maison (la *maison seule*); elle n'obstruait aucun passage, mais elle masquait l'entrée de la rue des Boucheries et les maisons du côté nord qui appartenaient à des marchands. M. Pierre-Pierre proposa aux propriétaires de ce quartier de se cotiser et d'acheter la vieille baraque. Ils le firent, et la *maison seule* disparut.

On doit aussi au même magistrat l'ouverture de la rue *Boule-du-Pétal*, qui n'était qu'une impasse; cette ouverture était nécessaire pour la communication des fossés des Tanneurs avec la place Saint-André. Il fit abattre la vieille porte de *la Grave* sur le port et élargir ce passage. Peu de temps après, il fit ouvrir la rue des *Allamandiers* pour avoir une voie de communication avec le quartier de Sainte-Croix.

Le marché des Chartrons fut établi en 1800, par les soins de M. Fieffé, alors maire du nord de Bordeaux, sur le jardin de l'ancien couvent des Petits-Carmes. La ville était sans ressources; ce quartier populeux avait besoin d'un marché. M. Fieffé trouva des souscripteurs et s'arrangea de manière que leur capital leur serait remboursé sur le prix de la ferme. Il fit élever et aplanir le sol, y établit des boutiques et une fontaine. M. Fieffé fit de grands efforts pour soutenir ce marché, mais il le voyait languir même avant sa mort. En échange de ses dépenses et de ses travaux, cet administrateur habile, éclairé, et dévoué aux intérêts de la ville, n'a eu d'autre récompense que l'affectueuse reconnaissance de ses concitoyens pour ses peines, quoique infructueuses.

M. Blanc-Dutrouilh, comme adjoint au maire, a droit aussi à la gratitude des Bordelais par les importants travaux qu'il commença et qu'il eut le bonheur d'achever ; nous ne pouvons passer sous silence son nom et ses œuvres.

On lui doit les trottoirs sur le cours d'Albret, depuis le pont de la Devèze jusqu'au chemin du Tondu, et dans la même forme que les trottoirs depuis la place Dauphine jusqu'à la place Fégère. Ce sont des promenades.

C'est lui qui présida aussi aux travaux du prolongement de la *rue Judaïque-Saint-Seurin*, depuis la petite rue Pont-Long jusqu'au mur de clôture du domaine dont la maison de maître est située sur le chemin de Mérignac, vis-à-vis de la rue du Repos. Cet ouvrage a été bien conduit et a produit de grands avantages pour le quartier. Le remblai des terres a exhaussé le sol ; on a comblé le marais et assaini tout ce quartier, et aujourd'hui on y voit une magnifique chaussée qui se raccorde à merveille avec le sol de la rue Judaïque.

Les prairies de ces marais ont changé de forme et de qualité ; le terrain a acquis une plus grande valeur, et, grâce à M. Blanc-Dutrouilh, c'est aujourd'hui un beau et populeux quartier.

La démolition du Château-Trompette fournit un nouvel aliment au zèle administratif de cet intelligent magistrat. La distribution des rues était tracée sur le plan ; mais c'est lui qui exhaussa et nivela le sol formant aujourd'hui la place, et qui fit faire les promenades des Quinconces et les autres ouvrages accessoires. Il s'en occupa avec soin et avec une intelligente activité ; il s'en acquitta avec succès et mérita les éloges et la reconnaissance de ses compatriotes.

CHAPITRE V.

DIVERSES PARTICULARITÉS DU XVIIIᵉ SIÈCLE.

Le palais épiscopal. — Historique du XVIIIᵉ siècle. — Voitures à Bordeaux. — Tremblement de terre à Bordeaux. — Suicide. — Présents. — Jardin-Public. — Lanternes et réverbères à Bordeaux. — Éclairage au gaz. — Petite boîte aux lettres. — Hospice des vieillards. — Magasins de la marine. — Moulin des Chartrons. — Église de Saint-Louis. — Le premier club. — Les francs-maçons. — Les différentes loges. — Débordements de la Garonne. — Les Fontaines. — Les hivers rudes, etc.

C'est dans la seconde moitié du XVIIIᵉ siècle que fut construit le palais archiépiscopal; Mgr le prince de Rohan obtint des lettres-patentes qui l'autorisaient à vendre tous les terrains dépendant de l'ancien archevêché qu'on appelait, dans le moyen-âge, *l'abbaye de Saint-André*. Ces terrains s'étendaient, en allant de la place Dauphine sur le cours, à gauche, depuis la Devèze jusqu'au Peugue ou rue d'Albret, et depuis l'encoignure du nouvel hôpital jusqu'à celle du cours d'Aquitaine. Les belles maisons construites sur ce terrain ont été démolies pour augmenter l'emplacement de l'hôpital. L'intervalle depuis la rue d'Albret jusqu'à l'hôpital, s'appelait les fossés des remparts du *Fort du Hâ*, dans lesquels on avait pratiqué des jardins. Tous ces terrains étaient en dehors des murs; la ville, de ce côté, était fermée, et l'on n'y entrait que par la porte d'Albret, qu'on a démolie depuis.

L'ancien palais archiépiscopal était situé sur la place où est l'entrée du nouveau, construit sous la direction de M. Étienne, architecte célèbre. La maison qui fait l'encoignure de la rue et de la place Rohan était celle du jardinier; le palais occupait tout l'espace qui s'étend depuis ce point jusqu'à la rue

Livre XV.
—
1789.

des Remparts. La rue Rohan et toutes les maisons voisines ont été bâties sur le jardin ; l'îlot de maisons au bas de la rue des Remparts, la rue Pradel et les deux rangs de maisons qui forment l'avenue de l'ancien palais (aujourd'hui la Mairie) ont été bâtis dans l'enceinte de l'ancienne abbaye. La porte de l'église de la place Rohan n'existait pas ; la rue des Remparts était fermée, et tout ce terrain qui s'étend derrière, dans les rues Bouffard, Monbazon, Boulan, appartenait au vaste et magnifique jardin de l'archevêché. Toutes les maisons, à droite et à gauche, ont été construites sur les vieux fossés et remparts de la ville. Leurs emplacements furent vendus par les jurats.

Ces terrains n'étaient pas les seuls dépendant de l'archevêché ; il était encore propriétaire des vastes marais situés à droite du cours d'Albret, depuis la Devèze jusqu'au Peugue, du nord au sud ; et depuis les arbres qui bordent le cours jusqu'aux propriétés des Chartreux (la Chartreuse). Le cardinal de Sourdis fit dessécher ces marais, y fit faire de larges chaussées dans la direction du levant au couchant, des fossés profonds, plusieurs allées gracieuses, et surtout une, bordée d'arbres, qu'on appelait *allée du Cardinal,* et plus tard, *allée des Savonneuses.* Les eaux du marais, à droite, se réunissaient à celles du Peugue, à gauche, près de la porte d'Albret. Le génie de M. de Tourny acheva, deux siècles plus tard, ce que les louables efforts du cardinal-archevêque avaient si heureusement commencé ; il entama la plate-forme et combla les marais de la terre qu'il en fit retirer.

Ce sont ces terrains, devant et derrière l'ancien palais archiépiscopal, que le prince de Rohan fut autorisé à vendre ; il traita de cette vente avec la compagnie Rodesse.

Le mur de façade ou d'avant-cour s'alignait à la claire-voie en fer qui fermait la porte de l'église qu'on appelait *royale,* parce qu'elle ne s'ouvrait que pour les rois et dans les cérémonies extraordinaires ; elle fait partie aujourd'hui de la sacristie. Cette façade s'étendait jusqu'à peu près au milieu de la rue Pradel; et ce qu'on appelait la place de l'Archevêché comprenait tout le terrain, depuis cette façade jusqu'à l'encoignure de la rue de l'Hôpital, et de là, au mur de l'église. Après cette première façade, venait la cour du palais. L'archevêque, sans en sortir, entrait dans l'église par une petite porte qui conduisait sous l'orgue, en descendant plusieurs degrés. Une grande partie de la rue Pradel était occupée par des maisons dont le premier étage contenait les bureaux et le logement du secrétaire-général, et, après cette cour, s'étendait, sur la même longueur, la façade du palais lui-même, depuis la rue des *Trois-Conils* jusqu'à la rue du Peugue, sauf une petite portion qui formait une impasse en dehors du palais et qui servait au logement des enfants de chœur et de leurs maîtres. Ce logement existe encore sur la place Rohan, n° 5; on y entrait par la rue du Peugue.

En sortant de ce bâtiment, on se trouvait sur la terrasse du jardin s'étendant, en longueur, jusqu'à peu près au tiers de la rue des Remparts, qui était fermée. C'est exactement au bas de cette terrasse qu'on a fondé la façade de l'avant-cour du palais actuel (la Mairie en 1859); elle s'alignait sur la rue des Remparts et sur celle des Minimes. Le jardin était superbe et orné magnifiquement; il était ouvert au public le printemps et l'été, disait-on, d'après une convention avec les jurats, qui consentirent, sous cette condition, à laisser murer le jardin et à fermer la rue des Remparts. C'était la seule et la plus belle promenade de Bordeaux, avant l'intendance de M. de Tourny, qui fit complanter le Jardin-Public et les allées auxquelles la reconnaissance des Bordelais a attaché son nom; mais le beau monde fréquentait le jardin et les allées ombreuses de l'archevêché.

Dans ce superbe jardin, il y avait un beau bassin et un jet d'eau de plus de deux mètres de haut; mais, par suite de l'élévation du terrain, en 1806, le jet n'a plus que 70 centimètres. L'ancien jardin était beaucoup plus étendu que le nouveau ; il avait au moins les deux tiers de plus. Il paraît certain qu'on a bâti la façade sur la ligne murale et sur les fondements de la première enceinte ; la cour était dans la ville, le palais et le jardin étaient en dehors du mur primitif. En creusant les fondements, on trouva une nappe d'eau considérable ; on employa des machines pour s'en débarrasser, mais on y dépensa beaucoup d'argent et de temps ; on fut obligé de suspendre les travaux. Il paraît que le grand réservoir des eaux qui alimentaient les fontaines et les puits de la ville, se trouvait dans ce lieu ; c'est là qu'aboutissait le canal de la fontaine *Divona ;* c'est là que versaient leurs eaux, par des conduits souterrains, et, en quelques endroits, par des viaducs, les belles sources des environs du Moulin-des-Arcs. L'eau était tellement abondante, qu'on voyait, à l'endroit où est bâtie la tour de Pey-Berland, une fontaine ou réservoir ; le caveau au-dessous de la chapelle de l'hôpital était souvent rempli d'eau.

Au commencement du XVIIIe siècle, on ne voyait à Bordeaux que quelques carrosses ou grosses voitures. Les chaises à porteurs étaient chose à la mode, le seul moyen facile pour échapper à la boue des rues, dont la plupart étaient mal pavées ou ne l'étaient pas du tout. On voyait souvent dans la rue de lourdes charrettes traînées par des bœufs ; mais les chaises à porteurs étaient le plus souvent employées. D'après une ordonnance de police, du 18 novembre 1705, les porteurs devaient se tenir avec leurs chaises sur les places de Saint-Projet, de Sainte-Colombe, de l'Hôtel-de-Ville et du Chapeau-Rouge.

Ce ne fut que beaucoup plus tard que l'on établit à Bordeaux des voitures de place ou des véhicules suspendus sur de mauvais ressorts. Au mois d'août 1765, le sieur Muret obtint, par lettres-patentes, le privilége d'établir à Bordeaux, pendant quinze ans, cinquante voitures de place ; le prix de chaque course était de quinze sous, et 20 sous par heure si la voiture était prise ou engagée pour un certain temps. Cette entreprise ne réussit pas. Le sieur Duhaultois établit, en 1774, des fiacres. Comme encouragement, les jurats lui accordèrent l'usage gratuit du Palais-Gallien, sous la condition formellement stipulée qu'il ne dégraderait pas cet antique monument; mais, n'y ayant pas d'eau pour ses chevaux, cet entrepreneur alla bientôt après s'établir près de la Chartreuse, sur le Peugue. Son entreprise réussit si bien que sept ans après, en 1781, on comptait à Bordeaux quatre cents fiacres de place. Le temps du privilége étant alors expiré, tous les carrossiers, en vertu d'un arrêt du parlement du 5 avril 1781, furent libres de tenir des voitures sur les places de la ville, à l'usage du public. On connaissait, longtemps avant cette époque, les fiacres en usage à Paris; leur remise générale était d'abord auprès d'un hôtel, rue Saint-Antoine, qui avait pour enseigne un tableau représentant saint Fiacre. Le maître de l'hôtel avait pris cette enseigne tout exprès pour attirer chez lui les nombreux pèlerins qui allaient visiter les reliques de ce saint anachorète irlandais, dans un lieu solitaire du diocèse de Meaux, mais qui est devenu de nos jours un gros bourg de la Brie; il était fameux par les pèlerinages qui s'y faisaient même à la fin du XVIIIe siècle. Ces voitures, qui servaient d'abord à transporter les pèlerins au bout de leur pieuse course, furent appelées *fiacres* et conservent encore ce nom distinctif.

Livre XV.
Chap. 5.
1789.

Les tremblements de terre étaient très-rares dans nos contrées; cependant on en sentit plusieurs dans le XVIIIe siècle. Il est certain qu'ils sont devenus bien plus fréquents qu'autrefois. Il ne sera peut-être pas sans intérêt de faire figurer, dans ce tableau du XVIIIe siècle, les divers tremblements de terre qui ont été ressentis dans ce pays.

Tremblements de terre.

Le 13 mai 1708, à cinq heures du matin, on ressentit, dans notre ville et aux environs, quelques secousses alarmantes, mais sans avoir à déplorer aucun accident fâcheux.

Saint Grégoire de Tours parle d'une violente secousse qui eut lieu en 580 : la ville faillit être anéantie ; les murailles furent ébranlées jusques dans leurs fondements ; le peuple, épouvanté, s'enfuit dans les campagnes ; des flammes sortirent de la terre et consumèrent plusieurs villages.

Delurbe parle d'un tremblement de terre qui eut lieu en 574 ; c'est probablement le même que celui de Saint Grégoire de Tours, qui, étant pour ainsi dire contemporain, était mieux renseigné et plus exact sous le rapport chronologique.

En 1372 et 1373, on ressentit de violentes secousses à Bordeaux et dans les environs. La commotion fut tellement forte et impressionna tellement les Bordelais, qu'ils crurent devoir en perpétuer le souvenir par cette inscription lapidaire qu'on voit au-dessous de l'orgue, dans l'église de Sainte-Eulalie :

ANNO : D : M° : CCC : LXXII : QUE : LA : TERA : TREMBLET : LO : TERT : JORN : DE : MART : QUI : FO : LO : PRUMEY : JORN : DE : CAREME : EN : LA : HORA : DE : MEJA : NUIT.

ITEM : TREMBLET : LA : TERA : LO : DIALVS : ABANT : SENT : URBAN : QUI : FO : LO : XXIII : JORN : DE : MAY : L'AN : DE : MESS : M° : CCC : LXXIII. : ITEM : L'AN : DE : MESS : M° : CCC : LXXV : BALE : I : BOYSSET : DE : FORMENT : XLI : E : AQUET : AN : RAMON : DEBU : AC : FI : FA : LO : PORTAU.

Traduction. — En l'an du Seigneur 1372, la terre trembla le troisième jour de mars, qui fut le premier jour de carême, à l'heure de minuit. De même, la terre trembla le lundi avant la saint Urbain, qui fut le vingt-troisième jour de mai, l'an du Messie 1373. De même, en l'an du Messie 1375, le boisseau de froment valait 10 livres ; et cette année, Raymond de Bu, architecte, fit faire le portail.

Le 2 février 1427, un effroyable tremblement de terre eut lieu à Bordeaux et renversa la voûte de la cathédrale, à l'endroit où sont les orgues.

Le 24 juin 1660, à quatre heures du matin, un tremblement de terre se fit sentir, par une secousse si forte, à Bordeaux et dans tout le pays, que quelques pierres se détachèrent du clocher de Saint-Michel ; *les habitants,* disent nos chroniques, *sentirent leurs lits se mouvoir, comme si on les avait secoués.* L'ébranlement fut si violent à Saint-Michel, les fondements de cette église furent tellement éprouvés, que trente-trois ans après, le 17 juin 1693, une partie de la nef s'écroula. Toute la portion qui avoisine le chœur et qui aboutit au grand escalier, du côté de la porte de la Grave, tomba. Il était alors entre dix et onze heures du matin; on y disait la messe, mais personne ne fut atteint. Louis XIV passait cette nuit à Captieux, près de Bazas; la sentinelle qui veillait sous les fenêtres du roi, ne sachant pas ce que cela pouvait être, et craignant qu'on en voulût à la vie du roi, s'écria avec force : *Aux armes!* Le roi se leva, et, ayant appris la cause de l'alarme, il regagna paisiblement sa couche, sans crainte pour les conséquences que cet événement pouvait avoir.

Le 13 mai 1708, eut lieu l'effroyable commotion volcanique dont nous avons parlé plus haut.

Le 25 mai 1750, on sentit quelques oscillations à Bordeaux et partout, jusqu'aux Pyrénées. Cinq ans après (1755), la ville de Lisbonne fut renversée par un violent tremblement de terre qui se fit sentir en Espagne, mais il n'est pas certain qu'on l'ait senti à Bordeaux.

En 1759, on ressentit à Bordeaux deux tremblements de terre. Le premier fut très-violent et causa de grands dégâts au château de Vayres; le second, moins fort, ne causa nul dommage. Le premier eut lieu le 10 août, à dix heures du soir; il renversa la voûte de l'église des religieuses de Notre-Dame, beaucoup de cheminées, de vieilles murailles et des cloisons. Les habitants en furent si effrayés, qu'ils passèrent la nuit sur les places publiques; mais c'est dans l'Entre-deux-Mers que les effets en furent les plus effrayants.

Livre XV.
Chap. 5.
—
1789.

La seconde secousse eut lieu à six heures du soir ; on sentit une commotion volcanique à Bordeaux, mais bien légère ; elle ne causa d'autre mal que celui de la peur.

Dans la nuit du 25 au 26 janvier 1852, un violent tremblement de terre se fit sentir à Bordeaux, à deux heures seize minutes, et dura de sept à huit secondes ; il fut précédé d'une sorte de détonnation, et les deux oscillations, qui n'étaient séparées que d'un intervalle d'environ trois secondes, paraissaient aller du midi au nord. En plusieurs maisons, les tableaux appendus aux murailles, les balanciers des pendules furent fortement secoués, des meubles légers renversés, des verres, des objets de faïence ou de poterie brisés, les vitraux de Saint-Pierre et de Saint-André bien endommagés, les bâtiments dansèrent sur leurs amarres, le plafond de l'établissement des Sourds-Muets renversé, et plusieurs maisons de la rue des Noyers et sur le port horriblement maltraitées dans les murs et cloisons. Dans le poste de la garde municipale, les fusils s'agitèrent tellement dans le ratelier, que les municipaux se levèrent, croyant qu'on appelait le corps-de-garde ; la diligence de Bordeaux à Toulouse fut si violemment ébranlée, que les chevaux effrayés s'emportèrent et la voiture fut renversée ; des pins, dans les Landes, furent déracinés.

Le 20 juillet 1854, un affreux tremblement de terre se fit sentir par deux commotions ou oscillations, du nord au sud, à trois heures moins un quart du matin, et dura de sept à huit secondes ; les effets ressemblaient à ceux produits par le tremblement de terre du 25 janvier 1852. Cette commotion se fit sentir à Angoulême, à Narbonne, à Montpellier, à Toulouse et dans tout le Midi ; elle était excessivement violente à Cauterets, à Argelès, et était suivie, dans toutes les Pyrénées, de plusieurs autres secousses, à sept heures du soir.

Le 5 décembre 1855, un léger tremblement de terre se fit sentir à Bordeaux, vers sept heures moins un quart à peu près du soir ; le mouvement paraissait avoir lieu de l'ouest à l'est.

Le suicide a toujours été regardé comme un grand crime aux yeux de la loi; c'est un acte anti-social et déshonorant pour la nation, par sa nature et ses conséquences; c'est un attentat à l'ordre public et à la société, l'étouffement des cris de la nature, l'athéisme en pratique, un exemple d'une malice infernale, contre lequel le clergé fulminait ses anathèmes et le magistrat provoquait les peines les plus sévères. En 1711, les jurats condamnèrent le corps d'un suicidé à être traîné sur la claie, par le bourreau, la face en terre, et à rester pendu, pendant une demi-heure, à la demi-lune de la porte de Saint-Julien, et ensuite à être jeté à la voirie. Le parlement confirma cette sentence le 30 avril suivant. Le vulgaire s'occupe de l'apparente ou réelle barbarie de l'acte; l'homme d'état, du but moral, religieux et politique qu'il faut en attendre.

Livre XV. Chap. 5.
1789.
Suicide.

Nous avons déjà eu occasion de faire remarquer un usage propre aux Bordelais et dont il serait difficile de découvrir l'origine, c'est de faire des présents à tous les princes et grands personnages qui passaient par leur ville; c'était tantôt du bon vin de Bordeaux, que les Anglais appellent encore *claret;* tantôt des confitures si prisées autrefois par les gastronomes; quelquefois des fruits magnifiques; souvent c'était de la bougie ou quelque autre produit du sol bordelais. Ainsi, lorsque le duc de Saint-Simon passa à Bordeaux pour aller demander au roi d'Espagne la main de l'Infante pour Louis XV, les Bordelais lui firent un présent de vingt-quatre flambeaux de cire blanche et d'autant de cire jaune, de vingt-quatre boîtes de confitures de plusieurs sortes, de vingt-quatre bouteilles de vin de Canarie et de vingt livres de bougie de table.

Présents.

Nous avons déjà vu qu'en 1697 il y avait déjà à Bordeaux un grand nombre de lanternes suspendues au milieu des rues et éclairées par un bout de chandelle; c'était une faveur que d'en établir devant la porte d'une maison; le propriétaire était chargé de les allumer aux heures indiquées par la police.

Lanternes et réverbères.

A ces lanternes, faites de plomb et de verre, on substitua, en 1748, des globes en verre d'une seule pièce, garnis de lampes; elles étaient fixées indistinctement à toutes les maisons, à l'intervalle de vingt pas, et allumées et entretenues par des employés de la ville.

Par délibération du 9 janvier 1758, le jurats votèrent des fonds pour l'établissement de 2,400 lanternes et chargèrent M. O'Quin, négociant irlandais, de faire venir ces lanternes d'Angleterre. Leur motif, en adoptant cette mesure si injurieuse, si nuisible à nos verriers, nous est inconnu (1). On avait supprimé depuis quelque temps les lanternes, par suite des besoins publics, mais on les rétablit en 1758. M. O'Quin s'acquitta de sa commission; mais, en juillet 1759, on fut obligé de faire venir d'Angleterre 400 nouveaux globes de verre pour remplacer ceux qu'on avait cassés dans le premier envoi, et, de plus, quatre pompes à incendie et 800 sceaux de cuir pour leur service. Ce mode d'éclairage fut maintenu pendant quelques années; mais, reconnu imparfait et insuffisant, on délibéra de le remplacer par des réverbères. Un privilége de trente ans, pour l'entretien de ce genre d'éclairage, fut accordé aux sieurs Vaillant et Répond; on leur donna, en outre, pour leur servir d'entrepôt, un bâtiment inoccupé, près de la porte Sainte-Eulalie. On établit 1,200 réverbères, à raison de 35 livres chacun, pendant six mois de l'année. En 1824, il se forma à Bordeaux une compagnie pour l'éclairage de la ville au gaz. Après quelques hésitations, on finit par l'éclairage des Quinconces et des colonnes rostrales, conformément à un bail passé le 31 décembre 1839; plus tard, on employa ce mode pour les allées de Tourny, la place de la Comédie et les principales rues de la ville. D'après un autre bail passé le 22 juin 1854, qui doit prendre fin le 31 décembre 1875,

---

(1) En 1788, il y avait cinq verreries à Bordeaux; elles mettaient en vente, année moyenne, au moins 2,000,000 de bouteilles; en 1815, il n'y en avait que quatre.

l'éclairage se fait presque partout au gaz, à raison de 3 centimes par bec entier ; l'adjudicataire s'est obligé de fournir et de poser les candélabres, consoles et tuyaux, moyennant la somme annuelle de 200,000 francs ; mais ces candélabres et autres objets deviennent la propriété de la ville, à mesure de la pose. Livre XV.
Chap. 5.
—
1789.

L'usine pour la fabrication du gaz se trouve près de la Chartreuse ; on y voit, dit M. de Lamothe, deux appareils complets et séparés par un assez vaste espace pour que chacun d'eux puisse fonctionner indépendamment de l'autre, sans se nuire et sans que la ville soit privée de gaz par leur perte simultanée. Nouv. Guide, etc.

Par suite de lettres-patentes enregistrées au parlement, le 30 mars, le roi accorda, pour quinze ans, au sieur Loliet, secrétaire de la cavalerie, le privilége d'établir une petite poste aux lettres pour la ville et la banlieue. Cette poste était chargée de l'envoi des lettres pour les colonies, et c'est à cette fin que son directeur commença alors la publication d'un almanach qui contenait l'état du port, les arrivages et les départs des bâtiments. Quelques écrivains prétendent que Charlemagne créa des postes aux lettres en 809 ; c'est une erreur : il institua des courriers pour les besoins politiques ; mais il n'y eut en France, à l'usage des particuliers, de petites postes, que depuis le mois de mai 1630 ; il n'y eut de petites postes, pour Paris, qu'à partir du 5 mars 1758 ; et à Bordeaux, en 1768. Petite Poste aux lettres.

En 1792, on établit, dans l'ancienne abbaye des Bénédictins, à Sainte-Croix, un hospice pour les vieillards. Une grande partie de cet établissement devint la proie des flammes en 1853 ; elle a été reconstruite bientôt après. On y compte environ deux cents vieillards, conformément au décret du 25 avril 1808, qui ne portait que le nombre de cent quatre-vingt-onze, nombre égal à celui des lits que cet asile renfermait. Hospice des Vieillards.

Dans l'année 1786 et les deux années suivantes, le gouvernement fit construire à Bacalan, sous la direction de M. Bergeron, architecte, sur les bords de la rivière, le magasin de la marine, et on commença alors la démolition du Château-Trompette par les deux bastions qui dominaient la Garonne.

En 1788, on fit l'essai des moulins économiques, aux Chartrons. Cet édifice, construit avec ses dépendances, par les soins de MM. Teynac frères et Gauffé, coûta près d'un million; mais, dans le cours de quelques années, il fut mis hors de service par les vases que la Garonne déposait dans les canaux, dont les eaux les mettaient en mouvement. Cet édifice et ses offices accessoires s'étendent sur une superficie de 168,000 mètres carrés.

C'est aussi dans le XVIIIe siècle (1759), sous l'administration de M. de Tourny, que fut commencée l'église Saint-Louis, aux Chartrons; nous en parlerons ailleurs. Dans ce temps, il régnait en France une sourde fermentation, une inquiétude générale dans les esprits; on sentait venir quelque chose d'étrange, d'inconnu, de terrible; c'était la révolution de 1793! On se mit à former des réunions politiques; on se préoccupait de ce qui allait arriver; enfin, on créa, sous le nom de cercle, une grande réunion qui, plus tard, se tenait dans un salon du Grand-Théâtre, et, peu de temps après, se changea en club démocratique.

C'est aussi dans ces temps orageux et difficiles qu'on vit éclore ces diverses sociétés qu'on appelle *loges maçonniques*. Sont-elles des sociétés politiques, dont le dernier mot reste un secret pour les inférieurs, pour tous, excepté quelques chefs qui commandent aux autres? Sont-elles simplement des sociétés de bienfaisance entretenues par des philanthropes? Nous n'en savons rien; mais ce qu'il y a de certain à Bordeaux, c'est que ces francs-maçons viennent au secours des indigents et surtout de leurs frères malheureux. On prétend qu'ils se sont toujours distingués par leur amour pour la liberté et leur antipathie pour les institutions monarchiques ; nous ne les connaissons pas assez pour les condamner absolument ou pour les approuver sans restriction. A la réintégration du parlement, en 1775, les francs-maçons donnèrent, le 22 février, une fête magnifique au vénérable Leberthon, premier-président, et à quelques-uns de ses collègues. Sous l'administration archiépiscopale de Mgr de Cicé, les loges de Bordeaux contribuèrent à la fondation de l'école des Sourds-Muets, pour une somme de 1,000 francs. Lors du passage du duc de Chartres, au mois d'avril 1776, les francs-maçons le traitèrent en FRÈRE et ami, et le prièrent de poser la première pierre de *la loge de l'Amitié;* et, pendant les cinq jours qu'il séjourna dans notre ville, on n'entendait que les éloges du prince maçon, on ne voyait que bals, fêtes et réjouissances.

Si la franc-maçonnerie est une institution nullement politique, ni dans ses moyens, ni dans son but, mais plutôt une société toute philanthropique, ne blâmons pas les d'Orléans de tous les temps de lui appartenir corps et âme. Liberté pour tous de tout faire, excepté le mal. En 1784, la loge anglaise, établie à Bordeaux, racheta généreusement un captif chrétien qui gémissait dans les fers, sur la côte de l'Afrique, et cet esclave était Bordelais, l'unique soutien de sa famille. Charles X, à la veille de partir pour l'exil, nous affranchit, en 1830, des Algériens et de leur infâme tribut ; c'est un beau cadeau que celui de l'Algérie ; c'est une seconde France que les Bourbons ont laissée à leur patrie. En 1834, les loges se réunirent pour instituer des prix d'encouragement pour les élèves de l'enseignement mutuel, à Bordeaux ; elles continuèrent cette gratification pendant trois années consécutives. Cette conduite est digne d'éloges ; elle l'eût été bien davantage s'ils avaient fait les mêmes choses pour les écoles chrétiennes, qui reçoivent aussi des pauvres.

Livre XV.
Chap. 5.
1789.

On comptait, sur la fin du XVIII⁰ siècle, douze loges à Bordeaux :

1° La loge *Anglaise*, fondée en 1732.

2° La loge *Française*, dite des *Écossais*, fut réunie, en 1764, à celle de l'*Amitié*.

3° La loge de l'*Amitié*, fondée en 1764.

4° La loge *Française d'Aquitaine*, fondée en 1781.

5° La loge de la *Sincérité*, fondée en 1784.

6° La loge de la *Candeur*, fondée en 1785.

7° La loge de l'*Essence de la Paix*, fondée en 1787.

8° La loge du *Triangle*, fondée en 1804.

9° La loge des *Amis réunis*, fondée en 1804.

10° La loge de l'*Étoile de la Gironde*, fondée en 1815.

11° La loge des *Francs-Chevaliers de Saint-André d'Écosse*, fondée en 1825.

12° La loge de l'*Avenir*, fondée en 1836.

Nous ne savons pas s'il en existe d'autres (aujourd'hui 1860) à Bordeaux.

Dans toutes les révolutions qui sont survenues en France, depuis 1789 jusqu'à nos jours, il paraît que les nouveaux pouvoirs n'ont rien fait pour inquiéter ces sociétés. La plupart prirent naissance sous l'ancien régime ; quelques-unes furent fondées sous Napoléon I⁽ᵉʳ⁾, d'autres sous la Restauration et sous Louis-Philippe, et aujourd'hui elles se réunissent et tiennent leurs pacifiques et mystérieuses assemblées sans que les ministres de Napoléon en conçoivent le moindre ombrage. Cela témoigne de leur bon esprit et de leur circonspection. On en a dit tant de mal, que nous, qui ne les connaissons pas, nous ne pouvons ni les fronder ni les louer ; mais il paraît certain que l'Église ne les approuve pas.

Vers le milieu du XVIII⁰ siècle, on établit, derrière le Jardin-Public, un cirque pour les combats de taureaux ; c'était un spectacle nouveau et étrange qu'on empruntait à l'Espagne, mais qui n'allait pas à la douceur des mœurs bordelaises. Un certain Raymond, avocat, obtint un privilége pour cette sorte d'amusement, le 1ᵉʳ mars 1755. On a essayé, même de nos jours, au milieu du XIXᵉ siècle, d'introduire cet usage barbare à Bordeaux ; la population resta silencieuse, indifférente, pleine de dégoût et de mépris pour ce spectacle hideux. Le ridicule et le bon goût populaire se sont accordés pour repousser ces étranges nouveautés transpyrénéennes.

Livre XV. Chap. 5. — 1789.

Le 8 juin 1712, la Garonne déborda d'une manière effrayante ; depuis Toulouse jusqu'à Bordeaux, la vallée que parcourt la rivière n'était qu'un vaste et long lac ; on l'appelait, dans le langage du pays, l'*Ayguat de sen Barnabé*. La destruction de la récolte fut suivie, dans le pays, d'une disette générale, surtout dans l'Agenais. Mais les eaux n'atteignirent pas la hauteur où elles s'élevèrent dans le grand et désolant débordement du 7 avril 1770, et qu'on appelait la *grande suberne*. Les eaux montèrent à dix mètres au-dessus de leur étiage ordinaire ; elles couvraient toute la chaussée du port de Bordeaux et pénétraient dans les maisons, presque sur toute la façade ; pour aller au parlement (place du Palais), il fallait prendre un bateau.

Débordements de la Garonne.

Les grands débordements dont parlent les *mémoires privés*, sont ceux des 7 avril 1770, 30 janvier 1791, 11 février 1807, 18 février 1811, 7 janvier 1826, 24 mai 1827, 6 février 1833, 2 juin 1835, 30 avril 1837, et mois de juin 1855.

En 1774, on établit un bureau d'assurances à Bordeaux ; M. Jean Duforest obtint un brevet de courtier d'assurances jusqu'à la paix. C'est aussi à lui que Bordeaux devait son premier bureau pour envoyer des lettres dans les colonies ou recevoir celles qui en venaient. Il institua aussi le louable usage d'inscrire tous les jours les nouvelles de mer, dans un registre qu'on appelait le *pamphlet maritime*. C'était un registre hebdomadaire, in-4° ; il contenait les départs et les arrivées des bâtiments de commerce, leurs noms, leurs cargaisons, leurs destinations, etc., etc.; il a été le précurseur

Bureau d'assurances.

de l'*Indicateur* et des autres journaux du commerce de Bordeaux.

En 1842, M. de Bigot, conseiller au parlement, conçut et exécuta le généreux projet de fonder un hôpital pour recevoir un certain nombre d'hommes atteints de maladies incurables. Cet hospice est tenu par les incomparables filles de Saint-Vincent-de-Paul; mais la haute administration et la surveillance sont exercées par une commission particulière. En 1752, on agrandit cette maison du quartier des femmes; elle fut alors assez généreusement dotée par les pieux sacrifices de Mme veuve de Gombaud et de M. de Lamothe. Une plaque de marbre portant une inscription en lettres d'or, au-dessus de la grande porte d'entrée, atteste leur chrétienne sollicitude pour le sort des pauvres incurables. On y compte une centaine de vieillards des deux sexes.

Dans une maison contiguë à celle-ci, on fonda, aux frais de la ville, l'hospice de *la Maternité*, en mars 1805. On y recevait les femmes enceintes, de Bordeaux et des environs, qui venaient y réclamer les secours nécessaires dans leurs couches. Mme Coutenceaux y faisait un cours gratuit d'accouchement. On a établi dans l'hôpital de Saint-André une salle d'accouchement pour l'instruction des élèves en médecine.

Nous parlerons de l'*Institut des Sourds-Muets* et de son établissement scolastique dans notre partie littéraire; nous avons déjà consacré quelques lignes à l'hospice des Enfants-Trouvés, et nous tâcherons de ne rien oublier qui puisse faire connaître Bordeaux tel qu'il était à la fin du XVIIIe siècle.

Mais de toutes les améliorations qu'on méditait dans la seconde moitié du XVIIIe siècle, à Bordeaux, celle de l'introduction en ville d'une bonne qualité d'eau potable paraissait aux yeux des jurats la plus indispensable; cette question était souvent discutée. On se plaignait de l'insalubrité de l'eau; on en désirait une plus saine et plus abondante. D'après une analyse de la Font de l'Or, par M. Villaris, il paraissait cer-

tain qu'elle était chargée de matières calcaires et peu propres
à l'usage des familles. Après de longs tâtonnements, il fut
enfin arrêté, dans une réunion tenue le 7 mai 1787, où se
trouvaient les jurats MM. Gestas, Villotte, Acquard, Leydet,
Gaschet de l'Isle, avec Buhan, procureur-syndic, et de La
Montagne, secrétaire, qu'on formerait une commission pour
constater les qualités des sources dans les environs de Bordeaux, et pour indiquer les meilleures eaux et les moyens
de les conduire en ville.

L'utilité et même la nécessité de cette mesure n'était un
sujet de doute pour personne. Les commissaires, MM. Laroque, mathématicien; Thiac aîné, fontainier; Bonfin, ingénieur et architecte de la ville; et Blanc, professeur d'hydrographie, après des études persévérantes, conclurent que,
dans l'intérêt de la propreté et par conséquent de la salubrité
publique, il fallait conduire en ville les eaux de Mérignac,
d'Arlac, du Tondu et des Carmes; que la source de Mérignac,
à cause de la hauteur de sa position, pouvait être conduite
à la place Dauphine, et les autres sources dans d'autres
quartiers plus bas et en rapport avec le sol où elles jaillissaient. Les tuyaux devaient être, non en terre cuite, matière
très-fragile, ni en plomb, parce que le plomb, dissous par
les sels que charrie l'eau, la rendrait malsaine, mais bien en
fer cerclé, qui ne présentait pas les mêmes inconvénients.

Ils allaient jusqu'à proposer de faire venir la rivière de
l'Eau Bourde tout entière, prise à Gradignan, au-dessus du
moulin des Chartreux. Cette petite rivière aurait environ trois
pouces de pente par cent toises, pour se rendre près de la
ville, au niveau avec le sol de la place de Berry.

A l'appui de ses observations, la commission dressa des
tableaux contenant les noms des sources, la qualité de leurs
eaux, leur hauteur relativement à la place Dauphine et leur
distance de la ville; et, d'après un aperçu général estimatif de
la dépense, un aqueduc, pour conduire les eaux de Mérignac

à la place Dauphine, coûterait.	833,200 liv.
Les tuyaux en fer.	185,860
Les eaux d'Arlac, conduites jusqu'au cours d'Albret, coûteraient.	700,400
Les tuyaux en fer.	151,620
Mais, d'après un aperçu général, un aqueduc qui conduirait en ville les eaux réunies des sources de Mérignac et d'Arlac, coûterait.	956,452
Et celles des Cannes.	675,589
Dépense approximative	1,632,041 liv.

En 1791, M. Lobgeois, ingénieur, rédigea un autre mémoire sur le même sujet; il proposait de réunir à la source de Figuereau, celles de Rivière et Blanc, et de les élever par le moyen d'une pompe à feu, pour les distribuer en ville. La dépense devait être infiniment moindre que celle du mémoire de Bonfin, Thiac, etc., etc.

Mille obstacles s'opposèrent à la réalisation des vœux des jurats; mais enfin de plus beaux jours arrivèrent, et M. Durand, architecte et ingénieur hydraulique de la ville, fut saisi de la question. Il rappela l'exécution d'un aqueduc dont on avait observé le tracé en 1826, sur un développement de 9,600 mètres, depuis une fontaine voisine au moulin de Vayres jusqu'à une sablière, près le pont d'Ars; depuis cet endroit le tracé n'existe plus.

M. Durand affirmait que la *source Bouquière,* une des meilleures de Bordeaux, d'après nos chroniques de 1612 et 1614, ne donne aujourd'hui que des eaux séléniteuses et de mauvaise qualité; elle jaillit à huit mètres au-dessus du sol actuel et ne tarit que rarement; mais elle baisse sensiblement dans les fortes chaleurs. La qualité de ces eaux a pu être gâtée par les infiltrations des terres élevées tout autour, du côté de la rue Bouquière, qui, débouchant sur les fossés, donnait son nom à cette source. Au XVII⁰ siècle, les jurats, par un arrêté municipal, « firent inhibition et défense au fontainier et à tous » autres de rien exiger des personnes qui vont laver au lavoir » public des fontaines de la rue Bouquière, à peine de con— » cussion et de privation, au fontainier, de la maison et loge— » ment qui lui ont été donnés à cet effet. »

Livre XV. Chap. 5. 1789.

Cette fontaine de la rue Bouquière était très-abondante et fournissait une très-grande quantité d'excellente eau ; mais les Cordeliers en détournèrent une partie en creusant un puits profond dans le jardin. Depuis lors, cette fontaine fournit au service public beaucoup moins d'eau. Sous Louis XIV, on vendit l'emplacement du lavoir et de la fontaine ; les proprié- taires y élevèrent des maisons ; ils payaient une rente à la couronne.

La *source Daurade* fournit une mauvaise qualité d'eau à présent. En 1614, on établit la pompe au moyen de laquelle on élève l'eau ; c'était alors, dit la chronique, *une belle et bonne fontaine*.

La *source Audèje* est de la même nature que la précédente et au-dessous du sol ; on élève l'eau par une pompe. En 1559, on y fit exécuter de grands travaux ; on la croyait la *Divona*, chantée par Ausone. Nous avons adopté cette opinion.

Tome I, p. 51, 68, et Note à la page 622.

La *Font-de-l'Or*, établie en 1763, reconstruite en 1827, jaillit à quelques pieds de terre ; l'eau en est mauvaise et baisse sensiblement dans les grandes chaleurs.

La *fontaine Figuereau* est ainsi appelée de quelques fi- guiers qui croissaient jadis tout autour. La chronique en parle à l'an 1625, à l'occasion d'un marché fait avec un certain Ro- main, de Limoges, qui s'engageait, moyennant 20,000 livres, à en conduire les eaux au Chapeau-Rouge. Cette offre n'eut pas de suite. Elle aussi jaillit à quelques pieds sous terre et a perdu depuis quelques années de son volume, en raison, sans doute, de la proximité de quelques fontaines voisines et de puits particuliers.

La *source Lagrange*, établie en l'an VI de la République, est assez voisine de celle de Figuereau pour avoir la même origine ; elle appartient à un particulier qui l'afferme pour le service des porteurs d'eau. Toutes ces sources sont alimentées par une nappe d'eau située à dix ou douze pieds sous le sol.

M. Durand les rejeta, et, après trois ans d'étude et de réflexions, il présenta, en 1827, un plan particulier avec un mémoire détaillé des travaux et des dépenses à faire. Cet ingénieur assurait que les sources des environs avaient perdu de leur volume et de leur qualité primitive, probablement par suite des infiltrations ou pour des causes inconnues. La société de médecine avait proposé la filtration des eaux de la Garonne. Ce mode fut adopté dans plusieurs ménages.

M. Alexandre avait tenté un autre moyen de clarification et d'épuration des eaux de la Garonne, au moyen de leur ascension capillaire dans des toiles de coton. M. Durand, tout en reconnaissant que ce mode pouvait clarifier les eaux, affirma qu'il ne saurait les dégager des parties animales et végétales qu'elles tiennent en dissolution. Il fallait, selon lui, une action chimique pour épurer ces eaux et leur enlever les principes putrides qui les corrompent.

Pour atteindre ce but, il faudrait établir des bassins aux environs de la Manufacture, où l'eau de la rivière aurait de trois à six jours de repos avant d'être portée par des machines à vapeur à une certaine hauteur, d'où, après leur filtration au moyen du sable et du charbon, on pourrait la distribuer dans tous les quartiers de la ville. M. Durand prévit toutes les difficultés éventuelles, et, après avoir calculé toutes les dépenses qu'entraîneraient la fouille des terres, la fondation des aqueducs, la maçonnerie, le château-d'eau, les machines à vapeur, les tuyaux, les bornes-fontaines, portait la dépense totale à 1,380,410 fr. 88 c.

Ce projet était possible et ingénieusement combiné, mais il comportait des travaux d'un genre encore peu connu et qui exigeaient la formation d'une commission spéciale, capable de l'apprécier et de le juger. Elle fut formée et on invita d'abord à en faire partie MM. Desfournier, Sarget, le marquis de Bryas, Leupold, Billaudel, Blanc-Dutrouilh et Poitevin, et plus tard, MM. Lartigue, Loze et Bertin, chimistes, et Laclotte, architecte.

Livre XV.
Chap. 5.
1789.

La commission reconnut que le projet était exécutable, mais qu'avant de faire supporter à la ville une dépense aussi considérable, il conviendrait d'étudier avec soin les projets de 1787 et 1791, et de savoir si, avec moins de frais, on ne pourrait pas se procurer les eaux suffisantes.

La commission porta alors son attention sur la possibilité et la convenance de conduire en ville l'Eau-Bourde; mais la dépense fut portée à trois millions, sans y comprendre l'indemnité de 800,000 fr. à payer aux propriétaires. Un membre du Conseil municipal offrit d'exécuter ce projet moyennant deux millions. La somme parut encore trop considérable. Alors on songea à réunir les sources voisines; mais ces sources étaient loin de présenter la quantité et les qualités désirables; les dépenses dépassaient de beaucoup les prévisions des mémoires de 1787. On y renonça.

A cette époque, on faisait partout des puits artésiens et l'on n'entendait que des éloges de ces sources jaillissantes, créées par l'industrie et le génie de l'homme. L'administration consulta des hommes spéciaux; chacun d'eux fit valoir ses idées; on crut aux promesses et l'on espéra voir sous peu, sur la place Dauphine, un château d'eau, avec des machines hydrauliques, comme à Toulouse, pour faire monter à une certaine hauteur et distribuer dans tous les coins de la ville l'eau d'un puits artésien. On commença avec les meilleures intentions et les plus belles espérances; on parvint, après des travaux opiniâtrement continués, à perforer la terre jusqu'à la profondeur de deux cents mètres; mais le succès manqua complètement à ces belles espérances et à ces généreux efforts!

M. le baron d'Haussez, préfet de la Gironde en 1829, étudia aussi cette importante question, et s'arrêta à la réalisation du projet grandiose de l'application des eaux de la Garonne à tous les usages qui, dans une cité populeuse, réclament une masse d'eau considérable ; mais la révolution de 1830 vint arrêter tous ces projets et même les faire avorter.

Plus tard, on songea à conduire en ville les deux sources du Taillan, qui donnent deux cents pouces fontainiers d'eau d'une excellente qualité. Les débats que cette nouvelle conception fit naître continuaient, lorsqu'enfin le Conseil municipal, par sa délibération du 10 août 1835, arrêta qu'il serait ajouté aux fontaines, alors existantes, trois autres fontaines monumentales, quatre gerbes d'eau, six abreuvoirs publics et cent soixante-dix bornes-fontaines.

De nos jours (1854), on s'occupe de l'établissement d'un service hydraulique pour conduire en ville les belles et bonnes sources du Taillan et d'Eysines, qui se trouvent à près de douze mètres d'élévation au-dessus de l'étiage ordinaire de la Garonne, et fournissent un volume d'eau de mille pouces fontainiers. Ces eaux seront conduites, par un aqueduc, dans un spacieux réservoir qu'on vient de construire entre la rue Paulin et celle de Terre-Nègre ; on en fera écouler une partie par des canaux spéciaux dans les quartiers bas de la ville. Mais une certaine partie en sera élevée par le moyen d'une machine à vapeur et distribuée dans les lieux les plus hauts et même dans les divers étages des maisons. De ce grand réservoir, on dirigera deux conduits qui iront alimenter quatre autres nouveaux réservoirs situés, l'un entre la rue Mériadeck et celle de la Chapelle-St-Martin ; un second, place Sainte-Eulalie ; un troisième, rue des Douves ; et un quatrième, sur le marché des Chartrons. De ces quatre réservoirs partent des conduits qui en alimenteront d'autres moins considérables et distribueront partout les eaux nécessaires à la population, par mille bornes-fontaines et par les fontaines monumentales qu'on a délibéré d'établir dans l'hémicycle des Quinconces, sur la place de Tourny et sur la place Dauphine. Le projet de ce gigantesque travail, dont la dépense a été portée à cinq millions, a été dressé par M. Mary, inspecteur divisionnaire des ponts-et-chaussées, et M. Devanne, qui est chargé de son exécution.

Les hivers les plus froids qu'on ait observés à Bordeaux sont ceux des années 1405, 1572, 1607, 1616, 1624, 1628, 1677, 1709, 1766, 1789, 1795, 1829. Ce dernier hiver de 1829 fut excessivement rigoureux. Les premiers froids se firent sentir en décembre. Dès les premiers jours de ce mois, la rivière chariait des glaçons et se maintint dans cet état pendant trois semaines. On amarra à terre, le long des Queyries, tous les navires en rade pour éviter les courants. Le thermomètre était descendu jusqu'à dix degrés au-dessous du point de congélation. Le 10 décembre, le dégel se fit sentir; mais le 13, le thermomètre descendit encore plus bas. Les 16 et 17, le dégel eut lieu encore jusqu'au 28 janvier. Alors le froid recommença, plus violent que jamais, jusqu'au 7 février, où il prit fin. Devant Bordeaux, la rivière fut glacée aux trois quarts de sa largeur. Dans le Haut-Pays et même à Agen, des voitures roulaient sur la glace; les arbres se fendirent, les végétaux furent détruits; on fit des quêtes, on établit des ateliers de charité; on ouvrit plusieurs bureaux pour recevoir les dons volontaires, sans parler d'une souscription qui produisit 70,000 fr.; c'était une lutte entre la misère et la charité, une sainte émulation qui révélait à l'admiration du monde la générosité des Bordelais.

Quant aux autres monuments, travaux ou institutions comparativement plus modernes, on peut consulter avec fruit le *Nouveau Guide de l'Étranger à Bordeaux*, par M. Lamothe.

Nous avons déjà parlé de la milice, ou état militaire de Bordeaux, dans le XVIIe siècle. Nous allons reprendre ce sujet et montrer l'état militaire de notre cité au XVIIIe siècle.

La ville de Bordeaux n'avait pas de troupes réglées; elle

avait le privilége de se garder elle-même. Les habitants formaient ensemble six régiments, ayant chacun d'eux l'un des six jurats pour colonel et le maire pour général; le service était divisé par jurade ou quartier. Pour être officier, il fallait être bourgeois; le gros-major et les six aides-majors étaient seuls payés par la ville; ils désignaient chaque jour le service pour les patrouilles de chaque nuit; les officiers ne faisaient le service qu'en uniforme; les six régiments n'étaient presque jamais commandés à la fois que pour accompagner les jurats au feu de Saint-Jean (personne ne manquait à cette ancienne cérémonie), dans les grandes occasions et pour les honneurs à rendre aux grands personnages. Ces régiments avaient une artillerie de huit pièces; les officiers artilleurs avaient aussi un uniforme; les canonniers étaient payés par la ville, à raison de la durée de leur service, qui n'était qu'accidentel.

L'origine de l'état militaire de Bordeaux est très-ancienne, peut-être inconnue. Indépendamment du service de chaque nuit, on avait formé, dans le XVIIe siècle, deux compagnies qui en étaient dispensées, parce qu'elles avaient des services particuliers à remplir. La première, dite de *la parade,* que des plaisants appelaient *les bien faits,* était la plus nombreuse, toute et toujours en bel uniforme et occupant partout les postes d'honneur; la seconde était chargée de garder les effets sauvés dans les incendies alors si fréquents à Bordeaux. Les habitants des quartiers des Augustins, du Fagnas, de Saint-Julien, étaient dispensés du service nocturne, et cela depuis des siècles, probablement depuis le temps du troisième accroissement de la ville. Mais ils étaient tenus d'accourir aux incendies, au son de la cloche d'alarme, pour aider à garder les effets sauvés qu'on déposait dans la rue. Cet ancien service se faisait mal et presque pas du tout; les jurats le réorganisèrent et y mirent un certain ordre vers le milieu du XVIIIe siècle.

En 1759, les officiers municipaux formèrent une autre compagnie dans laquelle ils ne recevaient que des gens domiciliés à Bordeaux et bien connus ; les officiers étaient pris parmi ceux des six régiments, et leur service se bornait uniquement à garder les objets sauvés dans les incendies et déposés dans les rues. Le seul uniforme qu'elle prît et qu'elle garda longtemps fut un chapeau bordé d'un large galon d'or. Cette compagnie remplissait ses fonctions avec zèle et dévoûment ; chaque homme était nanti de deux seaux de cuir qu'il était tenu de porter avec lui.

Vingt-cinq ou trente ans après, cette compagnie demanda à se donner un uniforme ; les jurats y consentirent. Cette nouveauté excita les rires des plaisants ; ils la nommèrent la *royale fumée*. A cette époque, les Bordelais étaient loin d'être familiarisés avec l'habit militaire ; un uniforme n'allait pas à leurs habitudes ni à leurs goûts. Les officiers seuls le portaient, et tellement sans grâce, que les enfants se moquaient de la mise de leurs pères et de leurs manières gauches et peu militaires. Cependant ce fut cette même jeunesse qui s'accoutuma peu à peu aux coups de fusil, et qui, se levant dans un clin-d'œil par un élan de patriotisme admirable, forma notre belle garde nationale qui volait partout où les besoins de la patrie l'appelaient.

Des pompes à incendie étaient en usage au XVIIe siècle ou au moins au commencement du XVIIIe, puisque nous voyons le jurat Lamothe faire venir deux cents seaux de cuir de Hollande pour les besoins de la ville ; mais l'organisation de ce service était moins parfaite que celle des pompiers de nos jours. Ce service était alors très-utile ; on voyait à Bordeaux beaucoup de maisons en bois ou construites en torchis ; des baraques mal couvertes, mal distribuées et fournissant mille moyens de ruine à cet élément destructeur que nos pompiers savent aujourd'hui affaiblir, contenir et maîtriser. L'incendie de la nouvelle Comédie, rue du Chai-des-Farines,

Livre XV.
Chap. 5.
1789.

Pompiers.

dans la nuit du 13 au 14 janvier 1734, et quelques autres sinistres déplorables arrivés cette même année dans plusieurs quartiers de la ville, éveillèrent la sollicitude des jurats; par leur délibération du 10 novembre suivant, ils arrêtèrent qu'il fallait faire venir d'Amsterdam deux grandes pompes, deux petites, et leurs machines propres à tirer l'eau de la rivière.

Le service des pompes, quoique très-essentiel, disparut dans la tourmente révolutionnaire, comme beaucoup d'autres institutions utiles. Il n'avait jamais cessé d'exister ; mais, toujours mal organisé avant 1789, les jurats l'avaient amélioré un peu. Les deux chefs pompiers étaient seuls payés par la ville ; ils dirigeaient la manœuvre et s'exposaient plus que les autres. Les hommes de cœur et de tête, qui arrivaient les premiers, les aidaient comme ils pouvaient et comme ils savaient; d'autres se mettaient aux pompes, mais tout cela sans ordre. Les conducteurs des trois pompes et des trois tonnes d'eau qui arrivaient les premiers, recevaient une prime graduée sur leur diligence.

Les jurats, avant 89, avaient formé une compagnie d'aides-pompiers choisis parmi les charpentiers, les couvreurs, les maçons, etc., etc. Pour toute rétribution, ces aides-pompiers se contentaient de la faculté qu'on leur accordait de faire entrer, sans payer de droit, un tonneau de vin par an, à l'usage de leurs familles. Le travail fini, les chefs pompiers retenaient les aides qu'ils jugeaient nécessaires pour le nettoyage et la réparation des pompes.

Tel était l'état de ce service lorsque la formation de la garde nationale le bouleversa ; il fut abandonné au zèle et au courage des citoyens. On proposa à la nouvelle municipalité plusieurs projets de réorganisation, mais tous si dispendieux, qu'ils furent écartés.

Le commissaire général de police, Pierre Pierre, s'en occupa sérieusement au commencement de ce siècle ; il fit acheter de nouvelles pompes, forma une compagnie d'aides-pompiers et leur donna pour uniforme des casques. Mais ce service ne dura pas longtemps. Sous l'administration municipale de M. de Montbadon, l'organisation fut encore modifiée ; mais les aides-pompiers furent conservés. Les pompiers se sont toujours acquittés avec zèle de leurs devoirs.

L'année 1830 arrive, les citoyens estimables se réunissent à la garde nationale et forment deux compagnies de sapeurs-pompiers, qui, certes, ne sont pas les moins belles de la milice citoyenne.

CHAPITRE VI.

DÉTAILS HISTORIQUES SUR LE COMMERCE DE BORDEAUX,
pendant les XV\ :sup:`e`, XVI\ :sup:`e`, XVII\ :sup:`e` et XVIII\ :sup:`e` siècles.

Livre XV.
1789.
Tome I\ :sup:`er`*, liv. V,*
ch. 3, p. 568.

Les détails historiques que nous avons donnés sur le commerce du port de Bordeaux, dans notre premier volume, s'arrêtent à la fin du XIV\ :sup:`e` siècle. Nous reprenons ici le même sujet ; nous suivrons, aussi brièvement que possible, les développements de notre marine marchande et de nos relations commerciales pendant le XV\ :sup:`e` siècle et les trois suivants : c'est une partie essentielle de l'histoire de Bordeaux.

Sur la fin du XIV\ :sup:`e` siècle et au commencement du XV\ :sup:`e`, le commerce de Bordeaux, très-restreint au XIII\ :sup:`e`, prit une étonnante extension avec les pays septentrionaux et surtout avec l'Angleterre. Nos vins s'exportaient pour tout le Nord ; mais c'était surtout dans les îles Britanniques que ce commerce trouva le plus grand débouché et l'accueil le plus sympathique. Bordeaux devint aussi le centre d'un commerce de *transit ;* diverses denrées du Midi passaient par Bordeaux, pour aller en Angleterre, et les draps, les ouvrages en fer, en acier, tous les produits de l'industrie anglaise arrivaient dans notre beau *port de la lune,* pour entrer en Espagne. Bordeaux était alors la *reine du Midi ;* sa marine marchande était la plus riche, la plus puissante et la plus célèbre peut-être de l'Europe.

Tome II, p. 5.

Pour se faire une idée de la puissance de la marine bordelaise, nous n'avons qu'à reporter notre pensée sur les luttes qui ont eu lieu entre la France et l'Angleterre, dans tout le moyen-âge. Nous avons déjà parlé du siége de Blaye, en 1406, par le duc d'Orléans, qui, en réduisant cette ville sous l'obéissance du roi de France et en expulsant les Anglo-Gascons de Bourg, voulait être maître de la Gironde. Dans cette vue, il fit venir de La Rochelle et des ports voisins, une flotte de dix-huit vaisseaux; Monstrelet dit vingt-neuf. C'était une flotte immense pour le temps; elle était de nature à inspirer des craintes sérieuses aux Bordelais. Cependant, loin de se sentir découragés, les marins se réunirent; on arma une flottille sous les ordres de Pierre Castets, vieux capitaine accoutumé aux dangers de la mer; et, en attendant un combat naval, on alla s'emparer des vaisseaux français qui se trouvèrent dans le port de Royan, alors au pouvoir des Français. Irritée de cette perte, la flotte française pénétra dans le fleuve et Castets s'approcha de cette ville autant que possible. Au moment d'en venir aux mains, le hardi capitaine, profitant du reflux de la marée, laissa aller à la dérive un vieux vaisseau auquel il avait mis le feu. Le désordre se mit dans les rangs des vaisseaux français; les uns furent incendiés, quelques autres pris, pendant qu'une galiote et plusieurs corsaires poursuivaient les rares bâtiments qui s'efforçaient d'échapper à l'ardeur belliqueuse de nos marins bordelais. Heureuse de voir amener dans le port de Bordeaux les prises de Castets, la jurade vota une indemnité de 10 liv. à Guillaume Bruyard, propriétaire du vieux bâtiment converti en brûlot. Le duc d'Orléans fut obligé de lever le siége de Blaye. Dans le but d'indemniser les Bordelais de leur dépense, pour avoir défendu Bourg, le roi autorisa les jurats à lever 12 pour 100 sur toutes les marchandises provenant des pays ennemis.

En 1415, une disette affreuse commença à se faire sentir à Bordeaux; les jurats décidèrent qu'ils ne recevraient plus de bateaux chargés de vins du Haut-Pays, s'ils n'avaient pas en même temps un chargement de blé. Comme ces vins payaient à Bordeaux un certain droit au roi, le connétable de Bordeaux se plaignit que l'ordonnance des jurats portait

Livre XV.
Chap. 6.
1789.

1407.

un notable préjudice au fisc. On convoqua le conseil des Cent-Trente, le 12 février, dans la chapelle de l'archevêché. Cette assemblée, appuyée sur le peuple, déclara que l'ordonnance des jurats était juste et devait être maintenue.

> Livre XV.
> Chap. 6.
> 1789.

La guerre finit par appauvrir le pays et tarir toutes les sources de sa fécondité. On n'osait guère commercer avec l'étranger. Les mers étaient infestées par de hardis corsaires et des pirates. Les impôts rentraient difficilement ; et, pour remédier à cet affligeant état de choses, il fallut convoquer le Tiers-État à Bordeaux, en 1413 ; le roi, ayant pris connaissance de leurs doléances, publia le décret dont nous avons déjà donné un extrait.

> Archives de
> l'Hôtel-de-Ville

En 1420, au mois de mai, on défendit l'exportation des blés : le froment se vendait à 23 sols ; le prix en fut porté à 30 sols en juillet, à cause de la disette des grains. On prit des mesures pour distribuer du blé aux bourgeois, chacun à proportion de sa famille. Le pain blanc des boulangers devait (chaque pain de 3 deniers) peser, cru, 13 onces, et cuit, 11 onces.

Le pain de *tout son cœur*, cru, devait être de 16 onces, et cuit, de 14 onces.

Le pain *basseton* (pain noir), cru, 20 onces ; cuit, 18 onces.

Le 8 mai 1428, les *pancoffeyras* (boulangers) furent limités, quant au nombre, et obligés de prêter serment de faire le pain de poids et de ne le vendre qu'au prix déterminé. Ils ne pouvaient, sous peine de 65 sols d'amende, faire du pain à vendre qui valût plus de 2 *blanquets*. La femme ne pouvait vendre du pain sans la permission de son mari, sous peine d'être fustigée dans les rues *(corre la villa)*. Ils étaient sévèrement surveillés.

> Archives
> de l'État.
> Supplément
> au *Trésor des
> Chartes.*

Après l'expulsion des Anglais, Charles VII leur ferma le port ; il exigea des navires de ce pays qu'ils déposassent leurs canons et munitions de guerre à Blaye ; ils ne pouvaient pas dépasser Soulac sans un sauf-conduit. Aucun courtier anglais ne pouvait visiter les chais, soit en ville, soit à la campagne, sans être escorté de quelques archers. Ils devaient porter tous ostensiblement la croix rouge. Toutes ces petites et mesquines mesures ne firent que nuire au commerce et à l'industrie à Bordeaux. Aussi les marchands abandonnèrent-ils notre ville, qui se dépeuplait peu à peu, au point que Louis XI fut obligé de révoquer les impolitiques ordonnances de son père, d'appeler les étrangers, d'adoucir les mesures que la politique prescrivait contre une nation rivale, et de chercher, par tous les moyens possibles, à faire revivre l'ancienne prospérité du port de Bordeaux (1). En 1480, le commerce avait repris son antique splendeur; notre rivière se couvrait de bâtiments étrangers, mais ils étaient tous obligés, avant de sortir du port, d'acquitter l'antique droit de *la branche de cyprès*.

Livre XV.
Chap. 6.
1789.

Tome 1, p. 95.

Dans les premières années du XVe siècle, le froid fut si rude que les vignes du Bordelais furent gelées (2); le tonneau de vin monta de 40 à 45 livres. Les Bordelais portèrent leurs doléances au pied du trône et obtinrent de Henry V l'ordonnance suivante, qui diminua les droits que payaient en Angleterre les marchands de vin.

« Tout marchand de Bordeaux pourra, sous notre protec-
» tion, venir en toute sûreté, avec ses vins ou autres marchan-
» dises, dans notre royaume et dans tous les lieux soumis à
» notre obéissance. Il pourra y trafiquer avec qui que ce soit;
» il pourra y acheter tout ce qui lui conviendra et en disposer
» à son gré, pourvu qu'il paie les droits accoutumés.

» Quant aux vins, ils ne pourront jamais être importés en
» des lieux non soumis à notre obéissance, sans une autorisa-

---

(1) Pour encourager les étrangers, le roi ordonna que les testaments des aubains (étrangers) qui mourraient à Bordeaux, seraient valables dans tout le royaume.

(2) Les gros chênes et les ormeaux furent fendus par l'intensité du froid; les hommes et les animaux passaient sur la glace, devant Langon, d'une rive à l'autre; les navires en rade furent fortement endommagés par les glaçons, et le commerce avec l'étranger et même avec les ports de l'Océan et de la Gironde fut interrompu.

» tion spéciale. Tout marchand de vin de Bordeaux pourra s'é-
» tablir là où bon lui semblera, dans les lieux soumis à notre
» pouvoir. Tout contrat passé avec les dits marchands, avec
» quelque personne que ce soit, ne pourra être rompu dès
» que le denier de Dieu aura été donné et reçu.

» Nous remettons pour toujours aux dits marchands le droit
» de deux tonneaux de vin, que nous prenions autrefois par
» navire chargé de cette denrée, et un denier sera donné,
» comme par le passé, pour la jauge de chaque tonneau.

» Dès qu'un marchand se plaindra de quelque injure en
» pays à nous soumis, nos officiers devront lui rendre justice
» sans aucun délai, et, en cas de retard, le marchand obtien-
» dra une indemnité que le juge retardataire sera contraint
» de payer. »

La navigation était alors extrêmement périlleuse à cause des corsaires qui parcouraient les mers; les négociants demandaient la protection du gouvernement ou envoyaient plusieurs bâtiments se convoyant les uns les autres jusqu'à destination. Sur la fin de mars 1415, il se trouvait en rade plusieurs bâtiments en partance pour les côtes d'Angleterre, et, entre autres, le *Christophe*, de Hull, chargé de 200 tonneaux de vins de Bordeaux et autres marchandises. Ce vaisseau, bon voilier, et monté par un équipage nombreux et expérimenté, fut, d'un commun accord, élu l'amiral du convoi; tous les capitaines des autres navires prêtèrent serment, selon les usages des temps, en présence du connétable de Bordeaux, de ne pas se séparer du vaisseau amiral; mais à peine sortis de la Gironde, ils rencontrèrent, dans le golfe de Gascogne, une flottille française; le combat s'engagea, les autres navires s'enfuirent dans toutes les directions, laissant le *Christophe* entouré des bâtiments ennemis et luttant contre sa mauvaise fortune. Il fut capturé et amené comme bonne prise, par les Français, dans un de leurs ports.

Les propriétaires du *Christophe* portèrent leurs réclamations au pied du trône ; Henry V condamna les propriétaires des bâtiments du convoi à une forte indemnité, pour avoir lâchement abandonné leur *amiral*, en violation de leur serment. Ainsi on voit qu'on armait alors en guerre les bâtiments marchands ; la marine bordelaise, si célèbre dans le moyen-âge, était tout à la fois commerçante et guerrière.

Livre XV.
Chap. 6.
1789.

Nous trouvons consigné dans nos *chroniques* un incident singulier qui dépeint l'esprit fin et indépendant de nos marins dans le moyen-âge ; il s'agit d'un gabarier, expulsé par le curé d'une église de Bordeaux, qui lui dit qu'*il était excommunié* et qu'il ne devait pas, par conséquent, pénétrer dans le sanctuaire. Le pauvre gabarier, dont le péché nous est inconnu, se trouva offensé de ce propos et en fut si outré, qu'*il fit assembler les autres mariniers en grand nombre*, et se rendit ainsi escorté jusqu'à la salle de l'Hôtel-de-Ville, où se trouvaient les jurats en délibération, et dit tout haut à ces messieurs que, s'ils ne le faisaient absoudre, il se ferait absoudre lui-même, en dépit de tous, quand ce serait le roi, et avait derrière lui quatre mille hommes, tous amis et adhérents. Les jurats furent fort embarrassés ; ils firent appeler à leur secours M. de Duras, grand-sénéchal de Guienne, avec lequel ils prirent les mesures les plus propres pour apaiser tous ces marins et pour faire absoudre l'homme offensé. Ici nous voyons toute une révélation de l'époque : l'esprit de corps qui animait toute la population maritime de Bordeaux et qui la portait à faire cause commune en faveur d'un membre de leur corporation, pour venger son affront et lui faire donner par force l'absolution de la faute à lui imputée. Le sentiment religieux, peu éclairé, de ces mariniers, rendit nécessaire la déférence des autorités aux exigences du peuple. Il le fallait bien ; il y avait quatre mille hommes derrière le pauvre malheureux qu'on disait excommunié, mais qui ne voulait pas l'être !

Au mois d'avril 1454, lorsque Dunois vint assiéger la ville de Blaye, les Bordelais avaient cinq *gros vaisseaux* devant cette ville, pour faciliter et protéger au besoin l'entrée des comestibles et des diverses denrées et secours qu'on aurait besoin d'y introduire. Ils furent attaqués par la flotte française, sous les ordres de Jean le Boursier; mais, après un combat très-vif de ces cinq vaisseaux contre onze, les Bordelais furent obligés de céder au nombre et de rentrer dans leur port.

Le commerce était languissant et presque nul à cette époque; la guerre empêchait les expéditions lointaines; le cabotage seul se faisait sur nos côtes et remplaçait les dispendieux armements qu'on voyait jadis dans le port de Bordeaux. Au mois d'octobre 1451, on vint annoncer, sur les côtes du Médoc, une magnifique flotte de quatre-vingts vaisseaux chargés de farines, de viandes salées et de provisions de toutes sortes, pour l'armée de Talbot; mais, au lieu de rétablir les relations politiques et commerciales entre la Guienne et l'Angleterre, la défaite de l'armée anglaise devait les anéantir ou au moins les affaiblir pour longtemps. Les Anglais, expulsés, n'osèrent pas reparaître sur nos côtes. Charles VII prescrivit les mesures les plus sévères et les plus humiliantes pour ces insulaires. Soulac était le seul port où il fût permis aux commerçants anglais de débarquer; ils ne pouvaient pas entrer en rivière sans un passeport signé du commissaire de Soulac; ils étaient tenus de déposer leur artillerie à Blaye; ils ne pouvaient loger à Bordeaux que dans les quartiers qui leur seraient assignés par le fourrier, ni aller goûter les vins dans les chais, soit en ville, soit à la campagne, sans être accompagnés des archers de la police.

Ces mesures étaient utiles pour faire avorter les intrigues des Anglais, mais elles étaient très-nuisibles au commerce et à la prospérité de notre port. Louis XI révoqua l'édit inspiré par la rancune de son père, encouragea le commerce et accorda de grands priviléges aux étrangers qui viendraient repeupler notre cité devenue, par le départ des Anglais, un véritable désert. Étant à Bordeaux en mars 1462, ce prince confirma les libertés et franchises de la fameuse *confrérie royale* de Montuzets, association de marins qui excluait de leur corps tous ceux qui ne faisaient pas partie de cette pieuse société ; il leur accorda plusieurs nouveaux priviléges, et, tout en favorisant le développement des sentiments religieux parmi les marins, il encouragea les entreprises commerciales, forma de jeunes matelots, et favorisa la navigation et les courses lointaines.

Livre XV.
Chap. 6.
—
1789.
Tome II, p. 74, 156, et Note 5.

L'Atlantique se couvrait de voiles parties de Bordeaux, de Bayonne, de Dieppe et de Saint-Malo ; la découverte du Nouveau-Monde excita la convoitise de l'ancien et stimula la louable ambition des Basques, des marins bordelais et des navigateurs en général. Chaque capitaine voulait être un Christophe Colomb ou un Americus Vespucius ; il n'y eut pas de petit matelot qui, dans son enthousiasme pour les expéditions lointaines, ne voulût découvrir au moins une île qui portât un jour son nom, pour le transmettre à la postérité la plus reculée.

Dès l'an 1447, Urbain de Braguemont, amiral de France, envoya Jean de Bethencourt, gentilhomme normand, avec un vaisseau armé aux frais de cet amiral, pour découvrir les Canaries. Bethencourt réussit, et, ayant conquis ces îles, il en confia la garde à son neveu, Massiot de Bethencourt, qui, ne voyant pas revenir son oncle, comme celui-ci l'avait promis, les vendit au roi de Portugal, qui les a gardées. En 1518, le baron de Lévi découvrit une partie du Canada. Jacques Cartier, de Saint-Malo, y aborda en 1534 et ouvrit à son pays ces vastes, fertiles et délicieuses contrées qu'on appelait alors la *Nouvelle-France*. C'était un nouveau monde à explorer, un immense débouché pour notre commerce. La France, toujours forte sur terre, s'élevait alors à la hauteur de l'Espagne et du Portugal, qui exploraient, en maîtres, les Indes. François Ier, tout fier du commerce de ses États et du succès de Cartier, disait alors plaisamment : « Quoi ! les rois
» d'Espagne et de Portugal partagent tranquillement entre eux

Livre XV.
Chap. 6.
—
1789.

» le Nouveau-Monde, sans m'en faire part ! Je voudrais bien » voir l'article du testament d'Adam qui leur lègue l'Amé- » rique. » Jean Parmentier, de Dieppe, avait déjà conduit le premier des vaisseaux au Brésil et exploré les Indes jusqu'à l'île de Sumatra. Des Bordelais s'élancèrent à la suite de ces grands navigateurs, sur des navires construits dans leurs chantiers, et explorèrent les Florides, où des Français avaient abordé et arboré le drapeau blanc sur un fort construit à leurs frais. Cette expédition, tout à la fois guerrière et commerçante, était conduite par des huguenots. Les Espagnols, alors maîtres de ce pays, voyaient d'un œil jaloux le succès des Français dans cette partie du monde. Poussés, en outre, par le fanatique désir de se défaire de ces voisins huguenots, ils se réunirent et s'emparèrent par surprise du fort; ils pendirent presque toute la garnison et firent écorcher le commandant Ribaud. Sur le lieu même où l'on commit ces lâches infamies, à l'ombre des arbres auxquels on avait pendu les Français, le capitaine des Espagnols, Mélendes, fit mettre sur un écriteau cette inscription en espagnol :

Je ne fais ceci comme à Français,
Mais comme à Luthériens.

Quelques semaines plus tard, cette nouvelle fut apportée en France et à Bordeaux par un bâtiment bordelais; on n'éprouva partout qu'un seul sentiment, celui de la douleur pour la perte de tant de braves et de la vengeance pour un si exécrable massacre. C'est un courageux Bordelais qui avait conçu le projet des représailles en 1567 et qui l'exécuta avec bonheur, c'est Dominique de Gourgues, d'une famille ancienne et illustre dans la robe, dont le nom se trouve souvent dans les fastes parlementaires de Bordeaux. Nous avons raconté ailleurs cette glorieuse expédition.

Tom. II, p. 251.

Les lettres de change furent reconnues en Guienne comme très-utiles au commerce au XIVᵉ siècle; nous les devons aux juifs expulsés par saint Louis et Philippe le Bel; la pratique des assurances a été inventée par eux, lorsqu'ils se réfugièrent dans le midi de la France.

L'usage de percevoir des intérêts exceptionnels remonte bien haut dans nos annales, peut-être aux Romains; Louis IX, dans ses règlements, parle des *usures extorquées* par les juifs et quelques usuriers de Normandie, dont ce roi avait confisqué les biens, et qui furent obligés de restituer les usures à ceux qui les avaient payées ou à leurs héritiers (1).

Il paraît, en effet, que les commerçants exigeaient d'énormes usures au XIVe siècle, car dans un édit de 1342 le prince permet le change aux marchands qui fréquentaient les foires de Brie et de Champagne, à *quinze pour cent par an*. Et dans le même édit, nous lisons : « Nous défendons toute manière
» d'usure défendue de Dieu et la sainte Église; nous défen-
» dons par acte spécial, en faveur des dites foires de mar-
» chands fréquentant icelles, sur peine de corps et biens à
» encourir pour icelle fois, que nuls marchands ne prêtent
» point à plus haut de quinze livres pour cent, c'est à savoir
» pour chaque foire cinquante sols. »

Devons-nous en conclure que le taux légal était alors quinze pour cent? ou ce règlement était-il une autorisation exceptionnelle en faveur des marchands pendant la tenue de ces foires? Depuis lors nous voyons, par les édits de nos princes, qu'il était permis de percevoir des intérêts. Au XVIe siècle, l'histoire atteste que Pie V, par sa bulle du 25 novembre 1569, autorisait les fidèles à mettre l'argent au change de Boulogne.

L'intérêt fut réduit à dix livres pour cent par an ou deux et demi pour cent par foire. En 1604, on publia un édit sur la constitution des rentes. Charles IX avait élevé le taux de l'intérêt au denier douze; Henri IV le réduisit au denier seize,

Livre XV.
Chap. 6.
—
1789.

---

(1) Ordinatio facta à Ludovico de usuris receptis de debitis judeorum, restituendis his à quibus habitæ fuerint vel eorum hæredibus si possint reperiri.

ce qui équivalait à six et demi pour cent. Les raisons que donne ce bon prince, l'ami et père du peuple, méritent d'être rapportées (1).

Les maîtrises et corporations jouaient un grand rôle dans le commerce. Charles VI les abolit en 1382, mais il les rétablit le 20 janvier 1411. Les corporations principales n'étaient qu'au nombre de cinq; elles furent portées à sept par François Ier : c'étaient les *changeurs*, les *drapiers*, les *épiciers*, les *merciers*, les *pelletiers*, les *bonnetiers*, les *orfèvres*. En 1617, outre ces corps, on trouve encore les *apothicaires*. Les *marchands de vin* et les *libraires-imprimeurs* formaient des communautés à part; ces corps et communautés avaient le privilége de fournir des sujets pour la juridiction consulaire.

Le bon Henri donna aux Bordelais une preuve de son affection dans ses lettres du 16 avril 1596, par lesquelles il voulait qu'on accordât aux juges et consuls de Bordeaux les mêmes faveurs qu'on avait octroyées à ceux de Paris, Orléans et autres villes du royaume.

Il résulte de ces lettres que le parlement et le sénéchal s'étaient opposés à ce que les juges et consuls de Bordeaux eussent les priviléges qu'on avait accordés, en 1566, aux juges et consuls de Paris, Angers, Orléans, etc., etc. Le roi mécontent donna, le 8 août 1597, de nouvelles lettres-patentes *touchant le pouvoir donné aux juges et consuls de la Bourse des marchands de Bordeaux de décerner mandement de partie formée*. Par ces lettres, les juges et consuls pouvaient faire emprisonner les étrangers et autres non possédant biens, en la sénéchaussée de Guienne, de la valeur ou prix demandés. Par ces lettres, le bon Henri ne voulait pas que le parlement

---

(1) « Nous avons reconnu au doigt et à l'œil que les rentes constituées au denier
» 10 ou 12, qui ont cours principalement depuis quarante ans, ont été en partie
» cause de la ruine de plusieurs anciennes et bonnes familles, ce qui pourrait, à la
» longue, aussi bien occasionner quelque renversement à cet état et monarchie, que
» les usures et grosses dettes ont fait, par le passé, en plusieurs républiques. »

lui fît la loi ; il était mécontent de la Cour de Bordeaux, parce qu'elle avait refusé d'entériner les précédentes lettres : « Il ne » voulait, disait-il, que le serviteur devînt maître ; l'envi n'en » prend guère aux rois, aux victorieux et aux barbes grises. »

Livre XV. Chap. 6.

1789.

Les parlements continuèrent cependant à empiéter sur l'autorité royale ; mais Louis XIII, en 1614, arrêta ces prétentions exorbitantes, et Louis XIV, par ses édits de 1647 et 1663, établit comme règle générale que les parlements *enregistreraient les ordonnances, dans la huitaine, sans modification aucune.*

C'est sous le ministère Richelieu que l'usage des *billets à ordre* fut établi en France et à Bordeaux ; c'était un service rendu au commerce.

On sait les grands priviléges que les rois d'Angleterre et de France ont accordés aux bourgeois de Bordeaux ; c'était pour favoriser la vente de leurs vins qu'ils avaient défendu, le 20 juillet 1529, de faire descendre plus bas que Langon les vins du Haut-Pays avant la fête de Noël. Charles VII avait permis de les transporter par eau à Bordeaux, à la Saint-André. Depuis le temps de Charles VII et de Louis XI, les chapitres de Saint-André, de Saint-Seurin, de Sainte-Croix, ainsi que l'hospice de Saint-Jacques, jouissaient de l'exemption du droit de coutume sur les vins de leurs crûs ; mais les vins des autres propriétaires étaient taxés à vingt-cinq sous tournois par tonneau, et toutes les autres marchandises frappées, à leur entrée comme à leur sortie, d'un impôt de douze deniers par livre. Cet impôt parut onéreux aux propriétaires, mais il fut maintenu par suite des embarras du fisc.

Il n'y avait au XVIe siècle que soixante-quinze taverniers en ville. Avant d'exercer leur profession, ils étaient tenus de prêter serment de ne point vendre de vin prohibé ; ils devaient avoir des biens de la valeur de quarante francs bordelais ou fournir caution pour cette somme, avoir bonnes vie et mœurs, et payer d'avance vingt sous au sous-maire et vingt sous au clerc de ville. Ils devaient être bourgeois de Bordeaux et s'engageaient à fermer leurs tavernes après le couvre-feu. Les hommes mariés ne pouvaient fréquenter les tavernes, sous peine du fouet.

Chaque boulanger était tenu d'avoir une marque particulière sur son pain, sous peine de confiscation ; le pain devait être de pur froment sans mélange ; il se vendait aux portes du Château-Trompette et Despaux, sur un linge blanc, sous peine de quinze sous d'amende. On portait à Bordeaux du pain de Podensac et d'Ornon ; il se vendait à la porte de la Grave.

Le commerce de la boucherie était sévèrement surveillé. Tout nouveau boucher devait fournir une caution de cinq cents livres. Celui qui mettait en vente la chair d'une bête morte de maladie payait une amende considérable, et la police faisait brûler cette chair devant sa porte. Il était défendu de vendre la viande des animaux qui avaient été nourris chez les fabricants d'huile, chez les barbiers ou dans les hospices, et si un boucher, en préparant la viande d'un pourceau, s'apercevait que cette bête était ladre, il avait le droit de la rendre au vendeur et de réclamer une indemnité de cinq sous tournois. Les tripiers ne pouvaient exposer leurs marchandises qu'aux *cantons de dessous le mur* et de *la Cadène*, à la porte *Médoc*, dans la rue *Bouquière* et au *portail de la Grave*. Le produit des amendes sur les boucheries était donné : la moitié à l'hôpital Saint-André et l'autre moitié pour la réparation des murs de la ville.

On portait au marché public le poisson frais, mais on vendait les lamproies sur le bord de la rivière, et il était défendu de vendre dans le voisinage des boucheries ou dans les rues qui y aboutissaient, des harengs, sardines, oranges, citrons, châtaignes, herbes, etc., etc. Le prix du poisson était réglé par le maire et les jurats, et le produit de la vente mis en commun et réparti équitablement entre tous les poissonniers qui avaient seuls le droit d'entrer dans l'intérieur de la halle aux poissons. Le marchand qui gardait du poisson pour le revendre le lendemain était condamné à une amende de dix livres.

On débarquait le poisson salé au pont Saint-Jean ; les experts qui en faisaient la visite prenaient, pour leur peine, deux merlus par pipe, trois harengs par mille, et de tout autre poisson, un par cent. On le vendait au *canton* des Ayres, qui, depuis lors, s'appelle la *place du Poisson salé*.

Les *paqueteurs* (gens qui mettaient le poisson en *caque*) reconnaissaient saint Marc pour patron ; l'ivrogne, le débauché, le blasphémateur ne pouvaient faire partie de leur corporation ; ils communiaient quatre fois par an, outre leurs Pâques : à Noël, les jours de l'Ascension, de la Pentecôte et de la Toussaint ; toute la corporation assistait le jour de Saint-Marc à l'office divin avec des cierges allumés. Celui qui manquait à la réunion était tenu de payer une demi-livre de cire. Les statuts des paqueteurs étaient suivis par les charpentiers.

Les tailleurs qui remettaient à leurs clients des habits mal taillés ou mal cousus étaient tenus de réparer le dommage à leurs frais et dépens. Il leur était défendu de travailler à la chandelle la veille du dimanche, excepté quand il s'agissait de faire des habits de noces.

Il ne pouvait y avoir à Bordeaux que vingt potiers d'étain ; le salaire de chaque ouvrier était de quinze sous pour chaque douzaine de pots ; sept sous et demi pour chaque douzaine de plats ; trois sous neuf deniers pour une douzaine d'écuelles ; six sous pour chaque écuelle de barbier.

Les cordiers payaient trois livres en entrant dans leur corporation. Il leur était défendu, sous peine de fouet, de mêler du chanvre de Navarre avec celui de l'Agenais. Ils ne pouvaient fabriquer de cordes en temps de pluie ni pendant la nuit.

Les pâtissiers ne pouvaient pas faire crier leur marchandise dans la ville, excepté les petits pâtés de deux liards la pièce, les *cache-museau* et les *flandrelets* d'un liard. La nuit, un compagnon pâtissier, muni d'une lanterne, allait crier des *oublies*.

Les rôtisseurs ne vendaient les viandes lardées que dans leurs boutiques; ils avaient seuls le droit de faire les saucisses, les pâtés, les macarons, les biscuits et les tourtières. Le boulanger ou *fournier* qui empiétait sur le privilége du rôtisseur était condamné à vingt-cinq livres d'amende.

Les épingliers seuls avaient le droit de vendre des chaînes, des crochets, des broches à tricoter, des châssis de volières, etc., etc.

Les *tourneurs* ou tabletiers ne recevaient dans leur corporation que des catholiques; s'ils se permettaient d'exercer l'état de tourneur sans lettres de maîtrise, ils étaient condamnés à trente livres d'amende.

Nous ne citons pas les autres corporations; elles avaient avec le commerce intérieur de la ville certains rapports plus ou moins immédiats; mais ce que nous venons de dire suffira pour donner une idée de l'état des petits marchands, des producteurs et des consommateurs, de l'ouvrier et du maître.

Sur la fin du XVe siècle et au commencement du XVIe, Bordeaux servait d'entrepôt aux nations voisines et jouissait d'un commerce de transit très-lucratif. Les marchandises ayant pour destination l'Espagne, l'Angleterre, le Portugal, la Navarre, la Bretagne et la Flandre, devaient être expédiées par le port de Bordeaux; c'était le but que le roi voulut atteindre par son ordonnance du 6 septembre 1481, dont la portée pour la prospérité de notre place ne saurait être contestée. Charles VIII aurait désiré que des vaisseaux français importassent en France les marchandises étrangères. Grâce à lui, le port de Bordeaux était devenu, sur la fin du XVe siècle et au commencement du XVIe, le port le plus commerçant du royaume.

Il y avait, sous les Anglais, en 1337, deux grandes foires

à Bordeaux : la première, huit jours avant et huit jours après l'Ascension ; la seconde, après la Saint-Martin. Une charte d'Édouard III consacra cette institution; mais après l'expulsion des Anglais, Charles VII, par un édit de 1453, les établit au premier lundi du carême et au 15 août. Henri II, en 1560, ordonna qu'elles fussent tenues le 15 février et le 15 octobre. Enfin, pour relever le commerce et l'industrie du pays et hâter le développement de la prospérité de notre cité, Charles IX accorda, en 1565, par un édit daté de Bazas, en reconnaissance de la fidélité des Bordelais, deux foires franches, à l'instar de celles de Lyon, dont l'une devait commencer le 1er mars et l'autre le 15 octobre, pour durer chacune quinze jours. Cet état de choses existe encore aujourd'hui (1860).

Vers cette époque, des marchands florentins vinrent établir à Bordeaux des fabriques de soieries. Le parlement comprit les immenses avantages qui résulteraient de cette utile et précieuse industrie pour le commerce de l'intérieur et de l'étranger ; il ordonna aux jurats de mettre à la disposition de ces étrangers, les maisons et les moulins nécessaires à la fabrication de leurs étoffes.

Ce fut vers le temps du passage de Charles IX à Bordeaux qu'on réforma les poids et mesures de cette ville. On se fabriquait des poids de pierre et de bois. L'autorité civile défendit qu'on en fît usage. Depuis cette époque, le commerce de Bordeaux avec les îles Britanniques et le Nord devint très-actif ; on expédiait pour toutes les villes maritimes du continent et des îles, des draperies, des merceries, de la quincaillerie, des vins, des eaux-de-vie, des fruits, des confitures, toutes les denrées méridionales. Les Anglais seuls payaient un sou à Blaye ; ils étaient tenus d'y laisser leur artillerie ; mais le successeur de Charles VII, comme nous l'avons fait observer, affranchit ces insulaires de ces humiliantes conditions, dans l'intérêt du commerce. Le vin commença alors à atteindre un prix si élevé, qu'on se mit partout à com-

planter le sol de vignes ; toute la population s'adonnna à des travaux viticoles. Une disette, amenée en 1566 par un temps constamment pluvieux et humide, mais que le peuple attribuait à la culture trop gènéralisée de la vigne, provoqua contre l'excessive production de vin un règlement du Conseil d'État, du 11 février 1567, où il était dit : « Il sera pourvu par les of-
» ficiers, qu'en leur territoire le labour des semences des
» terres ne soit délaissé pour faire plant excessif de vignes ;
» ainsi soient toujours les deux tiers de terres, pour le moins,
» tenues en blairie, et ce qui est propre et commode pour
» prairie ne soit appliqué à vignoble. » On frappa d'un impôt les vins pendant six ans, pour subvenir comme subside aux frais de la guerre.

Malgré la défense du gouvernement et les étreintes de la disette toujours se renouvelant, on continua à planter de la vigne dans le Bordelais. Le gouvernement envoya, en 1578, des lettres-patentes à M. de Lavalette, pour qu'il fît arracher toutes les vignes dans une certaine étendue du pays bordelais. Cette mesure vexatoire provoqua des plaintes et des murmures, mais qui n'eurent pas de suites fâcheuses. Les Bordelais avaient appris de Montmorency que le bonheur ne s'attache pas toujours au drapeau de la révolte et que la société n'existe plus là où l'autorité cesse d'être respectée.

Aux deux grandes foires de mars et d'octobre, les marchands étrangers avaient la faculté d'étaler leurs marchandises en rivalité avec celles des marchands bordelais. Cette facilité accordée aux étrangers dans une ville où les bourgeois avaient toujours joui de grands priviléges, froissa les intérêts de beaucoup d'individus et donna lieu à des plaintes ; mais elle favorisa le commerce en général et contribua beaucoup à la prospérité de la ville et du pays ; c'était tout ce que voulait l'autorité supérieure. Les routes étaient en mauvais état ; les seigneurs trop adonnés à la guerre pour laisser au peuple le temps et le repos nécessaires au commerce. Louis XI fit beaucoup pour le commerce ; François Ier encouragea énergiquement la navigation, les lettres et les arts; mais ses malheurs entravèrent ses excellentes intentions. Le cœur d'Henri IV comprit tout ce qu'il lui restait à faire pour l'industrie, la culture des landes, le défrichement des marais du Médoc et le développement du commerce et de la prospérité publique; mais le fer d'un assassin arrêta les philanthropiques projets de ce roi Bourbon ! A cette époque, les relations commerciales des Bordelais s'étendaient à toutes les parties du monde ; les affaires avaient pris une telle extension, qu'on sentit le besoin de créer, dans cette florissante cité, une Bourse et un Tribunal de commerce en 1563.

D'après la *Chronique* de Delurbe, il paraîtrait que la Bourse des marchands fut instituée à Bordeaux par un édit de février 1571, pour connaître et juger des causes entre les marchands, à l'instar des Bourses établies à Paris et à Lyon. Il y a ici nécessairement une erreur. Nous avons les noms des consuls et juges de la Bourse, depuis 1564 jusqu'en 1794, et quant à l'édit de 1571, on ne le trouve nulle part; il n'a bien probablement jamais existé. Mais l'édit de 1563 existe et en voici l'article 18 : « Pour faciliter la commodité de
» convenir et négocier ensemble, avons permis et permettons
» aux marchands, bourgeois de notre ville de Bordeaux,
» natifs et originaires de notre royaume, pays et terres de
» notre obéissance, d'imposer et de lever sur eux telle somme
» de deniers qu'ils aviseront nécessaire pour l'achat ou
» louage d'une maison qui sera appelée la *place commune*
» *des marchands,* laquelle nous avons, dès à présent, établie
» à l'instar et tout ainsi que les places appelées le *Change,*
» en notre ville de Lyon et Bourses de nos villes de Toulouse
» et de Rouen, avec tels et semblables priviléges, franchises
» et libertés dont jouissent les marchands fréquentant les
» foires de Lyon et places de Toulouse et de Rouen. »

Les premières réunions des marchands eurent lieu dans

l'hôtel de la Monnaie, sorte d'appentis que les jurats avaient permis, en 1305, aux agents du roi d'Angleterre de faire construire contre le mur du château de l'Ombrière, sous la condition que, du moment qu'on cesserait d'y battre monnaie, le dit appentis serait détruit et la ville rétablie dans ses droits. On voit que la concession n'était que provisoire ; mais cet appentis, appuyé au mur du palais, avait besoin d'être réparé en 1329 ; les jurats y consentirent et on continua à y battre monnaie jusques vers l'an 1752, époque à laquelle M. de Tourny fit construire un hôtel de la Monnaie, qui est devenu aujourd'hui le couvent des Ursulines.

Ainsi, l'hôtel de la Monnaie, établi au XIIIe siècle, à côté de la place St-Projet, puis transféré près de la porte de Cailhau, dans un appentis appuyé aux murs de la ville et du palais de l'Ombrière, servit de Bourse à dater des premiers mois de l'année 1564. Le 8 mai 1564, les maire et jurats convoquèrent, à l'Hôtel-de-Ville, les quarante notables commerçants et bourgeois de la cité, pour procéder à l'élection d'un juge et de deux consuls. On élut pour juge, noble Jean de Bonneau, et pour consuls, Jean de Reynhac et François de Pontcastel. Leurs fonctions devaient durer une année. Nous donnons les noms des juges et consuls dans la note.

Le roi approuva tout ce qu'on venait de faire ; et le conseil des Trente, convoqué pour délibérer sur la nécessité de louer ou acheter un édifice qui pût servir de Bourse, approuva le projet formé par les jurats d'acheter une maison appartenant à M. Lescale, près du château de l'Ombrière.

Jusqu'alors les marchands n'avaient point de lieu de réunion : ils vendaient partout où ils pouvaient avec avantage étaler leurs marchandises sur des bancs mobiles, ce qui causait un certain désordre et laissait les chalands dans l'incertitude relativement au lieu où ils trouveraient les marchands et la matière qu'ils désiraient acheter.

Cet état de choses dura longtemps à Bordeaux ; mais les

juges et consuls obtinrent du roi une ordonnance du 20 novembre 1653, qui obligeait « les marchands forains d'établir » leurs marchandises dans la place au change de la Bourse » et au devant d'icelle, et non ailleurs, comme étant, le dit » lieu, le plus commode de la ville à cet effet. »

On établit alors le prix de location des emplacements; mais les employés exigeaient de petites gratifications particulières et continuaient à tolérer les étalages sur d'autres places, surtout sur la place du Palais, alors très-fréquentée, et qui faisait partie du domaine des rois de France. Des contestations s'élevèrent entre le fermier du domaine royal et les préposés du commerce, qui alléguaient les besoins de la Bourse, la nécessité d'y faire des réparations et des embellissements indispensables. Le fermier répondit, en récapitulant leurs diverses ressources, qu'elles étaient bien plus que suffisantes pour les dépenses dont ils parlaient, sans qu'ils empiétassent sur le domaine du roi. Toutes ces raisons furent consignées dans le mémoire du fermier, où nous trouvons les lignes suivantes : « La maison de la Bourse appartenait, en propriété, » aux juges, consuls, marchands et bourgeois de Bordeaux, » comme un domaine particulier. Ils ont des propriétés, des » places et des maisons dont le dit hôtel est à présent com» posé. Avant 1653, ils avaient coutume de bailler à loyer » une grande partie de la dite maison à divers locataires, » pour en retirer quelques revenus, ayant été obligés de faire » des dépenses considérables pour réparer et orner la dite » maison..... Ils eurent recours (en 1653) à la justice de Sa » Majesté, afin qu'il lui plût de pourvoir à l'indemnité des » grands frais dans lesquels ils s'étaient constitués pour la » réparation et décoration de la dite maison. »

Par lettres-patentes données à Versailles le 26 mai 1705 et le 14 août 1706, le roi établit une Chambre de commerce à Bordeaux. L'article 3 des lettres de 1705 porte que : « la » Chambre s'assemblera, un jour de chaque semaine, dans

Livre XV.
Chap. 6.
—
1789.

» un lieu commode de l'hôtel de la Bourse, qui sera choisi et » destiné pour cela par les juges et consuls. » Bientôt les affaires, devenues plus nombreuses et plus importantes, mirent l'administration dans la nécessité d'adjoindre à la juridiction consulaire des personnes compétentes, sous le titre d'*élus du conseil*, qui assistaient à toutes les audiences.

L'hôtel était trop petit; le gouvernement, en 1749, le donna au commerce de Bordeaux, et le 9 septembre de cette année, M. de Tourny y fit l'installation de la juridiction consulaire et de la Chambre de commerce. Par un arrêt du Conseil de 1753, il fut défendu aux marchands qui fréquentaient les deux grandes foires dont la tenue était fixée à la première quinzaine de mars et à la seconde d'octobre, par lettres-patentes de Charles VIII, du mois de juin 1565, d'étaler leurs marchandises ailleurs que dans le nouvel hôtel de la Bourse ou sur la place Royale.

Jusqu'en 1754, il n'y avait qu'un juge et deux consuls; mais le roi, par sa déclaration du 7 avril de cette année, en porta le nombre à quatre.

En vertu d'un arrêt du Conseil du mois de février 1730, la ville de Bordeaux fut autorisée à construire un quai et à former une place sur le port. Sur la demande de M. de Tourny, le gouvernement ordonna la construction des deux pavillons de la Douane et de la Bourse, d'après les plans et devis estimatifs du sieur Gabriel, architecte du roi, dressés le 15 janvier 1741. Le roi ordonna, le 9 mai 1742, que dans l'aile et le pavillon de la gauche de la place, il serait construit un hôtel de la Bourse et de la juridiction consulaire; que l'adjudication se ferait au rabais, conformément au plan susdit; que les entrepreneurs seraient payés au fur et à mesure ou après la réception définitive de leur ouvrage, sur le produit du tiers par livre dont la perception avait été établie et prorogée par des arrêts du Conseil, pour l'augmentation des droits sur les marchandises entrant et sortant par les bureaux de la généralité de Bordeaux. Ce bâtiment fut achevé en 1749, et la juridiction consulaire y fut installée, comme nous l'avons dit plus haut, le 9 septembre de cette année.

M. de Tourny voulait s'entendre avec le commerce pour effectuer un échange de la nouvelle Bourse contre l'ancienne ; les juges et consuls parurent disposés à ratifier cette proposition ; mais plusieurs circonstances, et le déplacement de M. de Tourny en particulier, interrompirent les pourparlers qui eurent lieu à cette occasion. M. de Tourny, fils et successeur de notre célèbre intendant, adopta le projet de son père et en écrivit, le 18 mai 1760, à M. Trudaine, ministre. Il répugnait à ce magistrat de voir l'ancienne Bourse devenir, en 1763, un entrepôt des cafés ; il croyait pouvoir en faire un meilleur usage ; mais le gouvernement, en vertu des lettres-patentes du mois de mars 1773, mit un terme à cet état de choses, en réunissant le parlement et les autres cours de justice sur le terrain occupé par le collège royal de la Magdeleine, et en prescrivant, conformément à l'article 2, la vente des emplacements du palais, de la Cour des Aides, du bureau des finances, de l'ancien hôtel de la Monnaie et de la Chambre de commerce. Avec l'argent provenant de la vente, on devait faire face aux dépenses que nécessiterait cette translation.

Cette mesure mécontenta la juridiction consulaire, en la privant d'un revenu annuel de 6 à 8,000 livres qu'elle retirait de la location de l'ancienne Bourse, qui était sa propriété. Outre cette circonstance, on inséra dans la délibération du 25 septembre 1773, plusieurs autres considérations qui étaient moins concluantes ; on fit observer à l'intendant qu'on ne serait plus en mesure de payer les rentes viagères dont on était chargé, ni de pourvoir aux dépenses de l'entretien du nouveau bâtiment ; qu'au moment de la translation, la juridiction consulaire ne devait rien ; et que depuis lors, elle avait été obligée de faire des emprunts onéreux pour mettre l'hôtel dans l'état où il était.

Cette démarche n'eut pas de succès ; les juges et consuls demandèrent une indemnité, mais on n'y fit pas de réponse, et le projet d'échange, conçu par M. de Tourny, tomba dans l'oubli.

D'après un état annexé à une délibération du 9 février 1778, il paraît que la dépense annuelle de la juridiction consulaire s'élevait alors à 36,384 livres 18 sols, et la recette à 35,276 livres. La dépense excédait, comme on le voit, la recette ; les revenus consistaient en un seul article : *loyers de boutiques et magasins pendant les foires et à l'année.*

Pendant la Révolution, les institutions du commerce furent modifiées d'après les idées nouvelles. Un décret du 24-30 mars 1791 établit des tribunaux de commerce dans plusieurs villes et notamment à Bordeaux, tout en y maintenant momentanément la juridiction consulaire : « Elle continuera, y
» est-il dit, ses franchises, nonobstant tous usages contraires,
» jusqu'à l'élection et l'installation des nouveaux juges, qui
» seront faites dans les formes prescrites par la loi de l'orga-
» nisation judiciaire. »

Un second décret, du 31 juillet et 3 août 1792, statua que le tribunal de commerce de Bordeaux serait composé de six juges et de cinq suppléants.

Ce tribunal fut installé le 24 décembre 1793.

La lettre suivante adressée le 25 novembre 1803 au ministre de la justice, par le tribunal de commerce, nous révèle l'état de l'hôtel de la Bourse pendant les désastreuses périodes de la Révolution. « Lors de la suppression de la Chambre de commerce et de la réunion de cet édifice aux domaines nationaux, deux sections de la cité, sans autre forme de procès, vinrent y faire leurs assemblées. Des juges de paix, à leur exemple, y firent la vente des prises, et, par suite d'abus toujours croissants, leurs greffiers y firent aussi, et jusques vers l'an IX (1801), des ventes volontaires ; de sorte que, pendant ce long espace de temps, cet édifice devint banal et commun, et les salles furent ouvertes au premier venu, au point que le tribunal en fut gêné dans ses audiences et n'eut plus de salle de conseil pour ses délibérations ou pour entendre les affaires au rapport.

» Voilà ce qui s'est passé depuis environ 1798 jusques à l'an IX, et le VII messidor (26 juin 1804), un arrêt des consuls remit en entier la maison de la Bourse à la disposition du commerce de Bordeaux.

» Alors le tribunal s'empressa de faire des réparations immenses à cet hôtel; il disposa le local de manière que le tribunal et la Chambre de commerce, qui depuis a été recréée, ainsi que la commission administrative, eussent chacun les salles nécessaires pour la réunion de leurs membres et le logement de leurs secrétaires; nous avons également formé un établissement, approuvé par le gouvernement, sous le nom de *Théorie commerciale*, destiné à l'enseignement de ceux qui embrassent la profession du commerce, et nous avons employé, pour faire cette salle, tout ce qui restait de libre dans ce local. »

L'arrêté du 26 juin 1804, que nous avons cité plus haut, autorisait l'établissement d'une Bourse de commerce à Bordeaux, et prescrivit que l'ancienne Bourse serait remise en entier, à cet effet, à la disposition du commerce de Bordeaux.

Le nombre des agents de change fut fixé à vingt; celui des courtiers de commerce de Bordeaux, à soixante-dix; Libourne ne put en avoir que dix; Blaye, huit; Pauillac, cinq; Lamarque, trois; Saint-Macaire, trois; Langon, trois; Barsac, trois; Langoiran, trois.

L'arrêté du 3 nivôse an XI (24 décembre 1802) établit des Chambres de commerce dans plusieurs villes et notamment à Bordeaux. Ce fut sans doute peu de temps après cette création, dit M. de La Mothe, que la Chambre de cette ville fit graver une médaille dont nous trouvons la description dans le *Trésor de Numismatique et de Glyptique (médaille de la*

Livre XV.
Chap. 6.

1789.

Révolut. franc., page 131. Sur un côté : *Curia et comitia commerc. Burdigal.* La ville de Bordeaux, assise sur une base, tenant une boule ; la base est décorée d'une ancre. Dans le fond, un quai, la mer et des bâtiments. Exergue : *Commercium renascens;* au-dessus, à droite, *Tiolier F.*

R. *Libertatis et cons. auspiciis.* Dans une couronne d'olivier on lit : *Respublica Gallica.* En bas, sur la couronne, le coq placé sur un faisceau et un caducée en sautoir. Pièce octogone, 34 mill.

On trouvera d'autres détails sur cette ancienne Bourse, dans le tome III, page 286, et tome I, page 229. Quant aux juges et consuls de la Bourse de Bordeaux, nous donnons leurs noms dans une note à la fin de ce volume.

NOTE 5.

En 1622, les jurats firent dresser des règlements relativement aux bourgeois et au commerce de Bordeaux. Le roi ordonna, dans un conseil tenu à Lunel, le 25 août 1622, qu'aucun ne serait, à l'avenir, reçu bourgeois de Bordeaux, qu'il n'eût demeuré pendant cinq ans dans cette ville et qu'il n'y possédât une maison ou propriété de la valeur de 1,500 livres au moins ;

Que nul étranger ne pourrait être ci-après reçu courtier de commerce ;

Que nul étranger n'y pourrait tenir boutique, ni vendre en détail, qu'il n'eût acquis le droit de bourgeois, selon les statuts.

Défense fut aussi faite aux courtiers de commerce de loger des marchands étrangers, d'*enchayer* des marchandises importées par des étrangers qui ne devaient être reçues que chez les bourgeois, dans des *chais* dont le propriétaire aurait une clef et le courtier une autre. Il leur était aussi défendu de se servir aux champs de *courtiers volants,* serviteurs ou personnes interposées pour les remplacer dans les fonctions de leurs charges ; de prendre ou d'exiger des bourgeois ou habitants de Bordeaux d'autres salaires que ceux réglés par les statuts et les arrêts de la Cour du parlement.

Mais reprenons l'historique du commerce depuis l'établissement du tribunal créé par le roi, à Bordeaux. Un incident se présenta en 1371, d'après nos chroniques, et qui ne doit pas être oublié. Un marchand normand avait débarqué, à Bordeaux, un grand nombre d'esclaves pour les vendre; la Cour de parlement, informée du fait, ordonna qu'*ils seraient mis en liberté; la France, mère de la liberté, ne permet aucun esclave.* C'est là l'un des actes les plus honorables de nos annales du XIV⁰ siècle.

Livre XV. Chap. 6.

Chroniq. bord., 1371.

Tous les procès, toutes les contestations entre les marchands étaient de la compétence de ce tribunal. Il avait à ses ordres un contrôleur de la Bourse qui percevait un sou par tonneau de vin. Il était ordonné que les marchands arrivés dans le port débarqueraient leurs marchandises, sous peine de 300 sous d'amende; ils ne pouvaient rien vendre sans avoir pris une *billette* ou passavant, et il était sévèrement défendu aux revendeurs d'aller au devant des bâtiments qui arrivaient ou de monter à bord des gabares chargées. Aucun marchand forain ne pouvait ouvrir boutique sans la permission des jurats, ni vendre en détail. Ce privilége appartenait aux bourgeois seuls de Bordeaux, qui avaient toute faculté d'exposer leurs draps, toiles, etc., etc., sur le port, et de les vendre en détail sur le Marché-Neuf; il y avait des *auneurs jurés* pour mesurer le drap et la toile. Les courtiers ne pouvaient acheter des marchandises pour leur propre compte, et des statuts particuliers réglaient tout ce qui concernait ou sauvegardait les intérêts du vendeur et de l'acheteur.

Le commerce des blés était réglé par le gouverneur de la province. Il était défendu d'acheter ou de vendre du blé ailleurs qu'au marché ou d'en porter hors du port sans l'autorisation des jurats; tout contrevenant à cette dernière disposition était condamné à une amende de mille livres.

Il y avait alors dans tous les hôtels une boîte destinée à recevoir les aumônes des voyageurs. On en distribuait le produit aux pauvres de l'hôpital de Saint-André, aux religieux mendiants, aux marchands étrangers qui avaient été dépouillés par les pirates ou par les voleurs, aux marins qui avaient fait naufrage et aux gens détenus en prison pour de petites dettes.

Parmi les autres hôtelleries, celle du *Chapeau-Rouge*, tenue par Jean Peyre, en 1582, était la plus vaste et la plus célèbre ; son enseigne était un chapeau de cardinal, que le maître fit placer au-dessus de sa porte, en mémoire de quelque éminence qui y était descendue en passant par Bordeaux ; le nom de *Chapeau-Rouge* est resté à la rue où cet hôtel était situé. Les marchands étrangers allaient loger dans cette maison. Il s'y forma un sorte de confrérie, sous le nom d'*Abbaye des marchands*. Le directeur s'en donnait le nom d'*abbé*, et les autres membres s'appelaient *ses conseillers;* un *procureur fiscal* faisait les réquisitoires, un *greffier* écrivait les sentences prononcées par l'abbé, et des *huissiers* les mettaient à exécution.

Cette association rançonnait les voyageurs dans un but louable, mais le mode était blâmable, il prêtait trop aux abus et compromettait sérieusement la liberté individuelle. Sur la plainte de deux étudiants peu riches, qui se voyaient rançonnés d'une manière si étrange, un jurat se rendit à cette hôtellerie, fit ouvrir la boîte et y trouva une somme assez considérable. L'hôtelier et ses confrères furent condamnés, par la jurade, à indemniser les étudiants. Appel fut porté au parlement, qui confirma la sentence et fit dissoudre la société.

Dans la seconde moitié du XVIe siècle, on créa un bureau particulier pour la perception des droits sur les vins ; c'était alors la denrée principale du pays ; elle fut souvent frappée de gros impôts qui valaient presque une loi prohibitive de ce genre de commerce. Aussi, en 1561, un *muid* de vin payait un droit de cinq sous ; c'était dix sous pour la même quantité venant de l'étranger, en 1564 ; et neuf ans après, en 1573, malgré les vives et opiniâtres réclamations des jurats, le roi établit sur chaque tonneau de vin un impôt de quinze sous pour les besoins de la guerre, et, par un autre édit royal, cet impôt fut porté à vingt sous en 1584.

<small>Livre XV. Chap. 6.</small>

Un incident curieux se présenta dans l'histoire du commerce français, à cette époque, et dont on eut tort de ne pas profiter. Les Turcs, voulant étendre leurs relations avec le nord de l'Europe, voulaient faire d'Anvers l'entrepôt général de tout le commerce de l'empire ottoman. Leurs marchandises devaient être débarquées à Marseille, voiturées jusqu'à Bordeaux, puis rembarquées sur la Garonne, pour l'entrepôt d'Anvers, qui serait tenu par dix-huit négociants turcs. Ce projet n'a pas eu de suite. Aujourd'hui, le voilà réalisé en partie au profit de Bordeaux par le chemin de fer et surtout par la vapeur qui, en domptant les vagues de la Méditerranée, a rapproché Marseille de Constantinople, et, en effaçant la distance, met Marseille à la porte de Bordeaux.

<small>De Thou, t. IV, liv. 76.</small>

Nous croyons devoir donner place dans notre travail à un singulier document qui se trouve dans les archives de la mairie de Bordeaux ; c'est un mémoire adressé, en 1557, au roi de Navarre, gouverneur, lieutenant-général et amiral pour le roi en Guienne, par Lassalle, capitaine de marine.

<small>NOTE 6.</small>

Cet officier commence par faire ressortir la grande commodité du port de Bordeaux, *l'un des plus beaux ports de la chrétienté* et dont la situation est admirable pour le commerce avec l'intérieur de la France et avec les nations voisines. Il assure qu'il s'y ferait plus d'affaires qu'à Anvers, si on y entretenait une petite flotte pour protéger les navires des négociants. L'une des grandes mesures qu'il conseillait de prendre dans l'intérêt de Bordeaux, c'était d'y établir *deux foires par an, franches, et durant chacune un mois ou six semaines,* et de supprimer une des foires de Niort et une de celles de Fontenay, qui, par leur proximité, se nuisaient l'une à l'autre.

Une autre mesure indispensable, c'était de faire construire

un quai couvert devant la porte l'Ombrière, depuis l'*estey* du pont Saint-Jean jusqu'à l'*estey des Anguilles,* lequel servirait de défense et d'ornement à la ville, où les navires pourraient embarquer et décharger leurs marchandises et où les marchands pourraient se réunir et causer d'affaires commerciales.

Pour la sûreté de la navigation et la tranquillité des armateurs, il désirait qu'on entretînt, sur les côtes de Guienne, huit navires armés et équipés, pour *convoyer* les vaisseaux marchands qui entreraient en rivière ou en sortiraient. Pour en couvrir la dépense, les villes de Toulouse, d'Agen et de Marmande et les autres villes voisines qui ont des rapports commerciaux avec Bordeaux, feraient faire trois navires : l'un de 300 tonneaux, un autre de 200, et un troisième de 100 ; que Bayonne, Saint-Jean-de-Luz, Biarritz, Cap-Breton et les ports circonvoisins en entretiendraient deux de 60 tonneaux.

Le produit des prises que feraient ces vaisseaux armés en guerre serait partagé ainsi : deux tiers seraient consacrés à les entretenir et à payer les droits de l'amirauté, et l'autre tiers serait partagé entre le capitaine et l'équipage du navire qui ferait la prise. Mais comme il faudrait de l'artillerie et même de l'artillerie de fonte, il proposait que les cloches brisées à Bordeaux et dans les villes voisines (probablement dans l'expédition et par les ordres inhumains de Montmorency), et dont un grand nombre avait été déposé au château de Nantes, fussent fondues à cet effet. Ces navires, en temps de paix, pour faire face à la dépense de leur entretien, pourraient être employés par le commerce et formeraient de bons marins, comme ceux de la Normandie, ce qui est absolument utile pour la navigation, chose indispensable au bien-être du peuple de Bordeaux et de Guienne en général.

Lassalle se chargeait de la construction de ces navires, sur un modèle dont il présentait au roi le dessin, de manière à servir à la guerre, bons à la voile et à la rame, et à aller sur toutes les mers, impénétrables aux boulets et insubmersibles. Il assurait en même temps pouvoir dresser au service mille ou douze cents excellents marins ou pilotes de Normandie.

Cet ingénieux capitaine proposait, pour garder l'embouchure des fleuves, de faire construire une *plateforme* ou bateau plat, citadelle flottante qu'il serait impossible de couler à fond, et qui, armée de trois batteries couvertes et portant cinq cents hommes, ne tirerait que quatre ou cinq pieds d'eau.

Il présentait aussi le modèle d'une tour mobile en bois, de 60 pieds carrés en dedans et de 75 en dehors, avec une terrasse de 24 pieds d'élévation et un parapet de 6 pieds, facile à monter et à démonter et à transporter partout où il serait nécessaire, surtout dans les villes sans défense.

Voilà des idées bien curieuses, des projets dédaignés alors et réalisés de nos jours : ce sont les bateaux plats, les canonnières qu'on a fait construire pour la guerre de Crimée et pour celle du Piémont. On dédaigna alors les projets de Lassalle, comme des rêves d'un fou, sans doute, au XVIe siècle, mais qui sont devenus des réalités au XIXe.

On y voit percer l'idée d'une Bourse et d'un quai couvert, ce qui n'existait pas à Bordeaux. Nous y voyons aussi que Montmorency, en 1548, ne fit pas briser seulement les cloches de Bordeaux, mais celles des villes voisines, et qu'un certain nombre en fut transporté au château de Nantes; le reste fut laissé au Château-Trompette.

Henri IV rendit plusieurs ordonnances en faveur de l'industrie, du commerce et de l'agriculture. La France, d'après Sully, était essentiellement agricole et renfermait dans son sein des richesses immenses. Cependant le tiers du sol était inculte ou dévasté par suite de la guerre. Pour remédier à cet état de choses, Sully aurait désiré que les seigneurs, les

grands propriétaires, vécussent dans leurs terres et les fissent valoir; il proclama le grand principe de la liberté du commerce, encouragea la conservation des forêts, le desséchement des marais et le progrès de l'agriculture : « Le labou-
» rage et le pasturage, disait-il, sont les deux mamelles qui
» alimentent la France. »

Le roi seconda ces généreux efforts; il encouragea le progrès de l'industrie, augmenta les priviléges des arts et métiers, défendit l'importation des objets de fabrique étrangère, régla l'intérêt de l'argent, donna des primes aux plus habiles explorateurs des mines de l'État, protégea et fit progresser le commerce intérieur en construisant de nouvelles routes et en projetant des canaux ; il signa des traités de commerce avec la Hollande, l'Angleterre et même avec la Turquie, et sa convention avec cette dernière puissance portait en toutes lettres : « que toutes les nations chrétiennes pourraient com-
» mercer librement dans le Levant, sous la bannière et la
» protection de la France et sous les ordres des consuls
» français. » Toutes ces sages mesures d'un habile ministre et d'un roi, père de son peuple, amenèrent une amélioration sensible dans l'industrie agricole de la Guienne et étendirent considérablement la sphère de son commerce intérieur et maritime.

En 1572, une ordonnance défendit l'exportation des laines, lins, chanvres et filasses; l'étranger les achetait à bas prix, et, après les avoir *mis en œuvre,* rapportait les draps et les toiles et les vendait à des prix excessifs. Le roi voulut encourager ses sujets à se livrer à cette industrie, pour ne rien devoir à l'étranger. Outre la défense d'exporter les matières premières ouvrées, le roi ordonna que les épiceries et les drogueries n'entreraient en France que par les ports de Marseille, Rouen, Bordeaux et La Rochelle. Le commerce de notre ville y gagna beaucoup.

Du temps de Louis XIII, la marine française, grâce à Richelieu, avait atteint un grand développement. « La France » avait alors, dit Capefigue, deux cent soixante-dix galères » et cent soixante-dix flûtes ou navires à voiles, armés de » gros canons; les galères avaient un général et les flûtes un » amiral. Les flottes étaient réparties dans les ports de Mar— » seille, Toulon, Bordeaux, Brest et le Havre. »

Livre XV. Chap. 6.

Richelieu, Mazarin et La Fronde, par Capefigue, tome II.

A cause des guerres civiles qui désolaient alors la France, on transformait parfois les bâtiments marchands en vaisseaux de guerre; les capitaines devenaient des écumeurs de mer, et toutes nos côtes étaient infestées par des corsaires qui, renonçant aux paisibles expéditions du commerce, se livraient aux plus dangereuses entreprises de la guerre. Quelques-uns de ces hardis capitaines devinrent pirates et firent de nombreuses prises parmi les bâtiments anglais qui fréquentaient notre port. L'Angleterre, indignée de ces procédés des marins de la ligue et surtout de ceux de Blaye, envoya, du consentement de la France, six gros vaisseaux de guerre en station devant cette ville, qui était alors au pouvoir des ligueurs, dans le but de protéger les bâtiments de commerce qui allaient à Bordeaux. Mais, voyant que tout cela ne réussissait pas, le maréchal de Matignon résolut de faire le siège de cette ville et de l'attaquer par terre, tandis que les six vaisseaux anglais, agissant de concert avec dix bâtiments bordelais qu'on avait armés en course, sous le commandement d'un capitaine nommé Lalimaille, tiendraient la rivière libre et s'opposeraient à l'entrée de la flotte espagnole que les ligueurs de Blaye, sous les ordres de M. de Lussan, avaient appelée à leur secours. Lalimaille descendit, avec ses dix bâtiments, vers l'embouchure; mais voyant arriver la flotte espagnole, composée de seize vaisseaux de guerre, il se rangea sur la côte de la Saintonge et la laissa monter jusqu'à Blaye, dans le but, peut-être, de la prendre par derrière si elle voulait attaquer les six vaisseaux anglais. Le combat naval s'engagea en effet; mais les Anglais, cédant à la supériorité numérique, filèrent sur leur derrière avec la marée, jusqu'au Bec-d'Ambès, et, se trouvant dans un endroit favorable et à l'abri des attaques des Espagnols, ils firent demander du secours à Bordeaux. Alarmés à la vue du danger, les Bordelais firent armer à la hâte seize navires et deux galiotes; c'étaient presque tous des bâtiments de commerce. On leur mit à bord des canons et on les fit partir avec le descendant. Mais les Espagnols, qui se voyaient entre deux feux, ayant Lalimaille au bas de la rivière et la flotte bordelaise par derrière, s'enfuirent à force de voiles et s'échappèrent sans répondre aux coups de canon qu'on leur tirait dans leur retraite.

Cette flotte étant composée en partie de bâtiments de commerce, armés en guerre, on peut en conclure que notre marine marchande était très-puissante sur la fin du XVIe siècle.

Pendant plusieurs années, à la suite de ce combat naval, les pirates parcouraient la mer et pénétraient même dans la rivière. On en redoutait deux surtout : ils étaient connus sous les noms de Saint-Flour Gaillard et Blanquet; ils occupaient la Gironde, à son embouchure, avec quelques navires, et forçaient les bâtiments de commerce d'aborder et de leur payer un tribut; c'était en 1617. Le roi donna des ordres d'armer des bâtiments pour s'en rendre maîtres. D'Épernon arma un navire; le marquis d'Aubeterre en fit équiper un; M. le marquis de Roquelaure et les jurats se donnèrent beaucoup de peine pour correspondre aux vœux du roi et pour rendre le commerce libre. Le seigneur de Barrault, sénéchal de Bazas, qui possédait le château de Lugagnac et le château de Barrault, qui appartient aujourd'hui à M. le comte de Fumel, fut nommé vice-amiral de la flotte. Il alla attaquer les pirates, s'empara d'eux et de leurs vaisseaux et les fit tous conduire à Bordeaux, où procès leur fut fait par la Cour.

Le XVIIe siècle commença sous les auspices d'un roi bon et éclairé et d'un grand ministre, dont le nom a survécu à tous les désastres de sa patrie. On comprend facilement que nous voulons parler de Colbert. Restaurateur de nos finances, Mécène de tous les savants, artistes et hommes de lettres, ministre habile, Colbert porta ses vues sur le commerce, qui avait besoin de lui pour se développer avec plus de hardiesse dans ses espérances et conquérir une belle position dans les temps à venir. Il créa, pour ainsi dire, l'industrie française et la développa sur une grande échelle ; il lui ouvrit de nouveaux débouchés, établit le conseil de commerce, fit bâtir des arsenaux et couronna toutes ses œuvres grandioses et utiles, en travaillant à achever le canal du Midi, cette artère magnifique par où devaient s'écouler toutes les richesses commerciales des pays méridionaux. Sully avait préparé la voie à Colbert et encouragé l'agriculture, et, à son tour, Colbert contribua immensément à la gloire du beau siècle de Louis XIV. Son projet de rapprocher, par le canal du Midi, Marseille de Toulouse, a été recueilli, de nos jours, par des hommes de génie. Grâce au canal latéral, qui n'est que le prolongement de celui du Midi, les villes de Bordeaux et de Marseille se donnent la main, pour ainsi dire, à Toulouse, ville des sciences et des lettres. Le Languedoc et la Guienne ne sont qu'un isthme qui sépare la Méditerranée du golfe de Gascogne. Le commerce de Bordeaux n'oublie pas Colbert dans sa reconnaissance ; mais le génie de l'homme qui, par les chemins de fer et la vapeur, relie le Midi au Nord, l'Orient à l'Occident, nous a fait faire un grand pas de plus ; et Marseille, avec son commerce, se trouve presque aussi rapprochée de notre cité que l'étaient La Réole ou Bazas, il y a cent cinquante ans.

On se plaignait à Londres de la falsification des vins de Bordeaux ; les commerçants de notre cité essayèrent, dans un mémoire détaillé, de prouver que c'était une charge calomnieuse inventée par les ennemis du commerce bordelais. L'ambassadeur français intervint, mais sans succès : le gouvernement anglais persista dans son refus de recevoir nos vins. La France usa de représailles et défendit à ses marchands d'acheter la morue et le poisson salé des Anglais avant Pâques, et leurs étoffes de drap avant la Saint-Jean. Pendant longtemps les relations commerciales entre l'Angleterre et la France se maintinrent dans une certaine froideur. Les intérêts de nos villes maritimes, surtout de Bordeaux et de Nantes, en eurent beaucoup à souffrir. En 1650, ce fut un Bordelais, le vicomte Salomon de Virelade, qui se chargea officieusement d'entamer, avec le cabinet de Saint-James, des négociations pour le rétablissement complet des relations commerciales. Le négociateur demanda d'abord au roi de France de lever les défenses de faire entrer en France les draperies anglaises et d'autres marchandises en soie ou en laine. Cette faveur ne devait s'accorder que sous la condition que les Anglais permettraient, chez eux, l'entrée des vins et des marchandises françaises. La révocation de l'acte de prohibition, en date du 28 août 1649, était indispensable au succès des négociations. Une difficulté cependant se présenta : la Normandie s'opposait à l'entrée des draps anglais. M. de Virelade demanda qu'ils fussent reçus à Bordeaux, à La Rochelle et en Bretagne ; mais toujours sous la condition que les vins et les marchandises françaises fussent reçues en Angleterre.

A ces demandes du négociateur bordelais, M. Walter Frost, secrétaire du Conseil d'État, siégeant au palais de Whitehaven, à Londres, répondit que des restrictions ou lois prohibitives du pays avaient été provoquées par des mesures semblables ; que si la France pouvait se passer de l'Angleterre et de ses marchandises, les Anglais apprendraient à se passer des choses manufacturées en France ; que la procuration des villes de Bordeaux et de Nantes, dont lui, M. de Virelade était pourvu, ne suffisait pas pour renouer des relations internationales ou commerciales ; que les affaires majeures comme celles dont il était question, ne pouvaient se traiter et se régler qu'entre les deux cabinets.

C'est alors que Colbert intervint dans ces négociations relatives au commerce bordelais. Dans un mémoire qu'il publia alors, il demanda, dans l'intérêt des deux nations, deux choses indispensables à la prospérité des deux peuples : la sûreté et la liberté. Il démontra aux Anglais comme aux Français, qu'ils éprouvaient des dommages considérables par ces lois restrictives et prohibitives, au profit des Hollandais qui importaient en France des marchandises anglaises et rapportaient en Angleterre les vins de Bordeaux et du Midi, transvasés dans d'autres futailles. Colbert n'était alors que simple conseiller d'État ; il était pour la liberté du commerce, et toutes ses démarches, toutes ses correspondances aboutirent enfin à un traité de commerce entre Louis XIV et Cromwell, le 24 octobre 1655 ; nous en avons parlé plus haut. Le 8 janvier 1656, Cromwell écrivit en termes flatteurs aux jurats, pour leur donner plein pouvoir de décider quelques affaires concernant l'amirauté anglaise et de faire, à cet effet, les actes nécessaires. *Livre XV. Chap. 6.*

En 1602, une semblable mesure, provoquée par l'état de la politique internationale, fut adoptée par l'Espagne, au préjudice du commerce français. Le roi de France répondit à cette législation par d'autres mesures restrictives sur l'introduction des denrées espagnoles. Le commerce entre les deux États était complètement nul. Le blé étant rare et cher, le ministre en défendit l'exportation. Bordeaux, lésé dans ses intérêts les plus chers, envoya à Paris MM. Darnal et du Paty, avec mission de supplier le roi de vouloir bien révoquer son édit ; il le fit au grand contentement de Bordeaux et à l'avantage du commerce des deux peuples.

Aux États-généraux de 1614, la noblesse demanda de pouvoir faire le *grand trafic* (commerce) sans déroger. Le préambule de l'ordonnance de 1669 est curieux ; il est ainsi conçu :
« Comme il importe au bien de nos sujets et à notre propre
» satisfaction d'effacer les restes d'une opinion qui s'est uni-
» versellement répandue, que le commerce maritime est

Anciennes lois françaises, t. XVIII, p. 217.

» incompatible avec la noblesse...., nous avons donné, etc. »

Montesquieu blâme cette mesure et dit : « qu'il est contre » l'esprit de la monarchie que la noblesse fasse le commerce. » Montesquieu pouvait avoir raison au point de vue de la monarchie; mais Colbert, pas plus que Richelieu, ne voulait sacrifier la puissance nationale aux intérêts d'une caste. L'ordonnance royale d'août 1669, dont nous venons de parler, autorisa « tous gentilshommes à prendre part dans les vais- » seaux marchands, denrées et marchandises d'iceux, sans » être censés déroger à la noblesse, pourvu qu'ils ne vendent » point en détail. »

Richelieu, comme on peut le voir dans son testament politique, désirait que la France fût très-riche en vaisseaux, afin de contrebalancer la puissance de l'Angleterre, qui s'attribuait la *souveraineté de la mer*. La marine espagnole et portugaise venait de s'éclipser, et Richelieu prévoyait le mouvement graduellement ascensionnel et prospère qui signalait la puissance maritime des Anglais. Sous Jean *Sans-Terre*, au commencement du XIIIe siècle, les bâtiments anglais exigeaient, en vertu des ordonnances de ce roi, *le salut de tous les vaisseaux étrangers*. Plus tard, Édouard Ier ordonna à ses officiers de *maintenir la souveraineté des mers*, et, en 1381, Richard II *défendit à tout sujet du roi d'importer ou exporter aucune marchandise dans d'autres vaisseaux que ceux munis de la permission du roi*.

La France gémissait de son infériorité et faisait des efforts pour s'élever aussi haut que sa rivale; les escadres de Harfleur et de Tréguier, par leurs hardies descentes sur les côtes de l'Angleterre, abattirent un peu les ambitions prétentieuses des Anglais; mais, après les cruelles représailles sur les révoltés de la Hollande, on vit affluer, en Angleterre, des milliers de contrebandiers hollandais, qui aidèrent cette nation à se créer un matériel formidable, et, en lui fournissant des marins, à devenir en réalité la souveraine des mers. Élisabeth encou-

Marginalia:
Livre XV. Chap. 6.
Esprit des Lois, liv. xx, ch. 21.
Docum. inédits sur l'*Histoire de France*; correspondance de Richelieu, tome Ier.

ragea les armateurs et augmenta sa marine; ses escadres croisaient dans les mers du Nord, fomentaient en France les criminelles entreprises des calvinistes contre la monarchie et la paix du royaume, et pendant que Drake ravageait les possessions espagnoles en Amérique, elles soulevaient les Pays-Bas contre Philippe II, et enfin, la destruction de l'invincible *Armada* anéantit pour toujours la puissance maritime de l'Espagne.

<small>Livre XV. Chap. 6.</small>

Au commencement de l'an 1604, toutes les forces maritimes de l'Angleterre consistaient en quarante-deux bâtiments de guerre, de 16,935 tonneaux, montés par 7,531 hommes; deux d'entre eux étaient de 1,000 tonneaux et trois de 800. La guerre avec la Hollande finit par mettre entre les mains des Anglais le commerce presque exclusif des villes anséatiques.

Henri IV fut le premier roi qui s'occupa à créer une marine nationale. A sa mort, le commerce était dans un état de langueur affligeant. Richelieu, en 1625, devint grand-maître, chef et surintendant général de la navigation et du commerce; ce grand ministre releva la marine et encouragea le commerce; il chargea M. Leroux d'Infreville de parcourir les côtes de l'Océan, de rétablir le droit d'ancrage auquel Henri IV avait soumis les vaisseaux étrangers, et de lui faire un rapport circonstancié sur tout ce qui regardait la marine. Arrivé à Bordeaux, il y vit M. Clairac, le célèbre compilateur des *Us et Coutumes de la mer*. « A Bordeaux, dit
» M. d'Infreville, j'ai vu le sieur Clairac, avocat au parlement,
» exerçant la juridiction maritime en l'absence des juges,
» fort amateur de la navigation ; il nous a fait voir son tra-
» vail, ses livres, ses instruments pour prendre les hauteurs ;
» il propose d'enseigner l'art de la navigation, s'il est honoré
» d'une chaire de lecteur public en icelle. »

Dans les guerres d'une partie du XVIIe siècle, le bras droit de Richelieu était Henri de Sourdis, archevêque de Bor-

<small>Tome II, pag. 440, 481.</small>

deaux, dont nous aurons occasion de parler plus en détail dans notre *Histoire ecclésiastique du diocèse de Bordeaux*.

Mgr de Sourdis avait pour les opérations navales et militaires une aptitude incontestable; ses dépêches le prouvent, il paraissait doué de cet esprit qui affronte les dangers sans crainte et qui, quoique contenu par le sacerdoce, se développe rapidement et se manifeste avec beaucoup de gloire.

La défaite de Tarragone était le fruit de l'action malveillante, sourde et continue de M. de Noyon, ennemi caché, flatteur hypocrite de l'archevêque.

Un procès fut donc commencé et le prélat accusé :

« 1° D'avoir pris la fuite avec l'armée navale devant Tarra-
» gone, sans tirer un seul coup de canon; 2° d'avoir fait sortir
» les vaisseaux du mouillage, pour donner jour à l'entrée des
» ennemis; 3° d'avoir eu intelligence avec les ennemis du roi
» et d'avoir reçu de grandes sommes pour ne pas les défaire,
» tant à Gênes qu'à Tarragone; 4° d'avoir donné des ordres
» contraires au service du roi. »

Le 7 mai 1639, il rétablit à Cadillac les pères de la doctrine chrétienne, ordre fondé par d'Épernon; le 1er juillet 1640, il fonda un couvent de la Visitation, et un autre de la Magdeleine, le 14 août 1641. Étant allé à Paris pour présider l'assemblée du clergé, il mourut à Auteuil, le 18 juin 1645, âgé de cinquante-un ans. Son corps fut enseveli dans l'église des Augustins; on lui fit de pompeuses funérailles.

En 1624, on se plaignait de la rareté du numéraire en France, tandis qu'il y en avait en abondance en Espagne. Par lettres-patentes du mois de février, le roi ordonna que les négociants qui exporteraient des blés pour l'Espagne seraient tenus de rapporter en France la moitié du prix, au moins, en argent monnayé ou en lingots, et de donner caution. Cette mesure provoqua de vives réclamations de la part du commerce de Bordeaux, qui n'avait déjà que trop de raisons de se plaindre, en particulier, de l'état languissant des affaires avec les îles Britanniques. La faute n'en était pas aux Bordelais : la guerre en était la cause; et les empiètements des Anglais et leur conduite toujours intéressée ne faisaient qu'accroître les embarras de la position. Ils allèrent, en 1615, jusqu'à instituer à Bordeaux une espèce de tribunal pour juger les différends qui pourraient naître entre leurs compatriotes et les étrangers. Le juge et les consuls s'y opposèrent et firent avorter ce projet si contraire à leurs droits et à l'autorité du roi.

En 1642, le maréchal d'Ornano crut devoir, par un louable acte de prévoyance administrative, faire construire un magasin des vivres, à Bordeaux. Le commerce y vit une atteinte à ses droits et au préjudice de ses intérêts. Il renonça à son projet. Mais, quelque temps après, on finit par faire bâtir des magasins à blé sur les bords de la rivière. Les marchands accapareurs y entassèrent des sacs de blé et ne contribuèrent pas peu à produire une hausse considérable dans le prix de cette denrée. Le peuple se plaignit de la cherté du pain, au milieu d'une si grande abondance de blé et de farine. Les jurats demandèrent que le parlement nommât des commissaires pour visiter avec eux les greniers et les ouvrir au commerce dans toute la ville et la banlieue. L'avocat général Du Sault fut commis à cet effet; le délit d'accaparement fut constaté et sévèrement puni. Six ans plus tard (1648), le froment, le seigle et l'orge étant excessivement rares, et même le pain noir très-cher, le peuple se souleva en masse et il fallut la force armée pour comprimer cette émeute, qui était sur le point de prendre de fâcheux développements.

Vers le milieu du XVIIe siècle, les marchands étalaient leurs marchandises partout où ils espéraient faire de bonnes affaires, pendant les deux grandes foires de l'année. C'était un désordre; la surveillance était plus difficile et les règlements de la jurade étaient complètement violés. Les juge et consuls obtinrent une ordonnance royale qui défendit aux marchands forains d'exposer leurs marchandises ailleurs que dans la cour de la Bourse et sur la place, au devant de cet édifice. L'année suivante, la ville se trouvait accablée de dettes; la peste en avait moissonné la population; la guerre l'avait appauvrie et diminué ses ressources et ses moyens de bien-être. La jurade s'en plaignit au roi. Sa Majesté autorisa ces magistrats à frapper d'un impôt toutes sortes de marchandises à leur entrée et à leur sortie; à procéder à la révision des comptes-rendus pendant les derniers trimestres; à constater le montant des dettes anciennes et nouvelles, et les causes pour lesquelles elles avaient été contractées.

En 1654, les embarras commerciaux étaient devenus plus grands et plus nombreux : le marquis de Saint-Luc avait défendu de porter du blé à Bordeaux. Le duc de Saint-Simon se fortifiait à Blaye, levait des droits sur toutes sortes de denrées, sans autre titre que la volonté de Mazarin; il avait fait sombrer cinq gros vaisseaux lestés de pierres, pour rendre impossible la navigation sur la Garonne, ruiner le commerce de Bordeaux, et, en dirigeant le courant du côté de Blaye, forcer les commerçants de toutes les nations qui trafiquaient avec Bordeaux, d'aborder à ce port et d'y payer un tribut. Le parlement s'en plaignit amèrement au roi et demanda l'éloignement du cardinal, ennemi du commerce et de la prospérité de Bordeaux et de la province.

Pendant de longues années du XVIIe siècle, le commerce maritime ne pouvait guère se faire avec sûreté : des corsaires et des pirates infestaient les mers du nord et arrêtaient toutes les importantes expéditions; ils capturèrent le *Saint-Paul*, bâtiment bordelais, appartenant à Pierre Lestrille, bourgeois de Bordeaux, et commandé par Pierre Boisseau, de Talmont. Lestrille porta plainte au Conseil de l'amirauté de Zélande, séant à Middlebourg, qui répondit, par une lettre très-polie, qu'on allait s'occuper de cette affaire, et qu'en rendant justice à un citoyen de Bordeaux, il espérait pouvoir se concilier l'amitié des Bordelais et étendre davantage leurs relations commerciales.

Livre XV.
Chap. 6.

En 1661, il y eut à Bordeaux une disette considérable ; le blé se vendait si cher que la jurade fut obligée de faire défense d'acheter en gros ou d'*enchayer*, par un coupable monopole, les blés et farines. Cette pénurie de provisions alimentaires fut presque générale ; mais la récolte, en Guienne, fut assez abondante, en 1662, pour pouvoir charger plusieurs bâtiments destinés aux contrées où le manque des *denrées de première nécessité se faisait sentir*.

Louis XIV comprit de bonne heure les immenses avantages qui résulteraient d'un commerce bien réglé et très-étendu. Dans l'intérêt de la navigation, ce prince accorda, en 1663, une prime à tous les navires de 100 à 120 tonneaux qu'on construirait sur les bords de la Garonne. En 1673, il affranchit de tous droits les marchandises expédiées pour les colonies ; cependant, en 1684, il établit un entrepôt pour le tabac des colonies et en réserva le monopole à l'État ; cependant, dans l'intérêt des colonies et de la navigation, et, pour ainsi dire, par compensation, il diminua, en 1684, les droits établis sur les sucres. Colbert fit tout cela, mais la gloire en appartint au roi. Le ministre n'eut et ne désira qu'une consolation, qu'une récompense digne de ses grands talents, celle d'avoir été agréable à son roi et utile à sa patrie.

La disette se fit encore sentir, en 1667, d'une manière désastreuse ; la cupidité des marchands accapareurs en augmenta les malheurs. Enfin, le Conseil d'État fut obligé de défendre toute exportation de grains, par mer comme par terre, sous peine de 3,000 livres d'amende, de confiscation des grains, des vaisseaux, voitures ou tous autres moyens de transport. Un mois plus tard, en septembre, on découvrit que les marchands bordelais s'étaient entendus avec les marchands étrangers pour favoriser le monopole des farines et blés à Bordeaux. Les jurats défendirent à toutes sortes de gens d'emmagasiner les grains et toutes sortes de comestibles, d'aller au devant des bâtiments étrangers pour en acheter la cargaison, avant qu'ils ne fussent entrés au port, soit du haut, soit du bas de la rivière, et cela, sous peine de 2,000 livres d'amende et de correction corporelle. On rédigea un règlement ou tarif des droits imposés aux blés, farines et menus grains qui entreraient dans les ports, les faubourgs et la banlieue de la ville, depuis le Bec-d'Ambès et l'île Cazeaux, au bas de la rivière, et depuis Rions, du côté d'en haut, de quelque part que ces blés ou farines fussent venus. On défendit aux marchands étrangers de s'établir en ville, sans la permission des jurats, et aux marchands forains d'y vendre en détail des marchandises quelconques. En 1694, on essaya de monopoliser le commerce des grains, mais sous une autre forme que celle de 1642. On établit des magasins à vivres dans le Haut-Pays; on y accaparait les blés, de manière qu'on les vendait aux Bordelais à des prix exorbitants. Le parlement interdit ces intrigues commerciales, défendit ces sortes de magasins, fit inhibition de porter du blé de Médoc dans la Saintonge, et mit fin au règne des monopoleurs, en procurant aux Bordelais une suffisante abondance de grains de toutes sortes. Si un boulanger transgressait ces défenses générales, il était condamné à une amende de 500 livres; c'était une précaution salutaire contre les abus du monopole et les suites qu'ils pouvaient avoir.

Je trouve dans un vieux document qu'un ami de Bordeaux a eu la bonté de me remettre, plusieurs des renseignements que je viens de publier, entre autres celui-ci qui ne me paraît pas assez explicite : « Il entrait dans le port de Bordeaux » environ cent vaisseaux en temps ordinaire et en temps de » foire cent cinquante. » Faut-il entendre cela de la semaine ou de chaque jour? Il est probable qu'il faille entendre par là les arrivages journaliers, en comprenant sous le nom générique de *vaisseaux* les embarcations de toutes les formes et dimensions qui naviguaient sur le haut et le bas de la rivière. On voit par là la grande extension qu'avait pris le commerce bordelais au XVII° siècle. Les juges et consuls de la Bourse étaient très-considérés et leur charge ambitionnée par les chefs des grandes maisons de commerce ; mais, pour atteindre à ces postes honorables, il fallait avoir un intérêt de deux mille liv. sur un vaisseau construit en France et du port au moins de cent tonneaux.

Livre XV. Chap. 6.

De ce temps, date la première idée de la compagnie des Indes occidentales et orientales, ainsi que celle de l'Afrique pour le commerce de la Méditerranée et du Levant. Colbert fit tout ce qui était humainement possible pour maintenir la compagnie des Indes occidentales, créée en 1664 ; il la recommanda à la bienveillance protectrice de tous les parlements et en particulier à celle de la Cour de Bordeaux. C'était dans cette ville, essentiellement commerciale, qu'il crut trouver le plus solide appui à cause des immenses relations commerciales qu'elle entretenait avec l'étranger ; il fit écrire au nom du roi aux jurats et aux bourgeois de Bordeaux, pour les inviter à entrer dans la nouvelle compagnie des Indes orientales. On convoqua à la Bourse, le 26 juin, l'assemblée des Cent-Trente, pour délibérer sur la demande du roi et pour savoir quels étaient les négociants qui voudraient s'associer à la nouvelle compagnie. M. de Pontac, premier-président au parlement, se donna beaucoup de mouvement pour faire réussir l'entreprise, et dans sa lettre à Colbert, en date du 24 octobre, il déclare qu'il en avait parlé aux juges et consuls, et fait tout son possible pour les décider à se rendre aux désirs du roi. La nouvelle jurade semblait plus disposée à seconder les vues de Sa Majesté ; elle se composait de MM. de Saint-Cricq, écuyer ; Dalon, avocat, et Minvielle, bourgeois. Ils avaient tous des connaissances spéciales et favorisaient, de leur mieux, le mouvement commercial. Une nouvelle assemblée des Cent-Trente fut convoquée pour le 19 novembre, et, d'après une délibération bien

Raynal, Histoire des établissements etc. etc.

Correspond^{ce} de Louis XIV, tome III.

réfléchie, il fut résolu que l'on convoquerait une assemblée générale, afin de savoir pour quelle part chacun voudrait contribuer au succès de la nouvelle compagnie des Indes. M. de Pontac écrivit, en novembre, au ministre, et après lui avoir dépeint le mouvement général des esprits en faveur du projet, dit qu'il avait fourni lui-même six mille livres, et que Messieurs les présidents de Pichon, Montesquieu, Grimard et Salomon avaient mis chacun trois mille livres. De leur côté, les jurats déployèrent beaucoup d'activité pour avoir des associés, parce qu'on avait dit que le roi était mécontent du peu d'empressement que montraient les Bordelais pour une entreprise si utile, une institution dont leur ville devait profiter plus qu'aucun autre port du royaume.

La Cour des Aides agissait avec une certaine réserve et se tenait en arrière du mouvement général; d'après ce que M. de Colbert écrivit le 28 novembre, chaque membre de cette Cour ne voulait fournir que mille livres. Étonné de ce peu de zèle en faveur d'une mesure si éminemment utile à notre port, le ministre en écrivit au gouverneur de Guienne, M. le marquis de Saint-Luc, qui, dans sa réponse du 5 décembre, atteste le concours empressé et le zèle des Bordelais en faveur de la compagnie des Indes, et il ajoute : « Il n'y a » que le clergé qui s'en veut dispenser, et la Cour des Aides » qui ne fait pas, il me semble, tout ce qu'elle pourrait. Le » premier corps dit que ce serait contre son ministère, et » l'autre, assurément, n'a pas de raison de ne pas faire un » plus grand effort; elle ne prétend donner que vingt-quatre » mille livres; ils sont quarante officiers plus accommodés à » proportion que ceux du parlement. » Il termine en conseillant au ministre d'adresser des paroles un peu vives à ce sujet au premier-président de la Cour des Aides.

La compagnie des Indes fut dissoute en 1769, et le commerce, rendu libre, fut exercé par des particuliers jusqu'au moment où la guerre de 1777 suspendit toutes les entreprises et arrêta les expéditions commerciales.

Un nouveau privilége, fruit de l'intrigue, vint en 1785 anéantir la liberté du commerce; mais il fut à son tour détruit par un décret du 6 juillet 1791. La guerre survint alors et le commerce suspendit complètement ses opérations. On ne voyait pendant de longues années que quelques rares gabares, quelques timides caboteurs dans le port de Bordeaux.

Les courtiers commençaient alors à se croire des personnages très-importants; ils prétendaient qu'outre leur première déclaration, les bourgeois qui faisaient entrer leurs vins en ville devaient en faire une seconde au bureau et produire leur livre de raison, pour donner la certitude que leur première déclaration, faite au bureau de la comptablie, ne contenait point de fraude. Un procès eut lieu à cette occasion, mais les jurats intervinrent pour empêcher ces injustifiables prétentions qui seraient préjudiciables à la liberté du commerce.

La guerre dans les Pays-Bas occupait l'attention publique, et par contre-coup ruinait les finances et le commerce avec le Nord. Bordeaux avait contracté des dettes; on obtint des lettres-patentes pour mettre un impôt de cinq sous sur chaque boisseau de froment, de quatre sur un de *mesture*, de trois sur le seigle et les fèves, de deux sur chaque boisseau de toutes sortes de menus grains qui se débiteraient et se consommeraient dans la ville, faubourgs et banlieue. On espérait par là faire face aux nécessités du moment; mais de nouveaux besoins surgirent bientôt après et nécessitèrent, pour la construction d'un quai au devant du Château-Trompette, un nouvel impôt d'un écu par tonneau sur le vin bourgeois. On désirait aussi faire révoquer l'arrêt que les habitants des paroisses circonvoisines avaient surpris pour la libre entrée de leurs vins, au préjudice du privilége des vins des bourgeois. La commune envoya, à cet effet, des députés au roi; mais, n'espérant pas réussir, ces députés écrivirent à leurs commettants qu'il fallait renoncer à l'impôt d'un écu par tonneau et trouver un autre moyen d'éteindre la dette de la ville.

Sur la fin du XVIIe siècle, on voulut vivifier le commerce et l'industrie. C'est dans cette vue que le roi créa la Chambre de commerce, qui devait se réunir une fois par semaine ; elle était composée de M. d'Aguesseau, de plusieurs notabilités, de deux négociants de Paris et de dix autres pris dans les dix principales villes du royaume et à Bordeaux en particulier. Henri IV avait créé quelque chose de semblable en 1607. le cardinal de Richelieu reprit et protégea cette institution, mais elle ne survécut pas à Louis XIII. Louis le Grand, qui imprimait à toutes ses œuvres un cachet de grandeur et d'immortalité, s'empara de l'idée d'Henri IV et créa ce Conseil de commerce, dont nous venons de parler, sur un plan plus grandiose, avec les plus belles perspectives et les plus flatteurs encouragements. L'arrêt du Conseil fut enregistré au parlement en 1701 ; mais la Chambre qu'il établit ne fut en plein exercice qu'en 1705 : elle se composait des membres de la juridiction consulaire et de six anciens magistrats qui devaient être remplacés par élection, chaque année. L'intendant de la généralité en était de droit le président. Elle était chargée de rédiger des mémoires sur l'état du commerce, sur les moyens de le vivifier et de l'étendre et sur les mesures à prendre pour pourvoir à l'entretien de cette Chambre à Bordeaux. Le 5 septembre 1705, les négociants s'assemblèrent dans l'ancienne Bourse, place du Palais, et consentirent, par délibération, à ce qu'on affectât aux frais d'établissement et à l'entretien de la Chambre de Guienne la somme de quatre mille quatre-vingt-six francs, que le Gouvernement payait tous les ans aux corporations des marchands et artisans, comme représentation de l'intérêt d'un capital de 93,380 fr. que ces corporations avaient donné au roi, en 1697, pour le rachat des offices d'auditeurs des comptes, qu'il avait créés par ses arrêts du 25 janvier 1695 et du 26 mai 1697. C'est alors que Louis XIV déclara formellement, dans un arrêt, que les nobles pouvaient faire le commerce sans déroger. C'est une circonstance très-remarquable dans le règne de ce grand roi qui, tout épris qu'il était de sa puissance et de sa gloire, ne se disait que le premier noble de son royaume. Par cette mesure, il attaqua un misérable préjugé répandu parmi la noblesse; elle n'était pas nouvelle, car il n'avait qu'à reproduire un édit de 1669, qui, sans doute, était tombé en désuétude ou n'avait pu vaincre les scrupules des classes aristocratiques. Aucun noble de Bordeaux ne crut pouvoir profiter de l'édit; aucun ne se fit négociant ni marchand.

Grâce à Louis XIV, Bordeaux était devenue une ville de commerce de première classe; il avait encouragé par des primes la construction dans notre port des navires de commerce de 100 à 120 tonneaux; de l'année 1673 à 1675, les marchandises expédiées de notre port pour les colonies étaient affranchies de tout droit. En 1681, on créa à Bordeaux un entrepôt pour le tabac des îles et en particulier de Saint-Domingue; en 1684, on diminua les droits sur les sucres. Toutes ces mesures, soigneusement maintenues pour un temps, puis légèrement modifiées selon les circonstances, contribuèrent puissamment à la prospérité commerciale de notre place; la Chambre de commerce en fut le couronnement. Le dix-huitième siècle hérita des ressources de son devancier; il n'eut qu'à en suivre les errements, à imiter sa hardiesse et à agrandir son horizon. Le commerce alors étendit ses spéculations à tous les coins du globe, et la population qui, en 1580, ne dépassait pas 45,000 âmes et n'arrivait pas tout à fait à 60,000 dans le XVIIe siècle, s'accrut si rapidement par le commerce que, vers le milieu du XVIIIe, elle atteignit le chiffre de 80,000. On exportait habituellement, sur la fin du XVIIe, cent mille tonneaux de vin par an pour les pays étrangers. Les vins de Médoc et de Graves, que les Anglais appellent *claret*, étaient

Livre XV.
Chap. 6.

alors, comme aujourd'hui, recherchés par les maisons opulentes des seigneurs des pays étrangers; mais une très-grande partie des vins exportés, de qualité moyenne, venait de l'Agenais et du Haut-Pays, et même du Languedoc. Ces vins, d'après une transaction en date de 1500, ne devaient descendre à Bordeaux avant la fête de Noël ; c'était ménager aux vins de notre sénéchaussée un temps convenable pour en effectuer l'écoulement par la consommation à l'intérieur ou par exportation. Le petit commerce se faisait par les marchands français; mais les grandes affaires passaient par les mains des étrangers naturalisés avant 1660, ou par des négociants établis temporairement dans notre cité, pour nouer des relations, et qui s'en retournaient chez eux après y avoir fait leur fortune et créé des moyens d'y entretenir des relations avantageuses. Les Chartrons en étaient pleins.

Depuis 1660, les marchands ont cessé de prendre des lettres de naturalisation, parce qu'on révoqua alors les priviléges des bourgeois. Les principales cargaisons que des navires étrangers prenaient dans notre port consistaient en vins, eaux-de-vie, pruneaux, vinaigre, résine, etc., etc.; les étrangers nous apportaient, en échange, des draps, des étoffes de toutes sortes, les toiles de Hollande et d'Angleterre, le beurre d'Irlande, le bois du Nord, avec une immense quantité de morue, de sardines, de harengs, de poissons de toutes sortes, des farines, du fromage, de la chair salée, etc. (1).

Nous ne croyons pas devoir reproduire ici tout ce qui concerne les combats livrés sur mer ou en rivière pendant le XVIIe siècle ; on trouve assez de détails sur cette matière dans le cours de notre ouvrage ; mais nous tenons à constater que notre marine marchande y a figuré avec distinction. On peut en conclure que notre commerce était alors très-étendu et

---

(1) *Mémoires*, par M. de Bezon, intendant de la généralité de Guienne, ou papiers de M. Burguet, juge de paix de Grignols.

nos bâtiments en état de prêter un puissant secours contre les étrangers qui oseraient entamer notre sol. Les marins ne manquaient pas; cette corporation dut être très-flattée et honorée de voir l'archevêque de Bordeaux nommé commandant de la flotte et dirigeant avec habileté des combats sur mer, contre des vaisseaux ennemis, en 1636; ils affectaient publiquement de le faire passer pour un excellent marin. L'exemple des grands influe beaucoup et toujours sur la conduite des inférieurs; tous les jeunes gens de Bordeaux voulaient alors suivre leur archevêque; les officiers de l'armée de terre abandonnèrent leur drapeau et allèrent se ranger sous le pavillon du vaisseau amiral de leur prélat belliqueux ! C'étaient les mœurs de l'époque, personne n'y trouvait à redire. Le ciel était peut-être seul mécontent de la confusion de ces deux vocations diverses et, selon nos idées, incompatibles.

Livre XV.
Chap. 6.

Sur la fin du XVIe siècle, la population de Bordeaux ne surpassait pas 45,000 âmes; les familles nobles y étaient rares; mais les négociants ou marchands de toutes les classes y étaient très-nombreux. Le XVIIe siècle, comme nous venons de le voir, développa d'une manière étonnante le commerce de notre ville, et des navires bordelais, sillonnant l'Océan et toutes les mers, portaient avec nos vins si recherchés, depuis le temps d'Ausone jusqu'à nos jours, pour la table des favoris de la fortune, nos denrées méridionales, tous les produits de notre sol.

Nous ne nous arrêterons pas sur nos relations avec les Indes françaises; nous n'avons pas de documents satisfaisants sur ce sujet. Bordeaux a eu des rapports commerciaux assez étendus, dit-on, avec Pondichéry et Karikal, sur la côte de Coromandel; avec Yanaon, sur celle d'Orixa; avec Chandernagor, près de Calcutta, dans le Bengale, et avec Mahé, sur la côte de Malabar.

Henri IV, comme nous l'avons dit, organisa la première compagnie des Indes; elle n'eut aucun résultat; d'autres lui succédèrent aussi infructueusement. Enfin, Richelieu la réorganisa en 1641; mais elle se borna à coloniser Madagascar. On sait les nobles luttes de Caron et Martin contre les Hollandais; celles de Dupleix et de La Bourdonnaye contre les Anglais, le sort de Pondichéry pris et repris bien des fois, perdu enfin le 15 janvier 1761, par Lally-Tollendal, qui paya ce malheur de sa tête; mais la paix de 1814 nous rendit les cinq postes dont nous venons de parler. On nous assure que le commerce de Bordeaux eut beaucoup à souffrir dans ces luttes lointaines du XVIIe siècle et dans celles du XVIIIe, du temps du bailli de Suffren et du marquis de Bussy. Dans toutes les parties du monde, sur la route du commerce, la France rencontrait la jalouse Angleterre qui lui barrait le passage; mais, sur le chemin de la gloire, elle se tient prudemment à l'écart; son léopard a peur du noble drapeau de France.

Pendant une grande partie du XVIIe siècle, l'Angleterre n'osait pas usurper le titre de *maîtresse de la mer*, ni porter ses prétentions si haut ni si loin qu'elle le fait aujourd'hui; elle respectait le pavillon blanc qui abritait la fortune des sujets des rois de France, et redoutait la rencontre des bâtiments commandés par des marins de Bordeaux, de Nantes, de Brest et de Saint-Malo! On était fier alors d'appartenir à la marine de la capitale de la Guienne, la reine des villes du Midi, quand on voyait ses beaux navires sillonner toutes les mers, les uns allant en Angleterre, en Hollande, aux États-Unis, au banc de Terre-Neuve, pour la pêche de la morue et de la baleine; d'autres, enfin, explorant les côtes de l'Afrique pour la poudre d'or, et celles de la Guinée pour la traite des noirs. C'était l'usage et les mœurs du temps; mais ce monopole odieux de la vente de chair humaine, qui, depuis 1716 jusqu'en septembre 1720, fut limité aux quatre ports de Bordeaux, de Nantes, de La Rochelle et de Rouen, et sous la condition formelle de payer vingt livres par tête de nègre qui serait débarqué en Amérique et trois livres par tonneau de poudre d'or, tomba au pouvoir de la compagnie des Indes en 1724; il fallait à tout négrier de Bordeaux ou de tout autre port de France, une autorisation spéciale de cette compagnie pour faire le commerce de la Guinée, et moyennant une rétribution de dix livres par nègre.

Cet état de choses subsista jusqu'en 1768; alors, dans l'intérêt des colonies, un arrêt du Conseil, en date du 24 mars 1768, exempta les négociants bordelais de cette rétribution de 20 livres par tête de noir. Par cette mesure, le Gouvernement voulait encourager la traite et y pousser les Bordelais, qui n'en étaient pas très-partisans. Il réussit dans ses projets. En 1715, il n'y avait qu'un seul navire bordelais, le *Saint-Jean-Baptiste,* qui se livrât à ce commerce infâme, et même, en 1740, il n'y en avait que trois, et en 1764, neuf ou dix; mais en 1784, le nombre s'était élevé à vingt-cinq. Malgré la réprobation dont on stigmatisait ce commerce, nous voyons que, même sous la Restauration, les Bordelais s'adonnaient à ce honteux trafic.

En 1716, Law organisa la Banque générale, qui devint une source de malheurs pour la France. La compagnie émit des billets dont on plaça un grand nombre à Bordeaux, où elle avait désigné des directeurs-inspecteurs. S'étant chargée du commerce du Sénégal, des fermes générales et même de l'ancien privilége de la compagnie des Indes, elle inspira d'abord une grande confiance aux spéculateurs, que malheureusement elle ne justifia pas. Bordeaux y avait consacré de grands fonds; ses intérêts y étaient immenses, mais ses pertes étaient aussi très-considérables, lorsqu'au jour du malheur général on vit tomber ces innovations monétaires de l'aventurier Law. Le commerce bordelais fut guéri de son anglomanie financière; le malheur lui apprit à se méfier de ses voisins d'outre-Manche.

Vers le milieu du XVIIIe siècle, la guerre éclata entre la France et l'Angleterre; elle arrêta l'essor de la prospérité générale, et le commerce de Bordeaux se ressentit, plus que toute autre ville, des calamités qu'elle entraînait à sa suite.

Les Anglais, maîtres de la mer, s'emparèrent de plusieurs de nos bâtiments, et le golfe de Gascogne était devenu le théâtre des hostilités. Les négociants armèrent plusieurs navires en corsaires; ils vengèrent noblement les pertes que Bordeaux avait éprouvées, et firent des prises nombreuses et importantes sur les Anglais. Parmi les bâtiments armés en course dans notre port, se trouvèrent la *Comtesse-de-Noailles*, frégate superbe, ayant à bord trente-deux canons et cent cinquante hommes d'équipage, sous les ordres du capitaine Jalineau; le *Stock*, corvette commandée par le brave lieutenant de vaisseau Jacques de Calvimont, enfant de Bordeaux, qui captura plusieurs bâtiments anglais et chassa de nos côtes des corsaires de ce pays qui infestaient nos parages et surtout l'embouchure de la Gironde; la *Brune* et l'*Opale* appartenaient à MM. Gradis, négociants et armateurs respectables de Bordeaux. Ces bâtiments mirent à la voile sans commission de guerre; les messieurs Gradis ne la croyaient pas nécessaire lorsqu'il s'agissait à la fois de venger le pavillon national et les intérêts du commerce bordelais. Après des courses hasardeuses et pleines de dangers, ces deux bâtiments conduisirent dans la Gironde, en 1760, quatre navires anglais capturés dans leur expédition. Bordeaux en fut enchanté; mais comme les armateurs n'avaient pas pris une commission pour armer en course, l'amiral confisqua les prises; c'était pour la forme seulement et pour se conformer à la loi, car le même jour il fit main-levée de la confiscation, désirant, dit-il, traiter les dits sieurs Gradis favorablement.

Il manquait à Bordeaux une institution commerciale qui pût garantir les intérêts engagés dans les expéditions maritimes. Jean Deforest en conçut le projet et sollicita, auprès du gouvernement, l'autorisation d'établir un bureau d'assurances. Ses idées furent tellement goûtées par le Gouvernement, qu'il réussit et obtint, en 1744, pour lui seul, le brevet de courtier d'assurances, jusqu'à la paix ; alors on en augmenta le nombre. Cette institution rendit de grands services au commerce de Bordeaux et à celui du Midi en général.

C'est alors (1744) qu'on établit à Bordeaux un bureau pour l'envoi des lettres aux colonies ou pour la réception de celles qui en venaient. C'était encore à Deforest qu'on le devait, ainsi qu'un *pamphlet maritime* ou registre quotidien où se trouvaient les arrivages et les sorties des navires, l'état des chargements, leurs destinations, et toutes les nouvelles qui pouvaient intéresser les négociants. Cette feuille donna l'idée des *journaux de commerce* qui ont paru successivement à Bordeaux.

En 1761, les juifs, expulsés de l'Espagne, vinrent se réfugier à Bayonne, où, peu à peu, ils s'emparèrent de toutes les industries et presque du haut commerce. Quelques-uns d'entre eux vinrent s'établir à Bordeaux : le théâtre était plus vaste, les ressources plus abondantes et le succès plus certain. Il y avait déjà dans nos murs des juifs allemands, avignonais et portugais ; ces diverses ramifications de la grande famille israélite vivaient séparées ou se fréquentaient peu. Cependant le monopole du commerce et de l'industrie tomba bientôt dans leurs mains ; mais les dissentiments, les jalousies et les haines firent naître des conflits fâcheux, des altercations nuisibles à la paix de la ville. Le maréchal de Richelieu les expulsa tous, à l'exception des juifs portugais, les moins offensifs et réputés aussi les plus probes. Cette ordonnance était à la fois impolitique et trop préjudiciable aux intérêts du commerce pour ne pas provoquer des réclamations ; elle fut révoquée bientôt après.

En parlant des réfugiés portugais, nous ne pouvons passer sous silence la maison Gradis, dont le chef était, au commencement du XVIIIe siècle, David Gradis, banquier et armateur très-distingué. David, dont les ancêtres étaient venus en France du temps de Henry II, fonda une maison opulente à Saint-Domingue, en 1724, et une autre à la Martinique, en 1727. Il mourut en 1751. Son fils Abraham devint l'agent ou correspondant commercial des ministres de la marine, sous Louis XV et Louis XVI; ils lui confièrent l'exécution de plusieurs vastes opérations, parmi lesquelles nous citerons l'approvisionnement du Canada et de l'île Royale, depuis 1748 jusqu'en 1763, époque où la France perdit ces belles possessions. En 1758, il expédia, pour ces colonies, d'après la demande du ministre, 4,500 tonneaux de marchandises; il chargea et fit partir à la fois, pour Québec, une flotte de quatorze navires, et, pendant tout le temps de la guerre, les bâtiments de la maison Gradis eurent à lutter bien souvent contre les croiseurs ennemis de la France.

En 1759, après la dispersion de la flotte de M. de Conflans, Abraham Gradis donna ordre à ses correspondants, en Angleterre, de pourvoir aux besoins de tous les officiers de la marine française qui auraient le malheur d'être faits prisonniers; il leur ouvrit, à Londres, à cet effet, un crédit illimité, ce qui reflète un honneur immortel sur ses descendants et leur donne des droits à la reconnaissance de la France.

De 1764 à 1767, il approvisionna, pour le compte du roi, nos colonies de Cayenne et de Gorée, et fit, en grande partie, les fournitures de Saint-Domingue, de la Martinique et de la Guadeloupe. En 1779, il fut chargé d'effectuer la remise des fonds nécessaires au service de Saint-Domingue, et s'engagea, par traité avec le gouvernement, de verser tous les ans neuf millions dans le trésor de cette colonie.

Abraham Gradis mourut le 17 juillet 1789 et eut pour successeur Moïse, son associé et beau-frère. Abraham fit bâtir, en 1752, l'hôtel que ses successeurs occupent encore aujourd'hui sur le cours Napoléon (fossés de l'Hôtel-de-Ville).

Le bien de Monadey, à Talence, lui appartenait; il l'embellit d'une manière splendide et l'affectionnait tellement, qu'il y passait un jour ou deux toutes les semaines pour se délasser de ses affaires; il y accordait une généreuse hospitalité aux étrangers de distinction qui passaient par Bordeaux. Il était lié d'amitié avec les Rochechouart, les d'Harcourt, le maréchal de Richelieu, etc., etc.

Le représentant actuel de cette ancienne maison est M. H. Gradis, qui vient de s'allier avec la respectable famille de Brandam, également distinguée par l'honorabilité de son caractère et par l'étendue de ses relations commerciales. M. Benjamin Gradis, père de M. Henri, mourut en avril 1858; ce fut une perte irréparable pour la communauté israélite, qui accompagna à sa dernière demeure les restes mortels de cet homme de bien. Nous avons eu quelques rapports avec ce bon vieillard et avons toujours admiré en lui une aménité bienveillante, une politesse exquise, une modestie et une simplicité de manières qui contrastent trop avec les formes légères de la société moderne. Il avait beaucoup lu et beaucoup retenu; il se distinguait par la sagesse de ses observations, la finesse de ses spirituelles réparties et la solidité de son jugement. Dans le cortége funèbre de ce bon israélite, on voyait confondu les représentants de toutes les administrations, de la magistrature, du barreau, du commerce et de tous les cultes.

Le commerce de Bordeaux se débattait contre les dangers et les mille entraves que lui créait la guerre de sept ans; la flotte anglaise était, pour ainsi dire, maîtresse des mers, et nos relations au dehors complètement interrompues pendant quelque temps. Pour mettre fin à cet état de choses, les négociants firent faire plusieurs constructions navales dans le *chantier du Roi*, en Paludate, et, entre autres, l'*Utile*, le *Bordelais*, le *Ferme*, le *Flamand;* c'étaient des *prames* ou vaisseaux à fonds plats, d'un petit tirant d'eau, et propres à naviguer près des côtes ou dans la Gironde, où les grands bâtiments anglais n'oseraient pas les suivre. Chaque prame avait vingt-quatre canons et un équipage convenable. Outre ces vaisseaux, il sortit de nos chantiers plusieurs frégates : l'*Amphitrite*, la *Belle-Poule*, la *Tourterelle* et la *Dédaigneuse*, et quelques autres que les Anglais ne rencontraient jamais en pleine mer qu'avec de justes et sérieuses appréhensions. En 1761, au mois de janvier, le commerce de Bordeaux proposa une souscription afin d'offrir au roi un vaisseau de ligne pour les besoins de la marine. On voulait, à tout prix, en finir avec les Anglais, qui infestaient les mers ; les jurats votèrent une somme de 150,000 livres. Les autres navires étaient armés, mais ils servaient aussi presque tous comme bâtiments marchands. Le navire qu'on devait offrir à Sa Majesté était un grand vaisseau de ligne qui pût balayer les corsaires anglais et servir partout les intérêts de la marine et du commerce. Bordeaux était devenu un port de guerre : depuis le temps de Richelieu, les flottes françaises étaient réparties dans les ports de Marseille, Toulon, Bordeaux, Brest et le Havre.

Nous ne nous occupons ici que du commerce ; il serait trop long de consigner dans ce travail les courses, les combats, les victoires et les prises faites par les corsaires et les flibustiers bordelais ; les grands faits d'armes maritimes ont trouvé place dans d'autres parties de notre histoire.

En 1763, la cessation de la guerre rendit la liberté à la mer et au commerce. On expédia alors pour les colonies plus de cent cinquante-cinq navires, du port moyen de 220 tonneaux ; on arma quatre navires pour la côte d'Afrique, huit pour la Louisiane, douze pour Cayenne et trois pour Miquelon. L'année suivante, on en expédia davantage, près de trois cents navires de Bordeaux, et l'on vit armé dans notre rade un nombre égal et peut-être plus fort de bâtiments chargés de toutes sortes de denrées coloniales. Saint-Domingue, la Guadeloupe, la Martinique voyaient arriver dans leurs ports nos bâtiments de commerce chargés de nos bons vins, de liqueurs, d'eaux-de-vie, de graines de toutes sortes, d'outils et ustensiles domestiques et de labourage, de tous les produits de notre sol, de notre industrie et de l'intelligence d'une nation éclairée. En échange, on nous envoyait pour nos besoins et pour être réexpédiés à d'autres parties du continent, le café, le sucre, l'indigo, le cacao, l'acajou et tous les produits exotiques de ces climats méridionaux.

Depuis Richelieu et Louis XIV, la marine française s'était considérablement augmentée; les vaisseaux de guerre, les frégates et les brûlots surveillaient les côtes et protégeaient au besoin les navires qui entraient dans nos ports ou qui en sortaient. Grâce à sa formidable marine, l'Angleterre avait acquis d'immenses possessions territoriales dans toutes les parties du monde; la France voulait l'imiter et même l'éclipser.

Vers le milieu du XVIIIe siècle, la terre semblait refuser la sève productive aux efforts de l'art et inspirait des craintes sérieuses d'une infertilité générale. Le sieur Péconet inventa une sorte d'engrais approprié à la nature du sol bordelais. Il s'adressa au ministre Bertin, qui, heureux de pouvoir encourager le labourage et le pâturage, comme Sully, en écrivit, le 4 juillet 1772, à M. Esmengard, intendant de la province, et l'engagea à encourager l'inventeur Péconet, dont les idées pourraient avoir de bons résultats. Il lui témoigna aussi la plus grande surprise de ce qu'on n'avait pas fondé à Bordeaux une société d'agriculture, à l'exemple de la généralité d'Auch et de presque toutes les provinces du royaume. Les membres de cette société, dont l'utilité ne saurait être un sujet de doute, s'occuperaient à encourager les cultivateurs par leurs exemples, et donneraient plus d'étendue et de réalité à des objets de culture, qui n'avaient été jusqu'alors qu'en projet. Les landes de Bordeaux avaient donné lieu à des spéculations sans résultat satisfaisant, parce que les spéculateurs étaient des étrangers qui cherchaient plutôt à se faire une fortune qu'à défricher réellement la vaste étendue de ces terres infertiles. Le ministre recommanda la formation d'une nouvelle société composée de personnes désintéressées du pays, qui s'occuperaient avec zèle de l'agriculture locale, ou pour mieux dire, de leurs intérêts domestiques. En 1764, il fut question d'établir ces sociétés partout; les circonstances paraissant plus favorables que jamais, le ministre exhorta l'intendant à réunir un certain nombre de propriétaires de bonne volonté et mus par le patriotique désir de se rendre utiles à la patrie.

On voit ici l'idée première de nos comices agricoles et de ces récompenses qu'on accorde de nos jours aux meilleurs cultivateurs, aux propriétaires les plus distingués par l'élève des bestiaux, la variété et l'excellence de leurs produits, leurs procédés ingénieux pour faciliter le progrès de l'industrie, de l'agriculture, de l'horticulture et de tous les travaux rustiques si intéressants et si indispensables à la société. La grande Révolution arrêta l'essor et le progrès de l'agriculture et de l'industrie, si heureusement encouragées en 1772.

M. Esmengard, intendant, ne fit pas d'objection au projet de M. Péconet; et tout en louant les efforts de M. Boutin, intendant en 1762, en faveur des travaux agricoles, il ne put s'empêcher de dire que, si ses succès ne furent pas couronnés du succès le plus complet, c'était au parlement et à l'Académie qu'il fallait en attribuer la cause. Des membres de la Cour, qui appartenaient en même temps à l'Académie, s'occupaient quelquefois de travaux agricoles; ils craignaient une concurrence de la part de l'intendant et faisaient tout ce qui était humainement possible pour discréditer les vues de M. Boutin et les réunions des agriculteurs. M. Esmengard réunit quelques riches propriétaires, mais il n'eut pas plus de bonheur que M. Boutin. La révolution fit avorter les projets du ministre.

Le commerce des vins a toujours été pour Bordeaux une source de prospérité, et, à toutes les époques de notre histoire, n'a cessé d'attirer dans notre port des navires de toutes les parties de l'Europe, et, dans le dernier siècle, du Nouveau-Monde. On sait tous les priviléges que les rois ont accordés au vin provenant des crûs des bourgeois de Bordeaux et du clergé, aux dépens des régions viticoles du Midi. On mettait dans les entrepôts des Chartrons les vins du Languedoc et du Quercy, et généralement tous ceux qui sont recueillis hors de la sénéchaussée ; on ne pouvait les introduire en ville qu'à la Noël ; il y avait cependant quelques contrées auxquelles on avait accordé le privilége de faire entrer leurs vins dans les entrepôts, à la Saint-Martin ; mais, d'après les franchises de la ville, les jurats pouvaient saisir les vins étrangers après la fête de Notre-Dame (8) de Septembre. Ce jour-là, au plus tard, on était tenu de faire sortir ces vins des limites de la sénéchaussée.

<small>Livre XV. Chap. 6.</small>

M. Jarreau, commissionnaire de la Compagnie des Indes, désirait garder dans son entrepôt une partie de ses vins. Le parlement s'y opposa ; mais, à la demande du contrôleur général, il y consentit par une grâce toute exceptionnelle. M. Laffon de Ladebat, négociant de Bordeaux, ne pouvant obtenir la même faveur, pria le ministre de la marine d'appuyer sa demande auprès de la Cour de Bordeaux ; mais avant de recevoir la réponse, il adressa à la Cour du parlement une requête motivée, qu'il remit à M. Drouilhet de Sigalas, conseiller du roi à la Grand'Chambre, où sa demande avait été refusée.

<small>Archives du département</small>

M. Laffon de Ladebat avait déjà acheté trente-huit tonneaux de vins de Cahors, et, par suite du refus du parlement, s'était trouvé dans la nécessité de renoncer à l'expédition, qui ne pouvait avoir lieu qu'au mois de décembre suivant à cause de la mousson, et pour laquelle il fallait de quatre-vingts à cent tonneaux de vin des premiers crûs de Quercy et de soixante à quatre-vingts tonneaux de vin de nos meilleurs paluds.

Dans sa requête au parlement, M. Laffon de Ladebat,

armateur, exposa qu'un ouragan ayant détruit, le 1er mars 1772, la majeure partie des vivres destinés aux habitants de France et de Bourbon, le ministre de la marine, M. de Boynes, lui avait écrit qu'il verrait avec plaisir qu'il (Laffon) expédiât pour les îles son navire le *Terray*, du port de 500 tonneaux, avec une cargaison de comestibles. L'armateur s'empressa de se rendre à ce vœu du ministre; mais il y avait des obstacles à vaincre. Quelque grande que fût la disette aux îles, le vaisseau ne pouvait partir de Bordeaux que dans le mois de décembre, pour arriver au cap de Bonne-Espérance dans le temps propre à le doubler. Il était aussi indispensable, pour assortir sa cargaison, d'y faire entrer de quatre-vingts à cent tonneaux de vin de Cahors, des premiers crûs.

Comme ces vins ne pouvaient rester dans les chais des Chartrons que jusqu'au 8 septembre, à moins d'une autorisation expresse de la Cour, le suppliant demandait la même faveur qu'on avait, dans une autre circonstance, accordée au sieur Jarreau.

Il était impossible de clarifier et de rebattre ces vins en peu de temps; l'armateur demandait que la Cour lui accordât la permission de garder ces vins dans des chais, jusqu'à l'époque du chargement, faisant en même temps l'offre de déposer à l'Hôtel-de-Ville une déclaration de la quantité du vin de Cahors qu'il destinait pour l'expédition et du chai où il serait déposé, de faire pareille déclaration lors du chargement, afin qu'on en fît la vérification.

Le ministre écrivit le 24 août 1772, en sa faveur, à M. Esmengard, intendant; mais dans cet intervalle on avait signifié au procureur-syndic de la ville un arrêt du Conseil, du 11 août, qui dérogeait, pour cette année (1772), aux priviléges sur les vins, dont les Bordelais étaient si jaloux. L'intendant en instruisit M. de Boynes, et M. Laffon de Ladebat fut affranchi des entraves d'une législation locale de priviléges et de faveurs.

Le commerce éprouva, vers le milieu du XVIIIe siècle, des échecs et l'Espagne de grands revers. En novembre 1762, la France cédait ses colonies aux Anglais; elle promettait, par une convention secrète, la Louisiane au roi d'Espagne, pour le dédommager de la perte de la Floride. Une colonie française pleine d'avenir, vierge du feu ennemi, dernier reste du seul empire continental d'Amérique, était cédée comme un troupeau ! L'opinion en France était indignée; le cabinet de Versailles tâcha d'apaiser les esprits, en disant que la Louisiane était menacée du même sort que le Canada et qu'on abandonnait sagement ce qu'on ne pouvait plus garder.

Les Louisianais furent désolés de se voir dénationalisés. Le gouverneur mourut de chagrin; la désolation fut générale et profonde. En 1768, un capitaine-général vint prendre possession de la colonie : une insurrection eut lieu et le gouverneur fut obligé de partir.

En 1769, un nouveau capitaine-général, parent de celui qui écrit ces lignes, M. O'Reilly, descendit avec 3,000 soldats à la Nouvelle-Orléans. Les magistrats essayèrent d'apaiser le peuple qu'ils avaient soulevé; O'Reilly, conformément à ses ordres, fit condamner à mort les plus coupables, le procureur général et plusieurs autres, et l'Espagne resta maîtresse de la colonie si éminemment française et dont la perte a été si préjudiciable à notre commerce.

Le Canada nous fut donc enlevé avec plusieurs de nos îles : les meilleurs débouchés de notre commerce ne nous appartiennent plus. Les Indes, conquises par des marins anglais, enrichissaient les magasins de Londres de leurs magnifiques produits, et le monopole du commerce semblait vouloir s'établir sur les bords de la Tamise. Il fallait humilier cette puissance colossale et élever la France comme puissance maritime à son niveau. La chose n'était pas facile; mais une occasion se présenta, et Louis XVI, arrivé au pouvoir, en profita pour enlever à la Grande-Bretagne le plus beau fleuron de sa

Livre XV
Chap. 6.

couronne, en favorisant l'indépendance des États-Unis. C'était ouvrir à notre commerce de nouveaux et immenses débouchés. Des vaisseaux de la marine royale convoyaient nos bâtiments marchands et tenaient la mer libre pour que nos relations avec le dehors n'éprouvassent ni pertes ni interruption. Nos rapports avec Saint-Domingue continuaient toujours, grâce à nos admirables flottes, qui étaient alors commandées par le comte d'Estaing, vice-amiral, et par MM. de Guichen et de Grasse. Près de trois cents navires, appartenant à des armateurs de Bordeaux, faisaient le commerce avec Saint-Domingue et les colonies, et le pavillon de la marine militaire et royale flottait sur toutes les mers pour protéger la marine marchande, qui, organisée en flottilles, était toujours munie d'artillerie (1).

En 1778, à la fin de décembre, quatorze vaisseaux anglais poursuivaient, dans le canal de Sainte-Lucie, une flotte de vingt-six voiles escortée par une seule frégate et dont une partie appartenait au port de Bordeaux. Le comte de Lamothe-Piquet, l'un de nos plus célèbres capitaines et chef de l'une de nos escadres, se trouvait alors à la Martinique ; il apprit le danger que couraient les bâtiments français et ordonna qu'on appareillât de suite pour secourir ses compatriotes. L'*Annibal* mit à la voile et alla engager le combat. La lutte était inégale ; mais, rejoint et secouru par deux autres vaisseaux, les seuls de son escadre en état de tenir la mer, il réussit à sauver la frégate et dix-sept des vingt-six navires qu'elle convoyait.

Les périls furent nombreux et grands ; notre commerce n'en souffrit cependant que bien peu, grâce à la protection de la marine. Ainsi on vit arriver sur nos côtes soixante voiles venant de Saint-Domingue, escortées seulement de trois vaisseaux de ligne : le *Sphinx*, le *Robuste* et l'*Amphion*, sous les

---

(1) Une compagnie de Bordeaux arma douze bâtiments de ligne. L'État leur fournissait l'artillerie gratis et leur abandonnait les deux tiers des prises ; l'autre tiers était pour la caisse des invalides de la marine.

ordres de M. de Grasse. Quelques jours plus tard, quarante-quatre navires destinés pour Bordeaux vinrent, par un gros temps, mouiller dans la rade de Rochefort et appareillèrent bientôt après, avec le beau temps, pour Bordeaux; leurs riches cargaisons firent la fortune de plusieurs maisons de négociants de Bordeaux : c'était trente ou trente-cinq millions jetés dans le commerce de notre place, comme le dit le *Journal Militaire* (l'an 1780).

<small>Livre XV. Chap. 6.

Journal militaire, 3ᵉ année, nº 1</small>

La guerre continuait toujours; mais quel que fût le succès des corsaires anglais, les pertes des Bordelais ne furent ni nombreuses ni importantes. En 1782, les hostilités touchaient à leur fin, et jusqu'au dernier moment les Bordelais continuaient leurs expéditions maritimes. Plus de trois cent dix navires, jaugeant ensemble 118,000 tonneaux au moins, sillonnaient les mers en tous sens et nous rapportaient, en retour de nos exportations, pour près de 140 millions en denrées coloniales. Grâce à ce mouvement commercial, Bordeaux était devenu l'une des places les plus commerçantes du monde, une ville industrielle, artistique et commerciale (1). Parmi les armateurs-négociants de l'époque, Bordeaux cite avec orgueil les noms de Viard, Granié et Cᵉ, Bellard, Fauchey, Delbos, Labat de Serenne, Lavaud, Barraud, Barthez, Sers et Barbier, Romberg et Cᵉ, Rieuker et Terstorf, Ludin, Estesse, Paul Nairac, Féger, Journu, Groc, Petit frères et Cᵉ, Vignes, Mᵐᵉ Draveman, Dubosq et plusieurs autres moins célèbres dans les fastes commerciaux de Bordeaux, mais cependant assez hardis pour exposer leurs navires et leurs fortunes aux mille périls d'une guerre maritime et sur une mer couverte de voiles ennemies.

Il paraît certain que, même pendant la guerre avec les Anglais, à l'occasion de l'émancipation de leurs colonies améri-

---

(1) Des documents importants, tombés en notre pouvoir, nous font différer avec M. Jouannet, qui traite le même sujet dans sa *Statistique de la Gironde*.

caines, le mouvement commercial de notre place s'élevait à plus de 150 millions par an. Le port de Bordeaux entrait pour plus d'un tiers dans les produits accumulés de toutes nos colonies, c'est-à-dire pour 52 millions sur 126 millions, valeur totale des importations coloniales en France.

Enfin, la paix fut signée le 3 septembre 1783 ; c'était la base du traité de 1786, par lequel il fut stipulé que les droits prélevés jusqu'alors, soit en France, soit en Angleterre, seraient diminués pour les marchandises d'exportation. Ainsi, les fers, les mousselines, les étoffes de coton et de laine furent déchargées des droits qui pesaient, à Bordeaux, sur ces produits anglais. En échange, les Anglais réduisirent considérablement les droits prohibitifs établis sur les vins, la parfumerie, la ganterie, la tabletterie, les batistes, les blondes, les dentelles de soie, les soieries et sur tous les objets de luxe et de mode parisienne. Nos vins, qui jusqu'alors payaient à la douane, en Angleterre, 7 schillings et 10 pences par gallon, à peu près 2 fr. 17 c. par litre, ne payaient plus que la moitié à peu près, c'est-à-dire 4 schillings 1/2 penny par gallon ou 1 fr. 33 c. par litre. Le commerce de Bordeaux prit alors des proportions inouïes. Pendant la guerre de sept ans, c'est-à-dire depuis 1755 jusqu'en 1763, l'exportation des vins de France ne fut que de 2,000 tonneaux ; elle s'éleva à 20,035 en 1779, et dans les dernières années de Louis XVI, au chiffre étonnant de 100,000 tonneaux. Nos exportations de vins, pour l'Angleterre seule, avant 1786, montaient, année commune, à près de 400 tonneaux ; mais de 1786 à 1792, le terme moyen était 1,424 tonneaux par an, et l'année après le traité de 1786, elles montaient à 2,127 tonneaux. La Hollande, à elle seule, tirait de Bordeaux une quantité moyenne de 20,000 tonneaux de vin et 12,000 pièces d'eau-de-vie par année.

Le 1er juin 1786, il se trouvait dans la rade de Bordeaux deux cent vingt-trois navires étrangers et soixante-huit navires français, et, au 1ᵉʳ juillet, deux cent quarante-quatre, sans parler des cent soixante bâtiments français destinés au petit cabotage et entrés en rade dans ce mois, ni des cent vingt-cinq qui sortirent pour le même but. Dans le mois de mars 1787, les armateurs bordelais firent partir pour les colonies dix-huit navires, dont deux pour l'Ile-de-France et les côtes de l'Afrique, trois pour la Guadeloupe, et les treize autres pour Haïti.

L'année suivante (1787) on comptait à Bordeaux, au mois de janvier, trois cent quatre-vingt-seize navires entrés ou sortis de notre port; en février, trois cent vingt-quatre; et en mars, quatre cent soixante-un. Pendant le mois d'avril, nos négociants expédièrent à l'étranger 7,368 tonneaux de vins de Bordeaux, 1,086 3/4 de vins du Haut-Pays, 167 1/2 de vinaigre, et 1,004 pièces d'eau-de-vie. A cette époque, l'eau-de-vie se vendait au cours de 95 livres les vingt-deux veltes, et, le 1ᵉʳ février de la même année, elle atteignait le prix de 110 livres.

Le sucre brut, pris à l'entrepôt, en février 1787, avait des prix différents : celui de Léogane se payait de 32 à 45 livres le quintal; celui de Saint-Louis, de 28 à 38 livres; et celui de la Martinique, de 26 à 36 livres.

Les cafés de Saint-Domingue suivaient à peu près les prix de ceux de la Martinique : 22 sous la livre de café *fin*, et 15 et 16 le triage.

Les cotons de Cayenne avaient la grande vogue; ceux de Saint-Domingue venaient en seconde ligne et se payaient, à Bordeaux, 250 à 270 livres le quintal, tandis que ceux de la Martinique et de la Guadeloupe n'étaient cotés que 225 à 255 livres.

Chaque mois il entrait au port de Bordeaux ou en sortait, en moyenne, 5 à 6,000 boucauts.

Le café, l'indigo, le cacao et autres denrées s'élevaient dans les mêmes proportions. Le tableau suivant montrera les

Livre XV.
Chap. 6.

quantités de ces denrées qui se trouvaient alors en entrepôt à Bordeaux :

	Café, poids net.	Indigo, poids net.	Cacao, poids net.	Rocou, poids net.
En entrepôt le 31 décembre 1786...	119,737	55,759	177,848	34,637
Entré en janvier 1787............	1,128,871	42,194	47,278	69,169
Sorti......................	367,434	34,835	11,248	1,036
Restait encore au 31 janvier......	781,154	63,118	113,878	102,790

On peut, en examinant ce tableau et tout ce que nous venons de dire, se faire une idée du mouvement des affaires et de l'étendue des opérations commerciales de Bordeaux, quelques années avant la Révolution française. Nous y ajouterons les prix des grains, dans la province, à la même époque.

Le froment se vendait 20 livres 10 sous; la *méture,* 17 liv.; le seigle, 12 liv.; avoine, 10 liv.; blé d'Espagne, 10 liv. 10 sous; fèves, 10 liv.; panis, 10 liv.; chanvre en rame, 30 à 35 liv. le quintal. En fait de farines, le minot se payait 20 liv. 10 sous le quintal; sembles, 20 liv. le boisseau; résillon, 19 liv. le boisseau; la repasse fine, 15 liv.

Après la nouvelle moisson (juillet 1797) il y eut une grande baisse sur le prix des grains. Le froment première qualité se vendait de 13 à 13 liv. 10 sous; la seconde qualité, de 12 à 13 liv.; le seigle du pays, 7 liv. 10 sous; et les autres grains en proportion.

Nous croyons devoir consigner ici les noms des négociants-armateurs et propriétaires dont les navires faisaient le commerce avec les colonies, en 1787 et les années suivantes : c'étaient MM. Coppinger, Maignac, Cabarus, Lardin, Rombert et Bapts, Camescasse, Gradis, Bonaffé, Letellier, Dubourg, Seignouret, Journu, Bethmann, Beyermann, Labadie, Balguerie, Rubichon, Baour, Rodrigues, Delbos, Anglade, Raba, etc., etc.

C'est à ces négociants et armateurs que Bordeaux doit sa splendeur et sa prospérité; l'or et l'argent du monde affluaient dans leurs comptoirs, et leur opulence effaçait celle des plus riches seigneurs de l'époque. Tel était le degré de splendeur et d'éblouissante richesse de Bordeaux, par suite de ses immenses relations commerciales, qu'Arthur Young, dans ses excursions sur le continent, traduit ainsi ses impressions en parcourant notre cité : « Malgré tout ce que j'avais vu ou » entendu sur le commerce, les richesses et la magnificence » de cette ville, elle surpasse de beaucoup mon attente. » Paris ne m'avait pas satisfait, car il n'est pas comparable à » Londres; mais on ne saurait mettre Liverpool en parallèle » avec Bordeaux. »

<small>Livre XV. Chap. 6.

1787.</small>

Si Arthur Young pouvait encore revenir sur les bords de la Garonne, il serait bien étonné de trouver Bordeaux déchu de son ancienne prospérité et de sa gloire, et bien éloigné de celles qui distinguent aujourd'hui Liverpool.

Le canal de Suez achevé, grâce à la France et par un Français, Marseille deviendra notre Liverpool et rendra à Bordeaux, ville de transit pour le Nord, son antique gloire et sa supériorité commerciale, éclipsée et usurpée depuis longtemps par cette ville anglaise.

Le commerce des colonies avec la mère-patrie était si étendu en 1786, que le Conseil d'État, par son arrêt du 14 juillet 1786, décida qu'un service régulier de vingt-quatre paquebots serait organisé entre la France et l'Amérique. Les départs devaient se faire alternativement de Bordeaux et du Havre, pour les îles de France et de Bourbon, les 15 janvier, 15 avril, 15 juillet et 15 octobre; et les 10 février, 25 mars, 10 mai, 25 juin, 10 août, 25 septembre, 10 novembre et 25 décembre, pour les États-Unis d'Amérique.

<small>Histoire de Bordeaux, sous Louis XVI</small>

De ces vingt-quatre paquebots, il y en avait huit destinés au service des États-Unis et les autres pour les îles. Le tarif du fret fut plus élevé que celui du commerce, afin que ce nouveau service ne portât aucun préjudice aux bâtiments ou ne nuisît aux intérêts des négociants français; chaque tonneau de 2,000 livres de poids ou de 42 pieds cubes d'encombrement était taxé sur le pied de 100 livres pour l'Amérique et de 200 livres pour les îles de France et de Bourbon.

Les passagers nourris à la table du capitaine payaient 600 livres pour aller aux Antilles, et le double pour aller à l'île Bourbon. Ceux qui étaient nourris à la table des officiers de la marine marchande payaient 300 livres pour les Antilles et 750 livres pour Bourbon.

Les passagers nourris à la ration des vivres de la cale ne payaient que 160 livres pour les Antilles et 300 livres pour l'Ile-de-France.

Les passagers de première classe avaient le droit de porter trois malles ; ceux de seconde classe ne pouvaient en avoir que deux ; et les troisièmes, qu'une seule. Chaque malle ne devait pas dépasser le poids de 200 livres ni cuber plus de 4 pieds 1/2. Le port d'une lettre était de 20 sous, et les journaux ou feuilles périodiques étaient transportés pour le modique prix de 6 livres par an.

On comprend facilement les immenses avantages résultant de ce service transatlantique pour le commerce de Bordeaux ; depuis lors, notre cité s'embellissait de plus en plus ; nos quais étaient encombrés de colis et de marchandises de toutes sortes, qu'on embarquait pour des pays lointains, ou qu'on en recevait pour la consommation intérieure ou l'exportation. On pourra juger de l'extension inouïe que prit notre commerce, dans les deux ou trois années qui suivirent le traité de 1786, quand on saura que, le 1er mai 1789, il y avait dans le port de Bordeaux deux cent dix-huit navires étrangers et sept cent quarante-deux français ; en tout neuf cent soixante grands ou petits bâtiments.

Nous trouvons dans le *Journal de Guienne* un tableau succinct de Bordeaux, quelque temps avant le traité de 1786 ; il n'est pas étranger à notre sujet et servira à faire connaître l'état civil, commercial, industriel, artistique et administratif de Bordeaux à cette époque.

Cette antique capitale de la Guienne était la résidence d'un archevêque, d'un gouverneur, de deux commandants en chef et d'un intendant. C'était le siége d'un parlement, d'une Cour des Aides, d'un bureau des finances, d'une amirauté, d'un sénéchal, d'une municipalité, d'une juridiction des eaux et forêts, d'une cour des monnaies, d'une élection, d'un tribunal des traites et ports, d'une juridiction consulaire et d'un tribunal de commerce. Cette ville contenait alors trois forts, trois chapitres (Saint-André, Saint-Seurin et Sainte-Croix, dont un était ablatial), quatorze paroisses, un annexe, une commanderie de Malte, trois séminaires, douze communautés d'hommes, treize communautés de filles, trois hôpitaux, une maison de force. Sa population était au moins de cent quatre mille habitants, parmi lesquels il y avait quatre-vingt-dix-huit avocats, quatre-vingt-dix procureurs, trente notaires, cinquante-huit huissiers, douze commissaires de quartier, cinq feudistes, dix-sept médecins, soixante chirurgiens, vingt-deux sages-femmes, vingt-un apothicaires, six herboristes, six fleuristes. On y comptait huit cents négociants, armateurs ou banquiers, deux cent six courtiers, quatre commissionnaires pour les rouliers, quinze consuls ou vice-consuls étrangers, soixante marchands de grains et farines, quinze marchands de fer, treize marchands de cuir, vingt marchands de planches, quarante-huit marchands de morue, quinze marchands d'*œuvre* (pieux pour la vigne), vingt marchands drapiers, quarante-six marchands bonnetiers, onze marchands de laine, dix marchands pelletiers, quinze marchands de chapeaux, huit fabricants de couvertures, quatre-vingt-dix marchands de toile, neuf fabricants de bas, deux fabricants de tamis, dix-neuf fabricants de parasols, deux fabricants de peignes, trois fabricants de chocolat, trois fabricants de cire d'Espagne, un inspecteur de manufacture, six architectes-ingénieurs, trente-six entrepreneurs, vingt plâtriers, treize bijoutiers, trente horlogers, trente-trois orfèvres, sept graveurs, sept passementiers, deux batteurs d'or, treize doreurs, quarante-sept sculpteurs, quatre mécaniciens-ingénieurs, cinq opticiens, trente-six distillateurs, dix-neuf confiseurs, trente-huit fabricants de chandelle, cent soixante-cinq épiciers, vingt marchands merciers, trente marchands de modes, quarante-deux parfumeurs, trente-quatre quincailliers, dix brodeurs, six miroitiers, huit marchands de cuirs à repasser, deux fabricants de bonnets carrés et de petits collets, huit imprimeurs, huit libraires, vingt marchands de papiers, dix cartonniers, huit parcheminiers, sept relieurs, quatre marchands de papiers, six jaugeurs, six marchands de bouteilles, vingt-quatre faïenciers, six teneurs de livres, trente-un écrivains jurés, neuf écrivains publics, trente-deux hôteliers, vingt-trois limonadiers, sept charcutiers, deux restaurateurs, trente-huit boulangers, cinquante bouchers, onze fabricants de biscuits, vingt-un chaudronniers, trente-sept forgerons, cinq fourbisseurs, quarante-trois serruriers, deux éperonniers, deux épingliers, vingt-neuf cloutiers, dix-neuf gantiers, dix-sept cardeurs de laine, neuf peigneurs de laine, treize fripiers, trois cent vingt-huit tailleurs, dix-huit tanneurs, quarante tapissiers, treize teinturiers, neuf tisserands, treize tonneliers, vingt tourneurs, trente-huit vanniers, vingt-neuf vitriers, vingt-un vinaigriers, trois poseurs de sonnettes, douze tabletiers, douze luthiers, seize maréchaux-ferrants, cent vingt-deux menuisiers, cinquante selliers, quatre facteurs d'orgues, trente-quatre ferblantiers, quatre fleuristes-artificiers, quatre fondeurs de métaux, cent soixante-sept perruquiers, deux cent trois cordonniers, huit coffretiers, quarante-huit constructeurs de navires, quatre avironniers, vingt-trois voiliers, dix-sept pouliers, quarante-cinq gabariers, vingt-sept cordiers, soixante-six marchands de goudron, cinquante arrimeurs, quatorze pilotes côtiers, quarante-cinq charpentiers de haute-futaie, vingt-cinq charrons, quinze carrossiers, six brossiers, trente-un bouchonniers, onze armuriers, huit ébénistes, quarante-six couvreurs, treize jardiniers, sept potiers d'étain, quatre artificiers, cinquante-six porteurs d'eau.

Il y avait dans cette ville une douane, un bureau de contrôle des actes publics, un bureau de poste, un entrepôt de tabac, un bureau de marine, trois bureaux de messageries, une petite poste, une poste maritime, un bureau des vingtièmes, une régie des poudres et salpêtres, un bureau de vivres, onze dépôts d'eaux minérales, une université, une académie de belles-lettres, une académie de peinture et d'architecture, un Musée, un collége de sciences, un collége de médecine, une école de chirurgie, une bibliothèque publique, un cours public et gratuit de mathématiques, une superbe salle de spectacle, une Bourse, une manufacture d'indiennes, une manufacture de chapeaux, deux manufactures de porcelaine, trois verreries, sept raffineries, un riche cabinet d'histoire naturelle qui appartenait à M. Journu.

Les sciences et les arts y étaient enseignés avec succès; on y voyait des professeurs d'architecture navale, d'hydrographie, d'accouchement, de physique expérimentale, quatre maîtres de langues, cinq maîtres d'escrime, cinquante-six musiciens, quinze maîtres de danse, quatre écoles chrétiennes, cinq écoles hébraïques, vingt maîtres ou maîtresses de pension.

Cette ville était gardée par soixante-trois hommes de guet à cheval, cent quatre de guet à pied et six régiments de milice bourgeoise; elle était éclairée par environ huit cent cinquante réverbères. Sa marine se composait de trois cents navires; le port était communément fréquenté par trois cents navires étrangers et cent cinquante bâtiments de cabotage. Deux cent quarante voitures bourgeoises, soixante-dix remises, cent vingt-huit fiacres roulaient journellement dans les rues, et deux cent seize chaises à porteurs étaient occupées à porter les citoyens où leurs affaires ou leurs plaisirs les appelaient. Voilà Bordeaux avant la Révolution.

Livre XV.
Chap. 6.

Nous venons de voir l'ancien Bordeaux et de contempler avec intérêt la marche ascensionnelle de sa prospérité et les développements graduels de son commerce; la Révolution arrive : elle change et bouleverse ce tableau.

Dans la loi du 16-24 août 1790, on trouve au titre XII des dispositions spéciales, sous ce titre : *Des Juges en matière de commerce*, que nous ne croyons pas devoir transcrire dans cette notice. Au lieu de *juges-consuls*, nous n'aurons plus que des *juges de commerce*, investis du droit et des pouvoirs de connaître des affaires maritimes. Les anciens négociants et banquiers furent déclarés éligibles en qualité de juges aux tribunaux de commerce (10 août 1791). Les jurandes et les maîtrises furent abolies et la liberté du commerce consacrée. Les assignats ont-ils eu une valeur commerciale? La France répondra pour nous.

Nous arrivons maintenant à l'époque de la codification, travail immense, où les noms de Napoléon et de Portalis s'unissent pour l'exécution d'un travail, avec une méthode, une clarté et une profondeur de vues qui étaient, dit M. Thiers, un sujet de surprise pour tout le monde.

Histoire du Consulat, t. III, liv. XIII, page 299.

Après le Code civil est venu le Code régulateur des relations commerciales : les célèbres ordonnances de 1667, 1673 et 1681 lui servirent de modèles; il fut rédigé par des hommes d'expérience et rendu exécutoire à compter du 1er janvier 1808.

L'année 1790 se présenta avec de noirs pressentiments, les années 1791 et 1792 les réalisèrent dans les faits; mais c'est 1793 qui ruina notre place, et depuis lors, jusqu'en 1795, le commerce languissait, l'agriculture était négligée, l'industrie frappée de stérilité, les comptoirs vidés dans les poches des proconsuls et de leurs infâmes satellites, les négociants incarcérés ou guillotinés, le *négociantisme* un crime que le sang seul pouvait expier; le bien s'appelait mal, et le mal, organisé par les lois, s'établissait dans les esprits comme le véritable bien. C'était le monde renversé.

Isolée des peuples voisins, en guerre avec le monde, la France voyait ses côtes bloquées, ses colonies envahies, sa marine presque anéantie; le désespoir lui suggéra l'idée de nouvelles ressources et de nouveaux moyens de défense et de vengeance, c'était d'armer en course et de métamorphoser les bâtiments de commerce en bâtiments croiseurs. Bordeaux donna l'exemple, et des centaines de corsaires s'élancèrent de son port et furent suivis par des milliers partant de Dieppe, du Havre et de tous les ports de France. Nous nous écarterions de notre sujet si nous voulions raconter les hauts faits, les actions brillantes, les nombreuses prises de nos marins bordelais; il faudrait parler de nos navires : la *Citoyenne française*, capitaine Dubedat; le *Général Dumouriez*, le *Général Courpon*, le *Sans-Culotte*, la *Liberté*, le *Jean-Bart*, le *Brutus*, le *Robert*, l'*Ajax français*, la *Daurade*, capitaine Benquey, armée par Ferrand et C⁰ (1); la *Républicaine*, capitaine Le Bozec, qui fit, dans une seule croisière, quatorze prises; le *Décidé*, capitaine Noël; le *Huron*, capitaine Harismendi, armé par M. Conte; le *Scipion français*, capitaine Martin; la *Confiance*, capitaine Surcouf; le *Vautour*, capitaine Bolle; le *Grand-Bonaparte*, armé en course par MM. Sallanche et Sorbé; le *Bordelais*, capitaine Thibaut, armé par M. Balguerie; le *Grand-Décidé*, la terreur des Anglais, capitaine Duchêne; la *Bellone*, capitaine Destibetcho; le *Blaireau*, capitaine Castets; la *Psyché*, capitaine Léveillé; l'*Adour*, capitaine Mondetot; la *Représaille*, commandée par Quoniam; la *Blonde*, l'*Eugène*, capitaine Limousin; l'*Émile*, le *Napoléon*, le *Tamerlan* et un grand nombre d'autres croiseurs, tous plus ou moins célèbres, tous la terreur des Anglais et croisant non seulement dans la Manche ou sur nos côtes, mais poussant leurs courses aventureuses jusqu'aux Açores et aux Antilles,

Livre XV.
Chap. 6.

La *Guienne*,
6 mai 1854.

---

(1) Nous tenons beaucoup de ces détails de la bouche de M. Benquey lui-même et de quelques articles de la *Guienne*.

Livre XV.
Chap. 6.

et rentrant dans notre port avec des vaisseaux capturés et des trésors immenses.

Dans cette liste de nos plus célèbres corsaires peuvent figurer avec distinction, le *Courageux*, appartenant à M. de Ségur; la *Minerve*, qui appartenait à M. Gérus et avait pour capitaine l'intrépide M. Langlois; la *Mouche*, capitaine Louis de Briolle; la *Nouvelle-Mouche*, capitaine Plassiard; l'*Opale* et la *Brune*, le *Robuste*, l'*Éveillé*, l'*Aigle* et le *Jason*, appartenant presque tous à la maison Gradis, et tous distingués par leurs nombreuses prises et leurs brillantes actions sur mer. Nous passons sous silence un grand nombre de corsaires bordelais, commandés par des hommes de courage et de mérite et dont les noms sont conservés dans les fastes du commerce et les registres de la marine. Pendant vingt ans, ils ont tenu la mer et balayé de nos côtes les vaisseaux anglais, qui, fiers de leur supériorité numérique, ont fui cependant bien souvent devant nos simples bâtiments armés en course, mais montés par des hommes de cœur qui ne demandaient pas mieux que d'accrocher les navires ennemis, engager le combat aussi près que possible et venger le pavillon français des insultes de ses ennemis.

Enfin, la Restauration arrive, et avec elle le repos, le bien-être et l'espérance d'un heureux avenir. Le commerce renaît; on réveille l'idée des grandes expéditions; le port de Bordeaux reprend son ancienne activité, et un mouvement inconnu depuis bien des années est imprimé aux transactions, à l'industrie et aux spéculations commerciales, par les maisons Bonaffé, Cabarus, Baour, Bethmann, Delbos, Pelletreau, Daniel Guestier, Rubichon, Justin Foussat, Sorbé, Portal et une foule d'autres dont les travaux et la réputation sont consignés dans les registres de la Bourse.

La révolution de 1830 arrive et jette quelque perturbation dans les esprits et dans les affaires. Ce n'est pas que Louis-Philippe voulût la ruine du commerce, non, mais il se rendit trop accessible à un certain parti, qui, intéressé au bien-être du Nord, s'acharnait contre les intérêts du Midi et, trouvant le moyen de faire protéger la production et d'encourager la consommation du sucre de betterave, sacrifia notre commerce, nos pays viticoles, tous les intérêts méridionaux, aux exigences de quelques députés spéculateurs du nord de la France.

Quelques mois ont suffi pour dissiper les craintes éveillées par la catastrophe de 1830, et en 1834 et 1835 le commerce se livra de nouveau avec ardeur à ses expéditions lointaines et à ses immenses entreprises. Mais malheureusement la confiance ne se rétablissait pas, et le commerce en a besoin : c'est son élément, il ne vit et ne prospère que par elle. La prospérité n'était que factice et apparente. L'ordre social a ses lois de progrès, de solidité et de bien-être ; l'usurpation ne s'appuyant que sur la mobile volonté d'un peuple inconstant dans ses affections et ami des changements, n'inspirait pas la même confiance que la royauté légitime, et, malgré ses ruses et son habileté à conduire les affaires, le commerce, pendant tout son règne, n'a jamais pu atteindre le degré de prospérité qu'il avait acquis en 1786, 1787 et même en 1828. Nous avons déjà vu le mouvement de notre port en 1786 et les années suivantes ; nous allons maintenant voir ce qu'il était en 1828, sous Charles X :

En 1828, le tonnage total des navires entrés ou sortis de notre port était de. . . . . 237,869 tx
En 1833, de. 227,339

Différence en faveur de 1828. . . . . 10,530 tx

En 1828, le Havre faisait un commerce maritime de. . . . . 254,636 tx
Et en 1833, ce commerce s'éleva à 320,946

On voit bien que Bordeaux fut sacrifié aux exigences de Paris et du Havre ! L'année 1830 a été pour notre port une époque de déchéance. Louis-Philippe et ses ministres étendirent leur sollicitude aux régions septentrionales de la France; les pays méridionaux ou l'ouest de la France furent entièrement négligés. Ceci ressortira encore mieux du tableau suivant :

En 1844, le tonnage total des navires entrés ou sortis des ports suivants, était :

A Bordeaux . . . . 265,169 tx
Au Havre 587,681
A Marseille 920,976

Il paraît évident que, depuis 1830, notre commerce est entré dans une voie de décadence dont il n'est pas encore possible d'entrevoir la fin. La république de 1848 en acheva la ruine. Les colonies sont perdues, en quelque sorte, par l'émancipation imprudemment brusque des esclaves; le sucre de canne, presque abandonné faute de bras, ne pouvait plus lutter avec le sucre indigène, ni répondre aux besoins intérieurs et encore moins aux demandes d'exportation; les sucres de betterave ont remplacé, sur notre marché, le sucre de nos colonies.

Depuis quelques années, Bordeaux semble renaître; on remarque sur nos quais un mouvement inaccoutumé; le commerce s'étend sur une plus large échelle et ses paquebots à voiles et à vapeur sillonnent toutes les mers et transportent en peu de temps nos vins et les produits des pays méridionaux, sur tous les points de l'Amérique centrale, aux colonies et même en Australie. Ainsi Bordeaux se trouvera bientôt relié à l'Inde, aux États-Unis, à toutes les parties de l'Ancien et du Nouveau-Monde, grâce à nos steamers et à nos magnifiques clippers à hélice.

Pour se faire une idée du mouvement qui se manifeste dans notre port, il faut visiter les magnifiques chantiers de Messieurs Arman et Chaigneau. On n'a pas besoin d'aller en Angleterre pour voir à quel degré de perfection est portée aujourd'hui l'architecture navale; les chantiers de Bordeaux ne laissent rien à désirer, et les bâtiments qu'ils envoient sur toutes les mers n'ont rien à envier, en fait de grandeur, de beauté et de solidité, à ceux qu'on voit à Liverpool et à Londres.

Outre ces magnifiques chantiers, il y en a bien d'autres également curieux à voir : ce sont ceux de MM. Moulinier, Bichon, Guibert, Lestonnat, Cluzan, Viaud, Charron et plusieurs autres de leurs confrères de Bordeaux, de Libourne et de La Roque. On jugera, par la nomenclature suivante, de la haute importance de notre marine marchande; nous ne citerons que les navires qui font les grands voyages au delà du *cap de Bonne-Espérance* et du *cap Horn* :

Noms des Navires.	Genre de construct°°	Tonnage.	Constructeurs.
Bordeaux	clipper	750 tx	Viaud et Allaud.
Canton	id	800	Chaigneau.
Charlemagne	id	800	Arman.
Comète	trois-mâts	900	Moulinier.
Éclair	clipper	950	Chaigneau.
Golconde	id	900	Arman.
Georges-de-Courson	id	800	Chaigneau.
Himalaya	id	950	Guibert.
Jessore	trois-mâts	800	Chaigneau.
Jean-Louis	id	800	Arman.
Joachim	clipper	800	Chaigneau.
Lormont	trois-mâts	800	Chaigneau.
Mariquita	id	800	Arman.
Périgny	id	800	Chaigneau.

Tous ces navires vont au delà du *cap de Bonne-Espérance;* il y en a bien d'autres qui fréquentent les mêmes parages et parcourent la même ligne, mais leur tonnage est moins fort et leur service moins régulier. Nous donnons ci-après les noms de quelques bâtiments de construction moderne, qui vont au delà du cap Horn; mais, à vrai dire, pour être juste, il faudrait faire l'énumération de tous les navires de notre port. Nous n'en citerons que quelques-uns ; si nous ne craignions de trop étendre notre travail, nous en nommerions un grand nombre d'autres.

Livre XV. Chap. 6.

NAVIGATION AU DELA DU CAP HORN.

Noms des Navires.	Genre de construct⁰⁰	Tonnage.	Constructeurs.
André	clipper	900 tx	Chaigneau.
Cérès	trois-mâts	1,200	Arman.
Grand-Condé	clipper	800	Arman.
Hambourg	trois-mâts	700	Chaigneau.
Louis-Napoléon	id	2,000	Arman.
Maréchal-de-Turenne	clipper	800	Arman.
Magellan	trois-mâts	800	Guibert.
Météore	id	700	Chaigneau.
Providence	id	800	Arman.
Pomone	id	1,500	Arman.
Pividal	id	800	Moulinier.
Union	clipper	1,000	Moulinier.
Valparaiso	trois-mâts	800	Chaigneau.
Ville-de-Lima	id	1,000	Arman.
Ville-de-Tonneins	id	900	Arman.
Ville-de-Paris	id	800	Arman.

Nous ne faisons qu'effleurer ce sujet. Pour avoir des renseignements exacts et étendus sur le commerce et l'industrie de Bordeaux, il faut consulter la *Statistique de la Gironde*, par M. Jouannet, et l'*Essai de complément de Statistique*, par MM. Brunet et Lamothe.

Voir page 125 et Note 5.

Après cette courte notice sur le commerce de Bordeaux, nous croyons devoir reproduire la liste des juges et des consuls de la Bourse, depuis sa création. Le 8 mai 1564, les jurats convoquèrent une assemblée de quarante notables de la ville, pour élire, conformément à la volonté du roi, un juge et deux consuls de la Bourse. Jean de Bonneau fut élu juge, et Jean de Reynac et François de Pontcastel furent élus consuls;

Darnal, Chroniques.

ils prêtèrent tous le serment prescrit entre les mains du maire et des jurats. Leur première séance eut lieu dans l'hôtel de la Monnaie. L'année suivante, les bourgeois s'assemblèrent et, sans maire ni jurats, élurent pour juge Jean de Reynac, et pour consuls Pierre Sauvage et Jean du Prat; ceux-ci prêtèrent le serment devant les juge et consuls sortants, et ce mode a été maintenu longtemps à Bordeaux.

LIVRE XVI.

CHAPITRE PREMIER.

Du droit public des Aquitains. — Des libertés et priviléges des premiers Burdigaliens. — Les *duumviri*. — Les *décurions*. — La charte constitutionnelle d'Honorius. — Les assemblées particulières *(conventus)*. — Les assemblées générales. — Assemblée d'Aire. — Clovis respecte les anciens usages. — Les rois francs n'avaient pas un pouvoir absolu. — Les assemblées nationales aux VIe, VIIe et VIIIe siècles. — Les seigneurs mettent un frein à la puissance arbitraire de Louis le Bègue. — On voit dans presque tous les siècles les assemblées des peuples. — Ce droit public des Français et des Aquitains fut reconnu par toutes les puissances de l'Europe.

Avant d'aller plus loin, nous croyons devoir consacrer quelques chapitres à constater l'existence et le maintien des franchises et priviléges de Bordeaux, dès l'époque la plus reculée de nos annales; ce sera un tableau des droits des peuples, des libertés locales et du gouvernement du pays. Qu'on ne vienne plus nous dire que nous devons aux Anglais nos libertés municipales : le germe en existait au fond de l'ancienne société aquitanique longtemps avant le règne d'Éléonore et des Plantegenets. Du temps des Romains, les assemblées populaires n'étaient pas chose rare, et nous croyons qu'il y en eut une à Narbonne, lorsque Auguste y donna une nouvelle organisation à l'Aquitaine. Sous cet empereur, les Burdigaliens ne payaient pas d'impôts, mais ce privilége d'exemption leur fut ravi par Caracalla, qui cependant laissa subsister le sénat ou assemblée municipale (curie), chargée de l'administration locale.

Livre XVI.

Année 726 de Rome, 28 de l'ère chrétienne.

Chaque cité était une république dans ses formes sociales et complètement indépendante ; les habitants indigènes possédaient toute la terre de la ville ou bourg, qu'ils appelaient *curie*, et prenaient le titre de *curiales*, titre honorifique transmissible par l'hérédité aux enfants, par la naissance aux fils des sénateurs, et par élection aux candidats. Dans une curie, il n'y avait que deux sortes de citoyens : les électeurs et les élus. Les électeurs, c'était tout le monde ; les élus, c'étaient les membres du sénat, qui était le même que le Conseil des municipes, sous les Romains. Les électeurs se réunissaient aux calendes de mars, et, pour être élu, il fallait posséder plus de vingt-cinq journaux *(jugera)* de terre. C'est parmi les élus ou membres du sénat qu'on élisait deux magistrats investis, pendant un an, du pouvoir exécutif ; c'étaient les *duumviri* ; ils avaient un Conseil municipal composé de dix notabilités de la localité, qu'on appelait *décurions*, qui étaient tenus de résider dans le chef-lieu de leur *curie* et dont les fonctions duraient quinze ans ; mais, à l'expiration de ce temps, les décurions sans reproches pouvaient passer dans le sénat. Les curiales, c'est-à-dire tous les citoyens possédant une certaine fortune territoriale, qui n'appartenaient ni au sénat, ni au clergé, ni aux officiers du palais, ni à l'armée, supportaient les charges de l'État.

Les *duumviri*, d'après l'avis des *décurions*, étaient chargés d'asseoir l'impôt, de pourvoir aux charges publiques, de décider des contestations entre les curiales, d'administrer la justice et de réprimer les désordres.

Le préfet du prétoire des Gaules résidait à Trèves ; mais il avait, au IVe siècle, un délégué à Bordeaux et un autre à Eause. Au Ve siècle, Honorius rétablit la liberté représentative et les assemblées délibérantes ; il désigna la ville d'Arles pour ces réunions politiques, et les deux Aquitaines, ainsi que la Novempopulanie, étaient tenues d'y envoyer des députés. Évarix, le fier Évarix, résidait à Bordeaux et respectait les institutions politiques du pays; mais, à vrai dire, le pouvoir, chez lui, c'était le sabre; la loi, c'était sa volonté. Il faut cependant reconnaître que les Visigoths ne s'affranchirent pas tout à fait des vieux usages du pays; leurs princes convoquaient, dans les grandes circonstances, les assemblées délibérantes et décidaient eux-mêmes les affaires moins importantes. Alaric convoqua une assemblée générale à Aire, sur l'Adour, et y puisa une force que ses lumières personnelles n'auraient jamais pu lui procurer. Le peuple franc arriva, se gouverna par ses délégués ou députés aux assemblées générales et initia les Aquitains à la liberté représentative; c'est un cadeau politique qui nous a été apporté, selon Tacite, des forêts germaniques, forme de gouvernement libre qui, dans les siècles suivants, a été parfois rejeté, souvent calomnié par les amis de l'arbitraire et méconnu par les princes, mais que les peuples, même au XIXe siècle, s'efforcent de rétablir partout, comme le palladium des libertés publiques, la reconnaissance constitutionnelle des droits et des devoirs des princes et des sujets. Mme de Staël a pu dire avec vérité que la liberté est ancienne et le despotisme nouveau. Cette opinion, que quelques esprits superficiels ont regardée comme un paradoxe, est considérée aujourd'hui comme une vérité politique.

Ainsi, malgré le despotisme des successeurs d'Auguste et de leurs agents en Aquitaine, les Burdigaliens avaient leurs assemblées publiques, leurs *duumviri*, et plus tard leurs *décurions*; l'organisation de la ville était toute romaine. Pendant les IIe, IIIe et IVe siècles, les assemblées politiques étaient rares; la liberté n'était qu'un mot, un souvenir, mais un souvenir tellement vivace, que le temps n'a jamais pu l'anéantir. A défaut de la scène politique, la liberté se réfugia dans les conciles, véritables assemblées délibérantes de l'Église, malgré tous les efforts des empereurs persécuteurs de la foi; c'est du sein de ces sages réunions qu'elle rayonna sur le monde, en attendant qu'elle pût en vivifier, de son souffle, les institutions civiles et politiques.

En 418, Honorius rétablit à Arles les anciennes assemblées avec leur périodicité annuelle, comme nous venons de le voir ; elles devaient se tenir aux ides d'août (15) ; on y délibérait avec maturité, afin, est-il dit dans la charte d'Honorius, *que les peuples pussent* juger de la justice et de la sagesse des députés par celle de leurs ordonnances et de leurs lois, qui devaient être publiées plus tard dans la province (1). Que diraient les rois de nos jours du libéralisme de cet empereur du Ve siècle ?

Voilà donc, au Ve siècle, les députés des villes et des pays convoqués par le souverain, dans l'Aquitaine. Ce ne sont pas seulement des assemblées générales, mais aussi des assemblées de chaque province qu'il s'agissait même alors, puisqu'il y est formellement dit qu'il faut, dans ces réunions locales et diverses *(conventus)*, consulter les notabilités de chaque localité, dans la principale ville, afin que les vœux généraux soient manifestés dans l'assemblée générale *(concilium)*. Cependant il paraît certain que, bien que le germe des assemblées provinciales se trouve dans la constitution d'Ho-

---

(1) Cum propter privatas ac publicas necessitates, de singulis civitatibus, non solum de provinciis singulis, ad examen Magnificentiæ tuæ, vel honoratos confluere, vel mitti legatos, aut possessorum utilitas, aut publicarum ratio exigat functionum, maxime opportunum et conducibile judicamus, ut, servatâ posthac singulis annis consuetudine, constituto tempore, in Metropolitanâ, id est in Arelatensi urbe, incipiant septem provinciæ habere concilium, in quo planè tam singulis quam omnibus in commune consulimus ; primum ut optimorum conventu sub illustri præsentiâ præfecturæ, si id tamen ratio publica dispositionis obtulerit saluberrimæ, de singulis rebus possint esse concilia ; unde illustris Magnificencia tua et hanc præceptionem nostram et priorem sedis sive dispositionis secuta id per septem provincias in perpetuum faciet custodiri, ut ab idibus Augusti quibuscumque mediis diebus in idus septembris, in Arelatensi urbe noverint honorati vel possessores, judices singularum provinciarum, annis singulis, concilium esse servandum ; ita ut de Novempopulaniâ et secundâ Aquitaniâ quæ provinciæ longius constitutæ sunt, si earum judices certa occupatio tenuerit, sciant legatos juxta consuetudinem esse mittendos. (Alteserre le rapporte, d'après Scalger et Sirmond.)

norius, c'est bien Théodose le Grand qui en ordonna la convocation périodique et qui voulut qu'elles eussent le droit de se convoquer elles-mêmes. On n'a qu'à lire le livre XII du Code théodosien, on y trouvera plusieurs lois sur cette matière ; ces vérités y sont consignées en termes formels (1).

Ainsi, voilà donc ces assemblées générales des députés des États, le germe des États généraux et des États provinciaux reconnus au Ve siècle et investis du pouvoir de se convoquer eux-mêmes dans une grande ville, à leur choix, dans un lieu public. Les députés étaient élus parmi les *honorati*, c'est-à-dire les magistrats des municipes, les propriétaires riches et les notabilités des cités ; ils pouvaient y assister eux-mêmes ou par députés, et chaque assemblée était tenue de désigner le lieu où se tiendrait l'assemblée suivante.

C'est dans l'assemblée générale d'Aire, sur l'Adour, qu'Alaric sanctionna, avec l'approbation de ceux qui la composaient, son abrégé du Code théodosien, comme il est dit dans une *Introduction* en tête de cet ouvrage (2). Clovis expulsa les Visigoths, mais il ne modifia point les lois ; il respecta la liberté des peuples vaincus et les laissa suivre leurs usages et leurs coutumes particulières. Le droit romain fut maintenu par Clovis et ses successeurs ; Montesquieu l'établit claire-

Livre XVI.
Chap. 1.

Alteserre,
page 236.

---

(1) Provinciale concilium iniri debeat cum adsensu omnium atque consilio, propriâ auctoritate definiat ; ita ut ipse conventus in unâ opulentiore civitate totius provinciæ urbe, absque ullius injuriâ celebretur ; inde quoad in concilium communia vota deducunt, vel in æde publicâ vel in aliquâ fori parte tractent ad quam omnium possit esse concursus, ne quid dispositio paucorum tegat quod in communem utilitatem expectat sollicitudo cunctorum ; si quis autem eorum virorum quos emeritus honor à plebe secernit provincialium extraordinario cupit interesse concilio, pro suo loco atque ordine, servatâ reverentiâ dignitatis, vel ad eum locum in quo cunctorum desideria possit agnoscere ire debebit, vel procuratoribus destinatis sententiæ suæ promere voluntatem, modò ut quod voluerit paucorum voluntas publica, convocetur auctoritas. (*Codex Theodos.*, *lib.* 12.)

(2) Quibus omnibus enucleatis, atque in unum librum prudentium electione collectis hæc quæ excerpta sunt, vel clariori interpretatione composita venerabilium episcoporum, vel electorum provincialium vestrorum roboravit adsensus, etc.

ment. Il n'y avait rien de bien étonnant à cela; les Francs se gouvernaient par leurs lois, et les Gallo-Romains par les leurs; mais les Gaëls, les Romains et les Francs ont toujours regardé leurs franchises provinciales comme l'élément indispensable de leur bonheur, les germes de libertés plus étendues dans l'avenir. A compter de la conquête de Clovis, pendant deux siècles, le droit municipal de Bordeaux n'était qu'une modification du droit romain, mêlé avec les institutions franques; de sorte que la liberté des Francs, entée sur une tige romaine, et les franchises primitives des Bituriges-Vivisques, se confondirent peu à peu, par suite des guerres et des exigences progressives de l'ordre social avec les vieilles institutions municipales, établies dans nos contrées par Auguste et ses successeurs: Les Francs étaient, de leur temps, le peuple le plus libre du monde; le nom même de *Francs* rappelle l'idée de la liberté : la loi était la sauvegarde de leurs droits, la base des devoirs des sujets et des princes et la garantie sacrée de la constitution; mais, parmi eux, le pouvoir des princes n'était jamais, dit Tacite, ni arbitraire, ni despotique : *nec regibus infinita aut libera potestas.* Les Francs ne tenaient qu'une assemblée générale dans l'année; mais un peu plus tard, par suite de la multiplicité des affaires, ils en tenaient deux; dans l'une d'elles, on ne s'occupait que de questions administratives et d'affaires peu importantes; dans l'autre, on débattait les hautes questions politiques; on discutait les demandes des chefs, la nécessité de voter les subsides ou de créer de nouveaux impôts pour l'année suivante; c'étaient le budget et le compte-rendu de nos États constitutionnels (1). C'était dans l'assemblée générale de 669

(1) Consuetudo erat....... ut bis in anno Placita duo tenerentur ; unum quando ordinabatur status totius regni.... in quo Placito generalitas universorum majorum, tam clericorum quam laicorum conveniebat. Cæterum autem propter dona generaliter danda, aliud Placitum cum senioribus tantum et præcipuis consiliariis habebatur, in quo jam futuri anni status tractari incipiebat.

(Lumière, *Recherches sur le droit public*, etc., etc.)

que Loup Ier fut élu chef héréditaire des Gascons et que se traitèrent les grands intérêts, les affaires civiles et politiques de l'Aquitaine, à cette époque. Tous les princes respectaient les vieilles formes de gouvernement et se faisaient un devoir de se conformer aux lois et aux antiques usages du pays. Dans une des plus anciennes ordonnances ou lois qui existaient ou qui soient parvenues jusqu'à nous, Clotaire Ier, au VIe siècle, ordonna à ses agents de respecter les anciens priviléges des peuples, et loin de vouloir faire considérer ses volontés comme la règle de leur conduite, il leur défendit d'avoir égard aux ordres qu'on pouvait surprendre à sa religion, contre le vœu de la loi. Qu'étaient-ils les *champs de Mars?* des *plaids* ou assemblées générales où les Mérovingiens convoquaient la nation pour connaître ses opinions et ses vœux, par l'intermédiaire de ses députés, soit qu'il fallût réformer les lois, corriger les abus, établir des maires du palais, faire la guerre ou la paix ou voter les subsides.

Au VIIe siècle, la royauté s'affaiblit et perdit de ses anciens prestiges; le pouvoir n'était plus un objet de respect; l'ordre allait disparaître avec la liberté; mais Pepin, élu roi à Soissons, vint étayer de sa puissante main l'édifice social qui allait crouler et empêcher la liberté de dégénérer en anarchie.

Sous l'action d'un pouvoir fort, qui savait commander et voulait être obéi, la liberté rentra dans sa réserve rationnelle et nécessaire et redevint l'élément du bien-être général; elle adoucit ce qu'il y avait d'âpre dans le commandement et d'humiliant dans l'obéissance; elle dit à l'homme ce qu'il valait et lui apprit sa dignité et sa noble place dans la création.

Charlemagne, homme prodige, arriva au trône et respecta la liberté de ses peuples. Après ses pénibles et lointaines expéditions, il rentra dans ses États, couvert des palmes conquises sur cent champs de bataille. Il convoquait régulièrement les assemblées annuelles de son peuple et leur proposait ses admirables capitulaires, qui ont fait longtemps la loi géné-

Livre XVI. Chap. 1.

rale et le bonheur de la nation. C'est dans ces précieux ouvrages de ce grand monarque et dans ceux de son fils que nous apprenons que la loi se faisait alors par le consentement et le libre concours du peuple et par la sanction du roi (1); et qu'il n'était permis à qui que ce fût, prince ou sujet, de rien entreprendre contre une personne libre, un *Franc,* que conformément à la droite raison et à un jugement fondé sur les lois (2).

Dans la vie de *Louis le Débonnaire,* il est parlé de plusieurs assemblées générales; les plus remarquables sont celles de 790, 796, 802 et celle de 809, où l'on délibéra de faire la guerre aux Gascons révoltés (3). C'est dans une de ces assemblées du peuple que le jeune prince Louis apprit la mort de son père, en 814.

Dans leurs capitulaires, le roi Lothaire, Louis le Germanique et Charles le Chauve déclarent qu'ils recevront favorablement les avis de leurs féaux, ainsi que la volonté divine et le salut général de l'État l'exigeaient, et ils invitent, ils pressent leurs féaux amis de se montrer leurs fidèles coopérateurs par leurs conseils véridiques.

Ainsi, nous voyons que la liberté des Français et des Aquitains était protégée par la loi, que les rois convoquaient souvent le peuple, et que c'était dans ces assemblées des

---

(1) Lex consensu populi fit et constitutione regis. (*Capit., anno* 864.)

Populus interrogetur de Capitulis quæ in lege noviter addita sunt, et postquam omnes consenserint subscriptiones faciant. (*Capit., anno* 803.)

Unà cum nostris optimatibus fidelium pertractavimus — de consensu fidelium nostrorum. ... in nostrâ et procerum præsentiâ. (*Passim in Capit.*)

(2) Omnino voluntas regis est ut unusquisque homo suam legem pleniter habeat conservatam, et si alicui contra legem factum est, non est voluntas sua nec jussio. (*Baluz*, tome I, page 342.)

Veraciter de nobis sint securi (nostri fideles) quia quantum potuerimus.... nullum fidelium nostrorum contra legem et justitiam, aut auctoritatem et justam rationem aut damnabimus aut deshonorabimus aut opprimemus. (*Ibid*, tome II, page 269.)

(3) Conventiculum Aquitanicum egit Ludovicus A. C. DCCCIX, in quo bellum decretum adversus Vascones defectionis reos. (*Vitâ Ludov.*, etc., etc.)

États que les députés discutaient les affaires importantes, comme celles des régences, des différends qui survenaient entre le prince et l'autorité ecclésiastique, et, à une époque comparativement plus moderne, celles des croisades, etc. Partout on trouve des preuves que les rois n'ont jamais établi d'impôt sans le consentement du peuple librement exprimé, que leur autorité était intimement liée à celle de la loi ; qu'ils ne régnaient qu'en vertu des lois, et qu'en violant celles-ci, ils ne faisaient que se nuire aveuglément à eux-mêmes (1).

Sous Louis le Bègue, au IXe siècle, les grands de l'État se soulevèrent contre son pouvoir arbitraire et annulèrent toutes les concessions qu'il avait faites à ses courtisans, par la raison qu'il ne les avait pas convoqués pour avoir leur avis et leur consentement. Le prince fut obligé de céder, et c'est à cette condition qu'ils consentirent à le couronner roi de France et des Aquitains, *par la miséricorde de Dieu et l'élection du peuple;* mais cette libre élection disparut sous la despotique domination des descendants de Sanche-Mitarra, ducs de Gascogne, qui se firent héréditaires, comme nous allons voir.

Sous les derniers rois carlovingiens, et mieux, sous Hugues Capet, les ducs et les comtes, comblés de faveurs par ces princes qui désiraient se les attacher, obtinrent de la bonté de leurs suzerains de grandes concessions, et finirent, en plusieurs endroits en France, par les convertir, de temporaires qu'elles étaient, en dignités héréditaires. Ils se firent seigneurs, propriétaires irrévocables des pays dont ils n'avaient que la haute administration, sous le contrôle du roi. Ils allèrent encore plus loin et osèrent même abroger d'anciennes ordonnances, pour leur en substituer d'autres plus en harmonie avec leurs nouveaux besoins et leurs caprices, et dont plusieurs articles aussi odieux démontrent clairement que c'est

---

(1) Dedecit regem transgredi legem, cum rex et lex eandem imperandi excipiant potestatem. (Lumière, *ibid.*)

à la force seule qu'ils devaient leur indépendance. Les tribunaux eurent le même sort que les ordonnances anciennes ; les usurpateurs des droits du peuple se réservèrent à eux-mêmes ou à des agents amovibles, salariés et dépendants, les saintes et vénérables franchises des magistrats. Ce ne fut pas assez pour leur ambition, ils s'arrogèrent le droit d'imposer au peuple asservi des taxes personnelles et foncières ; ils ne consultèrent pas ses représentants dans les *plaids*, en assemblée de la nation. Ils s'emparèrent des droits royaux, et Guillaume *Fier-à-Bras* était devenu tellement puissant, qu'il refusa de reconnaître Hugues Capet pour roi. Les droits des peuples et des rois, les priviléges des villes et des pays n'étaient rien aux yeux de ces fiers usurpateurs des libertés publiques. Sanche Guillaume, duc de Gascogne, se fit comte de Bordeaux sous la monarchie illusoire du duc de la seconde Aquitaine. L'usurpation fut consommée et reconnue.

Les successeurs de Hugues Capet sentirent le besoin de réparer ces fautes politiques et de se rattacher au passé ; ils comprirent facilement que le meilleur moyen de rétablir la couronne dans ses vrais droits, c'était de rendre au peuple les siens et d'étouffer toutes les plaintes, de déraciner les abus des basses ambitions en rétablissant l'ancien régime. Ils accordèrent, en conséquence, à certaines villes des chartes de communes, qui leur donnaient le droit d'avoir une administration spéciale, composée des principaux habitants librement élus par leurs concitoyens. Ce sénat, ou assemblée des notables, était chargé de veiller aux intérêts de la communauté, de faire rentrer les revenus publics, de rendre la justice au peuple, d'avoir à ses ordres une milice urbaine où toutes les personnes libres, d'un certain âge, seraient enrôlées. C'étaient des droits ou libertés non créés, mais rétablis par le prince ; plus tard, on octroya ces mêmes droits à certaines villes qui n'en avaient jamais joui, même sous les Romains.

« Dans la Novempopulanie, dit Loubens, un sénat corres-

» pondait directement avec le chef de la province, et, présidé
» par un officier romain ayant titre de comte, formait le gou-
» vernement de la cité. » Lectoure eut un sénat, Bazas en
eut un aussi, et Ausone chante l'illustre sénat de Bordeaux.

A compter de Sanche-Mitarra, il n'y avait, en Aquitaine, qu'une ombre de liberté ; ses successeurs ne connaissaient plus de contrôle, et la sanction du peuple n'était plus nécessaire à la consécration de leur puissance devenue héréditaire et transmissible. Le pays fut partagé, en faveur de leurs enfants et de leurs partisans, en comtés, vicomtés et baronies. L'usurpation était consommée. Périgueux, Limoges, et, d'après Ausone, Bordeaux avaient leurs consuls et proconsuls, dignité qui correspondait à celle de gouverneur, à une époque plus récente de notre histoire; ce qui explique bien le titre de *gouverneurs* de la ville donné aux maire et jurats dans tout le moyen-âge. Le titre de consul se bornait à la ville; la juridiction du comte s'étendait sur une certaine partie du pays ; ce titre de comte, non celui de comté, survécut aux faibles successeurs de Charlemagne et fut maintenu sous les ducs jusqu'au temps d'Éléonore.

Au Xe siècle, la puissance royale était très-faible en Aquitaine : les ducs, nous l'avons vu, avaient usurpé le poste et l'autorité du souverain. Faibles à leur tour, leur puissance s'amoindrissait en se partageant; elle perdait peu à peu ses prestiges, et à côté de celle du roi, duc ou comte, on voyait, au Xe siècle, s'élever et s'agrandir la juridiction de l'évêque. Cependant, on y trouve toujours quelques traces de l'ancienne liberté ; le temps la transformait, mais ne l'anéantissait pas, et quelque étendue ou populaire qu'ait été l'autorité de l'archevêque de Bordeaux, ou, plus tard, celle des chapitres de Saint-Seurin et de Saint-André, jamais elle n'a absorbé complètement la vie municipale; les juges étaient des laïques; les premiers magistrats, comtes ou consuls, étaient des hommes honorables, les élus du peuple.

Livre XVI.
Chap. 1.

Malgré la décadence des mœurs, l'autorité municipale subsistait seule avec son indestructible principe de vitalité. Les commerçants, les industriels, formaient alors une classe assez éclairée pour le siècle, classe distincte et indépendante entre les bourgeois et les serfs; la noblesse commençait à être moins fière de son origine et la distance qui la séparait de la bourgeoisie moins tranchée; l'homme comprenait enfin sa dignité, les mœurs se polissaient et un travail de fusion s'opérait insensiblement entre toutes les classes. Le peuple tenait aux droits acquis et les chartes communales les consacraient. On ne trouve pas d'écrit sur l'établissement primordial de ces libertés; mais en parcourant nos annales, on voit qu'elles existaient à toutes les époques de notre histoire. On retrouve, dans presque tous les siècles, des *conciles,* des sénats, des assemblées municipales, des États-généraux, des parlements, des chambres, avec le droit ancien de participer à la confection des lois, et de ne payer jamais un impôt qui n'eût été préalablement consenti par les représentants du peuple, librement élus dans les assemblées populaires. Dans leurs ordonnances, nos rois donnaient à ces assemblées les noms de Plaids *(placita),* États, Cours de France, Cours royales, Cours des Pairs et Chambres; c'est dans ces assemblées qu'ils faisaient examiner leurs projets de lois, et cet examen ou discussion des actes royaux, qu'on a appelée, depuis le quinzième siècle, *vérification* ou *enregistrement,* était si peu considéré par eux comme une vaine formalité, que François 1er disait à Charles-Quint que les lois fondamentales de son royaume étaient de ne rien entreprendre sans le consentement de sa cour souveraine. Henri IV était bien éloigné de croire à ce que nous appelons l'*absolutisme;* il disait qu'il ne reconnaissait qu'un seul souverain absolu, DIEU, dont les rois n'étaient que les vassaux. Louis XI disait que quand les rois violent la loi, ils font leur peuple serf et perdent le nom de rois.

Cette partie du droit français a été si authentiquement reconnue de toute l'Europe, que Léon X exigea que le concordat fût enregistré par le parlement, et, dans plusieurs traités de paix, tels que ceux de Madrid, de Trèves, de Crespy, etc., il fut stipulé formellement qu'ils seraient enregistrés dans les Cours souveraines. On peut donc affirmer que si la royauté a toujours été, en France, la clé de voûte de l'édifice social, la base était la représentation nationale; les institutions fondamentales étaient quasi-républicaines, grâce aux traditions romaines, à l'amour de la liberté inné chez les Ibères et les Francs, et, enfin, au bon esprit des peuples. Bordeaux a conservé longtemps les institutions, les mœurs et la physionomie d'une véritable république.

CHAPITRE II.

Assemblée du peuple sous les ducs d'Aquitaine.—Les ducs consultent les barons, au moins dans les graves affaires. — Les Aquitains envoyaient des députés aux États de Languedoc. — Les communes avant Louis le Gros. — Henri et Éléonore étendent et consolident les communes. — Opinion de l'abbé Dubos et de M. Aug. Thierry. — Les noms de maire et de jurats.—L'autorité du maire très-considérée. — Une municipalité à Bordeaux avant 1219. — L'ancien hôtel de la Mairie. — Les Bordelais accordent au roi le privilège de nommer le maire.—Les dissensions civiles à Bordeaux exploitées par le roi d'Angleterre. — Les maires et les jurats ont la haute, basse et moyenne justice. — Les Bordelais réclament le droit d'élire leur maire. — Les prud'hommes établis. — Les cent pairs. — Les douze jurades. — La constitution municipale de Bordeaux. — Réforme de cette constitution, sous le prétexte de la compléter. — Le maire, de l'homme du peuple qu'il avait été, devient l'homme, l'agent du roi. — La commune de Bordeaux ne devait le service militaire au roi que dans le diocèse seulement. — Règlements de police dans la ville de Bordeaux.

Livre XVI.

Nous venons de tracer, aussi succinctement que possible, un tableau du droit public des Aquitains jusqu'au XIIe siècle. Nous arrivons à cette période de notre histoire où les Anglais deviennent maîtres de cette partie de la France; nous entendrons des noms nouveaux donnés à des choses anciennes; la forme des institutions politiques et sociales varie, mais le fond en est toujours le même.

Éléonore apporta à la couronne d'Angleterre un nouveau et brillant fleuron, avec de grands embarras et des difficultés sans nombre. Nous avons vu que l'autorité royale avait presque disparu au Xe siècle, en quelque sorte sous les efforts des ducs, pour assurer leur indépendance, et que les Gascons, tout étonnés de l'incertitude de leur avenir, dataient leurs actes de *l'an de Jésus-Christ, en attendant un roi.* Cependant nous voyons dans ces temps des assemblées du peuple ; du temps d'Eudes, il s'en tint une à Saint-Seurin ; sous Guillaume IX, on convoqua la *Cour de Gascogne*, et tout semble nous dire que le peuple ou Tiers-État, le clergé et les grands du pays y étaient convoqués. Guillaume X, loin de se croire absolu, respectait tellement la volonté des nobles, qu'il déclare, dans son testament, fiancer sa fille Éléonore à Louis le Jeune, si toutefois cela ne déplaisait pas à ses barons : *Si baronibus meis placuerit*, ce qui nous donne à comprendre que leur consentement était requis comme nécessaire dans les grandes affaires de l'État.

<small>Livre XVI. Chap. 2.</small>

Sous la monarchie carlovingienne, le Languedoc était l'une des provinces les plus vastes du royaume ; il comprenait d'abord toute la zone méditerranéenne conquise par les Goths, ce qui a fait dire à quelques écrivains qu'il en a gardé le nom, comme consécration de leur longue occupation : *Land-von-Goth*, devenue par corruption euphonique *Languedoc*. Ses frontières s'étendaient alors depuis les Alpes jusqu'aux Pyrénées, et de la Méditerranée jusqu'à l'Auvergne et à la Gironde, embrassant ainsi le Rouergue, une grande portion de la Guienne, le Quercy, le Périgord, l'Agenais et le Bigorre. Ce vaste pays eut ses États provinciaux avec des libertés très-étendues ; il avait passé successivement sous la domination des Romains, des Goths, des Sarrasins et des Francs, jusqu'au partage de sa suzeraineté entre les ducs de Provence, les comtes de Toulouse et les marquis de Gothie. Raymond de Saint-Gilles s'en rendit maître et prit ces trois titres, en se faisant appeler « duc de » Narbonne, comte de Toulouse et marquis de Provence. » Lui et son successeur devinrent suzerains de Carcassonne, de Foix, de Narbonne, d'Uzès, de Béziers, de Nîmes, etc., etc. Le Vivarais, tombé au pouvoir du comte de Toulouse, en 1083, fut incorporé au Languedoc, en 1143, par le mariage d'Électe avec Bertrand de Toulouse. Ici, des troubles intérieurs éclatent avec plus de force que jamais : les ducs avaient secoué le joug des faibles successeurs de Charlemagne et s'étaient rendus

<small>De La Roque, *Armorial de la noblesse du Languedoc.*</small>

indépendants ; ils n'envoyaient plus de députés aux États de Languedoc ; ils comprirent qu'il fallait faire comme les Languedociens, tenir des assemblées dans chaque sénéchaussée pour délibérer sur l'établissement et la perception des impôts et sur les affaires du pays. A la chute de l'empire carlovingien, l'ordre féodal se concentra dans l'autorité des grands feudataires ; il n'y eut plus que des gouvernements et des intérêts locaux ; les assemblées générales étaient devenues impossibles ; alors les *pairs du fief* se réunissaient autour de chaque seigneur féodal pour s'occuper de questions politiques, financières et judiciaires ; c'est l'origine des États provinciaux. Le duc Guillaume consulta *ses barons* sur le mariage de sa fille avec le prince Louis ; et les États du Languedoc, dont la dernière assemblée générale fut tenue en 1274, ne se mêlaient plus des affaires d'Aquitaine.

Nous croyons donc, avec des écrivains distingués, qu'il y eut dans le Bordelais des assemblées provinciales sous les ducs inamovibles et héréditaires ; mais nous n'hésitons pas à croire que l'Aquitaine et la Novempopulanie envoyaient, jusqu'au règne de Charlemagne et son fils, des députés aux États-généraux de la *Langue-d'Oc,* avec pleins pouvoirs de concourir à la confection des règlements politiques et administratifs ; c'était l'esprit de la charte d'Honorius, survivant aux usages des Romains et des Visigoths, jusqu'au temps de l'usurpation des ducs. Les institutions populaires peuvent être interrompues momentanément, mais ne se perdent pas entièrement ; elles se développent, se modifient et se transforment, mais leur nature et leur souvenir ne s'effacent jamais. On a dit que Louis le Gros établit les communes ; c'est une erreur : il ne fit que les émanciper pour mieux abattre le despotisme des petits seigneurs ; c'était la rénovation de l'autorité administrative des municipalités romaines. Les communes ne furent que l'effet d'une coalition spontanée des villes de la Gaule ; l'unité monarchique de la France n'existait pas ; les peuples d'Aquitaine ne la connaissaient pas; ils n'avaient que des ducs ou des comtes indépendants du pouvoir central du roi, qui ne s'étendait que sur une faible partie du territoire de la France de nos jours. La formation des communes n'était, en réalité, qu'un mouvement de la démocratie au moyen-âge, et c'est à tort que certains écrivains, induits en erreur par le mot *concessimus* (nous avons octroyé) qui se trouve dans la formule des chartes royales, en ont conclu que c'était un acte législatif d'une puissance supérieure et constituante. On ne peut, on ne doit y voir qu'une révolution plébéienne victorieuse et triomphante d'abord, mais mal dirigée et plus mal soutenue plus tard, dans laquelle les rois de la troisième race n'intervinrent que selon ce qu'exigeaient les intérêts immédiats de leur couronne, ou le besoin d'abattre ou d'affaiblir un vassal trop puissant. L'élan de la bourgeoisie vers son émancipation donna naissance aux communes, contre le vœu et les efforts des ducs et des comtes. Louis le Gros et d'autres aidèrent à cette émancipation ; mais une fois libre, le peuple devint dangereux ; la liberté est toujours voisine de l'anarchie, et c'est pour la contenir dans les limites de l'ordre que les vassaux comprirent enfin la nécessité d'aider les princes à réprimer les tendances révolutionnaires de la bourgeoisie. De ce grand mouvement démocratique date la prodigieuse quantité de chartes royales et seigneuriales aux XIe et XIIe siècles, octroyées aux villes et districts, non pas pour créer, mais pour confirmer des libertés conquises sur les puissances féodales.

Livre XVI. Chap. 2.

Dans la *Chronique du Mans*, nous voyons que les peuples, pour se défendre contre les exactions de Geoffroi de Mayenne, formèrent une conjuration qu'ils appelèrent *commun* (COMMUNE) et s'obligèrent par serment de défendre leurs libertés et leurs droits. C'est alors (1072) que nous voyons paraître, pour la première fois, le nom de *commune*.

On peut voir d'autres observations sur cette même matière dans les *Lettres sur l'Histoire de France*, de M. Aug. Thierry. Lettre xiv, etc.

> Livre XVI.
> Chap. 2.

Henry et Éléonore étendirent et consolidèrent le régime communal en Aquitaine; ils donnèrent aux villes et communes jurées des chartes, pour se les attacher et pour priver les puissants barons aquitains de l'appui de la bourgeoisie. C'est de cette façon qu'Éléonore sanctionna la formation des communes de Saintes et d'Oléron; elle fit la même chose pour Bordeaux en accordant aux Bordelais, en 1173, le privilége du droit d'élire leur premier magistrat, de se gouverner eux-mêmes, de se défendre et de n'être assujétis à aucune taxe qui n'eût été consentie par eux ou leurs représentants dans les assemblées publiques. Ceci ressort évidemment des termes de ses chartes : « Sachez que nous avons accordé, et par cette » présente charte confirmé, à tous nos chers et fidèles jurés » de la *commune* de Saintes et de la *commune* d'Oléron, la » perpétuelle stabilité de la *commune* qu'ils ont jurée. »

> Décision du président Boyer, Question 286.

> Ex tabulis cartul. Reg. apud Besly, ducs d'Aquit^{ne}, 496.

On peut donc affirmer qu'il y eut des *communes* ou des populations réunies en communautés d'intérêts, de droits, de franchises locales avant l'an 1072, époque à laquelle on commença à se servir, dans les actes publics, du mot *commun*, d'où est venu le nom moderne de *commune*.

> Hist. critique, liv. VIII, ch. 2.

Au XIIe siècle, selon l'abbé Dubos, on trouve un grand nombre de villes en possession des droits de *commune*, d'une administration municipale et des tribunaux chargés de rendre la justice tant en matière criminelle qu'en affaires civiles, sans qu'on puisse voir des chartes qui constatent que c'étaient des droits nouveaux octroyés à ces villes par les rois de la troisième race. Il y a plus : plusieurs de ces anciennes chartes des XIIe et XIIIe siècles ne sont pas la collation de nouveaux droits, mais des actes confirmatifs des droits préexistants. Il est évident, par l'énoncé de ces chartes, que les villes dont il s'agit étaient en pleine possession des franchises municipales et en jouissaient de temps immémorial, c'est-à-dire dès l'époque des empereurs, où elles étaient capitales de diocèses. C'est l'opinion de M. Dubos; nous l'adoptons complètement, après les plus rigoureuses recherches.

Cette opinion est adoptée également par un savant moderne. « A Bordeaux, dit M. Aug. Thierry, l'office de maire, intro-
» duit vers la fin du XII⁰ siècle, dans l'organisation munici-
» pale, y rencontra, non le régime consulaire, mais une forme
» de municipalité plus ancienne, où le principal titre de ma-
» gistrature était celui de *jurat,* titre qu'on retrouve dans une
» foule de villes, depuis la Gironde jusqu'au milieu de la
» chaîne des Pyrénées. Il paraît que cette constitution immé-
» moriale de Bordeaux y était très-libre et très-largement
» développée, et que c'est par là qu'elle eut la force de ré-
» sister à l'esprit de réforme qui propageait le consulat. »

<small>Livre XVI. Chap. 2.

Essai sur l'histoire du Tiers-État, tome II.</small>

Mais quelle que soit l'antiquité des franchises municipales de Bordeaux, qu'elles remontent aux empereurs romains ou seulement à Charlemagne et à son fils, il paraît certain que leur forme au moyen-âge et le nom de *major* (maire) ne remontent qu'au temps d'Éléonore. Henry, son époux, reconnut le pouvoir municipal existant en 1173. Jusque-là les ducs nommaient le premier magistrat consul ou comte. Henry accorda aux Bordelais, en 1173, le droit d'élire, tous les ans (1), leur premier magistrat, comme on faisait à Londres, où on l'appelait *mayor,* de se gouverner eux-mêmes, de se défendre et de n'être assujétis à aucune taxe qui n'eût été consentie par le peuple ou ses représentants, réunis en assemblée générale, pour en examiner et discuter l'utilité. Le chef de la municipalité s'appelait donc *mager* (maire) au XII⁰ siècle; les membres de son conseil particulier prenaient le titre de *jurats* (*jurati*), parce qu'ils *juraient* à Saint-Éloi, devant le Saint-Sacrement, de veiller à la conservation des franchises municipales, et de s'acquitter loyalement de leurs fonctions. La jurade, ou conseil du maire, se composait de cinquante mem-

<small>Delurbe, *Chroniques.*</small>

---

(1) L'un des plus anciens statuts de la ville porte : « *Establit es que la villa deu
» estar et pereverar durablement en la man et au poder deu mager, et deus
» cinquante jurats cad an eslegits.* » (Darnal, *chroniques.*)

Livre XVI.
Chap. 2.
—

Essai
sur l'histoire
du Tiers-État,
tome II.

bres, et le conseil extraordinaire de trente conseillers et de trois cents notables qui prenaient le titre de *défenseurs ;* ils étaient élus par le peuple et tenus de renouveler tous les ans leur serment de fidélité. « En 1244, dit Aug. Thierry, le corps-
» de-ville se composait d'un maire annuel, de cinquante ju-
» rats, de trente conseillers et de trois cents citoyens élus par
» le peuple, sous le nom de *défenseurs,* pour prêter assistance
» au pouvoir. Vers la fin du XIII\ :sup:`e` siècle, le nombre des jurats
» fut réduit à vingt-quatre et celui des *défenseurs* à cent.
» Toutes les villes du Bordelais modelèrent, à différentes
» époques, leurs constitutions sur celle de la capitale, et la
» plupart d'entre elles s'intitulèrent *alliées et filleules de Bor-*
» *deaux.* En outre, l'imitation du même type constitutionnel
» s'étendit vers le sud, dans la Gascogne occidentale; on le
» trouve à La Réole, à Mont-de-Marsan, à Saint-Sever et à
» Dax. »

La jurade de Bordeaux était tout à la fois un corps administratif et un tribunal; c'étaient d'abord des fonctionnaires de la cité et plus tard des agents du roi; la nature de leur charge était ainsi modifiée au préjudice de leurs devoirs primitifs. Mais, malgré les empiétements de la royauté sur les droits et libertés de la ville, on retrouve toujours au moyen-âge, dans les institutions civiles et administratives de Bordeaux, des vestiges assez nombreux de la domination romaine, la tenue scrupuleuse des rôles, la triple copie des actes exigée par les statuts, etc., etc.

Il ne faut pas confondre la mairie de Bordeaux avec les municipalités établies par Louis le Gros; elle était d'un ordre plus élevé quant à son origine populaire et élective, et plus ancienne au point de vue des devoirs qu'elle avait à remplir. Dans plusieurs villes du Midi, les fonctions de maire conféraient la noblesse; à Bordeaux, les nobles seuls pouvaient être maires, parce que la dignité du chef de la municipalité était la première, la plus haute, la plus honorable que les nobles

pussent ambitionner en Guienne, comme le dit le président Boyer (1). Sur la fin du XVIe siècle, le roi, dans une lettre au parlement de Bordeaux, insista pour que cette illustre compagnie tînt la main à ce qu'on élût, à Bordeaux, un maire *noble d'épée* et *faisant profession d'armes*. On eût dit que la noblesse de robe, comme celle de M. Eymard, maire élu alors, ne suffisait plus aux désirs du prince ni aux vœux du peuple. C'est ce qui fait dire à de Thou que la mairie de Bordeaux était toujours considérée comme la principale dignité de la province et ne se conférait qu'aux membres de la première noblesse (2). Voilà pourquoi Laroque dit : « que la
» charge de maire à Bordeaux a toujours été si considérable,
» que les Bordelais, au lieu de chercher une origine noble
» dans la mairie, ont eu pour maires des nobles de haute
» qualité. »

Ainsi, le maire de Bordeaux devait être non seulement un homme digne de l'estime et de la confiance de ses concitoyens, dont il était l'élu, mais un gentilhomme par extraction. Du temps des Francs, il était le chef du sénat ; sous les Romains, on l'appelait *magistratus (major persona)*. Dans le moyen-âge, les maires de Bordeaux jouissaient d'une telle considération, qu'ils étaient maîtres de la chose publique ; les notaires dataient, pendant longtemps, leurs actes de l'année de leur élection.

D'après tout ce que nous avons dit sur ce sujet, il paraît certain que les ducs usurpèrent le droit de nommer le consul ou comte de Bordeaux, droit qui avait appartenu au peuple ; leur juridiction immédiate était réduite à peu près aux comtés

<small>Livre XVI. Chap. 2.

Registres du parlement, 31 juillet 1577.

Traité de la noblesse, chap. 59, p. 92.

Lois ripuaires.

Saint-Georges, Le Maire, p. 9.</small>

---

(1) Major dicitur qui plurimum potest ; major enim ab honore et excellentiâ dicitur, cui secundum statum dignitatis major debetur, et exhibetur honor, in sedendo, in scribendo et similibus........ itaque gradus excellentiam ostendit et consuetudo nobilem et eximium fecit. (*Decis, Boier. Quest.* 286.)

(2) Burdigalæ major, quæ dignitas primaria provinciæ proceribus atque adeo præfectis defertur.

du Poitou et du Bordelais. Henri II ne fit, en 1173, que lui rendre la libre élection qu'on lui avait ravie. Dans une charte du 13 juillet 1249, Édouard d'Angleterre reconnaît l'existence d'une municipalité complète à Bordeaux ; cette charte était adressée *au maire et au conseil commun de Bordeaux : Majori et communi concilio Burdigalæ.* Le roi les y remercie des services qu'ils avaient rendus à son père et à son oncle Richard. Il existe, dans les actes de Rymer, une lettre du 19 octobre 1226, adressée aux *maire, jurats et prud'hommes de Bordeaux : Majori, juratis et probis hominibus Burdigalæ.* Voilà encore toute une organisation sociale, une administration complète. Ces qualifications ne se trouvent pas avant le règne d'Éléonore ; il est donc probable que ces titres de maire, jurats et prud'hommes ne furent employés qu'après le mariage d'Éléonore avec Henri de Plantagenet ; c'étaient des noms ou titres anglais introduits en Guienne, de nouvelles qualifications données à d'anciennes choses ; Henri désirait faire administrer Bordeaux comme on faisait à Londres, où le principal magistrat s'appelait *mayor.*

D'après un article inséré dans le *Compte-rendu de la Commission des monuments de la Gironde*, M. R...... prétend qu'il faut rapporter l'octroi de la charte, pour la libre élection du maire de Bordeaux, à l'an 1248, privilège qui fut confirmé en 1235 par Henri III. Cependant Delurbe dit que ce fut en 1173 ; cette opinion a été généralement adoptée par tous les historiens de Bordeaux, et notamment par M. de St-Georges, dans son *Tableau de la Mairie.* Nous aussi, nous croyons qu'on a tort de révoquer en doute un sentiment généralement reconnu comme vrai. L'auteur de la *Guienne monumentale* est du même avis et dit : « Nous avons vu qu'à partir du XIIe » siècle, l'élection du maire appartenait aux habitants de » Bordeaux. »

« Pour reconnaître l'erreur de Delurbe, dit M. R......, il » suffit de jeter les yeux sur les noms des témoins qui ont

» souscrit la charte de confirmation (en 1235); ces noms dési-
» gnent tous des barons et prélats qui vivaient sous le règne de
» Henri III. » M. Rabanis peut-il prouver que ce sont les mêmes
hommes et non leurs enfants ou parents? La charte de confirmation ne nie pas l'octroi primitif en 1173. Nous voyons que
les rois d'Angleterre confirmaient souvent, même dans le même
règne, les chartes des villes et des provinces ; ils le faisaient surtout quand ils avaient besoin de subsides. Henri III confirma
aux Bordelais, en 1248, le droit d'élire des magistrats secondaires qui formaient le conseil du maire ; ces fonctionnaires
s'appelaient *jurats* parce qu'ils *juraient*, en entrant en fonctions, qu'ils seraient fidèles au roi, aux lois, et s'acquitteraient
consciencieusement de leurs fonctions. De ce moment date
très-probablement le nom de *jurat*. En 1249, le roi écrivit,
comme nous l'avons vu plus haut, une lettre au maire et au
Conseil commun de Bordeaux ; mais il n'est pas parlé de *jurats*,
tandis que dans la charte de 1226, ce mot paraît tout au long :
Majori, juratis, et probis hominibus (1). C'est toute une organisation municipale composée, quelques années plus tard,
de cinquante jurats et de cent prud'hommes ou *défenseurs*.

En 1244, le corps de ville se composait d'un maire annuellement élu depuis 1173, de cinquante jurats, de trente conseillers et de trois cents citoyens élus par le peuple, comme
conseil général. Vers l'an 1260, les Bordelais remirent le droit
d'élection au prince de Galles, qui, modifiant la municipalité,
établit bientôt après un corps de ville composé d'un maire élu,
de vingt-quatre jurats et d'un conseil composé de trente membres, tous électifs.

D'après ces données historiques confirmées, comme nous
l'avons vu, par M. Aug. Thierry, M. Marie de Saint-Georges
a eu tort de dire que les jurats ne furent établis à Bordeaux
que dans l'intervalle des années 1283 à 1288.

(1) Ceci prouve l'erreur de ceux qui disaient qu'avant 1789 le titre de *jurat* ne
fut donné aux officiers municipaux qu'en 1250.

<small>Livre XVI. Chap. 2.</small>

Dans son manuscrit inédit, D. Devienne prétend que l'Hôtel-de-Ville ne date que de 1235. Qu'entend-il par hôtel de ville? Est-ce le corps de ville? mais il existait en 1218; la charte du 13 juillet 1249 le dit en termes dont le sens n'est pas douteux *(communi concilio)*; c'est là une municipalité complète. S'agit-il seulement de l'édifice où cette municipalité s'assemblait? c'est encore une erreur. Le *commun conseil* de Bordeaux se réunissait chez le maire, jusqu'à l'an 1246; on commença alors l'hôtel qui fut construit, sous le vieux nom de *Mairerie*, sur l'emplacement contigu à l'endroit où l'on a bâti plus tard l'église de Saint-Paul et l'ancien Palais-de-Justice. On ne sait pas à quelle année précise fut construit l'ancien hôtel de la Mairie, à côté des tours de Saint-Éloi, et qui n'a disparu qu'en 1791; c'est sur son emplacement que fut établi, en 1800, le grand marché des Fossés.

Dans les affaires majeures, c'était toujours le maire que la ville députait vers le roi, comme organe naturel de ses plaintes et de ses besoins. L'ordre et la paix de la ville reposaient sur lui, et, en cas de tumulte ou d'émeute, les jurats se rendaient auprès de lui avec les bourgeois de leurs jurades respectives. Le connétable conduisait les barons et les gens d'armes dans les expéditions militaires; mais le maire ou, en son absence, l'un des jurats, et plus tard le sous-maire, commandait les bourgeois, enfants de la cité.

En 1253, l'état politique de la Guienne était peu rassurant; le maire étant à Bergerac, auprès du jeune prince, les élections municipales ne pouvaient pas se faire, d'après les anciennes formes et usages, à l'époque fixée; mais Édouard, sachant l'attachement des gens du pays à leurs anciennes libertés et droits, et ne voulant pas s'aliéner leur affection dans ces graves conjonctures, écrivit aux Bordelais que l'interruption de leur droit de libre élection, par suite de l'absence du maire, circonstance dont il n'était pas responsable et qui était le résultat nécessaire des mesures qu'il avait prises, ne devait pas préjudicier à leurs priviléges et droits, ni servir de précédent pour le temps à venir.

Livre XVI. Chap. 2.

Cet état de choses fut maintenu pendant quelque temps ; mais le prince, par sa douceur, ses prévenances, ses intrigues auprès des deux factions rivales de notre cité, les *colombiens* et les *soleriens*, se fit accorder, le 22 octobre 1261, le droit de nommer le maire de Bordeaux ; c'était le premier pas vers le pouvoir absolu : c'est le peuple lui-même qui se rivait ses fers.

Tome Ier, pages 692, 693.

Cette concession, arrachée adroitement aux Bordelais par les intrigues royales auprès des premières et plus influentes familles de notre cité, fut confirmée par une lettre des maire et jurats, en date du 19 décembre 1261, scellée du sceau de la commune. Dans cette reconnaissance de la lâche concession du 22 octobre, ces magistrats déclarèrent qu'ils avaient cédé au prince le choix et la nomination du maire qui serait chargé de percevoir, au nom du roi, les revenus appartenant à la mairie et provenant des droits de justice ou de toute autre source (1).

Investi d'un pouvoir immense, au préjudice des antiques droits du peuple, le prince en profita pour modifier les anciens statuts de la ville ; mais les Bordelais regrettèrent bientôt après la perte de l'une de leurs plus précieuses libertés, et n'attendirent qu'une occasion favorable pour se la faire

---

(1) « Universis presentes litteras inspecturis, juratis et probis hominibus com-
» mune Burdigalensis, salutem. Sciatis quod nos concessimus viro magnifico
» domino nostro, Edwardo, illustris regis Angliæ primogenito, quod ipse nobis
» det et concedat majorem, pro voluntate suâ, et quod idem major percipiat, no-
» mine dicti domini Edwardi, omnes proventus et exitus ad majoriam pertinentes,
» et ex inde faciat sumptus ad majoriam pertinentes et quidquid deficerit, quod ex
» preventibus compleri non possit, ad illud supplendum fiet, per majorem et jura-
» tos, talia ut fueri consuevit, et quod supererit de proventibus pertinentibus ad
» majoriam prædictam, erit dicti domini Edwardi. In cujus rei testimonium has
» litteras eidem dom. nostro concessimus, sigillo prædictæ commune sigillatas. Da-
» tum apud Burdigalam, XIX° die decembris anno Dom. millesimo LX° primo. »

(*Collect.* de Brequigny, tome XXXV.)

Livre XVI.
Chap. 2.

rendre. Cette occasion se présenta bientôt après. Voyant les embarras du roi d'Angleterre, en 1277, les Bordelais, à l'instigation des agents du roi de France, essayèrent de recouvrer le droit dont ils s'étaient si inconsidérément spoliés; ils organisèrent un système d'agitation, une conspiration dont l'acte le plus éclatant fut un essai de se nommer un maire. Mais le roi d'Angleterre réussit aisément à comprimer ces faits de rébellion, et après avoir mis fin à ces troubles d'Aquitaine, il nomma, par sa charte du 3 mai 1278, qui excluait les nobles de la jurade, l'un de ses plus chauds partisans dans le pays, Gui Dubourg, seigneur de Verteuil, à la place de maire de Bordeaux. Gui était l'un des hommes les plus recommandables du pays; il avait épousé une demoiselle de Gombaud, et sa fille fut mariée, en 1269, avec le seigneur de Lesparre. Il était très-considéré à Londres, et le roi, en le nommant maire, crut être agréable aux Bordelais, à cause de sa haute position sociale et de l'estime qu'avaient pour lui les habitants du pays. Par sa charte du 12 janvier 1278, il avait pardonné les fautes commises à Bordeaux à l'instigation du roi de France; mais il ne voulut pas se dessaisir du droit qu'on lui avait accordé de nommer le maire de notre cité.

Rôles gascons, page 8.

En 1292, de nouveaux embarras se présentèrent; les Bordelais, toujours mécontents, firent une nouvelle tentative pour recouvrer leur antique droit à la nomination de leur maire. Le monarque anglais avait de graves affaires sur les bras; il venait de nommer Bernard de Brunter maire de Bordeaux. Cette nomination déplut aux jurats; ils protestèrent et en appelèrent au suzerain; Philippe le Bel, qui était alors maître de presque toute l'Aquitaine, nomma, pour plaire aux Bordelais, Jean de Borie maire de leur ville. Tout cela ne remit pas les Bordelais en possession de leur ancien droit et liberté: mais le monarque anglais, qui craignait que les Aquitains ne se donnassent à la France, en conclut qu'il fallait ménager un peuple qui tenait tant à ses anciens priviléges et dont les plaintes seraient toujours bien accueillies par le roi de France. Cet état fâcheux, ces troubles et le sacrifice d'une si précieuse liberté que celle de nommer le premier magistrat de la ville, furent le résultat des intrigues du prince auprès de deux puissantes factions de Bordeaux, les partisans de la famille Colomb et ceux de la famille Solers, en 1270. Les Anglais s'étaient servi d'eux pour les abattre et les humilier les uns par les autres; ils avaient fomenté les passions et les haines de ces deux partis et avaient fini, au moyen d'une protection simulée, par obtenir de la ville le pouvoir de nommer le maire; ils se lièrent d'abord avec les Colomb pour faire rentrer la ville en leur obéissance et pour anéantir ses libertés; ils firent prêter aux Solers le serment de ne jamais faire la paix avec les Colomb; en les traitant ainsi, ils les affaiblirent tous et auraient fini par se rendre maîtres de tous les droits, priviléges et libertés de la ville; un seul droit leur suffisait, celui de nommer le maire; ils l'obtinrent facilement, comme nous l'avons vu plus haut : ils savaient diviser pour régner.

En 1273, le roi Henri prit quelques mesures pour mettre fin à ces divisions entre les habitants de la même ville, et nomma maire de Bordeaux, Pierre Gondomer, du parti solérien. Les colombiens, indignés, refusèrent de le reconnaître et se placèrent sous la juridiction du sénéchal, du consentement du roi d'Angleterre, pour le temps qu'il leur plairait, déclarant en même temps ne renoncer à aucune des libertés ou franchises dont jouissaient les autres citoyens de Bordeaux. Ces droits, disaient-ils, leur avaient été garantis par le roi, et ils se reconnaissaient tenus aux mêmes redevances que leurs concitoyens. Cet acte fut fait le vendredi avant le jour des Rameaux, 1273, et signé par Amanieu Colomb, P. Lambert, P. Cailhau, R. Arnaud Monadey, Élie et Pierre Vigier frères, Rostaing, Colomb, Boniface de Rousselle (de Rocella), William-Raymond du Bourg, B. Vigier de Ferréis, P. de

Livre XVI. Chap. 2.

Histoire de Bordeaux, t. Ier, page 692 et suivantes.

Lignac, B. Dalhan, jurats et hommes requis *(requisiti)*, ce qui semble dire qu'ils étaient du conseil de la mairie, sujets à être *requis* pour assister aux délibérations de la jurade.

Philippe le Bel qui avait rendu, en 1292, comme suzerain, aux maire et jurats la justice haute, moyenne et basse, confirma, en 1295, en leur faveur, les priviléges que les rois d'Angleterre leur avaient déjà octroyés et confirmés. Dans la charte de confirmation, on lit : « Une fille qui a été » mariée avec terre et argent, dans Bordeaux, et dont le » mari a pactisé sur la dot, ne peut, après la mort du père, » revenir à partage avec les autres héritiers, lorsqu'il y a un » enfant mâle dans la famille; mais elle doit se contenter de » ce qu'elle a reçu en mariage.

» Si le père ne laisse que des filles héritières et que la fille » mariée veuille avoir sa part à l'hérédité, elle doit rappor- » ter à la masse sa dot tout entière.

» Une femme, après la mort de son mari, ne prendra point » la moitié des acquêts, comme c'était l'usage, à moins que » son mari ne lui ait donné quelque chose de son vivant. »

Par son ordonnance datée du 30 juin 1597, Henri IV, étant à Rouen, confirma les priviléges des maire et jurats, pour la juridiction et police de la ville et banlieue de Bordeaux.

La politique machiavélique de l'Angleterre, *diviser pour régner,* avait produit les plus fâcheux effets à Bordeaux et fait oublier aux Bordelais la grande question de la nomination du maire. La famille des Colomb se fondit dans celle des Cailhau, et les haines, les déplorables rivalités des deux partis susdits furent continuées jusqu'à la fin du XIVe siècle. En 1320, il y eut une sorte de suspension de ces dissensions civiles; des gens désintéressés dans ces querelles ressuscitèrent le sentiment national et poussèrent tout le monde à redemander l'ancien droit d'élection. Le pouvoir resta sourd à leurs justes réclamations. L'idée de les reconquérir fut mise en avant dans la foule ; elle ne devait pas s'arrêter. Les Bordelais devinrent plus pressants et plus exigeants; ils députèrent, en 1325, auprès d'Édouard, deux personnages bien en cour et très-influents à Bordeaux, Jean de Colomb et Bertrand de Cailhau, pour supplier Sa Majesté de leur rendre leur ancien droit d'élire leur premier magistrat. Le roi, tout étonné, répondit plus tard qu'il avait différé de leur écrire, parce qu'il n'avait pas suffisamment examiné de quelle manière ce privilége leur était échu, ni quelles pourraient être les conséquences de la faveur qu'ils réclamaient, mais qu'il se rendrait sur les lieux et que les Bordelais seraient contents. Il ajouta qu'il avait écrit au sénéchal contre les exactions dont ils s'étaient plaints et qu'il avait en outre donné des ordres de remettre aux maire et jurats la somme de 400 livres sterling pour la clôture et la défense de la ville. Il chargea, en même temps (1325), l'évêque de Norwich de *faire élire et établir un maire à Bordeaux, qui remplira cette charge autant qu'il plaira au roi de la lui conserver.*

On peut se faire une idée de ce qu'était la libre élection, sous la présidence d'un commissaire royal, surtout quand l'élu ne pouvait se flatter de conserver sa charge que tout autant qu'il serait l'obséquieux agent et serviteur de la couronne. Les Bordelais ne voulaient pas se repaître d'illusions ; ils attendaient un moment opportun pour rentrer dans la jouissance de leurs droits.

Pierre Cailhau était alors maire ; on l'appelait le *prud'homme*, parce que c'est lui qui régla les devoirs et les attributions de ces conseillers de la municipalité. Pour éviter la confusion que devait nécessairement produire une nombreuse réunion et la difficile tâche de concilier toutes les opinions, il fit réduire le nombre des jurats à douze, de cinquante qu'ils étaient, et forma ainsi un conseil où devaient entrer trente prud'hommes, hommes considérés pour leurs lumières et leur position sociale. Le Conseil général se composait de cent

Livre XVI.
Chap. 2.

membres, un peu plus tard de trois cents, et dans les grandes affaires, nous voyons parfois une assemblée générale de quinze cents hommes, mais c'était rare.

Nous trouvons dans le XIVe siècle une ordonnance d'Édouard, datée de Westminster, du 16 juin 1344, et adressée aux *maire, jurats* et *cent pairs de Bordeaux*; ces pairs n'étaient très-probablement que les prud'hommes de Pierre Cailhau; leur élection était laissée au choix du peuple, ainsi que celle des jurats, afin que le peuple ne pût penser à l'avenir que ses magistrats étaient nommés par le prince, d'après les intrigues des partis ou les sollicitations des hommes haut placés.

Le nombre des jurats étant réduit à douze, on partagea la ville en douze quartiers ou jurades; c'étaient la Rousselle, la Porte-Bouquière, Saint-Éloi, les Ayres, Cahernan, Saint-Pierre, Sous-le-Mur, Saint-Siméon, Saint-Projet, Porte-des-Paux, Porte-Médoc et Saint-Christoly.

On trouve dans le *Manuscrit des coutumes de l'Hôtel-de-Ville*, les institutions qui régissaient Bordeaux aux XIIIe et XIVe siècles; elles sont plutôt républicaines que monarchiques et sont d'un haut intérêt et d'une grande importance historique; ce manuscrit nous fait connaître parfaitement le gouvernement municipal de Bordeaux, à cette époque (1); en voici un extrait:

« L'administration de la ville de Bordeaux est confiée aux soins et au zèle du maire et des jurats, sauf la fidélité qui est au roi, et pour laquelle ces fonctionnaires sont tenus de prêter serment en leur nom et au nom de leur commune.

» Le maire ne reste qu'un an en fonctions et ne peut être réélu que trois années après l'exercice de sa magistrature. Les appointements sont de mille sous payés par la ville, et il ne reçoit si petits deniers dans l'exercice de ses fonctions,

---

(1) Cette constitution existait avant l'administration de Pierre Cailhau, le *prud'homme*.

dont il ne doive compte aux jurats. Ceux-ci peuvent employer ces deniers pour le bien de la commune, s'ils le jugent convenable.

» Dans le cas où il serait présumé que le maire a dénaturé une partie des recettes municipales à son profit, il doit donner mille sous à la ville et restituer le montant du détournement.

» Il est expressément défendu à tout bourgeois d'employer les brigues et la cabale pour se faire élire maire.

» Les jurats, en sortant de charge, doivent élire leurs successeurs. Après leurs élections, les cinquante jurats, en présence de toute la commune, feront serment de gouverner la ville bien fidèlement et de bonne foi, sans égard pour les amis ni pour les ennemis, toujours en vue de la justice et de la vérité; d'élire un maire fidèle au roi d'Angleterre, bon et dévoué aux intérêts de la ville et de la commune; de choisir enfin, en résignant leurs fonctions, cinquante autres jurats loyaux et consciencieux.

» Si un jurat est accusé d'avoir révélé le secret du maire et de ses collègues, et s'il ose jurer sur le *forte* de Saint-Seurin (1), ou bien devant la commune, sur les saints Évangiles de Dieu, que l'accusation est mal fondée, il sera reconnu innocent; si, au contraire, sa culpabilité est établie, il ne pourra jamais avoir la charge de maire ni de jurat.

» Comme le maire est appelé à donner l'exemple de l'équité et du respect dû à la loi, lorsqu'il viole la constitution municipale, il doit subir un châtiment une fois plus rigoureux que celui imposé à un jurat coupable de la même faute. La punition infligée dans ce cas est plus forte qu'elle ne le serait pour un simple citoyen.

» Le jurat qui frappe un de ses collègues, lors des séances

---

(1) Le *forte* ou *fierte* était la châsse qui contenait, à Saint-Seurin, les reliques de saint Fort, premier martyr de Bordeaux.

Livre XVI.
Chap. 2.

de la jurade, doit être attaché avec des chaînes de fer, renfermé dans la maison du maire et mis à la merci de celui qui a été frappé ; puis, il est condamné à un bannissement de vingt jours, et, à sa rentrée dans la ville, il paie une amende de six livres six sous.

» Si les coups sont portés en pleine assemblée, devant le maire et les jurats, le coupable est enchaîné, conduit à la maison du maire où il reste toute la nuit et tout le jour, puis on le mène chez le plaignant, avec les fers aux pieds ; son bannissement est de huit jours, et, à l'expiration de ce délai, il rentre en payant treize livres d'amende.

» Chaque année, le corps de la jurade nomme trente *prud'hommes*, désignés sous le titre de *conseillers* ; ils jurent d'obéir au maire et aux jurats, de leur donner de sages avis, de garder les secrets qui intéressent le bien public ; ils s'engagent, lorsque la commune est en péril, à se tenir prêts à toute heure pour sa défense.

» Si un jurat est convaincu d'avoir reçu de l'argent pour faire droit à une plainte qui force un individu à comparaître en justice, il est tenu de restituer cet argent et de payer soixante-cinq sous d'amende.

» Le bourgeois qui se présente devant le maire et le corps de jurade, en séance, pour leur donner un démenti ou entraver leurs délibérations, doit être arrêté sur-le-champ et mis à leur merci.

» La saisie d'un objet, dont le débiteur était en possession le dimanche des Rameaux qui précède l'élection annuelle du maire et des jurats, devenait nulle de plein droit. Le créancier est obligé à restitution et paie une amende double de la valeur de l'objet.

» Si la saisie a eu lieu le jour même de l'élection, et qu'en faisant leur promenade d'usage, le maire, les jurats et les prud'hommes passent devant le domicile du débiteur, elle est également annulée.

» Lorsqu'il y a pénurie dans la caisse municipale, les maire et jurats peuvent recourir à un emprunt, et s'ils s'adressent à un citoyen de Bordeaux, il faut que le prêteur agisse de bonne volonté. »

Voilà quelques-unes des institutions administratives et politiques de Bordeaux, au XIIIe siècle; elles étaient encore en vigueur en 1253 et n'étaient que le développement successif de la charte de Henry II, en 1173.

Édouard usurpa, comme nous l'avons vu, le droit du peuple à la nomination de maire, et c'est le peuple même, influencé par les intrigues du parti *cailhavien*, c'est-à-dire des partisans de la famille Cailhau, qui le lui abandonna.

Mais les institutions municipales étaient là pour constater le droit populaire; le prince, pour les effacer ou les faire oublier, résolut de les modifier : dans son ordonnance du 22 octobre 1261, il réforma les statuts sous le spécieux prétexte de les compléter. Nous n'en donnons ici que le sommaire; le texte même se trouve dans la *collection* de Brequigny.

Le prince commence d'abord son préambule par établir que les jurats et prud'hommes lui avaient accordé le droit de nommer le maire; cette observation intéressée devait servir de passeport aux dispositions réformatrices qui n'eurent qu'un but, celui de compléter son usurpation.

Le maire doit percevoir toutes les redevances de la mairie, au nom du roi; si le produit n'en suffit pas pour les besoins de la mairie, il y suppléera par une taille particulière, selon la coutume; s'il y a excédant, il est au roi.

Si quelque maire se comporte mal dans ses fonctions, s'il a vexé, en quoi que ce soit, quelqu'un de la commune, celui qui l'accuse ou qui se plaint de ses vexations, pourra faire appel au roi, ou au sénéchal, ou au représentant de l'un d'eux, et porter plainte contre le maire pendant le cours de son administration et toute l'année suivante, mais pas au delà, et si, pendant ce temps, le plaignant est absent, il pourra, à son retour, porter plainte dans l'espace de onze jours après son arrivée. Le maire, même durant son administration et après, sera tenu de répondre à la charge, et le plaignant, pendant le procès, sera soustrait à la juridiction du maire, mais sera tenu de répondre à la cour du roi ou du sénéchal, etc.

Le maire, après son élection, doit se rendre à l'église de Saint-André, et là, en présence du peuple, jurer, entre les mains de l'archevêque, sur les saints Évangiles et sur les reliques, de veiller à la conservation de tous les droits du roi d'Angleterre, tant dans la ville que dans la banlieue, et de lui dénoncer toutes les infractions anciennes et nouvelles faites au préjudice du dit seigneur roi, et d'aider le roi et ses mandataires à recouvrer ce qui avait été usurpé. Chacun des jurats doit prêter le même serment.

Les détenteurs du domaine royal, ainsi que les faussaires et les faux-monnayeurs, sont tenus de comparaître devant la cour du roi, à Bordeaux, sans que le maire puisse réclamer juridiction sur eux.

Le roi ou le sénéchal nomme un clerc de la commune qui sera chargé, aux frais de la commune, de tenir un rôle écrit de toutes les redevances dues au roi; il est révocable à la volonté du prince.

Le maire et les jurats peuvent nommer un ou plusieurs clercs de la commune, pour leurs intérêts et selon qu'ils le jugent utile.

Nul ne sera reçu citoyen de Bordeaux s'il n'a pas eu, depuis un certain temps, une maison et sa famille dans la ville, comme les autres citoyens.

Tous les citoyens de Bordeaux seront inscrits sur un double registre, dans toutes les paroisses; l'un de ces registres restera au pouvoir du roi, et l'autre à la commune. En cas de décès, le nom du mort doit être effacé sur le registre paroissial, et le nom de tout nouveau citoyen doit être inscrit sur le rôle de la paroisse où il aura élu domicile.

Il y aura tous les ans, dans chaque paroisse, deux jurats ou autres hommes respectables, nommés par le roi ou son mandataire, pour veiller, sous serment, à la conservation des droits du prince, sur la coutume des vins. Si ces deux hommes vexent par malice un de leurs concitoyens, il pourra, sur le témoignage du maire, être délivré de la coutume, selon ce qui sera convenable.

Si quelqu'un de la famille du prince, du sénéchal ou du châtelain avait, de la part du prince, dit à quelqu'un de la commune des paroles injurieuses ou s'était porté à quelque violence contre lui, le prince ou sénéchal, en cas de plainte, est tenu, sur la réquisition du maire, de lui rendre justice.

Si quelqu'un de la commune avait maltraité pareillement une personne de la famille du seigneur, du sénéchal ou du châtelain, le maire doit le faire comparaître, quoiqu'il soit citoyen de Bordeaux, devant le prince, le sénéchal ou l'autorité supérieure du lieu, pour qu'il soit traité, en justice, selon les *fors* et usages de Bordeaux *(secundum foros et consuetudines Burdigalenses.)*

Si quelque citoyen est tenu de rendre compte au prince ou à son délégué, en raison du bailliage ou de son administration, il pourra le faire en leur présence, sans que le maire puisse réclamer juridiction sur lui.

Si quelque chevalier, ou damoiseau, ou leurs héritiers, veulent devenir citoyens ou bourgeois de Bordeaux, ils ne le pourront sans la permission du prince.

Si le prince, ou son sénéchal, ou le mandataire de l'un ou de l'autre veulent faire construire un château dans Bordeaux, ils seront tenus de faire estimer, par les prud'hommes, les maisons, rues et édifices nécessaires à cette construction. Le maire et les jurats doivent, de bonne foi, les aider à obtenir ces objets; les acquéreurs doivent de suite en payer le prix.

Livre XVI.
Chap. 2.

Dans tous les cas où les bourgeois de Bordeaux sont obligés de plaider, ils ne seront tenus de comparaître nulle autre part qu'à Bordeaux, à moins que ce ne soit pour raison de bailliage ; mais si la plainte est formulée contre eux par le prince, ils seront alors tenus de comparaître devant lui, partout où il voudra les appeler, dans le diocèse de Bordeaux ou en Gascogne.

La commune de Bordeaux doit au roi l'*ost* et la chevauchée, c'est-à-dire le service militaire, selon l'usage (1).

La sentence arbitrale et jugement de notre père, le roi, pour maintenir, à Bordeaux, la paix entre Gaillard Colomb et ses partisans, d'une part, et Gaillard de Solers et ses amis, d'autre part, doivent être maintenus stables et tels qu'ils ont été formulés dans les procès-verbaux alors rédigés, sans qu'ils puissent être annulés par rien de ce qui précède.

Le rôle et l'état de la cité de Bordeaux doivent être examinés avec soin, par des hommes prudents, clercs et laïques, commis à cet effet par le prince. On doit effacer tout ce qui serait contraire à la raison ou aux intérêts du roi, et approuver tout ce qui mériterait de l'être ; les commissaires chargés de cette mission ajouteront ce qui, d'après leurs lumières, sera utile aux intérêts du roi et de la commune, afin que toutes les choses ajoutées et approuvées soient stables et confirmées pour toujours.

On fera de ces statuts trois copies, dont l'une sera pour le

---

(1) La commune de Bordeaux ne devait le service militaire au roi que dans l'étendue du diocèse de Bordeaux, d'après la bulle suivante de Henry III aux Bordelais : « Noveritis quod de plano recognoscimus et confitemur quod de bonâ et purâ libertate vestrâ habere, quod extra diocesim Burdigalensem nobis servitium non debetis. Unde pro nobis et hæredibus nostris vobis et hæredibus vestris, perpetuam concedimus et confirmamus libertatem, quod extra dictam diocesim Burdigalensem aliquo tempore non teneamini, in nostrum servitium ambulare, sicut in aliis litteris nostris patentibus, magno sigillo nostro Angliæ signatis.....

Teste rege, etc., XIII die lunii. »

(*Bibliothèque impériale.* — Collection de Brequigny, tome X.)

roi, une autre pour la commune, et une autre pour l'une des grandes églises de Bordeaux, pour qu'on puisse y avoir recours (1).

Pour que les prémisses puissent être valides à perpétuité, nous avons cru devoir faire apposer à cet écrit notre sceau, et voulons aussi que le sceau de la commune y soit apposé. Donné à notre mairie, à Bordeaux, l'an de l'incarnation du Seigneur, 1261, le mois et jour que ci-dessus.

De l'exposé analytique de cette charte; nous pouvons facilement inférer que la charge du maire était dénaturée; que notre premier magistrat, au lieu d'être l'homme du peuple, était devenu l'esclave du pouvoir, l'agent du roi, un fonctionnaire servile. L'usurpation est ici évidente, et nous ne voyons presque plus de vestige de cette commune indépendante dont on peut retracer l'origine jusqu'aux Romains.

L'administration municipale déployait une louable activité dans la police de la ville. Le lendemain de la Saint-Louis, 1337, on convoqua une assemblée générale du peuple, à Saint-André; les maire et jurats y firent publier les règlements suivants de police qu'on venait de rédiger :

« Il est enjoint à tout maître et maîtresse de maison de se conformer aux ordonnances des jurats et des capitaines de quartier, en tout ce qui concerne la défense et la conservation de la ville, sous peine d'amende et d'un emprisonnement dont la durée sera fixée par les maire et jurats.

» Il est interdit, sous peine de 65 sous d'amende, à tout habitant, soit homme, soit femme, de sortir la nuit, sans lumière, et de tenir des tavernes ouvertes après le couvre-feu.

» Il est défendu, sous la même peine, de jeter aucune espèce d'immondice dans les grands fossés de ville, près des

Livre XVI. Chap. 2.

Collection de Brequigny, tome XXXV, Livre des Bouillons, fol. 101, etc.

(1) On voit là un vestige de l'administration municipale de Rome, sous Servius Tullius. Cet article y a été ajouté, conformément à une disposition de la même charte que nous avons vue ci-dessus.

portes, dans l'*estey* du port Saint-Jean, sur la place Saint-Pierre, dans la rivière, ni dans aucun *padouen* vacant.

» Il est également interdit : de déposer ou de laisser séjourner plus d'un jour, sur les padouens des bords de la rivière, aucune espèce de marchandise destinée à être embarquée, sous peine d'amende et de confiscation;

» D'acheter dans la banlieue, avant l'heure de midi, aucune espèce de denrée destinée à être vendue, sous peine d'amende, de confiscation et d'emprisonnement; les fruits sont seuls exceptés de cette prohibition;

» D'entrer dans une vigne pour y prendre du verjus ou du raisin; celui qui prendra le malfaiteur sur le fait, recevra, sur l'amende prononcée, une gratification de dix sous;

» De porter des raisins en ville, avant l'octave de la Saint-Michel, sous peine d'amende et de confiscation;

» De rien laver dans les fontaines publiques, ni d'y jeter aucune ordure.

» Les chaufourniers ne peuvent avoir chez eux ni brai, ni pailles, ni résines, à moins qu'ils ne fassent métier d'en vendre.

» Il est expressément défendu de laisser vaquer dans les rues les porcs et les truies.

» Nul n'a le droit de faire paver une rue sans l'autorisation des maire et jurats. Ces magistrats sont tenus d'avoir des inspecteurs sur les lieux, pour veiller à ce que les travaux n'incommodent pas les passants et à ce que les égoûts ne soient pas détournés de leurs cours. Les contrevenants sont punis de l'amende et de la prison.

» Tout marchand qui vendra une qualité de vin pour une autre ou qui le frelatera, sera condamné à une amende de 65 sous et à la confiscation de la marchandise.

» Il y a peine d'amende pour quiconque jettera par le fenêtre de l'eau ou des immondices dans la rue.

» Il est défendu à tout individu d'acheter du blé dans la

ville ou dans la banlieue, passé midi, excepté à ceux qui en font le trafic.

» Il est interdit aux marchands de blé de vendre cette denrée au double du prix d'achat et de la sortir du magasin avant que la vente ne soit consommée.

» Quiconque sera surpris chargeant un cheval ou un roussin dans la rue ou sur un chemin paiera 65 sous.

» Lorsqu'un propriétaire n'aura pas le soin de tenir le devant de sa maison ou de son jardin dans un état convenable de propreté, le maire et les jurats le feront nettoyer à ses frais et le condamneront en outre à une amende de 65 sous.

» Même peine contre tout propriétaire qui aura un égout ou une gouttière dont les eaux sont exposées à tomber sur les passants.

» Le courtier de vin qui négligera de se présenter tous les ans à la jurade, pour y renouveler son serment, ou qui ne le prêtera pas dans les formes voulues, encourra une amende de 300 sous; tout individu connaissant un courtier en contravention sur ce point est tenu de le dénoncer.

Les courtiers ne doivent envoyer aucun marchand hors de la ville, avant la Saint-Martin, pour acheter ou vendre du vin, à moins que ce vin ne provienne des vignes d'un bourgeois.

» Défense, sous peine d'amende, à tous les revendeurs d'acheter de la paille ou des bûches, dans la ville ou dans la banlieue, avant l'heure de midi, afin que tous les habitants aient eu le temps de faire leur provision.

» Tout meunier ou maître de moulin convaincu d'avoir exigé plus de cinq livres par boisseau de blé moulu, tous frais compris, paiera une amende, et s'il n'est pas en état de la payer aura le poing coupé.

» Le blé et la farine devront être pesés au poids public, à leur entrée en ville, et les gardiens convaincus d'avoir laissé passer les denrées sans les soumettre à cette formalité, paieront 300 sous d'amende ou auront le poing coupé.

Livre XVI.
Chap. 2.

» Le peseur public devra veiller à ce qu'il ne se fasse aucune fraude dans les pesées ; il exigera que les balances soient tenues en bon état ; que leurs deux bassins soient exactement de même poids, et il devra lui-même graisser, deux fois la semaine, la cheville du poids public. En cas d'infraction, le maire et les jurats pourront, à volonté, le condamner à une amende ou lui faire couper le poing.

» Le porteur des marchandises ne devra, sous aucun prétexte, toucher aux poids ni aux balances, sous peine d'avoir le poing coupé.

» En arrivant au poids public, le porteur des marchandises les y laissera et ira avertir le propriétaire de venir assister au pesage ; après quoi il reconduira la marchandise à sa destination.

» Aussitôt que le cri d'alarme *(via fore,* viens dehors) se fera entendre dans la ville, il est enjoint à tous les habitants de sortir de leurs maisons, de courir sus au malfaiteur et de le prendre mort ou vif. Celui qui ne sortira pas à cet appel, s'il est propriétaire de maison, paiera 65 sous d'amende et restera en prison jusqu'à parfait paiement ; s'il est jurat, la peine sera double.

» Il est défendu aux citoyens de prendre les armes, si ce n'est à la réquisition du maire, du sous-maire ou des jurats, pour garder la ville, maintenir la tranquillité publique ou arrêter les perturbateurs. La contravention à cette ordonnance est punie de 65 sous d'amende.

» Tout auteur de pamphlets, d'écrits, de placards ou d'affiches provoquant le peuple au désordre, sera immédiatement arrêté et mis à la disposition de l'autorité centrale.

» Le prévôt de la ville devra, en entrant en charge et avant de prêter serment, déposer une somme de 40 livres, à titre de cautionnement, durant ses fonctions.

» Celui qui aura cassé des verres et des bouteilles dans un cabaret paiera 65 sous d'amende ou sera mis au pilori.

» Tout barbier qui aura jeté du sang ailleurs que dans la rivière ou qui aura laissé du sang exposé dans une terrine, sur une table ou sur une fenêtre, passé midi, paiera 65 sous d'amende (1).

» Les frais de noces ne devront pas dépasser le chiffre déjà fixé par la municipalité, quelle que soit la condition des époux. Dorénavant, les noces seront célébrées le jour et non la nuit. Il est défendu aux conviés de pénétrer dans la chambre nuptiale, le lendemain du mariage, avant midi.

» Le maire et les jurats recommandent expressément que les dépenses des funérailles ne s'élèvent pas au-dessus du tarif municipal. »

Après la lecture de ces règlements, on en fit trois copies : l'une pour le roi, l'autre pour la commune ; la troisième fut déposée aux archives de Saint-André.

Livre XVI.
Chap. 2.

---

(1) Au XIVe siècle, les barbiers exerçaient les fonctions de chirurgien et saignaient les malades.

CHAPITRE III.

L'élection des jurats. — Le conclave. — Les noms des jurats proclamés à Saint-André. — Serment des jurats et des prud'hommes. — *Testament* des jurats. — Jurement du maire sous les Anglais.— Revenu que retirait le maire. — Pouvoir des maire et jurats. — Les nobles ne pouvaient pas être jurats avant la fin du XIVe siècle. — Costume des maire et jurats. — Les maire et jurats maintenus dans leurs priviléges, malgré les efforts du sénéchal.— Discussion entre le prévôt de l'Ombrière et le jurat qui était prévôt de l'Hôtel-de-Ville. — Règlement fait à cette occasion. — Privilége reconnu au roi d'Angleterre. — Cour d'appel à Périgueux. — La conduite des Bordelais à l'égard de Lancastre. — Prétention du prévôt royal sur le bourreau et les femmes de mauvaise vie.— Le bourreau, sans costume, ne sortait jamais de la ville sans la permission des jurats.

Livre XVI.

Au XIVe siècle, l'élection des nouveaux jurats se faisait la veille de la fête de Saint-Jacques et de Saint-Christoly. Voici comment :

« Chaque ancien jurat nommait un candidat de sa jurade
» pour le remplacer ; on en choisissait un dans la plus voi-
» sine, lorsqu'il n'en trouvait pas dans la sienne. Pour être
» au nombre des élus, il fallait être né à Bordeaux, de légitime
» mariage, avoir vingt-cinq ans accomplis, la jouissance pleine
» et entière de ses biens et de ses droits, être chef de maison,
» avoir un domicile dans la ville, y faire sa résidence et pos-
» séder mille livres de revenu.

» Les anciens jurats ne pouvaient sortir du *conclave* qu'une
» fois l'élection terminée. S'il survenait quelque débat pendant
» l'élection, on appelait le maire, qui jugeait le différend et se
» retirait ensuite en dehors de la porte du *conclave*.

» Après l'élection, le maire, sur la réquisition des anciens
» jurats, devait ouvrir la porte de l'Hôtel-de-Ville pour les
» laisser sortir, et le jour de la fête de Saint-Jacques et de

» Saint-Christoly, on faisait sonner, de bon matin, la cloche
» de l'Hôtel-de-Ville. Après quoi, le maire et les anciens
» jurats, avec les plus notables habitants, se rendaient dans
» la nef de Saint-André, et là, on faisait part de l'élection au
» peuple, qui avait été averti, dès le soir, à son de trompe ;
» puis les nouveaux jurats prêtaient serment, le *Corpus Christi*
» présent, entre les mains du maire ; ceux qui en étaient em-
» pêchés prêtaient serment à l'Hôtel-de-Ville. »

Depuis 1550, les élections municipales se faisaient le 31 juillet et non le 24, comme dans les siècles précédents. Ce jour-là, les jurats et les prud'hommes, le maire en tête, se rendaient à Saint-Éloi, et après y avoir prêté serment à l'autel, sur la croix et le *Missel* ouvert aux paroles *Te igitur*, de bien et loyalement élire leurs successeurs, ils entendaient la messe du Saint-Esprit, puis entraient au conclave pour procéder à l'élection des jurats, en présence du maire, s'il était en ville ; le clerc de ville constatait les votes dans un cahier qu'il cachetait de cire verte de tous côtés et qu'on appelait l'*empastat*.

Le 1er août, le premier jurat portait ce paquet cacheté de cire à la cathédrale, où, du haut d'une galerie, le clerc de ville proclamait au public les noms des élus. Ceux-ci, alors, prêtaient serment à St-André, le *Corpus Christi* présent, de
« bien et loyaument, à leur pouvoir et bonne foy, régir et
» gouverner la commune de la dite ville de Bourdeaulx, et
» eux porter, bien et fidèlement en l'exercice de leurs états,
» faire droit, raison, et administrer justice tant au pauvre
» qu'au riche, non ayant égard à amy ou ennemy, ni autre
» cause quelle qu'elle soit ; que tous et chascun de la dite
» ville garderont d'oppression, tort, force et violence ; que
» les biens de la commune de la dite ville ne donneront, ni
» frustratoirement dépendront et distribueront, ains feront
» leurs efforts, le tout augmenter, au profit et utilité de la
» dite ville et chose publique d'icelle. »

Le reste du serment concerne le maintien des statuts, etc.

Les douze jurats des temps anciens restaient en fonctions pendant un an ; mais depuis que ce nombre a été réduit à six, il servaient deux ans ; il en sortait tous les ans trois, et les autres demeuraient en place pour l'instruction de leurs trois collègues, dans les affaires de l'administration. Le maire nommait l'un des jurats son sous-maire ; mais la nomination du jurat qui, sous le titre de *prévôt*, rendait la justice à l'Hôtel-de-Ville, appartenait aux jurats, ainsi que celle des officiers inférieurs de la municipalité.

Les prud'hommes prêtaient serment sur la croix et le *Missel* ouvert aux premiers mots du canon de la messe : *Te igitur*, « pardevant les dits seigneurs (les maire et jurats), qu'ils » seront obéissants aux mandements des maire et jurats, » toutes fois qu'ils seront requis bien et loyaument conseiller » les dits seigneurs, sans avoir aucun égard à amy ou ennemy » et ne révéleront les secrets en manière que ce soit, etc. »

Les jurats sortant de charge rédigeaient leur *testament;* c'était un exposé ou tableau de l'état des affaires de la ville, afin que leurs successeurs et héritiers pussent y pourvoir avec suite et connaissance de cause. Les jurats faisaient rentrer les revenus de la ville ; ils étaient colonels des six régiments de la milice bourgeoise, qui étaient chargés de maintenir l'ordre en ville, et, comme hauts justiciers de la banlieue, ils prenaient les titres de comtes d'Ornon, barons de Veyrines, prévôts d'Eysines et seigneurs de la petite prévôté de l'Entre-deux-Mers.

Sous les Anglais, le maire allait renouveler son serment à Saint-Seurin, sur la châsse, *fierte*, qu'ils appelaient la *forte*, qui contenait les reliques de Saint-Fort, notre premier martyr, et que le peuple aussi, par corruption, appelait le *forte;* mais, depuis 1550, il était élu le même jour que les jurats et allait prêter le serment, comme eux, à Saint-André : « Ju- » rera le maire, en sa nouvelle création, en l'église de Saint-

» André, en présence du peuple, sur les saints évangiles.
» Notre-Seigneur et les reliques, comme est de coutume, qu'il
» gardera, à son pouvoir, tous les droits de la ville et cité de
» Bourdeaulx ; son estat bien et loyaument exercera, et s'il
» sait rien estre aliéné du bien de la ville, le relevera, et
» fera diligence celuy recouvrer des deniers communs de la
» ville. »

<small>Livre XVI. Chap. 3.</small>

Les maire et jurats étaient les gouverneurs de la ville ; ils en gardaient les clés presque toujours et étaient chargés de la haute administration. Saint Simon, dans ses *Mémoires*, dit que la mairie de Bordeaux valait 20,000 liv. de rente au XVIIIe siècle, du temps de M. d'Estrades à qui cette magistrature était confiée héréditairement. Sous les Anglais et même quelque temps après leur expulsion, les maire et jurats connaissaient de toutes les affaires civiles, criminelles, féodales, et de celles qui avaient lieu entre les bourgeois ou autres habitants de la ville. Pour rendre des sentences qui ressortissaient au sénéchal, le maire était assisté des jurats, des prud'hommes et de *sabios* ou savants jurisconsultes, et en certaines matières civiles ils jugeaient souverainement.

<small>Lettres-patentes du 11 mai 1566.

Mémoires, chap. CDLXXI.

Registres du parlement, t. 1er, p. 30.</small>

Les maire et jurats avaient la justice haute, moyenne et basse ; pour se concilier l'affection des Bordelais, Philippe le Bel confirma ce droit en 1295, et Édouard, roi d'Angleterre, le confirma en 1360. Henri II et François II leur reconnaissaient toute espèce de juridiction dans la banlieue et les autres possessions de la ville ; mais dans la ville et les faubourgs, ils ne leur accordaient que la justice criminelle et de police. Par son ordonnance du 30 janvier 1597, Henri IV les maintint dans la juridiction et la police de la ville et banlieue.

<small>Voir note 27 du tome 1er, p. 434 et 704.</small>

Ils faisaient donc les règlements de police pour la ville et banlieue et tous les actes de gouverneur de la ville, excepté en temps de guerre, lorsque le gouverneur militaire, comme sous Montluc, avait besoin de concentrer dans ses mains toute l'autorité que les circonstances exigeaient. En l'absence du lieutenant du roi, ils donnaient le mot du guet; ils avaient à leurs ordres plusieurs officiers subalternes, le clerc de ville, le procureur de la commune, le notaire, le trésorier de la ville, le portier qui tenait les clés, et l'officier qui portait, devant le maire et les jurats, aux processions et assemblées publiques, la masse d'argent. Il y avait encore aux ordres du maire, le chevaucheur de la ville, dont la livrée était une casaque de velours-cramoisi, couverte de fleurs-de-lis d'or, avec les armoiries de la ville et une toque de velours noir. La charge consistait à faire des courses et des voyages qui exigeaient de la diligence et de l'activité; il marchait devant le corps de ville, aux processions et dans toutes les solennités publiques. Il y avait encore deux trompettes qui, dans toutes les occasions solennelles, portaient leurs trompettes d'argent, et un fourrier de la ville, qui, quand le roi se trouvait dans nos murs, assistait toujours le maréchal-des-logis de Sa Majesté par un privilége particulier. Des détails sur les autres employés de la ville n'offriraient aucun intérêt à nos lecteurs.

Les nobles ne pouvaient pas être jurats; les jurats ne pouvaient pas les nommer, et les bourgeois, avant de procéder à l'élection dans les *conclaves*, s'obligeaient par serment de ne pas nommer un noble; mais vers l'an 1392, il se relâchèrent de leur rigueur, et par suite des embarras où l'assistance des nobles était nécessaire, ils prièrent Lancastre de les dispenser de ce serment peu digne d'un peuple libre.

Le costume des maire et jurats n'était pas pour eux un sujet de peu d'importance: c'était le symbole de la puissance; il donnait au magistrat un certain prestige de grandeur. Du temps des Anglais, ce costume était rouge et noir; sous les Français, c'était une robe de velours blanc et rouge, avec les parements en brocatelle; mais, aux entrées des gouverneurs, la robe d'étiquette des jurats était de satin blanc et rouge, doublée de taffetas rouge, et celle du maire, de brocatelle. Dans les assemblées publiques, le maire marchait avant les jurats, qui le suivaient, deux à deux, avec le procureur et le clerc de ville, au dernier rang, avec leurs robes et chaperons de damas blanc et rouge. Quand ils marchaient en corps, ils étaient précédés de quarante archers du guet, couverts de belles casaques d'écarlate. En 1411, il fut arrêté, dans une assemblée générale de bourgeois, « que le porte-guidon de la » ville se tiendrait prest pour marcher lorsqu'il serait mandé, » car, de toute ancienneté, la dite ville avait une compagnie » de cavalerie, laquelle estoit commandée par le maire d'i- » celle (1). » Ainsi la constitution réglait tous ces détails et entourait les officiers municipaux de tous les prestiges du pouvoir, de toutes sortes de considérations qui pussent inspirer au peuple un sentiment de respect et des égards pour l'autorité dont on voyait ainsi les emblèmes distinctifs. De nos jours, le pouvoir n'a souvent qu'un ruban rouge à la boutonnière ; les prestiges de la puissance ont disparu avec les emblèmes et les signes extérieurs qui la symbolisent. A Rome, la dignité consulaire avait pour emblème les faisceaux ; sans eux, les magistrats descendaient au rang des simples citoyens ; le peuple grandit des humiliations des représentants de la souveraineté, et l'autorité, quand elle cesse d'être respectée, n'est, aux yeux de beaucoup de monde, qu'une ridicule prétention à une supériorité usurpatrice et impopulaire.

Les membres du Conseil municipal étaient tenus de se rendre à l'heure et au lieu indiqués par la lettre de convocation. Toute négligence était sévèrement blâmée, et à la troisième invitation, si l'invité ne se rendait pas, il était noté d'infamie et sa porte enfoncée par le bourreau.

Le roi d'Angleterre était représenté à Bordeaux par le sénéchal de Guienne, qui était presque toujours un enfant du pays ; son pouvoir était très-étendu, nous en parlerons plus

Livre XVI. Chap. 3.

Delurbe, Chroniques.

---

(1) Les seigneurs de la maison noble de Lisle et de Lalande portaient le guidon sous les ordres du maire.

loin. Nous ferons seulement observer ici que la garnison et les troupes régulières étaient sous ses ordres ou sous ceux du connétable; le maire commandait la milice urbaine; les douze jurats en étaient les colonels; et, d'après un des anciens privilèges de la ville, des troupes étrangères ne pouvaient y séjourner ni même y entrer sans la permission expresse du maire et des jurats.

Vers le milieu du XIVe siècle, le sénéchal voulait s'arroger la connaissance, en première instance, des affaires concernant les bourgeois : les jurats s'y opposèrent, et, dans une assemblée générale présidée par Édouard, prince d'Aquitaine, un arrêt, rendu le 7 juillet 1366, les maintint dans leur ancien droit. Ils avaient obtenu la restitution, pour six ans, du droit de juger en matière de coups et blessures, droit que le roi avait usurpé au mépris du privilège de la ville. Toutes les affaires civiles et criminelles étaient portées à leur Cour prévôtale, excepté les crimes de lèse-majesté, de fabrication de fausse monnaie et de falsification du sceau du roi.

Le maire intervenait dans toutes les grandes affaires de la commune. En 1370, lorsque la province se souleva contre les exactions du prince de Galles, le roi, à la sollicitation de Robert Ross, maire de Bordeaux, accorda, le 15 mars 1374, aux mécontents, une amnistie complète et le maintien des anciens privilèges de notre cité.

Comme tous les pouvoirs, les jurats tenaient à étendre la sphère de leur action ; ils s'attribuèrent la connaissance des délits commis par des étrangers, *tant sur terre que sur eau*. Ces affaires étaient jusqu'alors toujours portées au tribunal du *prévôt de l'Ombrière*. Ce magistrat réclama, et le roi, pour empêcher tout empiètement et partant tout conflit, fit faire ce règlement en 1376 :

« Les parties n'emploieront point d'avocats, mais donne-
» ront verbalement leurs raisons, qui seront enregistrées par
» le greffier.

» Le prévôt ne jugera, en matière de dettes, que jusqu'à
» concurrence de 50 liv.; il ne prendra que cinq sous payables
» par le perdant.

» Si les parties se disent des injures en sa présence, elles
» paieront vingt sous d'amende.

» On n'accordera aucun défaut avant midi passé, quand
» même la Conr aurait levé la séance avant cette heure.

» Le prévôt, pour le paiement de ses *épices* (honoraires),
» pourra faire opérer une saisie par son sergent; mais les ef-
» fets saisis ne seront vendus qu'avec l'autorisation du maire
» et des jurats.

» Le prévôt est le dépositaire des étalons des mesures, et
» s'il lui arrivait de laisser les marchands employer des me-
» sures fausses, il était privé de son office à perpétuité.

» Il prélevait soixante-cinq sous d'amende sur les cabare-
» tiers qui vendaient deux sortes de vin, et il lui restait vingt
» sous de chaque amende.

» Il donnait quatre-vingts livres au contrôleur du roi pour
» ses robes et la livrée de ses officiers; il était tenu de faire
» toutes les fournitures nécessaires à la prévôté.

» Il percevait sur les *crieurs de vin* un *pitchey* et un verre
» de la boisson mise en vente. »

Au roi seul appartenaient la propriété et la garde du fleuve et de ses affluents, par conséquent du Peugue et de la Devèze; mais, en cas de nécessité et dans l'intérêt de la défense de la ville, les maire et jurats pouvaient s'en emparer. Par une transaction passée entre le sénéchal et la commune, le roi d'Angleterre pouvait « requérir les trompettes de la ville,
» si les siens n'étaient pas en nombre suffisant, faire usage
» des *fourches patibulaires* de la ville et appeler le *roi des ri-*
» *bauds* (le bourreau) pour faire les exécutions capitales. »

En 1342 et 1344, les maire et jurats furent réintégrés par lettres-patentes dans leur juridiction sur certaines parties de la banlieue, juridiction que les agents du roi et quelques barons leur avaient enlevée. Les paroisses de la banlieue leur devaient une espèce de prestation en nature, dont elles s'acquittaient en payant une certaine rente, connue sous le nom de *bian*; Eyzines leur payait 14 livres 10 sous bordelais; Corbiac fournissait, en général, des ouvriers pour la réparation des ponts de la ville; Bruges donnait 8 livres 10 sous bordelais; Mérignac, 22 livres 10 sous; Pessac, 12 livres 10 sous, etc., etc.

En 1369, les rois de France, comme suzerains de la Guienne, établirent la Cour d'appel à Périgueux; ils voulaient détacher le peuple de la cause de l'Angleterre : Bordeaux, Bayonne, Dax, Aire et quelques autres villes y interjetaient appel; c'était une violation des droits et libertés de Bordeaux; nous en avons parlé dans notre premier volume.

En 1389, on institua à Bordeaux un conseil supérieur investi du droit de justice souveraine sur toutes les classes en Aquitaine; il était composé de l'archevêque de Bordeaux, de l'évêque d'Aire, chancelier d'Aquitaine; de l'abbé de Sainte-Croix, du connétable de Bordeaux, de Guillaume Raymond de Madaillan, seigneur de Rauzan, et de plusieurs docteurs en droit. C'est devant ce Conseil suprême qu'étaient portés les appels de toutes les causes, tant civiles que criminelles.

En 1390, Jean de Grailly, maire, fut nommé commissaire avec son prédécesseur David Cradock, pour conclure une trêve entre les rois de France et d'Angleterre. Dans le courant de cette même année, nous trouvons une autre preuve de la haute influence et du patriotique attachement des maire et jurats de Bordeaux aux libertés et franchises de leur ville. Le duc de Lancastre réclamait, en vertu des lettres-patentes de Richard d'Angleterre, en date du 2 mars 1389, une sorte de quasi-souveraineté en Guienne. L'autorité municipale de Bordeaux, organe de l'opinion publique, lui dit, avec une noble franchise, qu'il y serait reçu comme lieutenant général, mais qu'on ne lui reconnaîtrait pas de pouvoirs plus étendus, par la raison que cette province, depuis 1315, avait été réunie à la couronne d'Angleterre pour récompenser les services des *maire*, *jurats* et *commune*.

Sur la fin du XIV⁰ siècle, le prévôt royal de l'*Ombrière* usurpa un certain droit sur les filles de mauvaise vie et sur le bourreau, qu'on appelait alors le *pendart* ou le roi des *harlots* (femmes de mauvaises mœurs), que les Anglais appelaient et appellent encore *harlots*; elles étaient reléguées dans le quartier Sainte-Croix (rue des Harlots), appelée plus tard *rue Anglaise*, et maintenant rue de la Monnaie. Elles étaient placées sous la surveillance immédiate du bourreau. Le prévôt avait essayé plusieurs fois d'avoir sous sa main les harlots, et avec elles le pendart; il prétendait, en 1393, que l'intérêt de la morale publique exigeait qu'elles fussent sous sa juridiction immédiate. Les jurats réclamèrent en 1394; le duc de Lancastre, par une charte datée de Westminster, le 24 avril 1401, et signée *Henry*, roi d'Angleterre, les maintint dans leurs priviléges, mais en se réservant les impôts qu'elles payaient au trésorier de la ville. Les femmes entretenues en chambre payaient tous les ans une redevance de 20 sous, moitié à Noël et l'autre moitié à la Saint-Jean. L'administration municipale était tenue de les protéger contre toute offense ou mauvais traitement. Les filles vivant sous la direction d'une matrone ne payaient que 10 sous par an.

Un homme condamné à la peine capitale se rachetait de la mort en acceptant les humiliantes fonctions de bourreau : il prêtait serment à la municipalité, qui le choisissait parmi les grands criminels et devait le pourvoir d'habits, d'un lit de quatre livres, de deux couvertures et quatre draps de lit, et de lui payer ses gages (1).

Les frais de chaque exécution étaient supportés par le sci-

---

(1) Item, ordenam que lou rey deus harlots sia vestit et cauffat et paguat de sus guatges, etc., etc. (*Statuts de la ville.*)

Livre XVI.
Chap. 3.

gneur sur la terre duquel le crime avait été commis et par les parties poursuivantes. Pour ses gages, le *pendart* levait, au XIVe siècle, sur le port de Bordeaux, les impôts suivants, d'après une ancienne ordonnance de l'Hôtel-de-Ville :

« Il prendra un fagot, ou un faisçonnat, ou une bûche de chaque bateau qui viendra chargé, devant Bordeaux, de bois à brûler, pour le vendre, venant de Langon ainsi que de la rivière de Dordogne.

» Il prendra, de chaque barque de *moucles* (moules), 15 deniers, ou des moules à la discrétion du propriétaire.

» Il prendra des oignons, une corde par bateau ; des aulx, un paquet par bateau ; de chaque barque de sardines, 2 sous 6 deniers ; de chaque barque de sel, une pilée ; de chaque bateau de *naveaux* (navettes), un demi-quart ; de chaque bateau de châtaignes, une pellée ; de chaque bateau de morue verte, une couple ; de morue sèche, une brassée ; de chaque corbeille de volaille, 3 deniers ; pour les herbages ou balais, 1 liard par corbeille ou faix. »

Ces droits singuliers furent supprimés en 1776, par le contrôleur général, qui les remplaça par un salaire annuel de 600 livres.

Son serment l'obligeait de ne jamais paraître en public sans sa livrée, qui consistait d'abord en une robe et un manteau rouge sur lequel était peinte une échelle ; plus tard, c'était un manteau bleu sur lequel étaient représentées, des deux côtés, une échelle et une potence en drap jaune (2). Il ne pouvait pas sortir de la ville sans la permission écrite des jurats, permission accordée très-rarement et toujours sous caution qu'on le ramènerait *mort ou vif*. Le 9 août 1414, à la demande du juge du capitalat de l'Ile-en-Jourdain et de M. de Lalande, les jurats consentirent que le roi des *harlots*

---

(2) Il portait ces sinistres emblèmes sur son habit pour *pouvoir*, dit une délibération des jurats de 1618, être connu du public, et pour empêcher qu'il ne conversât avec les habitants.

allât faire une exécution hors de Bordeaux. En 1420, à la sollicitation du maire et des notables de Saint-Macaire, on lui permit d'aller faire une exécution dans cette ville, en décembre. On donna, comme cautions, deux bourgeois de Saint-Macaire et l'engagement de le ramener *mort ou vif*.

On logeait le bourreau dans la tour de la rue du *Puits-de-Toscanam*, aujourd'hui *rue des Lois;* on l'appelait, aux XIVe et XVe siècles, la *tour du Pendart;* mais, à partir de la fin du XVe siècle, les jurats donnèrent à fief cette tour, moyennant 6 sous tournois. Depuis lors, jusqu'à la construction de la porte des Capucins, le pendart résidait dans la rue Clare.

Livre XVI.
Chap. 3.

CHAPITRE IV.

Le maire à Londres. — Les jurats et le château de Camarsac. — Les *Padouens*. — Les jurats achètent le comté d'Ornon. — Les autres propriétés de la ville. — La porte Caillau. — Les tours de Saint-Éloi. — Le maire très-considéré et respecté. — Le guet à cheval et à pied. — Les priviléges du maire. — Le sous-maire. — Les jurats maintiennent les priviléges de Bordeaux sur les vins. — Sont les agents du roi de France au lieu d'être les hommes du peuple. — Leurs pouvoirs. — Ils sont asservis par le parlement. — Leur influence amoindrie. — La *Gabelle*. — Cruautés de Montmorency. — Bordeaux privé de ses priviléges. — Henri II les rétablit. — Il n'y aura plus que six jurats à la place de douze. — La ville partagée en six jurades. — Serment des jurats. — Nouvelle constitution municipale, etc.

Livre XVI.

Au commencement du XVe siècle, nous retrouvons chez les Bordelais la même fidélité, le même attachement à leurs franchises et libertés. La puissance anglaise touchait à sa fin; pour retarder sa chute, elle s'efforçait de se créer des amis par de belles promesses et des garanties pour la conservation des anciens priviléges de la cité et de la province. Ainsi, par ses lettres-patentes du 3 octobre 1401, le roi d'Angleterre confirma les libertés accordées aux Bordelais et aux habitants de l'Entre-deux-Mers par Jean Sans-Terre (1).

La municipalité de Bordeaux profita de ces bienveillantes dispositions, et, pour les mettre à l'épreuve, le maire se rendit à Londres, en 1408, afin de mettre sous les yeux du roi le triste tableau de la situation de la province et lui de-

---

(1) Per quas dominus Johannes quondam rex Angliæ progenitor suus concessit probis hominibus suis de terrâ quæ vocatur *inter duo maria* quod habeant omnes libertates et liberas consuetudines quas habuerunt temporibus Henrici patris sui et Ricardi regis fratris sui, etc.

On voit un extrait de la charte primitive dans le *Petit Cartulaire de l'abbaye de La Saure*, fol. 126.

mander du secours ou un allégement des impôts. Pendant son absence, il se présenta un fâcheux incident que sa présence aurait pu probablement empêcher. Les jurats s'offusquèrent sans raison de la construction du château de Camarsac, et, ne pouvant rien faire sans le consentement du peuple, convoquèrent une assemblée générale à ce sujet; nous en avons parlé dans le second volume de cet ouvrage.

Livre XVI. Chap. 4.

Tome II, p. 9.

La jouissance des *padouens* (vacants) de la ville et banlieue appartenait à la commune, et, à la demande des maire et jurats, le roi les autorisa à y construire des maisons qu'ils seraient libres de donner à fief, mais sous la condition qu'ils laisseraient, entre les vacants et les remparts, assez d'espace pour le passage des gens d'armes à pied et à cheval, quand cela serait nécessaire pour les besoins du service.

En 1305, le roi d'Angleterre ordonna de construire l'hôtel de la Monnaie sur le *padouen* ou place vacante du palais de l'Ombrière; mais les maire et jurats lui firent comprendre que, par un acte de 1262, ils avaient seuls le droit de disposer de tous les *padouens* (vacants), tant en dehors des murs qu'en dedans ou sur les fossés. Ces droits furent reconnus et confirmés en 1392 et 1394, en faveur des maire et jurats, avec plein pouvoir de les donner à cens et à rente, ou sous des conditions ou redevances quelconques.

D'après une enquête dont il est parlé dans le *Livre des Bouillons* (archives de l'Hôtel-de-Ville), nos principales places d'aujourd'hui étaient, au XIIIe siècle, des prairies communes pour le pâturage des bestiaux, qu'on appelait alors *padouens* : *Tota la plassa de sen Project es padouen, et la plassa de sen Andrieu es padouen, et totas las barbacanas deusta bila son padouens.*

C'est dans le XVe siècle, le 17 décembre 1409, que les maire et jurats achetèrent, à Henri Bowet, archevêque d'York, le comté d'Ornon, avec tous droits de justice et de seigneurie, moyennant 1,500 marcs sterling. De là venait le titre de *comtes d'Ornon* que prenaient les jurats; de là aussi provenait l'obligation, pour les habitants de la localité dite *Camparrian*, qui faisait partie du comté d'Ornon, d'aller, en *temps de nécessité*, faire la garde à Bordeaux, y envoyer des manœuvres pour recurer les fossés, réparer les murs et les ponts de la ville.

L'Hôtel-de-Ville possédait plusieurs terres au XIVe siècle; en 1354, elle acquit la prévôté d'Eyzines, du seigneur de Montferrand; le 7 octobre 1526, la baronnie de Veyrines, avec justice haute, moyenne et basse; le 15 août 1591, la baronnie de Montferrand, qu'elle ne posséda pas longtemps à cause du retrait qui en fut fait. On ne sait pas à quelle époque précise elle acquit la prévôté de l'Entre-deux-Mers; d'après le *Livre des Statuts*, imprimé en 1542, il paraît que cette terre appartenait alors à la ville.

D'après nos chroniques, la ville de Rions avait appartenu à Bordeaux; le roi donna, en 1444, aux maire et jurats de Bordeaux, Saint-Macaire avec Sainte-Croix-du-Mont, parce que ces localités ne pouvaient pas se défendre elles-mêmes; les Bordelais se chargèrent de le faire.

La ville de Bordeaux avait quelques fiefs au dedans des murs et dans la banlieue, les anciens et nouveaux octrois et quelques rentes que le roi leur payait. Tout le revenu de la ville montait, année commune, à 600,000 livres, somme considérable pour le temps, mais insuffisante pour les besoins multipliés et toujours croissants de la ville, les traitements des commis, des employés, les gratifications, etc., etc. (1)

Outre les fonds ordinaires, la ville avait de grands droits; elle prélevait un impôt sur les vins, sur les marchandises vendues à l'encan; elle disposait des places où se vendaient les marchandises et fournissait les mesures légales et les

---

(1) Pour le domaine de la ville de Bordeaux, il faut voir tome III, première partie, page 525, et Note 15, page 666.

poids; elle jouissait, depuis 1303 jusqu'en 1545, du droit de petite coutume que le monastère de Sainte-Croix lui avait cédé pour cent ans. Ces revenus ne suffisaient pas aux divers besoins de la ville; on y pourvoyait, dans les cas extraordinaires, par de nouveaux impôts. Ainsi, en 1373, pour réparer les murs de la ville, les jurats demandèrent la permission de lever deux sous tournois sur chaque tonneau de vin qui descendrait à Bordeaux, d'au-dessus de Saint-Macaire, et de deux deniers mailles sur les autres marchandises; et, enfin, de doubler cet impôt sur ce qui viendrait de pays ennemis. Le roi écrivit à Thomas Felton, son sénéchal en Guienne, et à Robert Wilsford, docteur en deux droits, de leur accorder la permission demandée. En 1408, la municipalité, ayant contracté une dette de 7,500 livres, à l'occasion de la guerre, ordonna, pour l'acquitter, de lever cinq sous sur chaque tonneau de vin qui sortirait de la ville pour être vendu, et six deniers par livre sur les autres marchandises, et deux sous par livre, pour droit de sortie, sur le poisson salé, le plomb, l'étain, le fer, la gomme et la résine.

Les jurats avaient agi de même deux ans auparavant, de l'avis et du consentement des Cent-Trente.

Les maires et jurats ont toujours joui, jusqu'en 89, de la libre disposition des revenus de la ville; les intendants ont souvent essayé d'assujétir les opérations financières de la municipalité à leurs conseils; mais les officiers municipaux ont toujours repoussé de pareilles prétentions. Cependant, M. Camus de Neville, le dernier de nos intendants, obtint, par surprise, du ministère de M. de Breteuil, ce contrôle sur l'emploi des finances municipales; mais il n'en jouit que trois mois, la comptabilité étant absolument indépendante de toute surveillance hors de son sein. Réunis avec les notables, les jurats rendaient leurs comptes, chaque année, devant leurs concitoyens convoqués *ad hoc* par le son de la grosse cloche. L'arrêté de ces comptes était signé de tous les membres pré-

Livre XVI. Chap. 4.

sents et rédigé en trois copies, dont l'une restait entre les mains du trésorier comptable, une autre était remise aux archives, et une troisième envoyée pour la forme au ministère. La Chambre des comptes n'avait aucune juridiction sur le trésorier de la ville ; c'était là un des anciens priviléges de notre cité. La Cour des comptes elle-même l'a reconnu dans son arrêt du 30 décembre 1603. C'était une conséquence d'un ancien édit du roi, du mois de mars 1534, qui permettait « aux maire et jurats de commettre un bourgeois pour » trésorier des deniers communs de la dite ville, qui en rende » compte, suivant leurs ordonnances, pardevant les jurats, » en présence des bourgeois n'ayant oncques été loisible, par » les priviléges de la ville, aux officiers du roi d'en prendre » connaissance. »

Delurbe, 1534.

En 1420, on convoqua tout le peuple pour savoir s'il consentait à voter les subsides demandés par le roi. Une forte opposition s'éleva dans l'assemblée à la voix de Jean Ferradre, et les députés, chargés de faire connaître au roi la volonté de la commune, rendirent compte de leur mandat au peuple qui approuva leur conduite. Nous en avons déjà parlé.

T. II, p. 12, 15.

Les Anglais se voyaient presque triomphants sur les Français, au commencement du XVe siècle ; pour stimuler l'ardeur militaire des Bordelais, leur roi avait déclaré qu'il donnerait en fief à la commune de Bordeaux tous les domaines et états qu'elle pourrait conquérir, à ses frais, sur les Français. Le maire de Bordeaux, Guadifer ou Godefroy Chartoise, et Aymon de Treulon, jurat, armèrent des troupes et allèrent s'emparer de Mornac, en Saintonge. Les Rochelais, désolés de perdre une place si importante, équipèrent leurs vaisseaux et assiégèrent Mornac par mer, tandis que le sieur de Pons l'attaquait par terre. L'artillerie des Rochelais renversa bientôt quelques pans de muraille ; les Bordelais capitulèrent et s'engagèrent à payer 5,500 écus au coin de France, donnant en même temps, comme ôtages et cautions, Aymon de

Treulon et quelques autres Bordelais. De retour à Bordeaux, le maire Chartoise, le sous-maire et les jurats n'ayant pas d'argent en caisse pour payer les 5,500 écus, prièrent Jean Rostangh, bourgeois de Bordeaux, de vouloir les leur prêter, s'engageant, le 3 mai 1434, à lui céder en échange la seigneurie de la maison de la *Cabrerie*, située sur les Fossés, à la porte Bouquière (dans le quartier de Saint-Michel), ainsi appelée, parce qu'on y vendait les chevreaux. On lui donnait, en outre, une rente de 25 livres, l'esporle et quelques autres droits qui en dépendaient.

Sur la fin de ce siècle (1494), en mémoire de la bataille remportée à Fornoue, par Charles VIII, les maire et jurats firent construire la porte Cailhau, au-dessus de laquelle ils firent mettre la statue du roi victorieux.

On acheva, en 1447, les tours de Saint-Éloi, qui figurent dans les armoiries de la ville (1). La municipalité les fit faire aux dépens de la commune, dont les revenus ne s'élevaient pas au-dessus de 20,000 livres bordelaises.

Dans ce siècle, la constitution municipale reçut quelques fâcheuses modifications; la liberté antique disparaissait peu à peu, malgré les serments des princes souvent répétés et trop souvent oubliés. Le maire était cependant toujours respecté; il était la personnification de la puissance locale, et, à son entrée dans la ville, on lui rendait des honneurs comme au gouverneur. Il arrivait d'ordinaire de Blaye, où l'on tenait à son service une maison navale élégamment ornée et tapissée. La milice urbaine l'attendait aux Chartrons et l'escortait

Livre XVI Chap. 4.

Archives du départem^t.

T. II, p. 145.

---

(1) Les armoiries de la ville sont : Champ de gueules en rouge, un château à quatre tours, ouvert, azuré, maçonné et pavillonné d'argent, girouetté d'un lion de haute grandeur, du même. Au chef d'azur, parsemé de fleurs-de-lis d'or, sans nombre, et portant un croissant renversé d'argent en pointe, c'est-à-dire au bas de l'écu; partout la cloche se trouve dans un jour, située entre les deux principales tours du château; elle est d'argent. Sur un des écussons on lit cette devise : *Lilia sola regunt lunam, undas, castra, leonem*. Les lis seuls commandent au port, aux eaux, à la forteresse et au lion. Pour d'autres détails, voir tome III, page 146.

en ville jusqu'à son hôtel. Il était complimenté par les jurats et rendait, le lendemain, les visites qu'il avait reçues la veille des autorités civiles, religieuses et militaires. Il allait souvent à Londres pour les intérêts de la commune et recevait, pendant son absence, six francs par jour. Comme gouverneur de la ville, il avait la garde des clés, et, en temps de guerre, il les faisait porter chez lui, le soir. Cependant nous voyons que dans les moments difficiles, les maire et jurats furent privés de ce privilége. Montluc les fit donner à Tilladet; Montferrand aussi les prit; mais à toutes les époques, les mauvais jours passés, elles furent rendues aux jurats, sur leurs réclamations motivées. Pendant les guerres de la Fronde, d'après les ordres du parlement, on portait les clés tous les soirs chez M. de Pichon; mais lorsque la milice urbaine faisait des sorties pour harceler les troupes de d'Épernon, elles étaient entre les mains des jurats.

Le titre de gouverneur de la ville appartenait de droit au maire, et ce privilége lui fut maintenu par Henri II, et plus tard par lettre de cachet, en 1575.

Le portier de la ville était tenu de présenter à la municipalité un registre contenant les noms des prisonniers qui ne devaient recevoir d'autres aliments que du pain et de l'eau. A l'entrée de chaque prisonnier, il recevait six deniers, et à sa sortie, deux sous six deniers; cinq sous bordelais, si le prisonnier était écuyer; vingt sous, s'il était chevalier; et cinquante sous, si le prisonnier était un baron.

Quand la jurade sortait en corps, elle se faisait précéder des crieurs publics qui sonnaient de leurs trompettes. Chaque crieur ou trompette prenait douze sous tournois pour quatre criées. A la mort de Mme la comtesse de Candale, la municipalité, invitée à ses obsèques, y envoya deux jurats, le procureur, le clerc de la commune, tous les hommes du guet, le portier, le chevaucheur ou hérault d'armes et les trompettes. Tous ces représentants de la municipalité précédaient le cortége.

Le maire commandait la milice bourgeoise ; le connétable avait sous ses ordres les troupes régulières. Charles VII supprima la place de connétable ; mais les droits que ce fonctionnaire recevait furent maintenus sous le nom de *comptablie* ou droit de convoi ; c'était l'origine de ce que nous appelons la douane. Le maire commandait, au XVᵉ siècle, les archers qu'on a appelés plus tard le *guet* ; c'était une compagnie ancienne de cavalerie ; elle marchait sous l'étendard municipal (le *guidon*), qu'un gentilhomme de la famille de Lalande avait seul le droit de porter.

Livre XVI. Chap. 4.

Delurbe, *Chroniques.*

Le capitaine du guet prenait tous les matins les ordres du maire ; mais si la commune n'avait pas besoin de ses services, il était à la disposition du lieutenant général. Le maire et les jurats disposaient de vingt-quatre sergents ou huissiers, chargés de faire exécuter les arrêts municipaux.

Le guet à pied était aussi sous les ordres du maire ; il était composé de huit cents lansquenets et était affecté exclusivement à la police de la ville, par François Iᵉʳ, en 1540. Le maire donnait au guet le mot d'ordre ; mais, dans le temps de guerre, ce droit était exercé par le gouverneur spécial ou le commandant de la province. Lorsqu'un membre de la famille royale se trouvait dans nos murs, le maire était tenu de prendre ses ordres. M. de Ségur, sous-maire, agit ainsi, en 1745, pour la ville ; et M. de Gères, jurat, pour la garde. Le lieutenant du roi donnait le mot du *guet* le jour de sa réception. Le maire proclamait la guerre et la paix, monté sur un cheval blanc élégamment harnaché, et jetait des poignées d'argent au peuple en passant. C'est lui qui allumait les feux de joie, avec un flambeau à poignée de velours, bordé de crépines d'or ; mais lorsque le gouverneur ou commandant de la province, ou même son lieutenant général, se trouvaient présents, le maire, sans y être tenu, leur présentait, par politesse, le flambeau.

A compter du XIIIᵉ siècle, nous voyons un fonctionnaire

Livre XVI.
Chap. 4.

civil qui prend le titre de sous-maire ; les chroniques ne nous ont pas conservé leurs noms ; le plus ancien que nous connaissions est Guillaume Dissante, en 1192 ; Jean de Richard, en 1347 ; Jean du Puy-du-Son, Soudan de La Trau, en 1451. M. de Roquart, en 1660, se qualifiait lieutenant de maire ; le baron d'Essenault, qui se démit de ses fonctions de sous-maire, en 1703 ; M. le comte de Ségur-Cabanac, en 1704, et son fils installé sous-maire, le 22 mars 1707.

Le droit de battre monnaie leur fut accordé, en 1451, par Charles VIII. Par lettres-patentes du 12 novembre 1478, les maire et jurats furent autorisés à battre à leur coin des sous et deniers bordelais (1) ; c'est ce qu'on appelait la monnaie noire de Bordeaux ; ils avaient la police du port et des courtiers.

Le maire était toujours invité de droit au couronnement du roi. Depuis l'expulsion des Anglais, il était presque toujours étranger à la population de Bordeaux, l'agent reconnu, avoué du roi de France, et n'avait d'autre titre à la confiance du peuple que ses vertus privées et la commission royale. Il avait le privilége de la chasse dans la banlieue et les juridictions de la ville ; il pouvait faire entrer son carrosse dans l'Hôtel-de-Ville, privilége réservé au gouverneur, au lieutenant général du roi en Guienne et à l'archevêque ; il jouissait d'un traitement considérable pris sur les revenus de la comptablie ; il était le gardien-né des priviléges et des statuts

---

(1) Le franc bordelais valait 15 sous tournois ; la livre bordelaise en valait 12 ; et le sou bordelais, 7 deniers tournois et maille. (Voir les anciens statuts, page 25, édition de 1593). Le denier bordelais n'était que la moitié du denier de France. Le denier sterling valait 10 deniers, et le sou sterling valait 10 sous. Le sterling d'or, en cours à Bordeaux, valait 9 livres 15 sous 4 deniers.

La ville de Bordeaux payait au roi, tous les ans, à la fête de la Saint-Michel, par reconnaissance des vacants de la ville, banlieue et juridictions, la somme de 15 sous 4 deniers sterling, qui valent 2 nobles, et font, de monnaie noire de Bordeaux, la somme de 9 livres 15 sous 4 deniers bordelais ; ce qui revient à 6 livres 13 sous et 4 deniers. Pour d'autres renseignements sur les monnaies, voyez tome 1, pages 599, 538, 416 et 561.

de la ville ; il recevait les serments des bourgeois ; c'est lui qui convoquait les Cent-Trente, pour délibérer avec les trois cents notables en présence de tout le peuple qu'on ne dédaignait pas de consulter, comme nous l'avons vu par l'assemblée du 27 avril 1420 et par plusieurs autres. Il pouvait s'absenter ; mais le sous-maire, dans le XIVe siècle et les suivants, le remplaçait en tout.

Livre XVI. Chap. 4.

Au XVIe siècle, l'autorité des jurats était circonscrite ; elle était envahie par les agents royaux et, enfin, absorbée dans celle du parlement, qui devint presque toute puissante et un contrepoids à l'autorité royale.

Les nobles dédaignaient les charges des officiers municipaux, mais au XVIe siècle ils les ambitionnaient. « Dans mon » premier âge, dit Montluc, j'oyois dire que des gentilshom- » mes et seigneurs de bonne maison acceptoient la charge de » capitouls à Toulouse et de jurats à Bordeaux.

» La noblesse, dit-il ailleurs, s'est fait grand tort et dom- » mage de desdaigner ainsi les charges de villes, principale- » ment des capitales... car refusant ces charges ou les laissant » prendre, les gens de ville s'emparent de l'autorité, et quand » nous arrivons il les faut *bonneter* (saluer en ôtant son bon- » net) et leur faire la cour. Ça esté un mauvais avis à ceux » qui en sont premièrement la cause. »

Comment., liv. VIII.

En 1443, dans une disette affreuse, les jurats décidèrent qu'on ne recevrait plus, au port de Bordeaux, des bateaux chargés de vin, venant du Haut-Pays, qu'avec une partie du chargement en blé. Comme tous ces vins payaient un droit au roi, le connétable réclama contre l'arrêté de la jurade, comme portant préjudice au revenu du trésor. Le maire convoqua le Conseil des Cent-Trente, le 12 février, dans la chapelle de l'archevêché, et ce Conseil, appuyé par le peuple, déclara que l'ordonnance des jurats était juste et serait maintenue.

La question du vin revenait souvent sur le tapis de la jurade ; on ne pouvait pas en faire venir à Bordeaux du Haut-Pays avant la fête de Noël. Charles VII, maître de la Guienne, modifia cette restriction et permit qu'on fît venir des vins des pays au-dessus de Saint-Macaire et de Langon, le jour de Saint-André. Les jurats, privés de leur liberté en présence du monarque français, se turent pour un temps, et, après plusieurs tentatives infructueuses, obtinrent enfin des lettres-patentes du mois d'avril et du 20 juillet, qui rétablissaient et confirmaient les anciens priviléges.

En 1550, les habitants de La Réole voulant faire descendre leurs vins à Bordeaux avant la fête de Noël, les jurats réclamèrent, et Sa Majesté fit droit à leur demande. En 1554, un marchand obtint un passavant pour ses vins, de la part du roi ; mais les Bordelais refusèrent d'y souscrire; le marchand et son passavant furent renvoyés. Cette même année (1554), on défendit aux Anglais d'aller acheter du vin à la campagne, sans être accompagnés d'un courtier, mais les bourgeois pouvaient les conduire chez eux pour déguster leurs vins.

Jusqu'à la seconde moitié du XVIᵉ siècle, il n'y eut que soixante-quinze taverniers à Bordeaux ; le nombre en fut porté à cent vingt. Les bourgeois seuls étaient autorisés à faire taverne ; leurs vins devaient se vendre les premiers. Il était défendu de crier le vin devant les églises, pendant l'office divin. Les vins portés à Bordeaux, de Castillon (en Périgord), de Lamothe-Montravel, de Saint-Antoine, de Sainte-Foy, de Saint-Pey-de-Castets, de Sainte-Radegonde, de Duras, de Gensac, de Rauzan, Pujols, Civrac et Blaignac, jusqu'au milieu de Lengrane, ainsi que les vins du crû, pays, terres et seigneuries de Blaye, depuis l'estey de Boglon d'une part, jusqu'à l'estey de Freneau d'autre part, devaient porter la marque de leur origine sur les deux bouts de la barrique. Ces vins ne pouvaient être portés à Bordeaux qu'après la Saint-Michel.

Ainsi, on voit que le peuple et les magistrats étaient, au

XVe siècle, beaucoup plus libres que nous qui croyons l'être parce que nous avons des chartes bâclées après les révolutions de 1814, 1830 et 1848. Par leurs mœurs publiques, nos ancêtres avaient la réalité; la loi écrite, sans les mœurs, n'en donne que l'ombre.

Charles VII se réserva la nomination du maire de Bordeaux, et depuis l'expulsion des Anglais, le maire et les jurats ont été presque toujours les obséquieux instruments du Gouvernement, jusqu'en 1789. Les Anglais, quoique expulsés, n'en continuèrent pas moins à nommer un maire à Bordeaux ; c'était le ridicule exercice d'une autorité heureusement éteinte. Ainsi, par lettres-patentes du 28 janvier 1460, Henry V nomma Jean de Lalande maire de Bordeaux.

Les Bordelais restèrent attachés à l'Angleterre; des familles nombreuses et respectables émigrèrent après le triomphe de Charles VII, et la ville fut presque déserte. Alors le roi, par son édit du 16 février 1464, permit « à *toutes sortes de* » *personnes* habitant dans son royaume, de s'établir à Bor-» deaux ou aux environs, dans les biens et maisons qui se » trouveraient vacants, » sans avoir besoin de lettres de naturalisation, et pour y jouir des libertés, franchises et anciens priviléges dont jouissaient les habitants. Dans ce temps, le pouvoir des jurats était bien circonscrit.

Les jurats se rendaient à l'Hôtel-de-Ville, dès sept heures du matin. Tout bourgeois débiteur envers la ville de la somme de dix livres, ne pouvait remplir les fonctions de jurat. Les chartes qui contenaient les priviléges de la ville étaient renfermées dans une caisse à quatre clés qui étaient confiées à quatre jurats; on permettait qu'on les examinât, mais on ne les déplaçait jamais. L'archevêque voulait qu'on lui communiquât un des titres; les jurats refusèrent de le lui livrer; il fut obligé de le faire examiner au dépôt même, en présence de quatre jurats.

Depuis Philippe le Bel, comme nous l'avons vu, les jurats

Livre XVI.
Chap. 4.

La Colonie, *Hist. curieuse*, tome 1er.

exerçaient la haute, basse et moyenne justice, excepté toutefois pour les crimes de lèse-majesté, de fabrication de fausse monnaie, et de falsification des sceaux du roi et les affaires des étrangers, qui étaient de la compétence du prévôt de l'Ombrière; mais, après l'expulsion des Anglais, les maire et jurats ne jugeaient au criminel que par prévention et assistés du lieutenant criminel en la Cour présidiale.

Au commencement du XVIe siècle, le parlement absorbait tous les pouvoirs et s'élevait presque à la hauteur de la royauté même; son empire était presque sans contrôle. Le peuple venait d'élire les douze jurats, le 25 juillet 1518. Le procureur général fit appel de cette élection, au moins en ce qui regardait six jurats; on fut obligé de nommer à leur place six autres jurats; le parlement l'ordonna ainsi. C'était un acte arbitraire, un attentat aux droits du peuple et un oubli des convenances administratives. Dès ce moment, la Cour de parlement se mit à appesantir sa main sur les fonctionnaires inférieurs; elle ordonna, par un arrêt du 13 novembre 1531, renouvelé le 14 novembre 1538, que les jurats seraient tenus, sous peine de 500 livres d'amende, d'assister, en *robe et en chaperon de livrée,* aux audiences des jours notables et à la *prononciation* des grands arrêts.

A cette époque, la justice était mal administrée par les jurats; on s'en plaignait. Dans sa séance du 26 mai 1540, le parlement chargea un président et quatre conseillers d'aller se concerter avec les jurats sur la réforme à y introduire; c'est probablement à la suite de ces conférences que le roi, par son édit du mois d'octobre, daté de Fontainebleau, ordonna que les jurats ne seraient plus officiers de la justice des Cours souveraines, des sénéchaussées, ni des bailliages, etc. Cet édit fut enregistré au parlement de Bordeaux, le 15 novembre 1547.

L'année suivante, la Guienne se souleva contre la *gabelle*. Montmorency arriva avec des projets de vengeance contre un peuple abusé, mais repentant; il désarma les honnêtes gens comme les assassins, fit brûler les registres et les documents qui constataient les droits et franchises des citadins et de tout le pays, dit Jean de Serres; il destitua les maire et jurats et les remplaça par vingt-quatre prud'hommes. Nous en avons parlé ailleurs.

Livre XVI. Chap. 4.

Inventaire,etc. année 1348, t. II, p. 178.

Cet état de choses ne dura pas longtemps; quelques mois d'un si accablant avilissement, c'était trop. L'année suivante, les vingt-quatre prud'hommes se démirent de leurs fonctions, et Henri II, ayant révoqué l'humiliant arrêt de Montmorency, rendit aux Bordelais leurs droits, immunités et libertés, avec ses bonnes grâces. La constitution municipale fut modifiée un peu; au lieu de douze jurats, il ne devait y en avoir que six qui, au lieu de ne servir qu'un an, comme leurs prédécesseurs, devaient rester en fonctions pendant deux ans et se renouvelaient tous les ans partiellement par la sortie de trois d'entre eux. Les six nouveaux jurats furent élus au mois de septembre et représentaient, non pas les douze jurades, mais les six principaux quartiers de la ville, savoir : ceux de Saint-Éloi, de Saint-Pierre, de Saint-Michel, de Saint-Remi, de Sainte-Eulalie et de Saint-Maixent.

Avant de procéder à l'élection des nouveaux jurats, ce qui devait à l'avenir avoir lieu le 1er août au lieu du 24 juillet, comme autrefois, les anciens qui sortaient devaient entendre, à Saint-Éloi, la messe du Saint-Esprit et prêter serment sur le *Te igitur* et la croix, avant d'entrer en conclave : « de » nommer les plus suffisants, les plus idoines et utiles pour » le profit du roi, régime, administration et utilité de la

---

En 1530, Éléonore d'Espagne, douairière de Portugal, passa à Bordeaux, pour son mariage avec François 1er. La ville lui fit présent d'un navire d'or, de la valeur de 1,200 écus. Les enfants de France étaient restés en otages à Madrid. La ville contribua à leur rachat pour 10,000 écus, qu'on perçut sur la ferme de la coutume, pendant quatre ans.

» république, de la ville et commune d'icelle, qu'ils connaî-
» tront en leur jugement de conscience.

» De nommer et élire de la manière sus dite chacun jurat
» en sa jurade, s'il en est trouvé capable, suffisant et de la
» qualité requise.

» Aussi de ne nommer aucune personne qui ne soit native
» de la dite ville de Bourdeaux, pays bourdelais ou de la
» nation de France.

» De n'élire aucun jurat qui ne soit de l'âge de 25 ans et au-
» dessus; qu'il ne soit de loyal mariage et son seigneur, non
» fesant demeurant avec autrui, mais tenant maison princi-
» pale, de laquelle soit seigneur, et son principal domicile et
» résidence en cette ville.

» Aura en bien chacun qui sera élu jurat, 1,000 livres
» bourdelaises, ou 200 livres bourdelaises de prise de ses
» terres chacun an. »

Mais pour mieux connaître la situation des affaires, la nouvelle forme de constitution avec les détails, il est nécessaire de mettre sous les yeux de nos lecteurs cet important édit de 1550 qui devait régler, à l'avenir, l'administration municipale et les priviléges de Bordeaux.

CHAPITRE V.

La municipalité se compose d'un maire et de six jurats. — Ils sont gouverneurs de la ville.—Ils n'avaient pas juridiction sur les sauvetés de Saint-André et de Saint-Seurin. — Le maire seul avait le droit de faire entrer des vins étrangers pour sa table.— Les pouvoirs du maire et des jurats. — Le parlement fait sentir sa puissance aux officiers municipaux.— Le maire devait être un gentilhomme.— Lettres de noblesse données aux jurats. — Bordeaux avait des députés spéciaux aux États généraux.— La réélection de Michel de Montaigne attaquée.— Indifférence des Bordelais pour l'élection des officiers municipaux. — Villes filleules. — Employés et dépenses de la ville. — Le gouvernement se mêle des élections. — La chambre de police qui avait été d'abord sous la direction des jurats, puis du parlement, rétablie. — Impôts consentis par le peuple. — Nouvelle modification des élections, mais qui ne dura guère.— Conseil des Cent-Trente.— Lutte entre les jurats et le parlement. — La terre noble de Chamvert, à Mérignac. — Le mode d'élection modifié.— Lettre de Cromwell aux jurats.— Le roi nomme le maire.— Nouveaux offices créés. — Droit sur les vins. — Le roi confirme les libertés de Bordeaux.— Hommage à rendre au roi pour les terres et fiefs de la commune.— L'ambassadeur de Turquie à Bordeaux. — Le maréchal de Richelieu arrive à Bordeaux. — Débats au sujet de la façade sur la rivière. — Budget de la ville en 1739.— Assemblée des Cent-Trente.— Débats de 1787, etc., et lettre du maire.

Par cette ordonnance réformatrice de la constitution municipale de Bordeaux, on voit que la justice politique fut rendue aux maire et jurats (1). A l'avenir, il ne devait y avoir à Bordeaux que six jurats, dont trois sortaient tous les ans de leur charge et étaient remplacés par de nouvelles élections annuelles. Chaque jurat recevait 83 livres 5 sous tournois par an ; le maire devait être élu de deux ans en deux ans par les six jurats et les vingt-quatre prud'hommes. En 1572, Charles IX créa, à Bordeaux, une chambre de police sous la

Livre XVI.
—
NOTE 8.

---

(1) Charles IX permit, en 1561, aux Bordelais, de remettre aux tours la grande cloche que Montmorency avait fait descendre.

dépendance du parlement ; Henri IV, par son ordonnance de janvier 1597, rendit la police aux officiers municipaux, mais avec droit d'appel en la Grand'Chambre.

Pendant son séjour à Bordeaux, Charles IX rendit aux maire et jurats la garde et le titre de gouverneurs de la ville, privilége précieux, souvent attaqué, mais toujours maintenu. On essaya encore, en 1700, de leur enlever ce titre ; mais les jurats répondirent par un *Mémoire* détaillé et prouvèrent que c'était à eux, en leur qualité de gouverneurs de la ville, que les rois avaient toujours écrit à l'occasion des fêtes publiques et réjouissances nationales ; que les rois les qualifiaient de *gouverneurs de la ville*, dans leurs lettres officielles ; qu'ils avaient en ville le commandement des armes, ce qui caractérisait le pouvoir des gouverneurs créés par l'édit du 1er août 1696 ; que, quand les chapitres de Saint-André et de Saint-Seurin prétendirent que les jurats n'avaient pas le droit de commander à ceux qui demeuraient dans les limites de leurs juridictions, et de se mettre sous les armes, ils furent déboutés de leur prétention, par arrêt du 20 septembre 1675. Enfin, que, dans l'absence du lieutenant du roi ou du gouverneur de la province, le premier jurat donnait l'ordre toujours pour la ville, droit dont ils avaient joui de temps immémorial, excepté dans quelques rares époques de guerre ou de nécessité politique.

La chambre de police créée à Bordeaux fut remplacée plus tard par le bureau des commissaire du parlement, qui avait promis de mander les jurats devant la Cour, toutes les fois que cela serait nécessaire, et ce, en vertu d'un arrêt du 3 mars 1558.

Les maire et jurats n'avaient pas de juridiction sur les habitants des sauvetés de Saint-André et de Saint-Seurin ; le maire seul avait le privilége de faire entrer, à volonté, des vins étrangers pour sa table. Le comte Dunois de Longueville, lieutenant général de la province, voulait jouir de la même faveur en 1512 ; mais le peuple, jaloux de ses droits, se révolta et répandit le vin sur le quai.

Livre XVI.
Chap. 5.

Le maire avait la haute surveillance et la police des théâtres, du collége de médecine, des imprimeurs et des libraires, le patronage du collége et de l'université, la juridiction des écoles, l'administration des hospices. Comme fondateurs de l'école de droit, les maire et jurats avaient seuls le privilége de donner le bonnet de docteur. Dans les justices et directes seigneuriales de la ville, ils administraient la justice en personne ou par des délégués ; ils nommaient aux places dépendantes de l'Hôtel-de-Ville, correspondaient directement avec les ministres ; les intendants n'avaient aucun droit d'inspection sur les deniers de la ville ; mais depuis 1774, ils avaient ordre de contresigner les mandements, signés par deux jurats, pour les dépenses de la ville.

En 1560, les maire et jurats furent autorisés à établir une taxe des pauvres ; tous les habitants étaient tenus d'y contribuer. Pendant les vacances, ils pouvaient obliger les avocats et les procureurs à faire la quête en personne. Leurs priviléges parurent trop exorbitants au roi ; il désirait avoir la nomination du maire et exigea, en conséquence, en 1565, qu'à l'approche des élections municipales, on lui présentât deux sujets, pour qu'il pût en choisir un. C'était une atteinte portée à la liberté électorale. Enfin, quelque temps après, voyant que Gaston de La Touche avait été nommé de la sorte par le roi, le peuple se mit à murmurer ; mais le prince n'insista pas sur une mesure impolitique qui détruisait l'un des plus précieux priviléges des Bordelais ; cette affaire n'eut pas de suite immédiate ; ce qu'il y avait de fâcheux pour la ville, c'était d'avoir établi un précédent dont les rois, ses successeurs, pourraient un jour se servir pour leurs desseins despotiques.

Nous avons vu que les jurats, comme gouverneurs de Bordeaux, avaient, en 1548 et en 1566, la garde des clés ;

Livre XVI. Chap. 5.

Registres du parlement.

cependant Montluc les fit donner à Tilladet, commandant du château. Les jurats déposèrent leur plainte au parlement; mais cette Cour craignait Montluc, qui s'était fait quasi-dictateur; on avait besoin de son épée; le parlement ne donna pas suite à cette réclamation fondée des jurats. Cependant, par suite des démarches de la municipalité, le sieur de Rambouillet vint à Bordeaux, le 12 juillet 1566, chargé par le roi de faire remettre les clés aux jurats. La Cour manda le commandant Tilladet; mais celui-ci ayant reçu les clés de Montluc demanda deux ou trois jours pour le consulter. La Cour lui en accorda huit; les clés furent remises aux jurats; ce droit leur fut confirmé, dit Darnal, en 1575 et en 1591, par une ordonnance de Henri IV, en date du 12 juillet et enregistrée au parlement le 1er août 1592, et confirmée de nouveau par Louis XIII, en février 1612.

Au XVIe siècle, le maire était presque toujours étranger à la ville et n'y résidait jamais; il avait le titre, mais l'autorité il n'en avait pas l'ombre; le sous-maire était plus influent que lui; le maire était nommé par le roi, tandis que le sous-maire était l'élu du peuple et faisait, avec les autres jurats, des règlements et des ordonnances de police. Cependant, l'autorité des jurats était alors considérablement amoindrie; le parlement était devenu tout-puissant et avait ôté à la municipalité la liberté d'allure, l'indépendance et même les prétentions surannées. Aussi, en 1534, le maire et les jurats étaient tenus d'assister aux audiences solennelles, à la rentrée de la Cour, et devaient avoir la préséance sur les nobles, pourvu qu'ils fussent revêtus de leur grand manteau de jurade ou chaperon de livrée.

Un arrêt du parlement de Bordeaux, du 14 novembre 1538, sanctionne cette disposition en faveur des jurats; en 1559, la même Cour, dit Darnal, rendit plusieurs ordonnances contenant que les *jurats porteront le chaperon de livrée par la ville pour se faire honorer du menu peuple.*

En 1532, la Cour enjoignit au procureur général de s'enquérir des intrigues électorales qu'on disait avoir eu lieu à l'élection des jurats de l'année précédente. En 1534, les jurats donnèrent à ferme les amendes provenant des abus; le parlement cassa la convention et ordonna que les jurats feraient tenir état de ces amendes par le trésorier de la ville, afin d'en rendre compte comme des autres deniers de la ville.

En 1540, l'exercice de la justice à la Cour du prévôt de Bordeaux (à Saint-Éloi), paraissait défectueux; le parlement députa un président et quatre conseillers pour aviser aux moyens à prendre, à l'avenir, dans l'exercice de la justice, tant politique que criminelle, de sorte qu'*elle pût être mieux administrée.*

Jusque-là, le parlement et la municipalité marchaient avec assez d'ensemble et d'harmonie; mais la dépendance des jurats, quoique évidente, le devint bien davantage quelques années plus tard. En 1547, un édit du roi, du mois d'octobre, statua « que les officiers des Cours souveraines et des juridic- » tions ordinaires et extraordinaires ne pourront, après être » pourvus des charges, être maires, échevins ou autre état » en ville ». Cet édit gêna un peu l'ambition des conseillers qui voulaient s'emparer des offices de la municipalité. Le parlement ne trahit ses pensées que trop, car il refusa d'enregistrer l'édit. Les jurats se regardèrent comme gouverneurs de Bordeaux. La Cour ne fit rien contre leurs prétentions; elle était intéressée à les encourager, afin d'acquérir indirectement toute l'autorité nécessaire sur toutes les corporations, toutes les classes de citoyens. Louis XII vit bien ces tendances : il défendit aux jurats de se qualifier *gouverneurs de la ville,* et autorisa le duc de Valois, gouverneur de la province, et le sieur Lautrec, lieutenant général, à s'occuper du commerce des blés à Bordeaux, et, en cas de contradiction de la part de la Cour, il enleva au parlement toute juridiction sur cette matière et la donna au gouverneur. Les habitants de

Livre XVI. Chap. 5.

l'Agenais se soulevèrent contre cette mesure ; le roi donna commission au lieutenant général de les faire juger en 1514.

M. Eymar, président au parlement, fut élu maire à Bordeaux en 1575. Le roi chargea le seigneur de La Valette de prévenir les jurats qu'il ne pouvait pas approuver l'élection, attendu que M. Eymar n'appartenait qu'à la noblesse de robe et qu'il fallait procéder à une nouvelle élection, *la charge de maire estant réservée pour gentilshommes faisant profession d'armes.* Cependant, pour des raisons que nous donnons ailleurs, M. Eymar fut maintenu dans sa charge, *sans tirer à conséquence.*

Registres du parlement.

Les élections et les délibérations ne pouvaient avoir lieu qu'à l'Hôtel-de-Ville et jamais sans les députés que le parlement s'était obligé d'y envoyer. Dans la séance du 24 juillet 1577 fut lue une lettre du roi, enjoignant au procureur général d'assister à la prochaine élection des jurats et du maire et de faire tout ce qui dépendrait de lui pour faire élire un maire autre que de robe longue, gentilhomme et faisant profession d'armes, homme d'honneur et de qualité.

Depuis quelque temps, les nobles briguaient les pouvoirs et les priviléges des jurats ; le parlement se trouvait dans la nécessité d'envoyer, dans ces occasions, des commissaires pour assister à ces travaux. Le procureur général insista pour que l'élection du 1er août 1577 fût cassée. La Cour accéda à son désir, et, le 8 du même mois, ordonna aux jurats de procéder à une nouvelle élection. En 1564, des fraudes, des brigues, des mesures peu honorables furent aussi employées ; M. de Lansac les dénonça à la Cour, qui fit faire des remontrances aux maire et jurats, et les exhorta à nommer, par des voies régulières, des gens de bien.

Le parlement pesait un peu à la jurade ; ces fiers gouverneurs de Bordeaux, autrefois tout-puissants, n'étaient guère, à la fin du XVIe siècle et au XVIIe, que les commis de la Cour. En 1564, ils firent des démarches pour se faire exempter de la juridiction du parlement; mais les chambres assemblées refusèrent d'y souscrire. On leur défendit de publier une délibération quelconque, si elle n'était signée du clerc de la ville et couchée sur un registre-matrice. Dans l'établissement de nouvelles taxes, ils ne pouvaient pas cotiser les membres de la Cour, ni pénétrer chez les officiers de la dite Cour, quand il s'agissait de rechercher des armes.

Livre XVI.
Chap. 5.

21 avril 1564.

En 1574, en considération de leur service, le roi accorda aux jurats des lettres de noblesse. On a dit que la qualité de bourgeois de Bordeaux équivalait à un titre de noblesse; il paraît que non, puisqu'il fallait des titres officiels écrits. Le président Boyer est pour nous d'une grande autorité; il dit: « *Burgenses non sunt nobiles, licet sint potentes, et tamen omnis nobilis est potens.* » Les jurats qui exerçaient la profession de marchands étaient tenus de fermer leurs magasins pendant toute la durée de leur magistrature; ils étaient obligés, en outre, de professer la religion catholique.

En 1521, on appela aux États généraux les riches propriétaires, les abbés, les prieurs commendataires et des gens de loi qui, jusque-là, n'avaient pas le droit de siéger dans les parlements ordinaires. Il est probable que chaque sénéchaussée ait eu le droit d'envoyer aux États deux députés par ordre; quelquefois, on n'en trouva qu'un seul mentionné dans les procès-verbaux; mais cela peut s'expliquer par des maladies ou des absences pour des raisons légitimes. Certaines villes, Bordeaux entre autres, avaient le droit d'avoir une députation spéciale.

En 1560, les Bordelais envoyèrent aux États deux députés, MM. de La Barthe et Le Blanc. En 1576, après avoir reçu une lettre du roi pour la tenue des États à Blois, les jurats écrivirent aux *villes filleules* de la sénéchaussée de venir prendre part aux élections des députés de l'Hôtel-de-Ville. Les Bordelais élurent MM. d'Eymar, maire, et de La Rivière, procureur de la ville. On accorda au maire 19 livres par jour et seulement 10 à son collègue. En 1588, la ville de Bordeaux députa aux États de Blois, M. le Maire et M. Duvergier, jurat; les *villes filleules* députèrent MM. de Pontac-d'Escassefort, greffier civil et criminel du parlement, et Métivier; mais ces deux députés ne devaient avoir qu'une seule voix aux États.

Il est inutile de citer d'autres exemples.

En 1583, le 17 décembre, Henri IV écrivit à Montluc que les soldats qui étaient dans les *villes de sûreté étaient réduits à la faim*. En conséquence de cet état de détresse, les habitants du Mas-de-Verdun avaient résolu d'arrêter les bateaux chargés de blé qui descendaient de Toulouse à Bordeaux. Michel de Montaigne, alors maire, rédigea une pétition, le 10 décembre 1583, pour maintenir libres les communications entre le Languedoc et Bordeaux. Cette *remontrance* fut remise au roi de Navarre par le maire. Henri IV estimait beaucoup Michel de Montaigne, qui fit tout ce qu'il put pour mettre fin aux désordres dont la faible garnison du Mas, mal payée, menaçait d'être la cause.

Michel de Montaigne avait conquis l'affection du roi de Navarre, et son influence à Paris était encore très-grande; aussi on le voit envoyé quelquefois auprès du roi de France avec des missions importantes.

Pendant cette année et les deux suivantes, on trouve que les jurats approuvent les nouveaux statuts de plusieurs corps d'état, des parcheminiers, épingliers, bouchers, etc., etc. D'après un statut rédigé en leur présence, il paraît qu'ils exerçaient leur juridiction contentieuse, en prononçant entre des corps de métiers différents. Le 19 septembre 1582, dans une plainte portée devant eux par les chaussetiers contre les couturiers, les jurats, après une expertise, prononcèrent la sentence suivante :

« Faisons inhibitions et défenses aux dits couturiers de faire
» désormais aucunes chausses, soit de drap, velours, soye ou
» de quelque autre étoffe que ce soit, à peine de 50 écus contre

» celuy qui se trouvera avoir contrevenu, sauf et réservé les
» chausses larges ou le haut de basques, de laquelle sorte leur
» avons permis et permettons en faire ; condamnons les dits
» Bayles, couturiers, ès-dépens de la présente instance, etc. »

Cette juridiction n'avait rien d'insolite, car le parlement confirma cette sentence par un arrêt du 1er août 1583.

En 1583, on envoya à Paris le maire Michel de Montaigne avec mission de solliciter de Sa Majesté la confirmation des priviléges de la ville et quelques autres grâces particulières. Il réussit dans sa mission ; les lettres-patentes furent publiées à cette occasion au mois de juillet de la même année. Aux élections du 1er août suivant, Montaigne fut réélu maire, et MM. Ramond de La Roque, sieur de Budos, Jean Lapeyre et Jean Claveau furent proclamés jurats. Il régnait à cette époque, à Bordeaux, une certaine opposition ou jalousie de partis ; les mécontents attaquèrent la réélection de Montaigne comme contraire aux statuts et à l'ordonnance de 1550 ; et quant aux jurats, ils prétendaient qu'on avait employé pour faire réussir leur élection des manœuvres injustifiables, et que, d'ailleurs, la noblesse ne s'y trouvait pas. Voyant que le parlement ne prenait pas intérêt à leurs réclamations, ils les portèrent au Conseil d'État. La réélection de Montaigne fut maintenue, et, grâce aux accusations d'intrigues et de manœuvres coupables, l'élection des trois jurats fut déclarée nulle et abusive, et eux-mêmes cités à comparaître devant le Conseil d'État ; cette décision fut rendue à Saint-Germain, le 4 février 1584. Inhibition fut faite, dans la même décision du Conseil d'État, aux habitants de Bordeaux, de proroger à l'avenir par une réélection les pouvoirs du même maire, quoique celle de Montaigne fût approuvée et maintenue pour les deux années suivantes ; on savait bien qu'il n'avait jamais intrigué pour se faire réélire.

Le maire et les trois jurats restants se trouvèrent blessés dans leur honneur, et se voyant réduits à remplacer les autres trois, ce qui doublait leur besogne déjà assez forte, ils résolurent de députer à la Cour le procureur-syndic de la ville pour obtenir le maintien de l'élection des trois jurats. Le maréchal de Matignon leur représenta que l'absence du procureur-syndic compliquerait les affaires bien davantage et que sa présence, comme celle des jurats et du maire, était absolument nécessaire à Bordeaux. Ils adressèrent, le 5 mars 1584, une requête au roi, signée de Pichon, clerc de ville, affirmant qu'ils avaient gardé religieusement les statuts et formalités légales prescrites en pareilles circonstances; ils lui firent observer que, pour prévenir de pareilles intrigues, détruire tout esprit d'opposition sans but, sans motif, et les décharger d'une partie du travail que l'annulation de l'élection régulière de leurs trois collègues rendait plus fatigante, il était juste, utile et même nécessaire de révoquer la décision du Conseil d'État. Ils supplièrent Sa Majesté, en outre, de ne pas permettre, à l'avenir, que de telles divisions fussent tolérées, puisqu'elles n'engendraient que désordre, confusion et mépris des charges municipales.

La Cour parut embarrassée de cette affaire; le ministre Neuville de Villeroy consulta Matignon, qui se prononça en faveur de la validité de l'élection, et Budos, Claveau et Lapeyre furent maintenus.

Le zèle des Bordelais pour le maintien de leurs anciens priviléges se ralentit peu à peu; la non-réélection du maire ne provoqua plus, de leur part, la moindre expression de mécontentement. Le maréchal de Matignon fut maintenu en place comme maire pendant douze ans. Henri IV demanda aux Bordelais, par sa lettre du 15 juillet 1591, de consentir à la troisième réélection du maréchal; les Bordelais ne firent pas la moindre difficulté à adhérer à sa demande. Son fils lui succéda et fut remplacé par le maréchal d'Ornano, que le roi nomma lui-même; l'élection n'était plus qu'une fiction; l'absolutisme du roi une vérité!

Nous avons parlé plus haut des *villes filleules ;* sous ce nom étaient comprises, alors, les villes secondaires et les principales juridictions du pays, d'après les registres de l'Hôtel-de-Ville, du 22 juin 1588 ; c'étaient Libourne, Saint-Émilion, Saint-Macaire, Castillon-sur-Dordogne, Rions, Cadillac, Benauge, Curton, Fronsac, l'Entre-deux-Mers, Latresne, Cubzac, Vitresais, Guîtres, Puy-Normand, Barsac, Noaillan, Fargues, Budos, Bourg, Villandraut, Castelnau, Landiras, Podensac, Portets, l'Ile-Saint-Georges, Cestas, La Teste de Buch, Castelnau (en Médoc), Lesparre, Castillon (en Médoc), Blanquefort, Ludon, Macau, Cadaujac, Montferrand et Lormont.

Bordeaux était censé la *ville-mère* entourée de *ses filleules,* qui avaient toujours recours, en cas de guerre ou d'autres graves besoins, à la protection de sa municipalité. Au XVIIIe siècle, il y avait à Bordeaux 12 commissaires de police, 80 soldats du guet à pied et 40 à cheval ; 6 officiers pour commander ces compagnies et environ 100 bourgeois qui montaient la garde tous les jours. Outre la dépense de ces services, il faut compter l'entretien du port, des monuments publics, des hôtels des services publics, les fondations de charité, les tribunaux et cours de justice. Tout cela absorbait presque tous les revenus, et ce qui restait en caisse servait pour les cas extraordinaires, tels que l'entrée du roi, des princes, des archevêques, des gouverneurs, le passage de grands personnages, les fêtes et les cérémonies publiques, ainsi que les embellissements de la ville. Le revenu, alors médiocre, suffisait à peine à ces énormes dépenses ; ceci paraîtra évidemment vrai, quand on songe à tout ce qui a été fait : que la Bourse coûta près de 500,000 livres, que la statue équestre de Louis XV coûta 270,000 livres ; le jardin public, 400,000 ; le manége, 60,000 ; la halle aux poids, 60,000 ; la maison de force, 72,000 ; l'intendance générale, plus de 200,000 livres ; les portes de Bourgogne et d'Aquitaine coûtèrent aussi des sommes considérables, sans parler de tout ce

Livre XVI.
Chap. 5.

qu'on dépensa pour l'Hôtel-de-Ville. On suppléa à l'insuffisance des revenus en 1777, en accordant à la ville la faculté de faire une augmentation considérable sur l'octroi, pour indemniser les propriétaires des maisons démolies pour faire l'esplanade du Château-Trompette. Cette dépense, avec les indemnités, monta à plus de deux millions. En 1724 et 1727, on obtint trois sous par livre sur toutes les marchandises entrant ou sortant par les ports de la Généralité. Ce dernier octroi doubla les revenus, mais l'administration n'en fut pas confiée aux officiers municipaux; on était tenu seulement de leur en rendre compte.

Au commencement du XVIIe siècle, les Bordelais tenaient fortement à leurs anciens priviléges et libertés; aucun peuple n'a jamais été plus jaloux de ses droits. A chaque nouveau règne, comme s'ils se méfiaient de la bonne foi des princes, ils profitaient toujours de quelques circonstances favorables pour les faire confirmer, comme nous le voyons par les lettres-patentes de Henri II, en 1550; de Henri III, en 1583; de Henri IV, du 31 décembre 1604; de Louis XIII, le 12 juillet 1610, et de Louis XIV, en septembre 1643. C'est alors que se fit sentir, plus que jamais, l'influence royale sur les élections municipales. Par sa lettre du 6 février 1610, le roi recommanda aux Bordelais d'élire pour maire de leur ville, M. de Roquelaure, son lieutenant en Guienne. L'année suivante, Sa Majesté indiqua, au choix des Bordelais, à la place de M. de Roquelaure et du Conseil sortant, M. de Barrault pour maire, et les sieurs de Labarthe, de Guérin et Dathia comme jurats. On se courba par force sous la pression du pouvoir et ces officiers furent, on peut le dire, non élus, mais reconnus! M. de Barrault alla prêter serment, à genoux, à Saint-André, devant le maître-autel, entre les mains du cardinal de Sourdis, de garder les priviléges et libertés de la commune; après quoi, le prélat lui mit le chaperon sur l'épaule. Quelle moquerie! quelle insulte à la raison, aux souvenirs et à l'amour des Bordelais pour leurs antiques priviléges! On viole les libertés du peuple au moment même qu'on jure de les respecter ! on prétend laisser au peuple l'élection libre et on désigne, au choix du peuple, les favoris que le gouvernement veut et que ce peuple asservi ne peut ne pas vouloir.

L'intervention du Gouvernement dans les élections était établie et reconnue; on ne fit pas la moindre réclamation, c'eût été inutile et peut-être même une faute! on se tut. En 1612, la reine-mère fit le choix et la nomination de trois jurats; les formes habituelles étaient suivies cependant, pour sauver les apparences, et le maréchal de Roquelaure, sous le prétexte de respecter la liberté des élections, refusa d'entrer dans la salle électorale. Personne ne fut dupe de ces hypocrites démarches; on le sentait, on le disait même tout haut; la liberté n'existait plus !

Dans l'assemblée électorale pour les États généraux de 1614, il se présenta un incident qu'il ne faut pas passer sous silence. La première élection fut cassée; dans la seconde, il se forma deux partis, l'un dirigé par le lieutenant général, l'autre par les jurats. Après une assez longue lutte et de chaudes contestations, chaque parti nomma un député; c'étaient deux élus au lieu d'un. L'affaire fut portée au Conseil privé, qui décida que les deux députés étant élus selon les formes légales, auraient droit d'entrée aux États avec voix délibérative; mais que leurs deux voix n'en vaudraient qu'une seule. On se contenta de cette décision.

L'un des principaux points à discuter dans ces assemblées, c'était, nous l'avons déjà fait observer, l'octroi des subsides; on considérait comme une exaction tout impôt non consenti par les États et dont la nécessité ou au moins l'utilité n'était pas clairement démontrée. Le peuple, qui paie, voulait savoir comment, jusques à quand et pourquoi il paierait et ne se conformait pas toujours aux caprices ou prétentions des princes. Pour exister, la société doit faire des sacrifices; mais c'était au peuple qui les supporte d'en déterminer la quotité dans la mesure de ses forces. Ces idées étaient générales en Aquitaine pendant presque tout le moyen-âge. Le Tiers-État surgit enfin de son obscurité; accablé quelquefois, mais toujours vivace, il réclama bien tard ses droits naturels et civils; il ne cessa de s'agiter et de se soulever contre les entreprises de Philippe le Bel, que lorsqu'il les eut fait reconnaître et confirmer.

Le Conseil des Trente était celui qu'on convoquait le plus souvent; il ressemblait, quant à la forme et à ses attributions, à nos Conseils municipaux modernes; il examinait et vérifiait les comptes du trésorier de la ville; il était chargé, en vertu d'un arrêt du Conseil, du 12 mai 1621, d'élire les jurats, et depuis 1646, les membres qui le composaient étaient choisis parmi les anciens jurats qui avaient quelque expérience des affaires. Sur la fin du XVIIe siècle, on n'en prenait que le tiers dans leurs rangs. En 1555, le roi commit le sieur Destigneux pour présider l'assemblée des Cent-Trente; les jurats protestèrent avec vivacité et énergie, et les lettres-patentes restèrent sans effet. En 1622, le parlement voulait que l'un des deux députés qu'il avait droit d'envoyer dans leur assemblée y eût la présidence; les jurats repoussèrent ces prétentions insolites et répondirent que ces deux députés n'y étaient admis que pour y maintenir la police et le bon ordre, et que loin d'y avoir la présidence, ils n'avaient ni voix consultative ni voix délibérative. Dans l'absence du maire et de son lieutenant, le plus ancien jurat présidait ces assemblées, proposait les matières des débats et recueillait les votes.

En 1613, le roi intervint encore dans les élections municipales, et, sous le prétexte mensonger qu'on avait employé des brigues pour arriver aux fonctions municipales, il confirma les pouvoirs et maintint en place les anciens jurats, contrairement aux statuts de la ville. En 1618, on fut encore témoin de scènes semblables. On retarda l'élection des officiers municipaux, et, à la recommandation du roi, le sieur de Montpesat fut élu maire. Cette prétendue élection par le peuple était la dernière. M. de Montpesat, qu'on regarde comme le dernier maire électif, parce qu'on observait hypocritement, à cette occasion, les formes ordinaires, mourut en 1619.

Louis XIII donna ordre de surseoir à l'élection du nouveau maire; il y eut alors une vacance de trente-quatre années ! C'en était fait de la liberté !

Par un arrêt du Conseil du 18 mars 1624 et à *la demande du parlement*, Louis XIII rétablit la chambre de police à Bordeaux, chambre dont nous avons déjà parlé ; mais *sans préjudice toutefois*, est-il dit dans l'arrêt, de la juridiction politique de la dite ville et banlieue, qui appartient aux dits maire et jurats d'icelle, en laquelle Sa Majesté les a gardés et maintenus, leur enjoignant de faire les visites accoutumées, mettre le taux aux denrées, viandes et marchandises, condamner les délinquants à l'amende, laquelle sera exécutée, sans préjudice de l'appel, jusqu'à 25 livres, appliquée à l'Hôtel-Dieu de la dite ville.

En 1627, on modifia les anciennes formes, en les changeant, en les diminuant et en les restreignant ; c'était aller peu à peu à leur extinction complète. On murmurait cependant, et enfin on autorisa une assemblée générale pour s'occuper de l'affaire des élections. Il y fut arrêté qu'on présenterait au roi une liste de douze candidats, savoir : quatre gentilshommes, quatre avocats et quatre bourgeois ou négociants, parmi lesquels le prince en choisirait six pour exercer les fonctions de jurats, pendant deux ans, c'est-à-dire deux gentilshommes, deux avocats et deux commerçants, mais avec cette réserve, qu'à la fin de chaque année il en sortirait trois qu'on remplacerait, en assemblée électorale, par trois nouveaux qui resteraient en charge pendant deux ans, lesquels seraient désignés par Sa Majesté sur une liste de six candidats.

Ce mode fut maintenu jusqu'en 1634 ; il fut alors arrêté par le Conseil du roi que les jurats alors en charge seraient

Livre XVI.
Chap. 5.

remplacés par six autres élus, selon les formes accoutumées, par les vingt-quatre prud'hommes qui seraient pris eux-mêmes huit parmi les nobles, huit parmi les avocats et huit parmi les bourgeois ou négociants. Leur élection se faisait par les jurats de la manière suivante : chacun des jurats déposait sur le bureau une liste de huit individus qu'il proposait comme dignes et capables d'exercer ces fonctions, puis sortait de la salle. Alors le sous-maire, le procureur-syndic et les cinq autres jurats, après des discussions consciencieuses, en choisissaient quatre parmi les noms proposés; la même formalité s'accomplissait pour chacun des autres jurats et leurs listes respectives, et les vingt-quatre nouveaux prud'hommes étaient toujours pris parmi les hommes qui avaient été jurats et qui devaient, par conséquent, avoir acquis une certaine expérience des affaires administratives. Réunis avec les jurats, ils formaient le Conseil municipal ordinaire et étaient investis du pouvoir d'élire tous les ans trois jurats en remplacement des trois sortants. Ce Conseil s'assemblait deux fois par an, le 1ᵉʳ août, époque ordinaire des élections des jurats, et un autre jour qu'elle déterminait, pour la reddition des comptes.

Le maire était souvent étranger à la ville, mais le sous-maire était toujours un Bordelais et le remplaçait pendant son absence. Le procureur-syndic remplissait les fonctions du ministère public; la police était dans ses attributions; il était chargé de veiller au maintien et à la conservation des priviléges de la ville. Le clerc de ville devait être un homme de mérite incontestable et d'une probité reconnue. Louis XIV comprit l'importance de ces deux places. Le 1ᵉʳ septembre 1653, il fit changer tous les officiers de la ville et, pour les remplacer, ordonna une assemblée générale du peuple dans chaque quartier, pour choisir, parmi les notables, des gens *capables et bien intentionnés.* Chaque jurat, dans chacun des six quartiers de la ville (jurades), présida une de ces assemblées, et on finit par élire cent huit officiers : capitaines, lieutenants,

Journal de Guienne, n° 244.

enseignes, sergents, etc., etc., qui prêtèrent le serment voulu devant les jurats assemblés. Le roi érigea les places de sous-maire, procureur-syndic et clerc de ville en *offices vénaux;* elles furent considérées ensuite comme étant à vie, sous le prétexte que les titulaires acquerraient une plus grande expérience de l'administration.

Outre le Conseil municipal des Trente, il y avait le Conseil général des Cent-Trente (y compris les trente), qui ne se réunissait que dans les circonstances graves et critiques. Il fallait alors prévenir le parlement du jour de l'assemblée et de l'objet qui devait être le sujet de la délibération. Le clerc convoquait, par billet officiel, tous les membres de cette réunion. Le gouverneur ou intendant de la province assistait à leurs délibérations; le parlement y envoyait deux commissaires; la Cour des Aides, deux de ses membres; le bureau des finances, deux; le chapitre de Saint-André, deux; celui de Saint-Seurin, deux; la chancellerie, deux; le sénéchalat, deux. Tous les anciens jurats avaient droit d'y assister, et si, avec tous ces individus, on n'avait pas encore le nombre de cent trente, on prenait le complément nécessaire parmi les notables de la ville.

Les jurats étaient souvent aux prises avec le parlement et défendaient avec succès leurs droits et leurs priviléges. Le parlement voulait toujours étendre son pouvoir aux dépens de celui de la jurade, et, comme Cour souveraine, il se donnait toujours raison dans leurs débats; il était contre toutes les règles de la justice d'être juge et partie en même temps; mais les jurats recouraient toujours au roi, qui leur rendait justice et les maintenait dans leur droits et leurs priviléges. Il arrivait très-souvent que ces contestations étaient évoquées à Paris, comme il résulte de plusieurs déclarations et arrêts du Conseil, notamment de ceux du 16 décembre 1671, du 12 janvier 1705, du mois de novembre 1709, du 5 août 1724 et du 14 septembre 1726.

En 1676, une contestation eut lieu entre le lieutenant criminel et M. de Malet, jurat, au sujet de leurs juridictions.

Cette affaire fut portée d'abord au parlement, puis au Conseil d'État, qui, par son arrêt du 4 décembre de la même année, maintint les maire et jurats dans *l'exercice de la justice criminelle, et le lieutenant criminel dans la prévention sur eux.... Ordonne, Sa Majesté, que la prévention sera réglée suivant la date du décret auquel équipollera la capture de l'accusé, lorsqu'il aura arrêté sur-le-champ et remis au dit lieutenant criminel ou l'un des dits jurats, même que celui qui sera saisi du cadavre, en cas que l'accusé se soit évadé, sera censé avoir prévenu.*

On sait qu'en vertu de la *Philippine* (ou édit de Philippe le Bel, 1295), les maire et jurats de Bordeaux avaient juridiction sur toutes personnes de la sénéchaussée, excepté celles qui étaient de la famille royale et de celle du sénéchal de Guienne.

Par son arrêt du 14 décembre 1703, le parlement ordonna que le lieutenant criminel ne pouvait informer que pour des faits regardant la police qui appartenait aux maire et jurats.

Les maire et jurats avaient fait des règlements pour la profession de courtier. Sous le prétexte de faire cesser des abus introduits dans le courtage par des gens étrangers à la profession, le roi créa, par son édit du mois de février 1635, « pour la ville de Bordeaux, Bourg, Libourne et pays bor- » delais, sept offices de courtier, héréditaires, pour jouir, » par ceux qui en allaient être pourvus, conjointement avec » les cinquante-trois ci-devant établis au dit Bordeaux, des » privilèges, exemptions, honneurs, prérogatives, droits, » émoluments portés par le présent édit, sans qu'on puisse » augmenter le nombre de soixante pour l'avenir. »

En 1695, MM. les jurats Tayac et Fénelon se présentèrent à l'hôpital de Saint-André, pour y faire la police. M. Vincent, commissaire aux enquêtes, qui s'y trouvait en ce moment, s'opposa, mais sans succès, à leur entreprise ; les jurats triomphèrent de sa résistance. L'affaire fut déférée au roi, mais grâce à l'intervention de M. de Bezons, intendant de la province, elle fut assoupie, et le commissaire du parlement continua à exercer ses fonctions dans l'enceinte de l'hôpital. Les jurats réclamèrent avec une persévérante et respectueuse énergie et obtinrent enfin des lettres-patentes confirmatives de leurs droits.

En 1728, des débats violents eurent lieu entre les jurats et le parlement, au sujet des maisons que la municipalité, sous l'inspiration de M. de Tourny, voulait faire bâtir sur le port de Bordeaux. Le parlement s'y opposa, par la raison que l'aliénation des terrains était contraire aux statuts de la ville, aux édits des rois de France et à un arrêt du Conseil d'État de 1715, rendu conformément aux conclusions des jurats, qui ordonnait, en pareil cas, la convocation des Cent-Trente, ce que les jurats n'avaient pas fait. Malgré ces raisons qui paraissaient très-graves, le roi, par un arrêt du Conseil d'État du 7 février 1730, ordonna les constructions voulues par les jurats, avec une façade uniforme sur le port et la formation d'une place au milieu de laquelle serait élevée une statue équestre du roi.

L'autorité municipale avait l'inspection de tous les corps, arts et métiers de la ville; par un arrêt du parlement de 1601, elle avait le droit de juger les étudiants qui commettaient des délits en ville. Comme barons de Veyrines, les jurats donnèrent à fief, moyennant une redevance d'un fer de lance doré, la terre noble de Champ-Vert, dans la paroisse de Mérignac. M. de Calvimont, seigneur de cette localité, leur en rendit hommage la tête nue, les mains jointes, un genou en terre, sans épée, sans ceinturon, sans éperons. Jusqu'en 1655, le chapitre de Saint-Seurin exerçait toute justice, même criminelle, sur Villenave, Bouscat et Caudéran, qui dépendaient du comté ou baronnie de Veyrines; mais le

Livre XVI.
Chap. 5.

Livre XVI.
Chap. 5.

4 février, les jurats ayant débouté le chapitre de son ancien droit, y établirent un juge, un procureur d'office et un prévôt. Le clergé de Saint-Seurin réclama la confirmation de ses droits, mais il ne réussit pas. Aucun corps n'a jamais été plus jaloux de ses droits que la jurade; aucun n'a jamais montré une susceptibilité si obstinée, quand il s'agissait de toucher aux libertés de l'Hôtel-de-Ville. En 1656, les jurats intervinrent dans un procès devant la Cour des Aides, pour la conservation des priviléges des bourgeois et pour l'exemption de leurs vins, de tout droit. En 1673, le chapitre de Saint-André voulait exercer, par son juge, la justice criminelle à l'hôpital qui se trouvait dans le rayon de la sauveté; les jurats s'opposèrent à ce que le juge se mêlât de cette affaire, leurs prétentions furent soutenues par un arrêt du Conseil du 27 novembre 1675; les habitants des sauvetés de Saint-André et de Saint-Seurin furent assujétis aux ordres des jurats pour les affaires criminelles et pour toutes les fonctions militaires, comme les autres habitants de Bordeaux.

En 1669, le roi, ayant déjà attaqué l'inviolabilité des priviléges des jurats, voulut qu'on élût des jurats de son choix et que les élections eussent lieu le 1ᵉʳ janvier, tous les ans. Les jurats réclamèrent, mais inutilement; on fut obligé de nommer les hommes désignés par Sa Majesté. En 1670, d'après un nouveau règlement pour les élections municipales, au lieu de partager l'honneur des fonctions des officiers municipaux, comme par le passé, entre les gentilshommes, les avocats et les marchands, le Conseil arrêta, le 5 juillet, qu'on élirait tous les ans un gentilhomme et un officier ou un avocat alternativement, et les deux autres parmi les marchands. On convoqua, à cette occasion, l'assemblée des Cent-Trente; mais, malgré les respectueuses réclamations des jurats, l'arrêt du Conseil fut rigoureusement exécuté le 1ᵉʳ août suivant. Enfin, en 1684, le roi ordonna, le 27 décembre, une nouvelle modification de la forme de l'élection; au lieu d'élire trois jurats le 1er août, on était obligé d'élire tous les ans, à pareil jour, neuf individus ayant tous les qualités voulues d'éligibilité, trois de chaque rang, afin que Sa Majesté pût en choisir trois sur la liste des neuf.

Livre XVI.
Chap. 5.

Il fallait la permission des jurats pour quêter en ville ; ils avaient la surveillance de l'hôpital Saint-James où étaient déposés les enfants-trouvés. Ils étaient patrons-nés de l'université de Bordeaux, et avaient fait reconnaître la validité de ce titre par le parlement, en 1637. Les docteurs firent l'ouverture des classes le 2 décembre, sans en avoir prévenu les jurats et sans les avoir priés d'y assister, selon l'usage. Ces magistrats, irrités de cet oubli de convenance, de ce manquement aux usages, se transportèrent au collége et, s'en étant fait donner les clés, firent fermer les portes. Les docteurs s'en plaignirent au parlement ; les jurats exhibèrent leurs titres et firent valoir les soins que la municipalité avaient pris, les dépenses qu'elle avait faites pour obtenir du pape Eugène IV des bulles pour l'établissement de cette université ; ils alléguèrent en outre le bail et concession qu'ils avaient faits de l'emplacement où se trouvait bâti le collége, sur la porte duquel se voyaient encore sculptées les armes de la ville. Le parlement ordonna l'oùverture du collége et imposa aux docteurs l'obligation de se rendre à l'Hôtel-de-Ville et d'inviter les jurats à assister à la cérémonie de l'ouverture.

En 1655, Olivier Cromwell, protecteur de la république d'Angleterre, adressa aux jurats de Bordeaux une lettre en termes flatteurs, leur donnant tout pouvoir et les priant même d'entendre des témoins de Bordeaux dont les dépositions étaient indispensables pour la décision de quelques affaires concernant l'amirauté anglaise, et de faire, à cet égard, les actes nécessaires.

On a pu voir par les lettres-patentes de Henri II, données à Saint-Germain-en-Laye, au mois d'août 1550, que les bourgeois de Bordeaux, quoiqu'ils ne fussent pas nobles, mais simplement roturiers, pouvaient acquérir néanmoins des fiefs et terres nobles.

Plusieurs banquiers de Bordeaux s'étaient acquis des terres nobles et des fiefs dans la Saintonge ; ils présentèrent une requête tendante aux fins d'être tenus quittes et déchargés de la finance, pour raison de ces terres et fiefs, tenus en dehors du Bordelais. Le procureur du roi, sur le fait des francs-fiefs, repoussa leur demande, mais des commissaires nommés pour décider, après examen des titres et droits, cette importante question, *déclarèrent, en entérinant la requête, les dits demandeurs exempts, francs, quittes, immuns, de payer au roi finance pour raison des dits francs-fiefs et nouveaux acquêts....* 24 mai 1559.

On voit la haute portée du titre de bourgeois de Bordeaux et la grandeur des priviléges qui y étaient attachés.

Cependant le gouvernement, se doutant de l'existence de grands abus dans la jouissance des droits de cette nature, nomma une commission pour examiner les titres de ces possessions territoriales; elle se composait de MM. Louis Boyer, le sieur de La Ferrière, de Villeneuve, tous deux présidents du parlement de Bordeaux ; Charles de Malvin, Jean de Mérignac, Joseph de Alis, Joseph Aymar, Pierre de Pommiers, François Gaultier et Jean de Gascq, conseillers. L'ordonnance royale qui organisait cette commission fut datée, à Blois, du 5 septembre 1574.

Les maires et jurats firent valoir, le 12 août 1573, les priviléges et antiques droits des habitants de Bordeaux, en vertu desquels *les habitants de cette ville, nobles ou non nobles, pouvaient acquérir et posséder biens nobles et francs-aleus, sans autre permission du roi. Tellement,* disaient-ils, *que toutes les fois que des commissaires avaient voulu empiéter sur eux, pour raison de ces terres, ils ont obtenu jugement à leur profit, ont été déclarés exempts, sans pouvoir être compris, en telles ou semblables commissions de francs-fiefs et nouveaux acquêts. Aussi, en la Guienne, toutes possessions sont censées franches et allodiales, tellement qu'aucuns seigneurs ne peuvent inquiéter les propriétaires et possesseurs, pour raion d'aucuns cens, rente, redevance ou charge, sans, au préalable, en montrer par baillettes, reconnaissances ou autres titres, etc., etc.*

Livre XVI.
Chap. 5.

Après avoir fait exhiber les divers titres, après avoir compulsé les chartes, ordonnances et lettres-patentes des rois d'Angleterre et de France, concernant la Guienne, les commissaires reconnurent les droits des maire et jurats et des habitants de Bordeaux, nobles ou non nobles, d'acquérir et posséder des fiefs et francs aleux, et d'être francs, quittes et immuns de payer finance au roi pour ces terres, etc.

Ces droits furent encore reconnus et confirmés le 4 août 1693, par un arrêt du Conseil d'État, où nous lisons ce qui suit : « Il demeure justifié que, d'après la constitution de la
» ville de Bordeaux, les habitants sont en possession de tenir
» leurs biens allodialement et avec toute sorte de franchise,
» et qu'ils ont non seulement des domaines allodiaux, mais
» des censives et autres droits, etc., etc. Le roi, en son
» conseil, ordonna que les Bordelais, ensemble les commu-
» nautés séculières et régulières, seraient maintenus dans le
» droit et possession de *tenir et jouir* des aleux nobles et
» roturiers, fiefs et biens nobles, anciens et nouveaux ac-
» quêts, sans être tenus, pour raison de ce, de payer aucune
» finance à Sa Majesté, etc., etc. »

On voit par ces citations l'importance qu'on accordait aux bourgeois de Bordeaux et la grande étendue de leurs droits. La ville de Bordeaux avait, sous le rapport politique, une existence exceptionnelle; nous en trouvons une autre preuve dans l'arrêt du parlement du 7 février 1648, faisant défense aux agents des finances de taxer à l'avenir la ville de Bordeaux au-dessus de la somme de 10,000 livres, pour sa part du talion.

Dans les XV⁰ et XVI⁰ siècles, il est parlé quelquefois des assemblées des Trois-Cents et des Quinze-Cents ; mais c'était dans des circonstances graves qu'on les convoquait ; l'assemblée des Cent-Trente est celle qui jouait le plus grand rôle dans les affaires administratives. Ni la Cour des Aides ni le sénéchal ne pouvaient convoquer cette assemblée (des Cent-Trente) en l'absence du parlement.

Nous avons déjà vu qu'Henri II avait rétabli, en 1550, le droit électif en faveur de la jurade et de la mairie ; mais cette faveur n'a pas été de longue durée, car il paraît certain que M. Henri Duprez de Montpesat, mort en 1649, a été le dernier maire électif de Bordeaux. On allait alors procéder à une nouvelle élection, lorsque Louis XIII ordonna d'y surseoir. L'année suivante, ce prince vint à Bordeaux et y forma un nouveau corps municipal ; mais la place de maire resta vacante jusqu'en 1653. Alors Sa Majesté nomma à cette dignité M. le comte d'Estrade, noble très-considéré dans le Midi, dont la mère était de la famille de Secondat-Montesquieu et dont la femme était fille du chancelier d'Alègre et veuve de M. de Verthamont, ancien intendant de Bordeaux. Il prêta serment le 7 décembre 1653, entre les mains de M. de Pontac, premier-président nommé commissaire du roi *ad hoc*, et fut autorisé, par un arrêt du Conseil du 12 avril 1654, à présider toutes les assemblées ordinaires et extraordinaires de l'Hôtel-de-Ville. La place de maire valait alors la grosse somme de 20,000 liv., dit Saint-Simon.

Après les d'Estrade, Bordeaux eut pour maire, en 1790, M. le comte de Fumel, qui eut pour successeur l'infortuné M. Saige, dont nous aurons occasion de parler dans le premier volume de la deuxième partie de ce travail.

Le 29 mars 1649, il y eut une assemblée générale convoquée par l'avocat général, conformément à l'arrêt du parlement. Un président et deux conseillers de la Cour y assistèrent pour contenir le peuple, qui avait juré de tout souffrir plutôt que de se soumettre aux tyranniques exigences de M. d'Épernon. La grande cour de l'Hôtel-de-Ville et la rue St-James ne suffisaient pas pour laisser circuler la foule. Après avoir harangué le peuple, le premier-président Daffis voulait recueillir les voix ; mais les jurats, par lesquels il commença, répondirent que d'après l'usage et les anciens statuts, il n'appartenait qu'à eux d'exposer les questions à traiter ainsi que le but de l'assemblée et de recueillir les voix ; que, d'ailleurs, ils n'opinaient jamais qu'en corps. Cet incident fit naître d'interminables débats.

Peu de jours après, le parlement convoqua les Cent-Trente, sur le refus des jurats de le faire. Après de longues discussions sur les affaires, on finit par charger deux bourgeois d'aller, avec les députés de la Cour, porter aux pieds du trône les plaintes des Bordelais contre d'Épernon.

Le 9 septembre suivant, on convoqua une assemblée générale pour entendre les propositions des d'Épernonistes. Ainsi à chaque page de notre histoire, nous rencontrons des preuves multipliées de cet antique usage où l'on était de consulter le peuple ou au moins les Cent-Trente qui le représentaient.

A la fin du XVIIe siècle, le Gouvernement créa de nouveaux offices à l'Hôtel-de-Ville, tels que ceux de lieutenant de police, de procureur du roi, de greffier, etc., etc. Les jurats n'en étaient pas contents. Les Cent-Trente s'assemblèrent et décidèrent, le 7 janvier 1700, qu'il fallait racheter ces offices moyennant une somme de 200,000 livres, au nom de la ville, et que cette somme serait perçue par un droit de deux sous par livre sur les octrois. Depuis lors, ces charges ont été remises à la jurade. Cette politique financière a été suivie par Louis XIV, à l'égard de Bordeaux, en plusieurs autres circonstances ; il créait des charges, et la municipalité, pour avoir son antique indépendance, se voyait obligée de les racheter.

La charge de lieutenant de maire fut créée par édit du mois de mai 1702 et possédée, en 1704, par Henri de Ségur, vicomte de Cabanac, qui en avait payé la finance fixée à 40 mille livres, et après lui, et par suite de sa démission, par Joseph de Ségur, son fils. Cet office fut supprimé en 1717.

M. de Ségur en obtint le rétablissement en sa faveur par un arrêt du Conseil du 23 décembre 1718. Par lettres-patentes du 8 juillet 1724, moyennant une nouvelle finance, sous la faculté réservée aux jurats de le rembourser dans un délai déterminé. Les jurats firent observer au Gouvernement qu'ils avaient racheté tous les offices municipaux pour les réunir au corps de ville, et que l'office de lieutenant de maire n'existait plus sur la tête de M. de Ségur, et qu'à l'égard de la finance qu'il avait payée, c'était devant Sa Majesté qu'il devait se pourvoir pour être remboursé. Le Gouvernement laissa aux jurats la faculté de rembourser à M. de Ségur la première finance, laissant au dit sieur de Ségur le droit d'exercer son office jusqu'à entier remboursement ; il en garda l'exercice jusqu'à la mort, et la survivance en fut donnée au vicomte son fils, maréchal-de-camp.

Pour prévenir les effets des brigues et pour écarter les dangers des entreprises de l'ambition, le roi supprima l'office de lieutenant de maire héréditaire, et, par son édit du mois de novembre 1760, donné à Versailles et enregistré au parlement de Bordeaux, le 27 novembre de la même année, le remplaça par un nouvel office portant le même nom, mais à la nomination du roi. Dans l'intérêt de l'administration, il déclara inhabile à posséder la dite charge de lieutenant de maire, tout gentilhomme qui n'aurait pas sa demeure fixe et permanente dans la ville et sénéchaussée de Bordeaux ; il laissa aux Bordelais le droit d'élire trois sujets, parmi lesquels il en choisirait un pour remplir la dite charge de lieutenant de maire. Cet office resta dans la famille du vicomte de Ségur-Cabanac, jusqu'en 1772.

Alors le roi en gratifia M. Du Hamel, qui fut installé le 1er juillet ; il fut escorté avec pompe à Saint-André, complimenté à la porte, conduit au chœur, à un fauteuil richement décoré et posé sur un tapis élégant. L'archidiacre fit un discours sur le serment, et le nouveau lieutenant de maire lui répondit. Alors M. Chavaille, clerc de ville, debout sur la plus haute marche de l'autel, lut dans les statuts la forme du serment, que M. Du Hamel, à genoux, la main sur les SS. Évangiles, prononça d'une voix distincte. On lui mit le chaperon, et la voûte retentit du cri de : *Vive le roi!* Après quoi, il fut conduit à l'Hôtel-de-Ville au son des trompettes et de la musique militaire. Le soir, il y eut un banquet préparé par les soins des jurats Buhan et de Pontac, qui se rendirent avec M. Tranchère, procureur-syndic, auprès de M. le Maréchal-Gouverneur, déjà invité, pour l'accompagner à la salle du festin.

Un arrêt du 29 juin 1705, enregistré le 15 juillet suivant, rétablit l'ancien usage de la ville de présenter tous les ans, pour la jurade, neuf candidats, c'est-à-dire, trois pour chaque ordre, parmi lesquels le roi en choisissait un par chaque ordre pour être jurat; mais ce magistrat ne pouvait exercer sa charge s'il n'avait vingt-cinq ans révolus, s'il n'était né de légitime mariage et s'il n'avait maison en ville.

L'ordre établi était souvent modifié selon les besoins de l'État, soit en créant des charges de jurats héréditaires, soit en prolongeant le temps de service de ceux qui devaient sortir de place; mais la modification la plus extraordinaire est celle qui eut lieu en vertu d'un arrêt, en 1704, qui déclare *perpétuelles et héréditaires* les charges des 1er, 3e et 5e jurats! En conséquence de cet arrêt, M. de Queysac exerça la première jusqu'en 1715. Le despotisme nouveau étouffait la vieille liberté des Bordelais!

On voit toujours subsistant jusqu'en 1790 l'ancien usage de ne permettre l'ouverture des vendanges, dans la banlieue de la ville, avant que la grosse cloche, d'après les ordres des jurats, n'en eût donné le signal, et cela sous peine d'une amende de mille livres.

Avant d'accorder la permission générale, les jurats, quoique seigneurs de la ville et de la banlieue, consultaient les grands seigneurs du pays; l'ouverture était avancée ou retardée, selon les circonstances du temps et des lieux.

En 1705, le roi établit un droit sur l'entrée des vins et des eaux-de-vie et nomma des préposés chargés de percevoir ce droit. Les jurats, réunis avec le Conseil des Cent-Trente, crurent qu'on portait atteinte aux privilèges de la ville et écrivirent en Cour pour demander le maintien de leurs anciens privilèges, l'abonnement usuel au droit d'entrée des spiritueux et la suppression de la nouvelle place et des fonctions des préposés. On voit avec quel soin les Bordelais veillaient toujours à la conservation de leurs libertés.

Le 3 février 1710, le Conseil des Cent-Trente s'assembla pour aviser aux moyens de nourrir les mendiants et les infirmes qui étaient renfermés dans l'enclos d'Arnaud Guiraud.

Le 1ᵉʳ juillet 1716, le roi, pressé par les circonstances politiques du moment, se hâta de confirmer les privilèges et libertés des Bordelais, « lesquels, y est-il dit, consistent dans
» l'exemption de toutes tailles; dans la faculté de pouvoir,
» quoique roturier, acquérir et posséder des fiefs et terres
» nobles, sans être assujétis à aucune finance, et dans divers
» autres droits qui concernent l'entrée, la vente et débit des
» vins bourgeois ou des vins provenant des crûs de la séné-
» chaussée de Bordeaux; mais ceux du maire et des jurats en
» particulier consistent dans le droit d'exercer la justice publi-
» que et de connaître, en matière criminelle, des affaires qui
» regardent indirectement toutes sortes de personnes, nobles
» ou roturiers, demeurant dans la ville ou dans la banlieue
» d'icelle; dans le gouvernement de la dite ville, la garde des
» clés et le commandement des armes, sous l'autorité néan-
» moins du gouverneur ou commandant général de la pro-
» vince; que tous ces privilèges leur ont été accordés de temps
» immémorial et qu'ils y ont été, en différents temps, main-

» tenus, rétablis ou confirmés par les rois de France ou d'An-
» gleterre, suivant que la Guienne a passé sous la domination
» des uns et des autres; que l'ancienneté du droit et de la
» possession des jurats, par rapport à la juridiction criminelle
» sur toutes sortes de personnes nobles et roturières, se trouve
» particulièrement justifié par un édit de Philippe le Bel, de
» l'année 1295, vulgairement appelé la *Philippine;* que cet
» édit a été suivi de plusieurs autres titres non moins authen-
» tiques, et notamment de deux édits d'Édouard et d'Henry,
» rois d'Angleterre, des années 1360 et 1422; d'un autre édit
» de François II, de 1560; de diverses lettres-patentes de con-
» firmations générales, et, enfin, d'un arrêt du Conseil d'État
» du 4 septembre 1676, par lequel le feu roi, notre honoré
» seigneur et bisaïeul, les a solennellement maintenues dans
» cette juridiction; qu'à l'égard de la police, du gouverne-
» ment de la ville, de la garde de ses clés, du commande-
» ment des armes, de l'exemption des tailles et du droit d'ac-
» quérir et posséder des fiefs et terres nobles, il paraît que
» ces privilèges, ainsi que ceux qui concernent les vins du
» crû de la sénéchaussée, sont aussi d'une concession des plus
» anciennes, ayant même été confirmée dès l'année 1451, par
» un traité fait avec le roi Charles VII, et qu'après avoir été
» supprimés par Henri II, en 1548, ils ont été rétablis par le
» même roi en 1550, et renouvelés par Charles IX en 1560
» et 1566, et ont été depuis expressément et indéfiniment de
» nouveau confirmés par les rois, leurs successeurs, par let-
» tres-patentes d'Henri III, de 1583, d'Henri IV, de 1591 et
» 1602, et notamment par celles du même roi, de 1597;
» pour ce qui regarde l'exercice et l'exécution de la police,
» par celles de Louis XIII, de 1610 et 1612, et de Louis XIV,
» de 1643, et par différents arrêts de notre Conseil, des an-
» nées 1674, 1693 et 1703. Ensuite, que les exposants et les
» bourgeois de Bordeaux, en général, ont toujours joui de
» ces privilèges sans interruption; et comme ils ont un intérêt

Livre XVI.
Chap. 5.

T. Ier, p. 434
et *Note* 27,
page 704.

» sensible d'avoir pareillement la confirmation et le renou-
» vellement de ces priviléges qui leur sont en même temps
» si honorables et si avantageux, etc., etc.;

» A ces causes, etc. »

Nous avons cru devoir citer ce document presque tout entier parce que le lecteur y trouvera, non pas seulement la confirmation des priviléges des Bordelais par Louis XV, mais parce qu'il y verra réunis les édits et lettres-patentes des rois d'Angleterre et de France : c'est un tableau synoptique où l'on découvre, d'un coup d'œil, les différentes époques de ces confirmations que nous avons négligé de citer, nous réservant de les résumer ici dans un document historique d'une haute importance incontestable.

En 1717, d'après une délibération des jurats sur l'hommage à rendre au roi devant les trésoriers de France, pour les terres et justices que la ville possédait, relevant de Sa Majesté, M. de Ségur, lieutenant de maire, partit le 12 février de l'Hôtel-de-Ville, précédé de huit soldats du guet, deux officiers et le greffier, pour se rendre au bureau des trésoriers de France. En arrivant à la porte, il quitta, avant d'y entrer, son épée, son ceinturon, ses gants et son chaperon, et les ayant remis à un officier, entra dans le bureau, tenant son chaperon sur le poing, et se mettant à genoux sur un carreau placé là à dessein, promit et jura sur les Saints Évangiles, au nom de la ville, d'être bon et fidèle vassal, sujet du roi, de garder et d'observer les statuts anciens et nouveaux. Après quoi, il se retira. Cet hommage fut rendu pour les terres, seigneuries et justices, tant du comté d'Ornon, baronnie de Veyrines, prévôté et seigneurie d'Eyzines, et de la petite prévôté et banlieue de l'Entre-deux-Mers, que pour les autres fiefs, tant de la ville et banlieue qu'ailleurs.

Au XVIIIe siècle, les jurats étaient encore très-respectés et leur place recherchée comme très-honorable; sans eux, rien ne se faisait en ville; ils étaient les premiers à paraître et à agir dans toutes les graves circonstances relatives à la ville et dans toutes les cérémonies publiques. Ainsi, au passage de Méhémet-Effendi, ambassadeur de Turquie, à Bordeaux, en 1721, ce furent les jurats qui le reçurent à la porte des Salinières et qui le firent escorter par les troupes bourgeoises, qui faisaient la haie jusqu'à l'Hôtel-de-Ville, où il trouva pour sa personne une garde de 150 hommes, avec drapeau et tambours battant aux champs à son passage; il n'y resta que trois jours. En 1722, le Gouvernement avait besoin d'argent; il frappa d'un certain droit les vins et eaux-de-vie. Les Cent-Trente, convoqués par les jurats, demandèrent avec énergie la cessation de cet abus et la restitution des droits perçus en violation de leurs priviléges. Dans plusieurs autres circonstances, les jurats firent preuve d'une grande indépendance; mais leurs énergiques réclamations n'ont pas toujours été couronnées de succès.

Au commencement du XVIIIe siècle, le Gouvernement créa plusieurs charges vénales et contraires aux droits de la ville. C'était un moyen d'alimenter le fisc, mais qui paraissait vexatoire aux jurats; ils convoquèrent le Conseil des Cent-Trente, et après un franc exposé de l'état des choses et de l'inutilité de toute réclamation auprès du roi, dont la volonté faisait alors la loi, il y fut délibéré, en 1723, d'en écrire au sous-maire, alors à Paris, et de le charger d'offrir au ministre la somme de 15 à 16,000 livres pour le rachat de ces charges qui gênaient l'action de la municipalité, dont elles étaient indépendantes. Parmi les nouveaux fonctionnaires créés arbitrairement à cette époque se trouvait le sieur Galatheau; il se qualifiait de *conseiller et jurat mi-triennal ancien*, en vertu de lettres-patentes du mois précédent en sa faveur.

A cette époque, on s'occupait des embellissements des quais de Bordeaux. On voulait faire une porte donnant sur le port, au bout de la rue du *Chai-des-Farines*. On crut devoir faire au devant de la porte *Despaux*, une place au centre de laquelle

Livre XVI.
Chap. 5.

on désirait élever une statue à Louis XV, là où les jurats, en 1684, avaient résolu d'ériger un monument semblable en l'honneur de Louis XIV. Pour l'exécution de ce projet et pour la construction d'une nouvelle ligne de maisons, depuis la porte Saint-Pierre jusqu'au Chapeau-Rouge, les jurats prirent une délibération le 2 janvier 1728 ; mais le parlement s'y opposa, et, dans un mémoire présenté au roi, déclara que l'aliénation projetée du terrain était contraire aux usages locaux et aux arrêts du Conseil d'État, qui, en pareil cas, prescrivaient la convocation des Cent-Trente, chose que les jurats n'avaient pas faite. Malgré les objections du parlement et ses énergiques réclamations, la délibération des jurats fut homologuée par un arrêt du Conseil du 7 février 1730, mais avec les modifications proposées par l'architecte Gabriel.

Au mois d'août 1758, les jurats, prévenus par une lettre du ministre, M. Florentin, de l'arrivée du maréchal duc de Richelieu, nommé gouverneur de Guienne, envoyèrent MM. Pinel et O'Quin aîné, à Blaye, pour le complimenter et lui offrir une maison navale pour remonter la Garonne. Ils partirent le 2 juin ; mais le maréchal n'arriva que le lendemain, à cinq heures du soir. Après avoir échangé des compliments avec les deux jurats, il les retint à souper. Le lendemain, ils s'embarquèrent à bord de la maison navale, qui était élégamment peinte et dorée, garnie à l'intérieur de velours cramoisi et ornée d'emblèmes en l'honneur du nouveau gouverneur ; elle était remorquée par quatre chaloupes, sur chacune desquelles il y avait un pilote et vingt matelots vêtus de casaques rouges bordées de blanc, avec des bonnets de la même couleur. Le brigantin de la ville se trouvait très-près et allait de conserve avec les autres embarcations. A trois heures, ils se trouvèrent en vue des Chartrons et bientôt après dans la magnifique rade de Bordeaux. Les quais étaient couverts de flots de peuple ; les navires pavoisés et rangés en ligne ; l'air retentissait de cris et d'acclamations bienveillantes, auxquelles venaient se mêler les étourdissantes décharges d'une nombreuse artillerie des forts et de la rade, et d'une forte batterie de canons que les jurats avaient établie sur la place Bourgogne. La maison navale fut remorquée jusqu'à la porte de Sainte-Croix, et au retour jusqu'à la porte Cailhau, où les jurats, MM. Galatheau, Durantheau, Brunaud et le chevalier de Mons, accueillirent respectueusement le maréchal-gouverneur.

Après la harangue officielle et les compliments d'usage des divers corps et communautés de la ville, le maréchal, monté sur un beau coursier richement caparaçonné, s'avança, avec le cortége, à travers une multitude immense de curieux, vers la chapelle de Saint-Jean, la rue de la Rousselle, les fossés, la rue des Lois, la Porte-Basse, où l'on avait érigé un arc-de-triomphe. Arrivé à la porte royale de Saint-André, le maréchal fut harangué par M. Basterot, doyen du chapitre ; il se mit à genoux sur un carreau de velours placé au-devant d'un prie-dieu et y fit le serment accoutumé, et puis se rendit au chœur, où l'on entonna le *Te Deum*, après quoi il fut conduit à l'Intendance.

Le 2 septembre 1765, les jurats firent une autre magnifique réception au prince de Beauveau, commandant et chef de la province. Ils lui envoyèrent des bateaux à Cubzac pour lui faciliter le passage, à lui et à sa suite. Les jurats Duluc et de Cayla allèrent avec Pinel, procureur-syndic, le complimenter à Lormont. Toutes ces réceptions entraînaient la ville dans des dépenses énormes et mettaient souvent les jurats dans la nécessité de créer de nouveaux impôts pour faire face aux nombreux besoins de la ville, dans un temps où ses ressources n'étaient guère abondantes (1).

(1) Voici l'état du budget de la ville, en 1759 :
     Recettes. . . . . 452,953 liv. 4 sous 8 den.
     Dépenses. 465,034   16 »
En tête des dépenses on inscrivait, chaque année, une certaine somme pour les

Livre XVI.
Chap. 5.

À cette époque, le pouvoir royal absorbait l'autorité municipale. La création de nouveaux offices et l'indépendance des nouveaux titulaires, vis-à-vis de la municipalité, entravaient la marche ordinaire de l'administration locale ; les Cent-Trente se réunissaient très-rarement ; les ordres arrivaient de Paris et leur ôtaient toute occasion et tout motif de délibérer en commun. Les jurats réclamaient avec énergie contre cét état de choses, et enfin, par ses lettres-patentes de 1767, le roi fit droit à leurs justes réclamations. On y lit, *article* 45 :
« Approuvons et confirmons l'usage ancien de la dite ville
» (de Bordeaux) de convoquer, pour les assemblées extraor-
» dinaires, l'assemblée des Cent-Trente ; et, en conséquence,
» voulons que tous les ans, au jour qui sera indiqué dans
» l'assemblée des notables qui précédera la dite assemblée
» des Cent-Trente, elle soit convoquée suivant les anciens
» usages. »

En 1771, nous voyons que les Cent-Trente s'assemblaient encore pour enregistrer une déclaration du roi, relative à quelques changements introduits dans le régime municipal.

En 1788, le désordre de l'administration civile et financière était à son comble ; pour y remédier, on convoqua, le 2 décembre, les Cent-Trente ; c'était le vœu de tout le peuple. Cette assemblée fut autorisée et approuvée par deux arrêts du Conseil, rendus à la réquisition des notables. La séance dura depuis quatre heures après-midi jusqu'à bien avant dans la nuit. On n'y entendait que des critiques acerbes de l'administration, qu'on représentait comme incapable, imprévoyante et infidèle, et des vœux pour un système meilleur. Quelques jours après, il y eut une autre séance orageuse, et, le 9 du même mois, les jurats, convaincus d'avoir calomnié leurs concitoyens, en Cour, furent obligés

fonds secrets, qui était versée entre les mains du greffier de police. Cette somme variait de trois à cinq mille livres, selon les circonstances. En 1744, elle s'éleva à 10,000 livres.

de reconnaître leurs torts, et tout le reste du mois fut consacré à rechercher et réformer les abus.

En janvier 1788, on nomma des commissions chargées de reconnaître les titres de possession appartenant au domaine de la ville; les Cent-Trente furent convoqués le 16 janvier, pour entendre le rapport; à la suite de cette assemblée, on fit signifier au sieur Louis, chargé de la vente et de l'exploitation des emplacements du terrain du Château-Trompette, qu'il eût à respecter les propriétés de la ville. Le pouvoir supérieur s'opposait alors à la réunion des Cent-Trente. M. de Fumel avait défendu l'assemblée de janvier, mais un esprit d'investigation, relativement aux actes abusifs des agents ministériels et un désir de réformation et d'innovation s'était déjà répandu dans la société. Enfin, l'assemblée des Cent-Trente fut jugée utile dans ces pénibles circonstances; elle fut convoquée pour le 2 décembre 1788, et consacra trente-six séances aux importantes affaires civiles, politiques et administratives du moment.

Le 28 février 1789, on adressa au roi un mémoire pour le prier de permettre que l'on procédât à Bordeaux, d'après les anciennes libertés de la ville, à la libre élection des nouveaux officiers municipaux. On présenta une liste de dix-huit prud'hommes pour la jurade et de six individus pour les places de procureur-syndic et clerc de la ville; mais un arrêt du Conseil cassa cette élection et donna lieu à des remontrances énergiques et respectueuses adressées au roi, le 3 mars, par les Cent-Trente.

Le 23 avril suivant, les Cent-Trente se réunirent encore et firent apporter sur leur bureau, à l'Hôtel-de-Ville, le cahier des doléances du Tiers-État de Bordeaux, déposé au greffe du sénéchal, afin d'en prendre copie pour les archives de la maison commune, et, le 20 mai, suivant on délibéra encore, en assemblée des Cent-Trente, d'envoyer le même cahier aux États-généraux.

Livre XVI.
Chap. 5.

Antérieurement à cette date, la ville percevait un droit de deux sous sur toutes les marchandises qui se consommaient dans ses murs. Le fisc usurpa ce droit, mais une assemblée générale réclama, le 25 juin 1789, contre cette usurpation, et, par délibération du 8 juillet suivant, on affecta le produit de ce droit à la construction d'un hôpital et d'un Hôtel-de-Ville.

Nous voici arrivés à une époque de rénovation; une nouvelle organisation sociale occupe tous les esprits; des électeurs, au nombre de quatre-vingt-dix, remplacent les Cent-Trente et se réunissent, le 17 juillet 1789, à la demande du peuple, afin de pourvoir, avec les jurats, aux besoins publics.

Cette administration provisoire dura jusqu'à l'installation de la nouvelle municipalité constitutionnelle, le 3 avril 1790. Pour ne pas nous répéter, nous croyons devoir terminer ici l'historique de la municipalité de Bordeaux et renvoyer le lecteur à la seconde partie de notre travail, où nous donnerons tous les détails nécessaires sur les nouvelles formes de la municipalité de notre cité, depuis 1789 jusqu'à nos jours.

CHAPITRE VI.

Des tribunaux et cours de justice à Bordeaux. — Les formes de procédure sous les Romains, sous les Francs, sous Charlemagne. — Les assises de Gascogne. — La Cour du prévôt de la ville. — Du prévôt de l'Ombrière. — La juridiction des connétables. — Le juge des appels. — Le lieutenant général. — Le sénéchal, ses obligations. — La charte d'Édouard Ier. — Les baillis. — Les présidiaux. — Serment des sénéchaux. — Complot contre la juridiction du clergé. — L'archevêque réclame. — Ses droits sont maintenus. — Liste des sénéchaux. — Droits et fonctions des baillis. — Résidence du sénéchal. — Étendue de sa juridiction. — Formes des procédures au XIIIe et au XIVe siècle. — Jugement de Dieu. — Les duels. — Disposition légale d'Édouard Ier. — Le droit criminel. — Juridiction du clergé. — Des *Coutumes*. — *Coutume* des vins. — Superstition des peuples.

Après avoir suivi avec autant de soin qu'il nous a été possible, les développements successifs des libertés municipales, nous allons maintenant consacrer quelques pages aux tribunaux et aux diverses formes que la justice a revêtues dans l'Aquitaine.

Rome, qui a été si longtemps maîtresse dans nos contrées, avait emprunté à la Grèce la procédure civile avec sa forme publique, populaire, indépendante; les tribunaux siégeaient dans le *forum;* le préteur était assisté de juges jurés *(judices jurati),* rangés en demi-cercle sur un plan inférieur; le peuple entourait l'enceinte comme *une couronne*, selon l'expression pittoresque de Cicéron. Jaloux de sa liberté et de ses droits, il croyait remplir un devoir sacré en allant surveiller la conduite des dispensateurs de la justice et constater, par le sentiment public, l'équité et l'impartialité de l'arrêt. Dans le procès de chaque Romain, il s'agissait des droits de

Livre XVI.

Cicéron,
Pro Milone.

tous (1). Le droit d'accusation appartenait à chaque citoyen *(cuivis de populo)*; chaque individu arrivé à sa majorité était, en quelque sorte, un procureur général ; il y avait du péril à l'être, mais aussi il y avait de la gloire à bien s'acquitter de ces hautes, ardues et difficiles fonctions d'accusateur public ; c'était la route des dignités et des faveurs populaires. Les jurats ou juges *(judices jurati)* étaient désignés au sort et soumis à récusation ; en matière capitale, le condamné pouvait en appeler au peuple. Ces formes existaient à Bordeaux jusqu'au Ve siècle. Elles furent alors modifiées ; mais on y retrouve encore le débat oral, les dépositions contradictoires, les *juges jurats*, la publicité de l'audience, la liberté de la défense, en un mot, tout le fond du droit romain.

<small>Livre XVI. Chap. 6.</small>

<small>Tome Ier, pag. 129, 279.</small>

Les Francs arrivent et introduisent dans cette législation un nouvel élément, leurs mœurs et leurs lois. Les formes sont nouvelles, mais le fond reste presque toujours le même : le droit romain et le droit salien coexistent, se mêlent sans se confondre complètement. Le *plaid* ou parlement du roi *(placitum regis)*, le plaid général ou parlement national sont convoqués périodiquement, selon leurs antiques usages, *sicut mos erat Francorum*, pour les grandes affaires. Le génie de Charlemagne s'imprime plus tard aux formes des cours de justice ; elles devinrent sévères et imposantes et servirent admirablement à réprimer les écarts des grands et les désordres du peuple. A sa mort, il se fit un vide immense dans l'État ; les abus ressuscitèrent, et, vers la fin du Xe siècle, l'Aquitaine se trouva envahie par le flot toujours croissant de l'ignorance avec son cortége habituel : l'immoralité, le mépris des lois et la plus déplorable anarchie. Pendant deux siècles, les cours de justice se modifient ; par leurs dévelop-

---

(1) In plerisque judiciis crederet populus romanus suâ interesse quod judicaretur. (TACITE.)

pements laborieux, fruits du temps et de la nécessité, nous voyons les jurisprudences féodales et ecclésiastiques s'étendre, se compléter et s'enrichir de nouvelles lumières, de formes neuves et moins compliquées. Rivales toujours, rarement amies, elles ne s'accordaient bien que sur un seul point, leur tendance mal voilée à limiter et à miner peut-être l'autorité royale, pour étendre et agrandir la leur et se substituer à sa place; c'est la nature de tous les corps dont les droits et les devoirs ne sont pas nettement définis.

Livre XVI. Chap. 6.

Dans les assises de la Gascogne, les débats étaient publics sur la grande place de l'Ombrière, devant une Cour composée de jurisconsultes et présidée par le *Juge Mage* de Gascogne, qui était le lieutenant *(loctenent)* du sénéchal. Les accusés avaient leurs défenseurs à leur côté; les témoins étaient entendus contradictoirement et selon la maxime féodale; chacun, noble, roturier ou ecclésiastique, était jugé par ses pairs. Mais la corruption et l'ignorance étaient si profondes et si générales, le mensonge si familier à presque toutes les classes, le parjure si commun, qu'on substitua aux formes judiciaires antiques les preuves superstitieuses que le peuple s'efforça, dans son ignorance, de rendre plus respectables en les appelant *les jugements de Dieu!*

Sous les Anglais, les maire et jurats étaient à la fois les magistrats du peuple, et, à une certaine époque, et surtout après Charles VII, les agents du roi. Ils tenaient la *Cour de Saint-Éloi,* où l'un des jurats présidait, comme juge municipal, assisté des quelques prud'hommes, savants conseillers, qu'on appelait *sabios* et *coustumiers.* Ce jurat-président prenait le titre de prévôt de Bordeaux *(perbost de Bordeu);* il prononçait en première instance sur les contestations entre les habitants de la ville et de la banlieue. En certaines circonstances, cette Cour connaissait de toutes les affaires civiles, criminelles et féodales; mais on pouvait appeler du prévôt au maire et du maire au sénéchal, qu'on appelait aussi le

Cour du Prévôt de la ville.

Livre XVI. Chap. 6.

châtelain, parce qu'il demeurait au château de l'Ombrière.

Dans une circonstance particulière, le roi s'arrogea le pouvoir de faire justice en matière de coups et de blessures; la jurade réclama énergiquement son antique droit. Le roi, pour qu'il ne fût pas dit qu'il avait cédé, eut l'air de lui faire une grâce en lui rendant son privilége inaliénable, pendant six ans! En 1366, le sénéchal voulut contester aux maire et jurats la faculté de connaître des affaires concernant la bourgeoisie; mais un arrêt rendu en juillet par la *Cour des grands jours*, sous la présidence du fils aîné du roi d'Angleterre, conserva aux jurats leur droit. Le même fonctionnaire voulait restreindre leur pouvoir en matière criminelle; ils réclamèrent de nouveau et furent maintenus dans leurs priviléges, excepté les cas de lèse-majesté, de fabrication de fausse monnaie et de falsification des sceaux du roi.

Les maire et jurats s'attribuèrent, dans une occasion, la connaissance des délits commis par les étrangers, tant sur terre que sur mer; c'était empiéter sur les droits du prévôt de l'Ombrière; ils furent obligés de se désister sur les réclamations de ce magistrat, qui, quelquefois, se permettait le même tort en empiétant sur les droits des officiers municipaux. Ces rivalités, ces fâcheuses usurpations de droits mal définis, amenaient souvent des conflits entre les différents fonctionnaires de la ville; on fit un règlement général en 1376, auquel ils furent tous obligés de se conformer; nous l'avons donné.

Prévôt de l'Ombrière.

Un autre magistrat de justice royale, appelé le *Prévôt de l'Ombrière (perbost de l'Ombreyra)* tenait sa Cour sur la place du palais de l'*Ombrière*; il connaissait des cas royaux et des causes des étrangers qui n'étaient pas justiciables du prévôt de la ville; il entendait sommairement les parties et devait prononcer son jugement, surtout entre les étrangers, dans l'espace de trois marées (trente-six heures), si l'affaire n'exigeait pas, par son importance, d'autres débats et un plus long délai (1). Livre XVI. Chap. 6.

Par le règlement dont nous avons parlé, le roi mit des limites à son autorité et à celle du prévôt de la ville, autrement appelé parfois *prévôt de Saint-Éloi;* ils étaient obligés depuis lors (1376) d'agir avec plus de circonspection et de se permettre moins d'empiètements l'un sur l'autre. Page 28.

Outre les prévôts de la ville et de l'Ombrière, il y avait encore un prévôt des maréchaux ; sa charge consistait à connaître des affaires concernant les militaires ; mais son ambition lui fit oublier les limites de son autorité ; il se mit à empiéter sur les droits des maire et jurats et même du sénéchal. Le roi, par lettres-patentes du 14 janvier 1445, les maintint chacun dans les limites de leurs juridictions respectives. Archives de l'Hôtel-de-Ville

Il y avait une autre juridiction, à Bordeaux, dite la *connétablie* ou *comptablie ;* le magistrat qui remplissait cette charge percevait les revenus du domaine ; tout ce qui concernait cette matière était de sa compétence. Il nommait les fermiers des domaines, qu'on appelait baillis. Les causes jugées dans ce tribunal étaient portées, par appel, devant le duc de Guienne, dont la Cour s'appelait *Cour des grands jours.* Il nommait les baillis non seulement dans le Bordelais, mais en Périgord, dans la Gascogne, le Limousin et la Saintonge ; il était tenu cependant de s'entendre avec le sénéchal pour ces nominations et de demander préalablement l'avis du contrôleur. Il était obligé d'avoir près de lui un clerc habile qui pût tenir la place et lever les droits du roi en son absence. Les baillis et les autres officiers du roi lui rendaient leurs comptes deux fois par an. Le contrôleur avait pour gages, lui et ses deux clercs, 122 sous 10 deniers ; de plus, 40 sous pour les habits ou livrées distinctives. Connétablie.

---

(1) Le perbost de l'Ombreyra doibt ouyr les personnes qui playdoyeront devant luy somèrement et de plain, et sens longue figure de procès, et doibt faire droict entre les èstrangiers dedens tres marées si bonnement faire se peult.

<small>Livre XVI. Chap. 6.</small>

Le connétable, dit M. Marie de Saint-Georges, page 34, était le premier officier du duché et le général des armées bordelaises, à l'exclusion du sénéchal de Guienne, qu'on appelait le *grand-sénéchal*, parce qu'il avait été longtemps la seule grande autorité du pays, le seul sénéchal de la province de Guienne où l'on établit plus tard, pour certains démembrements de territoire de la province, d'autres sénéchaux moins importants, comme ceux de *Bazadais*, des *Landes* et du *Labour*. Depuis lors le sénéchal vit sa puissance réduite à commander les *gens d'armes d'ordonnance*, institution militaire qui subsistait encore en 1572, sous le comte d'Escars-Merville et sous le marquis de Rouillac, de la maison de Gouth.

Après la prise de Bordeaux sur les Anglais, le chevalier Juvénal des Ursins exerça le pouvoir du connétable ; il assistait aux conseils militaires, et, après son départ de Bordeaux, le pouvoir du maire égalait celui du sénéchal, qui fut contraint de se contenter du commandement du château de l'*Ombrière*.

<small>Le Maire, ou le Tableau municipal.</small>

Cette vérité historique est mise dans tout son jour par M. Marie de Saint-Georges.

On établit à Bordeaux un juge des appellations, avec 125 livres de gages ; le roi le nommait sur l'avis du sénéchal ; on y voyait aussi des auditeurs des causes ou juges d'instruction, avec 125 livres de gages ; il y avait aussi un défenseur des droits royaux, dont les honoraires n'ont pas toujours été les mêmes. On institua aussi un procureur du roi dans la cour de France ; c'était toujours un jurisconsulte éclairé. S'il demeurait à Paris, il avait 50 sous bordelais de gages. Un architecte était chargé de faire les visites des châteaux et des fortifications dans toute la province et de les maintenir en bon état ; il avait 5 sous par jour et 100 sous à Noël, pour les habits. Un armurier distingué était chargé officiellement de fournir les armes nécessaires pour la défense des forts et des garnisons ; il touchait par jour, pour ses gages, 4 sous bordelais; et dans ses tournées, le connétable était tenu de lui fournir un cheval aux dépens du roi.

Livre XVI. Chap. 6.

Pendant quelque temps, un lieutenant général représentait le roi en Guienne ; mais il était, quoique haut placé, sous l'autorité du sénéchal, dont les attributions étaient à la fois civiles, judiciaires et militaires. C'est ce lieutenant qui instituait les autres sénéchaux de la province, les juges, châtelains, promoteurs, avocats, procureurs et clercs de la couronne dont la nomination appartenait au roi; mais, à dater de 1348, le sénéchal de Gascogne fut investi de ces pouvoirs, avec droit de contrôler toutes les dépenses des connétables; il devint tout-puissant : tout passait par ses mains; et c'est par l'action absorbante, usurpatrice et trop arbitraire du sénéchalat que le roi s'appropria à la longue les droits et priviléges et antiques libertés de la ville.

Le sénéchal tenait la Cour souveraine de Gascogne dans le château de l'Ombrière *(castel de Bordeu)*. Les sénéchaux n'étaient d'abord que des majordomes ou intendants de la maison du roi; ce mot, selon Pasquier, signifiait *vieux chevalier* (1). Plus tard, ils furent chargés de l'inspection des agents subalternes du palais du roi et des gens d'armes attachés à sa maison. Les grands seigneurs, pour singer le prince, donnaient le nom de *sénéchal* à leurs hommes d'affaires, qui régissaient leurs domaines et surveillaient les serfs; mais, depuis l'institution des maîtres-d'hôtel, l'office du sénéchal était regardée comme une dignité militaire ; il conduisait l'avant-garde et portait le *gonfalon* ou étendard royal. Quand le duc d'Aquitaine entendait la messe, le sénéchal se tenait derrière lui, une épée nue à la main ; il était le premier du palais et usurpait peu à peu une puissance presque

Recherches, etc., liv. II, ch. 14.

---

(1) Ce mot dérive du latin *senex*, ancien, et *schalk*, mot allemand qui signifie *serviteur*.

égale à celle des maires du palais sous les rois de la première race. Instruits par le malheur des Mérovingiens et des faibles descendants de Charlemagne, les descendants de Hugues Capet laissèrent tomber les charges de sénéchal. Thibaud, comte de Blois, grand-sénéchal en 1191, ne fut pas remplacé. A la place de ces puissants seigneurs, les rois établirent des baillis investis de grands pouvoirs, mais beaucoup moindres que ceux exercés par les sénéchaux.

Nous voyons cependant que le titre et la charge de sénéchal furent conservés en Guienne, en Provence et dans les domaines des grands vassaux de la couronne. Les baillis royaux étaient presque toujours pris dans les rangs des jurisconsultes et les sénéchaux dans l'aristocratie. Le sénéchal était le premier juge de la province, le chef de la noblesse; sa cour se composait de la haute noblesse, de la bourgeoisie, des jurisconsultes et des représentants des communes. Il tenait les assises ambulatoires, et, dans les grandes assises, il se faisait assister des juges du ressort. Il connaissait des plaintes portées par les vassaux du duc contre ceux qui les troublaient dans la jouissance de leurs fiefs, et de toutes sortes de crimes. Il avait le droit de réformer les sentences rendues par les justices inférieures ; le droit d'appel, d'origine romaine, avait été laissé dans le Midi et dans nos contrées, par l'abrégé du Code Théodosien, rédigé par les ordres d'Alaric II, à l'usage de ses sujets gallo-romains. Ce précieux droit d'appel, saint Louis le rendit général et fit cesser l'abus de révision des procès par des combats judiciaires qui existaient dans le pays où le droit romain n'avait pas pénétré.

Le parlement absorbait tous les pouvoirs; mais dans les villes où il n'y avait pas de Cour, le lieutenant général remplaçait le sénéchal et remplissait les fonctions judiciaires et administratives. Les parlements étaient jaloux de cette puissance et obtinrent une déclaration royale, du 30 mars 1554, qui défendit aux sénéchaussées et présidiaux de donner le nom d'arrêts à leurs jugements, d'y parler au nom du roi et de se servir du terme *nous* dans leurs actes officiels.

Livre XVI.
Chap. 6.

Le sénéchal était tenu de présider les assises en personne, à moins qu'il ne fût malade ou engagé dans des affaires très-graves qui exigeaient sa présence. Dans ces assises devaient se traiter les affaires concernant les droits et les propriétés du roi, des barons et des grands du royaume, à l'exclusion de toutes celles qui étaient d'une moindre importance et que les juges-auditeurs de Bordeaux pouvaient décider.

Le grand-sénéchal était tenu de visiter, une fois par an, les autres sénéchaussées du duché de Guienne et d'y tenir au moins une assise par an, s'il était possible; il était aussi obligé de visiter les bailliages de la Gascogne, en compagnie d'un jurisconsulte versé dans les coutumes du pays, pour corriger les abus qu'il y trouverait. Il devait avoir aussi un lieutenant à Bayonne, et percevait, par l'entremise du connétable, 2,000 livres bordelaises, aux quatre saisons de l'année, et ne pouvait rien recevoir des baillis que d'après le mandat du connétable. Il pouvait aussi établir et installer les sénéchaux, juges, défenseurs, auditeurs des procès, garde des sceaux, et conférer fiefs, etc., etc. (1).

---

(1) Voici le texte de l'ordonnance d'Édouard Ier, en 1307, qui règle ainsi les attributions du sénéchal : « Senescallus Vasconiæ, qui pro tempore fuerit, teneat quatuor assisias, in quatuor quarteriis anni, in Burdigalâ, ubicumque melius sibi viderit expedire, et alias quatuor in Vasatensi, et alias quatuor in partibus Sancti Genesii (Agenais) et quatuor in partibus Aquitaniæ et Bajonæ, si casus exigerit; et omnes istas teneat personaliter et non per alium, nisi causâ majoris negotii terræ vel ægritudinis fuerit impeditus, et in prædictis assisiis agentur causæ tangentes proprietates nostras et dominium nostrum, ac etiam causæ tangentes proprietates et dominia baronum, et magnatum nostrorum partium illarum, et non illæ causæ seu negotia quæ per auditores causarum Burdigalenses, vel per loca sua tenentes in Burdigalensi, Vasatensi et ultra Landas, aut alibi audiri poterunt et determinanari, et quod idem senescallus ad minus semel in anno supervideat et visitet alias senescalcias dicti nostri ducatus, et sit in qualibet senescalciâ ad minus, ad unam assisiam loci, si comode fieri potest, per annum. Et visitet personaliter quolibet anno, ad minus semel, singulas ballivias Vasconiæ, et visitando corrigat, et cor-

Livre XVI.
Chap. 6.

Le titre de sénéchal était particulièrement en usage dans les provinces qui avaient obéi à des comtes ou seigneurs, avant d'être réunies à la couronne. Dans les derniers siècles, la charge de sénéchal était presque toujours héréditaire et attachée non seulement à certaines familles, mais aussi à certains fiefs. En 1235, Henry de Vivonne fut institué sénéchal d'Aquitaine, par Henry III; il prêta serment de défendre la terre, de sauvegarder de son mieux les droits du roi, etc. (1).

En 1305, le sénéchal demanda aux maire et jurats l'autorisation de bâtir, sur la place du palais de l'Ombrière, un hangar pour battre monnaie; la permission fut accordée; mais, voyant plus tard les empiètements du sénéchal, les jurats regrettèrent leur concession et n'accordèrent que très-difficilement la faculté de réparer cette bâtisse.

Le sénéchal était donc l'homme du roi; il avait la surveil-

---

rigendo habeat continue secum unum virum jurisperitum, qui sciat consuetudines terræ, et ipsi consulet in suis agendis. Et habeat continue unum virum discretum, ultra Landas locum suum tenentem, et percipiat annuatim pro omnibus per manus constabularii Burdigalensis duo millia librarum Burdigalensium ad quatuor anni terminos; et idem senescallus non percipiat ab aliquo bajulo regis aliquam pecuniam regis, nisi de voluntate et mandato constabularii Burdigalensis. Item ordinatum est quod senescallus Vasconiæ principalis faciat, ordinet, et constituat, per totum ducatum, subsenescallos, judices, defensores, auditores causarum, custodes sigillorum, contractuum, procuratores et advocatos in negotiis regis ubique, per sigillum dicti ducatus, tales pro quibus velit respondere et cuilibet eorum conferat feoda, et vadia, in istâ ordinatione superius advocatâ.

(1) Ego, tactis sacro-sanctis, juravi..... quod ego bonâ fide et sine malo ingenio illam (terram Aquitaniæ) custodiam et defendam, pro posse meo, et jura ejus custodiam, et ea quæ dispersa sunt perquiram, et de exitibus prædictarum terrarum proficium ipsius domini nostri regis faciam, ad fidem et commodum et honorem ipsius. (Rymer, *Act. publ.*, tom. 1, pag. 251.)

Voici la substance du serment du sénéchal : « D'être à tous et à chacun un bon et loyal seigneur, de les garder de tort et violence, soit de sa part, soit de celle d'autrui, à son loyal pouvoir, d'observer bien et loyalement droit et justice envers tous et chacun; de faire aussi bien au pauvre qu'au riche et au riche comme au pauvre; de leur garder leurs franchises, privilèges, libertés, établissements, forts, coutumes, usages, observances, sauf la fidélité au roi, messire d'Angleterre et duc de Guienne.

lance de la police, de la justice et de la guerre ; il marchait à la tête des forces militaires de sa sénéchaussée et commandait la noblesse, dont la majeure partie de ces forces était composée. Plus tard, on limita ses attributions en les rendant simplement judiciaires ; il rendait ou faisait rendre, par ses lieutenants, la justice en son nom. Au XVᵉ siècle, les mots *bailli* et *sénéchal* étaient parfaitement synonymes dans le langage des cours de justice : ils jugeaient en première instance ; les appels étaient portés devant les parlements. Mais vers l'an 1551, ces appels étaient devenus si multipliés que Henri II fut obligé de créer des tribunaux intermédiaires, sous le nom de *présidiaux*, dont la juridiction fut fixée à 250 livres et étendue plus tard à 2,000 livres, par un édit de novembre 1774.

La Cour présidiale était quelque chose comme nos tribunaux de première instance. L'hérésie, considérée alors comme un crime par la politique, comme elle l'était aux yeux de la foi, avait toujours été déférée au tribunal ecclésisatique et était, depuis le milieu du XVIᵉ siècle, jugée en dernier ressort par le présidial, dont le ressort était borné aux limites de l'ancien diocèse de Bordeaux, avant qu'on en eût distrait certaines juridictions pour former les sénéchaussées de Castelmoron, de Tartas et de Libourne. La composition de ce tribunal varia beaucoup dans les XVᵉ et XVIᵉ siècles ; ses devoirs devinrent si nombreux et ses fonctions tellement compliquées et pénibles, qu'on l'annexa aux sièges des sénéchaussées, sous le nom de *sénéchal-présidial*. On agrandit sa sphère d'action par des attributions et une compétence plus étendues, mais en lui donnant toujours le vieux nom de la *Corte deu senescau de Gascoigne*. C'est à cette Cour que Charles VII adressa ses lettres-patentes portant ratification du traité de capitulation de Bordeaux ; elle était composée d'un lieutenant général, d'un lieutenant criminel, d'un lieutenant particulier, d'un assesseur, de cinq conseillers, d'un procureur du roi et de deux avocats du roi.

On pouvait faire appel de la cour du présidial à celle du sénéchal ; mais les appels de la cour dite le *sénéchal-présidial* étaient portés à la Grand'Chambre de la Cour suprême du parlement ; cependant, nonobstant ces appels, les sentences du sénéchal-présidial étaient exécutables si les parties fournissaient une caution suffisante.

Il y avait dans la Généralité neuf grandes sénéchaussées ou bailliages, avec siéges présidiaux ; Bordeaux prenait le nom de sénéchaussée de Guienne. On créa des sénéchaussées à Libourne, Sarlat et Nérac, en 1451, et elles furent en exercice en 1452. Le présidial de Bergerac fut créé en 1551, mais il ne subsista pas longtemps. Quatre de ces sénéchaussées ressortissaient au parlement de Bordeaux, savoir : Bergerac, dont l'appel, au cas de l'édit seulement, allait au présidial de Périgueux ; celle de Mont-de-Marsan allait par appel à Condom ; celle de Saint-Sever allait à Bayonne et à Dax.

Le présidial de Nérac fut créé en 1629 et définitivement établi en 1636. Le pays d'Albret appartenait à Antoine de Bourbon, père de Henri IV, par son mariage avec Jeanne d'Albret, reine de Navarre. Henri II l'érigea en duché, avec autorisation d'y établir quatre siéges présidiaux, dont l'un à Nérac, où l'on établit un lieutenant général et un lieutenant particulier, et les trois autres à Casteljaloux, Tartas et Castelmoron.

Henri IV parvint à la couronne ; le pays d'Albret y fut réuni et tous les officiers de son duché furent créés, en 1607, officiers royaux. En 1651, le duché d'Albret fut donné au duc de Bouillon, en échange de Sedan et de Raucourt. Plusieurs officiers, malgré l'échange, voulurent rester royaux ; le duc ne le voulut pas, il exigea que, pour les cas royaux, on allât au présidial de Nérac. Les officiers de Casteljaloux prirent leurs provisions du duc de Bouillon ; ceux de Tartas reçurent les leurs du roi et se maintinrent dans la possession du droit de juger des cas royaux et de juger même avec le sénéchal ou son lieutenant les cas criminels en dernier ressort.

Livre XVI.
Chap. 6.

La Bigorre n'avait qu'un juge comtal ; les appels étaient portés au sénéchal de Toulouse. En 1607, la sénéchaussée de Tartas fut faite royale pour la Bigorre. Il y avait un siége en Soule ; les appels, comme ceux du siége royal de Mauléon, allaient à Pau.

Les appelants du juge de Blaye ressortissaient au sénéchal de Bordeaux ; Le Maillezais était engagé au duc de Saint-Simon. Bourg, dont le roi engagea toutes les paroisses; Saint-Macaire, engagé à M. le duc de Foix ; toutes les paroisses (quarante-cinq) de la prévôté de l'Entre-deux-Mers étaient du ressort du sénéchal de Guienne (Bordeaux), ainsi que les cinq paroisses de Saint-Émilion. Il y avait une justice royale à Bazas pour la sénéchaussée de Bazas.

Dans ses rapports avec la municipalité, le sénéchal était considéré comme suzerain ; en arrivant à Bordeaux, il jurait, sur les Saints Évangiles, de protéger tous les citoyens, de défendre leurs biens et leurs personnes, de maintenir les franchises locales et de veiller à la conservation des droits du roi.

De leur côté, les maire et jurats s'engageaient, sous la foi du serment, de le garder et de lui obéir tout le temps qu'il exercerait sa charge.

En 1276, à l'occasion d'un démêlé entre le chapitre de Saint-Seurin et les jurats, le sénéchal se porta à des mesures extrêmes contre le clergé. On ne voulait plus de tribunaux ecclésiastiques ; on désirait abolir ou au moins restreindre l'influence et le pouvoir de l'archevêque, et, pour atteindre ce but, le sénéchal profita du différend dont nous venons de parler pour se prononcer en paroles et par des faits contre les prétentions du chapitre ; et ayant attiré dans son parti les barons, chevaliers, maires des localités voisines, tous les hommes influents du pays, il réussit à les engager sous serment, et au moyen d'une cotisation générale de 3,000 marcs d'argent, à empêcher que des laïques comparussent devant un tribunal ecclésiastique quelconque. Le sénéchal alla plus loin, et, fier de son omnipotence, publia une ordonnance portant que tout laïque devait à l'avenir comparaître devant un tribunal civil, à peine de 65 sous d'amende envers le juge dont il aurait décliné ou méconnu la juridiction. On lit, en outre, dans cette ordonnance, les dispositions suivantes :

« Si quelque personne, de quelque état ou condition qu'elle soit, fait action devant autre juge que devant son juge séculier, elle sera contrainte à se désister de son action par la saisie de ses biens.

» Aucun avocat ne sera reçu à plaider dans le barreau séculier, qu'il n'ait prêté serment qu'il ne donnera pas conseil, et que, par lui ou par quelque autre, *il ne fera ni procurera,* pour que quelqu'un, justiciable du seigneur-roi ou de tout autre seigneur temporel, appelle devant un autre juge sur les choses dont la connaissance appartient au juge séculier. »

L'archevêque en écrivit au roi Philippe le Hardi; les parties furent citées à comparaître devant des commissaires que ce prince envoya sur les lieux. La cause entendue, les commissaires rétablirent l'archevêque Simon de Rochechouart dans tous ses droits (1). On lui déféra la connaissance de tous les *délits qui pouvaient être la matière d'un péché,* des marchés faits sous serment, des mariages, des testaments, des sacrilèges, des parjures, etc., etc.

Le sénéchal fut obligé de révoquer son ordonnance, et dès lors tous les justiciables pouvaient se présenter, comme auparavant, devant des juges ecclésiastiques ou séculiers.

Les grands-sénéchaux faisaient exécuter les ordres du gouvernement; ils levaient la milice du pays et commandaient,

---

(1) Et vult et concedit quod omnia ad statum prædicti temporis reducantur, et tam laïci quam clerici vadant ad ecclesiasticam vel secularem curiam, prout volent, sicut ante fuerat consuetum.

à la suite du roi, l'arrière-ban de la noblesse. C'étaient des officiers civils supérieurs, nobles d'épée; ils se faisaient remplacer, dans les tribunaux, par des lieutenants généraux. Le dernier grand-sénéchal de Guienne était M. du Périer de Larsan; il présida l'assemblée de la noblesse et des trois ordres, en 1789.

LISTE DES SÉNÉCHAUX DE GUIENNE.

1220. Philippe de Uletot, sénéchal.
1235. Henry de Treubleville.
1247. Guillaume de Bueler.
1255. Étienne de Longuépée.
1271. Henry de Cubsance.
1273. Luc de Thany.
1276. Jean de Grailly.
1287. Jean de Havering.
1294. Jean de Burlach.
1304. Jean de Hamerling.
1314. Amaury de Créon.
1319. Guillaume de Montagut.
1323. Raoul de Basset.
1327. Jean de Haustède.
1337. Olivier de Ingham.
1338. Jean de Norwich.
1345. De Vinis.
1347. Thomas Colz.
1349. Franck de Hale.
1358. Jean de Cheverston.
1361. Richard Strafford.
1362. Chandos.
1373. Thomas Felton.
1377. Le seigneur de Montferrand.
1383. Jean de Grailly.
1392. Guillaume de Schorps.
1399. Gaillard de Durfort.

1412. William Clifford.
1413. Duras, seigneur de Blanquefort.
1416. Jean Tipof.
1420. Polon de Xaintrailles.
1429. Jean de Holland.
1430. Jean de Radcliffe.
1440. Thomas Tameston.
1443. Guillaume de Bonneville.
1447. Étienne de Brousse.
1450. Richard Widewille.
1452. Olivier de Coitivy.
1467. Pierre de Ramond.
1472. Odet d'Aydie.
1488. Gaston de Foix, captal de Buch.
1510. Roger de Grammont.
1527. Le marquis de Barbezieux.
1563. M. d'Escars, b^{on} de Merville (1).
1616. Le baron de Curson.
1617. Le marquis de Villars.
1624. De Tharaud.
1625. Le comte de Lavauguyon.
1629. Jacques Destouard.
1651. Le comte de Maure.
1703. Le baron de Landiras.
1718. Le marquis de Montferrand.
1762. Le marquis de Citran.
1769. Le baron du Périer de Larsan.

(1) Nous trouvons dans les *Archives de la Gironde*, tome I, page 256, une lettre de Catherine de Médicis, en date du 28 mai 1574, qu'on dit être adressée au grand-sénéchal de Guienne, M. de Montferrand. M. Charles de Montferrand ne fut jamais grand-sénéchal de Guienne. Parmi les sénéchaux de Guienne, nous trouvons un Montferrand, en 1377, et le marquis de Montferrand, en 1718. Mais en 1574, ce fut M. d'Escars, baron de Merville, qui fut sénéchal de Guienne.

Livre XVI.
Chap. 6.

Outre les sénéchaux, il y avait encore en Guienne, comme nous l'avons fait remarquer, des *baillis* ou officiers chargés, selon Ducange, de distribuer la justice dans les provinces. Leur institution remonte jusqu'aux premiers rois capétiens, lorsque les comtes, ayant cessé de rendre la justice en personne à leurs vassaux, furent remplacés par les *baillis (bajulos, ballivos)*. Les grands feudataires se rendirent indépendants de leurs suzerains, et, occupés souvent à la guerre, ils se firent aussi, à leur tour, remplacer par des baillis, comme gardiens de la justice et des droits de tous et pour le maintien de l'ordre.

Cette institution fut maintenue par les rois de la troisième race, dans les villes de leurs États. Leurs attributions furent réglées et clairement définies, comme on peut le voir par un édit de saint Louis, au mois de décembre 1264, et par un autre de Philippe le Bel, en 1302. Ducange rapporte le serment que les baillis prêtaient en entrant en fonctions.

Outre leurs fonctions judiciaires, les baillis levaient les droits appartenant à la couronne, tels qu'amendes, confiscations, forfaitures, lots, ventes, main mortes, etc., etc. Ils rendaient leurs comptes devant la chambre aux deniers de Paris. D'après un édit de Philippe de Valois, du 8 avril 1342, les baillis devaient être pris parmi les chevaliers et jamais parmi les maîtres des requêtes ou les membres du parlement.

Froissart, t. I, chap. 121. *L'Abbé Missel*, t. I, p. 658.

En temps de guerre, quand le roi convoquait le ban et l'arrière-ban de ses vassaux, les baillis marchaient à la tête des communes de leurs *baillies* et se faisaient remplacer par des *vicaires* ou *viguiers*, qui ont été appelés, plus tard, *lieutenants généraux*. Leur charge était annuelle, et, pendant la durée de leurs fonctions, il ne leur était pas permis, d'après un statut de saint Louis, de 1256, d'acheter des terres dans leurs baillies sans l'autorisation du roi, soit pour eux-mêmes ou pour quelqu'un de leurs parents. Ils n'étaient jamais nommés baillis dans leurs pays, d'après un statut de Philippe le Bel, de 1301, afin d'écarter tout danger, tout soupçon de partialité, et, pendant les quarante jours après l'expiration de leur charge, ils étaient tenus de résider parmi leurs anciens justiciables, pour répondre de leur conduite dans l'exercice de leurs fonctions et de les défendre, au besoin, devant le parlement.

<small>Livre XVI. Chap. 6.</small>

Le mot *bailli* signifiait, plus tard, la charge des *prévôts*, des *majeurs*, des *vicomtes* et autres magistratures secondaires. Tous ces offices s'achetaient et se vendaient, selon un édit rapporté par Nangis, sous l'an 1254. Au XVe siècle, les mots *bailliage* ou *baillie* et *sénéchaussée* étaient synonymes dans le langage judiciaire ; les baillis ne jugeaient qu'en première instance et les appels de leurs sentences étaient portés devant les parlements. Pendant de longues années du XVIIIe siècle, une partie de leurs fonctions était confiée aux présidiaux, dont nous venons de parler.

<small>Ducange.</small>

Le sénéchal de Bordeaux habitait le château de l'Ombrière. Quelquefois nous voyons son pouvoir exercé par le connétable et le prévôt. Ayant longtemps la nomination du maire et se faisant représenter en tout et partout, en cour de justice, dans l'administration civile et à la guerre, la royauté tendait adroitement à absorber toutes les libertés et franchises des communes. Le sénéchal était l'instrument dont les rois se servaient pour réaliser leurs vœux ; c'était le seul représentant du pouvoir royal dans les provinces.

Par un édit du 11 janvier 1563 (v. S), le roi créa l'office de vice-sénéchal à la place des prévôts des maréchaux, et le 27 juillet 1564 furent enregistrées les lettres de provision en faveur de Pierre Decombes, nommé vice-sénéchal d'Agenais, Condomois, Armagnac, Landes et Comminges. Sa juridiction s'étendait sur toutes sortes de personnes. La Cour de Bordeaux adressa au roi des remontrances contre des pouvoirs si étendus, qui blessaient ses prérogatives et qu'elle aurait désiré faire borner à ceux que les prévôts des maréchaux avaient exercés jus-

<small>Livre XVI. Chap. 6.</small>

qu'alors. Cet état des choses fut modifié plus tard. Sa juridiction s'étendait, dans le XVIII° siècle, sur le Bordelais, le Médoc, le Vitresais, le Blayais, la Benauge, les landes de Bordeaux, les pays de Buch et de Born, Libourne, Saint-Émilion, Castillon, Guîtres, Fronsac, Coutras, Rions, Vayres, Puy-Normand, Montbadon, Faize et Castelmoron, Langon, la paroisse de Toulenne, la prévôté de Born et Tartas. Il représentait le roi dans son siége, et, dans ses rapports avec la municipalité, il agissait en suzerain. Ses appointements montaient à environ 12,000 fr. et 3,000 fr. pour son installation.

Voici quelques détails sur la manière de procéder en justice, dans la commune de Bordeaux, aux XIII° et XIV° siècles :

<small>Mémoires des Coutumes.</small>

« Aucun prisonnier ne pouvait être élargi qu'après avoir
» comparu en justice. Le maire était en droit de faire mettre
» un accusé en prison ou de lui accorder la liberté, sans
» caution.

» Le condamné devait être présenté au prévôt royal de
» l'Ombrière avant de subir sa peine.

» Le maire et les jurats ne pouvaient laisser en liberté un
» individu prévenu de coups et de blessures envers un bour-
» geois de Bordeaux, à moins que le médecin ne vînt déclarer,
» par serment, que le blessé pouvait manger de la viande et
» boire du vin sans envenimer sa plaie.

» Lorsque le roi, son sénéchal ou son bailli portait plainte
» contre un bourgeois de Bordeaux, le maire devait juger
» suivant la coutume de la ville.

» Si un jurat se plaignait au prévôt du roi, d'un homme
» étranger, il devait aussitôt obtenir justice.

» Les procès des jurats ou du maire étaient jugés comme
» ceux d'un simple particulier.

» Il était défendu de confisquer une chose ayant la valeur
» de trois cents sous, à moins qu'il n'y eût jugement.

» Le bourgeois condamné par le prévôt de la ville faisait
» appel en disant : *Je provoque le juge et je l'appelle en*

» *réparation devant la Cour;* et alors le prévôt assignait un
» jour aux parties pour comparaître devant le maire.

» Un habitant de Bordeaux qui avait à se plaindre d'un
» étranger, l'appelait devant le prévôt de la commune; si
» l'étranger refusait de déférer à cette invitation, le bourgeois
» devait insister, et, dans le cas où le prévenu cherchait à
» fuir, le plaignant opérait son arrestation en se faisant prêter
» main-forte par les assistants, jusqu'à ce que le prévôt ou
» ses officiers fussent arrivés.

» On prononçait la condamnation de l'accusé, qui faisait
» défaut après avoir été invité à son de trompe, par le crieur
» public, de venir se justifier devant le juge.

» S'il arrivait que des bourgeois eussent assisté à des réu-
» nions suspectes, le maire et les jurats leur déféraient le
» serment sur les Saints Évangiles, dans le cas où ils auraient
» refusé de dire ce qu'ils avaient vu et entendu.

» Si la Cour du roi n'était pas à Bordeaux, et qu'un habi-
» tant de la commune, à la suite du roi, portât préjudice à
» un autre bourgeois, en présence du maire ou d'un jurat
» tenant sa place, l'un de ces deux magistrats était seul com-
» pétent pour juger de l'affaire; si le maire ou son suppléant
» n'était pas sur les lieux, c'était au roi à faire justice, sui-
» vant les *fors* et coutumes du Bordelais.

» En cas de vol ou d'incendie, si le plaignant déclarait que
» l'auteur lui était inconnu, le maire ordonnait une enquête
» à laquelle étaient appelés tous les habitants âgés de douze
» ans et au-dessus; lorsque l'enquête amenait la découverte
» du coupable, il était arrêté et exécuté et ses biens confis-
» qués au profit de celui qui avait opéré son arrestation. Si le
» malfaiteur parvenait à se soustraire à toutes les recherches,
» la commune indemnisait la victime et payait l'amende. Dans
» le cas où le dommage était trop considérable pour que la
» commune pût le payer, une portion de l'indemnité était pré-
» levée sur les deux ou trois paroisses les plus voisines.

Livre XVI.
Chap. 6.

» Quand on trouvait un cadavre dans la ville ou dans la
» banlieue, il était transporté à Saint-Éloi (Hôtel-de-Ville), où
» il était exposé. »

La coutume donne les motifs suivants de cette exposition :

« Si c'est le cadavre d'un étranger, il peut être reconnu
» comme ayant tel ou tel ennemi, comme ayant habité telle
» hôtellerie ou ayant vendu des marchandises dans certaines
» parties de la ville. D'après ces renseignements, il est possi-
» ble qu'on arrive à la découverte de la vérité.

» Et si c'est un bourgeois de Bordeaux, son cadavre doit
» être exposé pour donner avis aux autres habitants de pren-
» dre leurs précautions et pour faire honte aux malfaiteurs.

» L'individu soupçonné de l'assassinat est conduit devant
» le cadavre, et le juge lui demande s'il reconnaît la victime
» et l'interroge sur les circonstances du crime.

» Il y a quatre informations : la première se fait par té-
» moins; la seconde, devant le cadavre; la troisième, en
» présence de l'accusé, assis sur la sellette; et la quatrième
» a lieu par la torture : on attache les mains de l'accusé, et
» s'il est bourgeois de Bordeaux, il ne doit pas perdre terre
» en subissant la question (1).

» Toute contestation entre deux habitants de la commune
» était déférée à la Cour de Saint-Éloi; mais si les parties pré-
» féraient vider leur différend les armes à la main, les juges
» royaux s'empressaient d'intervenir. »

L'office de sénéchal finit par se confondre avec celui de
bailli, dont nous aurons occasion de parler. Tant que les
sénéchaux étaient regardés comme membres de l'ordre judiciaire, ils avaient la surintendance de la justice dans toute
la sénéchaussée. Les sénéchaux de Saintes, de Limoges,
de Cahors, etc., etc., se qualifiaient de sous-sénéchaux et
dépendaient du grand-sénéchal de Guienne ou de Gascogne,

---

(1) On attachait derrière le dos les deux mains du criminel, avec une corde que,
par le moyen d'une poulie, on élevait à une hauteur plus ou moins grande, suivant
la condition du coupable et la gravité de son crime.

dont les attributions principales étaient de veiller sur les cours de justice, de tenir quatre grandes assises dans les quatre saisons de l'année, dans le pays bordelais où bon lui semblerait, quatre dans le Bazadais, quatre dans l'Agenais et, enfin, quatre dans certaines parties de l'Aquitaine et à Bayonne, si les circonstances l'exigeaient.

Livre XVI. Chap. 6.

Nous avons déjà parlé de la Cour d'assises féodale et de la manière d'y procéder, des dépositions contradictoires et de la forme du *jury*, s'il m'est permis de m'exprimer ainsi, c'est-à-dire de la formation de la Cour de *juges-jurés (judices jurati)*; tout cela semblait rassurer le public et garantir l'impartialité des juges et les droits des plaideurs ; mais l'intrigue, la cupidité, la corruption et le parjure, faute de lumières et d'instruction, étaient devenus si habituels au peuple, qu'on s'écarta des formes antiques et usuelles; l'ignorance inventa les preuves superstitieuses que le peuple s'efforça de rendre respectables en les appelant les *jugements de Dieu!* La fraude s'introduisit dans la direction et l'exploitation de ces nouvelles et absurdes formes de justice ; les hommes, ne sachant parfois où était le droit, instituèrent le combat judiciaire; c'était le recours à l'adresse ou à la force brutale ; c'était la loi des barbares; le duel judiciaire était, dans la Gascogne, au XIe siècle, presque la seule règle des jugements, presque la seule forme des procédures. Nous le verrons en vigueur aux XIIIe, XIVe et même au commencement du XVe siècle, et Rymer nous a conservé les détails d'un duel entre deux bourgeois de Bordeaux, pour des matières politiques, ordonné par le connétable, pour vider leur querelle et faire ressortir, par le combat, la vérité qu'il ne pouvait découvrir par d'autres voies ; nous en parlerons plus bas.

T. IV, part. 1, édit. 1740.

Le duel judiciaire avait lieu à Bordeaux, avec beaucoup de solennité et un appareil imposant, si nous en jugeons d'après les détails suivants que nous trouvons dans un vieux manuscrit de l'époque.

Livre XVI.
Chap. 6.

« Une fois en présence du tribunal, l'un des adversaires, ou un avocat, en son nom, commence par désavouer, avant l'exposé des faits, toute parole qui pourrait nuire à sa cause et qui serait prononcée, soit par ignorance, soit dans la chaleur de l'improvisation. L'autre partie fait le même désaveu. Ensuite l'avocat déclare qu'il va parler au nom de son client, et en même temps il doit le toucher de la main et le nommer.

» Toutes les fois qu'il prend la parole, il doit placer sa main sur la tête de son client et prononcer avec lenteur la formule de l'appel, après avoir indiqué du doigt l'adversaire. Voici la formule :

« Seigneur, je dis que celui qui est là est faux, traître,
» déloyal, meurtrier. Je soutiens que tel jour, à telle heure
» et en tel lieu, il a assassiné, par trahison, mon frère, et
» qu'il l'a frappé de l'épée, au côté, sous mes yeux ; je l'ai
» vu retirer l'épée du corps sanglant, avec ses mains ensan-
» glantées. Oui, j'ai vu cela, Seigneur, et je m'offre de le
» prouver par des gens dignes de foi, s'il ose me démentir.
» Et si vous reconnaissez que la preuve par témoins ne peut
» être reçue, j'offre mon corps en preuve et je dis qu'il n'osera
» me démentir. Dans le cas contraire, je le combattrai en
» champ-clos avec les armes que je désignerai et que je
» me réserve de choisir, et je le forcerai d'avouer par sa
» bouche qu'il est un traître, et puis je le tuerai, et je vous
» livre, Seigneur, mes gants, pour gage de bataille ; je pro-
» teste que si, par hasard, je ne puis remplir mon intention
» en un jour, je serai là à votre disposition le lendemain et
» les jours suivants qu'il vous plaira de m'assigner. »

» Alors l'adversaire ou son avocat fait la même protestation et donne un démenti à l'appelant, en ces termes :

« Seigneur, je dis qu'il ment faussement par la gorge, » et il jette son gant. Si les deux champions sont bourgeois de Bordeaux, le maire doit les présenter au palais de l'Ombrière.

et là, le seigneur ou son sénéchal, par droit de souveraineté, doit leur assigner un jour pour le choix des armes et le jour de bataille.

» Le jour de la présentation des armes, les champions s'avançaient, l'un après l'autre, vers le seigneur et lui disaient : « Seigneur juge, voici mon corps que je mets à votre dispo- » sition ; je promets de faire mon devoir. »

» Puis ils désignaient leurs avocats respectifs et faisaient passer successivement sous les yeux des juges, les vêtements, les armes, les harnais, les ustensiles de tente et autres objets dont ils devaient se munir, selon l'habitude. »

On voit dans une *note* tous les objets dont ils se munissaient ; c'était nécessaire, car une fois entrés dans la lice, ils ne pouvaient rien recevoir du dehors, et le combat quelquefois durait plusieurs jours.

« Ensuite on convient du jour de bataille et, à midi, les deux adversaires, revêtus de leurs armures, entrent dans l'arène. S'ils sont à cheval, ils peuvent en descendre avec la permission du seigneur ; puis ils font une croix sur la terre et la baisent. Après cette cérémonie, chacun se retire dans sa tente respective, où il peut se rafraîchir.

» Les deux champions présentent au seigneur leurs ôtages, qui s'engagent à maintenir la paix autour du camp et à empêcher que les règles ne soient violées.

» Le seigneur fait venir les combattants au milieu de l'arène, et chacun jure entre ses mains qu'il n'a ni talisman, ni amulettes. Les juges du camp prennent place et font publier trois bancs ; par l'un, il est enjoint aux parents des parties de se retirer ; par l'autre, on avertit le peuple de garder le silence ; par le troisième, il est défendu, sous les peines les plus sévères, de porter secours à l'un ou à l'autre des combattants. Alors la lice est ouverte et le maréchal de camp crie : *laissez aller !* Le combat commence aussitôt et

Livre XVI. Chap. 6.

NOTE 9.

ne finit que lorsqu'un des combattants s'avoue vaincu, en criant : *grâce !* »

Rymer parle d'une lettre du roi d'Angleterre à son sénéchal de Bordeaux, qui, lors d'un duel judiciaire entre Hugues de Cailhau et Guillard de La Porte, au XIIIe siècle, s'était permis de faire emporter chez lui tout le bois qui servait à clôturer l'arène : « Je suis surpris que vous vous soyez approprié les barrières en bois, posées autour du camp, ainsi que les armes, les chevaux et autres objets fournis par les combattants. Je vous enjoins de remettre le tout à mon connétable, à Bordeaux. »

La royauté, par ses institutions accessoires, absorbait peu à peu toutes les antiques libertés de Bordeaux. Les princes respectaient le fond de l'organisation municipale et les formes antiques de la jurisprudence; mais ils les modifiaient sous le prétexte de les compléter, et introduisaient parfois des changements nécessaires, vu le progrès des lumières, mais fâcheux en ce sens, que c'était un précédent dangereux dont les princes, leurs successeurs, pourraient abuser plus tard, et qui finirait, à la longue, par détruire la constitution, sous le prétexte de la rendre meilleure sans le concours du peuple.

Voici une autre disposition assez curieuse de la législation du XIIe siècle; c'est un pas de plus vers un meilleur ordre de choses, une sorte de progrès.

En 1287, Édouard Ier, d'après l'avis des plus savants jurisconsultes et des coutumiers les plus distingués, décida qu'un testateur ne pouvait disposer de tous ses biens en faveur d'un étranger, et que les deux tiers de l'héritage devaient revenir au plus proche parent. Ce jugement a fixé la jurisprudence sur ce point, dans le Bordelais; il fut rendu à l'occasion du mariage de Mme Trenque de Navarre avec Guillaume de Bourg. La coutume n'avait pas, sur ce point, de principe fixe jusqu'alors.

Nous avons déjà vu que le même prince modifia considérablement les statuts municipaux en 1264. Plus tard, en 1295, Philippe le Bel confirma, en faveur des habitants de Bordeaux, les priviléges que les rois d'Angleterre leur avaient accordés.

« D'après la charte de confirmation, une fille qui a été mariée, avec terre et acquêts, dans Bordeaux, et dont le mari a pactisé sur la dot, ne peut, après la mort du père, revenir à partager avec les autres héritiers, lorsqu'il y a un enfant mâle dans la famille, mais elle doit se contenter de ce qu'elle a reçu en mariage.

» Si le père ne laisse que des filles héritières et que la fille mariée veuille avoir part à l'hérédité, elle doit rapporter à la masse sa dot entière.

» Une femme, après la mort de son mari, ne prendra point la moitié des acquêts, comme c'était l'usage, à moins que son mari ne lui ait donné quelque chose de son vivant. »

Si l'on veut avoir une idée du droit criminel à Bordeaux, aux XIIIe et XIVe siècles, il faut consulter le manuscrit des *Coutumes de Bordeaux*; on y trouvera des règlements, des usages singulièrement curieux, où l'on voit percer, à travers les ténèbres de l'époque, l'aurore de la civilisation, une nouvelle ère avec une législation nouvelle.

Les détails suivants sont intéressants, non seulement comme tableau des mœurs de l'époque, mais bien encore comme aperçus historiques très-importants pour la législation du temps dont nous écrivons l'histoire.

« L'individu convaincu de vol est, pour la première fois, mis au pilori; en cas de récidive, on lui coupe l'oreille, et à la troisième fois il est pendu. Le vol commis de nuit est puni du dernier supplice. Le voleur qui agit de force ouverte est mis à la question, en cas de récidive; mais s'il appartient au clergé, on se contente de le livrer à son juge compétent. L'objet volé est restitué au propriétaire, et s'il n'est pas ré-

Livre XVI.
Chap. 6.

clamé, il est adjugé à la personne qui a opéré l'arrestation. Le bourgeois de Bordeaux peut faire lui-même justice du serviteur qui a commis un vol à son préjudice.

» Si l'on avait la preuve que celui qui vend des marchandises pour le compte d'un bourgeois de la commune, en a retenu ou détourné une partie à son profit, il doit être mis au pilori pendant un jour, et toutes ses propriétés sont destinées à indemniser le patron lésé. Si un étranger se présente à Bordeaux, ayant en sa possession un objet volé à un habitant de la commune et refuse de donner des explications devant le maire et les jurats, l'entrée de la ville lui est interdite jusqu'à ce qu'il ait consenti à faire vider la contestation.

» Tout possesseur d'un objet volé doit prouver qu'il l'a acheté au marché ou à la foire; une fois la preuve établie, on lui remet la somme d'argent dépensée; dans le cas contraire, il est forcé à restitution sans indemnité.

» L'individu qui trouve un objet sur mer ou sur terre, en doit la moitié au roi; il le garde pendant quarante jours; dans cet espace de temps, il le fait crier au son de trompe. Le propriétaire, en se présentant, est obligé de payer le dixième de la valeur de l'objet trouvé.

» On condamne au bannissement celui qui profère des injures contre le maire ou les jurats; la peine doit durer un mois et un jour. Sont également bannis : tout débiteur qui ne peut ou ne veut pas s'acquitter envers son créancier, celui qui enlève une femme ou une fille et qui l'épouse sans le consentement du chef de famille, celui qui use de sortiléges pour rendre un homme impuissant et qui fait des invocations au démon, par nécromancie, ou qui met des amulettes ou de la vermine dans le lit d'un citoyen, afin de lui ôter le repos.

» Tout banni qui rompt son ban est condamné au dernier supplice. La peine de bannissement entraîne la mort civie. Cependant, si le condamné appartient au clergé et s'il n'est pas coupable de bigamie, il peut venir devant l'église pour satisfaire tous ceux qui ont eu intérêt à son bannissement. Un homme ne peut être banni sans information préalable. Il peut revendiquer ses droits tant que la sentence n'est pas prononcée et qu'elle n'est pas inscrite aux registres mortuaires.

» Tous les papiers de la commune sont publiés, à l'exception du registre des bannis, qui est scellé du sceau du maire, du sous-maire et des jurats, et confié à la garde d'un jurat pendant l'exercice de ses fonctions.

» Une amende de soixante-cinq sous est prononcée contre l'individu qui dit des injures à un prud'homme, celui qui dirige avec colère un couteau ou tout autre instrument contre un citoyen, l'incendiaire qui commet son crime le jour (1), tout marchand qui ne vend pas son blé ou son vin au prix déjà convenu, l'individu qui cherche à se soustraire au jugement du maire ou des jurats, celui qui entre chez une fille publique et commet un vol à son préjudice (2), celui qui se fait justice à lui-même en frappant un individu dont il a à se plaindre.

» En cas d'insolvabilité, toute personne condamnée à l'amende doit subir la peine du pilori. La femme qui tient de mauvais propos sur le compte d'autrui paie dix sous d'amende ou bien elle est attachée, par une corde, sous les aisselles et plongée trois fois dans l'eau. La même peine est infligée à la personne qui lui reproche d'avoir encouru cette condamnation.

» Tout individu qui reproche à un citoyen d'avoir encouru une condamnation quelconque, paie vingt sous bordelais, répartis de la manière suivante : cinq sous à celui qui a été injurié et quinze sous à la commune.

» Il est défendu de chasser dans les vignes depuis la mi-carême jusqu'après les vendanges. Le contrevenant paie cinq sous pour lui, cinq sous pour sa monture, cinq sous pour ses

---

(1) S'il mettait le feu de nuit et avec guet-apens, il était puni de mort.
(2) Celui qui prenait de force une fille publique, sans la payer, n'était absous qu'en se mariant avec elle.

chiens. Personne ne peut gaspiller dans les vignes des bourgeois de Bordeaux, ni porter du raisin à la ville avant l'octave de la Saint-Michel.

» Tout bourgeois qui frappe un autre bourgeois avec un fer émoulu, ou qui lui coupe un membre, paie trois cents sous et fait amende honorable au blessé, devant le maire et les jurats, ou bien il est condamné à perdre la main, s'il est âgé de quatorze ans et au-dessus.

» Quand le coup a été porté à la tête et au-dessus des yeux, les juges ont égard à la gravité de la blessure et au rang des parties. Si, dans un transport de colère, un chef de famille blesse un serviteur de sa maison, il est tenu de donner au blessé à boire et à manger et de payer les médecins jusqu'à parfaite guérison, et, cela fait, il est absous.

» Tout homme qui frappe un marchand étranger, prud'homme et honorable, paie une amende de soixante-cinq sous et demande pardon au battu, ou bien il est mis au pilori. Celui qui coupe un membre à un citoyen peut être condamné à perdre le même membre, et s'il n'est résulté qu'une foulure des coups portés par le coupable, il est mis à la merci du maire et des jurats, paie soixante-cinq sous d'amende et des dommages-intérêts en raison de la profession exercée par la victime. Si, au contraire, un étranger frappe un habitant de la commune, il paie une amende double; les coups et blessures qui n'entraînent pas la mort doivent être prouvés par deux hommes de la commune.

» Le jurat est cru sur parole, parce qu'en entrant en charge il a prêté serment de dire la vérité et d'administrer loyalement les affaires de la ville.

» Le roi prélève cinq sous sur toutes les amendes de soixante-cinq sous; il en prélève soixante-cinq sur celles de trois cents sous.

» Un notaire ou tout autre officier public qui commet un faux est puni de mort; les fils et les petits-fils, jusqu'à la troisième génération, n'exercent aucune fonction dans la ville (1). Le notaire qui altère un acte doit perdre son office. Tout individu qui fait commettre un faux doit être promené dans la ville et condamné au bannissement.

» Quand un homme et une femme sont surpris en adultère, on les fait promener par la ville dans un état complet de nudité, les mains liées sur la poitrine ; les deux coupables sont attachés ensemble avec une corde, l'homme par les parties sexuelles et la femme par les hanches. Si une pupille est surprise en conversation *criminelle* (2) avec son tuteur, elle subit la même peine ; mais, en cas de récidive, elle est condamnée à devenir fille publique en ville.

» Quiconque a été mis au pilori ou a couru la ville avec une femme pour crime d'adultère, ou a été battu des verges dans les rues, ou, enfin, a été condamné pour faux témoignage ou offenses envers la commune, le sénéchal, le roi ou ses officiers, ne peut plus exercer de fonctions publiques à Bordeaux.

» On punit du dernier supplice le prisonnier qui tue son compagnon (3) ou qui s'évade ; le serviteur qui enlève la fille, la pupille, la nièce ou la protégée de son maître ; celui qui usurpe des fonctions publiques ; celui qui ne se présente pas au jour assigné, ou qui confesse son crime, ou qui, appelé en combat judiciaire, refuse de se battre ; l'aveugle, l'infirme,

---

(1) Les notaires dataient leurs actes par le nom du maire de Bordeaux, comme autrefois les Romains dataient les leurs par les noms des consuls. Les maires de Bordeaux jouissaient de ce privilége glorieux, dans un rayon excessivement étendu. On trouve des actes datés de leur mairie jusqu'à Lectoure et jusqu'au pied des Pyrénées. Mais il ne faut pas se méprendre sur la véritable importance que cette mention pouvait avoir hors du Bordelais. Les maires de Bordeaux n'avaient aucune espèce d'autorité ou de juridiction dans les lieux où l'on datait ainsi les actes de leur mairie, et l'on doit en conclure seulement que le notaire qui avait reçu l'acte tenait d'eux son autorité. *(Ms. de Wolfenbut, p. 22.)*

(2) Les Anglais ont conservé ce titre ; ils qualifient toujours l'adultère de *crim-con (criminal conversation).*

(3) Dans ce cas, le meurtrier ne passait même pas en jugement, car la prison était regardée comme une sauvegarde pour celui qui s'y trouvait renfermé.

le truand ou le serf *questal*, qui vole un enfant et l'estropie pour lui faire demander l'aumône ; celui qui vend un enfant ou l'achète ; le malfaiteur ou l'enchanteur qui volent des objets appartenant à l'église et qui déterrent les cadavres des petits enfants (1).

» Les criminels étaient conduits au supplice à la queue d'un cheval (2).

» Tout individu qui cause la mort d'un citoyen à l'aide de sortiléges ou de poison est mis hors la loi et brûlé vif avec les instruments de son crime.

» Si l'accusé qui a mérité la mort n'a pas quatorze ans accomplis, il est livré au roi des harlots pour être battu des verges et promené de la porte Médoc à celle de Saint-Julien (3).

» Celui qui tue en secret son hôte ou son compagnon de voyage peut être condamné sans preuve, quand le seigneur ou ses officiers ont la conviction de sa culpabilité.

» Quand plusieurs individus sont compromis dans un assassinat, ceux qui se présentent sur l'invitation du juge sont reconnus innocents sur leur serment, s'il n'y a pas de preuves suffisantes, mais l'accusé qui ne paraît pas est déclaré coupable.

» Celui qui se réfugie dans une église ou dans une sauveté et qui, sur la réquisition du seigneur, refuse d'en sortir, est mis à la merci du juge partout où on le rencontre hors de l'église ou de la sauveté.

(1) Il paraît, d'après la *Coutume*, que les enchanteurs, après avoir déterré les petits enfants, leur coupaient les bras et mettaient dans leur main une lumière enchantée. Par ce moyen, ils ouvraient les maisons, se faisaient remettre les clés des armoires et volaient l'argent, sans que le propriétaire pût faire résistance, en présence de cette main et de cette lumière.

(2) On achetait tout exprès un cheval roussin, qui, du XIIe au XIIIe siècle, pouvait valoir 5 livres.

(3) La *porte Médoc* était située au bout de la rue Sainte-Catherine, près de la place de la Comédie.

» Une femme enceinte ne peut être mise à la question ni punie du dernier supplice, qu'un mois après ses couches; l'enfant doit être alors nourri sur le produit des meubles de sa mère.

» Le meurtrier doit être enseveli tout vivant sous le cadavre de sa victime, ou pendu, si l'enterrement a eu lieu avant la découverte du crime.

» Avant d'être mis à mort, le criminel est présenté au prévôt de l'Ombrière. L'individu accusé d'un crime entraînant la peine de mort ou la perte d'un membre, doit dire au juge : « *Je désavoue l'accusation et j'atteste, sur mon serment, que* » *je suis bon et loyal.* » S'il n'y a pas de preuves suffisantes contre lui, il est absous; mais si l'accusation est renouvelée trois fois et qu'il garde le silence, il est déclaré coupable.

» Celui qui est soupçonné de complicité avec un meurtrier et qui ose prêter serment sur le *forte* de Saint-Seurin est reconnu innocent. »

Voilà bien assez de cette partie de la *Coutume de Bordeaux*; c'est le Code pénal, la législation en matière criminelle au XIIe et au XIIIe siècle dans nos contrées. Quant à la procédure féodale, elle était moins compliquée : les parties, en général, recouraient au jugement des arbitres dans presque tous les procès. C'est ce qui eut lieu, en 1219, entre Pierre de Gavaret, d'un côté, et l'abbé de Sainte-Croix et le prieur de Saint-Macaire, de l'autre, à l'occasion de la pêcherie du Barchamp. Les deux parties choisirent pour arbitres Pierre de Laroche, de Rions, et Pierre Andron, maire de Bordeaux, qui adjugèrent à Pierre de Gavaret l'objet en litige, moyennant certaine compensation en faveur de Sainte-Croix et du monastère de Saint-Macaire (1).

Mais, outre ces différentes Cours dont nous avons parlé, il

Livre XVI. Chap. 6.

Ms de *Wolfenbut*, n° 409, cité par Delpit.

---

(1) Pierre de Gavaret était seigneur de Benauge, de Langon et de Saint-Macaire. Célèbre troubadour, sa femme ne fut pas moins célèbre par sa galanterie. (Voir *Histoire et Poésies des troubadours*, etc.)

y en avait une autre dépendante de l'archevêque et des chapitres, dans laquelle ce prélat faisait rendre la justice par un procureur. Les archevêques de Bordeaux étaient alors très-riches et très-influents par leurs relations sociales et la nature de leurs saintes fonctions. Les chapitres étaient leur conseil et jouissaient de grands priviléges; mais, vis-à-vis de leur archevêque, ils étaient comme vassaux à côté du suzerain; c'était le prélat ou son procureur qui décidait en dernier ressort les affaires importantes dans toute l'étendue des sauvetés et des juridictions de ses chapitres.

Au XIVe siècle, le chapitre de Saint-Seurin fut conservé dans l'exercice de la moyenne et basse justice sur tous les habitants vivant sur sa *sauveté*, c'est-à-dire sur ceux de Caudéran, du Bouscat et de Villenave. C'étaient des *questaux* en général; quand même ils changeraient de résidence, ils ne pouvaient pas échapper à la juridiction du chapitre. En 1347, le chapitre obtint la connaissance des coups et blessures, pourvu que la mort ne s'ensuivît pas et que l'amende encourue ne dépassât pas soixante-cinq sous; mais il appartenait au maire de condamner à la mutilation des membres, au pilori et aux amendes de plus de soixante-cinq sous. Le roi ou son sénéchal connaissait des délits commis par le doyen et le chapitre au préjudice des bourgeois de Bordeaux et des étrangers.

Le pouvoir civil devint jaloux de la haute influence du prélat : on organisa un complot, à l'instigation du sénéchal, pour lui ôter son autorité judiciaire. Les barons, les chevaliers et les maires des communes de la sénéchaussée s'engagèrent, par serment et au moyen d'une cotisation de 3,000 marcs d'argent, à empêcher que les laïques comparussent devant les tribunaux ecclésiastiques. Nous en avons déjà parlé.

L'archevêque Simon de Rochechouart se plaignit de cette usurpation à Philippe le Hardi. Ce prince envoya sur les lieux des commissaires qui, après quelques conférences avec le sénéchal et le prélat, dans l'abbaye de Sainte-Croix, remirent les choses dans l'état primitif.

Depuis lors, on a déféré à la cour ecclésiastique tous les délits *qui pouvaient être la matière d'un péché,* tels que les marchés faits sous serment, les sacriléges, les adultères, les parjures, tous les délits en matière de mariages, de testaments, etc., etc. (1). Le sénéchal révoqua sa sentence et laissa chacun libre de se présenter devant le juge qu'il voulait choisir. Il y avait moins de rigueur, plus de ménagements, et, selon les idées du peuple, beaucoup moins de frais à supporter dans les cours ecclésiastiques : on y allait plus volontiers qu'ailleurs.

L'arrêt rendu en faveur de l'archevêque avait une telle latitude, une portée si vague dans ses formes, qu'on prévoyait bien qu'il n'éteindrait pas les jalousies ; tout au contraire, elles devinrent plus fortes que jamais ; le sénéchal ne négligeait aucune occasion de gêner et de contrarier le pouvoir judiciaire du clergé. De nouveaux empiétements eurent lieu, de nouvelles plaintes furent déposées au pied du trône. Philippe le Bel rendit alors une ordonnance datée de Longchamps, où il était dit : « A l'avenir, aucun juge sé-
» culier ne pourra citer les ecclésiastiques pour répondre de
» leurs actions personnelles. » Il confirma aussi l'archevêque et ses officiers dans le droit exclusif de juger tout ce qui concerne les testaments et les dîmes non inféodées.

Les choses furent maintenues dans cet état pendant quelque temps; mais plus on allait, moins les esprits se tranquillisaient; les nobles et les bourgeois finirent par manifester une profonde répugnance à comparaître devant les cours ecclé-

---

(1) Et vult simpliciter et concedit quod omnia ad statum prædicti temporis reducantur, et tam laici, quam clerici vadant ad ecclesiacticam, vel secularem curiam, prout vult, sicut ante fuerat consuetum.

Si l'ordonnance du sénéchal était vague, il faut avouer que la décision qui déférait à la cour ecclésiastique tout délit *qui pouvait être matière d'un péché* était ridiculement élastique et aurait fini par l'absorption de la justice séculière.

siastiques; ils tenaient à ce que les ecclésiastiques fussent jugés par les ecclésiastiques, et que chacun fût, selon la maxime du droit féodal, jugé par ses pairs. Profitant enfin de l'élévation de leur archevêque, Bertrand de Gouth (Clément V), sur le siége de Saint-Pierre, les Bordelais le supplièrent de les dispenser de toute comparution devant les cours ecclésiastiques. Le pape leur accorda la dispense voulue et leva l'excommunication qui avait été lancée contre ceux qui n'avaient pas payé la dîme au clergé.

C'était un triomphe pour le sénéchal; mais, malgré cet échec, le pouvoir de l'archevêque était encore considérable et son influence l'était bien davantage.

Les décisions des cours ecclésiastiques se basaient presque toujours sur le droit romain et bien rarement sur les coutumes, qui, variables de leur nature, selon les mœurs des différentes provinces du duché, n'avaient rien de stable et n'étaient rien d'abord que des usages locaux, des règlements politiques appropriés aux besoins des peuples différents des diverses contrées de chaque province. Ces coutumes prirent d'abord une certaine consistance et devinrent, par la sanction du parlement, de véritables lois. Il serait bien difficile de déterminer l'époque à laquelle on commença à mettre par écrit ces usages locaux; on prétend qu'on en fit un recueil sous Louis XII, mais que la rédaction définitive n'en eut lieu que vers l'an 1520, sous François Ier, par les soins et sous les yeux de M. le président de Belcier.

De temps immémorial on avait, à l'Hôtel-de-Ville de Bordeaux, un petit recueil de ces anciennes coutumes, ainsi que diverses ordonnances des ducs d'Aquitaine et des rois d'Angleterre et de France. Saint-Louis les fit traduire dans la langue de son temps, et, plus tard, ayant jugé convenable et utile d'en faire un corps et de les réduire en code, ce travail fut confié à une commission composée d'hommes probes, laborieux et éclairés, de nobles, d'ecclésiastiques et de quelques célébrités du Tiers-État, classe si éminemment estimable et utile, qui, jusque-là peu ou mal représentée dans les assemblées politiques, commença enfin à sortir de son obscurité et à paraître avec gloire du temps de Saint-Louis.

De toutes les ordonnances, règlements seigneuriaux et usages locaux, approuvés par le peuple, consacrés par les princes et le temps plus puissant qu'eux, on fit un recueil d'une immense utilité pour l'époque. Le parlement lui donna la sanction légale et il devint le Code de la jurisprudence bordelaise, dans toute l'étendue du ressort de notre parlement. Le texte de ces *anciennes coutumes* comprenait 242 articles. Clérac prétend les avoir consultés pour ses ouvrages des *Us maritimes*. Ces règlements de police locale sont écrits dans la langue des Gascons, dont le patois bordelais n'est qu'une des nombreuses ramifications et qui, au fond, n'est lui-même qu'une légère modification de l'antique et harmonieuse langue occitanique. Le droit romain et les *coutumes* formaient alors la loi de Bordeaux et de la Guienne. On y retrouve le système municipal, le droit de délibérer avec liberté sur les subsides réclamés par les rois, la répartition régulière et l'assiette de l'impôt, la coopération des barons et du clergé, lorsqu'il s'agissait des grands besoins de l'État. Ces dispositions résultaient évidemment des lois et ordonnances de Saint-Louis, comme nous l'avons fait observer plus haut. C'est lui qui, pour favoriser la liberté de ses sujets, établit les Cours royales qui, recevant les appels des jugements des châtelains, avaient le droit de les annuler, et qui amenèrent peu à peu la destruction des abus des tribunaux seigneuriaux; c'est lui qui créa la Cour des Comptes, « où » tous ceux qui géraient les deniers des villes devaient venir » chaque année faire juger, par les gens du roi, les comptes » de leurs dépenses et de leurs recettes. » C'est ce saint roi qui, par son ordonnance de Saint-Gilles (1254) décida, dans l'intérêt de ses sujets, que le Tiers-État serait consulté quand il s'agirait des grands besoins de l'État ou de matières où le peuple aurait intérêt. Aussi voyons-nous Philippe le Bel convoquer les députés des communes pour le soutenir par les subsides contre les prétentions du pape Boniface ; et depuis lors le droit de ne payer aucun impôt qui n'eût été consenti préalablement par le peuple et ses représentants, est devenu le droit des Français. Le même prince, maître de Bordeaux, en 1293, jura de respecter les droits, priviléges et libertés de cette ville, et Édouard III, en 1360, les confirma, et reconnut aux Bordelais et aux habitants de la Guienne le droit de voter les subsides et de n'en payer aucun qui n'aurait pas été consenti.

On entendait par *coutume des vins*, les règlements qui déterminaient les taxes à percevoir sur les vins, taxes que les rois employaient à fonder des établissements religieux, à subvenir aux dépenses extraordinaires, à doter les enfants de France, à donner certaines gratifications à ses maréchaux, généraux ou autres agents dont les services méritaient des récompenses. Deux jurés, désignés tous les ans par le prince, veillaient à la conservation des droits du roi sur la *coutume* des vins. S'ils exigeaient injustement la taxe, le citoyen lésé par eux pouvait se plaindre et, sur le témoignage du maire, il jouissait du droit de franchise ; mais quand un bourgeois, citoyen privilégié, se présentait aux barrières pour faire enlever ses vins, le receveur de la *coutume* en retenait un gage jusqu'à ce que les deux jurats eussent déclaré, après examen, que les vins étaient ou n'étaient pas assujétis à l'impôt.

Les rois d'Angleterre tiraient de Bordeaux des sommes immenses, produits des impôts ; la Guienne était pour eux une mine inépuisable de richesse, que leur cupidité exploitait avec une persistance intéressée ; mais la source la plus féconde pour leur rapacité fiscale était sans contredit la vente et la *coutume* des vins. En certain cas particulier, on affranchissait de ce droit *(coutume)* quelques corporations religieuses, quelques membres du clergé et même des bourgeois qui avaient bien mérité du roi et de la patrie.

Nous avons déjà parlé du singulier procès qui eut lieu entre le prince de Galles et le roi de France, qui l'avait fait citer devant sa Cour des pairs, en 1369. L'accusation était basée sur les lois féodales; la défense s'appuyait sur le sabre; la guerre se chargea de la solution de cette difficulté.

En 1389, on institua à Bordeaux un Conseil suprême, dont faisait partie l'archevêque de Bordeaux, l'évêque d'Aire, chancelier d'Aquitaine, l'abbé de Sainte-Croix, le connétable de Bordeaux, Raymond de Madaillan, seigneur de Rauzan, et plusieurs docteurs en droit. Outre la connaissance des appels de toutes les causes, tant civiles que criminelles, ce Conseil avait droit de justice sur tous les habitants de l'Aquitaine. Ce tribunal ou cour suprême n'exista pas longtemps : sa forme exceptionnelle déplut; il fut supprimé.

Au commencement du XVe siècle (1401), on établit à Bordeaux une *commission* investie de pouvoirs étendus, composée de l'archevêque de Bordeaux, Jean de Grailly, maire; Hugues de Spencer et Henry Beaussec, autrement dit : Boisset. Après le triomphe de Charles VII, cette Cour, ainsi que les fonctions de *juge général des appels en la Cour de Gascogne* furent remplacés par le parlement, qui, s'immisçant en tout, se mêlant de toutes les affaires civiles, politiques et même religieuses, avec une autorité quasi-souveraine, joue un si grand rôle dans l'histoire de la Guienne. Nous avons donné des détails historiques de cette Cour souveraine pendant le premier siècle de son existence.

Nous ne répéterons pas ici ce que nous avons dit de la réformation des anciennes *coutumes* de Bordeaux *(las costumas)*, entreprise sous Louis XII, par Mandot de La Marthonie, et achevée par les soins de M. le Premier-Président François de Belcier, en 1527. La législation antique y fut conservée intacte ; mais on regrette que le droit criminel n'y soit pas

Livre XVI.
Chap. 6.

T. II, p. 94.

T. II, p. 150.

développé davantage. On y trouve quelques pénalités infligées en des cas assez rares; mais ce qu'il y a de singulièrement étrange dans cette nouvelle rédaction des *coutumes*, c'est que pour les crimes non prévus, le juge est invité à suppléer au silence de la loi par les lumières de la loi naturelle ou les coutumes des pays circonvoisins (1).

Les articles 6, 10, 11 et 12 renferment des dispositions pénales; d'après les articles 106 et 107, le rapt était puni de la décapitation; le vol domestique, au-dessus de la valeur de 50 livres, était puni de la pendaison; les vols des choses d'une moindre valeur n'encouraient que la peine du fouet, ainsi que la récidive, en fait de vol de bois, de gibier, de poisson, etc., etc.

Il était permis, en certain cas, de prendre des mesures de *partie-formée*, c'est-à-dire pour prévenir la fuite du délinquant; le plaignant pouvait le faire arrêter sans aucune formalité légale, le conduire en prison, en offrant de se constituer prisonnier avec lui; c'est ce qu'on appelait alors emprisonnement par *partie-formée*. Cette mesure n'était alors autorisée que contre les étrangers, d'après l'article 104 des anciennes *coutumes* de la ville; mais, depuis la rédaction des nouvelles *coutumes*, il paraîtrait que cette faculté a été étendue à des procès criminels entre bourgeois. Le XVIIe siècle fit disparaître ces dispositions légales. Une ordonnance de 1760 porte que personne ne pouvait être emprisonné sans un ordre du juge, basé sur une information précédente.

Au XVIe siècle, les juridictions se modifient; le pouvoir du prévôt de l'Ombrière est dévolu au sénéchal, comme nous l'avons fait observer, et lui-même s'appellera désormais le

---

(1) Si lo cas que saben no se pot jugar segond la costuma, que no n'y a punt d'aquet cas, deu home recorre à las costumas semblants; essi no n'y a de semblans costumas, deu home recorre à rason naturau plus per medana de la costuma; essi aquestas causas defaillien, hom deu recorre à dreyt escriut. (*Article* 228.)

lieutenant général de Guienne. Les maire et jurats ne sont plus que des magistrats de police ; le pouvoir judiciaire est enlevé et leur autorité décroît en raison de la puissance toujours croissante du parlement. Cette cour souveraine avait la haute main sur tous les fonctionnaires de la province et sur toutes les places. D'après les lettres-patentes de septembre 1483, elle était instituée « pour discuter et connoistre, juger » et déterminer en souverain et dernier ressort, de tous dé- » bats, questions, matières et procès de notre pays de Guienne » et autres pays, bailliages et sénéchaussées ressortissant » en icelle Cour. » La Cour resta toujours fidèle à ses pouvoirs; elle les développa si bien que les ordonnances du roi, en son Conseil, n'étaient exécutoires dans la province qu'après leur enregistrement au parlement.

Avant de terminer ce tableau général du XIIIe siècle, il y a un autre trait particulier qu'il ne convient pas d'oublier, c'est le caractère superstitieux du peuple. On croyait beaucoup aux sorciers, aux revenants, aux devins et aux charlatans de toute sorte qui abusaient de la crédulité populaire. On était persuadé qu'un sorcier, muni de la main droite d'un enfant mort sans baptême, pouvait, à la lumière d'une chandelle enchantée mise dans cette main, pénétrer dans toutes les maisons sans être aperçu, et même enlever, en présence des maîtres, l'argent et tout ce qu'il voulait. C'est ce qu'on appelait avoir la *main de gorre* (1). Plusieurs de ceux qui

---

(1) On lit dans l'article 46 des *Coutumes de Bordeaux* : « Avinguo se à Bordeü » et asso plusors de betz, qu'aucunes gens malifaitors et encantadores forent pris à » Bordeü et justiciatz per so quar raubaben las gleysas et desépelissen los cors deus » enfants aubats; perque ad ataus gens tota ley et tota franquissa los est denegada; » et après avinguo se que à St-Miqueu vinrent aucunas gens de neuts qui desepe- » lissen las enfans aubats, et prenen ne los bras de l'enfant et portabant ne en la » man de l'enfant lutz encantada et abren los hostaus et entraben dedens et vos » baillaritz las claus de vostre argent et lendeman no sabuts qui se fose estat. Sy » que foren spiats et trobats et menats à St-Elegi et aqui fo jutgat que l'or ni ley » de terra no los de Dios deu valer, quar eran sacrilegés et layrons et encantadores

pratiquaient cette sorte de sorcellerie, furent condamnés à mort.

» et que astaben poden ausire home o panar sa filho o la molher, come l'argent,
» per lor encantement; perque forent traginats et penduts. »

Il serait trop long, fastidieux même de parler des mille autres croyances super-titieuses des XIIIme et XIVme siècles. L'Église les a toujours condamnées dans ses conciles, comme dans ses chaires. Nous n'avons pas le droit de nous en étonner; nos paysans croient encore (en 1860) aux revenants, consultent les devins et craignent les sorciers!

CHAPITRE VII.

Les Tribunaux ou Cours de justice à Bordeaux. — Le bureau des finances. — L'election de Bordeaux. — La Cour des Aides. — La Table de marbre. — La *Tournelle*, les enquêtes. — Les hommes remarquables de la Cour. — La *question*. — La maîtrise des eaux et forêts. — L'amirauté. — Traites et ports. — La chancellerie. — Hôtel des monnaies. — Tribunal ou Chambre de commerce. — Les gouverneurs de la Guienne. — Les Intendants, etc.

Dans le XVIᵉ siècle, on créa d'autres Cours à Bordeaux. En 1552, François Iᵉʳ établit le *bureau des finances*, dont les membres prenaient le titre de *trésoriers de France*. Ce tribunal se composait de trente-un membres, et son ressort comprenait les élections de Bordeaux, de Périgueux, de Condom et d'Agen. Les trésoriers de France vérifiaient les comptes des receveurs particuliers des tailles; ils jugeaient les affaires relatives à la grande voirie et aux domaines du roi; ils recevaient les aveux, dénombrements et rentes que devaient faire les vassaux, engagistes et hommagers de l'État; leur siége était dans l'ancien hôtel de la Bourse, place du Palais.

Établi d'abord à Agen, le bureau n'avait que cinq trésoriers de France, autrement dits *généraux des finances*. Henri III y fit trois créations en 1577 et en 1585; les registres antérieurs à 1580 n'existent plus. Sur la fin du XVII siècle, il y avait vingt-quatre titulaires, deux procureurs généraux, deux avocats généraux. Leurs pouvoirs se bornaient au ressort de la Cour des Aides. En 1589, on créa la *chambre des comptes*, qui était chargée de remplacer les généraux des finances pour ce qui regardait les aveux et les dénombre-

Livre XVI.

Trésoriers de France.

ments; mais quand il s'agissait de terres nobles, le bureau des finances contrôlait ses opérations.

Le bureau avait primitivement une très-grande étendue; mais en 1634, on créa le bureau de Montauban, avec un ressort particulier. Comme la généralité de Montauban, jusque-là, avait fait partie de celle de Bordeaux, on donna à celle-ci, comme indemnité, les élections de Saintes et de Cognac, qui en furent distraites en 1694, lorsqu'on créa le bureau des finances de La Rochelle. Depuis lors, il ne restait plus à la généralité de Bordeaux que six élections : Bordeaux, Périgueux, Sarlat, dont les tailles étaient personnelles, et Agen, Condom et les Landes, dont les tailles étaient réelles. La généralité de Bordeaux portait, en 1688, une somme de 2,996,987 livres; Saintes et Cognac portaient 649,980 livres. Dans les trois premières élections, les gentilshommes, les ecclésiastiques, les gens ayant des priviléges, des exemptions, n'étaient point taxés; on cotisait chacun dans le lieu de son domicile habituel, à proportion de ses biens et facultés, en quelque lieu que ces facultés et biens se trouvassent. Dans les trois dernières élections, les biens roturiers étaient cotisés, aucun possesseur de terre n'était exempt; de sorte que chacun payait la taille à proportion de ses biens roturiers. Dans la généralité de Bordeaux, aux endroits où il y avait des tailles réelles, on imposait une taxe pour l'industrie. Ainsi, un noble qui n'avait point de biens-fonds ne supportait point de taille, et un roturier qui possédait un bien-noble ne payait pas de taille non plus. La taille pour l'ustensile (l'industrie) fut maintenue depuis 1689 jusqu'en 1798; cette taille, avec les autres impôts s'élevait, dans les six élections de la généralité de Bordeaux, à la somme de 4,190,570 livres. En 1698, l'imposition de la taille n'était que de 2,015,668 livres; il y avait un dégrèvement accordé aux paroisses qui avaient souffert de la gelée et de la grêle. Les élections portaient alors les sommes suivantes : Bordeaux, 452,030 livres; Périgueux, 409,009 livres; Sarlat, 224,454 livres; Agen, 483,447 livres; Condom, 322,246 livres; les Landes, 420,415 livres. En temps de paix, les tailles étaient toujours diminuées.

L'élection de Bordeaux se composait, au XVIIIe siècle, de quatre cent quarante-neuf villes, bourgs ou paroisses, en tout soixante-dix-huit mille feux. On percevait des droits sur le sel, aux convois et à la connétablie, comme on en percevait sur les autres marchandises. On donnait, à Bourg et à Blaye, un certain nombre de mines de sel pour la provision des habitants qui ne payaient que les droits d'entrée et d'achat. A Libourne, on donnait une certaine somme d'argent au lieu de trois cents mines de sel, de sorte que les habitants payaient les droits d'entrée et de sortie. Quant aux droits de la connétablie, on les percevait à l'entrée et à la sortie de l'ancienne sénéchaussée de Guienne, depuis Saint-Macaire et Langon jusqu'à la mer, et sur certaines marchandises, à Bayonne et dans le Labourd.

Le tribunal de l'Élection vérifiait les rôles des impositions et jugeait les contestations relatives aux surtaxes, aux réclamations en fait de contributions foncières, ainsi que les contraventions aux lois sur le papier timbré et sur le tabac. Il était composé de trois officiers, qui, conjointement avec l'intendant de la province, dressaient le rôle des tailles.

Quant aux domaines, le roi n'en avait que bien peu à sa disposition ou dans les mains de ses fermiers; ses principales terres étaient le duché d'Albret, qui fut donné au duc de Bouillon, en échange de Sedan; les comtés d'Agenais et du Condomois étaient engagés au marquis de Richelieu; il restait peu de domaines utiles; la ferme des domaines se bornait, à Bordeaux, aux droits sur le contrôle des exploits. L'impôt sur le papier timbré et le parchemin avait lieu dans toute la Guienne, à l'exception de Bayonne et du pays de Labourd. Il était permis de semer du tabac seulement dans

Livre XVI. Chap. 7.

l'Agenais et le Condomois; quant à plusieurs autres droits sur la vente du tabac, le droit et la marque de l'or et de l'argent, le droit de contrôle sur les actes des notaires, etc., etc., le roi en disposait.

Les charges des trésoriers de France ne se vendaient, en 1698, pas plus de 30,000 livres; ils connaissaient de tout ce qui regardait le domaine du roi; il y avait de nouveaux droits joints à la ferme qui se bornait presque au contrôle des exploits.

Cour des Aides. La Cour des Aides fut créée à Périgueux, en 1553; en voici l'origine et l'historique.

Sous les deux premières races, les rois n'avaient d'autres revenus que ceux de leur domaine, ou, comme on disait alors, leur trésor. Le droit de gîte, accordé aux dignitaires ecclésiastiques, donna l'idée du droit de chevauchée pour les princes, les maires, et, plus tard, celui des tailles, que le peuple qualifiait de *maltôte* (MALE TOLTA). Pour rendre ces tailles moins odieuses, Philippe le Bel assembla les États, sous prétexte de réformer les abus, mais, en réalité, pour faire autoriser les subsides et établir ainsi l'assiette des tailles. Il réussit à prélever le centième, puis le cinquantième de tous les revenus du royaume, à l'exception de ceux des ecclésiastiques. Il les respectait, non parce qu'ils appartenaient à l'église, mais bien parce que, selon la juridiction du temps, il aurait fallu avoir la permission de Rome.

Les impôts passés en usage, il fallait en régulariser la perception. Les États, convoqués par Philippe le Bel, nommèrent des *généraux des aides*, chargés de parcourir le royaume et veiller partout à la perception des impôts ou des *aides*. Il n'y eut d'abord que trois généraux, mais on en augmenta le nombre, et il n'était pas rare de voir ces charges exercées par des ecclésiastiques de haut rang; on en désigna un pour la distribution des deniers publics, ce qui en fit une fonction distincte. Sur la fin du règne de François Ier, il fut décidé qu'il n'y aurait plus de généraux des aides que sur le fait de la justice, c'est-à-dire qu'ils ne connaîtraient plus que de ce qui concernerait la justice de cette partie; c'était créer la Cour des Aides et se procurer de l'argent par la vente de nouveaux offices.

Le maire et les consuls de Périgueux firent des démarches pour avoir la nouvelle Cour dans leur ville; le roi accéda à leur demande par son édit du 21 mars 1553; mais les Bordelais députèrent à Paris le président L'Agebaston, accompagné de quelques jurats et bourgeois, pour demander que la Cour fût établie à Bordeaux. Paris voulait aussi conserver sa juridiction générale sur la France; mais le roi avait besoin d'argent; il lui fallait une nouvelle Cour ou des sommes considérables en dédommagement. Sur les observations des parlements de Paris et de Bordeaux, un édit du mois de mai 1554 révoqua celui qui avait été rendu en faveur de Périgueux.

Les députés de Périgueux firent une nouvelle démarche et offrirent au roi 50,000 livres; le roi accepta et agréa les noms des membres de la nouvelle Cour que le maire et les consuls de Périgueux lui présentèrent; parmi les premiers membres, on remarque le nom de Pierre-Eyquem de Montaigne, père du célèbre auteur des *Essais*.

La Cour se composait d'un premier-président et d'un second président, de douze conseillers maîtres, appelés *généraux* (1), d'un avocat et d'un procureur général, d'un greffier, d'un payeur des gages, d'un receveur des amendes et de trois huissiers. L'édit de création fut enregistré à la Cour de Bordeaux le 7 septembre 1554, et, le 16 décembre suivant, le président Pierre de Carle fut commis pour installer la nouvelle Cour à Périgueux. Le ressort de cette Cour comprenait la généralité de Guienne, d'Auvergne et du Poitou. En 1556,

---

(1) On les appelait *généraux-conseillers*, à cause de la division des territoires en généralités.

Livre XVI.
Chap. 7.

une contestation, au sujet de leurs juridictions respectives, s'éleva entre cette Cour et celle de Montpellier; un arrêt du Conseil privé, du 27 novembre de cette année, donna droit à celle de Montpellier; l'étendue de la juridiction de la Cour de Périgueux fut, en conséquence, considérablement restreinte.

Diminuée dans ses attributions, elle prévit qu'on allait l'attaquer même dans son existence. Les Bordelais députèrent, le 30 juillet 1557, vers le roi, le premier-président L'Agebaston et M. Rivière, pour demander l'incorporation au parlement de la Cour des généraux, siégeant à Périgueux. Ils réussirent et l'incorporation fut ordonnée en mai 1557. Le 3 décembre suivant, le parlement de Bordeaux reçut dans son sein les magistrats qui siégeaient, à Périgueux, entre autres Michel Montaigne, qui prit alors la place de son père et siégea plusieurs années à côté de son ami La Boétie, jusqu'à la mort de celui-ci, en 1563, et, quelques années après, jusqu'à l'an 1579, où il résigna son office de conseiller, le 24 juillet, en faveur de Florimond de Raymond.

Registres du parlement.

Au moment de sa translation à Bordeaux ou de sa fusion avec la Chambre des requêtes, le plus ancien membre du parlement reçut le serment des deux présidents, des douze généraux, de l'avocat et du procureur général et des autres officiers qui composaient cette Cour. Le président Béraud fut alors nommé premier-président et on déclara aux nouveaux membres qu'on les recevait comme conseillers aux requêtes, pour marcher selon le rang de leur réception, pour jouir de leurs offices, comme gens tenant les registres du palais de Paris.

Après la fusion, le parlement de Bordeaux se composait d'environ quatre-vingts membres. Par l'édit publié aux États d'Orléans, en 1560, les offices de présidents et de conseillers furent réduits au nombre qui existait sous Louis XII; en sorte que le parlement de Bordeaux fut réduit à deux présidents et dix-huit conseillers ; mais de nouveaux besoins, dont il serait trop ennuyeux d'entretenir nos lecteurs, nécessitèrent la création de nouveaux offices, et le parlement fut enfin composé de dix présidents et quatre-vingt-dix conseillers.

La translation de la Cour à Bordeaux fit naître des haines que le temps seul put assoupir, mais elles se réveillèrent plus vivaces que jamais, en 1561. Par lettres-patentes du mois de février, François II accorda aux membres de la Chambre des aides et requêtes, les priviléges des conseillers de la Cour, avec faculté de tenir leur rang de réception. Ces lettres furent présentées au parlement, par le procureur général Lescure. Le premier-président en ayant fait le rapport aux Chambres assemblées, on arrêta des remontrances au roi ; mais le prince n'y eut pas égard et les lettres-patentes furent enregistrées le 13 novembre 1561, avec cette clause explicative : *De expressissimo regis mandato, iteratis vicibus facto, requirente procurator generale.* Les quinze officiers de la Cour des Aides furent distribués dans les Chambres et eurent rang du jour de leur incorporation, comme nous l'avons fait observer plus haut. La charge de premier-président de la Cour des Aides se vendait 50,000 écus, et, plus tard, 100,000 livres ; la charge de conseiller, 45,000 livres.

La Cour des Aides fut ainsi supprimée, mais on la rétablit à Agen, en 1630, et, conformément aux lettres-patentes du 22 novembre 1634, elle fut transférée à Libourne le 17 janvier 1635 (1). Nous passerons sous silence les affligeantes scènes qui eurent lieu entre le parlement et cette Cour rivale ; elles donnèrent lieu à des arrêts de la première contre la dernière, qui furent annulés plus tard. Enfin, au mois de novembre 1637, la Cour fut introduite à Bordeaux, et transférée à Saintes en 1647. Trois ans après (1651), les jurats

---

(1) La Cour des Aides et le bureau des finances n'avaient pas de juridiction dans le Marsan, le Bigorre, le pays de Labourd et la Soule.

Livre XVI.
Chap. 7.

de Libourne en demandèrent la translation dans leur ville, le roi accéda à leur demande, mais les démarches des Agenais firent avorter les intrigues des Libournais, et la translation de la Cour des Aides à Libourne ne fut effectuée qu'en 1654. En 1659, elle rentra à Bordeaux, où elle siégea jusqu'au mois de novembre 1675 ; alors elle fut de nouveau transférée à Libourne, mais rétablie définitivement à Bordeaux en 1690. Par la révolution arrivée en 1771 dans tous les parlements du royaume, la compagnie de Bordeaux se trouva réduite à cinq présidents à mortier au lieu de neuf ; quarante-cinq conseillers qui formèrent alors la Grand'Chambre, une Chambre des enquêtes et la Tournelle, dont nous parlerons tout à l'heure.

La Cour des Aides connaissait, en dernier ressort, des contestations au sujet des tailles et impôts, des priviléges des nobles, des ecclésiastiques et des communautés diverses ; mais les délits commis contre la grande et la petite coutume de la connétablie (sur les vins) étaient réservés au parlement ; elle jugeait l'appel des sentences des élections de la généralité et connaissait de ce qui concernait les fermes du roi, les convois et la connétablie ; elle recevait aussi les appels du président des traites et ports établi à Bordeaux, et d'une autre siégeant à Dax. En temps de paix, le roi tirait plus d'argent des droits de convoi et de connétablie à Bordeaux que des tailles, ferme des domaines, papier et parchemin timbrés, contrôles des actes notariés, droits de petit sceau, de la marque, etc., etc. Les droits de convoi et de connétablie furent portés, quelques années, à 4,000,000 de livres.

La Cour des Aides se composait, en dernier lieu, de quarante-sept officiers titulaires.

Les *chevaliers d'honneur* étaient des conseillers qui portaient l'épée et avaient l'honneur de siéger dans les Cours souveraines, avec voie délibérative ; cette charge fut créée en 1702. Les chevaliers d'honneur, près la Cour des Aides, ont été : en 1703, François-Raymond Guichaner d'Armajan; en 1715, M. de La Grange; en 1731, Vincent d'Armajan; en 1742, M. de La Grange; en 1754, Jean de La Grange; en 1768, Charles Guichaner d'Armajan; en 1776, Léonard Manaju de Camiran; en 1784, Jean-Louis des Moulins de Leybardie. Voyez *note* 10.

Livre XVI. Chap. 7.

NOTE X.
Table de marbre.

Il y avait un tribunal de la *Table de marbre*, ainsi appelé d'une grande table de marbre qui se trouvait à Paris, au milieu de la salle des audiences; il fut créé vers le milieu du XVIe siècle. Il connaissait, en souverain, des délits commis sur les rivières ou dans les forêts de la généralité de Bordeaux, de toutes les contraventions aux lois sur la chasse, la pêche, la police des bois des domaines de la ville et des particuliers. Cette Chambre était composée du grand-maître des eaux et forêts de Guienne, d'un lieutenant général, de quatre conseillers, d'un avocat, d'un procureur du roi, avec lesquels siégeaient le premier-président du parlement et six conseillers de la Grand'Chambre; on la supprima en 1771. La Grand'Chambre fut alors chargée de toutes les affaires de sa compétence. Le grand-maître des eaux et forêts siégeait à côté du premier-président et avait voix délibérative. L'ordonnance de Louis XIV, en 1669, établit seize maîtrises des eaux; c'est la source où l'on a puisé la plupart des dispositions de nos codes forestiers et de pêche fluviale.

La Chambre de la *Tournelle* était ainsi appelée, parce que, selon les uns, elle tenait à Paris ses réunions dans une tour, ou bien, plus vraisemblablement, parce qu'elle se composait de juges tirés des autres Chambres et qui servaient à tour de rôle; elle connaissait des matières criminelles. Cette Chambre fut créée par lettres-patentes du mois de mai 1549, enregistrées à Bordeaux le 25 juin suivant; elle se composait d'un président et de huit conseillers.

La Chambre des requêtes jugeait en première instance des causes qui, par appel, pouvaient être portées à la Grand'-

Chambre; elle se composait de deux présidents et de huit conseillers. Les charges des enquêtes différaient de celles du parlement; elles ne furent créées que pour le service de cette Chambre. Un conseiller de requêtes n'avait que cinq ans pour changer de charge; après ce temps, il perdait son rang et venait à la queue; s'il voulait entrer au parlement, il ne conservait son rang que dans les cérémonies publiques, dans lesquelles Messieurs des requêtes marchaient selon l'ordre de leur rang. Il y avait dans cette Chambre un procureur général et un avocat général. Les charges des requêtes ne se vendaient que le tiers de celles du parlement. On en vendit, en 1698, pour le prix de 24,000 livres; mais en 1490, au retour du parlement, elles se vendaient 40,000 livres. La dernière charge de président à mortier se vendit 72,000 livres.

La Chambre des enquêtes ne suffisait plus à sa besogne; le roi en créa une seconde et nomma président M. de Guy de Brassat, le 18 mai 1543.

En 1698, il y avait au parlement cent treize officiers, savoir: un premier-président, neuf présidents à mortier, dont cinq servaient à la Grand'Chambre; les autres quatre étaient envoyés tous les ans tour à tour à la Tournelle; il y avait quatre-vingt-dix conseillers, dont trente servaient à la Grand'-Chambre et trente dans chacune des chambres des enquêtes; mais on en envoyait tous les ans dix de la Grand'Chambre à la Tournelle et cinq de chaque chambre des enquêtes. Le parlement de Bordeaux possédait, au commencement du XVIII° siècle, les plus beaux talents du midi de la France: c'étaient M. de La Tresne, premier-président, d'une ancienne famille de robe; il avait été président à mortier et succéda à son père; M. de Guimard, homme d'esprit et de grande capacité; M. de Lalanne, homme plein de probité, de savoir et de vertu; M. de Montesquieu, célébrité bordelaise, petit-fils, par sa mère, du savant du Bernet, mort premier-président du parlement; M. d'Espagnet, homme d'esprit et savant jurisconsulte.

La Grand'Chambre renfermait plusieurs conseillers distingués par leur savoir et leurs admirables talents ; c'étaient M. Sabourin, homme très-habile ; M. du Vigier, procureur général très-judicieux ; M. du Haut, le plus ancien des avocats généraux, en charge depuis quarante ans ; il succéda à son père, doyen du parlement, homme de mérite, de grande modestie et de belles vertus. Nous ne devons pas oublier M. Dalon, second avocat général, fils de M. Dalon, premier-président du parlement de Pau.

<small>Livre XVI. Chap. 7.</small>

On suivait, au parlement de Bordeaux, le droit coutumier ; pour les cas non prévus par les coutumes locales, on avait recours aux coutumes des sénéchaussées les plus voisines, et, en l'absence de toute règle, on recourait au droit romain. Mais, à la honte éternelle du siècle de Montaigne, le parlement, avec toute l'illustration judiciaire, laissa subsister la torture. Le 14 mai 1574, un jeune homme, nommé Freysse, fut mis à la question, comme suspect de trahison ! La question s'appelait alors la *gehenne ; bailler à gehenne,* c'était mettre à la question ! Montaigne est le premier de son siècle qui se soit prononcé contre ces rigueurs de nos parlements.

<small>T. II, chap. 5.</small>

Le tribunal dit *maîtrise des eaux et forêts,* connaissait des contraventions et délits commis dans les forêts et sur les rivières de la généralité de Bordeaux, en fait de pêche, de chasse et de coupes de bois non autorisées. Les appels de cette chambre ressortissaient à celle de la *Table de marbre,* qui les jugeait en dernier ressort. Le président s'intitulait le *grand-maître des eaux et forêts;* mais ses fonctions devinrent tellement multipliées et difficiles, et cette dignité, créée d'abord le 2 mai 1606, acquit une telle importance, qu'on institua, en 1704, une chambre souveraine qui fut incorporée à la Cour du parlement, sous le nom de *maîtrise des eaux et forêts.* Elle se composait des présidents du parlement, de huit conseillers, un procureur général et un avocat général.

<small>Maîtrise des eaux et forêts.</small>

Il est difficile, impossible peut-être, de constater l'origine

<small>Siège de l'amirauté.</small>

du *tribunal maritime* de Bordeaux, mieux connu sous le nom de *siége de l'amirauté*. On voyait à Londres, au XIIe siècle, un *tribunal de l'amiral* de la flotte *(of the navy)*; il est possible que le tribunal de Bordeaux fût créé à l'instar de celui-là, par Henry et Éléonore, pour juger les contraventions aux *rôles d'Oleron;* il était composé d'un juge, d'un procureur du roi et prononçait sur toutes les contestations relatives au commerce maritime; il y avait une succursale à Bayonne. Le 25 mai 1557, le roi de Navarre présenta au parlement ses lettres d'amiral de Guienne.

Le tribunal des *traites et ports* connaissait des fraudes et délits commis dans le paiement des impositions domaniales, connues sous le nom de *droit de règne (jus regni),* des délits de haut passage et des traites foraines. Ces droits se percevaient sur toutes les marchandises importées en France ou qu'on exportait par les ports des provinces de Bretagne, Poitou, Saintonge, Guienne, Languedoc, Provence, Dauphiné et Lorraine. On percevait aussi un droit sur le blé, le vin, la toile, le pastel qu'on exportait. Ce tribunal, institué par lettres-patentes du 30 juin 1621, se composait d'un juge qui prenait le titre de président, et d'un procureur du roi.

En 1554, on établit, près du parlement, une Cour qu'on appelait la *Chancellerie.* Les officiers qui la composaient étaient chargés d'apposer le sceau du roi aux arrêts du parlement et des différents tribunaux et Cours de justice. L'apposition du sceau était un acte qui attestait la supériorité de dignité royale. Jusqu'alors les actes du roi n'étaient exécutés qu'après vérification; le parlement s'élevait au-dessus du roi. Depuis 1554, les actes ou arrêts du parlement, pour être exécutés, avaient besoin du cachet du roi; lui seul, par sa chancellerie, leur donnait force d'exécution. Celui qui apposait aux contrats et actes publics le scel et contre-scel royaux, s'appelait le *sergent* de la chancellerie; l'*officier des tours* était celui qui était chargé de la garde spéciale des prisonniers.

L'*Hôtel des Monnaies* était à la fois un tribunal et une administration ; il surveillait la fabrication des monnaies battues à Bordeaux, et connaissait des délits et contraventions aux lois sur la garantie des matières d'or et d'argent fabriquées ou vendues dans cette ville.

Au commencement de la domination anglaise en Guienne, et probablement longtemps auparavant, l'hôtel des monnaies se trouvait sur la place Saint-Projet ; il fut transféré, au commencement du XIVe siècle, au château de l'Ombrière, dans un appentis adossé au palais d'Éléonore. Les jurats consentirent à ce que le sénéchal procédât à cette construction, mais sous la condition que du moment qu'on cesserait d'y battre monnaie, ce petit édifice temporaire serait démoli aux frais de l'hôtel des monnaies et que la ville rentrerait dans ses droits. On répara ce hangar en 1329. En vertu des arrêts du Conseil, du 17 juin 1756 et du 25 janvier 1757, M. de Tourny fit construire l'*Hôtel de la Monnaie* (aujourd'hui couvent des Ursulines). Le grand-séminaire, bâti en 1730, rue Palais-Gallien, par les soins et en grande partie aux frais de Jean de Fonteneil, archidiacre du Médoc, sert d'hôtel des monnaies depuis l'an VIII de la République française.

La juridiction consulaire fut établie d'abord dans la rue de la Vieille-Monnaie, et plus tard transférée, en vertu d'un édit, de 1563 et installée place du Palais, le 8 mai 1564. C'est là que se rendait, aux jours d'audience, le juge qui présidait la Chambre de commerce, créée par lettres-patentes du 26 mai 1705 et du 14 août 1706. Outre le juge et le président, il y avait deux consuls et huit élus du Conseil, qui assistaient aux audiences, sans voix délibérative ; ils étaient tous élus, chaque année, dans une assemblée de trente négociants qui avaient déjà été membres de la Chambre de commerce. La juridiction consulaire fut définitivement établie, en 1749, dans l'hôtel de la Bourse, magnifique construction que Bordeaux doit au génie de Jacques Gabriel, architecte du roi. Sur les tympans des frontons, on remarque des sculptures élégantes exécutées par Claude Francin, sculpteur du roi. Sur la façade, du côté de la rivière, c'est Neptune protégeant le commerce de Bordeaux, cette reine du Midi ; au nord, deux femmes ayant les bras enlacés et entourées d'amours, représentant la Garonne et la Dordogne qui s'unissent et mêlent leurs eaux pour favoriser la navigation et la prospérité commerciale de Bordeaux ; au midi, c'est la Victoire qui tient un médaillon représentant Louis XV.

La province était divisée en deux parties, la Haute-Guienne et la Basse-Guienne, gouvernées par deux lieutenants généraux. Le gouverneur général résidait au fort du Hâ, et dans les derniers temps, à l'hôtel Nesmond, rue Porte-Dijeaux. Voir les noms des gouverneurs et des commandants de la province. *(Notes X et XI.)*

Le magistrat qui se qualifiait intendant de justice, police et finances en Guienne, avait des fonctions très-importantes. Il correspondait directement avec le ministre ; il veillait à l'exécution des ordres du roi, particulièrement en matière d'impôts et de travaux publics. Son hôtel était dans la rue de l'Intendance.

LIVRE XVII.

CHAPITRE PREMIER.

Suite de l'histoire du parlement. — Puissance des Cours de parlement. — Le roi de la basoche. — Accord de la jurade et du parlement jusqu'en 1348. — Le parlement humilié. — Sa sévérité contre les sectaires était prescrite par la loi. — Le roi Henry III reconnaît les services rendus par le parlement. — Ordonnance de mesures de sûreté pour la défense de la ville. — Les membres de la Cour font le guet. — Ils vont assister aux délibérations de la jurade. — Destituent les agents du roi qu'ils croient indignes de leur poste. — Rayent du tableau les noms des avocats qui ne se présentaient pas au serment. — Enregistrent les lettres-patentes qui nomment le roi de Navarre grand amiral. — L'édit d'Amboise enregistré. — Montluc réclame des secours. — Nouvelles mesures de sûreté. — Rigueurs du parlement contre le luxe des femmes. — Composition de la Cour. — L'archevêque installe M. de Poynet. — La chambre mi-partie. — Discours de Loisel, blesse les membres de la Cour. — Nouveaux impôts. — La tour de Cordouan. — Notes sur les membres du parlement, sous Louis XIV.

Nous ne répéterons pas ici ce que nous avons déjà dit du parlement; mais il nous reste encore à donner quelques détails sur cette Cour souveraine de Bordeaux. Nous avons vu qu'à l'époque de sa création, ce ne fut qu'une simple Cour de justice, Cour d'appel qui ratifiait ou cassait les arrêts et décisions des tribunaux inférieurs. Plus tard, le roi accorda aux parlements le droit d'enregistrement; c'était les appeler à un partage du pouvoir législatif, et les parlements l'avaient si bien compris, qu'il était défendu de publier aucune loi ou ordonnance avant qu'elles n'eussent été enregistrées dans les Cours souveraines; depuis lors, ils étaient devenus des corps

Livre XVII.

T. II, p. 94.

politiques, et, tout en servant de contrepoids à l'autorité royale, ils remplaçaient les anciennes assemblées du peuple et se constituaient les défenseurs des droits populaires. S'il arrivait quelquefois qu'un parlement refusât d'enregistrer une loi, le roi se voyait obligé de la retirer ou de donner des lettres de jussion; la retirer, c'était reconnaître une puissance supérieure; donner des lettres de jussion, c'était anéantir le droit d'enregistrement, ravir au parlement sa liberté et agir en despote. Louis XIV n'était pas très-scrupuleux sur ce point. Les attributions des Cours souveraines étaient mal définies, leurs droits mal compris. « Leur première et principale au-
» torité, dit La Roche-Havin, est de vérifier les ordonnances
» et édits du roi, et telle est la loi du royaume, que nuls
» édits, nulles ordonnances n'ont effet, et on ne les tient pas
» pour réels, s'ils ne sont vérifiés aux Cours souveraines et
» par libres délibérations d'icelles. » Mais de la vérification après une libre délibération, à un refus d'enregistrer ces édits, il y avait une distance immense, celle qui sépare le sujet qui obéit, du souverain qui commande. De là sont venues les fréquentes perturbations de l'ordre social et de grands embarras pour le monarque comme pour les parlements. Ceux-ci motivaient leurs refus par des remontrances; c'étaient des leçons que des maîtres intéressés et réunis se permettaient de donner à leur élève coiffé d'une couronne, mais trop grand, trop vieux pour consentir à marcher avec leurs lisières. La Cour voulait se rendre nécessaire et se donner une certaine indépendance aux dépens de celle du prince qui, enfin, se vit réduit à punir par l'exil ou la prison les tentatives usurpatrices de ces corps ambitieux.

Vers le milieu du XVIe siècle, le parlement était tout puissant; il tenait dans ses mains les destinées du pays, comme la fortune des familles, et contrôlait tout, jusqu'aux actes même du monarque; il pourvoyait à tout, s'occupait de tout et réglait tout, même les plus minimes détails de l'ordre social ; il se montra excessivement sévère contre les protestants ; leur nouvelle doctrine lui paraissait grosse d'orages et le germe des plus grandes calamités religieuses et politiques. Quelquefois déplaisant au roi, souvent hostile au ministre, toujours égoïste, le parlement échangeait parfois la toge contre l'uniforme militaire, et la vie retirée de la salle de justice contre les bruyantes occupations du camp, ce qui lui attira, dans le temps, une rude mercuriale de L'Hospital ; mais, en général, la Cour de Bordeaux se montra, au XVIᵉ siècle, très-zélée pour la défense du catholicisme et excessivement antipathique aux innovations religieuses qui, plus tard, devaient produire de fâcheux bouleversements dans l'ordre politique de la France.

Le costume était très-imposant. Dans les occasions solennelles, telles que la rentrée de la Cour, les audiences dites de *robes rouges*, celles où se prononçaient les arrêts solennels, le premier-président et les présidents à mortier portaient des épitoges d'hermine, des manteaux fourrés de menu vair et des mortiers de velours noir, à galon d'or. Le mortier du premier-président avait deux galons d'or. Le doyen et les présidents aux enquêtes portaient des épitoges de pourpre, bordées d'hermine. Le costume des conseillers laïques, des gens du roi, des greffiers en chef, civil et criminel, était un manteau de laine rouge, à larges manches, orné de velours, un chaperon rouge fourré, une simarre de soie noire, une ceinture à rosette. Les conseillers-clercs étaient revêtus de la même manière, à l'exception toutefois des manches, qui étaient très-étroites, et de leur chaperon, qui était sans fourrure, mais avec bourrelet. Le chaperon rouge était le signe caractéristique du parlementaire, et ne se mettait que pour les grandes audiences, la messe de rentrée, le *Te Deum*, etc., etc.

Le premier huissier portait une robe rouge sans chaperon, un bonnet de drap d'or, fourré d'hermine ; les huissiers audienciers revêtaient des robes bleues ou violettes. Les avocats portaient des robes de couleurs différentes, selon la catégorie à laquelle ils appartenaient, à savoir, les avocats plaidants, consultants ou écoutants; mais le manteau violet prévalut à la fin. Ces costumes ont varié avec les siècles; on a changé tout cela; mais la magistrature a-t-elle gagné en respect ce qu'elle a perdu en convenance?

Les rois présidaient quelquefois les assemblées de la magistrature; c'est ce qu'on appelait les *lits de justice*. Quand le prince arrivait dans une ville où il y avait une Cour de parlement, la magistrature envoyait quelques-uns de ses membres en robes rouges le recevoir en dehors des murs; les maires, consuls et autres fonctionnaires haranguaient le roi à genoux; mais les premiers-présidents et les présidents à mortier se tenaient debout pendant qu'ils parlaient au roi assis sur un trône. Le prince fixait le jour; le chancelier, qui l'accompagnait toujours, en donnait avis à la Cour, qui se tenait en grand costume, à l'heure convenue, dans la Grand'Chambre, pendant que quatre présidents à mortier allaient le recevoir à la porte du palais de l'Ombrière. Arrivé au milieu de la Cour, le roi montait à son siége ou *lit de justice*, formé de coussins de velours bleu fleurdelysé et surmonté d'un dais rouge cramoisi. Les hauts siéges étaient occupés par les grands dignitaires et pairs, à la suite du roi; après lesquels venaient les premiers-présidents et les présidents à mortier; les conseillers se plaçaient vis-à-vis des présidents et des évêques. Pendant que le premier avocat général parlait, le second, ainsi que le procureur général, se tenaient debout, la tête découverte, et lorsque le premier-président parlait, les gens du roi ainsi que les présidents à mortier se tenaient debout, mais la tête couverte.

Le chancelier, organe officiel de la royauté, se tenait au bas du trône ou siége du roi, et lorsqu'il fallait opiner, il prenait, un genou en terre, l'avis de Sa Majesté; puis, celui des pairs ecclésiastiques, des grands dignitaires, et celui de tout le parlement, en parcourant les rangs; les magistrats se levaient sur son passage; et, de retour à sa place, après avoir pris les ordres de Sa Majesté, genou en terre, il prononçait en ces termes : « Le roi a ordonné et ordonne, etc., etc., etc. »

Le chancelier était considéré comme le président-né de tous les parlements de France; il exerçait une magistrature nationale, et les Cours lui rendaient presque les mêmes honneurs qu'au roi. Quand on était informé de son arrivée, la Cour envoyait au devant de lui, en dehors des murs, quelques membres pour le complimenter. Le greffier en chef allait à son hôtel, s'informer auprès de lui à quelle heure il lui plairait de recevoir la Cour, qui ne manquait pas de s'y rendre en robe noire; elle n'allait en robe rouge que chez le roi. Quand il se rendait au palais, quatre conseillers en robe rouge allaient le recevoir au haut des degrés et le conduisaient dans la Grand'Chambre, où la Cour l'attendait et où le chef de la compagnie descendait de son siége pour le lui céder, comme au représentant du roi, et qui exerce en son nom une magistrature nationale.

Dans le commencement, les premiers-présidents et tous les officiers des Cours des parlements avaient des gages payés par les provinces, et quelque temps après, ils recevaient ce qu'on appelait les *épices*. Sous Louis XIII, les gages furent augmentés par une pension particulière; mais ces rétributions étaient trop minimes pour les dépenses des membres des Cours souveraines. On considérait les gages comme l'intérêt des sommes remises à l'État pour l'acquisition des offices. Les paiements de ces gages éprouvaient parfois de longs retards, et, par une ordonnance de 1490, il fut permis aux officiers de prendre des rétributions des parties plaidantes. En 1495, le roi avoua que le trésor n'étant pas assez riche pour les rétribuer convenablement, « son plaisir était que les *épices* se prissent sur les parties. »

Livre XVII.
Chap. 1.

Tome II, p. 98.

Les *épices* étaient donc légalement perçues comme une juste rétribution du travail des magistrats, et on les voit établies en Bretagne, en Provence et en Guienne comme un droit légitime dans les XVe, XVIe, XVIIe et XVIIIe siècles. Les petits cadeaux de dragées, de confitures et autres objets d'épicerie, que les parties offraient après le gain de leur procès, d'abord aux juges seigneuriaux qui n'avaient pas de gages, puis aux juges royaux, furent remplacés par des rétributions obligatoires en argent. Mais il faut remarquer que, dès le commencement, ces épices ne devaient pas excéder la consommation d'un jour. Du moment que la perception des épices fut devenue légale, il fallut la régulariser. Pour l'honneur de la magistrature, il fut interdit aux juges de recevoir aucun présent des plaideurs, et les épices devaient être versées au greffe, où un commis spécial devait les distribuer aux magistrats. On fit dans le XVIIe siècle plusieurs règlements sur cette matière, mais il paraît certain que les épices étaient d'abord considérées comme le paiement du travail individuel des conseillers rapporteurs des procès; les conseillers qui ne rapportaient pas n'y avaient pas de droit; mais comme les juges n'étaient pas tenus, hors des heures ordinaires, de vaquer gratuitement aux expéditions de justice qu'ils appelaient, l'usage s'introduisit peu à peu de partager les épices entre les juges et les rapporteurs, qui étaient obligés de revoir les dossiers chez eux et d'en faire le rapport. Malgré les divers règlements faits à ce sujet, les épices montaient pour quelques conseillers rapporteurs à la somme de 25 à 30,000 livres par an! Mais ces profits scandaleux appartenaient en grande partie aux doyens et surtout aux présidents. On assure qu'à Bordeaux, le premier-président taxa un procès à 3,000 francs d'épices!

Lors de la réorganisation de la magistrature, sous le chancelier Maupeou, on supprima les épices, et les gages furent fixés à 4,000 livres pour les simples conseillers. Rétablies en

1775, les épices furent définitivement supprimées par l'article 7 de la loi du 4 août 1789, et par l'article 2, au titre Ier de la loi du 24 août 1790.

On voit que la magistrature n'était pas riche ; mais elle avait de la considération et des priviléges qui lui ouvrirent un facile passage dans l'ordre de la noblesse d'épée, qui, il faut l'avouer, n'accepta jamais complètement une fusion avec la noblesse de robe. Il faut cependant reconnaître que les membres les plus illustres de notre parlement sortaient du Tiers-État. La magistrature prévit son influence en marchant avec la noblesse. Aux États de 1505, elle joua le premier rôle ; la noblesse et le clergé ne figurèrent que comme ornement du trône ; en 1558, elle siégea à la tête du Tiers ; mais aux États de 1614, elle s'effaça, et on demanda que les charges de la haute magistrature ne fussent données qu'à la noblesse. Cependant il fut arrêté que, pour qu'un magistrat pût parvenir à la noblesse héréditaire, il fallait qu'il eût servi pendant vingt ans, se fût retiré avec des lettres de vétérance et fût remplacé par son fils. Il fallait donc, pour atteindre à la noblesse de robe ou parlementaire, qu'une famille eût occupé une charge pendant deux générations ; c'était un anoblissement graduel. Cette faculté était dispensée de toute preuve centenaire ou de trois degrés, et voilà pourquoi on disait : que les *conseillers étaient nobles et leurs petits-fils gentilshommes*. Les conseillers d'État et les membres du parlement prenaient, pendant longtemps, le titre de conseillers du roi ; les officiers de la Chambre des comptes se qualifiaient de *maistres*, d'*auditeurs* et de *correcteurs ;* les officiers de la Cour des Aides se qualifiaient de *généraux des aides ;* mais la Chambre des comptes et la Cour des Aides jouissaient des mêmes priviléges que les autres branches du parlement.

Les parlementaires jouissaient du droit de franc-fief ; ils étaient dispensés des logements de guerre ; ils n'étaient pas soumis à la taille ou aux aides; la capitation seule était l'impôt de la noblesse; ils étaient dispensés de paraître au ban et à l'arrière-ban. Cependant, dans les circonstances graves, nous avons vu les membres de notre Cour de Bordeaux prendre les armes pour maintenir la paix. Ils étaient dispensés de l'obligation de prendre, dans les magasins de l'État, une quantité de sel déterminée et de la payer au prix fixé par les ordonnances; c'était la *gabelle*. Ils avaient le privilége de prendre sous Louis XII (1511), les présidents, six quintaux de sel; les conseillers-clercs, quatre; les conseillers-lais, greffiers, avocats et procureur du roi, cinq. Les privilégiés remboursaient au Trésor le prix de revient. Les parlementaires étaient exempts de dîmes, d'abris, de péage.

La magistrature n'était pas riche, mais ses priviléges et sa haute considération lui procurèrent de riches alliances.

Il n'est pas facile de constater avec *certitude* la date certaine de l'établissement de la première Chambre des enquêtes à Bordeaux. Dans les premiers temps, les *conseillers-enquesteurs* ne jugeaient pas; ils ne faisaient qu'examiner les dossiers et porter à la Grand'Chambre leur rapport; mais les affaires s'étant multipliées, on donna à la Chambre des enquêtes le droit de juger les procès. Les enquêteurs connaissaient, sur des plaidoiries, des sentences rendues par les sénéchaussées et les juridictions inférieures du ressort; leur compétence était étendue dans les causes jugées après plaidoirie.

La Chambre des requêtes, dont nous n'avons dit qu'un mot, date, à Bordeaux, du milieu du XVIe siècle; elle ne fut, au commencement, qu'une sorte de *commission* instituée pour juger les différends qui surgissaient entre les princes, seigneurs et officiers de la maison du roi; elle jugeait les causes personnelles, civiles, possessoires et mixtes des exempts et des privilégiés. Ses attributions devinrent très-importantes et étendues; c'était une justice exceptionnelle. L'Hospital la fit supprimer, mais les besoins du Trésor et les intrigues des gens de cour la firent rétablir ; le parlement de Bordeaux s'y opposa et après céda : Qu'y a-t-il d'étonnant ? c'était Louis XIV qui ordonnait !

Livre XVII. Chap. I.

Il paraît certain qu'à Bordeaux les présidents et les conseillers de la Chambre des requêtes jouissaient, comme conseillers en la Cour, « du rang, séance, voix, opinion, délibéra- » tions, suivant leur réception, aux chambres assemblées, » aux entrées solennelles, à la prononciation des arrêts géné- » raux, aux églises, aux processions générales, » en un mot, à toutes les assemblées de la Cour.

La Roche Ilavin 15 lois du parlement.

Les procureurs généraux occupaient une grande place autrefois dans l'organisation des Cours de justice. Ces organes de la justice du roi, qu'on appelle le ministère public, retrouvent leur origine dans la législation romaine : les *procuratores Cæsaris*. Leurs devoirs ont été modifiés selon les temps et ont été enfin clairement déterminés en 1302, lorsque le parlelement fut rendu sédentaire. Les avocats généraux avaient aussi une large part dans la direction de la justice, et, comme on disait autrefois, les procureurs généraux avaient la plume et les avocats généraux avaient la parole en l'audience : « L'advocat du roi, disaient les anciens règlements, portera » la parole, et toutes résolutions et conclusions qui seront » propices à l'audience, tant sur les affaires publiques et pri- » vées, toutes conclusions par écrit seront signées du pro- » cureur. »

Le procureur général était l'intermédiaire naturel et légal entre la couronne et la magistrature ; il était en quelque sorte le ministre-né de la justice et était en rapport direct avec le roi qu'il représentait ; cependant il n'avait pas le droit d'assister aux assemblées générales et secrètes de la Cour ; il observait les intrigues ; il était le surveillant naturel de tous les magistrats, l'œil du parlement, comme on disait, le chef immédiat des juridictions inférieures dans tout le ressort ; il correspondait directement avec le chancelier et.

Livre XVII. Chap. 1.

au besoin, avec le ministre. Quant aux avocats généraux, il paraît qu'ils étaient nommés par le roi. La charge de procureur général était très-lucrative et honorable ; elle fut érigée à la fin en office et fut vendue à Paris, par M. de Harlay, au gendre de M. de Novion, en 1689, pour 700,000 livres.

Sous Louis XII, le procureur général siégeait entre les deux avocats généraux qui avaient été créés pour l'aider de leurs conseils. Pendant les délibérations de la Cour, le procureur général restait en dehors de la salle ; les avocats généraux se retiraient aussi.

Au moment de la suppression du parlement, le premier avocat général au parlement de Bordeaux était M. Dufaure de La Jarthe ; le procureur général était M. Dudon, et M. Dudon fils, en survivance, conseiller d'État, mort en 1857.

Les greffes, qu'on entend quelquefois appeler *clergies*, parce que c'était toujours un clerc qui en était chargé, furent réunis au domaine royal en 1318, par Philippe le Bel. Vers le milieu du XVIe siècle, la charge de greffier était vénale et se vendait au plus offrant. Le roi donnait comme récompense un greffe important à quelques officiers de sa maison, à quelques hommes d'épée. Le greffier du parlement de Paris ayant embrassé la réforme, le greffe fut donné à la maison de Montmorency, qui le mit en ferme et plus tard le vendit.

On sait que les Pontac possédèrent l'honorable charge de greffier en chef au parlement de Bordeaux. C'était le greffier en chef qui était l'envoyé habituel de la Cour dans les grandes occasions. Quand le roi arrivait, le greffier allait prendre les ordres du chancelier ; un premier-président arrivait, le greffier allait fixer l'heure à laquelle on l'installerait.

1512.

Jusque-là, la langue latine avait été en vigueur. Depuis, le français fut prescrit pour les arrêts, sentences, actes, contrats et testaments.

Le 1er mai, on élisait le roi de la basoche, et la procession pour la proclamation de ce roi se faisait le dernier samedi du même mois, et l'on plantait ce jour-là un *mai* devant le palais. Ce *mai* était couronné de fleurs; le parlement prenait part à ces joies populaires, faisait remettre au roi de la *basoche* une amende pour frais de sa royauté. Ce roi voulut augmenter ses revenus et prétendit exiger des plaideurs, solliciteurs et conseillers-clercs, un certain tribut. La Cour défendit ces exigences; cette royauté languissait dans la misère, et, depuis Henri IV, nous n'en voyons guère dans l'histoire.

Rien de plus important que la réunion publique de la magistrature; mais rien ne préoccupait tant les esprits que ses assemblées secrètes et générales.

Les premiers-présidents eurent d'abord le droit de les convoquer, mais plus tard ce droit appartenait à chaque chambre du parlement. Au jour indiqué, toutes les Chambres cessaient leurs travaux, afin d'y assister. La *Tournelle* seule devait continuer les affaires commencées; sept de ses membres restaient et les autres se rendaient à l'assemblée générale et secrète. Nul président, nul conseiller ne devait manquer à cette assemblée de la compagnie, et les absents devaient payer, au moins au XVIe siècle, un *teston* d'amende.

C'est dans ces assemblées secrètes qu'on examinait les ordonnances et les édits dont les ministres demandaient l'enregistrement et qu'on préparait les objets des remontrances qui devaient être présentées au roi et aux ministres.

Depuis 1600, le roi nommait le premier-président; jusqu'alors le parlement présentait trois candidats, parmi lesquels le prince faisait son choix. Le premier-président avait ordinairement quarante ans. Le chancelier avait le droit et le devoir d'information sur les mœurs, la religion et la vie des candidats. Le premier-président prêtait serment entre les mains du roi; c'était le serment que prêtaient tous ceux qui faisaient

Livre XVII.
Chap. 1.

Basoche.

Assemblées.

serment entre les mains de Sa Majesté et qui a été maintenu dans la formule des évêques : « Si, dans mon diocèse ou ailleurs, j'apprends qu'il se trouve quelque chose au préjudice de l'État, je le ferai savoir au gouvernement. »

L'État, c'était alors le roi; on n'avait pas encore inventé la maxime : *le roi ne gouverne pas*, maxime qui amoindrissait la royauté et élevait à sa hauteur le peuple souverain!

Le procureur général était l'organe de la loi, mais le premier-président était véritablement l'homme du roi; il représentait le roi qui était toujours censé présent aux délibérations.

Le procureur général était l'homme de la loi; il vengeait la société, punissait le crime, etc., etc. Il n'assistait pas aux délibérations; il s'arrêtait à la porte de la chambre du Conseil.

Au XVIe siècle, les procureurs généraux étaient qualifiés dans leurs provisions de chevaliers et de conseillers du roi, en tous ses conseils; plus tard, les présidents à mortier étaient aussi qualifiés de chevaliers, et plus tard encore, de conseillers du roi, en tel ou tel parlement. Dès l'année 1500, nous voyons la femme du premier-président qualifiée de *dame;* les femmes de la plus haute naissance, dont les maris n'étaient qu'écuyers, ne prenaient que le titre de *damoiselles*. Pour être *dame*, il fallait que le mari fût qualifié, c'est-à-dire il fallait qu'elle fût femme d'un duc, marquis, comte, vicomte, officier de la couronne ou chevalier.

Avant que les premiers-présidents fussent chevaliers, leurs femmes n'étaient que *damoiselles*.

L'entrée du premier-président dans la ville était très-pompeuse. En arrivant à son hôtel, il recevait la visite de tout le parlement, moins le doyen. Le parlement retiré, le premier-président allait faire une visite au doyen et lui remettre ses provisions. Le doyen était le rapporteur des provisions du premier-président.

Avant l'audience de réception, le premier-président rendait la visite aux présidents, aux conseillers et au procureur général qui devait présenter ses provisions. Le jour de l'installation, on offrait au premier-président un présent en étoffe de soie, de satin ou de damas. A dater de ce jour, le premier-président occupait l'un des premiers rangs de la province; la religion, la royauté avaient seules le pas sur la justice. Dans les audiences solennelles, un évêque, fût-il même archevêque, fût-il même cardinal, n'avait que le dernier siége sur les bancs des présidents à mortier; mais dans les églises, processions, hôpitaux, couvents, partout, excepté aux audiences solennelles et à l'Université, le premier-président n'avait pas le pas sur les évêques. Les gouverneurs, maréchaux, connétables, amiraux, les princes, les dignitaires, tous, excepté les fils de France et le prince royal, en arrivant à Bordeaux, devaient la première visite au premier-président. Il restait couvert devant les princes et tous les autres dignitaires, excepté les fils de France; il se découvrait pour demander les avis des présidents à mortier; il prononçait les arrêts généraux, présidait les grandes audiences, fixait les jours d'examen pour les aspirants aux charges de magistrats; il ouvrait le parlement et le fermait à la Sainte-Croix-de-Lept. Pour le courant de l'année judiciaire, il présidait la chambre qui lui convenait, mais ordinairement c'était la Grand'Chambre, seule ou réunie à la Tournelle.

Antérieurement à Charles VII, les Anglais avaient une *cour souveraine* à Bordeaux, comme on peut le voir par le traité de capitulation de 1451. Dans les anciennes coutumes, on trouve le titre de *sénéchal de Gascoigne, juge des appels* en la Cour de Gascogne.

Le parlement fut souvent transféré par le roi en d'autres villes, pour le punir de quelques résistances à la volonté du roi, ou par suite des ravages de la peste à Bordeaux. Ainsi, en 1469, il fut transféré à Poitiers; il y siégea jusqu'au

— 354 —

<small>Livre XVII. Chap. 1.</small>

<small>T. II, page 99.</small>

17 mars 1472 (vieux style) et non 1477, comme nous avons dit ailleurs par inadvertance. La peste régnant à Bordeaux, presque tout l'hiver de 1473-74, la Cour alla siéger à Libourne; en 1495, à Bergerac; en 1501, à Saint-Émilion; en 1514, 1516 et 1528, à Libourne; et trois mois de l'année 1546, au même endroit.

<small>T. II, page 121.</small>

En 1548, la Cour de Bordeaux fut remplacée par une commission spéciale, comme nous l'avons fait observer ailleurs. En 1545, le parlement alla siéger à Libourne, depuis le 17 septembre jusqu'au 7 janvier 1546.

Nous avons parlé assez longuement de l'exil du parlement, après les atrocités de Montmorency, à Bordeaux. Quant à la réforme des parlements, par Maupeou, nous avons vu que celui de Bordeaux fut cassé le 4 septembre 1771 et rétabli sur un autre plan, le 7 du même mois. Les magistrats qui refusèrent de siéger dans ce nouveau parlement, furent exilés dans leurs terres, et les nouvelles *compagnies Maupeou* fonctionnèrent pendant quatre ans.

L'ancien parlement fut rétabli le 2 mars 1775 et fut sur le point d'être exilé l'année suivante, à cause de sa résistance au ministère, au sujet des alluvions sur les rives de la Gironde, de la Garonne et de la Dordogne, que la reine voulait donner à la famille Polignac. Il n'eut pas à attendre longtemps pour éprouver les effets de la colère ministérielle, car il fut transféré à Libourne, le 18 août 1787, et y demeura jusqu'aux vacances de l'année suivante. On ne rendit pas la justice pendant tout ce temps; il n'y avait qu'un échange incessant de notes et de remontrances; des dissertations publiques, des vœux pour un meilleur état de choses, des protestations contre le despotisme ministériel, et enfin, la hardie expression de la volonté générale en faveur de la convocation des États-généraux. Cet état de choses fit éclore beaucoup d'écrits, de projets, de plans de réformes dans lesquels les questions les plus graves de l'ordre social étaient débattues avec une admirable énergie et présentées au public sous les couleurs les plus agréables et en termes spéciaux et séduisants. Durant cet exil, le parlement refusa d'enregistrer plusieurs édits présentés à cette fin du *très-exprès commandement du roi*. Au nombre de ces édits étaient : 1° celui portant prolongation des deux vingtièmes, jusqu'en 1792 ; 2° celui de l'établissement des quatre bailliages en Guienne; 3° celui de la réduction du parlement à quarante-huit membres ; 4° celui qui créait une Cour plénière, etc., etc.

Livre XVII. Chap. 1.

La hardiesse imposante du ministère n'avait pas effrayé le parlement; mais il provoqua l'indignation du peuple, qui l'effraya de ses cris en demandant les États-généraux. Le ministère, voyant qu'il faisait fausse voie, mit fin à l'exil du parlement, en juin 1788, et lui permit de reprendre ses séances à Bordeaux. Cette compagnie rouvrit donc ses séances le 20 octobre, en vertu d'une ordonnance royale ; le 24 du même mois, elle forma sa Chambre des vacations, qui eut le triste sort d'enregistrer son arrêt de mort, c'est-à-dire les lettres-patentes du 23 septembre, qui, en rétablissant tous les tribunaux du royaume, annonçaient, pour l'année suivante, la convocation des États-généraux. La Chambre des vacations ajouta à l'acte d'enregistrement que le roi serait supplié « de convoquer les dits États d'une manière légale et » de les composer de représentants librement élus par le peu- » ple. » Les mots *manière légale, librement élus*, nous donnent assez à comprendre les craintes que le ministère inspirait au peuple. Tous les parlements, comme celui de Bordeaux, demandèrent que les États se modelassent sur ceux de 1614, quant à la forme.

On était à même d'achever l'organisation du nouvel ordre judiciaire, quand on vint apposer les scellés, le 30 septembre 1790, sur les papiers, effets et appartenances du parlement de Bordeaux, en vertu d'un décret national du 7 du même mois. Tous les parlements cessèrent leurs fonctions à la fin du mois ;

ainsi tomba à Bordeaux, après trois cent vingt-huit ans d'existence, ce corps de magistrature qui fut, après le parlement de Paris, celui dont l'énergique indépendance avait toujours été le plus puissant, le plus redoutable frein au despotisme ministériel.

La communauté des clercs avait un chef qu'on appelait le *roi de la basoche;* la nomination en appartenait au parlement, qui le choisissait sur trois candidats présentés par les clercs; il avait le droit d'assister aux audiences de la Grand'-Chambre, la tête couverte de son bonnet d'une forme distinctive; il présidait aux farces ou *sotties* que jouaient les écoliers de la *basoche;* ses fonctions ne duraient qu'un an; au bout de ce temps, il était nommé procureur; une simple toque remplaçait alors la modeste couronne de ce roi électif, qui échangeait avec bonheur son trône temporaire contre le siége peu envié et bien moins fragile, moins éphémère, d'un officier subalterne de la Cour.

A partir de 1554, le parlement exigea de ce roi qu'il soumît à l'approbation de la Cour toute farce qui devait être jouée par les basochiens; c'était son droit et son devoir de rayer les passages dangereux et de défendre les pièces dangereuses. Il n'était pas difficile d'éluder cette défense, qui enlevait aux jeunes gens, impatients du joug, des jouissances et des plaisirs qu'ils croyaient innocents. Ils persistèrent dans leurs projets et dans leur désobéissance, et leurs farces ou *sotties* furent portées à un tel degré d'immoralité et de cynisme que le parlement, à la demande des jurats qui étaient souvent les objets des plus dégoûtantes et satiriques allusions, se vit obligé de les proscrire, sous la peine de la *hart*.

Le roi de la basoche avait certains priviléges. On lui donnait une place dans les entrées solennelles des princes et autres grands personnages; le jour de son élection, il donnait à ses électeurs une fête qui durait huit jours; il se faisait accompagner en ville des basochiens marchant deux à deux, l'épée au côté. Il changeait de costume tous les jours ; de là est venu l'ancien dicton : *cossu comme un roi de basoche.* Cette royauté factice n'eut qu'une gloire éphémère comme elle ; elle se crut une réalité, elle n'était qu'un rêve ! Dans une émeute, les basochiens se réunirent aux élèves du collége de Guienne ; ils tinrent des assemblées, prirent les armes, sonnèrent le tocsin et commirent de grands dégâts ! Ils se suicidèrent ! Le parlement, les chambres réunies le 15 février 1561, « fit » inhibition et défense, sous peine de 1,000 livres, à Charles » Amussat, de ne soy dire roy de basoche, qu'autrement » n'en fut ordonné. » Ainsi finit par une émeute cette royauté de bas étage. Cependant, à l'arrivée de Charles IX, on créa une royauté de basoche, mais elle ne vécut qu'un jour (1).

Livre XVII.
Chap. 1.

Il régnait, jusqu'à l'insurrection de 1548, entre le parlement et la jurade, un accord rarement interrompu ; mais les événements publics d'alors mirent fin à ces sympathies si utiles à l'ordre. Humilié, abattu par l'impitoyable Montmorency, le parlement avait perdu jusqu'au sentiment de sa dignité, jusqu'au souvenir de son antique puissance ; il ne savait plus ce qu'il pouvait ; il ne savait pas même vouloir ! Courbé servilement aux genoux des généraux et des officiers du roi, il ne retint dans le naufrage de ses priviléges que le pouvoir de recevoir le serment des lieutenants généraux et du lieutenant particulier et criminel ; on n'eut plus des anciennes libertés qu'une ombre, des vieilles chartes qu'un misérable lambeau ! Ces deux fonctionnaires étaient tenus, sous peine d'une amende de 500 livres, de prêter serment devant la Cour.

Le parlement prévoyait les désordres que la prétendue réforme allait produire dans la sphère politique : l'opposition dans l'église devait produire une perturbation dans l'État ; c'était

---

(1) On peut voir à la Bibliothèque publique le registre de la basoche ; nous n'y avons rien trouvé de remarquable sous le rapport historique.

une révolution coiffée du masque de la religion ! Les ennemis du catholicisme voulaient asseoir, comme à Montauban, une république sur les ruines de l'autel et du trône. Le parlement se montra sévère; mais sa résistance à de pareils projets, on en conviendra, au lieu d'être une preuve d'intolérance, n'était que l'exercice d'un devoir pour des magistrats chargés de maintenir la paix et de faire respecter la loi. Il condamna à mort quelques prédicateurs fougueux ; mais ce ne fut pas la liberté de conscience qu'il attaqua, ce furent des actes illégaux, des prédications incendiaires, la résistance à l'autorité, la violation de la loi du pays, que le parlement crut devoir frapper. On punissait les sectaires pour des actes punissables, et, malgré cette rigueur si facile à justifier, les protestants firent, en 1564, une conspiration pour s'emparer du Château-Trompette ; c'était un acte coupable ; Burie ne fit rien ; le parlement se montra alors sans miséricorde ; c'était la loi civile qu'on faisait exécuter.

Les rigueurs du parlement ne furent que l'application de lois existantes contre la guerre civile, le plus grand fléau de la société. Les rois se plaisaient à lui témoigner leur reconnaissance, et Henri III avoua, en 1577, *qu'il avait reçu plus de services du parlement de Bordeaux, qu'il n'en avait pu tirer de la plus forte armée.*

Dans une lettre présentée au parlement, le 11 octobre 1568, par M. Belcier, maître des requêtes, le roi reconnut les services que la compagnie de Bordeaux avait rendus à la religion et à l'État. « Sa Majesté, y est-il dit, est bien fort
» contente des bons et louables services que la Cour du par-
» lement a faits et faits pour son service en temps de trouble,
» que l'État a plus besoin de la fidélité de ses bons et loyaux
» sujets. La Majesté du Roi, ensemble celle de la Reine, la
» remercie et la prie de continuer le même soin et diligence,
» de veiller à la conservation de leur ville et pays et aux
» entreprises des eslevés qui ne tâchent qu'à la surprendre.

» D'autant plus est satisfaite Sa Majesté de sa Cour de parle-
» ment, qu'elle a su prévoir, comme elle lui avait écrit, les
» choses les plus nécessaires et de plus d'importance; savoir :
» à fortifier d'un bon nombre de navires et vaisseaux la ri-
» vière de Gironde et à l'embouchure d'icelle à la mer, pour
» empêcher le passage à ceux qui voudraient entreprendre
» sur leur pays et ville par mer, d'avoir appelé la noblesse
» du pays en leur ville, ensemble des capitaines et compa-
» gnies en la ville, pourvu aux fortifications d'icelle et aux
» deniers et finances pour cet effet. »

Nous allons citer quelques exemples de l'activité et du zèle qu'il déploya pour le bien de la paix.

En 1562, vu la gravité des circonstances, le parlement ordonna que douze conseillers prendraient chacun le commandement de cent hommes, dans les douze quartiers de la ville, pour réprimer les excès des sectaires. De concert avec les jurats, ces douze singuliers capitaines, en robe de cour, firent choix, dans la milice urbaine, de vingt-cinq soldats qui, sous les ordres de quatre sergents, parcouraient la ville pour faire exécuter les arrêts de la Cour. Dans les circonstances graves, les membres du parlement étaient obligés de faire le guet et d'aller de *deux en deux* faire la garde des portes avec des armes et *accompagnés de telle force qu'il leur plaira*. Pour prévenir les fautes que l'ignorance ou la mauvaise foi pouvaient faire commettre à l'Hôtel-de-Ville, comme aussi pour faire avorter toute intrigue électorale, la Cour envoyait deux commissaires assister aux élections et aux importantes délibérations de la jurade. Elle rayait du rôle des avocats ceux qui ne se présentaient pas pour prêter serment le lendemain de la Saint-Martin; elle provoquait aussi la destitution de tous les gens du roi qui n'assistaient pas aux actes solennels; elle était dispensée, par ses priviléges, de loger les princes et leur suite et de garder les portes de la ville, excepté dans les cas de guerre; elle avait 800 livres pour faire des voyages, avec autorisation royale de prélever une somme plus forte sur les amendes, en cas de besoin. Au XVIe siècle, le premier-président touchait 1,400 livres d'appointements, et les autres membres, en proportion de l'importance de leurs fonctions. La compagnie fit toujours preuve d'un esprit de désintéressement et se prêta toujours avec empressement aux sacrifices exigés par les besoins des pauvres et l'état souvent alarmant des finances. Ainsi, en 1574, époque de la famine, le parlement donna 1,000 liv. pour le magasin des blés et chargea un président et trois conseillers de constater la quantité de blés et farines en ville. Il était passé en usage qu'au marché du poisson, les membres du parlement étaient toujours servis les premiers (1).

Vers le milieu du XVIe siècle, les embarras du parlement, en présence de la réforme protestante, étaient méconnus; les intrigues de Charles-Quint les augmentaient en créant de nouveaux périls. On n'osait pas armer les citoyens pour repousser l'étranger; c'eût été fournir aux sectaires des moyens de faire réussir leurs projets. Le roi de Navarre fut nommé grand-amiral en 1577; ce titre, réuni à celui de gouverneur de la Guienne, équivalait presque à la souveraineté. Ce prince avait alors à Bordeaux un lieutenant général, Burie; mais c'était un protestant déguisé. Dans un moment critique, le parlement voulut désarmer les citoyens; Burie répondit qu'en arrivant à Bordeaux, il avait trouvé les citoyens armés, et qu'avant de les désarmer, il était convenable de consulter le roi de Navarre. Le parlement, malgré l'avis de Burie, et peut-être avec l'assentiment du roi, ordonna le désarmement et l'évacuation de la ville par les vagabonds et les gens sans aveu. Pour faire face aux frais que nécessitaient les diverses mesures qu'il prescrivit alors, il autorisa un emprunt de

(1) En 1578, il paraît, d'après un arrêt de la Cour, que la plus belle darne de saumon ne se vendait que 4 sous.

12,000 liv., délibéré en l'Hôtel-de-Ville. Cette somme ne parut point suffisante à Montluc, car, au mois de mars 1563, il déclara en plein parlement qu'il était nécessaire de lever sur la Cour et le clergé 6,000 liv. et 9,000 liv. sur les habitants. Cette annonce lésait les priviléges du parlement ; il n'en était pas content ; mais Montluc n'entendait pas le badinage, et dans le danger son épée était nécessaire. On arrêta donc que les présidents conseillers et autres officiers de la Cour donneraient 2,000 liv. sans que cela tirât à conséquence contre les priviléges de la compagnie.

Les ménagements du pouvoir envers les sectaires étaient dus à L'Hospital ; il croyait désarmer les huguenots par une tolérance des nouvelles doctrines qui entraînait à sa suite l'impunité des crimes commis pour les propager. Montluc présenta au parlement l'édit d'Amboise, du 19 mars 1563 ; mais la Cour, par égard pour lui et malgré sa répugnance formellement exprimée, consentit à l'enregistrer. Elle voulait des gens soumis ; les sectaires ne l'étaient pas ni ne voulaient l'être. De là ces rigueurs dont certains écrivains intéressés se plaignent.

Sur la fin de 1574, le vicomte de Turenne menaçait le pays bordelais ; Montluc réclama encore 25,000 liv. pour les besoins de ses troupes. Le parlement s'empressa d'offrir au roi le dernier quartier de ses gages, à la charge que MM. Martin, Gourgues et de Gascq, généraux des financiers, prissent l'engagement de faire payer à la Cour le dit quartier le plus tôt possible. L'engagement fut pris et la Cour envoya des commissaires à l'Hôtel-de-Ville dans le but d'aviser avec les jurats à quelque moyen de parfaire la somme demandée. Arrivés le lendemain à l'Hôtel-de-Ville, ils trouvèrent les jurats disposés à recueillir les voix selon leur habitude, à la suite de la délibération ; les commissaires ne voulurent pas leur reconnaître ce pouvoir, qu'ils réclamèrent pour eux-mêmes, comme délégués de la Cour suprême. Le parlement consulté décida en faveur de ces derniers.

Notre Cour ne se relâcha pas de sa sévérité contre les sectaires; elle prévoyait en janvier une attaque, et dans la crainte d'avoir en ville des gens capables de seconder l'attaque de leurs coreligionnaires du dehors, elle fit mettre tous les huguenots dans les couvents, d'après le conseil de Villars. Cinq jours après, on arrêta qu'il serait nommé vingt-quatre capitaines, dont douze seraient pris au corps de ville et les autres parmi les officiers du siége du sénéchal, de la chancellerie et autres notables bourgeois, pour veiller aux soins qu'exigeait la défense de la ville. Les jurats voulaient faire cette élection à l'Hôtel-de-Ville; le premier-président Largebaston répondit que ce serait diminuer l'autorité de la Cour. Cependant, la jurade fit son choix et fit présenter sa liste au parlement par M. du Sault, priant en même temps la Cour, si quelque nom lui déplaisait, de vouloir bien le rayer et lui en substituer un autre. La Cour ne voulut pas lire cette liste; elle l'envoya à M. de Villars pour qu'il présidât à la nomination. Mais il fallait payer les soldats qu'on avait loués pour la défense de la ville. La Cour arrêta qu'on prendrait sur certaines sommes en caisse, 10,000 liv., qu'on remplacerait par une légère taxe sur chaque tonneau de vin du Haut-Pays, actuellement aux Chartrons, et sur chaque balle de pastel; elle ordonna que les clés des portes de la ville seraient portées tous les soirs chez M. de Villars et remises tous les matins aux jurats. On voit, par toutes ces mesures de précaution et de prévoyance, les craintes que les sectaires inspiraient, au XVIe siècle, à l'autorité supérieure à Bordeaux. Les embarras étaient grands et se multipliaient tous les jours. Ne pouvant pas fournir les 6,000 liv., les jurats, après en avoir délibéré avec le Conseil des Trente, allèrent prévenir le parlement qu'à la place de cette somme ils trouveraient six cents bourgeois en ville qui fourniraient l'un portant l'autre deux soldats, et pourvoiraient à leur nourriture et à leur entretien; mais que les capitaines devaient être à la charge des religionnaires. La Cour chargea Villars du soin de livrer les deniers ordonnés et le prévint qu'elle en paierait toujours la septième partie.

Livre XVII. Chap. 1.

1er Février.

Dans les premiers jours de 1578, on prêta le serment ordonné par l'édit de pacification, après quoi MM. Lavie, conseiller, et du Sault, de retour de Paris, rendirent compte de leur mission et dirent que le roi était peu satisfait de la conduite des Bordelais qui lui étaient peu affectionnés; qu'il s'était plaint de ce que le parlement se mêlait des finances, de ce que Merville, commandant du château du Hâ, donnait le mot du guet, comme sénéchal, au préjudice du commandant du Château-Trompette. Au mois de mai de la même année, M. du Sault, après un autre voyage à Paris, prévint la Cour que le roi s'étonnait de ce que la compagnie n'avait dans son sein que deux conseillers-clercs, *actu et habitu*.

7 Janvier.

A cette époque, le nombre des conseillers s'était tellement accru, que la Cour, Chambre assemblée, crut devoir arrêter qu'il n'y aurait à l'avenir à la Grand'Chambre que vingt-cinq conseillers, et quinze dans chacune des Chambres-enquêtes. Cependant, le 14 novembre 1580, le procureur général prévint la Cour que l'archevêque avait reçu des lettres-patentes pour l'installation du sieur de Poynet, comme sixième président. En effet, le 18 du même mois, l'archevêque se présenta à la Cour; mais, à cause des récusations faites par les présidents, il n'y était resté avec le prélat et le nouveau titulaire qu'un seul conseiller; tous les autres s'étaient retirés. L'archevêque installa Poynet et reçut son serment. La Cour arrêta que des remontrances seraient faites au roi à ce sujet, dans le cours de trois mois, et fit inhibition au sieur de Poynet de s'immiscer dans les fonctions de la place qu'on lui avait accordée, et s'il venait à violer l'arrêt, il était enjoint aux huissiers de l'appréhender au corps et conduire en

13 Novembre 1579.

prison. Peu soucieux de l'impuissante colère de la Cour, puisqu'il avait pour lui le roi, de Poynet alla un jour s'asseoir comme président dans la salle des audiences ; on lui adressa des paroles déplaisantes ; il répondit par des propos non moins acerbes. On convint enfin, le 22 mars 1584, après de trop longs débats, qu'on ferait rembourser les frais au sieur de Poynet, sinon qu'on l'installerait président. Dans cette circonstance, la Cour de Bordeaux ne faisait qu'imiter celle de Paris, qui n'avait pas voulu reconnaître un sixième président. Prévoyant que l'obstination des Bordelais pouvait avoir de fâcheuses suites, le roi supprima le sixième président, le 7 septembre 1584, et, par lettres-patentes datées de Blaye, le 7 mars, ordonna qu'à l'avenir, il n'y aurait que vingt-quatre conseillers à la Grand'Chambre, comme à Paris.

Ainsi, nous voyons que la compagnie se mêlait de tout, pourvoyait à tout, et exerçait en Guienne une véritable souveraineté. Au commencement du XVIe siècle, les mœurs étaient corrompues, et le luxe, surtout en fait d'habillements, porté à un degré extrême. Dans une ordonnance du 7 mars 1524 (v. 5), la reine-régente, après avoir déploré *les péchés et les malifices qui se commettaient au royaume de France,* déclare que la prise de François Ier, à Pavie, en a été la punition éclatante, et ajoute : « A cela doibt estre obvié dors
» en avant, mesmement aux dissolutions des habillements
» et ornements de femmes, et que toute manière de velours
» et autres soyeries cesse et ne soit permis, à homme ni à
» femme, de quelle qualité que ce soit, les porter en aucune
» qualité. »

Cette singulière ordonnance, inspirée par une piété excentrique et peu éclairée, ou peut-être par le désir d'établir une sorte de deuil national pour la captivité du roi, portait trop de tort au commerce pour rester longtemps en vigueur. La réaction fut lente, obstinée et excessive ; le luxe gagnait toutes les conditions, ruinait toutes les fortunes et absorbait

toutes les ressources d'un bien-être matériel, au point que le parlement crut devoir intervenir par une singulière ordonnance somptuaire du 6 février 1571, et restreindre l'usage des étoffes précieuses chez toutes les classes, excepté chez les femmes des officiers de la Cour. « Sont faites deffenses à
» toutes femmes des huissiers, procureurs en la Cour de
» Guienne, marchandes et autres, de quelque état et condi-
» tions qu'elles soient, hors celles qui sont femmes des offi-
» ciers de roi et advocats de la Cour, de ne porter aucuns
» chaperons de velours, robe de soye, ny cotillons, n'y faire
» pour aucunes bandes de velours, ny découpures, ains une
» simple bande de la largeur de trois doigts ou environ, ny
» porter de grandes fraises à leurs collets, de quatre doigts
» au plus haut; de mesme, la Cour fait inhibition et défense
» à tous les susdits de ne faire porter par leurs enfants aucun
» chaperon de velours, satin, damas ou taffetas, ny aucun
» passement d'or ny argent, habillements de soye brodés de
» passements ny de coupeures, soit enfants ou filles, et à
» toutes personnes, autres que les gentilshommes, de ne por-
» ter aucuns bas de soye; fait aussi la Cour inhibition et
» deffense à toutes chambrières et filles servant de damoi-
» selles de ne porter aucunes pantoufles, mulles ou patains,
» le tout à peine de 50 escus payables sans déport, et con-
» fiscation des choses dont ils se trouveront saisis; de laquelle
» amende en sera baillé au dénonciateur le tiers, et à mes-
» mes peines; fait la dite Cour inhibition et deffenses à tous
» couturiers et chapeliers de ne faire habillements de la qua-
» lité susdite aux personnes prohibées, si ce n'est aux per-
» sonnes auxquelles il est permis, et afin que personne n'en
» prétende cause d'ignorance, la dite Cour ordonne que le
» présent arrêt sera lu et publié par tous les cantons et car-
» refours de la présente ville. »

Cette étrange ordonnance eut le même sort que celle de la mère de François Ier; elle fit des mécontents et fut bientôt

Livre XVII.
Chap. 1.

après violée et oubliée. Cependant la Cour revint sur le même sujet à plusieurs reprises, surtout en 1643; mais l'opinion publique et l'usage, et surtout l'opiniâtre vanité des femmes, finirent par avoir raison du parlement et de ses lois !

L'édit de pacification du mois de septembre 1577 avait calmé un peu les esprits ; les protestants ne cessèrent cependant pas d'être exigeants et obtinrent à Paris une Chambre mi-partie pour juger les affaires de religion. Elle devait se composer, à Paris, de deux présidents et de quatorze conseillers du parlement de Paris et de deux membres du grand conseil.

3 Mars 1581.

Le roi établit une semblable chambre mi-partie à Bordeaux, et désigna en conséquence les individus qui devaient la composer ; il fut arrêté que cette nouvelle Chambre tiendrait ses séances le mercredi matin et le vendredi après dîner, aux mêmes heures que la Grand'Chambre et la Tournelle. Plus tard, elle trouva plus convenable de tenir ses audiences aux Jacobins ; elle eut pour présidents MM. Seguier, de Paris, et Jacques Vielle, seigneur d'Aigremont, et parmi les conseillers se trouvaient plusieurs hommes très-distingués (1). Cette nouvelle institution judiciaire ne répondit pas à l'attente du prince ni à celle des amis de la paix.

Au mois de mai, le roi créa un président et un sixième trésorier au bureau des finances, à Bordeaux. Le parlement refusa d'enregistrer l'édit et ne consentit à le faire que par

---

(1) La formation de cette chambre fut décrétée par l'édit de la conférence de Fleix, dont l'art. 11 porte : « Le roy envoyera au pays et duché de Guyenne une chambre de justice composée de deux présidents, quatorze conseillers, un procureur et advocat de Sa Majesté..... serviront deux ans entiers au dit pays et changeront de lieu et séance de six mois en six mois, etc. »

Les conseillers étaient Jean Seguier, Jean de Lavau, Estienne Fleury, Jérôme de Monthelon, Jean Scarron, Guillaume Benard, Adrien du Drac, Pierre Seguier, Lazare Coqueley, Jean de Thumery, Claude du Puy, Jacques de Thou, l'historien, Michel Hurault de L'Hospital; Loysel était l'advocat du roi, et Piton, procureur général. (Voir *Lettres du roy pour l'establissement de la Cour de justice en ses païs et duché de Guienne, etc.* Bordeaux, par Pierre Ladime, 1582.)

suite des lettres de jussion qui furent présentées à la Cour par le procureur général, le 22 mai. Le roi ne se borna pas à cet acte d'autorité ; il créa encore douze conseillers, le 27 du même mois, par son édit de Blois. Le parlement fit de nouvelles remontrances ; mais le roi voulait avoir droit et il finit toujours par avoir le dessus.

Livre XVII. Chap. 1.
—
1581.

Au milieu de tous ces embarras d'intérieur, il se présenta un petit incident qu'il ne faut pas passer sous silence. A l'ouverture de la chambre *mi-partie*, au couvent des Jacobins, Loysel parla beaucoup de l'état malheureux de la justice en Guienne ; il ne se gêna pas pour dire que, par suite des troubles et des guerres de religion, elle y était complètement anéantie et que la commission mi-partie y était venue la ressusciter et la remettre à sa place. Son langage froissa trop la susceptibilité du parlement pour passer inaperçu ; on envoya les conseillers Malvin et Tarneau saluer, de la part de la Cour, les présidents et conseillers au parlement de Paris, et leur assurer que tant qu'ils seraient à Bordeaux ils trouveraient chez les habitants, comme au parlement, un désir sincère de vivre en paix et unis avec ceux de Paris, mais qu'ils étaient un peu peinés des paroles de l'avocat général.

Les deux conseillers, après s'être acquittés de leur mission aux Jacobins, vinrent rendre compte de leur conduite, le 29, en pleine Cour. D'après l'exposé fait par Malvin, le président Seguier leur aurait répondu que le roi les avait envoyés contre leur gré et volonté ; qu'ils étaient tous assez indépendants par leur fortune et caractère et n'avaient nullement besoin de cette commission pour vivre honorablement ; que, toutefois, ils étaient aux ordres de la compagnie de Bordeaux, et qu'ils seraient heureux de pouvoir lui être agréable. Cet incident n'eut pas de suite, et la bonne intelligence ne cessa de régner, au moins en apparence, entre la Cour de Bordeaux et les commissaires, pendant le séjour de ceux-ci à Bordeaux.

Janvier 1582.

Dans ce temps, le roi avait demandé aux jurats 8,000 liv. pour la réparation des tours de Cordouan, plus 1,000 livres de nouvelles impositions, plus 4,000 livres pour la Chambre de l'édit. Les jurats prièrent le parlement, le 21 mai, d'envoyer deux commissaires de la Cour à l'assemblée des Cent-Trente, qu'ils avaient convoqués pour délibérer sur les demandes du roi. Nous ne savons pas si la demande fut bien accueillie. Plus tard, le 31 mai, sur les remontrances du maréchal de Matignon, la Cour enjoignit aux jurats d'assembler tous les bourgeois notables, afin qu'ils prissent les mesures convenables pour prêter au roi, par forme d'avance, la taxe, ce que le dit maréchal leur imposerait, ce à quoi ils seraient contraints par voies dues et raisonnables, pour être, la dite somme, donnée au roi de Navarre, pour le rachat de la ville de Bazas, sous la charge d'être, les dits bourgeois, remboursés des sommes payées (1).

Pendant tout le XVIIe siècle, nous ne voyons aux registres du parlement de Bordeaux que des débats au sujet des tracasseries du cardinal de Sourdis, des précautions contre les attaques des calvinistes, des mesures d'ordre pour la ville et la sûreté individuelle, et des sacrifices pour la défense de la ville et du pays. On a publié naguère la correspondance de Louis XIV, recueillie et mise en ordre par M. Depping ; nous y trouvons des renseignements confidentiels sur tous les membres du parlement de Bordeaux. Nous croyons devoir les reproduire. Voici à quelle occasion ces renseignements, d'une nature morale et biographique, ont été obtenus.

Prévoyant des luttes nouvelles et prochaines, le parlement voulait gagner les bonnes grâces du peuple et s'assurer, en cas de besoin, de l'active coopération des basses classes. Par suite d'une requête présentée par des marchands, des cabaretiers, tailleurs et autres industriels, et des *conclusions des*

---

(1) La peste commença le 17 mai à Bordeaux, et emporta 18,000 individus !

gens du roi; il ordonna : « que tous les manants, habitants » locataires et sous-locataires des maisons, tant en la présente » ville qu'en les fauxbourgs d'icelle, et qui ont demeuré dans » la dite ville pendant la guerre et supporté les charges d'icelle, » demeureront quittes et déchargez du payement des loyers » d'un quartier des dites locations, à raison des dits mouve- » ments, et ce, par forme de règlement, sans préjudice d'estre » pourveu aux particuliers propriétaires, suivant leurs baux ou » résolutions d'iceux, ainsi que par la Cour sera ordonné, etc.

» 2 avril 1650.

» *Signé* : D'Affis, *président.*
» De Suduiraut, *rapporteur.*
» De Pontac. »

Livre XVII.
Chap. 1.

Colbert, en arrivant au pouvoir, voulait, avant tout, connaître les hommes employés dans les différentes branches de l'administration civile, publique et religieuse du pays, et s'adressa pour cela aux intendants de province où il y avait des parlements ou des chambres des comptes, pour avoir des notes exactes sur la capacité et la moralité de tous les membres qui les composaient, tant des présidents et conseillers que des gens du roi formant le parquet de chaque Cour.

Nous ne savons pas en quels termes furent conçues les instructions adressées aux intendants, ni quelles furent les questions auxquelles ils eurent à répondre; mais les réponses donnent assez à comprendre dans quel sens et quelle forme ces questions étaient rédigées. Voici celles qui furent adressées à Colbert sur le parlement de Bordeaux :

MM. Arnaud de Pontac, premier-président, fort affectionné au service du roi, bon juge, faisant sa charge avec honneur; il ne lui manque qu'un peu plus de fermeté; jouissant d'une rente de 25 livres par an.

Sarran de Lalanne, président à mortier, autrefois entreprenant et dangereux, à présent tombé dans une si grande

Correspond^ce administrative de Louis XIV, tome II, p. 126.

faiblesse d'esprit et de corps, qu'il est incapable de toutes choses. Le sieur d'Anglade, son gendre, est reçu en survivance.

Arthur Lecomte, baron de Latresne, président à mortier, bon juge, assez habile, mais aussi peu vigoureux pour ses amis que pour les affaires du roi ; est fort riche.

Jean de Gourgues, président à mortier, a de l'honneur et de la naissance, mais peu de considération dans la compagnie, étant fort distrait à cause de ses procès.

Bernard de Pichon, président à mortier, habile et hardi, faisant plaisir à ses amis avec chaleur, ce qui lui donne crédit dans le palais; capable de bien servir la Cour; est riche et n'est pas fâché qu'on le croie plus qu'il n'est.

Jean de Montesquieu, président à mortier, d'une suffisance médiocre, peu autorisé dans sa compagnie, assez fixe et encore plus attaché à ses intérêts ; a beaucoup de bénéfices dans sa famille.

Louis Grimard, président à mortier, parle aisément et le sait bien; la bonne opinion qu'il a de sa personne lui fait préjudice.

Conseillers de la Grand'Chambre.

Guillaume de Geneste, doyen, galant-homme, très-affectionné au service du roi, nullement intéressé, faisant sa charge avec honneur et capacité; mérite d'être considéré et respecté de la Cour; ayant peu de bien.

Pierre Souliers, homme fort particulier, d'une suffisance commune.

Huon de L'Escures, habile, bon juge, assez bien intentionné pour les affaires du roi ; fort riche.

Gilles de Favas, homme d'honneur et bon serviteur du roi; beau-père de M. de Bas, gouverneur d'Amiens.

Pierre de Verdier, sert à présent en la chambre de justice; passe à Bordeaux pour honnête homme.

Bernard d'Arche, bon juge, faisant sa charge avec honneur; fort affectionné au service du roi.

Jean Maran, assez intelligent, mais pas beaucoup favorable aux intentions de la Cour.

Philibert du Sault, frondeur du temps de la guerre de Bordeaux, auquel il en reste encore quelque chose.

Blaise de Gascq, vrai homme d'honneur, bon serviteur du roi.

Luc de Mirat est depuis peu à la Grand'Chambre; bon conseiller, savant, et peu opposé aux volontés du roi.

André Sabourin, fort appliqué à sa charge, se mêlant peu des affaires publiques.

Estienne Denis, fort sincère, bon officier et bien intentionné pour la Cour.

Antoine de La Chaise a été exilé depuis la guerre, à présent rétabli par l'autorité de M. de Montausier; depuis peu de la Grand'Chambre; paraît honnête homme.

Louis de Laloue, homme d'honneur, fort dans les intérêts de M. le Premier-président, son parent.

Jean Massiel, de peu de considération dans le palais.

Pierre de Martin (de Marcellus), habile homme, s'appliquant à sa charge et bien intentionné pour les affaires du roi.

Jacques de Pichon, frère du président Pichon, fort lié d'amitié avec lui; honnête homme et bon juge.

Marc-Antoine de Lesquille, homme de qualité et en réputation d'être habile et bon juge.

Jacques Duval, fort dévot et plus attaché aux affaires de piété qu'à sa charge, quoiqu'il s'en acquitte bien.

Présidents des enquêtes, à Bordeaux.

Marc-Antoine Leblanc, bon juge et intelligent, auquel messieurs des enquêtes sont tout à fait opposés, ayant une charge de nouvelle crue, en laquelle il a été reçu par la seule autorité du roi.

Livre XVII.
Chap. 1.

Henry des Allegondes, ancien officier, en réputation de faire bien sa charge.

Henry de Bordes, doyen de la première des enquêtes, homme de courage, habile, ayant beaucoup d'amis dans la compagnie; capable de bien servir le roi.

Charles de La Roche, assez emporté, interdit de la charge pendant quelque temps, par ordre de la Cour; depuis rétabli, fort opposé au premier-président.

François de Thibaut a du mérite et de l'honneur, a beaucoup d'amis dans la compagnie.

André d'Andrault, homme de courage, bon juge et aimé.

Léonard Senaut, habile en sa charge et estimé dans la compagnie.

Raymond de Gourhaud, bon juge, aimé de ses confrères, bon serviteur du roi.

La Chabanne, conseiller et trésorier de France, fort habile en finance et en jurisprudence, et qui servira bien le roi, particulièrement s'il y trouve ses avantages.

Jean de Monjou, doyen de la Chambre de l'édit, très-habile et de grande probité; bon serviteur du roi.

De Vigier, de la religion prétendue réformée, honnête homme, fort affectionné au service du roi, a été autrefois capitaine de cavalerie.

Morin, de la religion prétendue réformée, bon juge, fils de Morin, faisant les affaires de M. de Bouillon, dans le duché d'Albret, passionné pour sa religion, dont l'autorité empêche beaucoup de conversions dans les terres qui en dépendent.

Gens du roi.

Thibaud de Lavie, premier avocat général, fort capable, très-éloquent, estimé, mais peu aimé dans le parlement, ayant toujours été opposé à MM. de La Brie, qui sont plusieurs parents.

Jacques de Pontac, procureur général, bien intentionné pour la Cour, mais qui n'est pas de la force du sieur de Lavie; il y a tout à dire; est entièrement dévoué au premier-président, son parent.

Jean-Louis du Sault, second avocat général, jeune homme qui ne manque pas de feu, mais qui n'a pas la capacité de son collègue; est fils du sieur du Sault, conseiller de la Grand'Chambre.

Cour des Aides.

Suduiraut, premier-président du semestre d'hiver, peu assidu à sa charge et peu considéré dans sa compagnie.

Guillerague, premier-président du semestre d'été, a de l'esprit, mais n'entre point au palais, étant ordinairement auprès de M. le prince de Conti.

D'Osten, président, assez habile, mais incapable de servir, étant toujours brouillé avec ses confrères.

Maniban, président, bizarre, inégal et fort attaché à ses intérêts.

Mestivier, président, a de l'esprit et du feu, mais non pas encore toute l'expérience nécessaire.

Conseillers à la Cour des Aides.

La Sivre, doyen, receveur des deniers; de capacité médiocre, plus attaché à sa charge de receveur qu'à celle de conseiller.

De Guérin, estimé, peu habile, n'ayant pas grand crédit dans sa compagnie.

De La Vigerie, assez intelligent et bien affectionné au service du roi.

La Crompe, aussi receveur des deniers, plus attaché à la recette qu'à ses fonctions de conseiller.

De Pomeyrols, honnête homme et bon juge.

Hem, ci-devant procureur du roi au présidial de Bordeaux, très-capable, mais un peu intéressé.

De Villemont, homme de peu de mérite.

De Guayrosse, bon juge et tout à fait zélé pour le service du roi.

Gens du roi à la Cour des Aides.

Baritaut, premier avocat général, habile, faisant bien sa charge.

Darche, procureur général, n'est pas cru fort habile, quoiqu'il soit fort honnête homme.

Robillard, assez capable, mais n'est pas de la force du sieur de Baritaut.

Tous les autres officiers de la Cour des Aides sont jeunes et peu connus dans Bordeaux, et par conséquent, à moins d'une particulière habitude avec eux ou ceux qui les voient ordinairement, il est assez difficile de savoir leurs besoins et mauvaises qualités; mais en général ils paraissent tous fort affectionnés au service du roi.

Le parlement avait bien des reproches à se faire, par suite de ses lettres avec les agents du prince et son opposition aux mesures que la politique ou l'intérêt national conseillaient. Louis XIV, le 10 avril 1654, mit un frein à cette toute-puissance et fit rentrer tous les parlements dans leurs fonctions judiciaires; il fit régulariser les formes judiciaires et abréger les procédures; il soumit à des règles stables et adoucies la justice criminelle, et tout en respectant la magistrature, la contint dans le devoir.

La Cour avait dans son sein des conseillers-archevêques et évêques, mais ils ne pouvaient pas, en y entrant, se faire précéder de la croix, symbole de la juridiction épiscopale qui cessait à la porte du palais. En 1557, Mgr de Mony insista pour qu'on lui permît de le faire; la Cour délibéra le 24 novembre, que l'archevêque pourrait se présenter en rochet, mais qu'il ne pourrait pas faire porter sa croix dans la salle des audiences.

La noblesse était le premier corps de l'État; cependant,

dans les États-généraux provinciaux, elle cédait le pas au clergé.

Nous donnerons dans une note les noms des membres du parlement de Bordeaux dans le temps de sa plus grande puissance ; plusieurs Bordelais y trouveront les noms de leurs ancêtres.

Livre XVII. Chap. 1.

NOTE 12.

CHAPITRE II.

Les Bordelais attachés à leurs libertés. — Promesse d'Édouard de les respecter. — Charte du roi Jean. — Chartes de Charles V. — Chartes des seigneurs en faveur des villes et communautés.— Les Bordelais savaient allier la liberté avec l'ordre. Ils ne payaient aucun impôt qui n'eût été consenti par une assemblée ou par leurs députés.— La Guienne, pays d'État.— États-généraux.— Les rois reconnaissent tous les hommes libres. — Les Anglais ont contribué à affermir la liberté en Guienne. — Les États en Guienne. —Le Tiers-État. — On ne croyait pas à Bordeaux au pouvoir absolu du roi. — Les États provinciaux à Saint-Seurin. — La liberté disparaît sous Louis XIV. — Ressuscite sous Louis XVI.— Les impôts en Aquitaine. — Impôt sur le sel. — Le droit de connétablie. — Grande et petite coutume.— Droit de convoi. — Du pied fourché.— La taille. — Plusieurs sortes d'impôts. — États provinciaux au XVe siècle.

Livre XVII.

Nous avons vu le développement que prit la liberté à Bordeaux, les différentes formes qu'elle revêtit depuis le temps des Romains jusqu'au XIIIme siècle, les priviléges, immunités et franchises particulières dont jouissaient les bourgeois de notre ville, et le zèle invariable qu'ils apportèrent toujours à les maintenir, les conserver et les étendre. Les statuts de la ville s'harmonisaient avec les institutions primordiales, jurées et respectées des princes, qui en créèrent d'autres en rapport avec le progrès des lumières et les besoins des siècles. Ces institutions se développèrent lentement avec la raison publique et avec la conscience progressive des droits et des devoirs des peuples. Il faut du temps à tout : l'enfance ne rompt ses lisières qu'avec le temps et la vigueur de la jeunesse, et toujours en raison du développement des forces physiques et intellectuelles. Dans les institutions municipales de Bordeaux, on remarquait de grandes défectuosités, et l'on peut s'étonner avec raison qu'on ait laissé aux jurats la nomination de leurs successeurs ; c'était ouvrir la porte aux abus funestes à la liberté ; c'était rendre indirectement l'administration municipale la propriété exclusive de quelques familles. Il paraît que le peuple le comprit plus tard, car dans un très-ancien récit, il est dit que le clerc de la ville, en annonçant à Saint-André le résultat de l'élection, prononçait de bonnes paroles en faveur des nouveaux élus.

Jamais peuple n'a été plus jaloux de ses libertés et droits que les Bordelais. Lorsque Édouard d'Angleterre prit le titre de roi de France, les habitants de Bordeaux et de toute la Guienne crurent un instant leurs libertés compromises par cette extension de l'autorité royale ; ils voulaient rester Guiennais et être avec les Anglais ; ils craignaient, en devenant Français, de perdre leurs libertés. Édouard les rassura : « Nous promettons de bonne foi, que nonobstant le royaume » de France à nous appartenant, nous ne vous priverons en » aucune manière de vos libertés, privilèges, coutumes, ju- » ridictions ou autres droits quelconques, comme par le passé, » sans aucune atteinte de notre part ou de celle de nos offi- » ciers. » Les rois de France s'efforcèrent de gagner l'amitié des Bordelais par la promesse de leur accorder de nouvelles libertés et d'assurer aux barons l'impunité de leurs méfaits. En 1350, le roi Jean octroya à la noblesse gasconne une charte qui l'exemptait de la confiscation, même pour le crime de lèse-majesté, excepté au premier chef ; Charles V lui en donna d'autres, et, surpassant en libéralité le prince anglais, il accorda aux Gascons rebelles des lettres d'amnistie, avec serment sur le corps de Dieu (l'eucharistie) qu'il ne leur imposerait jamais de nouvelles charges. Les Bordelais ne se laissèrent pas prendre à ces trompeuses amorces de la cupidité royale : comme toutes les villes libres de la Guienne, ils préférèrent le pouvoir anglais à celui des rois de France, qui, ayant foulé aux pieds les vieilles institutions municipales en Provence et en Languedoc, étaient regardés par les peuples

Livre XVII.
Chap. 2.

A. Thierry,
Résumé d'histoire.

Livre XVII.
Chap. 2.

comme les ennemis de la liberté. En 1360, Édouard confirma tous les priviléges des Bordelais, même ceux en vertu desquels ils étaient déclarés exempts de tailles, subsides et impôts extraordinaires. Promettre, c'est facile ; tenir, voilà la difficulté ! Les Anglais l'apprennent à tout le monde !

L'œuvre de la liberté était tellement répandue dans toutes les classes, que les grands seigneurs, malgré leurs exigences et les formes rudes et révoltantes parfois de leur administration, se voyaient obligés de respecter les tendances de l'opinion publique et d'accorder aux chef-lieux de leurs domaines des chartes nouvelles en harmonie avec les nouveaux besoins du pays et du temps, ainsi que des immunités générales et souvent individuelles. Comme ces concessions étaient généralement accordées aux municipalités et aux seigneurs, ceux-ci devinrent très-exigeants vis-à-vis de leurs serfs et du peuple. Aucun prince n'a surpassé en despotisme le sire d'Albret : il s'arrogeait, contrairement aux statuts de Henri II, le droit de *varech* sur les bâtiments naufragés sur les côtes de la Gascogne ; il vexait ses serfs, ses vassaux, et établissait de sa propre autorité des péages sur l'Adour. Le peuple, humilié, indigné de ces abus, adressa des réclamations au prince Édouard ; il fit cesser ces désordres et réprima les brigandages du vicomte d'Orthès, qui, escorté de ses serfs, dévalisait tous les voyageurs qui venaient de Bordeaux à Bayonne.

Ainsi, à toutes les époques de notre histoire, la Guienne était libre ; le despotisme de quelques princes anéantissait en apparence, pour quelque temps, les droits et la liberté ; mais ce ne fut jamais qu'une éclipse temporaire ; ces libertés et ces droits revenaient toujours à la vie : c'est que le germe n'en est jamais mort en France. Les Bordelais ont toujours bien compris que l'alliance de l'ordre et de la liberté ne peut se maintenir que sous l'empire de la loi ; que l'ordre sans la liberté n'est souvent qu'un monotone despotisme, et que la liberté sans l'ordre n'est qu'une hideuse anarchie coiffée d'un bonnet rouge et assise sur un pavé ! que les princes qui personnifient le pouvoir doivent avoir des serviteurs respectueux et dévoués, mais que la loi seule doit avoir partout et toujours des sujets.

Les libertés auxquelles les Bordelais et les Aquitains en général attachaient le plus d'importance, c'étaient celles de se réunir en personne ou par députés dans les assemblées générales de la province, de voter l'impôt et de ne payer aucun subside qui n'eût été préalablement délibéré dans les États de la province. Depuis la charte constitutionnelle d'Honorius, nous avons toujours vu que le peuple s'assemblait pour discuter et examiner les demandes des emprunts et des subsides. En 1242, Henry convoqua les États à Pons; le peuple alors comprenait la puissance de ses droits et l'étendue de ses devoirs. Quand le comte de Leycester fit peser sur le pays le joug d'une exécrable tyrannie, les députés de Bordeaux allèrent fièrement au roi, lui dire que s'il ne rendait pas justice au peuple en brisant son odieux joug, il pouvait s'attendre à perdre la Guienne; que les Gascons, en haine de Montfort, étaient disposés à se donner à quelque autre puissance. Le roi comprit la menace et contenta les Gascons.

Par son ordonnance datée de Saint-Gilles (1254), que nous avons déjà citée, saint Louis décida que dans les grandes questions de l'État, les trois États seraient consultés. Philippe le Bel convoqua les députés des communes pour lui voter un subside contre les prétentions du pape Boniface VIII; et en 1293, lorsque ce même roi se trouva maître de Bordeaux, il prêta le serment accoutumé de respecter et de maintenir leurs libertés; et l'une de leurs plus précieuses libertés était de ne consentir à aucun emprunt, de ne voter aucun impôt ou subside sans une délibération préalable du peuple réuni ou votant par ses représentants. Ce sont ces mêmes libertés qu'Édouard III confirma en 1360.

N'oublions pas que c'est un roi absolu, influencé par le

> *Livre XVII. Chap. 2.*
>
> *Ordonnance de Philippe le Bel. 1311.*

sentiment religieux, qui proclama le premier la liberté pour tous, la condamnation de la loi du servage et le droit naturel de tous les Franks d'être libres. « Attendu, dit Philippe le
» Bel, que toute créature humaine qui est formée à l'image de
» Notre Seigneur, doit généralement être franche de droit
» naturel. »

On sait que Louis, surnommé *le Hutin*, força les serfs de ses terres à racheter leur liberté. Dans l'édit publié à cet égard le 3 juillet 1315, il est dit : « Considérant que notre royaume
» est dit et nommé le *royaume des Franks*, et voulant que
» la chose en vérité soist, accordant au nom, etc., etc. ».

Malgré ces concessions, ces aveux de la vérité, les rois accrochaient toujours quelque lambeau des libertés municipales. Il fut d'abord admis que le roi seul pouvait établir une *commune*, comme si le droit d'association n'était pas antérieur à la royauté, comme droit naturel, imprescriptible et indépendant de la royauté; plus tard, la bourgeoisie croyait tirer son origine de la royauté qui se l'adjugeait; de là vient cette catégorie de citoyens qu'on appelait les *bourgeois du roi*. Mais la bourgeoisie est, comme le dit Aug. Thierry, un droit réel et attaché au domicile et que l'habitation confère; on est bourgeois, parce qu'on habite une ville ou village; cette nouvelle classe se composait d'hommes qui pouvaient *désavouer* leur seigneur en *s'avouant* bourgeois du roi. Par ce moyen, le roi devenait co-seigneur *(condominus)* avec les seigneurs, puisqu'il y avait chez eux des hommes qui n'avaient d'autre seigneur que le roi!

Aux États-généraux convoqués à Paris en 1302, les villes du nord envoyèrent comme députés leurs échevins; les villes du midi y envoyèrent leurs consuls; et les votes du *commun*

> *Aug. Thierry, Histoire du Tiers-État, tome 1er.*

peuple ou Tiers-État, y furent recueillis comme ceux du clergé et de la noblesse. On disait alors indifféremment : les *gens du tiers et commun État*, et le *commun*, c'est-à-dire, le peuple, sans distinction de serfs ou de francs, de bourgeois ou de paysans. Les *bonnes villes* exerçaient d'abord le droit d'élire les députés aux États-généraux ; mais, sur la fin du XVe siècle, ce droit fut étendu aux villes non murées et même aux bourgs. La bourgeoisie ne tenait pas beaucoup à ce privilége de représentation ; éclairée par la grandeur et la multiplicité des abus, elle fit un pas en avant, et aux États de 1355, nous voyons l'autorité partagée entre le roi et les représentants de la nation, l'assemblée s'ajournant elle-même, l'impôt réparti également entre toutes les classes, y compris le prince lui-même, et le contrôle de l'administration des finances donné aux délégués des États, une milice nationale établie, une plus grande extension donnée à la véritable liberté ; en un mot, une monarchie démocratique, où le roi et le peuple se consultaient, s'entendaient et marchaient d'accord et toujours ensemble pour le plus grand bonheur de l'un et de l'autre. Livre XVII. Chap. 2.

Les Anglais, il faut en convenir, contribuèrent beaucoup à l'affermissement des libertés publiques dans la Guienne. Édouard convoqua une assemblée générale en 1322, et par diverses lettres-patentes de cette année et de l'année 1323, reconnut que les subsides qu'on lui avait accordés dans son duché de Guienne avaient été *votés librement et volontairement* (1). Rymer, tome II, part. 2, pag. 38, 44, 60, édition de La Haye.

En 1328, Édouard d'Angleterre et Philippe de Valois se disant les héritiers légitimes de la couronne de France, on convoqua les États-généraux ; ils décidèrent cette importante question. En 1355, lorsque le prince de Galles embrassa la cause de Pierre *le Cruel*, il convoqua les États et y parla avec tant d'ardeur et d'éloquence en faveur du roi détrôné, que l'assemblée, par un entraînement enthousiaste, demanda le consentement du roi ; et bientôt après, une armée gasconne

---

(1) Volumus et concedimus pro nobis, hæredibus meis, quod subsidium quod nobis ex hâc causâ facietis (quod enim ex vestrâ liberalitate et gratiâ procedere fatemur) vobis, hæredibus, vel successoribus vestris, non cadat in præjudicium, nec trahatur in consequentiam in futuro.

alla replacer Pierre sur son trône. Pour couvrir les dépenses, le prince crut pouvoir établir un droit de fouage (10 sous par feu), et convoqua en conséquence les États à Niort, pour faire passer sa volonté en loi par le consentement du peuple. Les débats furent longs et vifs. *Les seigneurs gascons déclarèrent que leurs terres et seigneuries étaient toutes franches de toutes dettes, et que, du temps passé qu'ils avaient obéi au roi de France, ils n'avaient été grevés ou pressés de pareilles impositions.* Le prince fut étonné de la hardiesse de ces hommes libres; il ne se découragea pas; il convoqua les États-généraux de Guienne à Angoulême. Touchés des besoins des princes et grâce aux intrigues de ses amis, les États lui accordèrent, le 18 janvier 1367, l'impôt demandé, mais sous la condition que le prince reconnaîtrait que l'impôt avait été accordé *librement et volontairement.* Le roi, étant au château d'Angoulême, s'empressa de le faire le 26 janvier 1367, en ces termes : « Que les octrois des fouages, impositions que » nous avons levé en leurs terres (des justiciers) et sur leurs » subgils, ne leur fut tourné à conséquence, et que doresna- » vant nous ne leveissions ni sur les subgils sans l'assentement » et la graigneur, parties des dits justiciers...... Considérant » l'offre et le don que les dessus dits prélats et subgils estants » en nostre grand conseil et assemblée en nostre cité d'An- » goulême nous ont fait librement.... et aux dits prélats..... » aux nobles et aux *communs*..... avons octroyé et octroyons » que le dit offre et don qu'ils nous ont fait du dit fouage ne » tourne ni ne puisse tourner à eux ni à leurs successeurs en » aucun préjudice ou conséquence en temps aucun. » Dans le préambule de ces lettres, le roi parle de ceux qui composaient les États-généraux de Guienne tenus à Angoulême, c'est-à-dire, des *prélats, nobles et communs,* en d'autres termes, des trois États de Guienne. Qu'on ne vienne donc plus nous dire que les communs ou *Tiers-État* n'existait pas avant 1789 ! Nous donnerons plus loin d'autres preuves de son existence politique. Nous avons déjà parlé assez longuement des États de Guienne convoqués à Dax, en 1420. Dans le procès-verbal des *États de Guienne*, réunis à Agen le 10 novembre 1561, il est parlé en termes formels des gens du *Tiers-État*. Les députés de Bordeaux à ces États étaient Guillaume Blanc et Guillaume Martin; on devait y traiter de la suppression de l'impôt sur le vin. Quelques représentants du Tiers-État de plusieurs sénéchaussées refusèrent de formuler une opinion, attendu qu'on n'avait pas prévenu les sénéchaux assez tôt et qu'on n'avait pu consulter le peuple. Ils ajoutèrent que le clergé et les nobles n'ayant comparu que le dimanche suivant, le Tiers-État de la sénéchaussée d'Armagnac devait se rassembler dans la ville de Lectoure, et *faire résolument s'ils veulent porter le dit subside, ou entendre à l'extinction d'icelui*, etc., etc.

Après de longs débats sur la présidence des États, Guillaume Blanc fut élu, non pas comme député de la capitale, mais à cause de son savoir, son expérience et sa fidélité. Guillaume Martin protesta contre cette décision et réclama la présidence *pour Bordeaux*, comme on avait toujours coutume de faire *toutes les fois que les États, non seulement de la généralité de Guienne, mais aussi de toute la Grande-Guienne, avaient été assemblés*, et tout récemment aux États-généraux de Pau, en 1549, et de Poitiers, en 1550, où les députés bordelais présidaient. On conclut qu'il fallait offrir au roi, pour la suppression de l'impôt sur le vin, cinq ou six cent mille francs payables en six ans. On voit par les mots soulignés, qu'il y avait en Guienne deux sortes d'États : *les États de la généralité* et *les États de la Grande-Guienne,* ou États-généraux de Guienne.

En 1369, le prince de Galles voulut outre-passer les limites du vote d'Angoulême; un cri général s'échappa de toutes les poitrines libres, et les seigneurs gascons, toujours amis de la liberté, implorèrent l'intervention de Charles V contre cette

Livre XVII.
Chap. 2.

T. Ier, chap. 1,
page 12.

usurpation de leurs anciens droits et franchises. Charles jugea leurs plaintes fondées et reçut leur appel avec un empressement intéressé. Le mal était général et profond ; la Guienne allait être française ; mais Édouard III, prévenu à temps, s'empressa d'annuler, par lettres-patentes du 5 novembre 1370, tous les actes que son fils avait si imprudemment et si despotiquement ordonnés.

Dans ces lettres-patentes, il est fait mention de ceux qu'on appelait aux États provinciaux, savoir : « prélats, gens » d'église, universités, colléges, évêques, comtes, vicomtes, » barons, chevaliers, *communautés et gens de cités et bonnes* » *villes.* » Malgré ces bonnes dispositions du roi, qu'il avait *solennellement juré de tenir et non enfreindre sur le corps de Jésus-Christ,* le peuple se méfiait du prince et l'agitation allait croissant. Instruit des mouvements insurrectionnels des peuples de l'Entre-deux-Mers, qui avaient des libertés particulières, le roi s'empressa, en 1401, de confirmer toutes les franchises, droits et priviléges que Jean-sans-Terre leur avait accordés. Comme on craignait quelque temps après une invasion en Aquitaine, on convoqua les États-généraux en 1443 et on requit des *Trois-États de Bourdeaulx et du Burdaloys d'ordonner et en faire pourvoyer de bon et convenable remède;* en d'autres termes, de voter des subsides pour la défense du pays. On convoqua, l'année suivante, les États provinciaux pour élire des députés aux États-généraux de Dax ; ces grandes assemblées se tinrent dans la chapelle du collége des lois, rue Notre-Dame-des-Ayres ; on y délibéra sur la nature et l'étendue des pouvoirs qu'on devait conférer aux représentants de la sénéchaussée. Nous en avons parlé assez longuement dans notre premier volume. Bernadau dit quelque part que les procès-verbaux étaient en *gascon;* s'il les avait vus, il eut grand tort de ne pas nous les avoir conservés ; ils auraient pu nous faire connaître la nature des travaux de cette assemblée, sa forme, sa constitution ; si elle était simplement administrative ou publique, ou l'un ou l'autre à la fois, et si ces réunions étaient périodiques, annuelles ou seulement commandées pour les circonstances.

En 1469, la Guienne devint l'apanage du prince Charles. Sachant le constant attachement des Bordelais pour leurs anciens priviléges et libertés, et surtout pour le droit de ne payer aucun impôt qui n'eût été préalablement consenti dans l'assemblée publique ou les États-généraux de Guienne, ce prince établit à Bordeaux une Cour supérieure qu'il appelait les *Grands-Jours*. C'était un *plaid* ou parlement temporaire des assises extraordinaires, dont le pouvoir, selon quelques écrivains, se bornait à délibérer la justice, sans aucune action politique ou administrative. Nous ne partageons pas cette opinion; nous croyons que les *Grands-Jours,* outre leurs pouvoirs judiciaires, exerçaient encore ceux des anciennes assemblées, plaids ou parlements qu'ils avaient remplacés; tout semble le dire et rien ne prouve le contraire. Ç'eût été impolitique de la part du prince de ravir à la Guienne les droits et franchises dont elle avait joui, et à moins de croire à l'extinction des droits et priviléges et à l'absorption indifférente pour les libertés publiques chez un peuple qui les affectionnait tant, on sera forcé de convenir que le nouveau prince, pendant son trop court règne, avait conservé les anciennes formes sous un autre nom, une assemblée générale avec les apparences au moins d'une liberté réelle ou simulée.

Dans le XVIII siècle, sur la fin de leur existence, les *Grands-Jours* semblaient n'être qu'une chambre supplémentaire de la Tournelle; ils s'occupaient de causes criminelles et du maintien de l'ordre et de la paix de la province. Le roi seul pouvait en ordonner la tenue et nommait aussi les membres qui devaient tenir ces assises; mais il laissa souvent aux parlements le choix de la ville et même des magistrats. Quelquefois ces magistrats appelaient auprès d'eux les juges ou magistrats des différentes localités du ressort, ou s'y rendaient eux-mêmes pour recevoir les plaintes, se faire rendre compte de la distribution de la justice, punir les coupables, annuler ou confirmer les sentences rendues par les juridictions inférieures. Cette Cour des *Grands-Jours* avait le pouvoir de condamner à mort; ses arrêts étaient sans appel au parlement, dont elle n'était qu'une véritable représentation.

Nous trouvons souvent, dans Bernadau, le mot *États;* entend-il par là les *États provinciaux* ou seulement les *États de sénéchaussée?* Dom Devienne emploie quelquefois le mot *Tiers-État;* dans quel sens? Ce sont des questions difficiles à résoudre; nous inclinons à croire qu'il s'agit simplement des États de la sénéchaussée; ils s'assemblaient le plus souvent selon les besoins de la sénéchaussée. Les États provinciaux étaient convoqués tous les ans, à une époque et dans une ville désignée d'avance par les lettres de convocation; mais leur périodicité ne fut pas toujours constante. Ils s'occupaient de la répartition des impôts, des travaux publics des routes, du commerce, de l'agriculture, etc., etc. Ils délibéraient aussi sur les pouvoirs à donner aux députés qu'on envoyait aux États-généraux, qu'on appelait États de *Grande-Guienne,* comme nous l'avons vu en 1420, à Bordeaux. Les États de Bordeaux, en 1414 et 1420, n'étaient, selon nous, que des États de sénéchaussée, tandis que les États de Dax étaient l'assemblée provinciale. L'ordre de convocation pour les États de sénéchaussée venaient du sénéchal aux jurats ou échevins; mais l'ordre de convoquer les États provinciaux venait du conseil royal, par l'intermédiaire du sénéchal ou de son lieutenant général, aux autorités municipales, qui, à leur tour, le communiquaient au peuple. Les États provinciaux étaient composés comme les États-généraux de France; c'était, à l'origine, au moins jusqu'au règne du roi Jean, des députés de la noblesse, du clergé et communs *de toutes les villes et de leurs territoires.* En 1521, on y appela les riches propriétaires, les grands seigneurs, les abbés, les prieurs commendataires, les gens de loi, les officiers de justice, en un mot, des gens qui, par leur seule qualité, n'auraient pas droit de siéger dans les États ordinaires; mais c'était alors un cas exceptionnel. Cependant il faut convenir que, d'après nos historiens, *les États provinciaux tenus avant comme après la capitulation de Bordeaux (1451) étaient, aux gens de loi et officiers de justice près, composés comme ceux de 1521. C'était le droit commun des provinces méridionales du royaume. En Béarn, en Languedoc, le droit d'assister aux États était attaché à certains bénéfices.*

En 1472, le roi, en rappelant de Poitiers à Bordeaux le parlement, dit dans ses lettres-patentes qu'il se rend, en agissant ainsi, *à la très-humble requête et supplication qui avait été faite par ses chers et bien-aimés les gens d'église, nobles, bourgeois et habitants de la ville de Bordeaux et pays des environs, etc., etc.* On peut induire de ces paroles que la requête avait été délibérée dans une assemblée générale ou État de la sénéchaussée. Mais ce qui prouve mieux que tout ce que nous pourrions dire le grand, l'important rôle que le Tiers-État jouait au XV⁰ siècle, c'est la confiance que Charles VII accordait aux frères Bureau et à quelques autres individus d'origine roturière; il les admit dans son conseil et ne faisait rien sans leur avis. Mais ne sait-on pas que, même au XIV⁰ siècle, le Tiers-État avait pour son représentant Étienne Marcel, le grand-prévôt des marchands à Paris. On dira que cela regardait la France; oui, mais l'action de la France sur la Guienne anglaise a toujours été incontestable, et avec elle marchait la liberté à Bordeaux, de progrès en progrès.

Au XV⁰ siècle, on était bien loin, en France, de croire au pouvoir absolu des rois ou de le reconnaître; pour s'en convaincre, on n'a qu'à consulter les cahiers des États. Voici un extrait de l'admirable discours tenu au roi Charles VIII, par les États de Tours, en 1484 : « Défiez-vous d'une espèce

» meurtrière de conseillers qui assiégent l'oreille des princes
» et qui creusent un précipice sous leurs pas ; ils vous diront
» qu'un roi peut tout, qu'il ne se trompe jamais, et que sa
» volonté est la règle suprême de la justice. »

En 1505, Louis XII voulait marier sa fille Claude avec Charles, fils du roi de Castille. Les États assemblés annulèrent le contrat, parce que les clauses en étaient contraires aux intérêts de la nation.

En 1521, on convoqua les États de la sénéchaussée pour la rédaction de la *coutume* de Bordeaux, d'après les anciens usages des XIIIe et XIVe siècles dans nos contrées. En 1523, on convoqua tous les bourgeois pour le même objet. Le Tiers-État figurait dans ces assemblées.

En 1544, le roi créa l'office de greffier des États de Guienne. L'arrêt du parlement, du 23 juin, qui en ordonne l'enregistrement, contient cette remarquable réserve, qui limite l'acte royal et stipule que le titulaire du nouvel office *ne pourra recevoir d'autres actes que ceux aux dits États*.

Nous avons raconté ailleurs tout ce qu'a coûté à la Guienne l'établissement de la *gabelle* contre la volonté du peuple. Les États de Guienne, assemblés en 1536, députèrent Mgr l'évêque de Bazas et M. Talon, pour obtenir de la justice du roi la révocation de l'édit sur cet impôt non consenti, non voté par le peuple.

Aux États de Guienne, tenus à Pau en 1549 et à Poitiers en 1550, la liberté fit entendre les plus nobles accents par la bouche des députés de Bordeaux qui y présidaient. En 1555, les États de la sénéchaussée furent convoqués à Saint-Macaire, au sujet des impôts, et leurs décisions servirent de base aux discussions des États-généraux, qui, trois années après, votèrent trois millions d'écus dont la répartition se fit par les délégués de la province. Ce subside fut accordé pour la guerre contre les Espagnols, qui venaient de gagner la bataille de Saint-Quentin.

Aux États d'Agen, en 1561, les députés de Bordeaux jouèrent un rôle distingué ; c'étaient le célèbre avocat bordelais Guillaume Le Blanc et Guillaume Martin ; ils s'y rendirent les défenseurs des droits du peuple et de la liberté de leur patrie.

En 1567, le roi donna à Montluc des lettres-patentes pour établir un nouvel impôt en Guienne ; Montluc ne fut pas écouté et l'impôt fut refusé. Cependant, les États convoqués l'année suivante à Agen votèrent l'impôt ou le subside demandé, en considération des exigences de l'état politique du pays.

En fait d'histoire, rien n'est plus vrai que l'antipathie des Français et des habitants de la Guienne en particulier, pour l'arbitraire et le despotisme des princes et des ministres ; c'est de cette source qu'est provenue la grande puissance des parlements, qui servait de contre-poids à l'autorité des rois. Les monarques eux-mêmes l'ont avoué et les États-généraux eux-mêmes ont reconnu les parlements comme un rouage gouvernemental indispensable, une nécessité sociale. Les États de Blois de 1577 proclamèrent cette vérité, que les rois de France n'avaient jamais regardé leur autorité comme absolue et illimitée, et « qu'ils se soumettaient à ne pouvoir faire ni
» ordonner pour les règlements du royaume, qu'autant qu'ils
» seront selon la raison et les lois d'icelui ; d'où vient qu'il
» faut que tous édits soient vérifiés et comme contrôlés ès-
» Cours de parlement, devant qu'ils obligent à y obéir ; les-
» quelles, combien qu'elles ne soient qu'une forme des trois
» États raccourcis au petit pied, ont pouvoir de suspendre,
» modifier et refuser les dits édits. »

On voit, par cette citation, ce qu'il faut penser des déclamations passionnées de l'ignorance et de la mauvaise foi contre l'absolutisme des rois au XVIe siècle !

En 1577, les États provinciaux furent convoqués à Saint-Seurin et présidés par l'amiral de Villars ; on y accorda des subsides pour la Guienne.

En 1589, le roi autorisa le maréchal de Matignon à convoquer les États à Moissac; ils lui accordèrent, en 1590, une imposition de dix mille écus. Ce fut la dernière assemblée provinciale de Guienne. On s'accoutuma peu à peu à se passer des États; mais, pour suppléer au silence de ces grandes assemblées populaires, le parlement savait bien élever la voix en défense des droits et des libertés du peuple. Pendant la guerre du Bordelais avec d'Épernon, les États ne s'assemblaient pas; mais le parlement parlait et agissait à leur place et les libertés locales trouvèrent dans cette illustre compagnie de généreux défenseurs contre les grandes prétentions du petit despote de Cadillac.

Nous passons sous silence plusieurs États-généraux, provinciaux ou de sénéchaussées, qui ont été tenus dans la province de Bordeaux. Les registres de l'Hôtel-de-Ville furent en grande partie brûlés par les ordres de Montmorency, en 1548, et les procès-verbaux des assemblées étant devenus la proie des flammes, il nous est impossible d'en rendre compte et même de qualifier de leur vrai nom plusieurs des États dont l'histoire atteste l'existence. Il est également hors de notre pouvoir de déterminer si ces assemblées étaient toutes ordinaires ou extraordinaires, annuelles ou convoquées selon les besoins de la cité ou du pays. Y votait-on par ordre, par corporation, par sénéchaussée ou individuellement? Leurs pouvoirs étaient-ils politiques ou administratifs, ou l'un et l'autre à la fois? A quelle époque le duché de Guienne commença-t-il à avoir des États indépendants? Sur ces divers sujets, on peut faire de plausibles conjectures; mais on ne peut rien avancer de positif et de satisfaisant.

Mais ce qui nous paraît hors de doute, c'est que la Guienne a eu ses États aussi bien que les autres provinces de France. On sait que les *pays d'États* s'administraient eux-mêmes, tenaient des assemblées représentatives où les mandataires votaient et répartissaient l'impôt; c'était une véritable décentralisation.

Il y avait en France une autre catégorie de provinces qu'on appelait *pays d'électeurs;* il n'y avait là ni assemblée, ni impôt librement voté, ni indépendance politique ou administrative ; là, l'impôt fixe et perpétuel était déterminé par les arrêts du Conseil et perçu sous la surveillance des officiers royaux nommés *élus.* L'administration était entre les mains d'un intendant qui se faisait représenter par un délégué. Ces deux classifications existèrent jusqu'en 1789. Les pays d'États, c'étaient la Bretagne, le Cambresis, la Bourgogne, la Flandre-Wallonne, l'Artois, le Languedoc, la Provence, le comté de Foix, le Marsan, le Nébouzan, les Quatre-Vallées, le Bigorre, le Béarn, la Soule, la Basse-Navarre et le Labourd. A cette liste, nous pouvons ajouter le Dauphiné et la Normandie, quoique leurs États eussent cessé d'être réunis à partir de la moitié du XVIIe siècle.

Dans cette liste, nous avons nommé les *pays d'États* de France ; mais la Guienne, sous les Anglais, avait aussi ses États de sénéchaussée, de province, ou, comme on les appelait alors, ses *États de généralité,* qui représentaient tout le ressort du parlement avant le démembrement de Montauban, de la généralité de Bordeaux, et les États de *Grande-Guienne,* qui comprenaient toute la Guienne anglaise. Les guerres des Anglais, les efforts de la France pour la consolidation de sa suprématie en Guienne, les guerres de religion, le pouvoir absolu du grand roi Louis XIV, contribuèrent puissamment à affaiblir l'esprit d'indépendance du pays et à briser l'énergie des Français et des Aquitains, les peuples les plus libres du monde. Il y eut des intendants à Bordeaux ; leur pouvoir, qui ne remonte qu'au commencement du dix-septième siècle, remplaça peu à peu les États de la province; ils en usurpèrent les attributions et la puissance, au moins en partie. Depuis la création des intendants, il n'est plus parlé des *États de la généralité* ni des États provinciaux, autrement dits de *Grande-Guienne.* Le pays ne s'administrait plus ; l'intendant était le pivot sur lequel roulait l'administration; l'impôt était fixe et déterminé, sans le consentement particulier du peuple, et ce qui est encore plus formellement concluant, c'est que dans plusieurs actes du parlement, comme on peut le voir dans les remontrances que nous avons citées, la Guienne est appelée un *pays d'élection* ; c'en était fait de ses priviléges et de ses précieuses libertés.

Louis XIV monte sur le trône de France; il se regarde comme la personnification de son pays et l'instrument de sa gloire, puissance suprême et absolue ; il se considère comme la source d'où devaient découler tous les pouvoirs inférieurs; les peuples se taisent, les chartes sont des lettres closes, les constitutions s'effacent; la loi est cependant respectée, mais le prince l'est davantage. Jamais monarque n'a pu si bien dire que lui : « *L'État, c'est moi!* » La liberté s'enveloppe la tête, comme César sous le poignard de Brutus, et la France, ivre de gloire, éblouie par les créations féeriques du grand roi, ne vit que pour admirer et se tait sur ses droits. En présence de ces scènes de grandeur, auxquelles les armes, les sciences, les lettres et les arts s'empressent d'apporter leurs offrandes, le clergé, ami de la vraie liberté, rompt son mutisme et ne craint pas de crier aux oreilles de Louis le Grand : *Dieu seul est grand!* La noblesse, humiliée par la toute-puissante main de Richelieu, n'ose plus lever la tête; elle avait vu d'Épernon à genoux à la porte de l'église de Coutras ! C'en était assez pour faire abdiquer leurs prétentions à ces anciens nobles de France, les plus respectables du monde par leur illustre origine. Mais quelques années s'écoulent, et cette noblesse, si humble, se souvient qu'elle avait eu des droits; elle les revendique avec fierté, et, dans un mémoire adressé au roi, le 8 mai 1788, tous les nobles de Guienne, de Gascogne, du Périgord réclament leurs anciennes franchises, maintenues et consacrées par toutes les constitutions de la province et les chartes des ducs et des rois de Guienne; elle revendique avec énergie l'antique droit pour les trois ordres de s'assembler en *conseil commun* pour délibérer sur les subsides, les emprunts et toutes les matières importantes de l'État, « droit, dit-elle, confirmé » par les lois les plus précises, et notamment par les lettres-» patentes de 1767 et de 1772, titre sacré émané des rois » de France (1). »

On dit qu'à certaines époques de notre histoire, le peuple n'était qu'imparfaitement représenté dans les États-généraux et provinciaux. Cela est vrai sous un certain point de vue, mais faux sous le rapport politique. On comptait trois catégories de citoyens : le clergé, la noblesse et le Tiers-État qu'on appelait *le commun;* mais le peuple s'identifiait avec le clergé ; les prêtres étaient, en général, tirés du peuple et prenaient fait et cause pour lui ; le fils ne restait pas indifférent à la servitude de son père et de ses frères ; l'Évangile lui fournissait des textes pour prêcher la charité et l'égalité de tous les enfants d'Adam, aux yeux de Dieu et de la loi ; l'évêque, quoique tiré le plus souvent des rangs de la noblesse, était partout et toujours le père du peuple, l'interprète des volontés du ciel ; il prêchait l'amour à tout le monde, protégeait le faible, contenait le fort, secourait le malheureux, élevait le serf au niveau de l'affranchi et réprimait, par la puissance de l'excommunication, les tyranniques vexations des seigneurs trop exigeants et peu chrétiens. Dans tout le moyen-âge, le peuple était donc représenté d'une ma-

---

(1) En 1775, MM. de Noailles et Fourguereux furent envoyés exprès à Bordeaux pour réinstaller les cours de faction.

Les vins de Languedoc et du pays ne pouvaient descendre la Garonne avant la saint Martin, ni s'y rendre avant le 1er décembre. Par son édit de 1779, le roi supprima ce privilège nuisible aux intérêts du Haut-Pays. La liberté était alors l'exception ; les entraves, le droit commun ; c'était un pas fait vers la liberté du commerce. Les Bordelais étaient mécontents ; l'édit renversait les usages anciens et créait aux produits du sol bordelais une concurrence redoutable ; il privait d'ailleurs Bordeaux des avantages d'être l'entrepôt du Haut-Pays et des formalités lucratives du transbordement.

nière conforme à ses besoins et à ses intérêts; aux XIVᵉ et XVᵉ siècles, il marche seul, réclame sa place au soleil et ses droits naturels de citoyen. Depuis lors, c'est une individualité politique qui vient désormais remplir les nobles fonctions que la patrie lui impose et dont d'autres s'étaient acquittés en son nom et pour lui. De nos jours, pouvons-nous dire que le peuple a été mieux représenté aux chambres sous Louis XVIII, Charles X ou Louis-Philippe ? Le peuple n'a souci de ses intérêts constitutionnels que dans les grandes crises politiques; ému d'une secousse générale, il court sur la place publique; son vote est acquis au plus riche, au plus fin et au plus puissant. L'ambition despotique de Richelieu, la fierté de Louis XIV, la faiblesse de ses successeurs, l'immoralité qui débordait de la régence comme une mer immonde sur la France, l'affaiblissement des caractères sous le souffle corrupteur de la cour, firent oublier au peuple ses droits imprescriptibles, ses libertés naturelles; mais l'interruption n'a jamais été considérée comme une extinction; les lettres-patentes de 1767 et de 1772; les ordonnances de Louis XVI, le *restaurateur de la liberté;* les cahiers de la noblesse, du clergé et du Tiers-État; les lettres des avocats de Bordeaux, en 1788; les remontrances du parlement et de la Cour des Aides prouvent, avec les grands faits de 1789, que, dans aucun siècle, la liberté n'avait cessé complètement d'être le principe vital de la Constitution française; jamais on n'a reconnu, ni en France, ni en Aquitaine, qu'un roi ou une assemblée de représentants avaient un droit constituant, comme on l'a vu au XIXᵉ siècle. Les droits de tous étaient bien définis, les limites de la liberté reconnues et déterminées par les usages, les coutumes et les lois; au lieu d'être constituants, le roi et les assemblées, qui votaient l'impôt, étaient eux-mêmes constitués par la Constitution française.

Puisqu'il paraît certain que presque à toutes les époques de notre histoire, la Guienne avait le droit d'accorder ou de refuser l'impôt, il serait curieux de savoir comment, quand et sous quelle forme on a établi et maintenu les premiers impôts. Cette question touche de trop près à notre histoire pour ne pas nous y arrêter un instant.

Il est difficile d'établir l'origine des impôts en Guienne ou de déterminer les différents modes de leur perception. L'impôt, c'était la grande affaire des rois et des peuples. Tout impôt non nécessaire était regardé comme une exaction et ne pouvait être perçu légalement que du consentement du peuple réuni en assemblée générale ou représenté par des délégués. Auguste prouva assez, dans l'assemblée générale de Narbonne, qu'il ne se croyait pas le droit d'imposer les Aquitains, sans leur consentement; mais ses successeurs, et Néron en particulier, firent peser leur joug de plomb sur les malheureux Aquitains. Caracalla accorda à toutes les provinces le droit de cité ou de bourgeoisie de Rome, mais c'était pour les accabler d'impôts, à l'instar de Rome.

Aux IVe et Ve siècles, les Visigoths du Bordelais ignoraient, selon Montesquieu, l'art de la maltôte. Ils prirent pour eux une certaine portion de la terre et laissèrent le reste aux anciens propriétaires, à la charge de prendre part au service militaire. L'impôt n'a été connu, en réalité, en Aquitaine, ni sous la première race, ni sous la seconde; la moindre exaction soulevait les libres Aquitains d'indignation. « Le tribut » d'une cruche de vin par arpent fut une des vexations de » Chilpéric et de Frédégonde...... Ce tribut affligea principa- » lement les habitants des villes. » Le ministre qui avait conseillé cet impôt aurait été mis en pièces s'il ne s'était pas dérobé à la fureur des peuples. Les rôles furent publiquement brûlés.

Le gouvernement féodal n'imposait pas les peuples arbitrairement; il était impossible de le faire, car tout était réglé entre le seigneur et le vassal, par des conventions précises. La dégénération de cet état politique entraîna à sa suite des

Livre XVII. Chap. 2.

Lumière, Recherches sur le droit public.

Esprit des Lois liv. 30, ch. 12.

Montesquieu, id.

Lumière, Recherches, etc.

maux infinis et déplorables; le Tiers-État fut écrasé, des gens furent réduits en servitude, on mit des impôts sur les différentes natures de sel et sur ses divers produits; les prairies, les pâturages, le blé même étaient frappés d'impôts; il y en avait sur les moulins et sur les fours; c'était un acheminement vers l'impôt foncier, ainsi que le fouage ou droit sur chaque feu ou domicile.

Quant à la *gabelle* ou impôt sur le sel, on en retrouve l'origine sous Ancus Martius, à Rome, qui, selon Pline, fut le premier qui mit un impôt sur le sel. Tite-Live nous apprend que cette taxe fut considérablement augmentée pendant la république. On croyait communément, à Rome, que Marcus Livius, le censeur, était l'auteur de cette odieuse taxe; on l'appelait, en conséquence, *Salinator*. On assure qu'on avait frappé le sel d'un léger impôt, en 1246; mais il est certain que Philippe le Bel régularisa et généralisa cette charge par ses ordonnances de 1308; l'impôt était très-minime, mais il était trop odieux pour subsister longtemps. Philippe de Valois en modifia la perception et en tira des revenus très-considérables. Son rival, Édouard d'Angleterre, l'appelait l'auteur de la loi *salique*, et quelques écrivains en ont conclu qu'il en était le créateur. En 1383, l'impôt était alors de 2 deniers par livre, mais il fut élevé plus tard à 4 et ensuite à 6, après la bataille de Crécy.

Malgré les nombreuses réclamations du peuple, cet impôt de 6 deniers fut maintenu longtemps; mais enfin il fut transformé, sous le règne du roi Jean, en capitation perpétuelle. Après la bataille de Poitiers, le sel payait 24 livres par muid de 4,800 livres, ou 2 livres par quintal métrique. En 1337, Charles V réduisit cet impôt de moitié et l'abolit le jour de sa mort; mais, le régent n'ayant tenu aucun compte de la volonté du roi défunt, le peuple se souleva partout et resta deux ans sans payer la *gabelle;* il n'y fut soumis de nouveau qu'à la rentrée du régent à Paris, après la bataille de Rosbecq.

La taxe fut fixée alors à 20 livres par muid; en 1338, elle fut portée à 40; mais elle redescendit quelque temps après à 20; les circonstances sont souvent plus fortes que la volonté du roi. Un an après, Charles VI la diminua d'un tiers; mais, sous Charles VIII, elle éprouva une hausse.

Au commencement du XIVe siècle, les Bordelais firent beaucoup de dépenses pour réparer les murs de la ville; le roi leur accorda, en conséquence, une remise d'impôts. En 1372, on établit, pour le même objet, une imposition extraordinaire; Jean de Molton, maire, obtint du roi la permission de continuer les travaux de réparations et de défense, et l'impôt fut maintenu du consentement du peuple, pour les années 1385 et 1389.

François Ier établit, en 1547, la *gabelle* proprement dite. Sous lui, la taxe s'éleva de 30 à 40 et à 45 livres. Cette hausse causa des troubles; plusieurs provinces s'affranchirent alors de cet impôt et reçurent plus tard le nom de *provinces rédimées*. Henri IV abaissa l'impôt du sel; Louis XIII le releva. Sous Louis XIV, dans les pays de grandes gabelles, le prix du sel était de 54 à 61 livres le minot de cent livres. Dans les pays de petites *gabelles*, c'était de 15 à 37; dans les pays rédimés, de 6 à 11 livres; dans les provinces franches, de 1 à 7 livres; dans les pays de salins, de 12 à 36 livres. Cette distinction de provinces et cette inégalité de l'impôt furent maintenus sous Louis XV et sous Louis XVI. L'assemblée constituante abolit cet impôt et le remplaça par une contribution de 42,000,000 répartis proportionnellement sur toutes les autres sources des impôts. En 1806, il y eut un impôt de 2 deniers par kilog. sur le sel et de 4 en 1813; en 1814, il fut maintenu à 4 et resta ainsi jusqu'à la Révolution de 1848.

Dans notre grande Révolution, on payait le sel 1 sou ou douze deniers la livre; chaque habitant devait en prendre une quantité en proportion de cent livres pour quatorze personnes, par année, soit 7 livres 1/2 par personne. Ceux qui étaient convaincus d'avoir du sel de contrebande, étaient condamnés à 500 livres d'amende et aux galères pendant neuf ans; en cas de récidive, ils étaient étranglés à un gibet. Les femmes étaient condamnées au fouet. Le non-paiement de l'amende augmentait le service des galères de trois ans; c'était là la lettre de la loi, mais elle n'était appliquée en réalité qu'aux contrebandiers (1).

Le droit de *comptablie* consistait dans une taxe modique sur toutes les marchandises qui entraient dans le port de Bordeaux ou qui en sortaient. Il fut démembré des domaines d'Aquitaine, en 1041, par le duc Guillaume IX, en faveur de l'abbaye de Sainte-Croix, à Bordeaux. Les bénédictins le cédèrent aux jurats, en 1313, sous la condition qu'ils renfermeraient leur monastère dans la ville et qu'ils leur épargneraient ainsi les attaques et le pillage des ennemis. C'était dans l'origine un simple droit de péage; il ne se percevait d'abord que sur les marchandises qui traversaient le territoire bordelais; il fut étendu plus tard aux importations et exportations maritimes.

Le droit de *grande et petite coutume* était aussi un impôt que la ville avait établi pour ses propres besoins, du consentement du souverain; mais au XVIIIe siècle, les ministres

---

(1) En 1857, la production du sel a été de 570,524,000 kilogrammes, savoir : des marais salins de la Méditerranée, 262,919,000 kilogrammes; de ceux de l'Océan, 230,923,000 kilogrammes; et de nos salines intérieures et laveries de la Manche, 76,482,000 kilogrammes.
Sur cette masse, il a été pris pour la consommation imposée, 250,000,000 de kilogrammes; pour l'industrie exonérée, 55,000,000 de kilogrammes; pour la pêcherie, 50,000,000 de kilogrammes; et pour l'exportation, 45,000,000.
En 1848, notre exportation s'est élevée à 80,000,000 de kilogrammes. Malgré le droit de 1 fr. 50 c. par navire français et de 2 fr. 25 c. par navire étranger qui frappe les sels étrangers, il a été importé en France près de 5,000,000 de kilogrammes de sels étrangers. En 1840 (l'impôt étant de 10 fr. par 100 kilogrammes), la perception sur le sel n'a été que de 53,185,868 fr.; en 1847 (l'impôt étant de 30 fr. par quintal), la vente du sel produisit au trésor la somme de 70,530,859 fr. En 1849, la perte a été considérable comparativement à cette somme.

avaient si bien manœuvré, que les droits de comptablie de grande et petite coutume se percevaient pour le compte du roi.

Nous avons déjà parlé des désordres produits par l'impôt sur le sel, en Guienne, et de tous les efforts que l'on fit pour repousser une taxe si odieuse et si vexatoire. Bordeaux perdit ses priviléges, le sang coula ; on exigea du peuple des sommes immenses, mais l'impôt ne fut point rétabli. Mieux instruit, Henri II fit droit aux réclamations des Bordelais et leur rendit leurs droits et anciens priviléges; en 1550, il ne s'en réserva que les droits de comptablie de grande et petite coutume, droits alors assez considérables. Ne pouvant pas avoir l'impôt direct sur le sel, le fisc réussit à le rétablir sous un autre nom, celui de *droit de convoi*, qui s'élevait, avant 1789, à 14 ou 15 livres par chaque pipe de sel qui se consommait dans les villes de Bordeaux, de Bourg, de Blaye et de Libourne, et à 54 ou 55 livres pour celui qui se consommait dans les plats pays de la sénéchaussée ou qui en sortait. Voici l'origine et le progrès de ce nouvel impôt.

En 1561, le roi voulut que l'impôt du *pied fourché* (bétail à pied fendu) ne fût plus levé que sur les chairs qui se vendaient en ville. Le procureur général requit en conséquence que cet impôt fût aboli, et ce ne fut qu'après un examen sérieux de l'affaire que le parlement consentit à son abolition, le 17 mars. Nous voyons bien souvent que les jurats imposent le peuple pour de grands besoins; mais c'est toujours du consentement du roi ou du parlement. Ainsi, sur la fin de 1562, les jurats votèrent un impôt de 12,000 livres sur les habitants de Bordeaux. Le parlement l'autorisa par son arrêt du 13 janvier 1563. Plus tard, le roi rendit un édit pour l'aliénation des biens ecclésiastiques jusqu'à la concurrence de 100,000 écus; cet édit ne fut exécuté ni exécutable qu'après l'arrêt du parlement, du 7 juin 1563, qui en ordonnait l'enregistrement et la publication. Il en était de

Livre XVII.
Chap. 2.

Droit de convoi.

même des emprunts ordonnés par le roi ; ils n'étaient réalisables qu'après les arrêts d'enregistrement du parlement, comme on peut le voir par les arrêts des 22 avril 1557, 21 mars 1558, 11 mai 1558 et 4 mars 1573.

En 1568, les protestants étaient maîtres de Blaye, et, ayant les moyens de couper la navigation de la Gironde, l'approvisionnement de Bordeaux et des villes du Haut-Pays devenait de plus en plus difficile. Le parlement supplia Charles IX d'envoyer le baron de Lagarde avec six galères, pour protéger le commerce et rendre la navigation libre ; mais cette démarche n'eut pas de succès. En 1586, les relations commerciales de Bordeaux avec les pays étrangers étaient devenues encore plus difficiles par suite des guerres de religion. La Gironde était moins sûre que jamais. Le parlement ordonna l'équipement de plusieurs vaisseaux destinés à croiser dans la Gironde et la Dordogne. Pour l'entretien de cette flotte et de son équipement, on frappa d'un modique impôt, qu'on appelait *droit de convoi*, toutes les marchandises qui remontaient ou descendaient la rivière ; c'était une rétribution pour la sûreté que les vaisseaux protecteurs garantissaient aux négociants. Plus tard, le danger disparut, mais l'impôt resta ; le domaine s'en empara sous Henri IV et le fisc trouva le moyen de l'augmenter. En 1624, les trois ordres de la province en demandèrent la suppression, mais en vain ; on le percevait encore en 1789, même sur les vins et eaux-de-vie de Bordeaux.

La capitulation de Bordeaux, en 1451, créa une nouvelle ère publique pour la Guienne ; elle devint une partie intégrante de la France, mais le traité lui garantissait ses priviléges, ses libertés et ses coutumes, beaucoup plus, en un mot, qu'on ne pouvait et ne voulait lui garantir. Cependant la province avait joui longtemps du précieux droit d'accorder ou de refuser, en toute liberté, les subsides. Nous avons vu les inutiles efforts faits par Henri II pour établir l'impôt sur le sel, contre la volonté du peuple. La résistance des Bordelais à l'établissement arbitraire de cet impôt leur coûta cher; ils perdirent leurs anciennes franchises et droits; mais le roi les leur rendit en 1550 et ne se réserva que les droits de *comptablie,* de grande et petite coutume, droits assez importants, mais devenus plus tard peu considérables par la surabondance du numéraire et l'avilissement des espèces.

La *taille* ne fut établie en Guienne que longtemps après la capitulation de Bordeaux et pour ainsi dire d'une manière clandestine. On persuada d'abord au peuple que le traité de 1451 n'intéressait que la ville de Bordeaux et qu'elle seule devait jouir de l'exemption à laquelle toute la province se croyait un droit acquis par la capitulation. Bordeaux n'osa pas se plaindre et le fisc profita de son silence pour établir le *talion,* ou petite *taille*, qui, étant si minime, ne pouvait effaroucher la susceptibilité des Bordelais; on le fit payer par les communes. Cet impôt, d'abord très-léger, plus tard enflé outre mesure, joint aux 8 sous par livre qu'on percevait sur les octrois de Bordeaux et qui ne coûtait aucuns frais de perception à la couronne, produisait, avant 1789, 500,000 livres au trésor royal.

Il serait trop long, trop fastidieux peut-être d'énumérer toutes les ruses, toutes les manœuvres fiscales employées pour établir cet impôt. Louis XIV arrive et ose enfreindre les droits du peuple. Jusqu'à lui, il fallut le consentement réel ou simulé des États ou des cours souveraines pour établir un impôt; Louis XIV substitue sa volonté à la loi; la *capitation* et le *dixième* ne remontent qu'à 1695 et 1710; le premier de ces impôts était susceptible d'extensions secrètes; le fisc en a étrangement abusé.

Le *vingtième,* l'*industrie* et plusieurs autres petits impôts créés par l'omnipotence royale se prêtaient avec une déplorable facilité aux exactions vexatoires du fisc, et servent aujourd'hui à nous faire connaître les abus qu'un pouvoir

Livre XVII.
Chap. 2.

La taille.

Diverses sortes d'impôts.

absolu, sans frein, sans contrôle, peut faire déborder sur un peuple assez dégradé pour s'y soumettre. Mais une chose que l'histoire a mise hors de doute, c'est que depuis le temps des Visigoths, les ducs de Guienne et les rois d'Angleterre et de France, jusqu'à Louis XIV, ne se sont jamais crus autorisés à imposer arbitrairement leurs sujets. Sous lui, les peuples se sont tus pour admirer sa gloire ; ils n'ont recouvré leur grande voix qu'en 1789 !

Au XIVe siècle, le Gouvernement prélevait un impôt sur les cours d'eau, sur la pêche, les châteaux forts, les châtellenies ; mais ce droit n'était qu'une reconnaissance de la suzeraineté du prince ; de tous les droits que percevaient les rois d'Angleterre, à Bordeaux et en Guienne, le plus important était, sans contredit, l'impôt ou *coutume sur les vins;* il produisait jusqu'à 175,000 florins d'or !

La perception de cet impôt fut cédée, pour l'année 1343, au duc de Bretagne ; en 1341, William de Radenore avait obtenu deux deniers par chaque tonneau de vin entrant dans Bordeaux. Les monnayeurs et leurs ouvriers étaient affranchis de la *coutume* des vins, ainsi que les membres du clergé bordelais, qu'ils fussent ou ne fussent pas dans les ordres sacrés. Le même privilége fut accordé à Jean de Grailly, captal de Buch, possesseur du château de Puy-Paulin. Déjà, en 1317, des marchands de vin d'Agen, qui avaient des bénéfices ecclésiastiques, se prétendaient exempts de la *coutume* (taxe) sur le vin ; mais n'étant pas dans les ordres sacrés, le roi d'Angleterre leur fit comprendre qu'ils ne pouvaient pas, comme *clercs*, participer aux privilèges des ecclésiastiques. Les vins récoltés dans le Haut-Pays payaient le droit de *coutume;* il fut expressément défendu au portier du château de l'Ombrière de vendre ses vins en taverne, et dans chaque quartier de Bordeaux, il y avait un employé, un *tavernier* chargé d'inspecter les cabarets et de rapporter au trésorier royal les impôts qu'il percevait. Pour les vins qui se vendaient vingt deniers le *quarton* (le pot), il percevait vingt sous par tonneau et seulement quinze pour les vins d'une qualité inférieure. Il était permis, au XIIIe siècle, aux cabaretiers d'ouvrir des tavernes seulement dans la rue des *Faussets*, de la porte *Despaux* (au bas de la rue Saint-Remi) et aux *aubans* de Saint-Michel; au XIVe siècle, on en pouvait établir dans la rue des *Bahutiers*. On payait, outre le contenu, un droit de jaugeage qu'on prélevait sur la futaille, quelquefois sur les navires.

Le chapitre de Saint-André percevait un droit d'enseigne sur les aubergistes de la Sauveté; le chapitre de Saint-Seurin et les religieux de Sainte-Croix avaient des droits particuliers; nous en parlerons dans notre *Histoire de l'Église de Bordeaux*.

Les paroisses de la banlieue avaient été soustraites à la juridiction des maire et jurats, par les usurpations des barons féodaux et des agents du roi; mais, sur leurs réclamations bien motivées, ces magistrats furent réintégrés dans la plénitude de leurs droits par lettres-patentes de 1342 et 1344. Ces paroisses s'acquittaient d'une espèce de prestation en nature ou payaient une somme équivalente, sous le nom de *bian*; les habitants d'Eyzines payaient 14 livres 10 sous bordelais; ceux de Corbiac donnaient une certaine somme ou fournissaient des manouvriers pour la réparation des murs de la ville. Bruges payait 8 liv. 10 s. bordelais; Mérignac, 22 liv. 10 s.; Pessac, 12 liv. 10 s., etc., etc. Les revenus de la commune de Bordeaux s'élevaient à 120,000 livres bordelaises environ (la livre bordelaise équivalait à 12 sous tournois). Les jurats possédaient, en outre, la ville de Rions, qui s'affermait 200 livres, et quelques seigneuries et domaines. En 1301, les religieux de Sainte-Croix cédèrent aux maire et jurats, pour cent ans, les revenus très-considérables de la *petite coutume*, sous la condition que, dans l'espace de vingt ans, ils renfermeraient leur monastère dans l'enceinte de la ville.

Livre XVII.
Chap. 2.

Nous avons déjà fait observer que pour l'établissement des impôts, comme pour toutes les grandes affaires de l'État, les princes avaient besoin du consentement réel du peuple ou des représentants du peuple. Ils en étaient tellement persuadés eux-mêmes, que le duc Guillaume consulta les principales notabilités sur le mariage de sa fille Éléonore avec Louis VII. En 1282, nous voyons Édouard remercier les Bordelais de lui avoir accordé librement et volontairement des subsides (1). En 1320, il avait encore besoin de secours pécuniaires; il en demanda aux Bordelais et commença par déclarer que la concession qu'il sollicitait de leur bonne volonté et de leur générosité ne tirerait pas à conséquence et ne tournerait pas au préjudice de leurs libertés (2).

Bordeaux avait donc de grands priviléges, des franchises étendues et rares; ils furent respectés jusqu'à l'expulsion des Anglais; mais, depuis lors, ils leur ont été arrachés un à un par l'insatiable avidité des agents du pouvoir, joints parfois au silence ou à la négligente inactivité du peuple et des magistrats. Bordeaux était une ville franche; après la capitulation, en 1451, le gouvernement français respecta, pendant quelque temps, les droits, les franchises, comme nous allons le voir par l'incident suivant : James Angevin, seigneur de Blanquefort, de Rauzan et du Cypressat, percevait un certain droit sur les vaisseaux chargés de vins qui sortaient du port de Bordeaux. En 1460, le comptable s'en empara au nom du roi.

---

(1) Rex majori et probis hominibus suis Burdigalæ, salutem.
De curiali subventione quam nuper occasione expeditionis nostræ Walliæ ad rogatum dilecti secretarii et fidelis nostri Antonii Beck vobis in nomine nostro factum, nobis garanter et liberaliter fecistis, vobis quantas possumus referimus actiones gratiarum, etc., etc. (4 aprilis 1282.)

(2) Volumus et concedimus pro nobis hæredibus et successoribus nostris, quod subsidium quod nobis ex hâc causâ facietis, quod etiam ex vestrâ liberalitate et gratiâ procedere fatemur, vobis, hæredibus et successoribus vestris non cadat in præjudicium, nec trahatur in consequentiam in futuro, etc., etc. (Teste rege apud Glowcesteram, 18° die februarii 1322.)

Angevin réclama, le traité de capitulation à la main. L'affaire fut portée devant Jean, bâtard d'Armagnac, qui, de l'avis du conseil royal de Bordeaux, décida, le 9 janvier 1461, que le comptable était tenu de lui restituer ce qu'il avait perçu à son préjudice. Tous les rois de France, jusqu'à Louis XIV, ont respecté les libertés de la ville, et, par arrêt du 31 mars 1674, les bourgeois de Bordeaux furent maintenus dans l'exemption du droit de *franc-fief,* aux termes de la capitulation de 1451. Depuis lors, les États de Guienne se sont réunis plusieurs fois, et, comme le parlement, ils se sont appuyés toujours sur les termes de 1451, pour la défense de leurs priviléges. Il est à remarquer qu'aux États de Guienne, l'honneur de les présider a presque toujours été déféré à un député de Bordeaux ; c'était un hommage à la capitale, comme on peut le voir aux États de Paris en 1549, en 1561 à Agen, où présidait G. Blanc, avocat célèbre et député de Bordeaux.

Outre les États-généraux qu'on invoquait dans les grandes crises nationales, il y eut des États ou assemblées particulières à Bordeaux ; il convient que nous en disions un mot.

Nous avons déjà vu que les plaids *(placita)* étaient d'abord composés de notables de la ville *(honorati),* de propriétaires indépendants par leur fortune et des officiers des corps de l'Hôtel de Ville ; plus tard on y admit les ecclésiastiques ; c'était un hommage à leur sagesse et à leurs lumières. Les villes libres et franches, les capitales de diocèses avaient le droit d'y envoyer des députés spéciaux. Du temps de Charlemagne, dit Lumière, le Tiers-État fut compté à peu près pour rien, et du temps de la féodalité, les États se modifièrent et se composaient de quelques membres du clergé, de la noblesse et du Tiers-État, qui commençait à se connaître. En 1413, les trois États se réunirent à Bordeaux et consentirent à une nouvelle taxe, comme nous l'avons vu sous l'année susdite. Les représentants votaient ensemble ; mais aux États de Dax, en 1415, les députés de Bordeaux ayant à combattre les

Livre XVII.
Chap. 2.

insolites et injustes prétentions de ceux des Landes, il s'opéra dans cette assemblée une scission fâcheuse, et chaque sénéchaussée fut laissée libre de délibérer en particulier.

En 1420, le roi d'Angleterre demandait des subsides, et on convoqua un parlement ou assemblée générale à Dax pour délibérer sur cet objet. On voulut d'abord se contenter, à Bordeaux, de la convocation des *Trente* pour nommer les députés; mais, vu la gravité des circonstances et la nature de la demande, on décida, dans cette assemblée préliminaire, qu'il fallait convoquer le peuple à Saint-Éloi, lui lire la lettre du roi et ne rien faire sans son consentement (1).

Au jour indiqué par les lettres de convocation, les Bordelais s'assemblent; le clerc de la ville lit les lettres du roi et du lieutenant du sénéchal, et invite les assistants à donner en toute liberté leurs avis, déclarant en même temps que les seigneurs jurats étaient prêts à se conformer aux désirs de Sa Majesté (2).

Plusieurs individus prirent la parole dans cette assemblée, entre autres Jean Ferradre, qui ne se gêna pas pour dire, devant quinze cents personnes, qu'il ne fallait voter ni taille ni impôt quelconque. Sa franchise imposa silence aux députés; presque tous les assistants partagèrent sa manière de voir, et le subside fut refusé. Cependant le roi arriva en Guienne; on éprouvait de la peine à rejeter la demande et à ne pas lui accorder les sacrifices qu'il demandait. L'affection des Bordelais pour leur souverain l'emporta sur leurs intérêts; une seconde assemblée eut lieu sur le même sujet et donna à ses députés tous les pouvoirs nécessaires pour faire respecter les

---

(1) Primeyrement que doman que sera digmenche tot lo poble sia apperat et ajustat à Sen-Ylegi (l'Hôtel de Ville), et que per donar poder aux senhors qui yran per nome de la ciutat à Dax, sian mostradas las listras deu rey, nostre senhor, et de loctenent deu senescaut au poble, et que sia feit lo que se fera en aquest part ab son voler et conseills.

(2) Que los senhors jurats s'entenden gohernar ab lors bons abis et conseills.

droits et libertés de Bordeaux et pour s'acquitter de leurs devoirs envers le roi (1). Le subside fut voté librement.

A leur retour de Dax, les députés furent obligés de rendre compte de leur conduite aux États devant le peuple (2). Le roi remercia les habitants de Bordeaux et de la province du subside voté, et le peuple fut encore convoqué, au son de trompe, pour entendre lire la missive royale adressée *aux sous-maire, jurats et bonnes gens de la cité de Bordeaux* (3).

Ainsi, ce n'était pas en vertu de l'autorité royale que le prince taxait ses sujets ou exigeait des subsides; c'était de leur *bon plaisir* et de leur affection qu'il les sollicitait, comme nous venons de le prouver et comme il résulte de plusieurs lettres des princes anglais, avant 1457, et en particulier de celle écrite par Henri V, de Gisors, le 26 septembre 1419, où il dit aux Bordelais qu'il charge Jean St-John, maire de Bordeaux, et John Radcliff, son chevalier, connétable du château de l'Ombrière, de leur faire part de ses intentions et de les prier (jurats et peuple) d'envoyer des députés pour accorder, en leur nom, ce qu'il leur demandait (4); et, afin que les Bordelais y eussent plus d'égard, le roi leur déclara que sa demande était conforme à la volonté de Dieu et au bien du pays (5).

En 1420, le roi demandait un certain nombre de gens d'armes. La nécessité paraissait démontrée, mais il fallait

---

(1) Car bon sera que ayan (les députés) tant poder que sia honor de la ciutat, laquau multis temps no ha de faillir de far son dever envers lo rey, nostre senhor, et ayssimedis que sia au placer deu rey.

(2) Que lo commun sia apperat et que, en lor presencia, sia feyta la relacion de lo que son demorat au Parlement de Dax.

(3) Que lo commun sia apperat, ab la trompa, per lo legir la litra que lo rey, nostre sobiran senhor, ha tramesa, aux sotz-mager, jurats et bonas gentes de la ciutat de Bordeu.

(4) O assentir à nos dictes entencions et desirs.

(5) Lesqueux nous tenons estre du plaisir de Dios et du ben de nostre pays, come y accorderont et conclurront aultres segnhors, nobles et communs d'icel.

Livre XVII.
Chap. 2.

pourvoir à leur solde et nourriture. On convoqua le Conseil des Trente, puis celui des Cent-Trente. Les discussions furent longues et vives : les uns voulaient seulement qu'on imposât à chaque tonneau de vin un droit d'un franc ou 25 sous bordelais; d'autres, voyant que la charge n'atteindrait ainsi qu'une seule catégorie de citoyens, et craignant d'ailleurs d'établir un semblable précédent, opinèrent pour des dons volontaires et offrirent de s'engager à fournir, chacun en son particulier, un homme d'armes, même pour un an, à leurs frais; qu'ils aimaient mieux faire un plus grand sacrifice que d'établir un nouvel impôt sur la principale denrée du pays, qui pourrait, un jour, de transitoire qu'on voulait qu'il fût, devenir un impôt fixe, permanent et préjudiciable à leurs intérêts. Les débats se prolongèrent beaucoup, et l'opposition était devenue tellement violente qu'on craignait pour le repos de la ville. Les jurats s'aperçurent que l'assemblée se laissait influencer par quelques démagogues intéressés au désordre; ils les firent jeter en prison, comme complotant contre la volonté du roi et l'honneur de la ville (1).

Ce petit coup d'État, dans notre république bordelaise, peint à merveille les mœurs de l'époque et témoigne tout à la fois du respect des Bordelais pour leur roi et de leur désir de ne rien faire qui pût tourner au déshonneur de la ville. D'un côté, on voit une opposition systématique ; de l'autre, des magistrats populaires qui oublient leur origine pour se faire despotes sous un régime républicain; des courtisans obséquieux, courbés servilement sous les prétentions envahissantes de la royauté.

Délibération du 14 novembre 1421.

C'était l'esprit de l'époque, comme nous allons voir par les détails suivants : En 1421, les barons (les nobles) ayant offert des gens d'armes au roi, les jurats, seigneurs de la ville,

---

(1) Au plazer, voler et desir den rey, nostre sobiran senhor, et à honor de la ciutad.

ne voulurent pas rester en arrière; ils décidèrent qu'ils en fourniraient, eux aussi, pour *faire plaisir au roi*.

Ce servilisme courtisanesque, qui n'était guère du goût du peuple, commençait alors à s'introduire dans les mœurs. En 1415, à l'occasion de quelques succès militaires de Henry V, on délibéra, à l'Hôtel de Ville, de convoquer, au son de trompe, tout le peuple, pour lui faire part du projet conçu par les maire et jurats, d'envoyer complimenter le roi à Londres (1).

Outre les compliments officiels, ces députés furent chargés d'offrir au roi deux cents tonneaux de vin pour sa personne et cent pour les seigneurs de sa cour, en demandant en même temps la confirmation des priviléges, libertés et franchises de la ville. Il semblait que cette députation ayant été faite selon les règles ordinaires, il n'était plus nécessaire d'autre formalité pour la mettre à exécution; néanmoins le maire et le clerc de ville, qui étaient les députés, ne voulurent point partir sans faire part au peuple de leur députation, sans prendre congé de lui et lui apprendre les bonnes nouvelles qu'on avait reçues du roi d'Angleterre, qui venait de remporter une victoire en Picardie. Il fut donc ordonné que l'on convoquerait le lendemain le commun peuple à son de trompe. Il est bon de rapporter ici les propres termes de cette ordonnance, conçue en gascon de ce temps-là :

« *Et plus fo ordenat que doman fos apperat lo comun am trompas, per los declarar cum era estat ordenat de trametre en Anglaterra et envert lo rey nostre senhor sobre las causas susdeitas enbaissadors, ni quaus, quar aissimedis edz volen pendre congeyt deu poble, et aissimedis per los declarar las bonas noelas que agut haben deu rey nostre senhor de la vittoria de Piquardia.* »

Une telle politique ne pouvait qu'attacher le peuple au Gouvernement et ne contribuait pas peu à faire trouver des ressources dans son attachement envers ceux qui avaient pour

Livre XVII.
Chap. 2.

lui de pareilles déférences. Aussi ce même peuple s'était-il porté de lui-même à une imposition de vingt sous par tonneau de vin (somme pour lors considérable), pour subvenir aux frais de cette députation et des présents envoyés au roi d'Angleterre.

NOTES ET ÉCLAIRCISSEMENTS.

NOTE Ire, *page* 3.

CAHIER GÉNÉRAL DES DEMANDES DU TIERS-ÉTAT DE LA SÉNÉCHAUSSÉE DE GUIENNE.

C'est un exemple bien rare, un spectacle touchant que celui d'une grande nation appelée à la liberté par son monarque; ce bienfait unique combien n'en renferme-t-il pas! La liberté de l'homme dans la disposition de sa personne, de ses biens et de toutes ses facultés, liberté de l'âme dans l'exercice de sa volonté pour le consentement aux lois, aux devoirs, aux sacrifices qu'elle doit s'imposer, liberté de la pensée dans les écrits publics, liberté de la parole dans les assemblées nationales.

L'égalité des droits communs dans l'inégalité des rangs et des fortunes, toutes les classes se rapprochant en trois ordres pour y chercher l'intérêt de tous les citoyens dans le vœu de chacun, personne n'ayant plus à se glorifier, plus à rougir de sa condition, mais uniquement de ses actions; l'honneur attaché désormais aux talents, et le mérite aux vertus, mais attendant leur prix et leur récompense de l'estime de la nation; les grands à leur tour recherchant la faveur du peuple par des sacrifices, des monuments ou des services publics; le peuple intéressé par sa reconnaissance à défendre les grands contre les entreprises d'une puissance illimitée; voilà tous les biens que le Français va recevoir d'un roi qui méritera seul les noms *de juste, de bienfaisant et d'ami du peuple*. C'est à tous ces titres que le Tiers-État de la sénéchaussée de Guienne lui jure un dévoûment inépuisable, un amour sans bornes, une éternelle fidélité, des sentiments enfin qui passeraient même, s'il était possible, la mesure de sa bonté. Ce sont là les gages de sa confiance et de sa sécurité dans l'énonciation de ses nombreuses doléances et des demandes qui, justement accueillies, les feront cesser et disparaître.

Constitution. — Le Tiers-État de la sénéchaussée de Guienne demande

NOTES.

qu'il soit établi une constitution fixe qui détermine irrévocablement les droits du roi et ceux de la nation ;

Que pour base de cette constitution, soit statué que les États généraux seront convoqués à des époques certaines et invariables, dont les termes rapprochés seront fixés par l'Assemblée elle-même ;

Que dans l'intervalle de la tenue des États généraux, aucune commission intermédiaire ne pourra les suppléer ; que les élections des députés aux Étatsgénéraux seront toujours parfaitement libres ; que les formes de ces élections seront réglées de manière à conserver à chaque citoyen son droit de suffrage ;

Que pour assurer à l'ordre du Tiers-État une influence égale à sa représentation, les délibérations soient prises, les trois ordres réunis, et que les voix soient comptées par tête et non par ordre ;

Que la personne d'un député aux États généraux soit déclarée inviolable et sacrée ; qu'il ne soit comptable qu'aux seuls États généraux de tout ce qu'il aura pu dire ou faire dans le sein de l'Assemblée ;

Que sur toutes les matières importantes et principalement sur celles qui sont relatives à la constitution, ce ne soit qu'à la troisième délibération, prise à jour successif, que le résultat des opinions puisse être définitivement arrêté ;

L'organisation des États généraux ainsi déterminée, le Tiers-État demande qu'il soit statué, qu'à la nation seule, assemblée en États généraux, appartient le droit de consentir l'impôt et d'en fixer la durée en proportion des vrais besoins de l'État ;

Que nul emprunt ne puisse être fait que du consentement des États généraux, lesquels, en autorisant l'emprunt, indiqueront les fonds qui devront en opérer l'amortissement ;

Qu'il soit pareillement statué que le concours du pouvoir de la nation et du souverain sera nécessaire pour la formation des lois générales et permanentes du royaume ; que ces lois, ainsi faites, seront publiées et enregistrées dans les Cours souveraines de justice, sans qu'elles puissent apporter à cet enregistrement aucun délai ni modification ;

Que cependant les règlements de simple administration continueront d'être confiés au conseil du monarque ; pourvu qu'ils ne contiennent rien de contraire à la législation générale, et qu'ils soient soumis à la révision des États généraux ;

Qu'il soit statué que les États généraux seront juges de tous les cas de forfaiture des tribunaux souverains ;

Qu'il soit reconnu comme loi constitutive de l'État, que la liberté et la propriété individuelles du citoyen sont inviolables ;

Que les lettres de cachet et tous les ordres arbitraires soient abolis; que toute personne arrêtée en vertu d'ordres supérieurs, sera, dans les vingt-quatre heures, traduite devant ses juges naturels et jugée suivant les lois du royaume ;

Que la presse soit absolument libre, dégagée des entraves de la censure et des recherches du Gouvernement; que néanmoins, tout auteur ou imprimeur soit tenu de mettre son nom au bas de l'ouvrage pour demeurer responsable de tout ce qui serait contraire à la religion, aux mœurs et aux lois du royaume ;

Que toutes lettres et dépêches confiées à la poste, soient regardées comme un dépôt sacré ; que le Gouvernement ne puisse sous aucun prétexte les intercepter, et que si jamais pareil abus de confiance publique était commis, la lettre ou dépêche interceptée ne puisse être opposée au citoyen qui l'aura écrite ou signée ;

Que les ministres seront personnellement responsables envers la nation des prévarications par eux commises dans leur administration, et qu'ils seront jugés par les seuls États généraux, qui détermineront d'avance la forme de procéder à ce jugement ;

Que les honneurs et grades militaires, les places dans le haut clergé et la magistrature, soient accordés au mérite; en sorte qu'un membre du Tiers-État, distingué par ses vertus et ses talents, ne soit plus exposé à languir dans les emplois subalternes et à souffrir des exclusions décourageantes ;

Avant d'accorder aucun subside et de discuter aucun objet d'administration, les députés aux États généraux insisteront sur l'établissement de ces différents points de constitution.

États provinciaux. — Les États généraux ne pouvant s'occuper de tous les détails de l'administration de l'intérieur du royaume, le Tiers-État de la sénéchaussée de Guienne demande qu'il soit établi dans la ville de Bordeaux ou dans tout autre de la province, des États provinciaux composés des députés des trois ordres, dans les mêmes proportions qu'aux États généraux ;

Que ces États provinciaux soient spécialement chargés de la répartition égale de l'impôt sur les trois ordres, de l'exécution des arrêtés des États généraux et de tout ce qui peut avoir rapport à l'administration intérieure de la province ;

NOTES.

Que pendant la vacance des États provinciaux, il soit établi par eux un comité intermédiaire pour prendre connaissance des plaintes particulières des districts et communautés de la province et des différents objets qui leur seront ultérieurement attribués.

Finances et impôts. — Qu'il soit fait un examen et une vérification dans le plus grand détail des divers articles qui composent le compte de recette et de dépense des finances de l'État ;

Que dans l'examen des dépenses, les pensions non méritées soient supprimées, et les excessives réduites ;

Que les places d'un exercice inutile, accompagnées d'honoraires onéreux à l'État, soient abolies, et qu'il soit fait une réduction sur les émoluments trop considérables attachés, soit à divers emplois, même utiles, soit à des grades ou titres honorifiques ;

Que la recette soit améliorée par une surveillance scrupuleuse et la plus sévère sur les objets qui la concernent ;

Que les dépenses nécessaires pour l'administration générale du royaume, notamment celles des divers départements, soient fixées d'après des états estimatifs ;

Que chaque administrateur soit responsable envers les États généraux des fonds qui lui auront été confiés ; qu'il soit assujéti à la publication annuelle du compte de recette et de dépense de son département, dans la forme qui sera prescrite par les États généraux ;

La constitution une fois assurée et le retour périodique des États généraux inviolablement fixé, mais non sans cette condition, la dette publique existante sera reconnue dette nationale ;

Que pour l'acquittement de cette dette, il soit pris des mesures sages et convenables à la situation des peuples ;

Les États généraux examineront, avec l'attention que la matière exige, la question de l'inaliénabilité du domaine et celle de la rentrée du roi dans les domaines engagés ;

L'aliénation de ces domaines pouvant être un des meilleurs moyens d'acquitter les dettes de l'État, il sera fait une exacte révision des divers échanges de domaines, pour reconnaître et réparer les erreurs et les lésions qui pourraient y avoir été commises ;

Le roi sera supplié de suspendre sa nomination aux abbayes, prieurés et autres bénéfices ecclésiastiques non essentiellement utiles au culte divin, pour en consacrer le revenu au paiement des dettes de l'État et au soulagement du peuple ;

Qu'il ne soit établi aucun impôt sans le consentement de la nation assemblée en États généraux, et que la durée de l'impôt ne puisse jamais excéder le terme de cinq ans au plus ;

Qu'au sujet des emprunts, les États généraux qui pourront seuls les autoriser, assignent des fonds suffisants pour le paiement des intérêts et pour le remboursement du capital, à des termes fixes et marqués ;

Que les États généraux prononcent de la manière la plus solennelle et sans aucune réserve l'extinction et l'abolition de la corvée, de la taille, du droit de franc-fief et de tous impôts distinctifs quant à leur nature, à leur dénomination et sous tout autre rapport ;

Que le don gratuit qui dans quelques parties de la sénéchaussée est perçu sous la dénomination de droits réservés, soit supprimé ;

Qu'il n'y ait qu'un impôt unique établi généralement sur toutes les propriétés sans distinction ni privilége et sans aucune exception quelconque, et qu'il soit réparti dans la plus juste proportion ;

Qu'il soit fait, en conséquence, dans chaque paroisse ou communauté, un cadastre général des terres, et dans les villes, l'estimation des maisons ;

Qu'il soit pourvu aux moyens les plus efficaces pour asseoir une imposition proportionnelle sur les capitalistes, les rentiers et autres possesseurs de richesses mobilières ;

Qu'il n'y ait qu'un seul et même rôle dans chaque ville, bourg, paroisse et communauté ;

Que ce rôle ne puisse être fait qu'en présence de six commissaires nommés par la communauté assemblée ;

Que l'impôt ne puisse être perçu que dans le lieu où les propriétés sont situées ;

Que le fermier soit dispensé de tout impôt relatif à sa ferme, le propriétaire payant les charges de la propriété ;

Que tout manouvrier ou journalier attaché aux travaux de l'agriculture et non propriétaire, soit affranchi de tout impôt ;

Que les préposés à la perception des impôts ne puissent en exiger le paiement qu'à deux époques fixes, la première après la moisson, et la seconde après les vendanges, laissant au cultivateur un temps moral pour que la vente des denrées le mette en état de payer l'impôt ;

Que les frais de poursuite contre les contribuables qui sont en retard soient modérés ;

Que les huissiers aux tailles soient supprimés et que les collecteurs soient autorisés à pourvoir à la rentrée des impôts par les voies ordinaires ;

Qu'il soit établi une forte capitation sur les domestiques mâles dans les villes, et une taxe sur les voitures et les autres objets de luxe;

Que les États généraux s'occupent à délivrer l'État de la gabelle odieuse au roi comme à la nation, et si sa suppression ne pouvait pas encore avoir lieu, qu'il soit du moins pourvu à l'allégement de cet impôt tant dans la rigueur du droit que dans la rigueur de sa perception;

Qu'on ordonne la suppression des divers droits établis sous le nom de contrôle, insinuation, centième, denier et autres; que le remplacement en soit fait par un droit simple et unique et sans distinction des qualités des personnes; que le tarif en soit clair, précis et à l'abri de toute interprétation vexatoire; qu'après deux ans les citoyens soient à l'abri de toute recherche à ce sujet; que les préposés au recouvrement de ce droit ne puissent en faire la poursuite que devant les juges du lieu, sauf l'appel aux tribunaux souverains de la province, sans que jamais la juridiction des commissaires départis ou toute autre prétende connaître et juger de ces sortes d'affaires.

Administration de la justice. — Cette réforme doit porter sur trois objets : constitution des tribunaux, lois, expédition de la justice.

La justice sera rapprochée des justiciables et ce rapprochement pourrait être produit ou par un retranchement dans les ressorts trop étendus des cours souveraines, ou par une augmentation du pouvoir des tribunaux subalternes, ou par la création de nouveaux présidiaux.

Le Tiers-État demande que le roi et les États généraux veuillent bien prendre en considération la demande que fait le Tiers, de la suppression de la vénalité des charges et du remboursement des offices sur le pied de la valeur actuelle;

Que nul ne puisse occuper des places dans les cours souveraines qu'il n'ait servi dans les tribunaux inférieurs, ou exercé la profession d'avocat pendant un certain temps;

Que pour procéder à la réforme des lois civiles, il soit établi par le roi et les États généraux, différents bureaux de législation composés de magistrats jurisconsultes et autres personnes éclairées, pris dans différentes parties du royaume;

Qu'on travaille à la rédaction d'un code de police qui distingue avec précision les matières qui lui sont propres d'avec celles qui concernent les juridictions ordinaires;

Qu'on prescrive l'exécution rigoureuse des ordonnances concernant les faillites; qu'il ne soit accordé aux faillis aucune lettre de surséance, ni sauf conduit, et qu'il leur soit prohibé de faire aucune acquisition de biens immeubles jusques après l'entier paiement de leurs dettes;

Qu'on supprime toute commission ou évocation au conseil, ainsi que tout droit de committimus accordé aux commensaux de Sa Majesté ou à tous autres;

Qu'on établisse l'usage des jurés dans les procédures criminelles, qu'on les rende publiques et qu'on accorde des défenseurs aux accusés;

Que les auditions des accusés et les dépositions des témoins en matière criminelle ne soient prises par le juge qu'assisté de deux commissaires ou assesseurs;

Que les peines soient exactement proportionnées aux délits et qu'on les rende uniformes sans distinction d'état ou de condition; on détruira ou affaiblira, par ce moyen et par tous autres, le préjugé qui flétrit les parents d'un homme condamné par la justice;

Qu'il soit statué que les juges soient tenus de se conformer à la lettre de la loi, sans pouvoir s'en écarter, sous pas un prétexte; et que tout citoyen, sans distinction de rang ni de naissance, soit soumis à la loi;

Qu'on supprime absolument la question et les cachots ou basses-fosses;

Qu'on accorde l'élargissement des accusés en donnant caution, à l'exception de ceux qui seront prévenus de crime emportant peine afflictive ou infamante;

Qu'en attendant un nouveau code criminel rédigé d'après ces vues et ces principes, on prenne des moyens pour faire exécuter l'ordonnance criminelle concernant les décrets de prise de corps, qui compromettent ouvertement la liberté des citoyens domiciliés, par la facilité avec laquelle la plupart des juges en abusent, et qu'il soit permis de prendre à partie les juges qui contreviendront à cette défense;

Qu'il ne puisse être décerné aucun décret sur le simple verbal d'un officier de Cour souveraine ou de tout autre juge, et que tout décret soit précédé d'une information, exceptant le cas d'un officier troublé dans ses fonctions;

Que les juges se fassent assister de commissaires ou assesseurs pour prononcer des décrets;

Que tout officier public interdit dans ses fonctions, par un décret, soit admis à rendre son audition dans les vingt-quatre heures; qu'il soit enjoint à la Cour qui l'aura décrété, de prononcer dans la huitaine sur son interdit, et dans trois mois, sur le fonds de l'accusation;

Qu'il soit défendu de prendre la voie criminelle lorsqu'on n'aura à demander que des dommages et intérêts, et qu'il soit ordonné de se pourvoir par la voie civile;

Que pour remplir l'objet de la déclaration de mil sept cent soixante-douze, concernant l'instruction des procédures criminelles, il soit ordonné que la capture et la traduction des prisonniers soient faites aux frais du roi, et que les procureurs d'office soient tenus de justifier des diligences qu'ils auront faites pour y parvenir;

Que dans le même objet, les cavaliers de maréchaussée, huissiers et sergents soient exactement et incontinent payés des frais de capture et traduction, conformément à la déclaration du roi de mil sept cent quarante-six, donnée au camp de Chins, dont la pleine et entière exécution sera de plus fort ordonnée;

Qu'on cherche à simplifier les formes dans l'expédition de la justice, en conciliant, autant qu'il sera possible, la promptitude avec la sûreté et la liberté;

Qu'un justiciable ne puisse jamais subir trois degrés de juridiction;

Qu'il soit statué que toutes les affaires seront jugées par rang d'ancienneté, sans qu'il soit jamais permis de s'écarter de cet ordre; et, comme il est des causes de leur nature privilégiées, telles que les cassations d'emprisonnement, les provisions, les affaires de police et autres affaires sommaires, qu'il soit fait des classes particulières de ces sortes d'affaires, qu'il n'y ait que celles-là seulement d'exceptées du tour de rôle;

Que le rôle soit public, de telle sorte que chaque citoyen puisse savoir le temps où il devra être jugé;

Qu'il soit accordé aux juges ordinaires, tant royaux que seigneuriaux, le pouvoir de juger en dernier ressort, jusques à une plus forte somme que celle maintenant fixée;

Qu'il soit permis de former opposition envers les jugements par défaut, rendus par les premiers juges, en payant les frais contumaciaux;

Que les juges des seigneurs soient gradués et résidants dans le lieu de leur juridiction, et que dans les juridictions étendues il y ait toujours un lieutenant ou un assesseur;

Qu'on exécute littéralement l'édit des criées, pour obvier aux abus des procédures décrétales;

Qu'en simplifiant les formes et en diminuant les lenteurs autant qu'il est possible, on diminue les frais de procédure; il en est même qui sont susceptibles d'une réduction prompte, tels que les droits de greffe et du contrôle et des épices, droits excessifs qui dénaturent les bienfaits de la justice, que le souverain doit gratuitement à ses sujets;

Qu'on diminue aussi les frais de pourvoyance des tuteurs et curateurs, et qu'on les supprime entièrement lorsque la pourvoyance sera faite pour procurer le consentement à un mariage ;

Que les séquestres établis sur les saisies mobilières ou de fruits soient pris dans la classe du saisi, et que ceux établis pour les impositions royales soient payés de leurs vacations ;

Que les pauvres soient exempts d'être séquestrés ;

Qu'il soit établi, quant au contrôle, un droit unique et modéré dont la destination soit d'assurer la date des conventions ou des actes, et non de tenir lieu d'imposition ;

Qu'on supprime le droit annuel de centième denier des offices, établi par l'édit de 1771, droit exorbitant dans son taux, et d'autant plus injuste dans son principe, que les officiers ont tous acheté et payé plusieurs fois, durant les règnes de Louis XIV et de Louis XV, le droit d'hérédité de leurs offices ;

Que tous les tribunaux d'exception, tels que les eaux et forêts, les élections, les bureaux des finances, les traites foraines, soient supprimés ; que les matières dont ils connaissent soient attribuées aux tribunaux ordinaires ;

Que le prix de ces offices à supprimer soit liquidé et remboursé dans l'année, sur le pied de leur valeur actuelle ;

Que les offices de notaires royaux ne soient pas si multipliées ; que pour donner à cet état le degré de considération que son importance mérite, on ne puisse être reçu qu'après un examen rigoureux.

Commerce. — Que le commerce intérieur soit affranchi de toutes les entraves, et que toutes denrées, marchandises, bestiaux, etc., puissent être transportés librement, d'une partie du royaume dans l'autre, sans être assujétis à aucun droit ni aucune formalité, sauf les objets qui seraient transportés par mer, desquels la destination devra être assurée par des acquits à caution que l'on pourra faire décharger dans un port de France quelconque ;

Qu'il soit pris des mesures efficaces pour la confection de tous chemins royaux et vicinaux, tant pour la facilité de la circulation de toutes denrées et marchandises, que pour la sûreté et la commodité des voyageurs ;

Que les dispositions du droit public et des ordonnances du royaume soient strictement exécutées en ce qui concerne le lit, les bords et le marchepied des rivières ; et comme les habitants de la sénéchaussée de

Guienne se plaignent de plusieurs contraventions à ces ordonnances, que toutes celles qui ont été commises soient promptement réparées, et qu'il soit pourvu aux moyens les plus propres à les empêcher à l'avenir.

L'un des moyens de remplir l'objet ci-dessus a paru être de nommer des commissaires chargés de visiter tous les trois mois les bords des rivières, et autorisés provisoirement à faire enlever tout ce qui nuit à la navigation et retarde les embarquements.

L'établissement d'un corps d'ingénieurs hydrauliques pour la confection des ouvrages relatifs à la navigation.

Que les poids et mesures soient rendus uniformes dans tout le royaume, et que l'arpentage des terres se fasse d'après le pied de roi.

Que le régime fiscal de toutes les provinces du royaume soit uniforme et qu'il n'existe plus de différence dans la dénomination des provinces, comme celle de province à l'instar de l'étranger effectif, des provinces réputées étrangères et autres;

Que dans le cas où l'on ne pût pas opérer très-promptement le renvoi des barrières et douanes aux extrémités frontières du royaume, il soit pourvu, autant qu'il sera possible, à tous les abus de la perception des droits qui ne seront pas supprimés;

Qu'il soit notamment ordonné que les grains et autres denrées de première nécessité, ainsi que les bestiaux, soient exempts de tous droits et de toutes formalités dans la circulation d'une province du royaume à l'autre;

Que tous les objets qui resteront sujets à des droits quelconques soient classés dans un tarif simple et uniforme, arrêté dans les États généraux, et assez clair pour ne donner lieu à aucune contestation, et que le droit total soit fixé comme principal et sans qu'il soit question de sol pour livre, ni d'aucun droit additionnel.

Ceux qui font le commerce des papiers et cartons se plaignent moins encore de l'excès des droits auxquels cette marchandise est assujétie, malgré l'utilité de cette espèce de fabrication, que des formalités gênantes et dangereuses établies dans la régie chargée de la perception de ces droits; ils demandent, en conséquence, que, s'il est jugé indispensable de laisser subsister le droit, il soit perçu à la cuve en activité, et de la manière la moins gênante pour celui qui le supporte, et que l'on tienne rigoureusement la main à l'exécution des lois qui prohibent la sortie des matières premières.

Qu'il soit remédié au dépérissement des tanneries dans le royaume et notamment dans la province de Guienne, par la suppression des droits sur les cuirs, soit par un régime moins rigoureux pour la perception des droits qu'on laisserait subsister, à raison desquels les détaillistes ne puissent être recherchés, ces droits devant être acquittés par les fabricants soit enfin par tous autres moyens convenables ;

Que la sortie des cuirs en vert, hors du royaume, soit prohibée ;

Que les tanneries ne puissent être placées dans l'intérieur des villes, comme contraires à la salubrité de l'air.

Que le droit de traite foraine qui se perçoit dans les bureaux de Toulouse, Narbonne, Villeneuve, les Avignon, Auvillars, etc., sur les denrées et marchandises du crû ou les fabriques du Languedoc et de la province d'Orange, soit supprimé ou réduit ;

Que les bois de sapin ou de chêne propres pour la mâture et tous autres bois, chanvre, brai pour la construction des vaisseaux, soient exempts de tous droits d'entrée dans le royaume ; qu'il en soit de même pour le merrain ;

Qu'il soit permis de réexporter ces mêmes objets à l'étranger ;

Que les matières premières des verreries soient exemptes de tous les droits ; qu'il en soit de même des ouvrages qui en proviennent, et que l'exploitation des mines de charbon de terre qui sont dans le royaume soit encouragée ;

Que toutes marchandises de fabrique nationale et autres, exemptes de droits, ne soient point assujéties à passer dans les douanes et puissent entrer librement dans les villes après une première visite aux portes ;

Modération et adoucissement dans les droits des aides et particulièrement dans ceux perçus sur les vins. Ce produit important du territoire de notre sénéchaussée languit dans les mains des propriétaires par l'excès de l'impôt, surtout à la sortie de la sénéchaussée, d'où résulte l'insuffisance des débouchés ;

Que sous aucun prétexte, les employés de la ferme des aides et de régie quelconque ne puissent faire de perquisitions ni des visites domiciliaires ;

Qu'il soit attribué aux juridictions consulaires une ampliation de pouvoirs pour juger souverainement jusqu'à somme plus forte que celle fixée par l'édit de création ;

Que l'homologation des concordats en cas de faillite soit rétablie ou attribuée aux juridictions consulaires ;

Que tous les marchands soient admis à la juridiction consulaire, conformément à l'édit de création ;

Que la connaissance des affaires relatives au commerce maritime soit rétablie ou attribuée à la juridiction consulaire;

Qu'à l'avenir les députés du commerce ne puissent être pris que dans la classe des négociants;

Que dans les affaires du commerce portées aux conseils du roi, soit celui des finances, soit celui des dépêches, il soit appelé six députés du commerce, l'un desquels en fera le rapport;

Qu'il soit fait et rendu public dans tout le royaume un nouveau tarif pour le port des lettres et autres objets par la poste, et qu'il soit pris des moyens à l'effet de réprimer tous abus en ce genre; un courrier direct pour la ville de Lyon; les négociants de Bordeaux fondent cette demande sur le double motif de l'importance des relations de commerce entre ces deux villes et de l'augmentation mise sur le port des lettres qui suffit aux frais de ce courrier; la suppression de la surtaxe des lettres venant des colonies, et qu'il soit pris des moyens pour qu'elles soient rendues le plus tôt possible à leur destination;

Que les lettres venant des colonies et qui sont mises à la poste, notamment celles provenant des navires en relâche, ne soient taxées que comme toutes autres lettres mises au bureau de la poste dans les villes ou lieux de France quelconques d'où elles partent, la surtaxe qu'on a fait payer jusqu'à présent à ceux qui les reçoivent n'étant fondée sur aucun motif raisonnable;

Que les directeurs des postes soient tenus de faire parvenir ces lettres à leur destination dans le plus court délai, et qu'il soit suppléé à l'insuffisance de la malle ordinaire;

Que le commerce de transit soit favorisé par les moyens les plus convenables;

Que l'inspection des manufactures soit confiée à des personnes à ce entendues et versées dans la connaissance de ces matières;

Que l'inspection des pêcheries du royaume soit confiée à d'anciens négociants et capitaines ayant fait des armements pour la pêche, lesquels doivent être pris par préférence dans les ports de Dieppe, Granville, Saint-Malo, Bayonne, Saint-Jean de Luz et Ciboure;

Qu'il soit accordé des encouragements aux pêcheries nationales;

Qu'il soit pourvu aux moyens les plus propres et les plus efficaces d'obtenir de notre marine marchande qu'elle s'adonne au cabotage dans les ports septentrionaux de l'Europe; cette branche de commerce manque à l'industrie nationale; elle serait une pépinière de matelots et procurerait à nos ports le moyen de pourvoir les parties méridionales de l'Europe de tous les objets qu'elles exportent de Hollande et d'Hambourg ;

Que les abus qui peuvent s'être glissés dans les chambres de commerce soient réformés et qu'il soit avisé aux moyens de rendre ces établissements plus utiles à l'avenir ;

Que les assemblées de commerce puissent avoir lieu sans qu'il soit nécessaire de demander aucune permission à cet effet ;

Que la franchise des ports de Bayonne, Dunkerque et Lorient, soit supprimée ; que tous les priviléges exclusifs soient supprimés, notamment celui de la Compagnie des Indes, et qu'il ne puisse en être accordé à l'avenir ;

Qu'il soit pris des moyens sûrs pour réserver exclusivement à la métropole, et sans aucun partage avec les étrangers, le commerce des colonies françaises, tant pour fournir à leurs habitants tous les objets dont ils peuvent avoir besoin que pour extraire tous les produits de leur culture, et qu'il soit pourvu à l'insuffisance des lois qui existent à cet égard ;

Comme il est juste que les colons ne manquent jamais des objets de première nécessité, on peut y pourvoir en assujétissant tout navire destiné pour les colonies à porter proportionnellement à son port une quantité déterminée de poutres, planches et merrain ;

Que les sirops, les tafias fabriqués dans les colonies puissent être introduits en France ; l'exécution des règlements qui défendent le mélange des sirops cuits avec le sucre brut provenant des cannes ;

Qu'on veille dans les colonies à l'exécution des ordonnances qui enjoignent aux colons de mettre leur étampe à toutes barriques de sucre brut ou terré et à toutes balles de coton, afin de prévenir les fraudes trop fréquentes qui se font dans le paccage des sucres et l'emballage des cotons ;

Que la fabrication des sucres bruts et leur importation dans la métropole soit favorisée par la suppression des droits d'octroi, sauf à augmenter ceux sur le sucre terré ;

Qu'il soit avisé aux meilleurs moyens de faire payer l'habitant des colonies, soit par la saisie et vente des immeubles, soit par toute autre voie ;

Qu'il soit défendu de percevoir un prétendu droit *d'engagés* auquel sont assujétis les armateurs qui expédient des bâtiments pour les colonies, à raison duquel on leur fait payer trois cent soixante livres par chaque navire ;

NOTES.

Qu'un droit qui se perçoit à Bordeaux sur diverses marchandises, sous le nom de droit de convoi, soit supprimé;

Qu'un droit qualifié de premier tonneau de fret, qui se perçoit à Bordeaux sur les bâtiments destinés pour les colonies, à raison de vingt-six livres cinq sous, soit supprimé;

Que les armateurs pour les colonies soient dispensés de payer à la caisse des invalides les gages des déserteurs, ce préjudice qui résulte pour eux des désertions ne pouvant pas même être compensé par ce faible dédommagement de leurs dépenses pour le remplacement;

Qu'il soit pris des moyens efficaces pour empêcher la désertion des matelots dans les colonies, et pour éviter que dans les ports de France ils ne puissent aussi s'évader emportant les avances;

Que le régime des classes soit réformé et amélioré et que pendant la paix la levée des matelots soit restreinte;

Qu'il soit pourvu aux meilleurs moyens de former des novices et notamment sur les vaisseaux du roi;

Qu'il soit accordé aux matelots au service de Sa Majesté, un salaire qui suffise à leurs besoins et à ceux de leur famille et que leur décompte soit fait avec exactitude et célérité et sans aucune retenue;

Que les consuls chez l'étranger puissent être pris dans la classe des commerçants;

Que les frais et droits de consulat chez l'étranger soient diminués;

Que les encouragements et les gratifications accordés pour favoriser une branche de commerce ne puissent être révoqués que par la même autorité et d'après les mêmes formes qu'ils ont été accordés;

Que les droits de consommation sur le café, lesquels s'élèvent à seize livres dix sous par quintal, soient supprimés et remplacés par une augmentation sur le domaine d'occident, d'après un relevé exact du produit des droits de consommation;

Que la tour de Cordouan soit de nouveau éclairée par le feu de charbon, au lieu de l'être par une lampe en forme de réverbère;

Qu'on ordonne le rétablissement des bouées placées deux à deux, de l'un et de l'autre côté des passes de la rivière. Ces bouées sont des points de reconnaissance et d'indication indispensables au sauvement des navires et dont la privation a occasionné fréquemment des naufrages;

Qu'il soit établi une seconde tour à côté de celle de Chassiron, pour éviter la méprise commise souvent par les capitaines des navires qui confondent cette tour avec celle de la Baleine; cette erreur est occasionnée par la proximité de ces deux tours, par l'égalité du gissement des terres de l'île de Ré, où est la tour de la Balcine, et de l'île d'Oléron, où est celle de Chassiron;

Qu'il soit avisé aux meilleurs moyens de former des pilotes lamaneurs;

Qu'il soit accordé à ces pilotes des encouragements propres à les faire aller en mer au devant des vaisseaux qui cherchent à rentrer en rivière;

Que les négociants soient dispensés de rapporter les acquits à caution des denrées coloniales exportées dans l'étranger;

Qu'il soit procédé à une révision exacte de tous droits d'amirauté; que ceux de ces droits qui sont onéreux au commerce et au cabotage soient supprimés ou modérés, notamment ceux sur les naufrages, et que tous les abus qui se sont introduits dans les amirautés soient réformés;

Que l'introduction des mouchoirs en couleur venus de l'Inde soit défendue comme contraire à la prospérité des fabriques nationales;

Qu'il soit statué par une loi générale qu'il sera permis de placer l'argent au terme qu'on voudra, soit par contrat public, soit par convention particulière, en se conformant à l'intérêt prescrit par le prince.

Le commerce demande la révision du traité de commerce avec l'Angleterre et réclame contre les articles de ce traité qui lui sont nuisibles et à l'industrie nationale.

Agriculture. — L'agriculture étant la source des vraies richesses, il importe essentiellement de la vérifier par toute sorte de moyens. Pour y parvenir il faut rendre au propriétaire le séjour des campagnes plus agréable, améliorer le sort du cultivateur et accorder des encouragements particuliers à diverses branches d'industrie rurale.

Dans cet objet, on demandera que tous les droits, impôts et charges publiques qui ne tombent que sur les habitants de la campagne soient abolis;

Que si on ne supprime pas le droit de chasse, on l'adoucisse du moins; que les seigneurs puissent seuls en user dans leurs terres, et que, conformément aux ordonnances, ils n'en usent jamais dans les saisons prohibées;

Que les seigneurs soient tenus de faire détruire les lapins et les bêtes fauves qui ravagent les terres;

Qu'on supprime les droits de fuye ou colombier, parce que les pigeons dévastent les terres ensemencées;

NOTES.

Qu'il soit accordé des primes d'encouragement aux laboureurs qui se seront le plus distingués dans leur état;

Que l'aîné des enfants de tous les cultivateurs soit exempt du tirage de la milice; que les jeunes gens qui quittent la campagne pour aller servir dans les villes tirent à la milice avant ceux qui restent attachés à l'agriculture;

Qu'on supprime la taxe d'industrie que supportent les paysans non propriétaires; que dans le cas d'une saisie de fruits pendants par racines, il soit réservé au saisi une partie de ses fruits, blés, vins, ou autres nécessaires pour faire cultiver ses biens;

Qu'on accorde des encouragements à la multiplication des abeilles; qu'on s'occupe surtout de la multiplication des troupeaux et de l'amélioration des laines : un moyen efficace serait de prohiber toute inféodation des terrains communaux et d'ordonner que ceux dont les paroisses ont ci-devant joui leur soient restitués par les personnes qui s'en sont injustement emparés;

Que pour remédier à la disette des bois dont la France est menacée, on ordonne que toutes les grandes routes seront bordées des deux côtés de chênes et d'ormeaux, qui devront être plantés et entretenus par les propriétaires dont les possessions aboutissent à ces grandes routes, et qu'ils en resteront propriétaires;

Que pour inviter à multiplier les complantations en bois, on réforme l'ordonnance des eaux et forêts dans toutes les dispositions qui nuisent à la liberté des propriétés, et que tous les vices qui se sont glissés dans le régime de cette partie importante d'administration soient rigoureusement scrutés et corrigés;

Qu'on s'occupe du dessèchement des marais et du défrichement des landes; que les avantages que la loi accorde à ceux qui tentent ces défrichements soient augmentés; que du moins, sans égard aux prétentions des décimateurs, tous les fonds défrichés depuis mil sept cent soixante-six, ou ceux qui le seront par la suite, jouissent sans distinction du bénéfice de l'exemption portée par les lettres patentes de mil sept cent soixante-huit, concernant les défrichements;

Que les dîmes ne soient plus à l'avenir prélevées sur les semences et que les décimateurs remettent les pailles au cultivateur, ou du moins qu'ils ne puissent les vendre qu'aux habitants des paroisses qui auront payé les dîmes;

Que la culture du tabac soit permise aux habitants de la Guienne, comme elle l'était avant mil sept cent dix-neuf;

Qu'on s'occupe essentiellement de l'ensemencement des dunes de sable.

Nota. — La ville de La Teste observe que la mobilité des sables est le plus grand grand fléau qui désole cette partie intéressante de la Guienne connue sous le nom de petite Lande ; c'est par la mouvance perpétuelle de ces sables que se sont formés ces bancs dangereux qui obstruent l'entrée du bassin d'Arcachon, et qui rendent presque inutile un port de la plus grande importance pour la marine royale et marchande, surtout en cas de guerre de la France avec l'Espagne et le Portugal.

Les avantages que l'on pourrait retirer d'un bassin de seize lieues de circonférence, qui offre un mouillage excellent, ont été vivement sentis par le Gouvernement ; il s'est occupé en différents temps des moyens de dégager ce port des écueils qui le gâtent et de fixer les dunes effroyables qui frappent de stérilité les terrains où elles se sont portées.

De tous les mémoires présentés à ce sujet, celui de M. de Queney, lieutenant de vaisseau, a paru présenter la méthode la plus sûre et la plus simple, puisqu'il ne s'agit que de complanter les dunes en pins et en autres sortes d'arbrisseaux rampants qui par leurs racines donneraient une consistance à ces dunes et fixeraient leur instabilité.

L'essai que le Gouvernement vient de faire de cet ensemencement des dunes et qui a parfaitement réussi, prouve d'une manière sans réplique combien il est indispensable de le continuer.

Les frais n'en sont pas dispendieux, et les avantages qui en résulteraient pour l'État sont inappréciables.

D'abord ces sables une fois fixés, le port pourrait être nettoyé et devenir un département de marine plus essentiel que celui de Rochefort. Les landes fécondées produiraient à la fois et les matières résineuses et les matières que nous allons acheter à si grands frais chez l'étranger.

Le port de La Teste serait un point de réunion ; Bordeaux et Bayonne pourraient faire des expéditions en temps de guerre avec plus de sûreté et sans craindre d'être bloqués par la plus petite escadre.

2° Cette complantation rendrait à l'agriculture une infinité de terrains précieux dévorés par les sables, ou qui sont prêts à l'être ; les marais seraient desséchés et cultivés dès que l'on cesserait de craindre l'inutilité de son labeur.

Enfin, cette complantation conserverait une des plus belles et des plus utiles forêts de la province, dont une partie est déjà ensevelie sous les sables, et qui dans ce moment en est attaquée de tous côtés ;

NOTES.

Droits seigneuriaux. — La protection due à l'agriculture exige que le cultivateur soit rédimé de toutes les surcharges seigneuriales qui, en le privant des produits de sa propriété, peuvent éteindre son émulation.

Dans cet objet, on demandera que les tenanciers soient autorisés à user de la faculté du rachat des droits de champart, agrière, quint et requint, et ce rachat sera exercé sous la réserve d'un cens représentatif de la directe en faveur du seigneur et moyennant une indemnité relative à la valeur réelle du droit de champart, agrier, quint ou requint.

Pour alléger la condition du tenancier et ne point l'exposer à la perte de ses récoltes, il lui sera libre de percevoir les fruits de ses fonds, sans être tenu d'attendre que le seigneur lui en ait accordé la permission en observant seulement de le faire avertir, ce qui aura lieu jusqu'à l'exercice du rachat.

Les droits seigneuriaux qui tiennent du principe vicieux de la féodalité étant infiniment défavorables et ne méritant pas la même protection que ceux qui sont le signe de la tradition du fonds, on en demandera la suppression absolue.

Ces droits exorbitants sont celui de fouage, de corvée seigneuriale de guet et garde, de boucherie, de banalité des fours ou moulins, de banvin, vinade ou mayade, de minage, de péage, soit sur les rivières, soit sur la terre, et on sollicitera la suppression de tous ces droits.

On demandera une diminution dans le prix des lods et ventes en général, une abolition totale de ce droit, accordé à titre d'indemnité sur la vente des arbres en haute futaie, qu'elle qu'en soit la qualité et le nombre ;

Que le droit de prélation soit déclaré personnel, qu'il ne puisse être cédé par le seigneur ; qu'il ne pourra l'exercer après que les lods et ventes auront été payés à lui ou à ses fermiers. L'article LXXXIX de la coutume de Bordeaux qui assujétit le seigneur à exercer le retrait féodal dans la huitaine du jour de l'exhition du contrat, sera rigoureusement exécuté dans tous les cas, même lorsque le contrat n'aura pas été exhibé au seigneur ; et lorsqu'il n'aura pas reçu les lods et ventes il ne pourra exercer le retrait féodal que dans l'an et huit jours après la prise de possession ;

Que le droit d'échange, qu'il soit exercé par le roi ou qu'il ait été cédé à des seigneurs particuliers ou à des gens de mainmorte, soit aboli, à moins qu'il n'y eût dans le contrat une soulte en argent qui lui donnât le caractère de vente, ce droit d'échange étant purement fiscal et ne tenant, en aucune manière, aux principes qui dirigent les fiefs;

Que les droits de halle et de plaçage sur les foires et marchés soient pareillement supprimés; ces droits ayant eu pour principe l'obligation qu'a contractée le seigneur d'y faire observer l'ordre et la police, que les seigneurs ou gens de mainmorte doivent gratuitement à leurs.......

Que la loi protectrice de la prescription soit admise en matière de droits seigneuriaux, lorsqu'ils n'auront été servis ni reconnus pendant le cours de trente années et que les seigneurs et gens de mainmorte ne puissent plus faire revivre des titres de directité prescrits par le laps du temps;

Que la solidarité entre les tenanciers pour le paiement des cens, rentes et autres redevances, soit supprimée, et que chaque tenancier ne soit tenu de la prestation des droits seigneuriaux qu'à raison des fonds qu'il possède;

Que les seigneurs ou gens de mainmorte ne puissent exiger de reconnaissance féodale qu'à chaque mutation de tenancier ou tous les trente ans;

Qu'il ne soit permis à aucun seigneur ou gens de mainmorte d'affermer les ports sur les rivières de Garonne, Gironde et autres, pour laisser au commerce et à la navigation toute leur liberté;

Que les seigneurs soient contraints d'abandonner à leurs tenanciers l'usage de leurs communaux pour qu'ils puissent user du droit de pacage.

Mendicité et ateliers de charité. — Pour extirper la mendicité qui est un des plus terribles fléaux des villes et des campagnes, les différentes communautés de la sénéchaussée ne voient qu'un moyen praticable, c'est qu'il soit ordonné :

Que chaque paroisse nourrisse ses pauvres; qu'il soit établi des ateliers de charité pour tous ceux qui sont en état de travailler;

Que pour subvenir aux dépenses occasionnées par ces établissements et par la nécessité de nourrir les pauvres invalides, il soit perçu, sur les impositions de chaque paroisse, une somme fixe, appelée taxe des pauvres, dont l'emploi et la distribution seront confiés à un bureau de charité, composé d'un certain nombre des plus notables habitants de la paroisse;

Que cette ressource pouvant être insuffisante, il y soit suppléé en

NOTES.

ramenant les revenus ecclésiastiques à leur destination primitive, et que pour cet effet, le quart de ces revenus soit consacré au soulagement des pauvres;

Qu'on supprime quelques-uns des bénéficiers qui ne sont pas à charge d'âme, pour que les revenus qui y sont attachés soient employés principalement à l'entretien des ateliers de charité;

Que pour augmenter encore les fonds destinés à des établissements si nécessaires, le produit des amendes et confiscations pour fraudes et malversations y soit appliqué;

Que dans les grandes villes il soit établi des hôpitaux ou hospices dans lesquels les orphelins seront reçus ainsi que les fous; que ces derniers puissent recevoir dans ces maisons tous les secours qui seront crus propres à les rétablir.

Clergé. — Le vœu général de la sénéchaussée serait la suppression des dîmes, à la charge de fournir aux pasteurs les moyens de subsister avec décence;

Que dans le cas où la suppression des dîmes ne pût avoir lieu, du moins la perception en fût rendue uniforme et fixée au vingtième des fruits actuellement sujets à la dîme, attendu l'augmentation excessive des frais de culture;

Que dans les paroisses où le curé ne perçoit pas les dîmes ou bien n'en perçoit qu'une partie, le gros décimateur auquel en revient la totalité ou quelque partie, soit contraint à fournir au desservant ce qui sera jugé lui manquer pour son honnête subsistance, si mieux il n'aime abandonner la totalité de la dîme à celui qui supporte le poids du travail;

Qu'une fois pourvu des moyens de subsister convenables à leur état, les curés ne puissent rien exiger des habitants de leur paroisse, sous le nom de casuel;

Que les évêques soient soumis à une réduction de leurs revenus immenses et qu'ils soient tenus de résider dans leur diocèse, dont ils visiteront de temps en temps les différentes paroisses.

Objets divers d'administration. — Plusieurs villes et le plus grand nombre des communautés et paroisses de la sénéchaussée, ensemble plusieurs corporations de la ville de Bordeaux, demandent la libre entrée des vins de la sénéchaussée dans la dite ville de Bordeaux.

Monnaies. — Que les espèces monnayées soient maintenues aux mêmes titre et valeur qu'elles ont actuellement et qu'il n'y soit rien changé sans le consentement de la nation.

Corvée. — Que la corvée en nature soit supprimée, qu'elle soit remplacée par une prestation pécuniaire assise sur tous les bien-tenants en proportion de la valeur de leur propriété, sans aucune distinction d'état, de priviléges ou d'exemptions personnelles.

Chemins. — Que les troupes de terre soient occupées à ce travail pendant la paix, soit pour les entretenir dans cet état de force et de vigueur qui peut leur faire supporter sans peine les fatigues de la guerre, soit pour laisser aux malheureuses campagnes leurs manœuvres qui deviennent très-rares et qui sont si nécessaires à la culture des terres;

Que les réparations des chemins royaux, ponts et chaussées, soient arrêtées chaque année par les états provinciaux et qu'elles soient exécutées sous l'inspection du comité intermédiaire;

Qu'on s'occupe aussi de la réparation et de l'entretien des chemins vicinaux, si négligés dans cette province et si nécessaires pour faciliter l'exportation des denrées territoriales;

Que les chemins aient au moins vingt pieds de large; qu'il soit défendu à tous propriétaires contigus d'empiéter sur les dits chemins et que les contraventions à ce sujet soient attribuées aux juges de police et aux officiers municipaux;

Qu'il soit pourvu à leur réparation et à leur entretien, aux frais de chaque paroisse, par une contribution annuelle également répartie sur tous les habitants sans aucune distinction;

Qu'il soit ouvert de nouveaux chemins dans tous les endroits jugés nécessaires pour aboutir aux ports et havres des rivières de Garonne et de Dordogne, et faciliter par ce moyen la circulation intérieure.

Ports et havres. — Que tous les ports et havres soient réparés aux dépens de la province;

Que, conformément à l'ordonnance des eaux et forêts de 1669, les bords des rivières soient libres.

Marchepied des rivières. — Qu'il soit défendu à tous particuliers, même aux seigneurs, d'obstruer les marchepieds des grandes rivières; que ces marchepieds soient réputés chaussées publiques et entretenus à l'instar des chemins royaux.

NOTES.

Peyrats. — Que cette multitude de peyrats, dont les rives de la Dordogne et de la Garonne sont hérissées, soit restreinte à ceux indispensables pour atterrir et pour le chargement ou déchargement des denrées et marchandises ;

Qu'il ne soit permis à aucun seigneur ou propriétaire riverain de former à son gré des peyrats pour son utilité particulière ; que tous les peyrats qui seront conservés appartiennent au public et soient également entretenus aux frais de la province.

Milice. — Qu'il soit fait un nouveau règlement concernant la milice, lequel assujétira indistinctement au tirage et les villes et les campagnes ;

Que l'on soumette principalement au tirage de la milice les gens oisifs et sans profession, les domestiques, les vagabonds, les émigrants des campagnes et les artisans des villes ;

Que l'exemption du tirage à la milice soit néanmoins accordée aux gens attachés à la charrue, aux fermiers colons et domestiques des veuves et orphelins habitant les campagnes ;

Que les habitants des paroisses cotières qui fournissent des marins soient pareillement exempts de la milice ; que les abus qui règnent dans les classes de la marine soient supprimés ; que le despotisme des commissaires des classes et des officiers d'arrondissement soit contenu par des règlements qui préviennent l'arbitraire ;

Qu'il soit permis aux villes et communautés des campagnes de se rédimer du tirage à la milice par l'offre de miliciens volontaires.

Logement des gens de guerre. — Que dans toutes les villes où il y a garnison, il soit établi des casernes suffisantes pour loger les troupes et éviter les vexations et le désordre inséparables du logement du soldat chez l'habitant ;

Que dans les villes et lieux de simple passage, il n'y ait aucune exemption pour le logement des gens de guerre ; que tous les citoyens indistinctement, nobles ou ecclésiastiques, soient soumis à cette charge publique et qui tient à la défense commune ; que les veuves ou filles vivant seules en soient dispensées.

Étapes ; convois militaires. — Que la direction des étapes et convois militaires ne soit plus confiée à des compagnies ; que cet objet essentiel à la conservation du soldat et à la célérité du service cesse d'être une spéculation de certains capitalistes ; que les officiers municipaux des villes, les syndics des campagnes, soient seuls chargés de la fourniture des étapes et des chevaux et voitures nécessaires à la marche des troupes ; qu'aucune personne, de quelque qualité qu'elle soit, ne puisse se refuser, sur leur mandement, à contribuer aux besoins de ce service militaire ;

Que la paye du soldat soit augmentée.

Police majeure. — Que les ordonnances de police concernant les accaparements soient exécutées dans toute leur rigueur ; que tout monopole sur les grains et objets de première nécessité soit sévèrement surveillé et puni ;

Que les officiers municipaux et autres préposés à la police des foires et marchés soient spécialement chargés d'empêcher ces hausses subites occasionnées par des personnes interposées et suspectes ;

Que, dans les villes et paroisses où la taxe du pain a lieu, les fourlaux soient arrêtés d'après le prix moyen de tous les grains vendus, soit dans les marchés, soit dans les magasins particuliers des marchands ;

Que, pour la sûreté publique et le maintien du bon ordre dans les campagnes, les maréchaussées soient augmentées ; que chaque brigade soit plus rapprochée et composée au moins de six cavaliers ; que leurs tournées sur les grands chemins, dans les routes et habitations écartées, soient plus fréquentes ;

Qu'il soit pourvu à l'entretien des maréchaussées, de manière que leur service soit entièrement gratuit ; qu'il leur soit prohibé d'exiger aucun salaire pour leurs courses et lorsque les officiers de justice et de police requerront leur assistance ;

Que, dans les paroisses où il n'y a pas de juge de police, il soit choisi tous les ans trois des plus notables et anciens habitants du lieu, pour veiller aux désordres momentanés, maintenir la pureté des mœurs et juger sans frais toutes les petites contestations sommaires dont l'objet n'excédera pas dix livres.

Port d'armes. — Que les chefs de famille, dans les campagnes, puissent avoir dans leurs maisons des armes à feu, soit pour se défendre contre les attaques nocturnes des brigands, soit pour garantir leurs personnes et leurs propriétés des animaux nuisibles, surtout du dégât des bêtes fauves.

Chirurgiens. — Que, pour l'intérêt de l'humanité, il soit défendu à toutes personnes d'exercer la médecine ou la chirurgie dans les campagnes sans être approuvées par les colléges de médecine et de chirurgie du royaume;

Que ces mêmes colléges apportent plus de sévérité dans l'examen des élèves qui se destinent à ces professions honorables et utiles;

Que l'homme estimable qui se consacrera à l'exercice de la chirurgie dans les campagnes et prêtera des secours gratuits aux pauvres, soit distingué par quelque encouragement.

Suppression des fêtes. — Que, pour donner plus d'activité à l'agriculture et augmenter les moyens de subsistance de cette classe nombreuse de citoyens qui ne vit et n'alimente sa famille que du produit d'un travail journalier, le nombre des fêtes de l'Église soit diminué; que les dimanches et les fêtes annuelles soient seuls consacrés au culte des autels et à un repos nécessaire.

Colléges; éducation. — Qu'il soit formé, par les États généraux, un nouveau plan d'éducation nationale; qu'au lieu de cette ancienne méthode pratiquée dans nos colléges, qui consume les premières années de l'homme dans l'étude aride d'une langue morte, il soit établi des maisons d'instruction où la religion, la morale, les belles-lettres, les langues, les sciences, l'histoire, le droit des gens et le droit naturel trouveront les enseignements qui conviennent au temps présent, à la chose publique et aux sujets d'un grand et riche empire.

Mœurs; luxe. — L'ordre du tiers-État de la sénéchaussée de Guienne termine ses demandes et doléances générales en représentant aux États généraux combien il serait important de travailler à la réformation des mœurs publiques, d'arrêter par des lois somptuaires cette propension générale au luxe qui a gagné et confondu tous les états; de considérer que le luxe peut donner quelques instants de l'éclat à une monarchie, mais qu'il énerve nécessairement les principes de sa puissance.

Demandes particulières des différentes corporations de la ville de Bordeaux.

Les corporations du Tiers-État de Bordeaux, indépendamment des doléances générales qui viennent d'être exprimées, ont formé des demandes relatives à leurs besoins particuliers ou au régime de leur profession.

Ainsi, les maîtres menuisiers et les maîtres charpentiers demandent la création d'une Chambre de bâtiments à Bordeaux, à l'instar de celle de Paris, pour juger définitivement, à la concurrence d'une somme déterminée, toutes les contestations en matière d'édifices.

Les orfévres se plaignent des marchands privilégiés d'orfévrerie et des colporteurs; ils exposent que ces derniers favorisent les vols; ils demandent l'exécution rigoureuse des lois ce concernant; que leurs statuts soient réformés et rendus conformes à ceux des maîtres de Paris; qu'ils soient fixés à cinquante; que les fils de maîtres et les apprentis aient la préférence des places vacantes, et que le choix des aspirants soit laissé à leur communauté.

Les boulangers forains demandent la liberté de faire du pain en tout temps, et de le vendre aux revendeurs sans être exposés à des saisies.

Les ferblantiers, les forgerons, les vitriers, les tabletiers-tourneurs, les arquebusiers, les cordonniers maîtres, les gantiers, les chapeliers et calfats demandent le rétablissement, la confirmation, le maintien et l'exécution de leurs maîtrises et statuts; les forgerons, en particulier, que le nombre de leurs maîtres ne puisse être augmenté, et, tant eux que les maîtres cordonniers, la suppression des sauvetats.

Les tabletiers-tourneurs et les forgerons, qu'on ne puisse colporter dans la ville des articles de leur métier fabriqués hors de Bordeaux.

Les cloutiers demandent que les marchands de fer ou autres ne puissent vendre des clous en détail.

Les potiers d'étain, qu'on ne puisse vendre qu'en gros les articles de leur métier venant des manufactures du dehors.

Les cordiers, qu'il soit défendu aux étrangers d'introduire des ouvrages de chanvre dans le royaume.

Les selliers, que leurs maîtrises soient converties en offices royaux et héréditaires.

Les plâtriers demandent aussi que leurs maîtrises soient érigées en offices.

Les bouviers demandent que leur corporation soit érigée en jurade ou maîtrise, attendu leur nombre.

Au contraire, les tailleurs maîtres, les serruriers non maîtres, les marchands de meubles, les rhabilleurs de vieille ferraille, réclament l'abolition absolue des maîtrises et l'exécution des édits de 1776 et 1777 sur cet objet.

Les maîtres écrivains demandent l'exécution rigoureuse des lettres-patentes de Louis XV pour l'établissement des frères des Écoles chrétiennes de Bordeaux, et qu'ils soient tenus de ne recevoir que des enfants qui porteront un certificat de pauvreté de leur curé, et de mettre sur le dehors de leur porte un écrit portant : *École de charité*.

Les tonneliers de la ville et sénéchaussée, et les dragueurs du port de Bordeaux, demandent d'être exempts du service de la mer, ceux-ci à la charge d'entretenir le port d'embarcation au besoin, et d'exécuter les règlements qui seront subséquemment faits les concernant; et les premiers sous l'offre de fournir au besoin les ports de Sa Majesté d'ouvriers suffisants.

Les charpentiers non maîtres, attendu qu'ils sont attachés au service du roi, sans que leurs impositions en soient diminuées, demandent à travailler librement ; eux et les constructeurs demandent l'exemption de la patrouille, et les premiers motivent leur demande sur ce qu'ils sont obligés de travailler gratis dans les incendies; les seconds demandent de jouir gratuitement des chantiers sur le port de Bordeaux.

Les arquebusiers demandent la visite et l'épreuve préalable des armes des fabriques étrangères avant qu'elles soient exposées en vente ; qu'il soit défendu aux marchands de les vendre autrement que sous corde, et d'emmagasiner celles qui restent des ventes des foires.

Les procureurs et autres officiers de justice demandent l'abolition de la capitation et du dixième de retenue sur les gages de leurs offices.

Les capitaines de navire demandent d'être déchargés de la capitation.

Les cordonniers, savetiers, gantiers, parcheminiers, tanneurs et corroyeurs se plaignent de la marque des cuirs, des difficultés qu'elle apporte dans l'exercice de leur état, des vexations à raison de cette marque, et du renchérissement rapproché et successif de ces matières ; et les parcheminiers et corroyeurs réclament le privilège d'exploiter les peaux et les cuirs de la ville, dont ils sont privés depuis une déclaration du 26 mars 1768.

Les cordonniers non maîtres demandent l'établissement à Bordeaux d'une halle pour le dépôt des cuirs, à l'instar de quelques villes du royaume.

Les cartiers demandent la décharge du droit sur les cartes que les préposés de la Ferme ont reconnues manquées dans la fabrique.

Les bouchers demandent l'abolition du droit d'étau et une réforme sur la perception des droits sur les veaux en vie.

Les hôteliers non maîtres demandent un droit de dédommagement, appelé *boisson*, conforme à celui que les fermiers des octrois de la ville paient aux hôteliers et cabaretiers maîtres; les mêmes demandent la réduction à quatre sous des dix sous pour livre qui se paient sur les droits des échats.

Les carrossiers demandent des limites pour les courses des carrosses dans la ville; ils se plaignent des droits des messageries sur les grand'routes, en ce qu'ils leur enlèvent le tiers du prix des voitures, et en demandent la suppression, comme dans la Provence et le Languedoc.

Les plâtriers demandent que le rôle de leur capitation soit séparé de celui des maçons non maîtres.

Presque toutes les corporations, entre autres les boulangers forains, les charpentiers non maîtres, les rouleurs, les vitriers, se plaignent du taux de leurs impositions personnelles.

Les vitriers se plaignent des frais des affaires litigieuses devant la juridiction des officiers municipaux.

Les différentes communautés de la sénéchaussée de Guienne, composée de neuf villes et de trois cent quarante-huit paroisses, indépendamment des plaintes, doléances et remontrances générales ci-dessus détaillées, ont formé la plupart, dans leur intérêt particulier, des demandes locales; elles se rapportent surtout à leur régime spirituel et à des établissements de charité, à l'agriculture, au commerce, à la sûreté publique, à l'administration de la justice et des villes, aux charges personnelles et territoriales, et aux droits féodaux. Elles vont être présentées dans cet ordre.

Demandes particulières des différentes communautés, relatives à leur régime spirituel.

La communauté de Sainte-Luce en Blayais demande l'érection d'une cure dont la dotation soit fixée à quinze cents livres; que cette dotation soit prise sur les revenus de la métairie dont jouit le curé de Saint-Sauveur de Blaye, et sur le produit des dîmes perçues dans la paroisse par l'abbé commendataire de Saint-Sauveur.

La paroisse de Bayas demande:

1° Que la dîme perçue au profit de l'abbé de Guîtres soit attribuée à son curé; 2° que, conformément à l'arrêt du Conseil, rendu il y a environ quinze ans, il soit bâti un presbytère dont les frais seront également supportés par l'abbé de Guîtres et par les habitants.

La paroisse de Peintures, annexe de Coutras, demande d'être érigée en cure, et que les dîmes qu'elle paie soient laissées au curé qu'on nommera.

NOTES.

La paroisse de Villeneuve en Bourgès demande de n'être tenue de payer la dîme qu'au quinzième au lieu du treizième, et que tous les habitants sans exception ni privilége soient tenus de contribuer au logement du curé.

Cazau et la plupart des autres paroisses des Landes se plaignent du taux de la dîme, qu'elles paient au onzième; ladite paroisse de Cazaux réclame en faveur de la fabrique de son église un terrain en dépendant dont le seigneur a fait plusieurs concessions.

Saugon en Blayais demande une église paroissiale, offrant d'édifier la maison curiale à ses frais; elle expose qu'elle paie plus de mille livres de dîme et qu'elle est souvent privée des secours spirituels.

La paroisse de Pompignac (Entre-deux-Mers) demande que le curé primitif et les propriétaires fassent réparer l'église paroissiale, abandonnée depuis quinze ans, ce qui est cause que le service divin se fait depuis lors dans un vieux cellier.

La paroisse de Bassens expose qu'elle renferme trois mille huit cents habitants, non compris le bourg du Carbon-Blanc en dépendant, qui est composé d'environ cinq cents communiants; qu'un curé congruiste est chargé du soin de tout ce peuple; qu'il est évident qu'il ne peut suffire pour administrer ses malades, et demande que les gros décimateurs soient tenus de faire une pension suffisante au curé, soit pour ses propres besoins, soit pour se procurer des vicaires. Elle expose, de plus, que les religieux de l'abbaye de Bonlieu et le chapitre de Bordeaux en sont les gros décimateurs et en retirent plus de vingt mille livres, sans y comprendre les domaines en fiefs considérables dont ils jouissent.

La paroisse de Saint-Magne et celle de Barp exposent que leurs presbytères ont besoin d'être rebâtis; que les habitants, au nombre de cent trente familles, sont trop pauvres pour supporter cette charge; que leur curé est congruiste et leur fait payer un fort casuel.

La paroisse Saint-Martin d'Anglade expose que son curé demeure à Paris depuis cinq ans, et demande qu'il soit tenu à la résidence.

La paroisse de Daignac est un annexe de celle de Jau; elle demande un desservant particulier aux frais de l'archidiacre de Médoc, qui en est le gros décimateur. Elle expose que le curé de Jau étant seul, ne peut suffire aux deux paroisses.

La paroisse de Saint-Christoly en Médoc expose que ses vases sacrés et ornements sont dans un grand désordre, qu'on est obligé de porter le calice de l'annexe dans l'église principale pour y dire la messe;

que l'église est dans un état de vétusté extrême ; elle demande que le chapitre de Luçon, gros décimateur, soit tenu d'y pourvoir et de fournir un vicaire, le curé ne suffisant point au service des deux églises.

Les paroisses de Saint-Ciers de Canesse, Tauriac, Sainte-Eulalie d'Ambarès, Ivrac, Haux, Cestas, Lagorce et d'autres, demandent également un vicaire, et plusieurs d'entre elles qu'il soit à la charge des gros décimateurs.

La paroisse d'Aubiac demande qu'au lieu de son église, souvent inondée, on lui concède l'église vacante du monastère de Verdelais, qui est voisine.

La paroisse de Saint-Martin de Lacaussade demande qu'il soit fait un aqueduc qui traversera le grand chemin pour prévenir la chute de son église, que les eaux peuvent entraîner.

La paroisse de Bayon en Bourgès demande la réunion du prieuré à la cure, après le décès du titulaire, pour le soulagement des pauvres.

La paroisse de Saint-Germain de Gravoux demande que le curé qui réside à Semens, son annexe, vienne demeurer à Saint-Germain ou qu'il y soit établi un autre curé.

La paroisse de Tauriac en Bourgès expose que son clocher est tombé en ruine ; elle demande qu'il soit rétabli aux frais du gros décimateur.

La paroisse de Mano, dans les Landes, demande que sa cure soit pourvue en titre, à la charge de l'abbé de Cagnotte, curé primitif.

La paroisse de Mouillac en Fronsadais demande le rétablissement de la pension de son curé, qui en est privé depuis trente-neuf ans.

La paroisse d'Arsac en Médoc demande qu'on fixe au cinquantième la dîme des Landes défrichées depuis l'édit de 1766.

La paroisse d'Espiet demande que l'abbé de La Sauve la fasse desservir, et expose qu'il en retire trois mille livres de ferme.

La paroisse de Saint-Antoine, annexe du Pison, se plaint du taux de la dîme.

La paroisse de Lagorce expose que son prieur est tenu de lui donner une messe matutinale et ne remplit pas son obligation ; elle demande encore le remboursement de deux mille livres pour tenir lieu à la paroisse de deux cent cinquante livres qu'il était tenu de donner chaque année pour un vicaire.

La paroisse de Villagrins demande qu'il y ait un prêtre résidant dans sa paroisse, ainsi que cela a été de tous les temps ; elle ajoute que c'est

NOTES.

d'autant plus juste que cette paroisse est l'église matrice de Cabanac, et que très-souvent elle est privée de messes le dimanche.

Demandes particulières de plusieurs communautés, à l'effet de divers établissements de charité.

La ville de Bordeaux demande la translation et reconstruction de son Hôtel-Dieu par la voie d'une loterie ou par tel autre moyen qui sera avisé bon être aux États généraux. Elle demande encore l'établissement d'une maison de charité pour les pauvres et les orphelins, d'une maison de correction pour les femmes de mauvaise vie, d'un dépôt pour les mendiants, d'un hospice pour les femmes en couche, qui puisse servir en même temps d'école pour les accouchements et d'un hospice pour les maladies vénériennes; établissements qui manquent à cette capitale ou qui ne sont pas suffisamment pourvus.

La ville de Blaye demande l'établissement d'un collége où il y ait des professeurs de langues étrangères et qu'il y soit appliqué les revenus des deux chapitres de Saint-Romain et Saint-Sauveur, récemment supprimés; elle offre de fournir le local et douze cents livres annuellement.

La paroisse de Cars en Blayais se réunit à la ville de Blaye pour former la même demande.

La communauté d'Artiguelongue demande l'établissement d'un chirurgien destiné à soigner les pauvres, et que ses honoraires soient pris sur le rôle de ses impositions.

La paroisse de Saint-Martin d'Anglade demande l'établissement d'une matrone.

La ville de Coutras demande particulièrement qu'il y soit établi un hospice pour retirer ses pauvres, et la paroisse de Pessac que les revenus du prieuré de ce nom soient appliqués à l'entretien d'un pareil hospice.

La paroisse de Langoiran demande aussi l'établissement d'un hospice de charité pour les cultivateurs malades; elle demande, pour y pourvoir, l'union de plusieurs chapelles et prieurés.

La ville de Saint-Macaire réclame l'exécution d'une ancienne transaction avec les jésuites de Bordeaux, portant réunion de plusieurs chapelles à leur collége, sous condition d'entretenir dans la maison du prieuré de Saint-Sauveur, dans la dite ville, deux régents pour les humanités, et un abécédaire à la charge des revenus du dit prieuré.

La ville de Cadillac demande le rétablissement d'une rente de quinze cent vingt-sept livres seize sous six deniers, provenant d'un don de trente-six mille livres fait par M. le duc d'Épernon à son collége, dont il est fondateur; elle demande aussi les arrérages, les doctrinaires menaçant d'abandonner le collége si cette rente n'est rétablie.

La même ville demande encore que les frères de la Charité soient tenus de séparer leurs malades des prisonniers séquestrés dans leur maison dont l'esprit n'est pas aliéné, et que leurs jurats, assistés d'un médecin et d'un chirurgien, soient chargés de l'inspection de cette maison.

Demandes locales relatives à l'agriculture.

La paroisse de Barp, dans les Landes, expose que son sol est stérile; que ses habitants ne peuvent nourrir leurs bestiaux, parce que les eaux stagnantes absorbent tous leurs pâturages.

La paroisse de Parentis, celles de Cazaux, La Teste, Sanguinet, Le Teich, Biscarosse et d'autres se plaignent aussi de la stérilité de leur sol et du défaut d'engrais.

La communauté de Créon se plaint de l'ingratitude de son sol et de sa dépopulation, qu'elle attribue à sa proximité de Bordeaux et aux priviléges de cette ville.

La paroisse de Bruges se plaint de la disette fréquente des grains, et réclame un règlement pour prohiber la plantation des vignes.

La communauté de Plassac en Blayais demande l'exécution d'un arrêt du conseil du 3 mai 1764, concernant le partage des communaux.

Les paroisses de Sainte-Luce, Cars et Saint-Martin d'Anglade demandent le défrichement des landes du Blayais, comprenant sept mille journaux, la faculté de les vendre dans cet objet; elles réclament l'exécution de l'arrêt du Conseil, du 3 mars 1764.

La paroisse de Saint-André de Cubzac demande d'être autorisée à vendre le communal de la Garosse.

Plusieurs autres paroisses, au contraire, telles que Saint-Jean d'Illac, Villeneuve en Bourgès, Cazaux en Buch, Cussac en Médoc, Cissac, Saint-Christoly, Abzac et Cabanac, réclament la restitution de leurs communaux, et se plaignent de ce qu'ils ont été envahis et concédés par divers seigneurs.

La ville de Blaye demande l'extirpation d'une aubarède plantée sur une partie du glacis de la citadelle, qui est la retraite des malfaiteurs et un lieu de débauche qui nuit à la salubrité de l'air.

La paroisse de Cars en Blayais demande que les fossés qui entourent une complantation de peupliers appartenant à Mme de Berrier, soient

NOTES.

récurés et entretenus pour la facilité de la circulation des eaux, et pour procurer la salubrité de l'air. Le peu de soin qu'on a eu jusqu'à présent a causé souvent des maladies épidémiques dans cette paroisse.

D'autres paroisses demandent aussi des défrichements des landes, dessèchement des marais et autres ouvrages de cette nature, telles que les paroisses de Saint-Julien en Médoc, du Porge dans la lande de Sanguinet, Parentis, Magrigue et de l'île Saint-Georges.

La paroisse de Saint-Paul d'Audenge en Buch se plaint d'un moulin à deux roues construit depuis quinze ans par son seigneur, en ce que le travail qui fut fait dans l'objet d'élever les eaux, cause l'*échangement* du lit du ruisseau d'Audenge, ce qui produit de fréquentes inondations et porte aux habitants un préjudice du dixième de leurs revenus.

La paroisse de Cabanac demande un encouragement pour les familles qui viendront s'y établir pour s'occuper à l'agriculture.

Demandes particulières des villes et communautés qui se rapportent à la facilité du commerce, telles que les établissements et réparations des ports et canaux, de chemins de communication, et les suppressions de droits et autres entraves.

Ports et canaux. — Les négociants de Bordeaux demandent des travaux nécessaires à son port pour le mouillage plus sûr et la rade plus profonde; faciliter le carénage et fournir plus d'eau devant les chantiers de construction. La nécessité de ces travaux a été établie dans des mémoires envoyés il y a plusieurs années à M. le comte de Vergennes, et l'on s'est borné jusqu'à présent à la réparation des cales et des quais.

La ville de Bourg demande le récurement de son bassin, l'élargissement de son chenal, le rétablissement de son port, et qu'il y soit formé des cales.

La même ville et la communauté de Sainte-Luce en Blayais, demandent la liberté du marchepied de la rivière et du peyrat, depuis la rampe de Blaye jusqu'au port de Lussac, et que ce marchepied soit établi et entretenu comme chaussée royale.

La paroisse de Cars demande aussi ce marchepied de rivière jusqu'à Cubzac.

La paroisse de Chamadelle en Coutradais, demande que les bords de la Dronne soient réparés et entretenus; et réclame un règlement pour le passage du gué de Saint-Nac.

La ville de Coutras demande la réparation du port de la Fourchée, au confluent des rivières de l'Isle et de Dronne, entrepôt et débouché pour le Périgord, l'Angoumois et la Saintonge, et qu'il y soit fait un quai.

La communauté de La Teste, chef-lieu du captalat de Buch, demande qu'il soit creusé un canal du lieu du chemin Dupré au chenal de l'Aiguillon, et que le port du Caillou soit entretenu, parce que les vents qui y jettent des sables chaque année le rendront bientôt inaccessible. Elle expose qu'il faudra deux écluses dans ce canal, qu'il doit avoir la même profondeur que le chenal, soixante pieds de large et six cents toises de longueur; qu'il coûtera environ quatre-vingt mille livres et vivifiera une contrée précieuse. Les habitants se plaignent des viviers et réservoirs que des personnes puissantes ont fait sur les bords de la mer, qui nuisent à la pêche et leur enlèvent cette ressource.

La ville de Lesparre demande la réparation de ses ports et qu'il soit creusé un canal de navigation de cette ville à rivière.

La ville de Podensac sollicite des secours pour la réparation de son port, dégradé par les débordements.

La paroisse de Cérons demande aussi la réparation de son port.

Les paroisses de Plassac, Teuillac et autres du Bourgès demandent le rétablissement du port et des chenaux de Brouillon et de Plassac, et que les jetées ou peyrats sur ces chenaux soient supprimées.

La paroisse de Villeneuve en Bourgès demande aussi le rétablissement des deux ports rendus inutiles par des digues et autres ouvrages pratiqués par des voisins.

Les paroisses de Parentis, Biscarosse et Sanguinet demandent des canaux pour renvoyer les eaux des Landes, évacuer les étangs et les faire communiquer entre eux ; qu'en attendant les digues et les pêcheries qui retiennent les eaux des dits étangs soient démolies, notamment celles de Mimisan et Sainte-Eulalie, elles demandent particulièrement un canal du bassin d'Arcachon à l'étang de Cazaux; cet ouvrage dessècherait une quantité immense de terrain fertile, préparera un grand commerce et formera des matelots.

La paroisse de Lacanau demande la destruction totale des digues établies sur le lit de l'étang.

La ville de Bourg, les paroisses de Comps en Bourgès, de Saint-Vivien, de Paul et d'Avensan en Médoc, demandent l'entretien des bords riverains, des digues et préceintes, et que les grands propriétaires soient tenus d'y contribuer proportionnellement.

La paroisse de Saint-Médard en Jalle demande un port sur la jalle et son récurement.

NOTES.

Celle de Blanquefort demande que les frais de récurement des jalles et canaux soient pris sur l'impôt territorial.

La paroisse de Saint-Christoly en Médoc demande un peyrat sur le bord de la Gironde.

Celle de Saint-Trélody demande l'élargissement du canal de Lesparre à la Gironde.

La ville de Bourg, la paroisse de La Fosse et autres demandent le récurement et l'entretien de l'estey du Marron, à la charge des propriétaires.

La paroisse de Bayon en Bourgès demande la réparation de son port.

Celle de Tauriac demande que celui de Cubzac soit réparé et le passage fourni d'un nombre suffisant de bateaux ; et la paroisse de Saint-André de Cubzac demande que ce passage puisse être exercé par tout batelier.

La paroisse de Soussans et celle de Margaux en Médoc demandent la destruction des peyrats établis par les propriétaires de l'île à Vache et de Meyre, qui préjudicient au port de Margaux et à plusieurs paroisses circonvoisines.

La paroisse de Saint-Morillon et celle de Villagrins demandent chacune un pont.

La paroisse de Bonsac en Fronsadais demande un port sur la rivière de l'Isle ; celle de Tarnès demande le rétablissement des trois ports de Carné, Poumiers et Laflèche, sur la Dordogne ; et la paroisse de Bautiran demande qu'on lui donne la propriété du port du Roi en indemnité des terres qu'on lui a enlevées, et qui serait au soulagement des pauvres et des veuves des matelots.

Chemins et communications. — Les différentes communautés ont encore formé des pétitions particulières concernant leurs chemins et communications.

La ville de Blaye demande le rétablissement du carrosse de Paris.

La ville de Bourg demande un chemin de Bourg à Saint-André de Cubzac, et un de Bourg à Saint-Savin, pour communiquer avec la Saintonge, et un autre chemin de Bourg à Blaye ; et la paroisse de Plassac demande aussi le rétablissement du chemin de Bourg à Blaye.

La communauté de La Teste demande la réparation du chemin de Lamothe, qui est la voie ordinaire des poissonniers qui approvisionnent la ville de Bordeaux, et la reconstruction des trois ponts de bois sur la rivière de Leyre. Elle se plaint encore que les chemins de traverse des Landes sont des cloaques pestilentiels ; elle indique, pour ces réparations, la caisse des ponts-et-chaussées. Elle croit que le marquis de Civrac, propriétaire du bac de Lamothe, doit suppléer, et que les chemins de traverse doivent être réparés aux frais des propriétaires voisins, dans une juste proportion.

La paroisse de Cestas demande qu'il lui soit rendu un chemin de communication avec celle de Léognan, lequel a été intercepté.

La paroisse de Berson demande un pont sur un ruisseau qui la circonscrit pendant l'hiver et lui interdit toute communication avec les paroisses voisines.

La paroisse de Castelnau, celles de Benon et de Lamarque demandent la réparation des chemins qui conduisent aux ponts de Lamarque et Margaux, et des ponts-et-chaussées sur le grand chemin de Bordeaux à Lesparre.

La paroisse Saint-Sulpice en Bourgès demande le rétablissement des anciens chemins qui conduisent à la rivière de Dordogne, et que les frais en soient répartis sur les propriétaires, proportionnellement et sans distinction.

La paroisse de Macau demande la réparation de son port et du chemin qui y conduit.

Toutes les communautés s'accordent à demander la réparation des chemins, et les deux paroisses de Cars en Blayais et de Bouzac en Fronsadais, demandent chacune la création d'un inspecteur général des chemins royaux et vicinaux.

Suppression de droits et autres entraves. — La ville de Bordeaux déclare renoncer à tout privilége contraire à une égale répartition de l'impôt sur les terres, sous la réserve que les autres villes de la province feront la même renonciation et qu'elle sera déchargée des sommes qu'elle paie annuellement pour prix de cet affranchissement. Elle demande la suppression de tous les droits qui se perçoivent dans les autres provinces, sur l'entrée des vins recueillis dans la sénéchaussée.

Plusieurs corporations demandent l'entrée franche des grains et farines dans la ville et leur libre circulation, ainsi qu'une diminution dans les droits d'échats et de pied fourché ; un règlement pour que les comestibles, une fois taxés dans le marché, chacun soit libre d'en acheter sans distinction ni préférence ; qu'on interdise les accaparements, qu'on substitue le poids de marc à la livre carnassière, et qu'on vérifie exactement la qualité et le poids du pain.

NOTES.

La communauté de canton de Caudéran, sur la paroisse de Saint-Seurin-les-Bordeaux, demande qu'il soit établi un banc de boucherie dans son village, distant d'une lieue de la ville.

La ville de Blaye et les autres communautés du Blayais demandent la suppression du droit additionnel du droit de dix sous perçu au profit du roi, sur celui de vingt sous dû à madame de Berrier, sur chaque tonneau de vin acheté et chargé au port de Blaye; elle demande encore l'entrée libre de ses vins à Bordeaux, et se fonde sur les lettres-patentes de Charles IX et de Louis XIV.

La ville de Coutras, la communauté de Chamadelle, La Gorce, les Peintures, les Églisottes et la plupart de la sénéchaussée de Coutras demandent la suppression du don gratuit ou droit réservé, établi sur le débit des vins et des chairs.

La communauté de La Teste, celles de Parentis, Biscarosse et d'autres dans les Landes, demandent la libre circulation de leurs denrées, le droit de fabriquer des sels et de les vendre en exemption de droits, en conséquence d'un privilége accordé par Louis XIII;

Quelques corporations de Bordeaux demandent la prohibition de l'exportation des cuirs tannés;

La ville de Blaye demande l'établissement de quatre foires franches, par année, de gros et menu bétail, étant à la distance des marchés voisins, prescrite par les règlements.

La ville de Lesparre et d'autres communautés du bas Médoc demandent l'établissement de six foires, outre celles qui y sont déjà établies, dont deux à Lesparre et les quatre autres dans les lieux qui seront indiqués.

La paroisse de Saint-Martin d'Anglade demande aussi l'établissement d'une foire.

La paroisse Saint-Médard en Jalle, celles de Saint-Aubin et de Saint-Jean d'Illac demandent la suppression d'un droit de huit sous par tête d'agneau qui se paie à la ville de Bordeaux, et celle de Saint-Jean d'Illac demande de plus la suppression d'un droit de sept sous par charretée de charbon, qui s'y perçoit également.

Les paroisses de Cazaux et de Biscarosse réclament l'établissement d'un moulin, et se plaignent que le plus voisin est à plus de deux lieues de distance; celle de Biscarosse, ajoute la demande, qu'il soit construit aux frais de son seigneur, et à son défaut, par les habitants de la paroisse, qui ne seront, en ce cas, tenus d'aucune rétribution.

La paroisse de Comps et plusieurs autres communautés du Bourgès demandent l'abolition des acquits-à-caution pour le transport des vins du Bourgès dans le Blayais ; la ville de Bourg étend la même demande sur toute la sénéchaussée.

La paroisse de Bayon et d'autres paroisses du Bourgès se plaignent de ce que le prix de leur pierre est tarifé, tandis que la pierre des côtes de la Garonne n'est pas taxée.

La ville de Bourg demande, en attendant le reculement des douanes aux frontières du royaume, que ses vins ne soient sujets qu'aux droits que paie la ville de Blaye.

Plusieurs communautés dans les Landes, notamment celles de La Teste et Gujan demandent qu'il soit prohibé de pêcher le petit poisson dans le bassin d'Arcachon ; elles demandent de plus l'abolition d'un droit onéreux que l'on exige sur les grands et petits bateaux employés à la pêche.

La communauté de Lège se plaint de la taxe du poisson frais dans la ville de Bordeaux ; que d'ailleurs on confisque les bouteilles ou paniers qu'ils mettent en réserve, et que l'on s'empare de ce qu'ils ont de meilleur, à un prix arbitraire.

Plusieurs paroisses du Cubzaguais se plaignent du droit exigé sur les grains et farines portés dans les marchés et même chez les boulangers, et des prix excessifs des baux de boucherie et des droits de péage sur les bestiaux et autres denrées qui se portent au marché.

Les paroisses de Canéjan et Cadaujac et plusieurs communautés se plaignent des accaparements des denrées de première nécessité.

Demandes locales relatives à la sûreté publique et au service de terre et de mer.

La ville de Bordeaux demande qu'on transporte hors du faubourg Saint-Seurin le magasin à poudre, à raison du danger auquel son voisinage de la ville expose tous les habitants; que la garde appelée patrouille ne soit pas une charge particulière à quelques-uns; que le guet à pied soit porté à deux cents hommes, et le guet à cheval à cent, et qu'il y soit pourvu par une contribution de tous les habitants.

La ville de Blaye et plusieurs communautés du Blayais demandent qu'il soit établi des casernes dans l'enceinte de la citadelle de Blaye pour décharger les habitants de l'obligation du logement des gens de guerre; qu'il soit pourvu par Sa Majesté aux frais de leur construction, et comme la plupart des habitants sont employés au service de mer, qu'ils soient déchargés du tirage à la milice et de la garde-côte.

NOTES.

La ville de Lesparre, celle de Bourg et des communautés voisines demandent, dans chacune de ces deux villes, une brigade de maréchaussée, et la communauté de Langoiran en demande une autre sur son port.

Les paroisses de Saint-Médard et de Saint-Aubin demandent d'être exemptes de milice et de la garde-côte, attendu l'obligation où ils sont de fournir journellement dix hommes pour le service du moulin à poudre à Sa Majesté.

La communauté de Pauillac demande d'être rédimée du service gratuit de la garde-côte, et déchargée de la fourniture des ustensiles des gens de guerre.

La paroisse de Berson en Blayais demande que les troupes du roi soient également distribuées et employées aux réparations des chemins.

La paroisse de Haux réclame l'exemption du tirage à la milice pour conserver les cultivateurs.

La ville de Cadillac demande que les commissaires préposés au tirage de la milice n'aient plus le droit d'en exempter personne, et qu'il leur soit enjoint de faire préalablement afficher l'ordonnance.

Demandes locales relatives à l'administration de la justice et des villes.

La ville de Bordeaux demande le rétablissement de ses priviléges concernant la municipalité, la libre élection des officiers municipaux, et que Sa Majesté soit suppliée de révoquer et retirer tous brevets à ce contraires. Elle demande la confirmation des articles de la capitulation avec Charles VII, et qu'il ne soit plus nécessaire de la faire confirmer à chaque règne ; elle demande encore qu'on fasse cesser toutes les entreprises que les gouverneurs, commandants et intendants se sont permis sur la juridiction, droits et prérogatives des officiers municipaux, considérés comme gouverneurs particuliers de la ville, et le rappel de M. le vicomte de Noé.

Elle réclame un député particulier aux États généraux et se plaint de ce que, malgré les fiefs et seigneuries considérables qu'elle possède, elle n'a pas même joui dans la présente convocation de la prérogative d'un simple gentilhomme.

Elle demande le concours de toutes les communautés de la cité à l'élection des membres qui composent l'assemblée des cent trente.

La ville de Bourg demande que sa prévôté royale soit érigée en présidiale et sénéchaussée, à laquelle ressortiront par appel les juridictions seigneuriales du Cubzaguais au levant, de Saint-Savin au nord, de Blaye et Vitresai au couchant de ladite ville de Bourg, étant au centre de ce territoire.

Elle demande le maintien de ses priviléges, confirmés de règne en règne; la libre élection de ses officiers municipaux, et le droit exclusif relatif à la vente de ses vins.

La ville de Blaye demande l'établissement d'une sénéchaussée présidiale ressortissant nûment au parlement de Bordeaux, composée de la prévôté de Bourg, des juridictions de Vitresai et de Montendre, formant un arrondissement limitrophe de soixante-dix paroisses et une population de soixante mille âmes; elle demande de plus un siége d'amirauté en titre.

La communauté de Plassac et autres communautés du Blayais se joignent à elle pour former la même demande.

La ville de Blaye demande encore qu'à raison de sa population, composée de plus de cinq mille habitants, elle ait, lors de la convocation d'autres États généraux, plus de quatre députés; que les cahiers du Blayais soient réduits dans une assemblée de sa municipalité, et portés à la sénéchaussée de Guienne par huit députés pris dans l'assemblée du Blayais.

La ville de Bourg et la ville de Blaye demandent encore que l'alignement de leurs maisons soit attribué à leurs officiers municipaux respectifs; la ville de Blaye demande que les propriétaires puissent élever les leurs à volonté, lorsqu'ils se soumettent à démolir dans le cas de nécessité.

La communauté de La Teste demande d'être réintégrée dans les priviléges et franchises dont ils ont joui jusqu'en 1616, qui furent le prix de leur fidélité et de leur courage.

Les communautés de Sadirac, de Madirac et de Saillans demandent la confirmation des priviléges accordés à la sénéchaussée de Bordeaux par la capitulation de Charles VII, en 1451, et confirmés particulièrement en faveur des deux premiers par un arrêt de 1776.

La paroisse de Cazaux en Buch se plaint de la négligence de la police sur les meuniers, et de ce que les officiers de justice font le commerce et se prévalent de leurs charges dans la taxe des denrées; qu'il leur soit défendu d'assister désormais aux assemblées de paroisses, et surtout à celles relatives à la nomination des députés, parce qu'ils ont gêné les suffrages dans les dernières assemblées, et les ont obligés de supprimer de leur cahier plusieurs objets de doléances.

NOTES.

La paroisse de Saint-Antoine d'Artiguelongue en Cubzaguais demande qu'il soit établi dans toutes les juridictions du royaume un corps d'officiers municipaux pour veiller aux droits et priviléges de la communauté.

La ville de Saint-Macaire, à laquelle se joignent deux paroisses voisines, demande l'établissement d'un parquet royal pour l'expédition de la justice.

La communauté de Saint-André de Cubzac demande qu'il y soit construit un hôtel pour les assemblées de la commune.

La paroisse de Saint-Germain de Graoux demande une création de jurés, parmi les habitants les plus notables, indépendants de la justice seigneuriale.

La communauté de Portets demande l'établissement d'une justice royale; celle de Comps en Bourgès, l'établissement d'un juge de paix.

Les villes de Cadillac et de Saint-Macaire demandent la libre élection et la nomination annuelle de leurs jurats. La ville de Cadillac demande, de plus, la libre administration par la communauté de ses biens patrimoniaux, concédés par Gaston de Foix, sans l'inspection de l'intendant ni de ses subdélégués; que ses jurats soient tenus de rendre compte et ne puissent sans son aveu disposer d'une somme excédant cinquante livres.

La paroisse Saint-Seurin de Tourtoirac demande que la police des cabaretiers, bouchers et boulangers, soit attribuée aux syndics des paroisses.

La ville de Bordeaux demande la libre disposition de la caisse des trois sols pour livre établie en sa faveur, offre d'en consacrer le produit à la construction de ses édifices publics, et d'acquitter les sommes attribuées aux fermiers généraux pour leur tenir lieu des offices supprimés.

La ville de Blaye demande que le même droit de trois sols pour livre soit supprimé ou attribué à sa commune, pour être par elle employé à ses besoins.

La ville de Bordeaux réclame la suppression de toutes pensions autres que celles accordées pour des services réels et délibérées par la commune. Elle réclame contre sa fixation en argent et relativement au sixième du traitement fait par le roi des honorifiques et fournitures accordées aux gouverneurs et commandants.

La ville de Blaye expose qu'elle est endettée et demande un octroi ou subside particulier pour subvenir à ses besoins; et la ville de Podensac réclame également des secours.

La paroisse de Cérons se plaint que des dédommagements accordés par Sa Majesté dans des temps calamiteux ont été détournés de leur destination.

La paroisse de Barp réclame le remboursement d'une somme de 1,012 livres pour fourniture par elle faite en 1775, par ordre de l'intendant, au régiment royal des vaisseaux, lors employé au travail de la route de Bordeaux à Bayonne.

La paroisse de Cestas se plaint de l'augmentation de la taille sur dix ou douze paroisses pour faire bâtir une porte qui l'a été aux frais d'un seul particulier.

La paroisse de Saint-Morillon se plaint de ce que ses impositions sont en deux rôles, et demande leur réunion.

La paroisse de Mano, au contraire, demande que son rôle soit séparé de celui de la paroisse d'Hostens; et celle de Saint-Maurice d'Aubiac, qu'attendu qu'elle est divisée en deux juridictions, il soit fait un rôle particulier d'impositions dans chaque juridiction.

Les paroisses de Queynac et Saillans demandent à payer l'impôt en argent ou en fruits, à leur option.

Les paroisses de Saint-Loubès, Montussan, Beychac, Cursan, Camiac et quelques autres, demandent que l'impôt soit perçu en nature à titre de dîme royale.

Un grand nombre de communautés, notamment celles de Saint-Médard, Saint-Aubin, Porchères, Ladouble, Cazaux, Saint-Paul d'Audenge, Saint-Trojan, etc., réclament une modération de leurs impositions sur le fondement principal de la quantité des héritages possédés par les privilégiés, et la paroisse Saint-Trojan appuie particulièrement cette demande sur ce qu'elle a été imposée en dernier lieu d'une somme de trois mille sept cent cinquante livres pour la reconstruction de sa maison curiale.

Demandes locales relatives aux droits féodaux.

Droits féodaux. — La ville de Bordeaux demande le rétablissement du franc-aleu, et l'abolition du droit de franc-fief.

La ville de Bourg forme les mêmes demandes.

La ville de Lesparre demande le renvoi des tenanciers de cette terre devant leurs juges naturels, pour connaître des différents entre eux et leur seigneur.

La ville de Lesparre demande qu'il soit défendu au seigneur de créer

NOTES.

à l'avenir des notaires dans sa terre; elle expose qu'il y a quatre notaires royaux dans sa ville et un dans chaque paroisse de cette même terre.

La paroisse de Cazaux et celle de Gujan réclament le rétablissement du droit de faire dans le pignada de la juridiction des gemmes et résines et d'y prendre du bois pour leur utilité, et se plaignent de l'impossibilité où ils sont de faire juger leurs différents avec leur seigneur, et demandent qu'il soit nommé des commissaires pour en faire l'examen.

La paroisse de Gujan réclame contre les poursuites qu'elle souffre pour les arrérages du droit de huitain supprimé par des lettres-patentes de 1785.

La paroisse de Pauillac se plaint du taux de la ferme de la boucherie du lieu, ce qui augmente la viande de 4 sols par livre au delà du prix qu'elle se paie à Lesparre, et demande la suppression du droit de boucherie.

La paroisse de Bayon demande d'être affranchie d'un droit d'indemnité qu'exige son seigneur sur les terrains qu'on fait creuser ou qui demeurent dessolés par l'extraction de la pierre.

La paroisse de Salles demande d'être déchargée d'une partie des redevances onéreuses qu'on exige de ses habitants pour les autoriser à établir des parcs sur les vacants de la seigneurie.

Toutes les communautés de la Benauge demandent protection contre les vexations de leur seigneur, qui les accable de charrois, de corvées, du droit de fouage, de rentes qu'il perçoit arbitrairement et sans titre sur le seul fondement d'une sentence de son propre juge, homologuée au parlement de Bordeaux, contre laquelle s'étant pourvus au conseil, l'affaire fut évoquée au parlement de Toulouse, où elle est encore pendante; elles exposent, entre autres choses, que chaque corvée coûte au tenancier qui la fait 24 livres lorsqu'elle est faite en hiver, et 12 livres en beau temps, et que ces seigneurs perçoivent sans titre des rentes sur les moutiers qu'ils augmentent arbitrairement.

Presque toutes les paroisses du Cubzaguais se plaignent des corvées féodales, des droits de péage qui se paient sur toutes les marchandises de première nécessité et notamment du droit de banvin du seigneur, en vertu duquel il force les particuliers à vendre son vin pour son compte, au prix qu'il lui plaît, qu'il fixe toujours à 2 sols le pot au-dessus du cours.

Plusieurs autres paroisses, notamment dans les Landes, se plaignent que le taux des cens annuels les surcharge et nuit à l'agriculture.

Est approuvé, clos et définitivement arrêté dans l'assemblée du Tiers-État de la sénéchaussée de Guienne, le six avril mil sept cent quatre-vingt-neuf.

Signé : Brochon, Peychaud, Roullet, Damas, E. Nairac, Chéry de Saint-Corantin, Latuilière, Lagarde l'aîné, Lévêque, Fisson-Jaubert, Deluze–Létang, Lesnier aîné, Monnerie, Ch. Lemesle, Mercier-Terrefort, J^h Gaschet-Delisle, Dussaut, Clerc, Desèze, Dubourg, Pujoulx-Larroque, Fadeville, Deleyre, A. Crozilhac, Séjourné, Soulié, P.-B. Chicou-Bourbon, Thounens-Sainte-Croix, P^{re} Sers, Darolles, Rey, Clochard, Lafargue, Pepin, Alphonse, *commissaires;* Delaroze, *président du Tiers–État*, et Lamaignère, *secrétaire.*

LISTE, PAR ORDRE ALPHABÉTIQUE, DES MEMBRES DE L'ORDRE DE LA NOBLESSE, PRÉSIDÉE PAR MESSIRE MARC–ANTOINE DU PÉRIER, CONSEILLER DU ROI, PREMIER BARON, GRAND SÉNÉCHAL DE GUIENNE (1789).

Extrait du procès-verbal de l'assemblée générale des trois ordres de la sénéchaussée de Guienne (Bordeaux et Libourne).

A

Amanieu (François) de Ruat, captal de Buch, seigneur du Teich, Gujan, La Teste, Cazaux et Lassalle.

Auger (Jean-Henri-Constance) de Guilleragues, fourrier-major des gardes du corps de monseigneur comte d'Artois, seigneur de l'Homme et de Giscote.

Auger (Pierre-Barthélemy) Ducléon, seigneur de Grand-Guillaud.

Adhémar (Jean-Félix, chevalier d').

Adhémar (Jean-Baptiste d').

B

Branne (Élisabeth Duval, veuve de Joseph de), conseiller au parlement, dame baronne de Mouton et Lepouyallet; par Joseph-Hector de Branne, son fils et procureur fondé.

Branne (Joseph-Hector de), seigneur de Budos.

Boucaut (Marie-Labayle, veuve de Jean de), tutrice de Louis-Martial et Jeanne de Boucaut, ses enfants, seigneurs de La Hantone; par

NOTES.

Jean-François, chevalier de Marbotin, capitaine-commandant au régiment d'Enghien, son procureur fondé.

Boucaud (Marie-Anne-Thérèse Bel, veuve de Joseph de), chevalier, seigneur du Bousquet, dame de Peault; par Charles-Mathurin de Noiret, chevalier, capitaine de dragons, son procureur fondé.

Brivazac (Léon de), commandant du château du Hâ, seigneur de Gensan.

Birne (Anne Lafau, veuve de Jean O'), tutrice de ses enfants, coseigneurs du Prat; par Christophe Gernon, son procureur fondé.

Brons (Jean-Antoine, chevalier, vicomte de), seigneur de Vérac, Pommiers et Litterie, colonel au corps de l'état-major général des armées du roi, commandant pour Sa Majesté des ville et pays de Libourne, chevalier de Saint-Louis; par Jean-Baptiste-Germain du Périer, chevalier honoraire de Malte, son procureur fondé.

Baritault (Jean de), conseiller au parlement, seigneur de Soulignac; par Élie-Jean-Charles de Baritault, son procureur fondé.

Basterot (Marie Daugeard, veuve de Gabriel-Barthélemy de), conseiller au parlement, dame de Saint-Médard en Jalle; par Joseph-Marie, vicomte de Ségur, chevalier, maréchal des camps et armées du roi, son procureur fondé.

Barret (Edme-Jean-Baptiste) de Ferrand, seigneur de La Tour et Ferrand, mestre de camp de cavalerie, et lieutenant des maréchaux de France.

Brunaud (Charles et Jean), seigneurs de Rostains.

Beylac (Jean Gat de), seigneur de La Tourette.

Brivazac (Edme-Jean-Baptiste) de Beaumont, seigneur de Lassalle et de Beaumont.

Biré (Jean-Joseph de), conseiller au parlement, seigneur de Rouquette; par Barthélemy de Basterot, seigneur de Senilhac, son procureur fondé.

Basterot (Barthélemy de), seigneur de Senilhac.

Brach (Pierre-François de), seigneur de Montussan.

Borie (Jean-François de), seigneur de Gassies; par Jean-Germain de Bourran, son procureur fondé.

Balode (Marie de), dame de Latour de Fargues; par Jean-Paul Desclaux-Latané, son procureur fondé.

Bonnevin (Bernard de), chevalier, seigneur de Sousmoulins, Jussas, Pommiers et du Grand-Boisset, chevalier de Saint-Louis; par René, vicomte de Lafaye, son procureur fondé.

Beaupoil (César de), baron de Saint-Aulaire, chevalier, lieutenant au régiment de Champagne, seigneur de Segonzac; par Pierre-Dominique Grenier, chevalier de Saint-Louis, ancien major au corps royal du génie, son procureur fondé.

Barberin (Pierre de), seigneur de Lamothe.

Boucaud (Jacques-Joseph de), seigneur du Bousquet.

Belhade (François de), seigneur de Lalibarde.

Baritault (Élie-Jean-Charles de), chevalier, seigneur du Port.

Bergeron (Jacques de), seigneur de Cercins, Mauvesin, Lamothe-Cussac, Donissan, Vauve, Lamothe et Dubarry.

Basterot (Paul de), seigneur des Granges, Sor de La Fourquière et de Notre-Dame de Lesparre; par Jean de Basterot des Granges, son fils et son procureur fondé.

Bense (Nicolas de), seigneur du Breton.

Belcier (François de) de Crain, seigneur de Crain; par Jean-Baptiste-François, chevalier de Spens de Lancre, son procureur fondé.

Bodin (Antoine de) Dussault de Saint-Laurent, seigneur de Boissalut et de Roque de Tau.

Briançon (Louis-Baptiste de), chevalier, seigneur de Revaux; par Jean-Baptiste de Briançon, chevalier, seigneur de Lambert, ancien premier capitaine commandant au régiment de Condé, infanterie, chevalier de Saint-Louis, son procureur fondé.

Briançon (Jean-Baptiste de), chevalier, seigneur de Lambert, ancien premier capitaine commandant au régiment de Condé, infanterie, chevalier de Saint-Louis.

Brosse (Ignace-Joseph de), marquis de Montendre, chevalier, seigneur dudit marquisat, capitaine commandant au régiment de Salm-Salm; par M. Filhot de Marans, chevalier, seigneur du Caillau, son procureur fondé.

Boyer-Fonfrède (Marie Journu, veuve de Pierre), dame de La Tour Blanche; par Bernard Journu-Auber, son procureur fondé.

Bordes (Philippe-Joseph de), seigneur de Fortage.

Brezets (Françoise Clémenceau, veuve d'Antoine de), dame de Lamothe; par Sylvestre de Brezets, son fils et son procureur fondé.

Besse (Jean-Jacques-Joseph de), seigneur de Maurian.

Brezets (Pierre-Sylvestre de), seigneur de Bufleau.

Bodet (Charles) de Lavalade, officier au corps royal du génie, seigneur de Lavalade.

Baritault (Marie-Anne Pilosi, veuve de Pierre-Louis de), seigneur de

NOTES.

Cauplat; par Pierre-Alexandre de Baritault, lieutenant des canonniers gardes-côtes de la province, son procureur fondé.

Bonnefond (Noël de) de Lacaussade, seigneur de Lagarde.

Bonneau (Élie-François de), ancien capitaine général de la milice gardes-côtes, seigneur du Burc; par Léonard de Paty, chevalier, baron du Rayet, son procureur fondé.

Bromer (Jean-Jérôme de), chevalier, seigneur de Saint-Jérôme; par Alexandre de Journiac, colonel d'infanterie, son procureur fondé.

Brach (Gérard-Louis, chevalier de), capitaine des vaisseaux du roi, seigneur de Jalais ou Malleret.

Bourran (Jean-Germain de), chevalier, seigneur de Blansac.

Boucher (Jean-Dominique de), seigneur de Lamothe-Monrabeau et de Giraude; par le chevalier Duvigier, officier d'infanterie, son procureur fondé.

Bodin (Jean-Jacques) de Saint-Laurent, seigneur de Lestang; par André Bodin de Saint-Laurent, ancien mousquetaire, son procureur fondé.

Biré (Léonard-Joseph de), seigneur de Rance.

Bense (Jean-Jacques de) Dubreton; seigneur du Petit-Frontignon; par Nicolas de Bense Dubreton, son frère et procureur fondé.

Brezets (Jean de) aîné, seigneur de Bufleau, Virsac et Lamothe Saint-André de Cubzac.

Bodin (Michel-André) de Saint-Laurent, ancien mousquetaire.

Bergeron (François-Jacques-Marie de) fils.

Baritault (Augustin de), chevalier de Saint-Louis, garde du corps du roi, capitaine de cavalerie.

Baritault (Hector de), chevalier de Saint-Louis.

Bordes (Antoine de) de Roumaguet.

Billatte (Pierre).

Billatte (François-Hyacinthe) de Faugère, officier au bataillon de garnison de Guienne.

Billatte (Joseph-Théophile).

Bonnefond (Noël de) de Lacaussade.

Brivazac (Jean-Baptiste-Guillaume de) aîné.

Benech (Joseph-Marie-Victor) de Lépinay, lieutenant des maréchaux de France, à Bayonne.

Besse (Jacques de), chevalier de Maurian.

Barbot (Pierre de).

Bellot (Jean-Baptiste-Joseph de), lieutenant des vaisseaux du roi.

Bonneau Dubedat,
Baccalan (veuve),
Bethman,
Barret Turpeau de Latour,
Basquiat,
Berrier (madame de),
Blangy (le vicomte de),
Boyer de Jussas,
Basterot de Barrière,
Broglie (madame de),
Baritault de Cagnac,
Boussier de Gasin,
} *Défaillants.*

C

Casaux (Jean-Élie de), seigneur de Francs, Bègles et Saint-Ujan.
Casenave de Lacaussade (Jean-Pierre), seigneur de Lacaussade.
Castelnau (Antoine de) d'Essenault, chevalier, coseigneur d'Issan, Cantenac et Labarde; par Léonard-Antoine-Gabriel, chevalier de Castelnau d'Auros, son procureur fondé.
Calmeilh (Élisabeth Joguet, veuve de Léon de), lieutenant-colonel des carabiniers, dame de Lafosse et de l'Aiguille; par Guillaume, chevalier de Pichon, son procureur fondé.
Cadouin (Pierre de), seigneur de l'île de Lalande.
Conilh (Louise-Antoinette-Delphine de La Colonie, veuve de Pierre-Guillaume de), conseiller au parlement, tutrice de Marie-Guillaume-Gabriel Aymat de Conilh, son fils, seigneur de Beauval; par Étienne-Jean-Baptiste Darche de Luxe, son procureur fondé.
Chavaille (Pierre-François), seigneur du Parc.
Cazalet (Pierre de), seigneur de Lescale.
Chillaud (Jacques-Justin de), seigneur de Bonnet.
Chaperon (François-Joseph de) de Terrefort, seigneur de Terrefort, baron de Tustal, Calamiac et Jos.
Carles (Angélique de Galatheau, veuve de Henri de), chevalier, dame de Tout; par Joseph de Montaigne, seigneur de Beausoleil et du Valenton, son procureur fondé.
Chaperon (Michel-Casimir de) de Lataste, seigneur de Lataste.
Charmail (Catherine Thierry de La Prévalaye, veuve de M. de), capitaine des vaisseaux du roi, dame de Verdus; par Léonard de Paty, baron du Rayet, son procureur fondé.

NOTES.

NOTES.

Chauvet (Jean-Baptiste), seigneur de Mége.

Cazaux (Guillaume-Joseph de), seigneur de Larose, Saint-Androny et Anglade.

Cursol (Guillemette du Périer, veuve de François de), coseigneuresse du Taillan; par Joseph de Cursol, chevalier de Saint-Louis, son procureur fondé.

Charron (Jean de), seigneur de Livrons.

Cosson (Honoré-François de), chevalier, seigneur de Nodeau.

Chassaing (Jérôme de), seigneur de Beauséjour et du Thil.

Coiffard (Pierre de), seigneur d'Anquey.

Calvimont (Jean-Baptiste-Augustin-Armand, comte de), seigneur de Saint-Chamarand, Saint-Martial et Cérons, capitaine de cavalerie au régiment de Royal-Piémont; par Jean-Baptiste-Germain du Périer de Larsan, chevalier honoraire de l'ordre de Saint-Jean de Jérusalem, et seigneur de La Romaningue, son procureur fondé.

Cursol (Joseph de), seigneur de Talence.

Castets (Charles de), capitaine d'infanterie, seigneur de Sudres; par Brun de Gadau, seigneur de Campugnan, chevalier de Saint-Louis, ancien capitaine de grenadiers au régiment de Chartres, infanterie, son procureur fondé.

Cordier (Marie de), dame de Rousselet; par Jean-Baptiste de Briançon, chevalier de Saint-Louis, seigneur des Lamberts, son procureur fondé.

Clonard (Jean Suton de), comte de Clonard, mestre de camp attaché au régiment de Walch, chevalier de Saint-Louis; par Jean Mac Carthy, son procureur fondé.

Condal (François-Henry, marquis de Foy), seigneur, baron d'Issan, Cantenac et Labarde.

Clock (David-Jacob), seigneur du Burc; par Léonard-Marie, chevalier de Paty-Lusiès, capitaine des vaisseaux du roi, chevalier de Saint-Louis, son procureur fondé.

Coeffard (Jacques) de Maserolles, seigneur de Castaing.

Chillaud (Jacques-Justin de) aîné, seigneur de Bernos.

Conilhy (Guillaume de), seigneur de Lamothe; par Pierre-François Duval, chevalier, son procureur fondé.

Castelnau (Léonard-Féréol de).

Castelnau (Vincent de).

Castelnau (Denis, chevalier de), garde du roi.

Clarcke (Luc-Tobie).

Castelnau (Louis de) de Labet.
Castelnau (Léonard-Antoine-Gabriel de) d'Auros.
Chalup (Joachim de).
Chillaud (Jean de) des Fieux.
Cosson (Joseph-François de).
Candalle (Joseph, chevalier de Foix de).
Canolle (Charles, marquis de) de Lescours, mestre de camp d'infanterie.
Chassaing (Jérôme de) fils, ancien chevau-léger de la garde du roi.
Cayla (Pierre de).
Carton (veuve),
Chassaigne de La Plaigne,
Carrière,
Curton (le marquis de),
Chatard,
} *Défaillants.*

D

Dumantet (Charles-Claude-Anne), comte de l'Isle, seigneur de Livrac.
Duroi (Louis-Guillaume), seigneur de Suduiraut.
Dumas (Pierre-Henri) de Laroque, seigneur de Laroque, Meyney et de Pradets.
Dalbis (Gabriel) de Gissac, chevalier de Saint-Louis, seigneur de Feydieu; par Laroche Delpy, chevalier de Saint-Louis, son procureur fondé.
Du Barry Conti (Jean-Baptiste-Nicolas-Guilhaume, marquis), comte d'Argicourt, baron de Margaux; par François-Henri, marquis de Foix-Candale, seigneur, baron d'Issan, son procureur fondé.
Dabadie (Jean-Joseph), seigneur de Monmoitié.
Dabadie (Bernard), seigneur de Pic et d'Ambleville.
Destut (Pierre), chevalier, marquis de Solminiac, seigneur de Saint-Barthélemy, Eymet, Saint-Pardon, Bois-Verdun et Laloubière; par Pierre Destut, chevalier de Solminiac, son procureur fondé.
Dillon (Marie Diccouson, veuve de Robert), dame de Terrefort; par Paul-Marie-Arnaud de Lavie, président à mortier, son procureur fondé.
Dalesme (Pierre-Vincent de Paule), seigneur de l'Estey ou du Peyrat.
Darche (François-Benoît) de Lassalle, seigneur de Lassalle.
Duffour (Martin), seigneur d'Uch, de Dubessan et de Gironville; par Guillaume Duffour, son fils et procureur fondé.

NOTES.

NOTES.

Dussault (Jean-Maurice), seigneur de Lacroix.

Desaigues (Augustin) de Salles, baron de Laubardemont, seigneur de Tayac; par le marquis de Mons, son procureur fondé.

Dutasta (Jean), seigneur de Saint-Laon et de Flurin.

Du Périer (Raymond) de Lislefort, chevalier de Saint-Louis, seigneur de Lislefort, Dubedat et Maladan.

Donissan (le marquis) de Citran, seigneur de Citran et d'Avensan, et coseigneur de la baronnie de Lalande; par le baron de Villeneuve de Durfort, son procureur fondé.

Durfort (Jean-Laurent de) de Civrac, duc de Lorge, marquis de Civrac, baron de Lalande, comte de Blaignan, seigneur de Génissac et Rigaud, maréchal des camps et armées du roi, lieutenant général pour le roi au comté de Bourgogne, ancien menin de monseigneur le Dauphin, chevalier de Saint-Louis; par François de Verthamon, chevalier, seigneur de Soulignonne, Bringue, Lacalcauderie et Saint-Mathieu, chef d'escadron au régiment de Royal-Piémont, son procureur fondé.

Du Périer de Larsan (Jean-Baptiste-Germain), chevalier honoraire de Saint-Jean de Jérusalem, seigneur de Laromaningue.

Delpy de Laroche (Jean-Louis-Henri), seigneur de Laroche, Laferrade et du Cros.

Dublan (Pierre-Osée), seigneur de Grimond et de Prensac.

Domenge (Pierre), de Pic de Blays, chevalier, conseiller au parlement, seigneur de Queyrona; par Joseph Filhot de Chimbaud, chevalier, conseiller au parlement, seigneur d'Escutes, son procureur fondé.

Daugeard (Jean-Charles), chevalier, seigneur de Bessan et Larose.

Desaigues (Joseph), chevalier, seigneur de Saint-Bonnet, Larousselle, Tibaudin et Ducastaing.

Dalphonse (Marguerite Dalphonse, veuve de Jean-Baptiste), chevalier, patrice romain, conseiller au parlement, dame de Gamache; par Jean-Baptiste Lamolère, son procureur fondé.

Delezé (Jean), avocat général honoraire en la Cour des Aides, seigneur d'Arsac et Gassies.

Dufaure (Louis-Élie) de Lajarthe, seigneur de Lamothe.

Dublan (Marie-Rosalie Dublan, veuve de Pierre), dame de Lahet; par Pierre-Osée Dublan, son procureur fondé.

Dufour (Guillaume), coseigneur de Lanau.

Daulède (Louis-Gabriel) de Pardaillan, seigneur de Lamothe et Saugeron.

Desaugiers (Jacques Achard), seigneur de Graulet.

Duval (Pierre-François), seigneur de Lamothe.

Dalon (Jacquette Dumirat, veuve de Raymond), chevalier, seigneur, comte de Benauge, dame de Feugas; par Jean-Baptiste-Cyprien, vicomte de Verthamon, son procureur fondé.

D'Aux (François), chevalier, seigneur de Frontignon, de partie de La Bernède, d'Uch et de Notre-Dame, chevalier de Saint-Louis; par Barthélemy d'Aux, son fils aîné, capitaine de remplacement au régiment des chasseurs de Languedoc, son procureur fondé.

D'Aux (François), seigneur de Peyrigueis et de Patache, patron laïque du chapitre Saint-Pierre de Larroumieu; par Jean-Jacques d'Aux, son fils aîné, son procureur fondé.

Dufilley (César-Phébus-Joseph), seigneur des Ardoins.

Desaugiers (Jean-Baptiste Achard, chevalier), seigneur des Augiers, Peyrol et Cabanes; par Jacques Achard, seigneur de Graulet, son frère et procureur fondé.

Desardouins (Jean-Henri de Sudre), seigneur de Carcanieux; par le chevalier de Paty, son procureur fondé.

Dabadie (François), chevalier, baron d'Arboucave, ancien chef d'escadron des carabiniers, avec rang de major de cavalerie, chevalier de Saint-Louis, seigneur du Grand-Bardis; par Jean-Daniel-Alphonse de Gombault, chevalier, seigneur de Barès et Lagrange, son procureur fondé.

Destut (Jean), comte de Solminiac, capitaine de cavalerie au régiment Dauphin, sire, marquis de Tombebœuf, seigneur de Mouchac; par Joseph Filhot de Chimbaud, chevalier, seigneur d'Escutes, Ferrade et Lanclave, conseiller au parlement, son procureur fondé.

Duvergier (Marguerite-Rosalie Poncharail de Pauliac, veuve de Louis-François-Ignace), marquis de Barbe, dame de Saint-Ciers d'Abzac et Saint-Martin du Bois; par le chevalier Duvergier, officier d'infanterie, son procureur fondé.

Dudon (Pierre-Jules), seigneur de Treulon, Lassalle et Macanan; par Jean-Baptiste-Pierre Dudon, son fils aîné et procureur fondé.

Duras (Emmanuel-Félicité de Durfort de), duc de Duras, pair et maréchal de France, marquis de Blanquefort, gouverneur de la Franche-Comté, chevalier des ordres du roi et de la Toison d'or, premier gentilhomme de la chambre de Sa Majesté; par Emmanuel-Céleste-Augustin de Durfort, duc de Duras, maréchal des camps et armées du roi, et gouverneur du château royal de Saint-Hubert, son procureur fondé.

NOTES.

Daniel (André), seigneur de Lamothe et de Puigueyreau.

Destournel (Guy), seigneur de Valée.

Daniel (Marguerite), coseigneuresse de Marroc; par André Daniel, chevalier de Saint-Louis, seigneur de Lamothe et de Puigueyreau, son frère et procureur fondé.

Du Périer (Jeanne), dame de Landerron; par Raymond du Périer de Lislefort, chevalier de Saint-Louis, son frère et procureur fondé.

Duplessy (François-Sabin), seigneur de Terrefort.

Duval (Joseph), seigneur de Lagrange.

Dutil (Jean) du Repère, seigneur du Millon; par Romain du Périer aîné, son procureur fondé.

Ducla (Laurent-Jacques), seigneur de Jacles; par Pierre-Antoine Darche, ancien officier au régiment du roi, son procureur fondé.

Daugeard (Jacques-Armand-Henri) de Virazel.

Duras (Emmanuel-Céleste-Augustin de Durfort, duc de), maréchal des camps et armées du roi, gouverneur de Saint-Hubert.

Dudon (Jean-Baptiste-Pierre-Jules).

Du Périer (Jean), chevalier novice de Malte, de l'ordre de Saint-Jean de Jérusalem.

Du Périer (Louis), chevalier novice de Malte, de l'ordre de Saint-Jean de Jérusalem.

Du Périer (Romain) de l'Ombrière.

Destut (Pierre), chevalier de Solminiac.

D'Audebard (Jacques-Auguste), baron de Férussac.

D'Audebard (Bertrand) chevalier de Férussac, chevalier de Saint-Louis, capitaine au régiment de Forest.

Darche (Étienne-Jean-Baptiste) de Luxe, ancien officier au régiment du roi.

Darche (Pierre-Antoine) fils aîné, chevalier de l'ordre de Malte, ancien officier au régiment du roi.

Du Périer (Romain), chevalier d'Aux.

Destournel (Louis-Joseph-Gaspard) fils.

Darche (Pierre-Antoine) Pessan, chevalier de Saint-Louis.

D'Aux (Jean-Jacques) fils.

Duffour (Guillaume).

Doat (Pierre-Paul), capitaine au régiment d'Artois, dragons.

Delarose (Gabriel-Marie-Anne-Joseph) Fonbrune.

Delarose (Philippe-Marie).

Duvergier (Jean-Louis) de Saint-Ciers.

Dudevant (Louis-Hyacinthe).
Duluc (Laurent).
Duroy (Joseph) de Brugnac.
Duluc (Jean-Baptiste), chevalier de Saint-Louis.
De Gères (Charles).
Duplessis (Daniel-Jean-Baptiste), chevalier.
Duvigier (André-Pierre-Claude-Gaston), chevalier de Malte.
D'Aux (Barthélemy), capitaine de chasseurs de Languedoc.
Darche (Pierre-Antoine), chevalier de Malte.
Desclaux (Jean-Paul) Latané.
D'Audebard (François-Jacques) de Férussac.
Dufau (Léon), chevalier de Saint-Louis.
Déalis de Saugean,
De Geslin,
Dubergier,
Dalon,
Duplessis (veuve de Cursol),
Dubarry,
Desobier,
Dumas,
Darmajan,
Denis,
Desbonnet de Blacant,
} *Défaillants.*

E

Estèbe (Giles-Éloi).
Estèbe (Godefroy).

F

Fonteneil (Marie Joguet, veuve de messire de), conseiller au parlement, dame de Labarrière; par Guillaume, chevalier de Pichon, son procureur fondé.
Fougeras (Angélique Delage, veuve de Jean-François Chavaille de), conseiller au parlement, dame de Lestage et de Saujan; par Jean-Jacques Daux, son procureur fondé.
Fumel (Joseph, comte de), lieutenant général des armées du roi, grand'croix de l'ordre de Saint-Louis, gouverneur du Château-Trompette, commandant en chef de la Basse-Guienne, seigneur du Haut-

NOTES.

Brion et de Pès; par Charles, comte de Pressac, lieutenant général des armées du roi, son procureur fondé.

Filhot (Gabriel-Barthélemy-Romain de), seigneur de Filhot.

Filhot de Marans (Gabriel-Romain), seigneur du Caillau.

Ferron (Marie-Scholastique de Ferron, comtesse d'Ambrus, veuve de Joseph de), comte d'Ambrus, dame de Bétaille; par François de Saint-Angel, son procureur fondé.

Fayet (Jean-Baptiste-Catherine-Alain, marquis de), lieutenant au régiment des gardes-françaises, seigneur de Peychaud et Liversan; par Gabriel-Romain de Filhot de Marans, conseiller au parlement de Bordeaux, seigneur du Caillau, son procureur fondé.

Filhot (Joseph de) Chimbaud, chevalier, seigneur d'Escutes et Ferrade, conseiller au parlement.

Flavigny (Julien-Gabriel, comte de).

Fitzgibbon (Jacques de).

Fauquier (de),
Forcade, veuve Malromé, } Détails.
Fesquet,

G

Gagneron-Desvallon (Louise), veuve de François Calmeilh, dame de Poyanne et de Fontanille; par François-Léon de La Marthonie, son procureur fondé.

Gernon (Christophe), seigneur de Sentout.

Gombault (François-Marc-Antoine de), seigneur de Pleinpoint; par Jean-Daniel-Alphonse de Gombault, son père et procureur fondé.

Gestas (Marie-Félicité de Rivière, veuve de Jean de Casamajor de), brigadier des armées du roi; dame de Latour Gamarde et de La Garosse; par René, vicomte de Lafaye, chevalier de Saint-Louis, son procureur fondé.

Gombault (Joseph de), chevalier, baron de Rasac et de Pujols, seigneur de Teissonnac, Larue et Lebrésil, chevalier d'honneur au parlement de Bordeaux; par Pierre-François-Paterne de Gombault de Rasac, chevalier, son fils aîné et procureur fondé.

Gaufreteau (Françoise de Cursol, veuve de), dame de Bellefontaine et Bisqueytan; par Guillaume de Gaufreteau, son fils et procureur fondé.

Gombault (Jean-Daniel-Alphonse de), seigneur de Saint-Martin et de Barès.

Galatheau (François-Léon de), seigneur de Saint-Cor, Malhorc, Lefleix, Lagorce, L'Isle de Lalande et Chaumont. NOTES.

Gaufreteau (Guillaume de), seigneur de Buisson et Canteloup.

Gourgues (Michel-Joseph de), seigneur de Lanquais, Roailhan, Labatut et Gourgues.

Gadeau (Pierre-Joseph de), seigneur de Campugnan.

Grenier (Jacques-Raymond, vicomte de), capitaine des vaisseaux du roi, chef de division des armées navales, seigneur de la vicomté de Giron-Grenier.

Gramond (Louis-Antoine-Armand de), duc de Lesparre; par Joseph-Jean-Baptiste de Bellot, lieutenant des vaisseaux du roi, son procureur fondé.

Gombaud (Jean-Baptiste de), seigneur Desbarrats et Dupuy.

Guyonnet (Étienne) de Monbalon, chevalier, seigneur de Lort; par Joseph de Lombard, chevalier, seigneur d'Ondillac, son procureur fondé.

Gombault (Antoine-Louis de), seigneur de Pontus et Montégut; par le baron de Gombault de Rasac fils, son procureur fondé.

Guyonnet (Jean-Joseph de), chevalier, coseigneur de Labatut; par Michel-Joseph de Gourgues, son procureur fondé.

Grenier (Louise de) de Floirac, dame de Cissan et Taudias; par le vicomte de Grenier, chef de division des armées navales, son procureur fondé.

Gombault (Joseph, chevalier de) Descheminées.

Gaufreteau (Henri-Élisabeth de) de La Gorce.

Grenier (Pierre-Dominique de), chevalier de Saint-Louis, ancien major au corps du génie.

Gascq (Blaise-Jean-Charles-Alexandre de).

Gombaud (Pierre-François-Paterne, baron de) de Rasac.

Guillaume (Louis-Joseph de) Dehors.

Giac (Jean, chevalier de), chevalier de Saint-Louis, lieutenant-colonel d'infanterie.

Gauvin (Joachim) de Harcote.

Groc (Jean).

Gombault (François, chevalier de) Pleinpoint.

Gaufreteau (Philippe) de Nérigean.

Gères (Pierre de) de Loupes, seigneur de Camarsac.

Gaufreteau de Soussac, } Défaill.
Gaufreteau de Châteauneuf,
Grailly,

NOTES.

J

Journu (Antoine), seigneur de Saint-Magne; par Bernard Journu-Auber, son frère et procureur fondé.
Joigny (Charles-Claude de), marquis de Bellebrune, seigneur de Bellue.
Journiac (Alexandre de), colonel d'infanterie.
Journu (Bernard) Auber.
Journiac (Étienne-Alexandre de) père, ancien officier au régiment de Normandie.
Jumillac (le marquis de), *défaillant*.

K

Kirwan (Marc de), seigneur de Naugé et du Bruca.
Kater, *défaillant*.

L

Le Blanc-Nouguès (Dominique-François), seigneur de Giron.
Labat de Savignac (Jean-Baptiste-François-Vincent de Paule de), seigneur de Loubens, Graoux ou Fabas.
Lamourous (Joseph de), coseigneur, haut-justicier de la terre et baronnie de Parempuyre, conseiller au parlement de Bordeaux.
Lemoyne (Antoine-Philippe), seigneur de Laroque; par Léon Dufau, chevalier de Saint-Louis, son procureur fondé.
Lavaud (Marguerite de Verthamon, comtesse de), dame de Bussière, Beaufils, Dumas, Marillac, Le Cerf et Tastes Vensac; par Jean-Baptiste-Maurice de Verthamon, marquis de Tercis, baron de Chalucet, seigneur d'Ambloy, Saint-Germain, de Romefort et Varaise, président à mortier au parlement de Bordeaux, son procureur fondé.
Loyac (Laurent de), seigneur de Beauval.
Loret (Jean-Paul), baron de Semignan et seigneur de Rouillac.
Le Blanc (Michel-Hyacinthe), seigneur de Pensun.
Lalande (Jean-Raymond de), seigneur de la baronnie du Pian et de Trejey.
Labat de Savignac (Marie Foy, Dorothée Chantal et Marie-Nicole-Rosalie Foy), dames de la Gravette; par Jean-Baptiste-François-Vincent de Paule de Labat de Savignac, leur père, capitaine de cent hommes de milice, leur procureur fondé.
Lavie (Paul-Marie-Arnaud de), président à mortier au parlement de Bordeaux, seigneur du Taillan.

Léglise (Jacques-Benjamin, chevalier de), coseigneur de Tardes.

Lancre (Pierre-François-Mathieu de Spens Destignols de), seigneur de Loubens, Lancau et Tastes.

Lancre (Pétronille Darche, veuve de Pierre-François-Joseph de Spens Destignols de), dame de Picheloup, Machore et Fongraves; par Pierre-François-Mathieu de Spens Destignols de Lancre, son procureur fondé.

Lasausay (Pierre-Charles de Soulard, sieur de), seigneur de Hautefaye; par Jean de Saint-Angel, seigneur de Puygeyrin, son procureur fondé.

Le Blanc de Mauvesin (Jeanne-Hippolyte de Lassalle, veuve de Jean-Antoine), conseiller au Parlement de Bordeaux, dame du Souleil; par Jean-Louis-Alexandre Le Blanc, chevalier, son fils et procureur fondé.

Le Berthon (André-Jacques-Hyacinthe), chevalier, seigneur d'Aiguille, Castillon, Podensac, Virelade et Camblanes; par André-François-Benoît-Élisabeth Leberthon, son fils et procureur fondé.

La Chassaigne (François de), chevalier de Saint-Louis, seigneur de Pressac, Ducros et Fourneau.

La Roque (Delphine de Brassier, veuve de Michel-Joseph de), baron de Budos, baronne de Béchevelle, coseigneuresse de la baronnie de Semignan et d'Arcins; par Charles-François-Armand de La Roque, chevalier de Budos, son fils et procureur fondé.

Laroque (Charles-François-Armand de), baron de Budos et de Montferrand, en cette dernière qualité, premier baron de Guienne; par Charles-François-Armand de Laroque, chevalier de Budos, son frère et procureur fondé.

La Marthonie (François-Léon de), seigneur de Seignan.

Luzié (François-Raymond de), seigneur de Labarrière.

Laborie (Pierre-Joseph de), seigneur d'Ambès.

Lafaye (René, vicomte de), chevalier de Saint-Louis, seigneur de Lide.

Lassalle-Caillau (Charles-François-Alain de), seigneur de Pian.

La Tour-Blanche (Julien-Pierre de), seigneur de La Tour-Blanche.

Lafaurie de Monbadon (Laurent), mestre de camp en second du régiment d'Auvergne, seigneur de Regnier.

La Chassaigne (Jacques-Christophe de) fils, seigneur de Caillau.

Lamolère (Jean-Baptiste de), conseiller honoraire au parlement, seigneur de Feuillas.

Letellier (Jean-Jacques), seigneur de Sentout.

Le Blanc (Jean-Joseph-Timothée), seigneur de Mauvesin.

Lamothe (Jean-Baptiste de), seigneur de La Garosse; par Michel de Thibaud, son procureur fondé.

NOTES.

NOTES

Latour-Dupin (Jean-Frédéric de) de Gouvernet, comte de Paulin, marquis de La Roche-Chalais et de Sennevières, baron du Cubzaguais, seigneur d'Ambleville et Tesson, lieutenant général des armées du roi, commandant en chef des provinces d'Aunis, Poitou, Saintonge, îles adjacentes et Bas-Angoumois; par François-Léon de La Marthonie, seigneur chevalier de Seignians, Malherbe et autres lieux, chevalier de Saint-Louis, son procureur fondé.

Lancre (Jean-Baptiste-François, chevalier de Spens Destignols de), seigneur de Gibau ou Catin, et de partie de Rouxrau.

Lacrompe (Jean-Baptiste de) de Laboissière, seigneur de Grolleau et des Quatre-Fossés.

La Rigaudière (Jean-Jacques Frogère de), seigneur de Roubinac.

Le Comte (Guillaume-Marie), chevalier magistral de l'ordre de Malte, seigneur captal de La Tresne, Matha, les Chateliers, Laprade, Lansac, Lapelotière, et partie de Haut-Brion, marquis de Noé; par Jean-Baptiste-François, chevalier de Spens de Lancre, son procureur fondé.

Léglise (Antoine de), seigneur de Tardes, Monadey et Saint-Pey d'Aurillac.

La Laurancie ou Laurentie (Bertrand-Jean-Baptiste de), chevalier, seigneur de Vacher; par Léonard-Antoine de Sentout, chevalier, seigneur de Jonqueyres, son procureur fondé.

Lacroix (Jean-Baptiste-Jérémie de), chevalier de Saint-Louis, seigneur de Touignan, ancien gendarme de la garde du roi.

Laborde (Jeanne Héliès, veuve d'André-Marie de), conseiller en la Cour des Aides, dame de l'Heurbe; par Guillaume Dufour fils aîné, son procureur fondé.

La Chassaigne (Françoise-Thérèse de Noiret, veuve de Guillaume de), chevalier, dame de Caillau; par Michel de La Chassaigne, son fils et procureur fondé.

La Chapelle (Élisabeth-Henriette Denis, veuve de Joseph Sarrau de), seigneur de Cruseau, de partie de la baronnie de Montferrand, et coseigneur du Grain; par Philippe de Richon, seigneur de Monfavier et de Durand, son procureur fondé.

Lavergne (François de), sieur de Lage, seigneur du Chardos; par Jacques de Besse, chevalier de Maurian, garde du corps du roi, son procureur fondé.

Lavergne (Jean de), chevalier, sieur de Lage, seigneur de Chaumet; par Jacques de Besse, chevalier de Maurian, garde du corps du roi, son procureur fondé.

Latourette (Marie-Charlotte de Jouglain de Monconseil, veuve de Jean-Joseph, marquis de) d'Ambert, chevalier de Saint-Louis, ancien officier aux gardes-françaises, dame de Monconseil Romefort et Villeneuve; par Pierre-François-Mathieu de Spens Destignols de Lancre, chevalier, son procureur fondé.

Lavergne (François) de Peyredoulle, seigneur de Peyredoulle.

La Barre (Marie-Victoire Guiton Alias de Maulevrier, veuve de Jacques de) de Veissière, chevalier de Saint-Louis, lieutenant des vaisseaux du roi; par Joseph-Marie, vicomte de Ségur, chevalier, maréchal des camps et armées du roi, son procureur fondé.

Laroque (Jean-Baptiste de) Latour, lieutenant d'infanterie au régiment du roi, seigneur de Latour; par Amanieu de Ruat, son procureur fondé.

Lur (Claude-Henri-Hercule-Joseph de), marquis de Saluces, maréchal des camps et armées du roi, chevalier de Saint-Louis; par François de Galatheau, son procureur fondé.

Lombard (André-Louis-Joseph de), chevalier de Saint-Louis, agrégé à celui de Cincinnatus, seigneur de Mugron; par Joseph de Lombard, chevalier, seigneur d'Ondillac, son procureur fondé.

Lombard (Joseph de), chevalier, seigneur d'Ondillac.

Labat (Jacinthe-Marie-Servidie de), seigneur, baron de Savignac; par Jacinthe-François-Zacharie de Labat, son procureur fondé.

Laville (Marguerite de) d'Arès, dame de Tournepique; par François Raynac de Barre, son procureur fondé.

Lavaissière (Gabriel-Barthélemy de), chevalier, seigneur de Verdusan, La Bassecour et Galan; par Thomas de Montalier, ancien chevau-léger de la garde du roi, son procureur fondé.

Litterie (Guillaume de), seigneur de Lalanne.

Lageard (Pierre de) Saint-Marc, seigneur de Rebuilhide; par Jacques-Justin, chevalier de Chillaud neveu, seigneur de Bonnet, son procureur fondé.

Lassalle (Marie-Thérèse-Julie et Catherine-Jeanne-Victoire de) Caillau, sœurs, dames de Villeneuve; par Charles-François-Alain de Lassalle-Caillau, leur frère et procureur fondé.

Laroche-Aymond (Jacques, chevalier de), chevalier de Saint-Louis, seigneur de Marquet; par le chevalier Duvergier de Saint-Ciers, son procureur fondé.

Lafon de Ladebat (Jacques-Alexandre), seigneur de Bellevue; par André-Daniel Lafon de Ladebat, son fils aîné et procureur fondé.

NOTES.

Letellier (Marie-Louise-Rose-Blaise), dame du Gallan et de Bardouillan; par Jérôme de Chassaing, seigneur du Thil, son procureur fondé.
Lassalle (Jean-Martin de), seigneur d'Eyquem.
Leberthon (André-François-Benoît-Élisabeth) fils.
La Roque (Charles-François-Armand de), chevalier de Budos.
Lacroix (Gabriel de) de Puyozard.
Lucy (Pierre-François-Xavier de) Forcarius, capitaine d'infanterie.
Lalande (Henri, chevalier de).
Laporte (Arnaud-Yves-Jean-Baptiste de) de Pauliac.
Laporte (Daniel de), chevalier, baron de Pauliac, seigneur de Galisac.
Laporte (Pierre-Jean-Baptiste de).
Le Blanc (Jean-Louis-Alexandre, chevalier) de Mauvesin.
Lynch (Michel, chevalier).
Lorman (Nicolas-Michel de).
Lachausse (Jacques-Siméon de) de Saint-Izard.
Labat (François-Hyacinthe-Zacharie de).
Lée (Thomas-Patrice).
Lacrompe (Guillaume) de Laboissière, chevalier de Saint-Louis.
La Chassaigne (Michel de) de Caillau.
Lavergne (Jean-Pierre de).
Lucman (Pierre de), chevalier de Classun, capitaine au régiment de Médoc.
La Chapelle (Jean-Jacques Fournier de), ancien intendant d'Auch.
Lamourous (Louis-Marc-Antoine de) du Mayne.
Lacayre (Pierre) de Campet, officier d'infanterie.
Labat (Jean-François-Donadieu de) de Savignac, chevalier de Saint-Louis.
Laville (Jacques).
Lafaurie (Pierre de), chevalier de Monbadon.
Letellier (Jacques-François-Joseph) fils aîné.
Lynch,
Lisleferme,
Lalanne,
Lacolonie,
Lablancherie,
Lamothe, commandant de Blaye,
Lauvergnac de Lamothe,
Longpuy de Molères,
Lur de Saluces (Madame veuve de).
} *Défaillants.*

Langlois,
Laporte de Beaumont,
Lansac (madame de),
Lachaussedie,
} *Défaillants.*

NOTES.

M

Montsec (Jean-Louis Martin de), seigneur de Reignac-Lamothe.

Montsec (Arnaud-François Martin) de Reignac, seigneur de Tisac.

Maignol (Étienne), seigneur de Mataplane.

Maignol (René), de Mataplane, seigneur de Segougnac et Martignan.

Marbotin (Jean-François-Laurent-Amédée) de Conteneuil, seigneur des Rogneures et de La Savignotte.

Marsolier (Jean-François) de Montau, chevalier, seigneur de La Tour de La Rousselle; par M. de Solminiac, son procureur fondé.

Montbrun de Pomarède (Hugues, chevalier de), seigneur de Pomarède et de Pitresmont.

Montalier (Joseph-Marie de), seigneur de Grissac, conseiller au parlement.

Mons (Léonard-Joseph, marquis de) et de Dunes, seigneur de la châtellenie des Gonds, haut-justicier de Cousins et seigneur de Ferran et Saint-Poly.

Montaigne (Joseph de), seigneur de Beausoleil et Valenton.

Mac Carthy (Daniel-Denis), seigneur de Fonvidal; par Daniel Mac Carthy, son procureur fondé.

Minvielle (André-Joseph de), seigneur de Mayrous.

Mons (Jean-Luc de), marquis de Dunes, seigneur d'Audiran et Ducluzet, capitaine de cavalerie.

Marin (Arnaud de), seigneur de Tastes.

Montalier (Philippe), seigneur de Borie; par le chevalier Frauger de La Rigaudière, capitaine de vaisseau et brigadier des armées navales, son procureur fondé.

Mayac (François d'Abzac de), seigneur de Rochon; par le chevalier de Rousset, chevalier de Saint-Louis, ancien capitaine au régiment de Bourbonnais, son procureur fondé.

Massip (Louis-Guillaume de), seigneur de Lamothe.

Morin (Jean, chevalier de), seigneur de Ruplan.

Malvin (Charles-Joseph de), seigneur de Barraud.

Maledan (Marguerite de Saincric), veuve d'Ignace de), chevalier de Saint-Louis, dame d'un tiers du Gallan et de Bardouillan; par Jean-Raymond de Lalande, seigneur du Pian, son procureur fondé.

NOTES.

Marraquier (Claude-Ange-Clément, chevalier de), ancien officier d'infanterie, capitaine des canonniers de Guienne, seigneur de La Rivière.

Mitchell (François-Patrice), seigneur de Pradets; par Arnaud-Yves-Jean-Baptiste de Laporte Pauillac, son procureur fondé.

Montalier (Thomas de), seigneur de Mahourat.

Mallet (Jean-Louis, marquis de), seigneur de Lamothe, Lassalle, Castelvieil et Roquefort; par le comte de Mallet, son fils et procureur fondé.

Maupas (Bertrand, bachelier de), chevalier de Saint-Louis, seigneur de Bias, Mimisan et Orcillan; par Guillaume Thibault, son procureur fondé.

Marcadé (Bertrand), seigneur de Bonneville.

Marthiens (Thomas), seigneur de Lagubat.

Morin (Jean-Baptiste-François de).

Mac Carthy (Daniel) aîné.

Mac Carthy (Jean) jeune.

Montau (Jean Gruer de).

Madronet (Pierre-Joseph de) de Saint-Eugène, capitaine de cavalerie.

Mondenard (Guillaume) de Roquelaure.

Mignot (Pierre-Antoine-Sixte de) Delas.

Meslon (Jean-André de), chevalier, seigneur de La Ganterie.

Meslon (Nicolas de), chevalier, officier au régiment du roi, infanterie.

Marbotin (Jean-François, chevalier de), capitaine-commandant au régiment d'Enghien.

Mallet (Jean-Baptiste, comte de), lieutenant du roi, commandant du Fort Médoc.

Mallet (Pierre, vicomte de), lieutenant-colonel d'infanterie.

Maurice, seigneur de Sentout.

Ménoire (Pierre-Joseph), \
Montjon, \
Mesmur, \
Mondenard de La Passonne, } *Défaillants.* \
Ménoire de Barbe, \
Maniban (madame de), \
Miromesnil, /

N

Noiret (Jean-Jacques-Raymond de), seigneur de Cézac.

Navarre (Raymond-Mathieu, chevalier de), seigneur de Camponac; par Élie-Jean-Charles de Baritault, son procureur fondé.

Noiret (Jacques-Augustin de) fils aîné, seigneur de Pugnac.
Nogaret (Auguste-Léon de).
Nieul (le marquis de), *défaillant*.

P

Pontet (Bernard de), chevalier de Saint-Louis, seigneur de la Croix-Maron.
Pontac (Jean-François de), chevalier, colonel d'infanterie, vicomte de Jaubertes, seigneur de Fourens et de Lassalle Saint-Bris.
Pichon (Guillaume de), coseigneur de Parempuyre.
Pontet (Bertrand) de Perganson, seigneur de La Romefort.
Paty (André-Joseph de), chevalier, seigneur de Menviel; par le marquis de Mons, son procureur fondé.
Paty (Michel de), seigneur de Bellegarde, baron de Notre-Dame du Carney; par Jean-Baptiste de Paty Bellegarde, son fils, capitaine au régiment du Colonel-Général, cavalerie, son procureur fondé.
Pressac (Charles de), lieutenant général des armées du roi, baron de Cadillac.
Paty (Léonard de), chevalier, baron du Rayet, seigneur de Lusiès et Monadey.
Pichard (Nicolas-Pierre de), seigneur de Coutet et Lafite, et haut-justicier de Pauliac, Salles, Belin et Beliet, baron de Saucats et Le Barp.
Pons (Louis-Marie, marquis de), seigneur de Villandraut, ambassadeur en Suède; par Léonard-Antoine de Sentout, chevalier, seigneur de Jonqueyres et de Lagarde, son procureur fondé.
Pomiès (Marie-Adelaïde de Lavie, épouse de Joseph-Gabriel-Raymond-Rose-Félicité-Marie-Thérèse Sauvat de), chevalier, baron d'Agassac, ancien président au parlement de Bordeaux, dame baronne d'Agassac; par Charles Sauvat de Pomiès, chevalier, conseiller au parlement, son fils et son procureur fondé.
Pelet (Jacques de) d'Anglade, chevalier, seigneur d'Anglade, Izon, Saint-Sulpice, Tojean, Le Boisset, Lamothe et Gassies; par Jean-Joseph-Louis-Maximilien de Pelet, son fils et procureur fondé.
Pélissier (Gérard de), seigneur de Puinard.
Petit (Simon-Benjamin) de la Siguinie, chevalier, ancien lieutenant-colonel de cavalerie, seigneur de La Roche et de Laburthe; par Alexandre de Journiac, ancien colonel d'infanterie, son procureur fondé.

NOTES.

Pereyra (Bertrand Nuncz) d'Olivarez, vicomte de Pereyra, seigneur d'Ambez et de Lamenaude; par Bernard Pontet de Lacroix-Maron, son procureur fondé.

Pascal (Emmanuel Boyer) de Brasdefer, seigneur de Brasdefer; par Charles Bodet de Lavalade, officier au corps royal du génie, son procureur fondé.

Pomiès (Simon-Joseph Josset de), chevalier, seigneur, baron Dubreuil; par Bertrand d'Audebard, chevalier de Férussac, capitaine au régiment de Forest.

Paty (Dominique de) Laparcau, seigneur de Timberlay.

Paty (Dominique-Joseph), chevalier, seigneur de Maurinat; par Dominique-Joseph de Laparcau, son procureur fondé.

Paty (Léonard-Marie, chevalier de) Lusiès, capitaine des vaisseaux du roi, chevalier de Saint-Louis, seigneur du Verdus.

Puch (Angélique et Marie-Paule de) Destrac, dames de Grosseombre; par Jacques-Justin, chevalier de Chillaud neveu, leur procureur fondé.

Petit (Pierre), chevalier, seigneur du Petit-Juda; par Joseph de Lamourous, coseigneur de Parempuyre, son procureur fondé.

Pomiès (Charles Saubat de) aîné.

Pomiès (Jean-Joseph, chevalier de), capitaine de dragons.

Pomiès (Pierre de) d'Uch, lieutenant des vaisseaux du roi.

Puységur (Jacques-Maxime-Paul de Chastenet, comte Maxime de), chevalier de Saint-Louis, colonel attaché au régiment d'infanterie de Monsieur, frère du roi.

Policard (Alexandre de), officier au régiment de Vintimille, infanterie.

Paty (André de), chevalier.

Parcabe (François de).

Paty (Jean-Alphonse de), capitaine commandant au régiment de La Fère.

Paty (Jean-Baptiste de) Bellegarde, capitaine au régiment de la Colonelle-Générale, cavalerie.

Pichon (Joseph, baron de) Longueville.

Pan (Pierre-Urbain).

Pineau (madame de),
Puinormand,
Pineau (madame veuve de),
Pleu,
Papin.
} *Défaillants.*

Q

Quin (O').

R

Raymond de Sallegourde (François-Joseph de), seigneur de Macauau.
Roullier (Jean-Édouard), seigneur de Gassies.
Roussel (Charles-Gabriel-Félix de), chevalier, baron de Goderville et de Puisseguin, seigneur d'Abzac; par le vicomte de Pontac, mestre de camp d'infanterie, son procureur fondé.
Rolland (Jean-François de), seigneur de Lamarque.
Ratier-Dupin (Étienne), seigneur de Gavachon.
Raoul (Gratiane de), dame de Saint-Aubin et Cursan; par Pierre-Laurent de Villepreux, chevalier de Saint-Louis, ancien brigadier des gardes du roi, son procureur fondé.
Raignac (Gaston-Jean-Baptiste-Joseph de), seigneur de Valié et de Tartifume.
Rolland (Jean) Dupont, seigneur Dupont; par Jean Rolland, son frère et procureur fondé.
Rubran (Jérôme de), seigneur de Badine; par Jean-Baptiste-Jérémie de Lacroix, son procureur fondé.
Rejaumont (Guillaume-Robert Melet de), chevalier de Saint-Louis, seigneur de l'Isle.
Rousset (Pierre de), seigneur de Joie et Tiran; par Jean-Baptiste, chevalier de Rousset, ancien capitaine au régiment de Bourbonnais, chevalier de Saint-Louis, son frère et son procureur fondé.
Raymond (Pierre-Louis, comte de), chevalier, seigneur haut-justicier de la terre et baronnie d'Eyran.
Roussanes (Jean-Louis de), seigneur de Grenade.
Richon (Philippe de), seigneur de Durandeau.
Rausan (Mathias de).
Raoul (Jean-Antoine de).
Rolland (Pierre, chevalier de).
Rolland (Jean-Baptiste de), chevalier de Saint-Louis, ancien capitaine de cavalerie.
Raynac (François) de Barre.
Rauzan (Léon, chevalier de), capitaine-commandant au régiment de Normandie, chevalier de Saint-Louis.
Roche (Jean de).

NOTES.

Raignac (Pierre de), coseigneur de Lacroix.
Rousset (Pierre-Jean-Baptiste de), chevalier de Saint-Louis.
Rattier (Louis-Auguste).
Rattier (Jean-Ignace) de Sauvignan.
Rocaute (madame veuve), }
Roche de Lamothe, } *Défaillants.*
Raynaud. }
Richelieu (le duc de) et de Fronsac, }

S

Ségur-Montagne (Jean-François, baron de), seigneur de Montagne et Coulaume.
Saige (François-Armand), baron de Beautiran, seigneur de Bonoas, Ducasse et autres lieux, avocat général honoraire du parlement de Bordeaux.
Ségur (Joseph-Marie, vicomte de) de Cabanac, chevalier, maréchal des camps et armées du roi, ci-devant premier capitaine, sous-lieutenant des gendarmes de la garde ordinaire de Sa Majesté, seigneur de la Tour d'Eyquem ou de Montagne.
Sarrau (Élie), chevalier de Saint-Louis, ancien lieutenant-colonel, seigneur de Pichon; par Louis-Isaac Sarrau, son fils et procureur fondé.
Seguineau (les mineurs), seigneurs de Portets et Dandride; par Étienne-Jean-Baptiste Darche de Luxe, ancien officier au régiment du roi, leur procureur fondé.
Ségur (Joseph de), chevalier, vicomte de Cabanac, lieutenant général des armées du roi; par Jacques-Armand-Henri Daugeard, chevalier, baron de Virazel, son procureur fondé.
Saint-Angel (Jean de), seigneur de Puygeyrin.
Saint-Angel (François de), seigneur de Morpain.
Saige (Marie Chaperon, veuve de Guillaume-Joseph), baronne de Beautiran, châtelaine de l'Ile-Saint-Georges et dame de Laprade; par François-Armand Saige, avocat général honoraire au parlement, son procureur fondé.
Sentout (Léonard-Antoine de), chevalier, seigneur de Jonqueyres, Languissan, Puylambert, Lagarde et Sorlus.
Secondat (Jean-Baptiste de), chevalier, seigneur, baron de La Brède, de Bessan et Soussans; par Jean-Luc de Mons, marquis de Dunes, son procureur fondé.

Soyres (Jean-François de), seigneur de Labarde.
Sans (Marie-Joseph-Guillaume-Laurent-Pierre), seigneur de Seignouret; par Barthélemy de Basterot, chevalier, seigneur de Senilhac, son procureur fondé.
Saint-Simon (le marquis de), maréchal des camps et armées du roi, grand d'Espagne de la première classe, commandeur de l'ordre royal et militaire de Saint-Louis, seigneur de Giscous; par François-Henri de Foix de Candale, son procureur fondé.
Ségur (Charles de) Larouquette, seigneur de Cotelère.
Sandillands (Élisabeth Ainselly, veuve de Jacob de), dame de Pillotte; par Pierre-Joseph, comte de Madronet de Saint-Eugène, chevalier, capitaine de cavalerie, son procureur fondé.
Sarrau (Guilhaume-Charles-Mathieu de), seigneur de Glodin et Dussol.
Secondat (Charles-Louis de), baron de Montesquieu, chevalier de Saint-Louis et de Cincinnatus, colonel du régiment de Cambresis.
Sentout (Jean-Joseph, chevalier de).
Saint-Angel (Jean de), écuyer de la reine et capitaine de cavalerie dans son régiment.
Saint-Angel (Jean-Pierre-Charles de), garde du corps du roi.
Salèles (Joseph).
Ségur (Jean-Alexandre de) Blezignac.
Saint-Pierre (Jean-Baptiste de).
Saincric (Pierre).
Schinlinsky,
Ségur du Grand-Puch (madame de),
Salvignac (le comte de),
Sellier de Soissons,
Senailhac,
Saint-Martin,
} *Défaillants.*

T

Taffard (Pierre), seigneur de Laruade, lieutenant de canonniers.
Tapol (Élisabeth et Anne de), dames du Mauguy, autrement de Monconseil; par M. de Gombault Desbarrats, leur procureur fondé.
Testard (Alexis) de Groval.
Testard (Jean-Louis).
Thibaud (Guillaume).
Thibaud (Jean-François).
Thibault (Michel de).

NOTES. Thibault (Raymond, chevalier de).
— Tuguet (mademoiselle), *défaillant*.

V

Villeneuve (Joseph-Emmanuel de) de Durfort, chevalier, seigneur, baron de Macau, Ludon, Cantemerle et Mestarieu.
Verthamon Saint-Fort (Joseph de), seigneur de Fonbernet.
Verthamon Saint-Fort (Jules de), seigneur de La Bigueyresse.
Verthamon (Jean-Baptiste-Maurice de), marquis de Tercis, seigneur d'Ambloi, Chalucet, Saint-Germain, Romefort et Cervaux.
Villepreux (Pierre-Laurent de), seigneur du Grand et Petit-Sacol.
Verthamon d'Ambloi (Marie de Caupos, veuve de Martial-François de), chevalier, seigneur d'Ambloi, président au parlement de Bordeaux, vicomtesse de Biscarrosse et de Castillon, baronne de Lacanau et d'Andernos, dame des prévôtés de Born, Parentis, Saint-Paul et Sainte-Eulalie; par Jean-Baptiste-Cyprien, vicomte de Verthamon, capitaine commandant au régiment de Piémont, seigneur de La Salargue, son fils et procureur fondé.
Verthamon (Jean-Baptiste-Cyprien, vicomte de), capitaine commandant au régiment de Piémont, seigneur de La Salargue.
Voisin (Louis de), seigneur de Dumas.
Verteuil (Marc-Antoine, baron de), lieutenant général des armées du roi, gouverneur de l'île d'Oléron; par Amanieu de Ruat, son procureur fondé.
Vassal (Léonard-Antoine de), baron de Cadillac, seigneur de Lalande, Cadillac et Saint-Romain.
Wormeselle (Gabriel Rouchon de), proviseur né du séminaire d'Haquin à Douai, nominateur de l'hôpital de Cambrai, chevalier de Saint-Lazare, seigneur de Romefort.
Wavrans (Marie-Jeanne-Claude de Lange Commène, veuve de Gabriel-François-César, comte de), marquis de Boursin, comte de Benauge, chevalier de Saint-Louis, comme tutrice de Charles-François-Marie, marquis de Wavrans et de Boursin, comte de Benauge, son fils; par André-Daniel Lafon de Ladebat, son procureur fondé.
Verthamon (François, chevalier de), chef d'escadron au régiment de Piémont.
Villeneuve (Jean de) de Durfort.
Verthamon (Maurice de) Saint-Fort, capitaine de cavalerie au régiment de la reine.

CATALOGUE DES NOBLES POSSESSEURS DE FIEFS.

Le chevalier de Cazaux.
Casenave de Lacaussade.
Le Blanc-Nouguès.
De Ségur-Montagne.
Mme de Calmeilh.
Pontet.
Dumontet.
De Saige.
Mme de Castelnau-d'Essenault.
Le vicomte de Ségur.
Mme veuve de Fonteneil.
Duroy.
Mme veuve de Calmeilh.
De Labat de Savignac.
De Pontac.
Mme veuve de Fougeras.
Montsec de Reignac.
Montsec de Reignac fils.
De Sarrau.
De Noiret.
De Villeneuve de Durfort.
Mme de Branne.
De Pichon-Parempuyre.
De Branne.
Dumas de Laroque.
De Lamouroux-Parempuyre.
De Cadouin.
De Ruat.
Lemoyne de Laroque.
Mme veuve de Boucaut de Hantone.
Mme veuve de Boucaud du Bousquet.
Mme de Conilh.
Les enfants de feu M. Seguineau.
De Maignol aîné.
Gernon.
D'Albis de Gissac.
Mme la comtesse de Lavau.
De Loyac.
Le comte d'Argicourt.
Le comte de Fumel.
De Loret.
De Verthamon Saint-Fort.

Le Blanc.
Le vicomte de Ségur.
De Verthamon Saint-Fort.
De Brivazac.
Saint-Angel.
Maurice de Verthamon.
De Raymond de Lalande.
Auger de Guilleragues.
Marbotin de Conteneuil.
Dabadie d'Ambleville.
Dabadie de Léoville.
Mlle Dorothée Labat de Savignac.
Mlle Rosalie Labat de Savignac.
De Raymond de Sallegourde.
Journu.
Le chevalier de Navarre.
Les enfants de feu M. Jean O'Byrne.
Roullier de Gassies.
Le marquis de Solminiac.
De Gombault-Pleinpoint.
Mme veuve de Gestas.
De Brons.
Auger Ducléon.
De Filhol.
De Baritault de Soulignac.
De Lavie.
Mme veuve Dillon.
Le chevalier de Léglise.
Mme Daugeard de Basterot.
De Chavaille.
De Spens de Lancre.
Le baron de Rasac.
De Saint-Angel de Morpain.
De La Saussaye.
Mme veuve de Saige.
De Cazalet.
Mme veuve Le Blanc de Mauvesin.
De Villepreux.
Chillaud de Bonnet.
Delesme.
Barret de Ferrand.
Mme de Cursol de Gaufreteau.

NOTES.

- Leberthon.
- Darche Lassalle.
- La Chassaigne de Pressac.
- Marsolier de Montau.
- Dufour.
- Dussaulx.
- Mme veuve de Budos.
- Le baron de Budos.
- De La Marthonie.
- Kirwan.
- De Laborie d'Ambès.
- De Gombault Saint-Martin.
- De Goderol.
- Pontet de Romefort.
- Desaigues de Salles.
- Chaperon de Terrefort.
- Le vicomte de Lafaye.
- Dutasta.
- Du Périer Lislefort.
- Charles et Jean Brunaud.
- Jean Brunaud.
- Donissan, marquis de Citran.
- De Paty Menviel.
- Lassalle-Caillau.
- De La Tour-Blanche.
- De Montbrun.
- Mme veuve de Carles.
- Beylac.
- Filhot de Marans.
- Le duc de Lorge.
- Montalier de Grissac.
- De Sentout.
- Du Périer de La Romaningue.
- De Paty Bellegarde.
- Delpy de La Roche.
- De Galateau.
- De Lafaurie Monbadon.
- Mme veuve Verthamon d'Ambloi.
- De Verthamon La Salargue.
- Le marquis de Mons.
- De Rolland.
- De Biré.
- Brivazac de Beaumont.
- Chaperon de Lataste.
- De Montaigne.
- La Chassaigne fils.
- De Lamolère.
- De Pressac de Cadillac.
- Le Tellier aîné.
- Mme de Charmailh.
- Chauvet.
- De Voisin.
- Dublan.
- De Paty du Rayet.
- De Cazaux de Larose.
- Ratier-Dupin.
- De Basterot de Senilhac.
- De Noiret aîné.
- Domenge.
- Daugeard.
- De Pichard.
- De Mac Carthy.
- Mme de Raoul.
- Le marquis de Pons.
- De Brach-Montussan.
- Delezé.
- Desaigues-Thibaudin.
- De Gaufreteau de Buisson.
- Mme d'Alphonse.
- Lamothe de La Garrosse.
- De Minvielle.
- De Gourgues.
- De Latour-Dupin.
- Dufaure de Lajarthe.
- Le chevalier de Spens de Lancre.
- De Reignac.
- Mme veuve d'Ambrus.
- Jean Roland Dupont.
- Seigneur du Pont, paroisse de Barsac.
- De Lavie.
- Mme de Pomiès d'Agassac.
- Le marquis de Mons fils.
- De Secondat.
- De Lacrompe.
- De Rubran.
- Mme veuve Dublan.
- De La Rigaudière.
- De Boric.

De La Tresne.
De Cursol-Talence.
De Belcier.
Le chevalier Dufour.
Mlle de Baltode.
De Ségleri aîné.
Pelet d'Anglade.
De Verteuil.
De Pardaillan.
De Gadeau.
De Rousset.
Mme Cursol du Taillan.
Le vicomte de Grenier.
De Pélissier.
De Bonnevin de Jussas.
De Charron.
De Beaupoil Saint-Aulaire.
Achard Desaugier.
De Cosson.
De Soyres.
Marin de Tastes.
Barbarin.
De Boucaud.
De Belhade.
Petit de La Seguinie.
De Chassaing.
De Baritault.
Montalier de Borie.
Duval de Lamothe.
De Coiffard.
De Calvimont.
D'Abzac de Mayac.
De Laurancie.
De Massip.
De la Croix.
Mme veuve de Laborde.
Mme veuve La Chassaigne.
De Morin.
De Bergeron.
Basterot-Desgranges.
Le chevalier d'Aux.
Bense du Breton.
Le duc de Lesparre.
De Malvin.

Dufillé.
Pereyra de Lamenaude.
Mme veuve La Chapelle.
Le marquis de Fayet.
Les enfants de feu M. Sans.
Le patron d'Aux.
De Lavergne de Lage.
Le chevalier de Lavergne-Delage.
Mme de Latourette.
De Castets.
De Saint-Laurent.
Mlle de Corbier.
Boyer-Pascal.
De Briançon aîné.
Le chevalier de Briançon.
Lavergne de Peyredouille.
Mme veuve de Maledan.
Josset de Pomiès.
De Brosse, marquis de Montendre.
Mme de Larribaux.
De Laroque-Latour.
Taffard-Laruade.
Desaugiers de Cabanère.
De Paty Lapareau.
De Sudre Desardouins.
De Vassal.
Gombaud-Desbarrats.
Marraquier.
D'Arboucade.
Mme veuve Boyer-Fonfrède.
Bordes de Fortage.
Mme veuve de Brezets.
Besse de Maurian.
De Lur, marquis de Saluces.
Le comte de Clonard.
Le marquis de Saint-Simon.
Le comte de Solminiac.
Patrice Mitchell.
Guyonnet de Monbalon.
De Lombard.
Sylvestre de Brezets.
Dudon.
De Lombard d'Ondillac.
Bodet de Lavalade.

NOTES.

NOTES.
—

De Paty-Maurinat.
De Candale.
Le duc de Duras.
De Joigny.
Mme la marquise de Barbe.
De Labat de Savignac.
Mme veuve Baritault.
De Ségur Larouquette.
Thomas de Montalier.
Le chevalier de Paty.
Clock.
Daniel.
De Filhot de Chimbaud.
Le comte de Raymond.
De Roussanes.
Le marquis de Mallet.
Mazerolles de Coeffard.
Mlle Tapol.
Bonnefond de Lacaussade.
De Bonneau.
Mme de Sandillands.
Bromer.
De Richon.
Destournel.
De Maupas.
De Wormeselle.
Mlle Laville d'Arès, dame de Granets.
De Lavaissière de Verdusan.
Marcadé, seigneur de Bonneville, paroisse de Léognan.
Le chevalier de Brach, seigneur de Jalais, paroisse de La Grave d'Ambarès.
Jacques-Justin de Chillaud aîné, seigneur du fief de Bernos, paroisse de Saint-Laurent en Médoc.

De Gombault, seigneur de Pontus et Montégut.
Guillaume de Litterie, seigneur du fief de Lalanne, paroisse de Léognan.
De Lageard Saint-Marc.
Mlle Dupuch Destrac.
Les demoiselles de Lassalle-Caillau.
De Bourran.
De Laroche-Aymond.
Mlle Daniel.
De Boucher.
Lafon de Ladebat.
Mme du Périer de Landerron.
Petit.
Duplessis de Terrefort.
Duval de Lagrange.
De Gères de Loupes.
Bodin de Saint-Laurent, seigneur de Létang.
Dutil du Repère.
Mlle Letellier.
De Conilh.
De Sarrau.
De Biré.
Bense.
De Lagubat.
De Brezets aîné.
Duclà.
De Guyonnet, coseigneur de Labatut.
Mlle de Grenier.
De Lassalle d'Eyquem.
Mondenard de Roquelaure.
Mme de Wavrans, comtesse de Benauge.

LISTE DES NOBLES NE POSSÉDANT PAS DE FIEFS.

Jacques-Armand-Henri Daugeard de Virazel.
Le duc de Duras.

François, chevalier de Verthamon, chef d'escadre au régiment de Piémont.

Dudon fils.
Charles Sauvat de Pomiès aîné.
Leberthon fils.
Jean-Joseph, chevalier de Pomiès, capitaine de dragons.
Pierre de Pomiès d'Uch, lieutenant de vaisseau.
Le chevalier de Villeneuve de Durfort.
Daugeard fils.
Jacques-Maxime-Paul de Chastenet, comte Maxime de Puységur, chevalier de Saint-Louis, colonel attaché au régiment d'infanterie de Monsieur, frère du roi.
Jean Du Périer, chevalier novice de l'ordre de Malte de Saint-Jean de Jérusalem.
Le Blanc, commandeur de Malte.
Louis Du Périer, chevalier de l'ordre de Malte, de l'ordre de Jérusalem.
Jean-Luc-Joseph Duval fils.
Charles-François-Armand de La Roque, chevalier de Budos.
Le chevalier de Gombaud Descheminées.
Louis-Joseph-Guillaume du Fort.
Auguste-Léon de Nogaret.
Romain du Périer de l'Ombrière.
Le comte Gabriel-Julien de Flavigny.
Henri-Élisabeth de Gaufreteau de La Gorce, ancien officier d'infanterie.
Le chevalier Destut de Solminiac.
Gabriel de Lacroix de Puyozard.
Pierre-François-Xavier de Lucy Focarius, capitaine d'infanterie.
Le baron d'Audebard de Férussac, capitaine au régiment de Forest.
Étienne-Jean-Baptiste Darche-Luxe, ancien officier au régiment du roi.
Pierre-Antoine Darche de Lassalle fils, chevalier de l'ordre de Malte, ancien officier au régiment du roi.
Pierre-Antoine d'Arche de Lassalle, chevalier de l'ordre de Malte.

De Grenier, chevalier de Saint-Louis, ancien major au corps du génie.
Le chevalier de Lalande.
Testard de Groval.
Testard.
Léonard Féréol de Castelnau.
Vincent de Castelnau.
Le chevalier de Castelnau, garde du roi.
Jean-Baptiste-François de Morin.
De Clarcke.
Daniel de Laporte, chevalier, baron de Pauliac, seigneur de Galisac, paroisse de Montaignac.
Armand-Yvés-Jean-Baptiste de Laporte de Pauliac, chevalier.
Pierre-Jean-Baptiste de Laporte, chevalier, lieutenant en premier au régiment de Touraine.
Louis de Castelnau de Lahet, chevalier de Saint-Louis.
Jacques de Fitzgibbon.
Pierre Saineric.
Léonard-Antoine-Gabriel, chevalier de Castelnau d'Auros.
Romain, chevalier du Périer de Larsan oncle.
Destournel fils.
Le chevalier Le Blanc de Mauvesin.
De Mac Carthy aîné.
De Mac Carthy jeune.
Pierre Darche-Pessan, chevalier de Saint-Louis.
Michel, chevalier de Lynch.
Nicolas-Michel de Normand.
Gruer de Montau.
Antoine, chevalier de Bourran.
Jean-Antoine de Raoul.
Jacques-Siméon de Lachausse.
Guillaume Thibaud.
Jean-François Thibaud.
Guillaume Dufau.
Blaise-Jean-Charles de Gaxy.
Alexandre de Iourniac, colonel d'infanterie.

NOTES
—

NOTES.

Pierre-Joseph de Madronet de Saint-Eugène, capitaine de cavalerie.
Pierre-Paul Doat, capitaine au régiment d'Artois, dragons.
Gabriel-Marie-Anne Delarose Fonbrune.
Philippe-Marie Delarose.
Joachim de Chalup.
Michel-André Bodin de Saint-Laurent.
Pierre, chevalier de Rolland.
François-Hyacinthe-Zacharie de Labat.
Thomas-Patrice Lée.
Jean-Baptiste de Rolland, chevalier de Saint-Louis, ancien capitaine des gardes du corps, lieutenant-colonel de cavalerie.
Pierre-François Paterne, baron de Gombaud-Rasac.
Mathias de Rauzan.
Franç.-Jacques-Marie de Bergeron fils.
Jean-Joseph, chevalier de Sentout.
Guillaume Lacrompe de Laboissière, chevalier de Saint-Louis.
Augustin de Baritault.
Raymond-Jean-Antoine Dubergier de Favars.
Hector de Baritault, chevalier de Saint-Louis.
Le chev. de La Chassaigne de Caillau.
Le chevalier de Thibault.
Mondenard de Roquelaure.
De Raignac.
Laurent Duluc.
De Chillaud des Fieux.
Joseph-François de Lafon.
Pierre-Antoine-Sixte de Mignot Delas.
Antoine de Bordes de Roumaguet.
Jean-Pierre de Lavergne.
Joseph Duroy de Brugnac.
De Saint-Angel, écuyer de la reine et capit. de cavalerie en son régiment.
Le chevalier de Saint-Angel, garde du corps du roi.
François Raynac de Barre.

Pierre de Barbot, capitaine des grenadiers au régiment de Guienne.
Jean-André de Meslon, chevalier, officier au régiment du roi, infanterie.
Journu-Aubert.
Alexandre de Policard, officier au régiment de Vintimille, infanterie.
Pierre Billatte.
Franç^s-Hyacinthe Billatte de Faugère, officier au bataillon de garnison de Guienne.
André de Paty, chevalier.
Joseph, chevalier de Foix de Candale.
Charles, marquis de Canolle de Lescours, mestre de camp d'infanterie.
Jean, chevalier de Groc, chevalier de Saint-Louis, lieutenant-colonel d'infanterie.
Jean-Baptiste Duluc, chevalier de Saint-Louis.
Pierre de Lucmau, chevalier de Classan, capitaine au régim^t de Médoc.
Jean-Jacques d'Aux.
Jean-Jacques Fournier de La Chapelle, ancien intendant d'Auch.
Louis-Marc-Antoine de Lamourous du Mayne.
Charles de Gères.
De Bonnevin, chevalier, ancien capitaine au régiment de Rouergue, chevalier de Saint-Louis, seigneur de Boisset.
Joachim Gauvin de Harcote.
Le chevalier Léon de Rauzan, capitaine commandant au régiment de Normandie, chevalier de Saint-Louis.
Lacayre de Campet, officier d'infanterie.
Noël de Bonnefond de Lacaussade.
Le chevalier de Marbotin, capitaine commandant du régim^t d'Enghien.
Jean, chevalier de Villeneuve-Durfort.
Jean-François Donadieu de Labat.

— 485 —

chevalier de Savignac, chevalier de Saint-Louis.
Pierre de Castets, seigneur de Naillon et de Sainte-Gabelle.
De Laville.
Jean-Louis de Peyronnet père.
Louis-Élie de Peyronnet fils.
Le chevalier de Monbadon.
Le chevalier Duplessis.
Joseph Salèles, écuyer.
Deroche.
André-Pierre-Claude-Gaston Duvigier, chevalier de Malte.
François de Parcabe.
Jean-Baptiste-Guillaume de Brivazac aîné.
Maurice de Verthamon-Saint-Fort, capitaine de cavalerie au régiment de la reine.
Dudevant.
Dudevant-Maisonneuve.
Pierre-Louis de Raignac, coseigneur de la Croix.
Pierre, baron d'Orthes, sous-lieutenant au régiment d'Aunis.
Pierre-Jean-Baptiste, chevalier de Rousset, chevalier de l'ordre militaire de Saint-Louis.
Barthélemy d'Aux, capitaine des chasseurs de Languedoc.
Louis-Auguste Rattier.
Joseph de Limousin.
Joseph-Marie-Victoire Bencch de Lépinay, lieutenant des maréchaux de France à Bayonne.
De Chassaing fils, ancien chevau-léger de la garde du roi.
Jean-Alphonse de Paty.
Étienne-Alexandre de Journiac père, écuyer, ancien capitaine au régiment de Normandie.
Jean-Alexandre de Ségur-Blezignac.
Joseph, baron de Pichon-Longueville.
Rattier de Sauvignan.
Jean-Alphonse de Paty, capitaine commandant au régiment de La Fère.
Jean-Baptiste de Paty-Bellegarde, capitaine au régiment de la Colonelle-Générale, cavalerie.
Charles de Gères.
De Saint-Pierre.
Le comte de Mallet.
Pierre, vicomte de Mallet.
Bareire aîné.
Pierre, chevalier de Barbot.
Jacques de Besse, chevalier de Maurian.
Pierre-Urbain Pau (1).

NOTES.

NOTES II et III, *pages 4 et 8.*

CAHIER DE L'ORDRE DE LA NOBLESSE DE LA SÉNÉCHAUSSÉE DE GUIENNE.

La noblesse de la sénéchaussée de Guienne, pénétrée du plus profond respect pour son roi, animée du zèle le plus pur pour le bien de l'État, voit renaître avec transport l'occasion heureuse d'offrir à son prince et à sa patrie un hommage, et des sentiments dont elle se fera toujours gloire de montrer l'exemple.

(1) On trouvera dans ces deux listes les noms de plusieurs bourgeois vivant noblement, mais qui n'avaient pas de titres.

NOTES.

C'est en conciliant les intérêts du trône et de la nation trop longtemps séparés, qu'elle s'est livrée aux travaux qui doivent concourir à régénérer la France. Puissent ses efforts assurer à jamais le bonheur d'un souverain assez grand pour ne l'avoir point trouvé au faîte du pouvoir! Puisse le résultat de ce grand œuvre national cimenter la prospérité d'un peuple auquel il ne manque que la précieuse influence d'une bonne administration! A la vue du travail immense préparé par le temps, par l'oubli des principes les plus sacrés et par une multitude de causes secondes, l'esprit s'étonne, mais le patriotisme s'éveille. Il n'est pas possible sans doute de se flatter que, dans une première session des États généraux, leur zèle et leur activité puissent rendre à la vie, réformer ou créer tant d'objets différents qui seront soumis à leur examen.

Aussi est-ce d'après cette considération que l'ordre de la noblesse croit devoir tracer à ses députés une marche qui, sans rien négliger, présentera tous ces objets divers, suivant la graduation de leur importance, dans quatre sections destinées à les classer.

PREMIÈRE SECTION.

Objets préalables, fondamentaux et constitutionnels qui doivent être arrêtés avant de pouvoir passer à aucune autre discussion.

Article premier. — Attendu que la manière de voter ne peut être réglée que d'après le consentement de chaque ordre en particulier, il est enjoint aux députés de ne point s'écarter, à cet égard, de la forme antique et constitutionnelle de voter par ordre.

Article deux. — Quoique Sa Majesté, par une prévoyance bien digne de sa justice, et par des expressions pleines de bonté, ait cru devoir éloigner toute idée de gêner les suffrages; cependant, comme le passé doit instruire pour l'avenir, il est indispensable d'arrêter préalablement que tous les membres des États généraux seront regardés comme personnes inviolables, placées sous la sauvegarde de la foi publique et libres de faire tous les efforts raisonnables pour l'exécution d'un mandat dont ils ne doivent être responsables qu'envers leurs constituants.

Article trois. — Après s'être assurés de la liberté absolue des avis et des personnes, pendant la tenue des États généraux, les députés de la noblesse réclameront le maintien de la Constitution monarchique, et demanderont à faire constater :

1° La succession au trône, telle que celle qui, par une suite constante et non interrompue jusqu'à nos jours, nous a évité les troubles indispensablement attachés à tout autre ordre de choses;

2° La plénitude du pouvoir exécutif, résidant uniquement dans la personne du monarque;

3° La reconnaissance du droit ancien et imprescriptible qu'a la nation d'accorder seule tous les impôts directs ou indirects, de concourir essentiellement avec le monarque à la formation des lois de toute espèce, générales ou particulières, hors les règlements nécessaires pour faire exécuter tout ce qui aura été déterminé par les États assemblés.

Article quatre. — La liberté individuelle étant le premier rapport qui doit résulter de toute société bien constituée, les députés aviseront à tous moyens qui pourront l'assurer inviolablement; mais, attendu que dans un tel sujet la justice et l'humanité commandent de ne pas perdre un instant; qu'un jour ajouté à la captivité d'une victime du pouvoir arbitraire devient un crime de la société, chargée de la protéger; comme enfin le premier acte de la nation française, réunie et rendue à ses droits, doit être un hommage à la liberté, les députés demanderont :

1° Qu'il soit formé un comité dans le sein des États généraux pour faire la recherche et l'examen de toutes les prisons qui sont soustraites à la juridiction des tribunaux;

2° Qu'après cet examen, Sa Majesté soit suppliée de rompre les fers des malheureux que de faux exposés, des trames ourdies par les passions et l'intrigue, ou même de légères faiblesses auraient conduits dans ces affreux séjours; de renvoyer devant leurs juges naturels ceux qui, par des délits contractés, appartiennent à la loi, qui doit seule les punir. Enfin, de rendre à leur état et à la liberté ces illustres et respectables militaires qui, lors des suites désastreuses des édits du 8 mai, n'oublièrent jamais qu'ils étaient citoyens, préférèrent des disgrâces éclatantes à de viles récompenses, plutôt que de tirer l'épée contre une patrie à laquelle leur sang est dû pour la défendre et non pour l'opprimer;

3° Qu'après un préalable qui fera certainement connaître à quel degré peut monter l'abus de ces ordres vexatoires, si connus sous le nom de lettres de cachet, il soit statué sur leur suppression absolue, et parmi les moyens à présenter pour parvenir à un but si désirable, ils demanderont d'abord l'exécution des anciennes ordonnances, qui veulent que dans les vingt-quatre heures les tribunaux prennent connaissance de la capture de tout citoyen arrêté en vertu d'un ordre quelconque, et qu'il soit fait une nouvelle loi pour admettre les cautions, dans tous les cas où le détenu ne sera point accusé d'un délit qui entraîne peine afflictive.

Article cinq. — Un des moyens les plus sûrs de prévenir désormais les malheurs qui affligent la France depuis si longtemps, est sans doute le retour périodique des États généraux. C'est pourquoi les députés demanderont que ce retour soit fixé invariablement à une distance peu éloignée, et que même elle soit nécessairement rapprochée, dans tous les cas, d'une urgence indispensable, telle qu'une guerre malheureuse ou une régence; mais avec la réserve expresse qu'aucune commission intermédiaire ne puisse être établie dans l'intervalle, attendu que les Cours souveraines, avouées par la nation entière et responsables envers elle, doivent être seules chargées d'enregistrer, sans modification quelconque, les lois qu'elle aura faites; de les garder avec une surveillance scrupuleuse, et de les garantir contre toute entreprise.

Article six. — Le règlement du 24 janvier dernier et les lettres de convocation qui l'ont précédé, étant contraires aux droits et aux usages nationaux, contenant d'ailleurs plusieurs vices essentiels, ne peuvent être considérés que comme une simple instruction informe, dénuée de tout caractère obligatoire; en conséquence, les députés demanderont qu'il soit fait une loi qui, relative aux changements et aux autres rapports survenus depuis la dernière tenue des États, règle leur formation pour l'avenir, par des combinaisons plus régulières.

Article sept. — Comme il est essentiel que chacune des parties du corps politique connaisse les limites du pouvoir que la nature, la raison et la loi lui ont départi, dans le but unique de se fortifier mutuellement et non de se détruire, les députés demanderont qu'il soit fait une loi fondamentale qui établisse et consacre tous les articles ci-dessus énoncés; et afin de pouvoir se livrer avec confiance et sécurité aux autres objets qui doivent les occuper, ils n'entreprendront aucune espèce de travail avant que les dits articles aient été définitivement arrêtés.

SECONDE SECTION.

Objets sur l'obtention desquels les députés seront chargés d'insister fortement pendant la première tenue des États généraux.

Article premier. — Les députés demanderont à connaître, avec la plus sévère exactitude, l'état actuel des finances, non seulement dans leur ensemble, mais encore dans les détails particuliers de chaque département. Ils rechercheront avec soin l'origine, les progrès et les causes légitimes du déficit.

Article deux. — Après cet examen les députés demanderont :

1° Que la dette nationale soit invariablement consolidée ;

2° Que les sommes attribuées à chaque département soient fixées, même celles de la maison de Sa Majesté, d'après l'offre généreuse et paternelle qu'elle en a faite à ses peuples ;

3° Que tous les ans un compte-rendu soit imprimé et publié, dans le plus grand détail, avec la liste des pensions et les motifs qui les ont fait obtenir ;

4° Que chaque ministre soit responsable aux États généraux des infractions qu'il aura faites aux lois du royaume, ainsi que du mauvais emploi des finances de son département, soit par inconduite ou incapacité.

Article trois. — Si les impôts actuels, joints aux réformes, aux ressources de l'économie et aux autres moyens qui pourront être suggérés, ne sont pas suffisants pour égaliser la recette et la dépense, les députés sont autorisés à consentir ce qui sera urgent et nécessaire pour en faire le complément, mais seulement jusqu'au temps où la réforme générale des impôts aura pu être opérée et les nouvelles formes mises à exécution, et à la charge qu'il soit établi, dans les États de chaque province, une caisse nationale d'où sortiront, aux échéances arrêtées par les États généraux, les fonds destinés à payer la dette publique, pour être remis directement aux créanciers de l'État dans l'ordre et le rang qui leur auront été assignés.

Article quatre. — Les députés demanderont que la création, l'organisation et le régime des États provinciaux soient arrêtés au sein des États généraux, afin que l'administration de chaque province soit liée avec l'administration générale.

Article cinq. — La liberté de la presse étant aux affaires publiques ce qu'est une discussion libre dans les intérêts particuliers, les députés insisteront sur l'abolition de toute censure, et aviseront aux moyens les plus convenables pour garantir des atteintes de la licence la religion, les mœurs et l'honneur des citoyens.

Article six. — Comme les réformes multipliées dans l'administration de la justice civile et criminelle exigeront nécessairement un temps considérable pour y procéder, les députés demanderont une loi provisoire qui assure une expédition plus prompte, fixe un ordre invariable dans le rang et l'appel des causes inscrites dans chaque tribunal, donne la plus grande activité dans les formes, pour vider les prisons, assigne les moyens les plus humains pour les rendre salubres, et supprime tous committimus, évacuations et commissions particulières, en sorte qu'aucun citoyen, corps ou communauté, ne puisse être enlevé à ses juges naturels et locaux, sauf les cas de droit qui sont indiqués par les ordonnances actuelles du royaume, ou qui le seront dans un nouveau corps de législation.

Article sept. — La propriété des corps et communes devant être aussi sacrée que celle des particuliers, non seulement en vertu de la propriété elle-même, mais encore en raison des vices qui accompagnent toujours une administration éloignée; les députés rappelleront l'exécution des anciennes ordonnances, et notamment celle de Blois, de 1579, qui veulent que les communes administrent seules et librement leurs revenus et aient une entière liberté dans l'élection de leurs officiers municipaux. Ils insisteront particulièrement sur les désordres qui règnent aujourd'hui dans la municipalité de la ville de Bordeaux, d'après l'anéantissement des principes de sa constitution, et réclameront de la justice de Sa Majesté, de rendre à ses fonctions son premier magistrat, qui, victime d'un zèle honorable, gémit depuis si longtemps sous les décrets d'un tribunal incompétent.

Article huit. — Les sacrifices que la noblesse est déterminée à offrir pour le bien de l'État, ne doivent pas lui faire perdre de vue les membres de son ordre que le sort a dévoués aux malheurs de l'indigence; sa générosité deviendrait injustice si quelques nouvelles routes ne lui étaient pas ouvertes pour maintenir la balance qui doit exister dans tous les ordres de l'État. C'est pourquoi les députés demanderont aux États généraux de prendre en considération la noblesse indigente. Ils proposeront de l'assimiler au régime et aux priviléges dont jouit celle de Bretagne, relativement au commerce, en l'assujétissant aux formalités prescrites à cet égard.

TROISIÈME SECTION.

Objets qui présentent de trop grandes difficultés pour être terminés dans une seule tenue des États généraux, et qui, exigeant un temps considérable, tant pour l'examen que pour l'exécution, seront seulement proposés.

Article premier. — Les députés proposeront de s'occuper de toutes les réformes nécessaires dans l'administration de la justice civile et criminelle. Et, à cet effet, qu'il soit établi un comité de magistrats et de jurisconsultes, choisis dans l'universalité du royaume, qui commencera préalablement par la rédaction d'un Code général, et rendra compte de son travail à la prochaine tenue des États généraux.

Article deux. — Que Sa Majesté soit suppliée de réformer l'abus des moyens trop multipliés d'acquérir la noblesse, soit par diverses charges, avec ou sans finance, ou par des lettres d'anoblissement obtenues sans vérification de leur exposé; et que les députés demandent aux États de pourvoir incessamment à la vérification des nobles.

Article trois. — Qu'on cherche tous les moyens de favoriser l'agriculture, le commerce et l'industrie utile, de lever les obstacles qui les troublent ou en arrêtent les progrès, tels que les douanes et droits qui gênent la circulation intérieure, l'excès de ceux qui se perçoivent sur les objets d'exportation, l'obtention ou le renouvellement des priviléges exclusifs, et particulièrement toute espèce de changement dans les monnaies.

Article quatre. — De consentir à l'aliénation des domaines royaux, si elle est jugée nécessaire, pourvu que les États prescrivent la forme obligatoire dans laquelle la vente en sera faite, et que le produit soit totalement employé à libérer la dette que la nation aura reconnue.

Article cinq. — Qu'il soit formé un plan d'éducation publique dont les principes soient analogues à la Constitution nationale, et que Sa Majesté soit suppliée de nommer un comité à cet effet.

Article six. — Que la réduction du nombre trop multiplié des fêtes soit prise en considération, comme nuisant infiniment à l'agriculture, au commerce et aux arts utiles.

Article sept. — Qu'il soit pourvu à une plus grande sûreté publique et intérieure du royaume, par l'augmentation des maréchaussées ou par tel autre moyen que les États jugeront convenable.

Article huit. — Que Sa Majesté soit suppliée très-instamment de faire rédiger un Code militaire stable, qui conserve à l'ancienneté les avantages précieux d'une longue expérience, qui assure dans chaque classe la juste considération et les récompenses dues au mérite, maintienne la subordination nécessaire au succès et à la gloire de nos armes, rassure l'état des officiers en leur accordant des juges réguliers lorsqu'ils sont inculpés, fixe les moyens les plus sages, les plus économiques et les plus humains de procurer au soldat sa nourriture, son entretien, un logement sain, et supprimer enfin ces châtiments avilissants qui n'inspirent qu'un dégoût trop dangereux pour le service de la patrie.

NOTES.

Article neuf. — Afin que la seconde Assemblée nationale puisse adopter les plans les plus sages sur tous les objets d'administration, que Sa Majesté soit suppliée de former plusieurs comités de législation, guerre, marine, finances, agriculture, commerce et arts, composés de personnes éclairées, désignées par la voie publique, et qui soient autorisées à appeler encore le concours de toutes les lumières de la nation.

QUATRIÈME SECTION.

Octroi de l'impôt.

Après que les députés auront obtenu les articles de la première section, délibéré sur ceux de la seconde et proposé ceux de la troisième, ils seront autorisés à consentir à la prorogation des impôts actuels ou à la création des nouveaux, en observant cependant :

1° Que tous les impôts, soit prorogés, soit créés, directs ou indirects, ne dureront que jusqu'à l'époque fixée pour la tenue la plus prochaine des États généraux, auquel temps ils cesseront de droit et de fait ;

2° Que tous impôts indirects, prorogés ou créés, seront simplifiés et tarifés de la manière la plus précise ;

3° Que les impôts directs connus sous le nom de taille, corvée, capitation, dixième et vingtième, seront supprimés et représentés par deux nouveaux, seuls et uniques, dont l'un sur les capitalistes et l'autre sur les propriétaires d'immeubles ;

4° Que dans les diverses manières d'asseoir ce dernier sur les propriétés foncières produisant fruits annuels, l'impôt en nature sur ces fruits sera indiqué comme étant le seul peut-être qui réunisse les avantages d'une prestation facile et d'une juste proportion au revenu des contribuables ;

5° Que les États provinciaux soient spécialement chargés de l'assiette et répartition des dits impôts, avec la faculté de verser directement dans le trésor royal les sommes qui devront lui être remises, et de retenir celles destinées aux frais de l'administration dans chaque province.

Article deux. — Mais de quelque manière que soient assis définitivement les dits impôts, l'ordre de la noblesse charge ses députés de déclarer qu'il renonce formellement à toute distinction à cet égard ; qu'il entend les supporter avec la plus entière égalité, soit dans la répartition qui en sera faite, soit dans la forme de les acquitter.

Article trois. — S'il était proposé quelque objet de délibération important non prévu dans le présent cahier, il est enjoint à nos députés de prendre nos instructions ultérieures à cet égard.

Clos et arrêté le 7 avril 1789, à quatre heures de relevée, dans l'assemblée de la sénéchaussée de la noblesse de Guienne, et par son ordre, en présence de M. le Grand-Sénéchal, qui l'a signé au bas de chaque page, ainsi que le secrétaire et les commissaires, à la fin d'icelui.

Signés : GALATHEAU, le chevalier DE CASAUX, DE SENTOUT, le vicomte DE SÉGUR, le chevalier DE VERTHAMON, le chevalier GAUFRETEAU DE LA GORCE, le marquis DE MONS DE DUNES, MARBOTIN-CONTENEUIL, le chevalier FROGER DE LARIGAUDIÈRE, le vicomte DE PONTAC, LAVIE, CHILLAUD aîné, *commissaires*.

Sans néanmoins entendre approuver tout ce qui, dans le présent cahier, serait contraire à la lettre de convocation de Sa Majesté, au règlement de son Conseil et autres, résultant des instructions que j'ai reçues.

Signé : DU PÉRIER ; DE CAZALET, *secrétaires*.

Nota. Que les cahiers ont été arrêtés à la majorité de deux cent treize voix contre vingt-quatre, non comprises, de part et d'autre, les procurations.

NOTE IV, *page* 45.

CAHIER DES PLAINTES ET DOLÉANCES DE LA VILLE DE BORDEAUX, REMIS A MESSIEURS MERCIER DE TERREFORT, GIBERT, ROUSSILLON ET LÉON COMET, NOMMÉS DÉPUTÉS PAR LE TIERS-ÉTAT, QUI NE SE TROUVENT COMPRIS DANS AUCUN CORPS, COMMUNAUTÉS OU CORPORATIONS,

A l'assemblée tenue lundi matin 2 mars 1789, dans l'église collégiale, rue des Ayres de la présente ville.

1º Il faut abolir tous les priviléges exclusifs, en général, qui, en ruinant la nation, ne sont que des entraves au commerce français, entre autres, celui de la Compagnie des Indes, le plus meurtrier et le plus injuste ;

2º Réduire tous les impôts du royaume en un seul, régi par le roi lui-même et ses ministres. Un seul receveur dans chaque province et

NOTES. quelques adjudants lui seraient suffisants. Par cette réduction, la caisse royale mettrait Sa Majesté en état de se défendre en tous les temps contre ses ennemis naturels;

3° Ne point permettre, sous quelque prétexte que ce soit, aux étrangers d'exporter de chez eux dans nos colonies, aucune denrée, ni permettre d'en enlever de nos colonies pour exporter chez eux. Il faut des ordres précis à ce sujet.

Mais s'il y avait nécessité, alors qu'il nous fût permis de faire cette navigation nous-mêmes. Par ce moyen, le commerce et la navigation française y gagneraient beaucoup à tous égards, par la quantité de bâtiments que cette branche de commerce occuperait et de matelots qu'elle formerait de plus.

Car c'est la marine marchande, surtout les voyages de grand et de petit cabotage, qui change de mauvais novices en très-bons matelots;

4° Il faudra défendre que nul ne puisse entrer au grade d'officier sur les vaisseaux marchands, s'il n'est prouvé gentilhomme, bourgeois, fils de capitaine ou de père vivant noblement dans chaque département.

Moyennant cet ordre, tous les enfants des ouvriers, paysans, portefaix, domestiques, qui occupent ces places mal à propos, deviendraient de bons matelots, ce qui est plus utile à la marine royale; et, par ce moyen, les familles honnêtes chargées d'enfants, quelquefois sans avoir de quoi les nourrir, trouveraient des ressources à les placer et leur donner un état qui viendrait un soulagement pour les susdites familles;

5° Quant à tous les employés, commis et autres, que les fermes du roi, gabelles, etc., occupent, et auxquels les impôts du royaume, réduits à un seul, feront perdre leurs places, ils pourront prendre d'autres états. Il n'en manque pas en France pour les gens industrieux;

6° Qu'il soit ordonné que la justice, tant au criminel qu'au civil et autres, soit rendue aux parties dans moins de délai et à moins de frais, car il est inouï que pour cinquante livres et beaucoup au-dessous, on fasse des deux et trois cents livres de frais et souvent plus. Que les procès ne se prolongent pas, comme c'est l'usage, un certain nombre d'années, le plus souvent pour ruiner les deux parties;

7° N'accorder des pensions qu'au mérite et du consentement de la nation;

8° Un compte-rendu, tous les ans, aux États généraux, touchant les finances nationales;

9° Que les capitaines de vaisseaux marchands soient déchargés de la capitation que les intendants de province leur font payer au nom du roi, conformément à ce qu'ils paient six deniers par livre sur tous leurs appointements, au lieu de quatre deniers que la marine royale paie. Sa Majesté n'ayant augmenté les premiers de deux deniers sur leurs gages que pour tenir lieu de capitation aux dits capitaines marchands et autres marins du commerce ;

10° Abolir tous les abus nuisibles au roi et à ses sujets qui se sont répandus dans le royaume depuis bientôt deux siècles ;

11° Que les capitaines des navires de commerce ne soient pas sujets à être billetés comme de simples matelots, quand il plaira à Sa Majesté les commander pour son service, comme ci-devant messieurs les commissaires ont fait.

A quoi je conclus, m'en rapportant à la puissance, la sagesse, les connaissances et le patriotisme de messieurs les députés porteurs des différents cahiers de plaintes et doléances :

12° Supplier Sa Majesté de rétablir les privilèges de la ville concernant la municipalité, la libre élection des officiers municipaux et la révocation du brevet qui y donne atteinte pour la place de procureur-syndic ;

13° L'abolition de tous privilèges exclusifs pour le commerce et la vente de toute espèce de denrées ;

14° Réclamer une égale répartition des impôts sur les terres, et moyennant ce, déclarer que dans le cas où toutes les villes privilégiées renonceront à leurs exemptions particulières sur les tailles ; la ville de Bordeaux sera très-disposée à faire le même sacrifice, en la déchargeant toutefois des sommes qu'elle paie annuellement pour prix de son affranchissement ;

15° Demander la suppression de tous les droits qui se perçoivent sur l'exportation des vins et celle des droits qui se perçoivent dans les autres provinces pour l'entrée des vins recueillis dans la sénéchaussée ;

16° La suppression du droit de convoi, et l'exécution des promesses souvent renouvelées et demeurées sans effet, pour l'extinction de cette taxe qui n'a eu pour principe que des besoins particuliers à la province et une cause extraordinaire et momentanée qui ne subsiste plus ;

17° Dans le cas où les besoins actuels ne permettraient pas la suppression générale du droit de franc-fief, malgré les vices de cet impôt et les abus de sa perception, réclamer en faveur des bourgeois et habitants de Bordeaux, l'affranchissement de ce droit dans lequel ils ont été maintenus jusque vers le milieu de ce siècle ;

NOTES.

18° Supplier Sa Majesté d'accorder à la ville un député particulier aux États généraux, d'autant qu'elle a toujours joui de ce droit, que ses intérêts sont différents de ceux de chaque ordre en particulier, et que, possédant des fiefs et des seigneuries considérables, elle ne jouit pas même, dans la convocation actuelle, des prérogatives d'un simple gentilhomme ;

19° Réclamer le retour périodique des États généraux à des époques fixées, et s'opposer à l'établissement d'une commission extraordinaire dans l'intervalle de leur convocation ;

20° Demander la confirmation de tous les articles de la capitulation par une loi particulière, et que la ville soit dispensée de la nécessité de les faire confirmer de règne en règne ;

21° Demander la libre disposition des trois sous pour livre de la ville, qui se perçoivent sur le produit de tous les droits qui s'acquittent dans les bureaux des fermes du département, en vertu des arrêts du Conseil de 1723 et 1727, et qui n'ont été établis par les dits arrêts et continués ensuite qu'en faveur de la ville et pour l'aider à en supporter les charges, sous l'offre d'en consacrer l'entier produit à la construction des différents édifices publics projetés ou commencés dans la dite ville, et à la charge d'acquitter les sommes attribuées aux fermiers généraux pour leur tenir lieu du produit des offices supprimés ;

22° Réclamer la suppression de toutes pensions sur les revenus de la ville, autres que celles accordées pour des services réels rendus à la ville, et délibérées par la commune;

23° La fixation en argent et relativement au sixième du traitement fait par le roi des honorifiques et fournitures accordées aux gouverneurs et commandants ;

24° Demander le rappel de M. le vicomte de Noé, maire;

25° Supplier Sa Majesté de faire cesser toutes les entreprises que les gouverneurs, commandants et intendants se sont permises sur la juridiction, droits et prérogatives des officiers municipaux considérés comme gouverneurs particuliers de la ville et représentants de la commune ;

26° Attendu la disposition de l'art. 11 du règlement, portant que :
« Les séminaires, collèges et hôpitaux étant des établissements publics
» à la conservation desquels tous les ordres ont un égal intérêt, ne
» seront pas admis à se faire représenter, » Sa Majesté sera suppliée de pourvoir aux frais de la translation et construction de l'Hôtel-Dieu de Saint-André de Bordeaux, soit sur la caisse des économats, soit

par la voie d'une loterie ou tout autre moyen que la sagesse de Sa Majesté voudra bien indiquer et prescrire.

Arrêté dans l'assemblée des Cent-Trente, à Bordeaux, en l'Hôtel-de-Ville, le 3 mars 1789.

BROCHON,

Faisant dans l'assemblée des Cent-Trente les fonctions de clerc-secrétaire.

PROJET DE CAHIER DES DOLÉANCES DU CLERGÉ DE GUIENNE.

1° Qu'il n'y ait plus de lettres de cachet, ni lettres closes; que chacun soit traduit devant son juge naturel;

2° Que la propriété des biens soit reconnue et assurée comme une loi fondamentale;

3° Que le clergé demande cette propriété d'une manière spéciale, et que la nation la lui garantisse;

4° Que la nation ait le droit de s'imposer elle-même, comme le roi l'a reconnu, ainsi que les cours souveraines;

5° Que le clergé ne peut se dispenser d'abandonner son ancienne forme de s'imposer à part, et doit s'incorporer avec la nation, le clergé n'étant qu'un corps passif et la nation un corps actif;

6° Qu'il doit exposer à la nation assemblée que ses dettes, qui s'élèvent à près de 160 millions, soient prises en considération ou annexées au déficit de l'État, attendu qu'elles ont été contractées pour le bien de la nation, à l'instar des provinces qui ont pareillement emprunté;

7° Cette demande paraît d'autant plus juste, que le clergé, avec l'ordre de Malte, verseront à peu près 35 millions par an dans les coffres du roi, puisqu'ils ne payaient tous les cinq ans que le don gratuit, dont il fait le sacrifice, et qui ne montait qu'à 16 millions;

8° Si la nation y acquiesce, les députés du clergé auront soin de vérifier, examiner la caisse du sieur Julien, son receveur, et de compter avec lui; s'il se trouvait des fonds, ils seraient employés, jusqu'à la confection des États généraux, à l'acquit de nos dettes;

9° Les députés demanderont que la caisse des économats soit abolie, et que les revenus en soient réunis au clergé, qui en ferait faire la régie diocèse par diocèse; par là, on pourvoirait aux besoins des curés congruistes et vicaires, et l'on éteindrait le casuel des villes et campagnes, conformément à leur demande; on pourrait même les charger des réparations des abbayes, moyennant que le tiers-lot serait réuni à ses bureaux; avec ce moyen, on assurera aux familles pauvres la succession de leurs parents, objet d'une réclamation éternelle de la plus grande importance pour l'Église et l'État, puisque les économats absorbent des successions immenses sans que les bénéfices soient réparés;

10° Demander à rentrer dans les biens des corps réguliers détruits depuis plusieurs années, unis à des évêchés et autres, contre l'intention des fondateurs; les dits biens serviront à établir des bureaux de charité dans les campagnes, dont les curés seront les présidents, lesquels bureaux seront tenus par les notables de l'endroit. Je crois que c'est le seul moyen d'extirper la mendicité et d'empêcher l'émigration. Les États provinciaux interviendront à faire cette demande au roi de concert avec le clergé;

11° Que le bréviaire du cardinal Kinies, *breviarium ecclesiasticum, ad usum omnium ecclesiarum*, soit admis pour toutes les églises du royaume, les exemptes et non exemptes, sauf à avoir un propre pour chaque église. Le produit de ce bréviaire universel monterait à plus de six millions. Cette somme servirait à établir des maisons pour de pauvres prêtres. Il y aurait alors uniformité dans les prières;

12° S'abonner avec Rome pour toutes les annates et dispenses;

13° De s'assembler tous les trois ans par métropole pour la discipline ecclésiastique;

14° Fixer le sort des maisons religieuses tant hommes que femmes; il serait à désirer que les religieux n'aient qu'un seul et même habit, et possédassent des cures;

15° Que les gens de main-morte ne soient point assujétis aux droits de contrôle et du domaine, en ce qui concernera les reconstructions et réparations de leurs édifices, et qu'à cet égard ils puissent être jugés sans évocation au conseil du roi, par les cours qui connaissent de cette partie;

16° Que l'instruction dans les colléges soit uniforme;

17° Que les articles 4, 10 et 14 de l'ordonnance de 1768, concernant les novales, soient réformés, et qu'il y ait une jurisprudence uniforme sur les novales;

18° Qu'avant de voter pour l'impôt, l'on constatera le déficit de l'État; que l'on fixera les départements de chaque ministre, qui seront comptables à la nation des fonds destinés pour leur département;

19° Qu'il y aura une caisse d'amortissement pour la dette de l'État, dont on donnera tous les ans le tableau par la voie de l'impression ;

20° Que le roi pourra vendre ses domaines, et que la nation lui en continuera la rente, le produit allant à l'extinction de la dette nationale ;

21° Qu'il soit à propos de ne plus donner d'apanages aux princes, et par la même raison la feuille des bénéfices; les apanages ont toujours été ruineux pour l'État, par les différents intendants qui les régissent; il serait plus simple de leur assigner une somme sur le trésor royal, que la nation garantirait ;

22° Qu'il n'y ait plus d'emprunts que du consentement des États généraux, dont la révolution périodique pourrait se faire tous les trois ans, lesquels donneront une sanction générale, de concert avec le roi, à toutes lois et ordonnances, pour être enregistrées dans les parlements, les seuls et uniques tribunaux souverains reconnus par la nation, et constitutionnels.

23° Que l'on demandera des États pour la province de Guienne, dans lesquels on n'admettra aucun président-né, et les bureaux pour la répartition des impôts seront composés comme aux États généraux ;

24° Que les douanes soient renvoyées aux frontières ;

25° Que le sel soit diminué dans le pays de gabelle ;

26° Que le traité de commerce fait avec l'Angleterre soit annulé. On ne peut voir sans gémir l'anéantissement total du commerce de France et presque toutes les fortunes de nos négociants perdues ;

27° Qu'il n'y aura point de commission intermédiare qui puisse nous représenter à Versailles, à l'assemblée des États généraux ;

28° Qu'on réformera le Code civil et criminel.

Dans le cas où Sa Majesté accordât au clergé ses demandes, on croit qu'il faudrait faire un sacrifice du cinquième de nos revenus une fois payés, pour lui témoigner notre zèle, notre respectueux dévoûment.

NOTE V, *pages* 122 et 128.

NOMS DES BOURGEOIS QUI ONT ÉTÉ JUGES ET CONSULS DE LA BOURSE, DEPUIS L'INSTALLATION DE LA DITE BOURSE.

Année 1566...... De Villeneuve, juge.
— 1567...... Jean de Pontcastel, juge.
Mathieu de Joncqua, premier consul.

NOTES

Année 1568...... Jacques Pichon, juge.
Jean Lambert, premier consul.
Jean Boucault, deuxième consul.
— 1569...... François Pontcastel, juge.
— 1570...... Jean de Biarrotte, juge.
Étienne du Vignau, premier consul.
Charles Bastié, deuxième consul.
— 1571...... Loys Roux, juge.
— 1572...... Étienne du Vignau, juge.
Pierre Regnier, premier consul.
Salinet, deuxième consul.
— 1573...... Jean de Boucault, juge.
Jean Moussi, premier consul.
François Treilhes, deuxième consul.
— 1574...... Étienne Cruzeau, juge.
Étienne Bérard, premier consul.
Anthoine Paulte, deuxième consul.
— 1575...... Pierre Regnier, juge.
Gratien d'Olive, premier consul.
André de Brocqua, deuxième consul.
— 1576...... Jean Le Doux, juge.
Étienne Gobineau, premier consul.
Claude Gazet, deuxième consul.
— 1577...... Antoine Paulte, juge.
George du Puy, premier consul.
Guillaume Casaubon, deuxième consul.
— 1578...... François Treilhes, juge.
Jean Martin, premier consul.
Claude Gainpain, deuxième consul.
— 1579...... Pierre Dugua, juge.
Jean de Barats, premier consul.
Jean Lapeyre, deuxième consul.
— 1580...... Étienne Roux, juge.
Gerault Treilhes, premier consul.
Guillaume de Nouault, deuxième consul.
— 1581...... Étienne Bérard, juge.
Jean Lalyon, premier consul.
Jacques Boucher, deuxième consul.
— 1582...... Gratien d'Olive, juge.

Année 1582...... François Fouques, premier consul.
François du Cournault, deuxième consul.
— 1583...... Pierre Montaudon, juge.
Guillaume Boucault, premier consul.
Raimond Gros, deuxième consul.
— 1584...... Jean de Barats, juge.
Arnaud Maillard, premier consul.
Pierre Fourré, deuxième consul.
— 1585...... Guillaume Cazaubon, juge.
Jean de Guichaner, premier consul.
Antoine Becquel, deuxième consul.
— 1586...... Jean de Martin, juge.
Philippe de Minvielle, premier consul.
Jean de Mons, deuxième consul.
— 1587...... Jean Lalyon, juge.
Pierre Roustault, premier consul.
Jean Mercadé, deuxième consul.
— 1588...... Guillaume de Nouault, juge.
Fortis du Casse, premier consul.
Nicolas Truchon, deuxième consul.
— 1589...... François du Cournault, juge.
Jean Ayral, premier consul.
Michel Guichaner, deuxième consul.
— 1590...... François Fouques, juge.
François Jonchet, premier consul.
Mathurin Salomon, deuxième consul.
— 1591...... Jean Guichaner, dit Vieille, juge.
Raimond Causse, premier consul.
Pierre Maillard, deuxième consul.
— 1592...... Jean Ayral, juge.
Raimond Martin, premier consul.
Arnaud Peleau, deuxième consul.
— 1593...... Fortic Ducasse, juge.
Arnaud de Minvielle, premier consul.
Arnaud de Jean, deuxième consul.
— 1594...... Raimond Causse, juge.
Bertrand de Minvielle, premier consul.
Jean Joli, deuxième consul.
— 1595...... Jean Mercadé, juge.

NOTES.

NOTES.

Année 1595...... Robert du Vigny, premier consul.
Jean Truchon, deuxième consul.
— 1596...... Guillaume Boucaut, juge.
Jean Teste, premier consul.
Étienne Bérard, deuxième consul.
— 1597...... Arnaud Peleau, juge.
Jacques Paty, premier consul.
Pierre Maurian, deuxième consul.
— 1598...... Pierre Fourré, juge.
Bernard Constantin, premier consul.
Jean Orty, deuxième consul.
— 1599...... Nicolas Truchon, juge.
Bertrand Pallot, premier consul.
Jean de La Roque, deuxième consul.
— 1600...... Mathurin Salomon, juge.
Jean du Vignau, premier consul.
Martin Sossiondo, deuxième consul.
— 1601...... Jacques Paty, juge.
Marc Seguin, premier consul.
Jean Hugla, deuxième consul.
— 1602...... Arnaud de Minvielle, juge.
Pierre Arpalange, premier consul.
Julien Sage, deuxième consul.
— 1603...... Philippe de Minvielle, juge.
François Verdale, premier consul.
Antoine Hugla, deuxième consul.
— 1604...... Bertrand Pallot, juge.
Pierre Dathia, premier consul.
Nicolas Cazenave, deuxième consul.
— 1605...... Jean de La Roque, juge.
Eymery de Lagarde, premier consul.
Arnaud Bordenave, deuxième consul.
— 1606...... Étienne Bérard, juge.
Jean Guérin, premier consul.
Mathurin Vrignon, deuxième consul.
— 1607...... Jean Hugla, juge.
Nicolas de Sainctaulary, premier consul.
Jean de Lestrilhes, deuxième consul.
— 1608...... Julien Sage, juge.

Année 1608...... Jacques Pineau, premier consul.
　　　　　　　Étienne Martiny, deuxième consul.
—　　1609...... Pierre Dathia, juge.
　　　　　　　Jean Dorat, premier consul.
　　　　　　　Jean Sanguinet, deuxième consul.
—　　1610...... Martin Sossiondo, juge.
　　　　　　　Jean Davancens, premier consul.
　　　　　　　Philippe de Minvielle, deuxième consul.
—　　1611...... Nicolas Cazenave, juge.
　　　　　　　Raymond de Jean, premier consul.
　　　　　　　Gérault Chatry, deuxième consul.
—　　1612...... Antoine Hugla, juge.
　　　　　　　Charles Denis, premier consul.
　　　　　　　Jean Roux, deuxième consul.
—　　1613...... Eymery de Lagarde, juge.
　　　　　　　Jean de Jean, premier consul.
　　　　　　　Bernard de Lavigne, deuxième consul.
—　　1614...... Jean de Lestrille, juge.
　　　　　　　Jean Raoul, premier consul.
　　　　　　　Pierre Ducournault, deuxième consul.
—　　1615...... Arnaud de Bordenave, juge.
　　　　　　　Arnaud Demalle, premier consul.
　　　　　　　Pierre Duvergier, deuxième consul.
—　　1616...... Jean Guérin, juge.
　　　　　　　Louis Tuquoy, premier consul.
　　　　　　　Arnaud Claverie, deuxième consul.
—　　1617...... Mathurin Vrignon, juge.
　　　　　　　Pierre Dubosq, premier consul.
　　　　　　　Jean de Guichaner, deuxième consul.
—　　1618...... Jacques Pineau, juge.
　　　　　　　Charles Lacarre, premier consul.
　　　　　　　Jean Labroche, deuxième consul.
—　　1619...... Philippe de Minvielle, juge.
　　　　　　　François Garrissoles, premier consul.
　　　　　　　Jacques Treilhes, deuxième consul.
—　　1620...... Étienne Martin, juge.
　　　　　　　Mathieu Capdam, premier consul.
　　　　　　　Joseph Brignon, deuxième consul.
—　　1621...... Nicolas de Santaulary, juge.

NOTES.

NOTES.

Année 1621...... George Frucheteau, premier consul.
Pierre Moras, deuxième consul.
— 1622...... Giraud Chatry, juge.
Pierre de La Feurière, premier consul.
Antoine Guichaner, deuxième consul.
— 1623...... Jean Roux, juge.
Bernard Dubousquet, premier consul.
Gilles Maleret, deuxième consul.
— 1624...... Jean Raoul, juge.
Gaillard Portets, premier consul.
Jean Xans, deuxième consul.
— 1625...... Pierre Ducournau, juge.
Raimond Dorlic, premier consul.
Arnaud Fontebride, deuxième consul.
— 1626...... Pierre Dubosq, juge.
Jean Quentin, premier consul.
Antoine Roche, deuxième consul.
— 1627...... Philippe Minvielle, juge.
Jean Treilles, premier consul.
Pierre Roy, deuxième consul.
— 1628...... Arnaud Dumale, juge.
Jean Lafon, premier consul.
Michel Cazenave, deuxième consul.
— 1629...... André Alenet, juge.
François Guérin, premier consul.
Gabriel Malhard, deuxième consul.
— 1630...... Arnaud Claverie, juge.
Jean Nicolas, premier consul.
Jacques Berthet, deuxième consul.
— 1631...... Raimond d'Orlic, juge.
Richard Fouques, premier consul.
Jean Raimond, deuxième consul.
— 1632...... Gaillard Portets, juge.
Jean Truchon, premier consul.
Pineau, deuxième consul.
— 1633...... Jean Quentin, juge.
Jean Banos, premier consul.
André Minvielle, deuxième consul.
— 1634...... Joseph Brignon, juge.

Année 1634...... Joseph Dinematin, premier consul. NOTES.
Jean Dumeste, deuxième consul.
— 1635...... Arnaud Fontebride, juge.
Étienne Boisson, premier consul.
Jean Durancau, deuxième consul.
— 1636...... Jean Nicolas, juge.
Jean Mercier, premier consul.
Jean Bernage, deuxième consul.
— 1637...... Jean Lafon, juge.
Jacques Lestrilles, premier consul.
Claude Daran, deuxième consul.
— 1638...... Gabriel Maillard, juge.
Jean Roulier, premier consul.
Giles Dandaldeguy, deuxième consul
— 1639...... Richard Fouques, juge.
Pierre Larcebaut, premier consul.
Jean Paty, deuxième consul.
— 1640...... François Fouques, juge.
Jean Augier, premier consul.
François Navarre, deuxième consul.
— 1641...... Arnaud Pincau, juge.
Pierre Dubosq, premier consul.
Michel Lacrompe, deuxième consul
— 1642...... André Minvielle, juge.
Jean Motyé, premier consul.
Bernard Lapeyre, deuxième consul.
— 1643...... Jean Ramond, juge.
Pierre Martini, premier consul.
Gassiot Duthen, deuxième consul.
— 1644...... Jean Mercier, juge.
Pierre Lafon, premier consul.
Jean-Baptiste Bonnière, deuxième consul.
— 1645...... Jean Banos, juge.
Paul Lestrilles, premier consul.
Raimond Minvielle, deuxième consul.
— 1646...... Jacques de Lestrilles, juge.
Jean Lavau, premier consul.
Guillaume Lafon, deuxième consul.
— 1647...... Jean Dumeste, juge.

NOTES.

Année 1647...... Bernard Sanguinet, premier consul.
                      Jean Lamarque, deuxième consul.
— 1648...... Jean Rullier, juge.
                      Gratien Pissebeuf, premier consul.
                      Jean Dubosq, deuxième consul.
— 1649...... Joseph Dinematin-Dorat, juge.
                      Philippe Minvielle, premier consul.
                      Pierre Mercier, deuxième consul.
— 1650...... Pierre de Larcebaut, juge.
                      François Benesse, premier consul.
                      Pierre Tourchon, deuxième consul.
— 1651...... Jean-Baptiste Bonnière, juge.
                      Jacques Verdale, premier consul.
                      Pierre Nantiac, deuxième consul.
— 1652...... Pierre Tourchon, juge.
                      Philippe Minvielle, premier consul.
                      Jean Delaurens, deuxième consul.
— 1653...... Pierre Martini, juge.
                      Philippe Juge, premier consul.
                      Guillaume Crozilhac, deuxième consul.
— 1654...... Jean Motyé, juge.
                      Jean de Jean, premier consul.
                      Jean Lavergne, deuxième consul.
— 1655...... Paul Lestrilles, juge.
                      Pierre Gauvaing, premier consul.
                      Jean Sociando, deuxième consul.
— 1656...... Raimond Minvielle, juge.
                      Bertrand Laborde, premier consul.
                      Raimond Durribau, deuxième consul.
— 1657...... Gratien Pissebeuf, juge.
                      Jean Sabatier, premier consul.
                      Jean Roche, deuxième consul.
— 1658...... Pierre Lafon, juge.
                      Bertrand Bertet, premier consul.
                      Jeantil Pineau, deuxième consul.
— 1659...... Jean Lavau, juge.
                      Guillaume Mercier, premier consul.
                      Pierre Valoux, deuxième consul.
— 1660...... Bertrand Sanguinet, juge.

Année 1660...... Guillaume Lavau, premier consul.
Pierre Cornut, deuxième consul.
— 1661...... Bertrand Laborde, juge.
Jean Fénélon, premier consul.
Pierre Lostau, deuxième consul.
— 1662...... Pierre Nantiac, juge.
Antoine Hugla, premier consul.
Antoine Pontoise, deuxième consul.
— 1663...... Bertrand Lapeyre, juge.
Pierre Tillaud, premier consul.
Joseph Desbats, deuxième consul.
— 1664...... Raimond Durribau, juge.
Pierre Larcebaut, premier consul.
Léonard Lanardonne, deuxième consul.
— 1665...... Jean de Jean, juge.
Pierre Lafcurière, premier consul.
Antoine Carros, deuxième consul.
— 1666...... Philippe Juge, juge.
Laurens Boisson, premier consul.
François Decoud, deuxième consul.
— 1667...... Philippe de Minvielle, juge.
Laurens Labatut, premier consul.
Pierre Leautart, deuxième consul.
— 1668...... Guillaume Mercier, juge.
Armand Chatry, premier consul.
Jean Roche, deuxième consul.
— 1669...... Jean Sabatier, juge.
Antoine Lamarque, premier consul.
Gabriel Poncet, deuxième consul.
— 1670...... Jean Roche, juge.
François Sage, premier consul.
Pierre Palotte, deuxième consul.
— 1671...... Antoine Hugla, juge.
Simon Miramont, premier consul.
Raimond Comte, deuxième consul.
— 1672...... Pierre Cournut, juge.
André Delbreil, premier consul.
Arnaud Roche, deuxième consul.
— 1673...... Pierre Lostau, juge.

NOTES.

NOTES.

Année 1673...... Arnaud Minvielle, premier consul.
Philippe Sage, deuxième consul.
— 1674...... Pierre Valoux, juge.
Raimond Partarieu, premier consul.
Raimond Darbis, deuxième consul.
— 1675...... Antoine Pontoise, juge.
Pierre Lafosse, premier consul.
Thibaud Dumas, deuxième consul.
— 1676...... Laurens Boisson, juge.
Jean Lapeyre, premier consul.
Jacques Jeoffret, deuxième consul.
— 1677...... Jean Roche, juge.
Jean Minvielle Besson, premier consul.
Jean-Pierre Maleret, deuxième consul.
— 1678...... Jean Fénélon, juge.
Mathurin Lavergne, premier consul.
Pierre Sauvage, deuxième consul.
— 1679...... Pierre Billate, juge.
Mathurin Fouques, premier consul.
Barthélemy Jeoffret, deuxième consul.
— 1680...... Émeric Bechon, juge.
Arnaud Fau, premier consul.
Jean Dupin, deuxième consul.
— 1681...... Pierre Larchebaut, juge.
Pierre Montalent, premier consul.
Michel Porlodec, deuxième consul.
— 1682...... Antoine Lamarque, juge.
André Béchon, premier consul.
Simon Saintmillion, deuxième consul.
— 1683...... Gabriel Poncet, juge.
Noël Gignoux, premier consul.
Bertrand Massieu, deuxième consul.
— 1684...... Louis Lesglise, juge.
François Bareire, premier consul.
Pierre Brivazac, deuxième consul.
— 1685...... Thibaud Dumas, juge.
Jean Lavau, premier consul.
Jentilhe Demora, deuxième consul.
— 1686...... Pierre Pallotte, juge.

Année 1686...... Joseph Sigal, premier consul.
Pierre Lami, deuxième consul.
— 1687...... Mathurin Lavergne, juge.
Jean Carpentey, premier consul.
Jean Audat, deuxième consul.
— 1688...... Philippe Sage, juge.
Jean-Baptiste Fénélon, premier consul.
Jean Audat, deuxième consul.
— 1689...... Jean Lapeire, juge.
Jean Lostau, premier consul.
Jean Ribail, deuxième consul.
— 1690...... Simon Miramont, juge.
Jean Roche, premier consul.
Jacques Verdery, deuxième consul.
— 1691...... Mathurin Fouques, juge.
Pierre Billate, premier consul.
Pierre Drouillard, deuxième consul.
— 1692...... Bertrand Massieu, juge.
Jean Tauzin, premier consul.
Antoine Raimond, deuxième consul.
— 1693...... François Barreire, juge.
Pierre Dubergier, premier consul.
Jean Duperrieu, deuxième consul.
— 1694...... Jean Lavau, juge.
François Salles, premier consul.
Étienne-Luc Mercier, deuxième consul.
— 1695...... Gentilhe Mora, juge.
Michel Bensse, premier consul.
Jean Acquart, deuxième consul.
— 1696...... Arnaud Fau, juge.
Jean Piffon, premier consul.
Martial Marchandon, deuxième consul.
— 1697...... Jean Carpentey, juge.
Jean Sage, premier consul.
Pierre Crozilhac, deuxième consul.
— 1698...... Jean-Baptiste Fénelon, juge.
Jean Merle, premier consul.
Jean Viaut, deuxième consul.
— 1699...... Jean Lostau, juge.

NOTES.

NOTES.   Année 1699...... Jean Lamare, premier consul.
                             Christian Cirac, deuxième consul.
    —   1700...... Jean Roche, juge.
                             Jean Partarieu, premier consul.
                             Fort Dubergier, deuxième consul.
    —   1704...... Pierre de Lafosse, juge.
                             Pierre Chólet, premier consul.
                             Jacques Marchandon, deuxième consul.
    —   1755 (1). Guy Cholet, juge.
                             Jean-Baptiste Lamestrie, premier consul.
                             Pierre Ducasse, deuxième consul.
                             Point de troisième ni de quatrième consul.
    —   1756......⎫
    —   1757......⎬ Les noms n'ont pu être retrouvés.
    —   1758......⎭
    —   1759...... Pierre-Stanislas Dirouard, juge.
                             Pierre Penne, premier consul.
                             Jean Faure, deuxième consul.
                             Jean Castaing, troisième consul.
                             Martin Dufour, quatrième consul.
    —   1760...... Alexis Dubergier, juge.
                             Jean Castaing, premier consul.
                             Martin Dufour, deuxième consul.
                             François Lartigue, troisième consul.
                             Philippe-Julien Féger aîné, quatrième consul.
    —   1761...... Grateloup, juge.
                             François Lartigue, premier consul.
                             Philippe-Julien Féger, deuxième consul.
                             Guillaume Lafargue, troisième consul.
                             Christophe Cayla, quatrième consul.
    —   1762...... Pierre Dubergier, juge.
                             Guillaume Lafargue, premier consul.
                             Christophe Cayla, deuxième consul.
                             Bonaventure Journu, troisième consul.
                             Faure-Lacaussade, quatrième consul.

(1) Malgré de consciencieuses recherches, il nous a été impossible de combler la lacune que l'on remarque dans cette liste.

Année 1763...... Pery, juge.
            Journu, premier consul.
            Faure-Lacaussade, deuxième consul.
            Kater, troisième consul.
            Bérard, quatrième consul.
    — 1764...... Les noms n'ont pu être retrouvés.
    — 1765...... Brunaud, juge.
            Faurie, premier consul.
            Gaubert, deuxième consul.
            Dutasta, troisième consul.
            Granié, quatrième consul.
    — 1766...... Jarreau, juge.
            Dutasta, premier consul.
            Ménoire, deuxième consul.
            Journu, troisième consul.
            Point de quatrième consul.
    — 1767...... Jean Ruleau, juge.
            Pierre Ménoire, premier consul.
            Jean-Baptiste Journu, deuxième consul.
            René Blancan, troisième consul.
            Denis Mac Carthy, quatrième consul.
    — 1768...... Raymond Vignes, juge.
            Denis Mac Carthy, premier consul.
            Antoine Dubergier, deuxième consul.
            Jean Brunaud, troisième consul.
            François Farrouilh, quatrième consul.
    — 1769...... Jean-Baptiste Thibaut, juge.
            Jean Brunaud fils aîné, premier consul.
            François Farrouilh, deuxième consul.
            Pierre Chicou-Fonroque, troisième consul.
            Jacques Letellier, quatrième consul.
    — 1770...... Pierre Agard, juge.
            Pierre Chicou, premier consul.
            Bertrand-Jacques Letellier, deuxième consul.
            Jean Dutasta, troisième consul.
            André Aquart, quatrième consul.
    — 1771...... Pierre-Joseph Ménoire, juge.
            Jean Dutasta, premier consul.
            André Aquart, deuxième consul.

NOTES.

Année 1771...... Jean Mercier, troisième consul.
René Chicou-Bourbon, quatrième consul.
— 1772...... Jean Jaure, juge.
Jean Mercier, premier consul.
Jean-Vincent Chicou-Bourbon, deuxième consul.
Jean Ferrière, troisième consul.
Jacques Raby, quatrième consul.
— 1773...... Jean Castaing, juge.
Jean Ferrière, premier consul.
Jacques Raby, deuxième consul.
Mathieu Dirouard, troisième consul.
Jean Latuillière, quatrième consul.
— 1774...... Martin Duffour, juge.
Mathieu Dirouard, premier consul.
Jean Latuillière, deuxième consul.
Pierre Boyer-Fonfrède, troisième consul.
Jean-Raimond Letellier, quatrième consul.
— 1775...... Guillaume Lafargue, juge.
Pierre Boyer-Fonfrède, premier consul.
Jean-Raimond Letellier, deuxième consul.
Aman Baas, troisième consul.
Pierre Cabesse, quatrième consul.
— 1776...... Bonaventure Journu, juge.
Aman Baas, premier consul.
Pierre Cabesse, deuxième consul.
Charles Bruneau, troisième consul.
Joseph Gachet de Lille, quatrième consul.
— 1777...... Jean-Antoine Lacaussade, juge.
Jean-Charles Bruneau, premier consul.
Joseph Gachet de Lille, deuxième consul.
Jean-Baptiste Lafargue, troisième consul
Jean-Valentin O'Quin, quatrième consul.
— 1778...... Pierre Gaubert, juge.
Jean-Baptiste Lafargue, premier consul.
Jean-Valentin O'Quin, deuxième consul.
Bernard-Journu-Aubert, troisième consul.
Basile Brun, quatrième consul.
— 1779...... Pierre Ménoire, juge.
Journu-Aubert, premier consul.

Année 1779...... Basile Brun, deuxième consul.
Richard de Meyère, troisième consul.
François Féger de Kerhuel, quatrième consul.
— 1780..... Pierre Ménoire, juge.
Journu-Aubert, premier consul.
Basile Brun, deuxième consul.
Richard de Meyère, troisième consul.
François Féger de Kerhuel, quatrième consul.
— 1781...... Pierre Chicou, juge.
Louis Testard fils, premier consul.
François Seignouret, deuxième consul.
Guillaume Peychaud, troisième consul.
Arnaud Lavaud, quatrième consul.
— 1782...... Bertrand-Jacques Letellier, juge.
Guillaume Peychaud, premier consul.
Arnaud Lavaud, deuxième consul.
Nicolas Perès-Duvivier, troisième consul.
Sébastien Candau, quatrième consul.
— 1783...... Antoine Dubergier, juge.
Nicolas Perès-Duvivier, premier consul.
Sébastien Candau, deuxième consul.
Pierre-Benoît Chicou-Bourbon fils, 3e consul.
Louis-Hyacinthe Dudevant, quatrième consul.
— 1784...... Aquart, juge.
Chicou-Bourbon fils, premier consul.
Dudevant, deuxième consul.
Crozilhac, troisième consul.
Grignet, quatrième consul.
— 1785...... Brunaud fils aîné, juge.
Crozilhac, premier consul.
Grignet, deuxième consul.
Gramont de Castera, troisième consul.
Louvrié, quatrième consul.
— 1786...... Jean Dutasta, juge.
Jacques-Barthélemy Gramont de Castera, premier
Guillaume Louvrié, deuxième consul.   [consul.
Hugues Vignes, troisième consul.
Pierre Loriague, quatrième consul.
— 1787...... Jean Mercié, juge.

NOTES.

Année 1787...... Hugues Vignes, premier consul.
Pierre Loriague, deuxième consul.
Antoine Journu de Saint-Magne, troisième consul.
Jacques-Bruno Laffite-Dupont, quatrième consul.

— 1788...... Jean-Vincent Chicou-Bourbon, juge.
Antoine Journu de Saint-Magne, premier consul.
Jacques-Bruno Laffite-Dupont, deuxième consul.
Jean Béchade-Cazeau, troisième consul.
Daniel Mac Carthy, quatrième consul.

— 1789...... Jean Ferrière, juge.
Jean Béchade-Cazeau, premier consul.
Daniel Mac Carthy, deuxième consul.
Bernard Marchand, troisième consul.
Antoine Gaubert, quatrième consul.

— 1790...... Jean Latuillière, juge.
Bernard Marchand, premier consul.
Antoine Gaubert, deuxième consul.
Alexis-Louis Testard de Grosval, troisième consul.
Pierre-Antoine Seignouret, quatrième consul.

NOTE VI, *page* 131.

MÉMOIRE DONNÉ AU ROI DE NAVARRE, POUR L'UTILITÉ DE LA VILLE ET DU PAYS,
PAR LE CAPITAINE DE MARINE LA SALLE.

Au Roy de Navarre, Gouverneur, Lieutenant général et Admiral pour le Roy en Guienne.

SIRE,

Articles et remonstrances que vous présente Jehan de La Salle, capitaine ordinaire et pensionnaire du Roy, au faict de la marine, pour le profict et utillité du royaume et de la république dans votre Gouvernement.

Et premièrement vous faict entendre qu'en vostre gouvernement et admirauté de Guyenne, il y a aujourd'hui la commodité de faire servir la trafique de merchandises de toutes parts et mesme dans la ville de Bordeaux, pour estre située à l'un des meilleurs lieux de l'Europe pour la grand commodité du port, qui est l'un des plus beaulx qui soit en la chrestienté, et aussi qu'elle est enclavée au milieu des terres depuis le destroit de Gibraltar d'uns cousté, de l'autre des royaumes d'Angleterre, Escosse, Irlande, Flandres, Picardie, Normandie et Bretaigne, et s'y ferait sans comparaison plus grand traficq de merchandises que dans Anvers, si elle estait par vostre faveur et ayde, Sire, plus fréquentée au faict de la merchandise qu'elle n'est, parce que à présent elle demeure quasi inutile pour n'avoir aucuns navires de guerre pour garder et conduire les navires des merchans, naviguans le long de la dicte coste de Guyenne; de manière qu'ils sont aujourd'huy countraincts se rendre plus casaniers que merchans, à la grand perte du pays et du pauvre peuple, lesquels n'ont à présent aucun moyen de vendre leurs denrées et merchandises pour faire argent affin de payer les tailles et empruncpts au Roy, parce que l'ennemi est le plus fort à la mer.

Le moyen d'enrechir la dicte ville et tous les pays sirconvoysins serait besoing, s'il estait le bon plaisir du Roy, leur permettre en la dicte ville deux foires l'an, franches, durant chacune ung mois ou six sempmaines seullement, car y viendraient merchans et bourses de tous coustés, trafiquans de toutes sortes de merchandises en plus grand nombre, et mesmes plusieurs trafiquans à Anvers se rétréraient en la dicte ville, estant plus commode que le dict Anvers et vauldront les coustumes au Roy, sans comparaison, plus quelles ne font, parce que le grand traficq de la merchandise serait cause qu'ordinairement y viendraient plus grand nombre de navires que ne font, et se feraient de grands trafiques entre les dictes deux foyres pour les restes des merchandises qui demeureraient en la dicte ville, au grand proficit du Roy et du pauvre peuple. Et si le dict seigneur le voullait permettre, se pourrait prendre une foyre à Niort et une aultre à Fontenay, auxquels lieux l'une empêche l'aultre.

Pour acomoder les dicts merchans à faire leurs assemblées et comerce, serait besoing faire ung quay devant la porte Lombrière, bien avant au plus bas de l'eau, lequel fermera des deux coustés, depuis l'estey du pont Sainct-Jehan jusques à l'estey des Anguilles, lequel servira aussi de forteresse et deffendra toute la dicte ville du cousté de la dicte rivière qui est aujourdhuy le lieu le plus faible, et pourront les navires charger et descharger du hault de l'eau au long du dict quay, en quel lieu les merchans seront à sec et à couvert pour deviser de leurs dicts trafiques et merchandises, suivant la figure que le dit de Lasalle vous en présente. Et le dict quay faict, fortifiera et embellira la dicte ville de la moytié, qui sera une grand commodité pour les merchans, tant de la dicte ville que aultres, et pour toute la république.

NOTES.

Et pour asseurer les merchans affin qu'ils puissent trafiquer plus seurement le long des dictes costes de Guyenne, serait faire faire huit navires de guerre armés et équipés, lesquels ne bogeront ordinairement, allans et venans le long de la dicte coste pour convoyer ordinairement les dicts navires entrans et sortans dans et hors la dicte rivière, soyt un grand ou peu nombre de navires. Et pour frayer à la despence de la construction et armement des dicts navires, fauldrait que Tholose, Agen, Marmande et autres villes sirconvoisines qui trafiquent ordinairement leurs merchandises sur la mer jusques au dict Bordeaulx, se contribuassent à faire trois navires, à savoir, ung de trois cens thoneaux, ung de deux cens et ung de cent. Et depuis le dict Bordeaulx jusques en Bretaigne, tant que s'estend la dicte admirauté de Guyenne, autres trois de mesmes ports, et Bayonne, Sainct-Jehan de Lux, Biarris, cap Breton et lieux sirconvoisins, deux moyens de soixante thoneaux près. Et les dicts navires ainsi équipés, armés et avictuaillés tiendront ordinairement la dicte mer et coste en seuretté, et aussi que toutes les prinses qui se feront sur les ennemys avec les dicts navires de guerre, les deux tiers seront employés à l'entretenement des dicts navires, vostre droict d'admirauté payé sera, et l'autre tiers au capitaine et compaignons preneurs, affin que le peuple soit soulaigé et les dictes choses bien gardées et conduictes comme dessus est dict, le dict pays en amendera vingt fois aultant que la despence, et vendront leurs merchandises comme ils vouldront, attendu la dicte seuretté.

Et parce que leur conviendra avoir grand quantité d'artillerie pour armer et équiper les dicts navires, mesme d'artillerie de fonte, s'il estoit le bon plaisir du Roy et le vostre, Sire, leur permettre que toutes les cloches qui ont esté prinses et transportées tant de la dicte ville de Bordeaulx que autres villes sirconvoisines, rompues et cassées leur fussent rendues, dont aujourdhuy y en a une grand quantité à présent inutilles dans le chasteau de Nantes, et en feraient faire à leurs dépens de l'artillerie propre et commode pour les dicts navires. Lesquels navires durant la paix, pour obvier à la despence de l'entretenement, pourront aller et venir à la merchandise pour les dicts merchans de Guienne et non pour autres, si ce n'est que par vostre comandement, qui sera cause que plusieurs merchans qui n'ont coutume de hanter la mer seront bien aise d'y aller et trafiquer; et mesme qu'il sy fera pour ladvenir grand quantité de bons mariniers, à cause de la continuation du dict navigaige, qui est aujourdhui la chose la plus requise en ces costes de Guyenne, parce que ayant eu les dictes foyres grand quantité de merchans, entreprendront voyaiges loingtains comme font ceux de Normandie, ayant mariniers espérimentés comme dessus est dict.

Et s'il est vostre bon plaisir que le dict de Lasalle face faire une partie des dicts navires de son invention, il les fera pour la guerre, bons à la voile et au rame, pour naviguer en toutes mers, et sera quasi impossible qu'ils se puissent perdre ni aller à fons par coups d'artillerie ni autrement, suivant la figure d'une barque passaigere qu'il vous présente; et les dicts navires faicts il s'assure de former de mille ou douze cens pillotes et mariniers des meilleurs de la coste de Normandie, pour faire très humble et agréable service au Roy et à vous, Sire.

Il vous présente aussi la figure et portraict d'une plateforme sur riviere, laquelle sera impossible pouvoir mettre ni aller à fons et ne tirera que quatre à cinq pieds d'eau, se nagera à cent cinquante avirons quant besoincg sera, laquelle a trois batteryes à couvert et se y pourra tirer cent cinquante pieces dartillerie et loger cinq cens hommes, tant mariniers que gens de guerre, chose propre et comode pour garder l'entrée d'une riviere aux ennemies où les chasteaulx et places fortes sont trop loing et qu'il y a grand largeur devant, affin que nuls navires de guerre n'entrent dans les dictes rivieres, que aussi pour faire batterie et surprendre des villes et chasteaulx le long des dictes rivières.

Il vous présente aussi la figure et portraict d'un fort de boys de soixante pieds en carré par dedans et soixante et quinze pieds par dehors, qui sont d'espaisseur de boys et terrasse quinze pieds, et de haulteur de terre jusques à la dicte terrasse vingt et quatre pieds, et de parapet six pieds, qui est trente pieds de haulteur. Le dict fort a quatre ballvarts *(boulevards)* de deffence en façon d'esperron, et est aisé à dresser promptement et transporter en tous lieux, et principallement par mer, au long des costes, pour tenir l'ennemye en subjection, chose quasi impossible à prendre et soubdaine à dresser et à abattre, qui est une bonne chose aussi pour dresser promptement dans une ville faible, attendant qu'il fust revestu de pierres de telle grandeur que l'on vouldroit.

Signé : DE LA SALLE (1).

---

(1) Ce document est daté de Bergerac, 15 janvier 1557.

NOTE VII, page 250.

LETTRES-PATENTES DU ROI HENRI II, CONTENANT LES PRIVILÉGES DE LA VILLE DE BORDEAUX.

Henri, par la grace de Dieu, roi de France : A tous présents et à venir, salut. Comme après avoir été avertis des séditions, troubles et rébellions survenues en notre pays de Guienne, qui tant se dilatèrent et continuèrent, qu'enfin parvindrent jusques en notre ville de Bordeaux, principale de notredit pays, où furent faits plusieurs grands excès, outrages et homicides, tant en la personne de feu seigneur de Monneins, en son vivant notre lieutenant au gouvernement dudit pays de Guienne, en l'absence et sous l'autorité de notre très-cher et très-amé oncle le roi de Navarre, qu'autres nos officiers : Nous eussions pour réprimer et punir telles séditions et rébellions, envoyé par delà nos très-chers et très-amés cousins les sire de Montmorency, Connétable, et duc d'Aumale, pair de France, avec une bonne et grosse force et un nombre de grands et notables personnages gens de justice, par Nous commis, pour connoître et juger des fautes commises par les mutins. Lesquels commissaires, en procédant au fait de leurdite commission, auroient donné plusieurs jugements, tant contre quelques particuliers de ladite ville de Bordeaux, que contre les corps des habitants d'icelle, partie desquels jugements ont été exécutés. Et lesdits commissaires par leursdites sentences, entre autres choses, ont privé les habitants de ladite ville de Bordeaux de tout droit de corps et de college de ville, ensemble de tous leurs privileges et de biens, revenus et domaines qu'ils avoient, lesquels ils déclarent à nous acquis et confisqués; et pour ce que lesdits habitants déplaisants desdites fautes sont recourus à notre grace, Nous, voulant faire cesser les punitions qui, par la rigueur de justice, se devoient faire, leur avons, par autres nos lettres, donné abolition et pardon de toutes les offenses dessusdites; et, en outre, restitué le droit de corps et college de ladite ville, pour en jouir par eux et leurs successeurs, à tels titres et nombre de personnes, et sous telle forme de police, et à tels privileges, droits, revenus et domaines qui leur seroient par nous baillés et délaissés par nos lettres-patentes. Et à cette cause, ils se soient retirés pardevers nous, et nous aient fait très-humblement supplier qu'il nous plût, en leur continuant la grace dont il Nous a plu user envers eux, leur pourvoir de telle forme de police, droits, revenus, domaines et privileges qu'ils souloient avoir, ou bien leur faire entendre et déclarer la forme et façon de police que nous voulons qu'ils tiennent en ladite ville, et par quels officiers elle soit régie, ensemble quels privileges et revenus il nous plaît leur laisser pour satisfaire aux charges d'icelle, et sur ce octroyer nos lettres-patentes pour ce nécessaires.

Savoir faisons que, nous inclinant à la très-humble supplication desdits habitants, lesquels nous voulons bien et favorablement traiter, et leur donner moyen de bien policer et administrer ladite ville : A iceux habitants, pour ces causes et autres bonnes et grandes considérations, à ce nous mouvants, avons, de notre grace spéciale, pleine puissance et autorité royale, et par l'avis de plusieurs princes de notre sang, et gens de notre Conseil privé, remis, donné, cédé, quitté, transporté et délaissé, remettons, donnons, cédons, quittons, transportons et délaissons, par ces présentes, tous et chacuns les droits, rentes, profits, revenus et domaines, leurs appartenances et dépendances à nous adjugés et confisqués, par sentence desdits commissaires, et dont ils souloient jouir auparavant ladite condamnation, sans aucune chose excepter ne réserver fors la grande et petite coutume, lesquels nous sommes réservés et réservons pour les deniers qui en proviendront être convertis et employés en nos affaires, lesquels nous voulons être levés par le comptable et receveur de Bordeaux présent et à venir; pour, lesdits droits, rentes, profits, revenus et domaines, ainsi par nous cédés et transportés à quelque somme, valeur et estimation que le tout soit et se puisse monter, recevoir par lesdits habitants, ou faire recevoir par leur receveur, par eux commis à la recette des deniers communs de ladite ville, sans que ledit comptable et receveur ordinaire dudit Bordeaux s'en puisse aucunement entremettre; lequel nous avons déchargé et déchargeons par ces présentes, et en jouir et user dorénavant pleinement, paisiblement, perpétuellement et à toujours, à commencer du jour et date de ces présentes, par le corps des habitants de ladite ville de Bordeaux, présents et à venir, pour convertir et employer aux réparations et autres choses nécessaires à la police et administration de ladite ville, par la même forme et maniere qu'ils en avoient, auparavant lesdites condamnations, duement et justement joui, voulant, statuant et ordonnant, par ces présentes, que ladite ville soit dorénavant régie et administrée en la forme, et par les officiers qui s'ensuivent.

NOTES.

NOTES.

Premièrement. Que les maire et jurats de ladite ville de Bordeaux auront tous la justice et juridiction politique de ladite ville de Bordeaux et banlieue d'icelle, dont les appellations ressortiront immédiatement en notre Cour de parlement de Bordeaux ; qu'au lieu du maire, qui avoit accoutumé être perpétuel, et avoit treize cents quatre-vingt-trois livres quinze sols tournois de gages par chacun an, s'en élira dorénavant de deux ans en deux ans un, qui n'aura aucuns gages que deux robes l'an, des couleurs de ladite ville, entendant toutefois que le seigneur de Jarnac, maire perpétuel d'icelle ville de Bordeaux, et son fils, pourvu dudit état à survivance de son pere, soient payés de leurs gages tant qu'ils ou l'un d'eux vivront, sans qu'ils se puissent néanmoins aucunement entremettre de la police de ladite ville, ni entreprendre aucune autorité.

Item. Qu'au lieu de douze jurats, qui avoient quatre-vingt-trois livres cinq sols tournois de gages par chacun an, n'y en aura plus que six, qui seront semblablement élus et changés, la moitié d'eux, par chacun an, ainsi qu'il se fait des échevins de notre ville de Paris, et n'auront pour tous gages que deux robes l'an, desdites couleurs.

Un procureur et syndic de ladite ville et banlieue, appartenance et dépendance d'icelle, qui aura pour ses gages, par chacun an, cent livres tournois. Et pour le bon devoir qu'a fait ci-devant audit état Me Guillaume Martin, avocat en notre Cour de parlement dudit Bordeaux, entendons et voulons qu'il demeure pourvu dudit état, sa vie durant, aux mêmes honneurs, prérogatives et prééminences dont il avoit accoutumé jouir auparavant lesdits arrêts et condamnations ; et après son trépas, y pourront lesdits maires et jurats pourvoir.

Item. Qu'il y aura un clerc de ladite ville, qui y servira de greffier, aux gages de cent livres tournois par chacun an.

Un contrôleur des fermes de ladite ville, qui aura quatre-vingts livres tournois de gages ordinaires.

Vingt-quatre sergents, qui auront chacun sept livres quatre sols tournois de gages, revenants ensemble à la somme de cent soixante-douze livres seize sols tournois.

Celui qui marquera les vins du Haut-Pays, aura pour ses gages, par chacun an, dix-neuf livres dix sols tournois.

Deux trompettes, qui auront chacun quinze livres tournois.

Deux taxeurs de poisson, qui auront chacun neuf livres tournois.

Un portier et garde de la maison de la ville, qui aura trente livres tournois.

Un maître boulanger, qui visitera le pain, aura quarante livres tournois.

Celui qui pesera ledit pain, aura trente livres tournois.

L'exécuteur de la haute-justice, aura soixante livres tournois.

Celui qui fera entretenir la police sur la riviere, aura six livres tournois.

Un qui rapportera le nombre et prix du bled qui sera sur ladite riviere, aura cinquante livres tournois.

Deux visiteurs de ladite riviere, qui auront chacun quinze livres tournois par an.

Deux visiteurs de poisson salé, qui auront chacun six livres tournois.

Un avocat et un procureur, pensionnaires de ladite ville, en la Cour de parlement, qui auront chacun vingt livres tournois.

Un solliciteur de ladite ville, qui aura vingt livres tournois.

Deux procureurs ès comté d'Ornon et baronnie de Veyrines, qui auront chacun dix livres tournois.

Un prêtre, qui dira la messe chacun jour de jurade, aura quinze livres tournois.

Celui qui aura la charge de tenir nets les grils de la Devise Saint-Pierre, aura quatre livres tournois.

Item. Avons ordonné et ordonnons que dorénavant les maire et jurats, qui seront établis en ladite ville, commettront quelques bons et fideles personnages pour faire la dépense des beuvettes ès jours de jurade, ensemble du bois et chandelle qui s'usera au bureau de la maison de ladite ville; laquelle dépense iceux maire et jurats verront et contrôleront par chacun mois, et au bout de l'année feront dépêcher acquit sur le receveur des deniers communs de ladite ville de la somme totale, à quoi pourra monter ladite dépense, pour en rembourser celui ou ceux qui l'auront avancé.

Celui qui aura la charge de tenir nets les lavoirs des fontaines, aura vingt-deux livres dix sols tournois.

Les Jacobins, pour certaine fondation faite, auront vingt-quatre livres tournois.

Semblablement nous voulons et ordonnons que le principal du collége de ladite ville soit payé de la somme de mille livres tournois de gages, et les lecteurs du droit canon et civil, de six cents livres tournois, aussi de gages, par chacun an.

Item. Avons ordonné et ordonnons que la charge de nettoyer les bourriers et immondices de ladite ville sera baillée, par chacun an, au

NOTES.

rabais, par lesdits maire et jurats, et la somme à quoi elle se pourra monter, payée des deniers communs de ladite ville.

Item. Celui qui aura la charge de ranger les bourriers qui sont autour de ladite ville, aura soixante-douze livres tournois.

Un qui fera tirer le charriot aux joueurs et vagabonds, aura cinquante-quatre livres tournois.

Item. Celui qui visitera les caves, pour savoir s'il y aura vins prohibés, aura trente livres tournois.

Item. Les barbiers hospitaliers, prêtres, sergents et autres serviteurs de l'hôpital de la peste, auront, par chacun an, la somme de cinq cents livres tournois.

Item. Les Augustins, pour une messe de saint Sébastien, auront, par chacun an, la somme de trente-sept livres dix sols tournois, qui est la somme qu'ils ont accoutumé avoir.

Un maçon, qui aura la superintendance de conduire les œuvres de ladite ville, aura cinquante livres tournois.

A tous lesquels états lesdits maire et jurats de ladite ville pourront pourvoir et y établir personnages qui en soient capables, ensemble aux autres offices accoutumés, servants à la police d'icelle ville. Et pour autant qu'étants leursdits deniers communs petits, ils ne pourroient satisfaire à tous les frais dessusdits, au moyen de quoi il seroit impossible que ladite ville demeurât policée, servie et administrée ainsi que nous le désirons, sans notre plus grande aide et libéralité, leur avons d'avantage accordé et octroyé, pour les décharger d'autant de dépense, que sur les deniers de ladite grande et petite coutume, que retenons à nous, nous ferons dorénavant payer et acquitter les gages dudit sieur de Jarnac et son fils, tant qu'ils ou l'un d'iceux vivront, ensemble ceux du principal du college dudit Bordeaux, et lecteurs en droit canon et civil, et ceux des barbiers hospitaliers, prêtres, sergents et autres serviteurs de l'hôpital de la peste. Aussi les gages de l'exécuteur de la haute-justice, montant aux sommes et ainsi que dessus est dit.

Et, en outre, en augmentant la libéralité et bienfaits, dont nous usons envers les manants et habitants de notredite ville de Bordeaux; et pour leur faire démonstration, que nous les voulons traiter en toute douceur, espérant qu'ils nous demeureront bons et loyaux sujets, ausdits manants et habitants avons donné, accordé et octroyé, donnons, accordons et octroyons, par ces présentes, les privileges qui s'ensuivent.

C'est à savoir, que toute la justice et juridiction politique de notredite ville de Bordeaux et banlieue d'icelle, demeurera ausdits maire et jurats, ainsi que dessus est dit.

Item. Que les habitants d'icelle demeureront doresnavant francs, quittes et exempts de toutes tailles, et crues d'icelles mises et à mettre sus en notre royaume.

Item. Que le vin qui se cueillera au-dessus de la ville de Saint-Macaire, ne pourra être descendu au-devant de ladite ville de Bordeaux, jusques après le jour et fête de Noël, et ne pourra ledit vin, pour quelque occasion que ce soit, entrer et être mis en ladite ville.

Et semblablement n'entrera en icelle ville aucun vin, s'il n'est du crû de la sénéchaussée et diocèse de Guienne.

Item. Et tant qu'il y aura vin du crû de quelque bourgeois de ladite ville, il ne sera permis à autres personnes vendre vin en ladite ville et fauxbourgs d'icelle, que préalablement le vin des bourgeois ne soit vendu.

Item. Il ne sera permis, à quelque personne que ce soit, vendre vin en taverne en ladite ville, depuis la fête Saint-Michel, jusques au jour et fête de Pentecôte, s'il n'est bourgeois de ladite ville, et que le vin qu'il vend soit de son crû.

Item. Pourront lesdits bourgeois de notredite ville de Bordeaux, encore qu'ils ne soient nobles, mais roturiers, acquérir néanmoins fiefs et terres nobles.

Item. Seront les deniers communs de ladite ville privilegiés tout ainsi que les nôtres propres.

Item. Appartiendront et demeureront à ladite ville les padouans de ladite ville et banlieue d'icelle, en nous payant par chacun an deux nobles, ainsi qu'il étoit accoutumé faire auparavant lesdits arrêts et condamnations.

SI DONNONS EN MANDEMENT à nos amés et féaux les gens tenants notre Grand-Conseil, notre Cour de parlement de Bordeaux, et de nos Comptes à Paris, trésoriers de France, généraux de nos finances, et sur le fait de la justice de nos aides audit Paris, sénéchal de Guienne, ou son lieutenant, et à tous nos autres justiciers et officiers, et à chacun d'eux en droit soi, et si comme à lui appartiendra, que cesdites présentes ils fassent lire, publier et enregistrer, entretenir, garder et observer de point en point inviolablement et sans enfreindre; et du contenu en icelles, les habitants de notredite ville de Bordeaux jouir et user pleinement, paisiblement et à toujours, en leur faisant bailler et délivrer l'entière possession et jouissance des biens,

NOTES

profits, revenus et domaines susdits, en contraignant à ce faire, souffrir tous ceux qu'il appartiendra et qui pour ce seront à contraindre par toutes voies et manieres dues et accoutumées en tel cas. Et par ce rapportant cesdites présentes signées de notre main, ou vidimus d'icelles fait sous le scel royal, avec quittance, ou reconnoissance desdits habitants, ou de leur procureur sur ce suffisante, Nous voulons ledit comptable et receveur ordinaire de Bordeaux en être tenu quitte et déchargé en ses comptes par les gens de nosdits comptes, leur mandant de rechef ainsi le faire sans difficulté : Car tel est notre plaisir, nonobstant lesdits arrêts et condamnations donnés par les commissaires susdits contre le corps et college de ladite ville, que la valeur des choses dessusdites ne soit ci-autrement spécifiée ne déclarée, que tels dons ne dussent être faits, passés, vérifiés ne alloués que pour la moitié, ou le tiers, les réunions et révocations, tant générales que particulieres, par nos prédécesseurs et Nous faites des choses de notre domaine; ausquelles en tant que besoin seroit et qu'on voudroit prétendre lesdits fruits, droits, domaines et choses dessusdites être notredit domaine, nous avons de notre grace et autorité que dessus, ensemble aux ordonnances, tant anciennes que modernes, faites sur le fait de nos finances, port et distribution d'icelles en nos coffres du Louvre, et à quelconques autres ordonnances, restrictions, mandements, ou défenses à ce contraires, et aux dérogatoires des dérogatoires contenues èsdites ordonnances, et dérogé et dérogeons par cesdites présentes : Et pource que d'icelles l'on pourra avoir affaire en plusieurs et divers lieux, Nous voulons qu'au vidimus d'icelles fait sous le scel royal, ou colation par l'un de nos amés et féaux notaires et secrétaires, foi soit ajoutée comme à ce présent original; auquel, afin que ce soit chose ferme et stable à toujours, Nous avons fait mettre notre scel, sauf en autres choses notre droit et l'autrui en toutes.

Donné à Saint-Germain en Laye, au mois d'août l'an de grace mil cinq cent cinquante, et de notre regne le quatrieme.

Ainsi signé : HENRY, *visa*.

Et plus bas :

Par le Roy, DE LAUBESPINE.

Et scellé du grand scel de cire verte et lacs de soie verte et rouge, et contrescellé.

NOTE VIII, *page* 254.

LISTE DES MAIRES DE BORDEAUX DEPUIS LE XIIe SIÈCLE JUSQU'A NOS JOURS.

M. de Saint-George dit que Robert est le seul maire du palais du royaume d'Aquitaine qui soit connu (en 828) sous Pepin. Nous croyons, comme nous l'avons fait observer, qu'il y eut sous les Romains, à Bordeaux, des magistrats populaires qui s'appelaient *décurions*, qui plus tard prenaient le titre de *consuls*. Mais en admettant, ce qui nous paraît douteux, que le premier magistrat du temps de Pepin s'appelât *maire*, nous croyons que Monadey fut le premier maire librement élu par ses concitoyens, en vertu d'une charte de Henry, roi d'Angleterre, qui, dit Delurbe, octroya aux habitants de Bordeaux la libre élection du maire de la ville, en 1173.

MAIRES DE BORDEAUX ÉLUS PAR LE PEUPLE.

Année 1173...... Le seigneur de Monadey.
— 1208...... Pierre de Lamberti ou Lambert.
— 1217...... Bernard Dacra.
— 1218...... Pierre Andron, seigneur de Lansac.
— 1221...... Pierre de Beguey ou de Vigier, autrement dit Vigourous, et quelquefois Viguier.
— 1223...... Amaubin d'Ailhan ou de Lilhan.
— 1226...... Arnaud de Cambis.
> Il y avait alors à Bordeaux un conseil de prud'hommes qui se composait de 100 membres.
— 1228...... Guillaume de Rostangh.
— 1230...... Raimond de Monadey.
> Son nom figure dans le traité conclu entre Bordeaux et La Réole, en 1230. (*Voir* notre 1er vol. p. 694, 696.)
— 1232...... Sidoine de Beguey, ou de Viguier, dit Vigourous.
> *Voir* notre 1er volume, p. 697.
— 1235...... Pierre Cailhau.
> Il fut surnommé le *prud'homme*, ayant été toujours élu à cette fonction. Il fit réduire à 50 le nombre des membres du conseil des prud'hommes. Ce nombre de 50 fut, au XVIe siècle, réduit à 30. L'hôtel de Pierre Cailhau se trouvait à la porte qui garde encore son nom. Nous en avons déjà parlé, t. 1, p. 697.

NOTES.

Année 1236...... Sidoine de Beguey (2ᵉ fois).
— 1237...... Rostaing du Soley.
> Voir notre 1ᵉʳ vol., p. 692, etc.

— 1239...... Bernard de Lilhan, autrement d'Ailhan, fils d'Amaubin, maire en 1223.
> Voir notre 1ᵉʳ vol., p. 695, etc.

— 1240...... Jean Coulomb ou Colomb.
> Voir le 1ᵉʳ vol., p. 692, etc.

— 1242...... Pierre de Beguey (2ᵉ fois).
> Il avait été maire en 1221. (Voir notre 1ᵉʳ vol., p. 697).

— 1244...... Pierre Cailhau le Prud'homme (2ᵉ fois).
— 1245...... Raimond Coulomb.
> D'une ancienne et pieuse famille qui fonda le couvent des Jacobins, en 1230. (Voir le 1ᵉʳ vol., p. 692 et suite). L'histoire parle d'un Coulomb, un de ses descendants, qui se distingua au siège de Rhodes, en 1525.

— 1246...... Jean Coulomb (2ᵉ fois).
— 1247...... Pierre de Bonnefont.
— 1248...... Arnaud-Guillaume de Monadey.
— 1250...... Raimond Coulomb (2ᵉ fois).
> C'est dans le traité fait avec Montfort, en 1250, que les officiers municipaux sont appelés, pour la première fois, *jurats*. (Voir la *Remontrance du tiers ordre*, en 1788, 10 novembre, t. III, p. 580).

— 1254...... Raimond Brun.
— 1255...... Pierre Gondomer.
— 1257...... Arnaud-Guillaume Aymeric.
— 1259...... Arnaud Cailhau.

MAIRES ÉLUS PAR LES ROIS D'ANGLETERRE.

En 1261, le prince Édouard écrivit aux Bordelais de suspendre l'élection du maire de Bordeaux, à cause des embarras de la guerre; il employa toutes sortes de ruses, de promesses et de flatteries auprès des plus influentes familles de Bordeaux, et se fit donner le privilége de nommer le maire de Bordeaux, le 22 octobre 1261. Cette lâche concession fut plus lâchement confirmée par une lettre des maire et jurats en date du 19 décembre 1261.

— 1268...... Pierre de Pons d'Antin.

Année 1270...... Pierre Gondomer (2ᵉ fois). NOTES.
— 1274...... Bernard Gazapouy.
— 1275...... Henry Le Gallois.

    Voir Delpit, *Documents français*, p. LXX, note, *Introduction*.

— 1276...... Bernard de Lilhan ou d'Ailhan (2ᵉ fois).
— 1277...... Brunus de Saga.

    A cette époque, le roi d'Angleterre avait de grands embarras ; le peuple de Bordeaux, qui regrettait la perte du droit électoral, fit une tentative pour recouvrer ses droits ; mais le roi, prévenu à temps, étouffa la rébellion naissante et nomma maire de Bordeaux Gui Dubourg, seigneur de Verteuil, par une charte datée de Westminster, le 3 mai 1278. Ce Gui avait épousé une demoiselle de Gombaud et avait marié sa fille avec le seigneur de Lesparre, en 1269. Il était très-estimé dans le pays.

— 1278...... Gui Dubourg.
— 1279...... Gui Dubourg (2ᵉ fois).

    Le roi, par une charte datée de la tour de Londres, le 12 janvier 1278, pardonna les fautes dont les Bordelais s'étaient rendus coupables envers lui ; mais il se réserva encore la nomination des maires.

    Sous la date du 4 avril 1282, on trouve une lettre au roi d'Angleterre aux maire et prud'hommes de Bordeaux, *majori et probis hominibus de Burdigala*.

    Depuis 1278, les Bordelais se désolaient d'avoir perdu le droit de la liberté d'élection. Le roi d'Angleterre avait nommé, en 1287, en remplacement de Gui Dubourg, un nouveau maire, Jean Ferradre, suivant les *Coutumes bordelaises*, art. 149. Il eut pour successeur, en 1288, Jean Burns. Cette nomination déplut aux jurats, et ce nouveau maire, Jean Burns, fut remplacé, cette même année, par Thomas Sandwich. (*Voir les Coutumes de Bordeaux*, art. 87.)

— 1287...... Jean Ferradre.

    (Art. 149 des *Coutumes Bordelaises*.)

— 1288...... Jean Burns ou Born.
— 1288...... Thomas Sandwich.
— 1289...... Édouard Penabec.
— 1291...... Pierre Ithier, chevalier.
— 1292...... Bernard de Brunter.

    Il fut nommé maire par le roi d'Angleterre ; cette nomination déplut aux Bordelais ; trois jurats protestèrent contre le choix du monarque et firent appel au suzerain Philippe le Bel, qui

NOTES.

confirma les anciennes libertés et privilèges des Bordelais, dont il s'efforçait de conquérir l'affection, et pour leur plaire, nomma maire un de leurs compatriotes, Jean de Borie. *(Guienne monumentale*, t. II, p. 88, note). Il continua pendant quelques années à nommer le maire de Bordeaux.

Année 1292...... Jean de Borie.

Les dissensions civiles qui désolaient la ville de Bordeaux ; les animosités entre les Coulomb et les Solers ou les du Soley que le prince Anglais s'efforçait de fomenter et d'étendre, firent oublier aux Bordelais la grande question du privilége électoral. D'après les vœux des Bordelais, il paraît que le suzerain nomma encore le successeur de Jean Borie ; c'était de Burlach.

— 1294...... Grimond de Burlach,
Nommé par le suzerain Philippe le Bel.

— 1295...... Gilbert Aubin,
Nommé avec ses successeurs par le roi d'Angleterre.

— 1296...... Guillaume de Rabastens.
— 1298...... Bernard de Feugars.
— 1300...... Grimond de Burlach (2ᵉ fois).
— 1302...... Jean Beguey ou Vigier.
— 1303...... Arnaud Cailhau.
— 1304...... Amalric de Saint-Amand.
— 1305...... Bertrand Fortaner de Batz.
— 1306...... Arnaud Cailhau (2ᵉ fois).
— 1308...... Pierre Cailhau.
— 1310...... Amanieu du Foussat ou Dufossat.
— 1311...... Othon de Lados.
— 1312...... Élie de Galard.
— 1313...... Amalric de Kerwan.
— 1315...... Élie Andron,
Nommé à Westminster, le 5 février. Remplacé par

— 1315...... Guillaume de Tholose.
— 1316...... Guillaume Seguin de Rions.
Remplacé cette même année par Philibert du Mas, nommé maire de Bordeaux, à Westminster, le 18 mai.

— 1316...... Philibert du Mas.
— 1317...... Guillaume de Tholose (2ᵉ fois).
Nommé maire de Bordeaux par le roi, étant à Neubourg, le 24 octobre.

— 1318...... Élie de Batz.

Année 1319...... Loup de Bourgogne *(Lupo Burgundi)*,
Nommé le 4 mars.
— 1320...... Othon de Miossens.
— 1321...... Jean Hugate.
— 1322...... Raimond Durand.
— 1323...... Robert Shirland ou Sterland,
Nommé maire le 2 juillet. Il avait été nommé gouverneur d'Aquitaine, le 15 mai.
— 1324...... Robert Swynburne.
— 1325...... John Beaton.
— 1327...... John Haustède.
— 1329...... Arnaud de Montpezat.
— 1332...... John de Saint-Philibert, et Pierre de Camparian par *intérim*.
— 1334...... Sanche de Pommiers.
Voir art. 91 des *Coutumes*.
— 1336...... John de l'Isle, chevalier de la Jarretière.
Il eut de fâcheux démêlés avec un capitaine du château de l'Ombrière, lequel était connétable et amiral de Guienne.
— 1344...... William Stury.
— 1348...... Reginal Berkley.
Il fut nommé maire à vie. Les jurats refusèrent de le reconnaître. Le roi écrivit au sénéchal de les y contraindre. Enfin, après plusieurs débats, une opiniâtre résistance et de graves menaces, Berkley fut remplacé, en 1354, par Thomas de Ross.
— 1354...... Thomas de Ross de Dundée.
— 1362...... Arnold Savage.
— 1369...... Richard Walkefare.
— 1372...... Richard de Ross.
— 1374...... Robert de Ross.
C'est pendant son administration que le roi d'Angleterre conféra, le 15 mars 1374, les privilèges qu'avaient les maires et jurats de juger, au civil et au criminel, les bourgeois et les étrangers qui avaient des procès avec les bourgeois. Il n'en exceptait que ceux qui étaient coupables du crime de lèse-majesté ou de contrefaçon du grand sceau du roi. Il les autorisa aussi à traiter comme habitants de Bordeaux tous les étrangers, fussent-ils même questaux, s'ils y demeuraient un mois, moyennant le serment de fidélité prêté à leur arrivée en ville.
— 1375...... Jean de Molton.

NOTES.

Écrit au chancelier d'Angleterre pour lui faire connaître les ravages que Bertrand Duguesclin faisait dans le Périgord et dans le Limousin, prenant villes et châteaux, tenant et faisant pendre les habitants sous le vain prétexte qu'ils avaient violé les trèves. Il lui annonçait aussi que le bâtard d'Espagne, Henry II, roi de Castille, faisait des préparatifs pour opérer une descente sur les côtes de Guienne, mais il ne savait pas s'il avait le projet de venir attaquer Bordeaux.

Année 1376...... Richard Walkefare (2ᵉ fois).
— 1378...... John Milton.

De son temps le nombre des jurats fut réduit à 12, et la ville fut divisée en 12 quartiers ou jurades, savoir : la Rousselle, la Porte-Bouqueyre, Saint-Éloi, Cayfernan, les Ayres, Dessus le Mur, Saint-Projet, Saint-Siméon, Saint-Pierre, Porte-Despaus, Porte-Médoc, Saint-Christoly. Chacun des douze jurats était chargé de tout ce qui concernait son quartier.

— 1382...... David Cradock.
— 1388...... John Grailly,

Nom qui semble être écrit *Trayli* dans un document de l'hôtel de ville.

— 1390...... Pierre Ithier.

Voir le *Tableau de la Mairie*, par M. de Saint-George, p. 77.

— 1393...... Pierre Dumas.
— 1394...... Archambaud de Grailly.
— 1400...... Pierre de Contiés.

La charte du 14 juillet porte ce mot : *Rétablissement*.

— 1402...... Edward Thorp.
— 1403...... Guillaume Lutterell.
— 1404...... Thomas-Swynburn.
— 1405...... Amanieu-Guillaume de Madaillan, sire de Lesparre et de Rauzan.

Voir *Variétés bordelaises*, t. 1, p. 252.

— 1409...... Thomas Swynburn, capitaine de Fronsac (2ᵉ fois.)

Il fut commis avec le seigneur de Montferrand pour traiter avec le roi de Castille.

— 1413...... Pierre Buxton, le Protecteur des marchands.
— 1415...... John Saint-John.

Il fut nommé par lettres-patentes datées de Westminster, le 12 octobre 1415.

De son temps, il y eut une affreuse disette à Bordeaux. Les jurats firent défendre de faire venir des vins du Haut-Pays, qui tenait alors pour la France, si l'on ne faisait pas porter par les mêmes bateaux autant de blé que de vin. Dans cette conjoncture, il y eut une assemblée générale convoquée pour le 12 février, dans la chapelle de l'archevêché ; tous les personnages notables de la ville et du pays y assistèrent : l'archevêque, les jurats, le juge de Gascogne, le lieutenant de sénéchal, le connétable de l'Ombrière, les gens du Conseil royal, le captal de Buch, les seigneurs de Montferrand, de Roquetaillade, d'Anglade, etc., etc.

Le procureur fiscal y prit la parole et dit que les jurats n'avaient pas le droit de faire la défense dont nous venons de parler plus haut, sans le consentement du sénéchal, de son lieutenant et des seigneurs de son conseil ; que cette défense portait un préjudice notable aux intérêts du roi ; que le trésor était privé, par suite de cette mesure, de la dîme et des 30 sous perçus par tonneau sur les vins du Haut-Pays qu'on expédiait par la Garonne pour l'étranger ou pour l'intérieur du pays.

Le procureur-syndic maintint le droit des jurats de faire des statuts et ordonnances, conjointement avec le peuple, et prouva par des titres authentiques que le roi lui-même avait reconnu et confirmé ce droit.

Le connétable de l'Ombrière protesta alors contre la mesure adoptée par les jurats, comme nuisible aux intérêts du roi. On convoqua alors le conseil des 130 (ou de 300 selon d'autres) par billet, et l'ordonnance des maire et jurats fut approuvée et maintenue.

Ici il faut observer que, selon un usage immémorial à Bordeaux, lorsque les gens invités aux assemblées par billet, ne s'y rendaient pas, sans aucune nécessité ou excuse, on faisait briser leur porte par le bourreau : *Et si es lo cas que no benguan, que, encontra los defalhens, sia procedit si com antiquement si solé far, en cas semblant, so es à saber que lo sia piquada la porta per lo pendart.*

Année 1423...... **Laurence Melbury.**

Sur la fin du XVe siècle, les gentilshommes ne dédaignaient pas de porter les armes sous le commandement du maire, comme on peut le voir dans le procès-verbal de l'arrière-ban des Bordelais, du 6 septembre 1491. On appelait ces gentilshommes qui servaient sous le maire *sergents d'armes*. Il y avait des sergents d'armes à la bataille de Bouvines, en 1214.

— 1428...... **John Holland,**

Nommé le 10 avril 1428 ; sa nomination fut confirmée le 22 janvier 1430.

— 1432...... **Godefroy Chartoise, seigneur de Genissac, de Bergerac et de Sainte-Foy.**

NOTES.

NOTES.

Année 1434...... Guillaume Sanche de Pommiers.

Son grand-père était très-attaché aux intérêts du roi d'Angleterre, par suite d'un don de terres que ce prince lui fit en 1358. Son père avait été décapité en 1375, à cause de quelques démarches qu'il avait faites en faveur de la France. Les biens de cette ancienne famille ont passé dans celles des Saubat et des Josset, qui ont pris le nom de Pommiers.

— 1443...... Godefroy Chartoise (2ᵉ fois).

Sa nomination, qui eut lieu le 15 février 1443, fut confirmée le 5 avril 1443. Il signa comme maire la capitulation de Bordeaux. Il se distingua à la tête des troupes bordelaises; mais il fut vaincu par le comte d'Orval, fils du duc d'Albret.

Pendant l'administration de Godefroy de Chartoise, le maire et les aldermen de Londres écrivirent, le 15 septembre 1446, au maire et aux magistrats municipaux de Bordeaux et des villes de Guienne, pour leur rappeler que d'après les priviléges accordés à la commune de Londres, les citoyens de cette ville pouvaient exercer le commerce dans tous les états du roi d'Angleterre, sans payer aucun droit quelconque, et que, si quelqu'un en deçà ou au delà des mers exigeait quelque chose, les vicomtes de Londres étaient autorisés à les indemniser par la saisie des navires du pays où l'on aurait porté atteinte à ce privilége. Les autorités municipales de Bordeaux insistaient, en conséquence, pour que les Bordelais donnassent une indemnité à William Abraham, alderman de Londres, et à Alain Johnston, pour qu'ils leurs fissent rendre ce qu'ils avaient été forcés de donner à Bordeaux, et de ne plus leur donner lieu à de pareilles violations de leurs priviléges.

— 1452...... Jean Bureau, premier maire français, trésorier général de France, grand-chambellan de Charles VII, grand-maître de l'artillerie. Il fut nommé par le roi seul.

— 1453...... Henri Bedford.

— 1460...... Jean de Lalande.

Il fut nommé maire, le 28 janvier, par le roi d'Angleterre, qui, quoique expulsé, nomma pendant près de dix ans les maires et des agents, comme pour faire un acte d'autorité.

— 1480...... Jean de Duras, marquis de Blanquefort.

Les seigneurs de cette maison furent faits bourgeois de Bordeaux en 1450. Le premier fut Gaillard de Durfort, abréviation de Duras-fort. Gaillard était père du maire et le septième aïeul du maréchal de Duras.

— 533 —

Année 1484...... Poncet de la Rivière.
    D'une illustre famille dont le dernier rejeton mourut évêque de Troyes, sur la fin du XVIII° siècle.

— 1486...... Duras de Blanquefort (2° fois).
    Il commanda l'arrière-ban, en 1491, au grand mécontentement du captal de Buch, grand-sénéchal.

— 1498...... Jean de Taleyrand, seigneur de Grignols.
    Issu des anciens comtes du Périgord.

— 1525...... Philippe de Chabot-Brion, amiral de France, chevalier de Saint-Michel et de la Jarretière, gouverneur de la Bourgogne et de la Normandie.
    « Le roi, dit Pasquier, ne croyait qu'en lui seul entre ceux » qui avaient son oreille. » (*Recherches*, etc., liv. VI, ch. IX).

— 1531...... Charles de Chabot, nommé maire en 1530, baron de Jarnac, gouverneur de La Rochelle, capitaine du fort du Hâ, vice-amiral de Guienne, frère de Philippe, le précédent maire.

— 1545...... Guy de Chabot, fils de Charles, baron de Jarnac et de Montlieu, chevalier de l'ordre, gentilhomme de la chambre du roi et du duc d'Orléans, gouverneur de La Rochelle et capitaine au fort du Hâ.
    Il fut maire en survivance ; l'édit de Henri II ayant rendu la mairie élective, le père et le fils conservèrent l'usufruit de 1,200 livres de gages sur les revenus domaniaux de Bordeaux.
    Guy de Chabot se battit avec La Châtaigneraie, le 10 juin 1547. Il parlait, disait-on, comme Cicéron, et se battait comme César. Il renversa le malheureux La Châtaigneraie par un coup de dague donné sur les jarrets. De là vient la locution vulgaire, *coup de Jarnac*, qu'on confond souvent avec un vil assassinat commis vingt ans après à Jarnac.

MAIRES ÉLECTIFS DE DEUX ANS EN DEUX ANS.

— 1550...... François de la Mothe de Cambes.
    D'une ancienne et respectable famille bordelaise.

— 1553...... Gaston de l'Ile de la Rivière.
    Descendant de Catherine Lalande, héritière de la branche aînée de cette maison. Il prêta serment dans l'église de Saint-Eloi, ne pouvant pas, à cause des troubles du temps, se rendre,

NOTES.

selon l'antique usage, à Saint-Seurin, où l'on prêtait serment sur la châsse en argent (*fierte*, que les Bordelais appellent *forte*) qui contenait le bras de saint Seurin, l'un des patrons de la ville. En 1280, le roi de France avait défendu d'exiger le serment sur ces reliques ou sur toutes autres en Gascogne, *toutes les fois que le crime serait avoué par l'accusé, prouvé par des témoignages, ou le duel, ou quand le coupable serait en fuite.* (*Ordonn. des rois de France*, tome I.) — Ces lettres-patentes du suzerain d'Aquitaine enjoignaient aux justiciers des ducs de cette province, vassaux de France, d'y obéir.

Année 1555...... Pierre Eyquem de Montaigne, père de Michel Montaigne.

Il eut le premier l'idée des affiches en province. (*Essais*, liv. II, chap. XVII.)

— 1557...... Louis de Saint-Gelais de Lansac, appelé le *Vieux*, capitaine de cent gentilshommes, chevalier d'honneur de la reine Catherine de Médicis, surintendant de la maison de cette princesse, ambassadeur au concile de Trente.

« C'était, dit Brantôme, un vieux registre d'antiquités de la » cour. »

Cette branche de Saint-Gelais, d'après M. de Saint-George, prit le nom de Lansac par le mariage d'un de ses membres avec Jacquette de Lansac, fondatrice des Annonciades à Bordeaux, héritière de Thomas de Lansac et de Françoise d'Escan. Toutes les branches de cette famille adoptèrent plus tard le nom de Lusignan, sous le règne de Catherine de Médicis, par suite d'un autre mariage.

Il était seigneur de Bourg et des seigneuries de la maison de Lansac du nom d'Andron.

— 1557...... De La Rivière.

Fut député avec M. de Lagebaston, à Paris, pour demander au roi le rétablissement de la Cour des généraux et son incorporation au parlement, et l'entière suppression de la traite foraine. Les Bordelais savaient que les petits présents font de grands amis : ils envoyèrent avec leurs députés vingt tonneaux de vin de graves pour être distribués aux puissants de la cour, le cardinal de Lorraine, le maréchal Saint-André, le connétable, etc., etc. La Cour des Aides et des généraux était établie alors à Périgueux; on la voulait à Bordeaux. (Corbin, *De la Cour des Aides*, 1625, page 66.)

— 1558...... La Mothe de Cambes (2ᵉ fois).

Il mourut en charge. (Fontanon, tome II, liv. III, p. 750.)   NOTES.

Année 1559...... Geneste de Favas, vicomte de Castets, natif de Saint-Macaire, lieutenant du roi en le duché d'Albret.

> Il se distingua au siège de La Réole, de Castets et de Mont-de-Marsan; il joua un grand rôle dans les affaires du Bazadais. (Voir notre *Histoire de Bazas*.)

— 1561...... De Carles, sieur de la Roquette.

> Il mourut en charge et fut remplacé par

— 1562...... Antoine comte de Noailles, chevalier de l'Ordre, lieutenant du roi, amiral de Guienne, gouverneur de Bordeaux et des enfants de Henri II.

> Sa devise était : *Animos crescentibus addo*. Il mourut le 2 mars 1562, peu de temps après son élection. « C'était dommage, dit Montluc, car c'était un bien sage gentilhomme et un bon serviteur du roi. » (Liv. V.) Il fut remplacé par

— 1562...... Lansac de la Rivière (2e fois).

> Ronsard parle avantageusement de Saint-Gelais de Lansac, dans sa Ve Églogue.

— 1563...... Gaston de la Touche, sieur de la Faye, seigneur de Faye-Boisciran, chevalier de l'Ordre, commandant d'Angoulême.

> Il obtint deux foires franches pour Bordeaux. Pour cette élection, le roi avait exigé qu'on lui présentât deux personnes de qualité pour en choisir une digne d'être maire, et huit pour en désigner quatre pour être jurats. Ordinairement, il ne sortait tous les ans que trois jurats; cette année, par des circonstances particulières, il en sortit quatre.

— 1567...... Guy de Saint-Gelais de Lusignan de Lansac (le jeune), chevalier des ordres du Saint-Esprit, de la Jarretière et de Saint-Michel, ambassadeur en Angleterre.

> « Il était toujours à la cour, dit Montluc, et y faisait grande figure. »

— 1571...... Henri de Foy, comte de Candale, seigneur de Puy-Paulin, chevalier de l'Ordre du roi et de la Jarretière, conseiller né du parlement, et premier bourgeois de Bordeaux.

> Il était le dernier rejeton de la branche aînée des Grailly; sa fille épousa le duc d'Épernon.

NOTES.

Année 1573...... Gaston, baron de Montferrand, gouverneur de Bordeaux, baron de Landiras, premier baron bordelais.

Il fut tué le 10 juillet 1575. Si nous en croyons M. de Saint-George, Gaston de Montferrand fut remplacé, pour le restant de son temps, par le marquis de Talleyrand-Périgord. Nos Chroniques n'en parlent pas, et nous sommes peu disposé à l'admettre comme vrai, car, en 1575, la même année de la mort de Montferrand, nous voyons que Joseph d'Aymar, président à mortier au parlement, fut élu maire. Cette élection fut blâmée par le roi, en 1577. M. de La Vallette porta à l'Assemblée des Cent-Trente une lettre de cachet qui « enjoignait de nom-
» mer à l'avenir un autre que de robe, quoiqu'il eût bien voulu
» tolérer l'élection du président Aymar, sans tirer à consé-
» quence. »

— 1575...... Joseph d'Aymar, président à mortier.

Mourut en 1592.

— 1577...... Armand de Gontaut-Biron, gentilhomme de la chambre du roi, chevalier de ses Ordres, grand maître de l'artillerie, gouverneur et lieutenant général de Guienne, maréchal sous Henri II.

Il fut réélu en 1579.

— 1579...... Armand de Gontaut-Biron (2ᵉ fois).

— 1581...... Michel-Eyquem de Montaigne, chevalier de l'Ordre, citoyen romain, l'auteur des *Essais*.

Il fut réélu en 1583 et maintenu maire, malgré les débats dont son élection avait été la cause.

— 1583...... Michel-Eyquem de Montaigne (2ᵉ fois).

— 1585...... Jacques de Matignon père, seigneur de La Roche-Guyon, prince de Mortagne, comte de Thorigny, baron de Lesparre, lieutenant général et chevalier des Ordres, maréchal de France en 1579.

Il fut maintenu en charge pendant dix ans et mourut dans le Médoc, à Lamarque.

— 1597...... Matignon, comte de Thorigny, fils du maréchal.

Après la destruction des priviléges et des libertés des Bordelais, en 1548, par le connétable de Montmorency, le corps de l'Hôtel-de-Ville fut rétabli par Henri II ; et, par un édit de juillet 1572, Charles IX établit une chambre de police dont le parlement devint le chef à la place du maire ; mais, en 1597, Henri restitua, le 30 janvier, au maire, la police de la ville, à la charge d'appel en la Grand'Chambre. Par un arrêt du Conseil du 18 mars 1621, Louis XIII *rétablit, sur la demande du parlement, la chambre de police,* sans préjudice toutefois de la juridiction de la ville et banlieue de Bordeaux, qui appartenait aux maire et jurats.

Année 1599...... Alphonse d'Ornano, général des Corses en France, lieutenant-général en Guienne, chevalier des Ordres, maréchal de France, gouverneur de Gaston d'Orléans.

Fut maintenu en charge pendant dix ans; il mourut maire. On lui érigea un magnifique mausolée dans la chapelle des Pères de la Merci, à Bordeaux. En 1600, il ne se gêna pas pour dire en plein parlement que « d'Épernon conspirait avec les enne- » mis de l'État. » Il y avait de la hardiesse à le faire. « Le duc, » d'après son historien, avait vécu plus d'un siècle et mourut » non seulement le plus ancien officier de la couronne, mais » le plus ancien général d'armée, le plus ancien gouverneur » de province, le plus ancien chevalier de l'Ordre, le plus an- » cien duc et pair, et presque le plus ancien homme de condition » de son temps. »

Après l'affaire de d'Ornano, le duc se retira à Cadillac. Peu de jours après, lorsqu'on croyait l'affaire arrangée par les soins des présidents d'Affis et de Nesmond, le duc partit pour Toulouse et envoya un cartel à d'Ornano. Le roi le sut et défendit qu'on passât outre. Cette affaire fut arrangée le 25 mars 1601.

En 1607, d'Ornano eut encore une querelle avec de Montespan, de la maison de Gondrin-Pardailhan. Le lieu du combat fut désigné: mais un courrier du roi arriva et mit fin à tout projet de vengeance.

— 1610...... Antoine de Roquelaure, baron de Laverdan et de Biran, maréchal de France, chevalier des Ordres, lieutenant général en Guienne.

Désolé de savoir que les jurats avaient reçu ordre, en 1611, de le faire remplacer, il prit en haine M. de Barrault, qu'on venait de proclamer par élection, et se hâta d'arriver du Haut-Pays à Bordeaux. Un duel allait avoir lieu; mais le duc de Condé survint et arrangea le différend; et la reine, ayant appris qu'il était en colère contre les jurats, lui écrivit de ne savoir aucun mauvais gré aux jurats de leur fermeté dans l'accomplissement de leur devoir.

— 1611...... Jaubert de Barrault, sénéchal de Bazas, amiral de Guienne.

NOTES.

Il mourut en place et eut pour successeur

Année 1614...... Antoine Roquelaure (2e fois).

— 1617...... Henri Desprez de Montpezat, lieutenant général en Guienne, gouverneur de Grenade et de Muret, dernier maire électif.

Il mourut sans postérité, le 24 août 1619, au château de Percegny, en Touraine.

Depuis 1619 jusqu'à 1653, il n'y eut pas de maire à Bordeaux; les jurats seuls administrèrent les affaires de la ville. Par arrêt du Conseil, le roi exigea, en 1621, que le trésorier de la ville rendît ses comptes en présence de deux commissaires du parlement, députés à cet effet; il rétablit la Chambre de commerce, qui devait se réunir, de trois mois en trois mois, dans la chambre de la chancellerie du Parlement, à laquelle devaient assister un président et un conseiller de la Cour, le lieutenant-général civil et criminel, et, en leur absence, le lieutenant particulier de la sénéchaussée, deux jurats et quatre bourgeois ou marchands.

Les gouverneurs commençaient alors à usurper totalement le pouvoir des maires; et le parlement, mécontent, crut devoir réclamer de Louis XIV que les charges de maire, de gouverneur du château et de gouverneur de la province fussent remplies, comme anciennement, par trois personnes différentes. (*Le Maire, ou Tableau municipal de Bordeaux*, page 104.)

— 1653...... Godefroy comte d'Estrades, chevalier des Ordres du roi, gouverneur de Bordeaux et de Dunkerque, lieutenant du roi en Guienne.

Il fut nommé maire par le roi en 1653, ambassadeur en Angleterre en 1661, plénipotentiaire à Nimègue, premier gentilhomme du duc de Chartres, et maréchal de France en 1675. Godefroy descendait, par sa mère, de la famille de Secondat de Montesquieu; il épousa la fille du chancelier d'Alègre, veuve de M. de Verthamon, ancien intendant de Bordeaux.

— 1675...... Louis marquis d'Estrades, fils du précédent, gouverneur de Gravelines et de Dunkerque, officier supérieur des gardes-du-corps, qu'il conduisit avec le roi d'Angleterre en Irlande.

Il mourut en 1711.

— 1711...... Louis-Geoffroy comte d'Estrades.

Il eut l'agrément du roi pour succéder à son père; mais des débats sur la préséance s'étant élevés, sa réception officielle fut retardée. Le parlement ordonna que les officiers municipaux, même les nobles, vinssent au palais sans épée. Cela blessa les municipaux.

Louis-Geoffroy fut nommé lieutenant-général; il fut tué à Bellegarde, le 4 avril 1717; son frère lui succéda.

Année 1713...... Louis-Godefroy marquis d'Estrades, frère du précédent, arrière petit-fils du maréchal.

Il se fit recevoir maire dans un temps où, par une innovation sans exemple, le parlement voulait que les officiers municipaux ne se présentassent jamais au palais sans avoir déposé leurs épées. Louis-Geoffroy prit leur défense et invoqua en leur faveur plusieurs arrêts des années 1551, 1557 et 1558. Le parlement lui en opposa deux autres, de 1562 et de 1578. Le roi fit droit aux réclamations du maire; mais, pour éviter toute contestation ultérieure, le maire cessa d'aller au palais.

— 1769...... Louis vicomte de Noé, maréchal-de-camp, sénéchal de quatre vallées et chambellan de M^{er} le duc d'Orléans.

Deux ans avant sa nomination, c'est-à-dire en 1767, la dénomination de sous-maire fut remplacée par celle de lieutenant de maire à la nomination du roi. (Édit daté de Versailles, au mois de novembre 1760.) Nous avons parlé ailleurs de ses démêlés avec le maréchal de Richelieu. Le vicomte de Noé resta maire jusqu'en 1790.

— 1790...... Comte de Fumel.

Succéda au vicomte de Noé. Il était commandant de la province.

— 1791...... Saige.

Dans la seconde partie de notre travail, nous aurons occasion de parler longuement de ce maire et de ses successeurs.

— 1793...... Bertrand, horloger.
— 1794...... Pierre Thomas, ministre protestant.
— 1795...... Ferrière-Colk, négociant.

A partir de 1796, la ville fut partagée en trois administrations municipales, celles du nord, du centre et du sud. Furent nommés :

— 1796......
{ Ferrière Colk, pour la présidence du nord.
{ Lucadou, pour celle du centre.
{ Lartigue pour celle du sud.

— 1797......
{ Marcilhac, pour le nord.
{ Lucadou, pour le centre.
{ Lartigue, pour le sud.

NOTES.

Année 1798...... { Lartigue, pour le nord.
{ Géreaud, pour le centre.
{ Béchcau, pour le sud.

— 1800...... { Fieffé, pour le nord.
{ Letellier, pour le centre.
{ Mathieu, pour le sud.

Bonaparte supprima ces divers administrateurs, et, ami de l'unité et de la centralisation du pouvoir, il ne laissa subsister qu'une seule administration municipale.

— 1805..... Le comte Lafaurie de Monbadon.
— 1809..... Le comte Lynch.
— 1815..... De Grammont.
— 1815..... Vicomte de Gourgues.
— 1823..... Vicomte du Hamel.
— 1830..... Marquis de Brias.
— 1831..... J. Brun.
— 1833..... D. Johnston.
— 1842..... Duffour-Dubergier.
— 1848..... Billaudel.
— 1848..... Curé.
— 1849..... A.-F. Gautier aîné.
— 1860..... Castéja.

NOTE IX, *page* 309.

OBJETS DONT SE MUNISSAIENT LES COMBATTANTS DANS LES DUELS JUDICIAIRES.

Des chausses de toile, un caleçon qui se mettait sur la culotte, avec des ceinturons et des agrafes garnies, une camisole bourrée de laine, des chausses de lin et de drap, des souliers de fer à lames brisées, des éperons garnis, des armures de jambes, les unes en bois, les autres en fer, des cuissards à lames, des coiffes de drap, de toile, de chanvre et de soie, des gorgerins de drap et de fer doubles et simples garnis, un chapeau de fer garni de lames et de tresses de corde avec fils de chanvre et de soie, avec un camail; un haubert et une cotte d'armes, un ceinturon garni d'un coutelas et d'une épée tranchante, un casque, une masse d'armes à chaînes ou à boulets, un écu ou bouclier, un glaive et des lances garnies de fer, un cheval bridé et sellé, des tresses, le licol, les rênes garnies de fer et de cuir, les selles du cheval avec ses sangles et l'étrier, des couvertes peintes, en drap, en soie, en toile de lin et destinées à la monture, les pièces de l'armure qui doit défendre le cheval de la tête aux pieds, des pennons de drap et de soie, du lin, des cordes et des courroies, du chanvre, du fil, des aiguilles, des ciseaux et une alêne pour passer le fil, des serviettes avec des assiettes, du pain, du vin, de l'eau, des poules, des amandes, du feu, du sel, des vases, des pots, des écuelles, un poêle, des couteaux, du foin, de l'avoine, de la farine, du son, les médicaments et le médecin, des étoupes de toile de lin pour panser les plaies et mettre l'appareil, des essences et des breuvages, des jupons et des pourpoints de toile, des brassards de fer et de cuir, un bassinet avec heaume, camail, bottines de fer et de cuir, des chemises, des guêtres de cuir, du ligneul, des souliers de cuir, un maître armurier avec ses instruments, une trousse, une peau, des rasoirs, des limes, un marteau, du lard, des liniments et de l'huile d'olive, des tables pour manger, des nappes, de la viande, de la salade, des bûches, des trépieds, des sauciers, du poivre, du gingembre, du safran, du vinaigre et des chandelles de cire.

NOTE X, *page* 335.

CHEVALIERS D'HONNEUR (1).

1702 à 1704........	François-R^d Guichaner d'Armajan de Lagrange.
	Louis-Arnaud Lecomte, marquis de La Tresne.
1707 à 1731........	Jacques-Léon-Gabriel de Lavergne, comte de Guilleragues.
	Vincent d'Armajan de Lagrange.
1739 à 1748........	Pierre-François Lassale de Roquefort.
	Joseph de Gombaud de Razac.
1754 à 1768........	Jean de Lagrange.
	Charles Guichaner d'Armajan.
	Joseph de Gombaud, baron de Razac.
1769 à 1784........	Joseph de Gombaud, baron de Razac.
	Pierre-François de Brach de Montussan.
1785.................	Léonard de Majance Camiran.
	Jean-Louis Desmoulin de Leybardie.
1786 à 1790........	Joseph de Gombaud, baron de Razac.
	Pierre-François de Brach de Montussan.

(1) Ces charges, près des cours souveraines, furent créées en 1702.

NOTE X bis, page 340.

GOUVERNEURS DE LA PROVINCE DE GUIENNE.

- Année 1224...... Richard, comte de Cornouailles.
- — 1257...... Simon de Montfort, comte de Leycester.
- — 1294...... Edmond, comte de Lancastre.
- — 1295...... Roger (Bernard), comte de Foix.
- — 1296...... Robert d'Artois, petit-fils de Louis VIII.
- — 1297...... Edmond, fils d'Édouard II.
- — 1324...... Charles de Valois, fils de Philippe le Hardi.
- — 1326...... Alphonse d'Espagne.
- — 1329...... Le comte de Kent, frère d'Édouard II.
- — 1330...... Charles de Valois, frère de Philippe VI.
- — 1338...... Gaston de Foix.
- — 1339...... Jean de Luxembourg.
- — 1343...... Le comte de Derby.
- — 1345...... Pierre, duc de Bourbon.
- — 1355...... Édouard, prince de Galles.
- — 1356...... Le dauphin de Viennois.
- — 1364...... Jean de Gand, duc de Lancastre.
- — 1370...... Louis, duc d'Anjou.
- — 1371...... Pierre de Foix, captal de Buch.
- — 1372...... Le comte de Pembrock.
- — 1383...... Le duc de Berry, fils du roi Jean.
- — 1404...... Le duc de Bourbon.
- — 1412...... Le duc de Clarence.
- — 1413...... Thomas, comte de Dorset.
- — 1417...... Le Dauphin, fils de Charles VI.
- — 1417...... Le comte de Sommerset.
- — 1418...... Louis de Chalons, prince d'Orange.
- — 1419...... Le duc de Bedfort.
- — 1422...... Charles, duc de Bourbon.
- — 1434...... Le comte de Foix et de Bigorre.
- — 1440...... Charles d'Anjou.
- — 1443...... Le Dauphin, depuis Louis XI.
- — 1450...... Jean de Bretagne.
- — 1451...... Le comte de Dunois.

— 543 —

Année 1452...... Jean de Bourbon, comte de Clermont.
— 1461...... Jean, bâtard d'Armagnac, seigneur de Lescun.
— 1466...... Philippe de Savoie.
— 1467...... Jean de Foix.
— 1469...... Charles de Berry, frère de Louis XI.
— 1474...... Pierre de Bourbon.
— 1492...... Charles, comte d'Angoulême.
— 1493...... Gaston de Foix, seigneur de Candale.
— 1496...... Mathieu, bâtard de Bourbon.
— 1512...... François d'Orléans, duc de Longueville.
— 1514...... Odet de Foix, vicomte de Lautrec.
— 1528...... Henri d'Albret, } rois.
— 1556...... Antoine de Bourbon,
— 1562...... Henri de Bourbon, depuis Henri IV.
— 1595...... Henri de Bourbon, prince de Condé.
— 1618...... Le duc de Mayenne.
— 1622...... Jean-Louis de Nogaret, duc d'Épernon père.
— 1638...... Henri de Bourbon, prince de Condé.
— 1642...... Henri de Lorraine, comte d'Harcourt.
— 1644...... Bernard de Nogaret, duc d'Épernon fils.
— 1651...... Louis de Bourbon, prince de Condé.
— 1658...... Armand de Bourbon, prince de Conti.
— 1671...... Le maréchal d'Albret.
— 1676...... Le duc de Roquelaure.
— 1684...... Le comte de Toulouse.
— 1695...... Le duc de Chaulnes.
— 1698...... Le duc de Chevreuse.
— 1713...... Le comte d'Eu.
— 1758...... Le maréchal, duc de Richelieu.

NOTE XI, page 340.

COMMANDANTS EN CHEF DE BORDEAUX.

Année 1246...... Savary de Mauléon.
— 1273...... Raoul, connétable de Nesle.
— 1289...... Jean de Havering.
— 1293...... Jean de Saint-Jean.
— 1306...... Robert Sauvages.

NOTES

Année 1349...... Jean de Newil.
— 1337...... Le comte d'Eu.
— 1338...... Pierre de la Palu.
— 1339...... Galois de la Beaume.
— 1339...... Simon d'Arquery.
— 1340...... Marigny, évêque de Beauvais.
— 1344...... Comte de l'Ile-Jourdain.
— 1349...... Flavecourt, archevêque d'Auch.
— 1352...... Le comte de Staffort.
— 1358...... Jean de Cheverston.
— 1360...... Jean Chandos.
— 1374...... Thomas de Felton.
— 1375...... Le captal de Buch.
— 1378...... Le sire de Neuville.
— 1379...... Thomas de Percy.
— 1391...... Le maréchal de Sancerre.
— 1392...... Le duc de Lancastre.
— 1401...... François Hugocionio, archevêque de Bordeaux.
— 1404...... Le cardinal Cramand, évêque d'Agen.
— 1406...... Le maréchal de Boucicaud.
— 1412...... Guillaume de Vienne.
— 1418...... Le vicomte de Murat.
— 1428...... Jean de Taran.
— 1439...... Jean, comte de Hungtington.
— 1451...... Le comte de Talbot.
— 1453...... Olivier de Coëstivy.
— 1472...... Pierre de Bourbon, sire de Beaujeu.
— 1480...... Louis d'Amboise, archevêque d'Alby.
— 1515...... André de Foy, sire de Lesparre.
— 1520...... D'Estissac.
— 1530...... Charles de Gramont, archevêque de Bordeaux.
— 1547...... Tristan de Monneins.
— 1548...... Le comte de Lude.
— 1554...... Le seigneur de Bury.
— 1556...... Antoine de Noailles.
— 1560...... Le comte de Lavauguyon.
— 1563...... Le maréchal de Montluc.
— 1570...... Le maréchal de Villars.
— 1571...... Desprez de Montpezat.

Année 1572...... D'Aydie de Lescun.
— 1573...... Jean de Nogaret de la Vallette.
— 1577...... Le maréchal de Biron.
— 1581...... Le maréchal de Matignon.
— 1592...... E. Philibert, marquis de Villars.
— 1598..... Le maréchal d'Ornano.
— 1610...... Le marquis de Roquelaure.
— 1622...... Le maréchal de Thémines.
— 1627...... Le maréchal de Saint-Luc père.
— 1639...... Le maréchal de Schomberg.
— 1649...... Le marquis de Saint-Luc fils.
— 1650...... Le comte d'Estrades.
— 1654...... Le comte de Montaigu.
— 1671...... Le marquis de Boufflers.
— 1686...... Le maréchal de Lorges.
— 1689...... Le marquis de Sourdis.
— 1704...... Le maréchal de Montrevel.
— 1716...... Le maréchal de Berwich.
— 1719...... Le marquis d'Asfeld.
— 1725...... Le marquis de Bonnelles.
— 1756...... Le comte d'Hérouville.
— 1757...... Le comte de Thomond.
— 1758...... Le marquis de Langeron.
— 1760...... Le duc de Lorges.
— 1766...... Le prince de Beauveau.
— 1775...... Le maréchal duc de Mouchy.
— 1783...... Le comte de Fumel.
— 1787...... Le comte de Brienne.

NOTE XII, *page* 375.

LISTE DES MEMBRES DU PARLEMENT DE BORDEAUX EN 1750.

GRAND'CHAMBRE.

Présidents.

André-François Leberthon, premier président.
Antoine de Gascq.
Pierre de Casau.
Blaise-Antoine-Alexandre de Gascq-Léoville.

Jean-Baptiste de Lalanne.
Alexandre de Ségur.

Chevaliers d'honneur.

Pierre-François Lasalle de Roquefort.
Joseph de Gombault.

Conseillers.

Nicolas Combabessouze, doyen du Parlement.
Jean-Baptiste-Simon Desnanots.
Jean-Baptiste de Caupos.
Henry de Richon.
Marc-Antoine-Jean-Joseph de Reigniac.
Romain Chimbaud de Filhot.
Pierre-François d'Espens d'Estignols de Lancre.
Pierre-Joseph de la Boyrie.
Jean de Navarre.
Jean-François de Marans.
Jean de Raymond Lalande.
Jacques de Pichon.
Jean Dusault.
Pierre Montalier de Grizac.
Jean-François de Marboutin.
François Dugros.
Jean-François de Pontac.
Antoine de Piis.
Jean de Paty.
Léonard-Guillaume de Brivazac.
Jean Bourdeau.
Godefroy de Baritault.

TOURNELLE.

Présidents.

Jean-Baptiste Lecomte de la Tresne.
Charles d'Augeard.
André-Jacques-Hyacinthe Leberthon.
Louis de Verthamon Saint-Fort.

Conseillers.

Jean-Baptiste-Joseph de Blanc.
Jean-Pierre d'Abadie.

François de Baritault.
Barthélemy de Basterot.
Guillaume-Jean-Baptiste Viaud.
Jean-Antoine Desmoilins.
Antoine de Gascq.
Jean-Antoine-François Conilh.
Jean-Joseph de Ragueneau.
Gabriel-Raymond de Salegourde.
Jean Fauquier.
Michel-Joseph de Gourgues.
Mathieu Prune Duvivier.
Jean-Luc-Majance de Camiran.
Jean Fontenel.
Claude-Ange Domenge.

PREMIÈRE CHAMBRE DES ENQUÊTES.

Présidents.

Jean-Charles de Lavie.
Jean-Paul Loret.

Conseillers.

Jean-François de Carrière.
Joseph-Antoine de Cursol.
Pierre-Armand-Claude Duvigier.
François-Alain-Amanieu de Ruat.
Jean de Nort.
Joseph Duval.
Nicolas de Meslon.
Joseph de Castelnau.
Jean-Baptiste-François Delabat.
Gabriel-Barthélemy de Basterot.
Jean-François-Xavier de Filhot.
Pierre-Emmanuel de Casau.
Christophe de Lafaurie de Monbadon.
Joseph Dubourg.
Jacques Pelet d'Anglade.
Marc-Alexandre-Geneste de Malromé.
François de Lamontagne.
Gabriel-Xavier de la Boyrie d'Ambès.

Pierre de Ragueneau.
Jean-Baptiste-Daniel Desnanots.
Jean-François de Marboutin.

SECONDE CHAMBRE DES ENQUÊTES.

Président.

Pierre-Gaston de Gillet de la Caze.

Conseillers.

Jean-Antoine de Blanc.
Jean-Baptiste-Joseph de Licterie.
Jean-François-Aymard-Martin de Lacolonie.
Jacques Delpy de Laroche.
Jacques Malescot.
Pierre-François-Ignace Delabat de Savignac.
Jean-Joseph de Guyonnet de Monbalon.
Jean-Joseph Souc-Deplancher.
Charles-Ignace Drouilhet de Sigalas.
Jean-Clément Dubergier de Favars.
Laurent-Marc-Antoine de Gourgues.
Martial-François de Verthamon d'Ambloy.
Jean-Jacques Pelet.
Alexis Prune.
Pierre-François-Joseph d'Espens d'Estignols de Lancre.
François-Benoît Darche.
Jean Duroy.
Jacques de Conseil.
Louis-Augustin de Bertin.
Pierre de Raymond de Lalande.
Philippe-Simon de Rauzan.

CHAMBRE DES REQUÊTES.

Président.

Jean Chillaud de Fieux.

Conseillers.

Jean-Antoine Vayssière de Maillat.
Charles-Mathurin de Vincens.
Jean-Baptiste Duplessy-Michel.
Godefroy Leydet.

Joseph-Ignace Chatard.
Pierre Itey.
Jean-Baptiste-Louis Dufaure Lajarte.

Gens du roi.

Jean-Baptiste d'Albessard, avocat général au civil.
Jacques-Armand Duvigier, procureur général.
Pierre-Jules Dudon, avocat général à la Tournelle.

Substituts.

Guillaume Laloubie.
Pierre-Joseph Bourgade.

Greffiers en chef.

Jean-Baptiste Roger.
Jean-Baptiste-Luc Barret.

Conseillers secrétaires de la Cour.

Pierre Cazalet.
Silvain de Labarthe.
J.-B. de Labarthe.
Jean Malbec, greffier en chef des requêtes du Palais.
Jacob Ratié, greffier des présentations.
Cantinolle, greffier-commis des affirmations.

LISTE DES PREMIERS PRÉSIDENTS DU PARLEMENT DE BORDEAUX.

1462..... Jean de Tudert, reçu à l'installation du parlement, le 12 novembre 1462, se démit en 1471.
1472..... Jean de Bérard l'était en 1472 et en 1473.
1483..... Louis Tindo.
1513..... Mondor de la Marthonie. En 1514, il fut fait premier président du parlement de Paris.
1515..... Jean de Selve, reçu en 1515, et en 1520 il fut fait premier président du parlement de Paris.
1520..... François de Belcier, reçu en 1520, mort le 30 décembre 1544. Ce fut lui qui présida, en 1521, à la rédaction de la *Coutume de Bordeaux*.
1547..... François de Laage l'était en 1547; mourut en décembre 1555.

1556..... Jacques-Benoît de Lagebaston l'était en 1556. Destitué en 1570, rétabli en 1571, il mourut le 1ᵉʳ septembre 1583.

1570..... Louis Goyet de la Ferrière, reçu le 18 août 1570, se démit en 1571, lors du rétablissement de M. de Lagebaston.

1584..... Gérard de Cotton (exerça par commission depuis le 1ᵉʳ janvier 1584 jusqu'en 1586).

1586..... Guillaume Daffis, reçu le 14 avril 1586, mourut en octobre 1610.

1611..... André de Nesmond, reçu le 28 mars 1611, mourut le 4 janvier 1616.

1617..... Marc-Antoine de Gourgues, reçu le 26 avril 1617, mourut le 9 septembre 1628.

1632..... Antoine Daguesseau (aïeul du fameux chancelier de ce nom), reçu en janvier 1632 (la place était demeurée vacante trois ans), se démit en 1643.

1644..... Joseph Dubernet, reçu le 16 janvier 1644, mourut en 1652.

1653..... Arnaud de Pontac, reçu en 1653, se démit en 1673, mourut le 27 avril 1681.

1673..... Jean-Denis Daulède de Lestonac (gendre de M. de Pontac), reçu le 30 août 1673, mourut le 26 janvier 1694.

1695..... Jean-Baptiste Lecomte de La Tresne, reçu le 3 août 1695, mourut en 1703.

1703..... Romain Dalon, reçu le 7 septembre 1703, se démit en 1713.

1714..... Joseph Gillet de La Caze, reçu le 2 mai 1714, mourut le 9 décembre 1734.

1735..... André-François-Benoît Leberthon, reçu le 21 décembre 1735, mourut le 18 août 1766.

1771 à 1775.. Alexandre-Antoine de Gascq, président pendant l'exil du parlement.

1776 à 1789.. André-Jacques-Hyacinthe Leberthon fils, reçu en survivance de son père, le 7 septembre 1753, entré en exercice le 20 août 1776.

TABLE DES MATIÈRES.

A

ALBRET (pays d') érigé en duché par Henri II, page 298.
AMIRAUTÉ (siège de l'), tribunal maritime, 338.
ARCHEVÊQUE d'York. Cède le comté d'Ornon aux maire et jurats, 257.
ARMOIRIES de la ville, 241.
ARRIÈRE-BAN de la noblesse commandé par les grands sénéchaux, 301.
ASSEMBLÉE du Tiers-État, page 44; discussions intérieures, 49, etc.; lecture du cahier, 52; cahier général des demandes du Tiers-État, 411.
ASSEMBLÉE du peuple sous les ducs d'Aquitaine, 196, etc.; à St-André, en 1337, 219.
ASSURANCES (bureau d'), 91.
ATELIERS de travail, 62.
AYMAR (Joseph), conseiller au parlement, 272.

B

BAILLIS, 302.
BANNI qui rompt son ban, 312.
BANQUIERS (les) de Bordeaux acquièrent des terres nobles et des fiefs, 272.
BARRAULT (seigneur de), 136; de Barrault, maire, 262.
BASOCHE, roi de la Basoche, 334, 336, etc.
BASTEROT, doyen du chapitre de Saint-André, 283.
BEAUVEAU, commandant de la province, 283.
BELCIER (le président de), 320.
BELCIER, maître des requêtes, 338.
BERTRAND DE GOUTH (*Clément V*), 320.
BLANC-DUTROUILH, adjoint au maire de Bordeaux, 76.
BLAYE. Siège de Blaye en 1406, 105 et 135.
BORDEAUX. Disette à Bordeaux, 61; embelli, 66; franchises et privilèges de la ville, 183 et 518; cahier des plaintes et doléances de la ville de Bordeaux, remis aux députés du Tiers-État, en 1789, 493.
BORIE (Jean de), maire, 208.
BOULANGERS ou *pancosseyras*, 106.
BOURGEOIS. Privilèges attachés à ce titre, 271; bourgeois qui ont été juges et consuls, 499.
BOURSE. Sa création, 121; hôtel de la Bourse, 339; juges et consuls de la Bourse, 499.
BOYER (le président), 257.
BRONS (le vicomte de). Sa protestation à l'assemblée de la noblesse, 9.
BRUNAUD, jurat, 283.
BUREAU des finances, 327.
BURIE, lieutenant-général du roi de Navarre, 360.

C

CAHIER général des demandes du Tiers-État de la sénéchaussée de Guienne, 411; cahier de l'ordre de la noblesse de la sénéchaussée de Guienne, 485; cahier des plaintes et doléances de la ville de Bordeaux, 493; projet de cahier des doléances du clergé, 497.
CAILHAU (Pierre), 209, 211.
CANON (Tour du), 66.
CAPITULAIRES de Charlemagne, 189.
CARLE (Pierre de), 331.
CAYLA (de), jurat, 283.
CENT-TRENTE (les). Leur supplique, 36; leurs réclamations, 42.
CHAI-DES-FARINES (rue), 281.
CHAMBRE de police, 263.
CHAMBRE mi-partie, 366.
CHANCELLERIE, 338.
CHAMPS de Mars, 189.
CHARLES IX, à Bordeaux, rend aux maire et jurats la garde et le titre de gouverneurs de la ville, 232.
CHARLES-QUINT, 360.
CHASSE, chasseurs, 313.
CHATEAU-TROMPETTE (emplacement du), vendu par les soins de l'architecte Louis, 285; conspiration des protestants pour s'emparer du Château-Trompette, 338.
CHEVALIERS d'honneur, 334 et 541.
CHRONIQUE du Mans, 199.
CLAUDE (princesse), fille de Louis XII, 388.
CLERGÉ (le) prête le serment, 1; renonce à ses privilèges, 3; le clergé réuni sous la présidence de Mgr l'Archevêque, 2; ses opérations, 33, etc.; ses

députés, 36; le curé de Puypaulin prévient le Tiers-État que le clergé de Bordeaux renonce à ses privilèges, 54; projet de cahier des doléances du clergé de Guienne, 497.
CODE Théodosien, 294.
CLÉS des portes de la ville remises aux jurats, 254.
CLOCHES brisées par l'ordre de Montmorency, 133.
CLUB (le premier), 88.
COLBERT demande à l'intendant de la province de Guienne des notes sur la moralité et la capacité des membres du parlement de Bordeaux, 369.
COLOMB, famille illustre de Bordeaux, 209.
COMMANDANTS en chef de Bordeaux, 343, etc.
COMBATS judiciaires, 294.
COMMERCE (le) florissant, depuis 1763 jusqu'à la Révolution, 63; commerce de Bordeaux pendant les XV°, XVI°, XVII° et XVIII° siècles, 104 jusqu'à 182.
COMMUNE, 199, 380.
COMPAGNIE des Indes orientales, 147.
CONNÉTABLIE ou comptablie, 291.
CONSEILLERS au parlement en 1750, 346, etc.
CONSEIL des Trente (le) avait des attributions analogues à celles des Conseils municipaux modernes, 264.
CONSEIL des Cent-Trente convoqué par le maire pendant la disette de 1413, 243; ne se réunit que dans des circonstances graves, 267; est convoqué par le parlement, 275.
CONSULS de la Bourse de Bordeaux, 499, etc.
CONVOCATION du peuple en 1420, 240.
COPPINGER, négociant, 61.
COSTUME des maires et des jurats, 228.
COUR des Aides, 330, etc., 347.
COUR d'appel à Périgueux, 252.
COUR des comptes, 240.
COUR des Grands-Jours, 291.
COURS de justice à Bordeaux, 287.
COUR de Saint-Éloi, 289.
COUR de Gascogne, 197.
COUTUMES, 212, 304, etc.
CRADOCK (David), maire, nommé commissaire, avec son successeur, Jean de Grailly, pour conclure une trêve entre les rois de France et d'Angleterre, 252.

D

DAFFIS, président du parlement, harangue le peuple révolté contre d'Épernon, 275.
DÉBITEURS de la ville, 247.

DÉBORDEMENTS de la Garonne, 91.
DECOMBES (Pierre), vice-sénéchal d'Agenais, Condomois, etc., 303.
DÉPUTÉS du Tiers-État, 37.
DISETTE en 1413, 103; en 1561 et 1667, 143.
DRAGON (tour du), 67, etc.
DROIT coutumier, 337.
DUBOS (l'abbé), 200.
DUCS (les) nomment le consul ou comte de Bordeaux, 203.
DUDON fils. Sa lettre à M. Du Périer, 26, son discours, 60.
DUELS judiciaires, 307; objets dont se munissaient les combattants, 340.
DUHAMEL, lieutenant de maire; son installation en grande pompe à Saint-André, 276.
DUNOIS assiège la ville de Blaye, 109.
DUNOIS DE LONGUEVILLE, lieutenant général de la province, 232.
DU PÉRIER DE LARSAN. Sa réponse au clergé, 3; sa réponse à M. de Brons, 10; sa conduite dénoncée aux États généraux, 17; sa réponse à M. de Pontac, 22; il dépose un acte justificatif de sa conduite chez un notaire, 23.
DUSAULT, 362 et 363.

E

EAUX et forêts (tribunal des), 337.
ÉLÉONORE et Henry étendent et consolident les communes, 196 et 200.
ÉLOI (tours de Saint-), 241.
ÉPERNON (duc d'). Le peuple refuse de se soumettre à ses tyrannies, 275.
ÉPICES des juges, 342.
ESTRADES (comte d'), maire de Bordeaux, nommé par Louis XIII en 1653, 274.
ÉTALONS des mesures, 231.
ÉTATS généraux de 1614, p. 139, 263, 283; États généraux de 1321, 257; États généraux convoqués à Paris en 1302, 380; convoqués en 1413, 384.
ÉTATS généraux de 1789. Le cahier général des demandes du Tiers-État, 411; cahier de la noblesse, 483; cahier des plaintes et doléances de la ville de Bordeaux, 495; projet de cahier des doléances du clergé de Guienne, 497.
ÉTATS de Guienne réunis à Paris le 10 novembre 1561, 385.
ÉTATS provinciaux, 198 et 389.
EYMAR, maire de Bordeaux, 256.
EYZINES, seigneurie, 280.

F

FAÇADE uniforme sur le port. La construction en est ordonnée par le roi Louis XV, 269.

— 553 —

Felton (Thomas), sénéchal de Guienne, 239.
Femmes ou filles de joie reléguées dans le quartier Sainte-Croix, 233.
Ferrière (La), président du Parlement, 272.
Fontaines, 92, etc.
Forte de Saint-Seurin, 317.
Fouage (droit de), 382.
Francin (Claude). Ses sculptures sur les frontons de l'hôtel de la Bourse, 340.
Francs. Leurs formes de procédure, 288.
Francs-aleus peuvent être acquis et possédés par les habitants de Bordeaux, 272.
Francs-maçons (les), 88, etc.
Froid intense : les vignes gelées, la rivière glacée, 107.
Fumel (de), maire, 274.
Freysse mis à la question, 337.

G

Gabelle, 248.
Gabriel, architecte, 282, 339.
Gadifer ou Godefroy Chartoise, maire de Bordeaux, 240 et 532.
Galatheau (de). Les qualifications qu'il se donnait, 284.
Garonne glacée, 99, 107.
Gascq (de), 361.
Gascq (Jean de), conseiller au parlement, 272.
Gaston de la Touche, maire de Bordeaux, 253 et 533.
Gaultier (François), conseiller au parlement, 272.
Gavaret (Pierre de), 317.
Gens d'armes d'ordonnance, 292.
Gères (de) jurat, 245.
Gondomer (Pierre), maire de Bordeaux, 209.
Gonfalon ou étendard royal. Était porté par les sénéchaux, 293.
Gourgues (de), 361.
Gouvernement de la ville, 255.
Gouverneurs de la province de Guienne, 512.
Grands-Jours, cour criminelle, 385.
Grailly (Jean de), maire de Bordeaux, nommé avec David Cradock, son prédécesseur, pour conclure une trêve entre la France et l'Angleterre, 252 et 530.
Greffe, greffiers, 550.
Guerre entre la France et l'Angleterre, 155.
Guet à cheval, guet à pied, 245.
Gui Dubourg, seigneur de Verteuil, maire de Bordeaux, 208, etc., 527.
Guillaume Fier-à-Bras refuse de reconnaître Hugues Capet pour roi, 192.

H

Hivers froids, 99, 107.
Hommage rendu au roi, 280.
Hopital Saint-Jâmes. Les enfants trouvés y étaient déposés, 271.
Hopital d'Arnaud Guiraud, pour les mendiants et les infirmes, 278.
Hospice des Vieillards, 87; des Incurables, 92; de la Maternité, 92.
Hotel-de-Ville, 206.
Hotel de la Monnaie, 237.
Hugues le Spencer, 523.

I

Incurables (hospice des), 92.
Injures contre les maire et jurats, 512.
Impots divers, 401.

J

Jean Sans-Terre, 256.
Juge des appellations, 292.
Juges et consuls de la bourse de Bordeaux, 499.
Jugements de Dieu, 289.
Juifs à Bordeaux, 157.
Jurat, étymologie de ce mot, 201; élection des jurats, 224, 248; comptes des jurats, 259; leur traitement, 251.
Juridiction des maire et jurats, 251.
Juridiction consulaire, 539.
Juvénal des Ursins, 292.

L

Labarthe et Leblanc, députés des Bordelais, 257.
Ladebat (de), 3.
Lalande (seigneur de), 229.
Lalande (Jean de), maire de Bordeaux, 247.
Lalimaille, commande dix bâtiments armés en course, 155.
Lagebaston, premier président au parlement, 362 et 530.
La Salle, capitaine de navire, 131; son mémoire remis au roi de Navarre, 514.
Lanternes, 85.
Lautrec (le sieur de), lieutenant général de la province de Guienne, 253.
Lavie, conseiller au parlement, 363.
Law (banque de), 155.
L'Hospital, 361.
Lits de justice, 314.
Loi somptuaire, 364, etc.
Louis (église de Saint-), 88.
Louis le Gros a émancipé les communes, 198.
Louis, architecte, 285.
Loysel, 367.

M

Magasin de la Marine, 88.
Main de gorre, 525.
Maire (major), 201.
Maires de Bordeaux depuis le XIIe siècle jusqu'à nos jours, 525.
Maire et jurats. Leurs privilèges, 253.
Mairie, 206.
Malvin (Charles de), conseiller au parlement, 272.
Marie de Saint-Georges, 204, 205, 292.
Maison seule, 75.
Marchand étranger. Peine infligée à celui qui le frappait, 314.
Marché (le Grand-), 74; des Grands-Hommes, 74; des Chartrons, 75.
Martin (le prieuré de Saint-), 74; la rue Saint-Martin, 71.
Maternité (hospice de la), 92.
Matignon (le maréchal) ordonne le siège de Blaye, 155; maire de Bordeaux pendant dix ans, 260 et 555; son fils élu maire en 1597, 535.
Mehemet-Effendi. Son passage à Bordeaux, 281.
Mérignac (Jean de), conseiller au parlement, 272.
Michel de Montaigne, maire de Bordeaux, 258 et 259.
Milice, état militaire, 100.
Molton (Jean de), maire, 397 et 529.
Mondot de la Marthonie réforme les anciennes coutumes, 525.
Montferrand (le seigneur de) cède la prévôté d'Eyzines à l'Hôtel-de-Ville, 258; a la garde des clés de la ville, 242.
Monnaie. Droit de battre monnaie accordé aux maire et jurats, 244.
Monnaies (hôtel des), tribunal et administration, 559.
Mons (chevalier de), jurat, 285.
Montluc, lève des impositions sur la Cour, le clergé et les habitants, 361; fait donner les clés de la ville à Tilladet, 242.
Montmorency destitue les maire et jurats, 248.
Montpezat (Henri Dupré de), maire de Bordeaux, 274.
Mornac, en Saintonge, assiégé par Godefroy Chartoise, 240.
Municipalité (composition de la), 254.
Moulins des Chartrons, 88.

N

Neville (Camus de), intendant de Bordeaux, 259.
Noblesse (la) prête le serment avec réserves, 1; s'assemble, 4, 8, 54, 185; scission entre les nobles, 8; renonce aux privilèges pécuniaires, 12; ses députés nommés, 14; liste des représentants de la noblesse aux États généraux, en 1789, 455; catalogue des nobles possesseurs de fiefs, 479; liste des nobles ne possédant pas de fiefs, 482; la noblesse aux jurats, 237.
Notaire accusé de faux, 314.

O

Offices; rachat des offices, 275.
Oléron (commune d'), 200.
Olivier Cromwell écrit aux jurats, 271.
Ombrière (prévôt de l'), 255, 290.
O'Quin aîné, jurat, 282.
Ornano (maréchal d'), maire de Bordeaux, 260.
Ornon (comté d'), 280.

P

Padouens et vacants de la ville, 257.
Paix conclue avec l'Angleterre, 168.
Palais épiscopal, 77, etc.
Parlement. Costume du parlement, 543; liste des membres du parlement en 1750, 545.
Parlementaires (privilèges des), 348.
Petite-Poste, 87.
Philippe le Bel, 208, 210.
Philippine (édit de Philippe le Bel), 268.
Philippe le Hardi, 500.
Pichon (de), a la garde des clés de la ville, 242.
Pierre-Pierre; ses travaux à Bordeaux, 74.
Pinel, jurat, 282.
Plaids, 194, 405.
Pommiers (Pierre de), conseiller au parlement, 272.
Pompes, pompiers, 101, etc.
Pontac (M. de). Ses paroles à M. Du Périer, 21.
Pontac (de), premier président, 274 et 550.
Population de Bordeaux, 154, 155.
Porte Cailhau, 241, 283; Despaux, 281; du Pape, 70; de St-Pierre, 75.
Premiers-Présidents du parlement, 549.
Présents (l'usage de faire des), 85.
Présidents du parlement, en 1750, 545, etc.
Présidiaux (tribunaux), 297.
Prévôt de l'Ombrière, 255, 290.
Prévôt de Bordeaux, 289.
Prévôt de Saint-Éloi, 291.
Prisonnier qui tue son compagnon, 515.
Privilèges des Bordelais, 210, 278, 518.
Promenades (les), 72.
Protestants (les) maîtres de Blaye, 400.
Pupille débauchée par son tuteur, 515.

Q

Quai des Salinières, 75.
Quatre-vingt-dix Électeurs. Leur influence, 59; leurs travaux, 61.
Quinze-Cents (les) s'assemblaient rarement, 274.

R

Raisins (les) ne peuvent être portés en ville avant l'octave de la St-Michel, 314.
Ramond de la Roque, sieur de Budos, jurat, 239.
Raymond de Madaillan, seigneur de Rauzan, 323.
Réole (La) ne peut faire descendre ses vins à Bordeaux avant la fête de Noël, 246.
Roquelaure (de), maire de Bordeaux, 262 et 337.
Restauration (la) fait renaître le commerce, 178.
Revenus de la ville, 258.
Requêtes (chambre des), 335.
Réverbères, 85.
Richelieu (maréchal de). Sa réception officielle à Bordeaux, 282.
Rions (la ville de) a appartenu à Bordeaux, 238.
Roi des Harlots, 233.
Rochelais (les), reprennent Mornac en Saintonge, 240.
Rostangu (Jean), bourgeois de Bordeaux, prête de l'argent aux maire et jurats, 241.
Roullet, député aux États généraux, 13.
Rymer (actes de), 204.

S

Saige, maire de Bordeaux, 274.
Saint-Simon (mémoires de), 227.
Salinières (quai des), 75, etc.
Sanche-Mitarra, 193.
Sauvetés de Saint-André et de Saint-Seurin, 270.
Ségur (de), sous-maire, 243.
Ségur (de), lieutenant de maire, 276.
Séjourné, notaire, 48.
Séminaire (grand), sert d'hôtel des monnaies, 339.
Sénéchal de Gascogne, 333.
Sénéchal de Guienne, 230; liste des sénéchaux de Guienne, 301.
Sénéchaux. Signification de ce mot; leurs priviléges, 293, etc.
Serment prêté par les trois ordres, 1.
Simon de Rochechouart, archevêque, 300.
Sorciers, revenants, etc., 325.
Superstition du peuple, 325.

Sous-Maires, 244.
Sourdis (Henri de), archevêque de Bordeaux, 141.
Statue équestre de Louis XV, 269.
Statuts municipaux réformés, 215, etc.
Suicide (le) sévèrement puni, 85.

T

Table de marbre (tribunal de la), 335 et 337.
Talion. Taxe imposée à la ville, 273.
Taureaux (combats de), 90.
Taverniers. Leur nombre limité, 246.
Te Deum (le) entonné à Saint-André, à la réception officielle du maréchal de Richelieu, 283.
Testateur (un) ne peut disposer de tous ses biens en faveur d'un étranger, 310.
Tiers-État (le) prête le serment, 2; ses députés auprès de la noblesse, 13; ses opérations, 44; ses discussions intérieures, 45; on renonce aux priviléges de la ville, 46, etc.; ses scrutateurs sont élus, 56; les députés élus, 57; le banquet, 58; cahier général des demandes du Tiers-État de la sénéchaussée de Guienne, 411; cahier de l'ordre de la noblesse, 485; cahier des plaintes et doléances de la ville de Bordeaux, 495; projet de cahier des doléances du clergé de Guienne, 497.
Tilladet a la garde des clés de la ville, 242.
Thibaud, comte de Blois, grand sénéchal, 294.
Thou (de). Son opinion sur la dignité de maire, 205.
Torture, 337.
Tournelle (chambre de la), 335, 331.
Tours de Saint-Éloi, 241.
Tours des remparts, 66, etc.
Traites et ports (tribunal de), 338.
Tremblements de terre, 81, etc.
Trenque de Navarre (Mme), 310.
Trésoriers de France, 327.
Trois-Cents (les) s'assemblaient rarement, 274.
Trompette de la ville, 242.

V

Varech (droit de), 378.
Vendanges. L'ouverture des vendanges est annoncée par la grosse cloche, 277.
Verthamon (de), ancien intendant de Bordeaux, 274.
Veyrines (baronnie de), 280.
Vicaires ou Viguiers; remplaçaient les baillis, 302.

VIEILLARDS (hospice des), 87.
VIGNES gelées, 107.
VILLARS (de), 362.
VILLES FILLEULES, 261.
VINS (impôts sur les), 258.
VINS du crû, 246.

VIVONNE (Henri de), sénéchal d'Aquitaine, 296.
VOITURES à Bordeaux, 80.
VOLEURS. Peines qui leur étaient infligées, 311, 312.
WILSTROP (Robert), docteur en deux droits, 259.

Bordeaux — Imprimerie de J. Delmas, rue Sainte-Catherine, 159

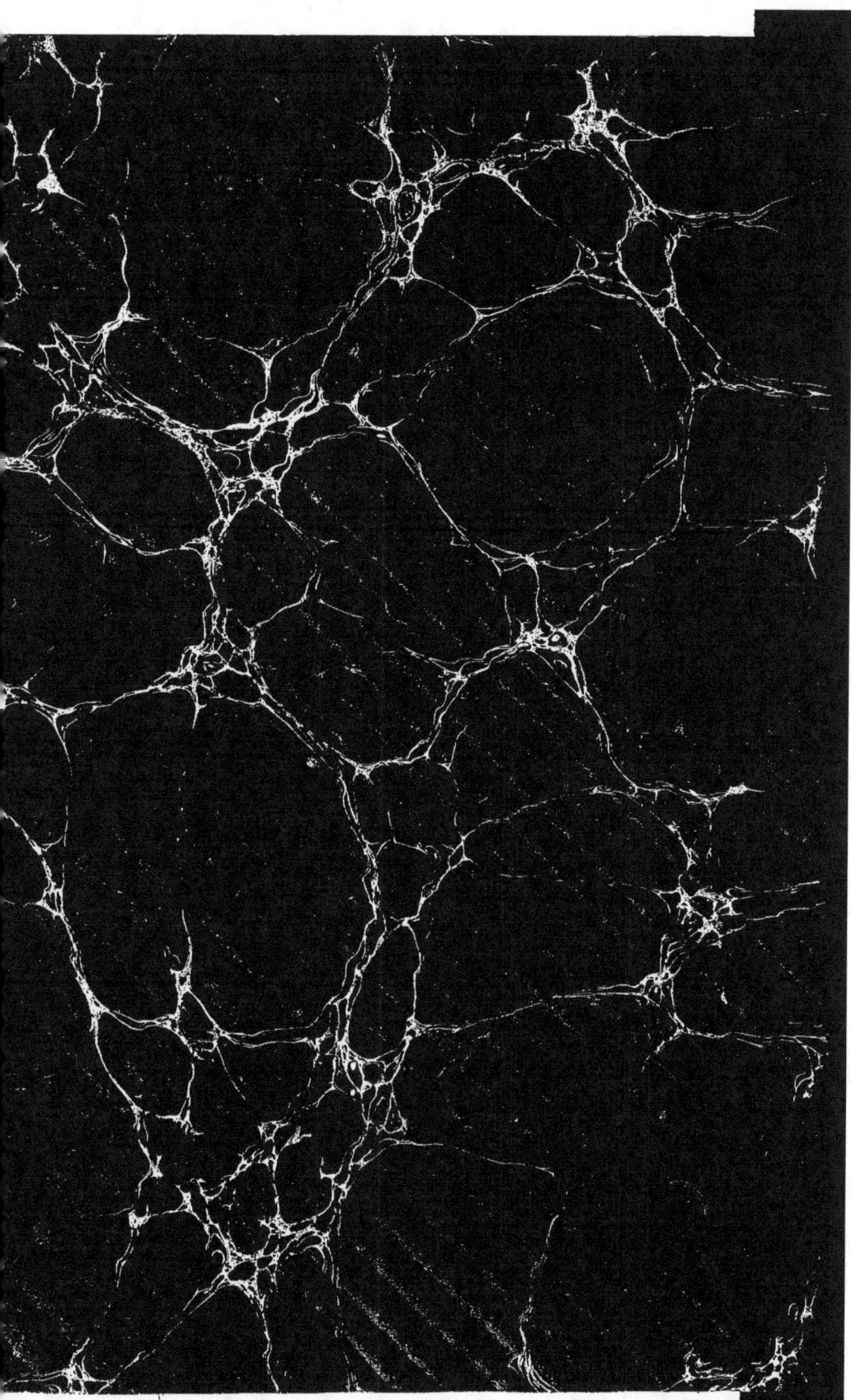

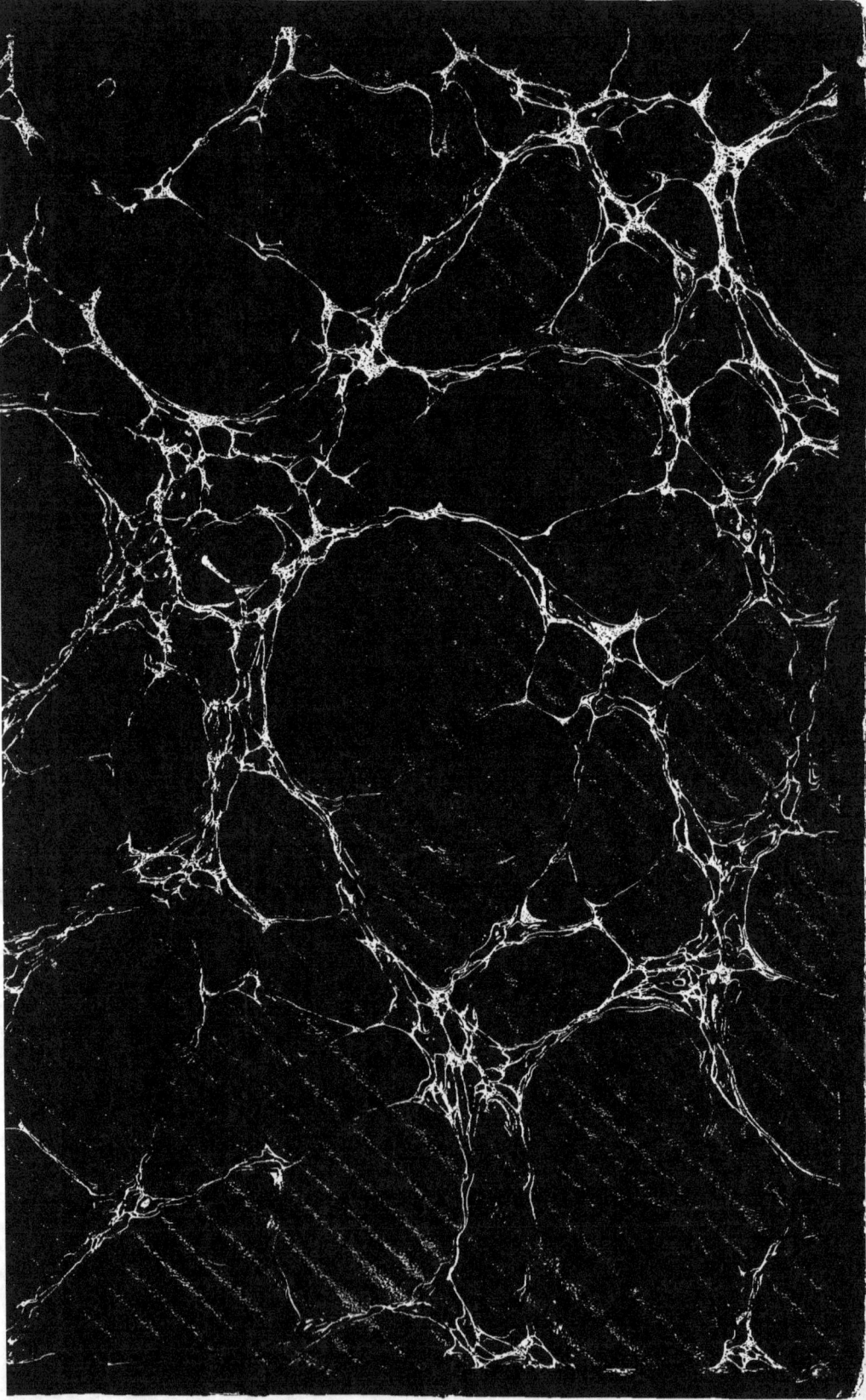

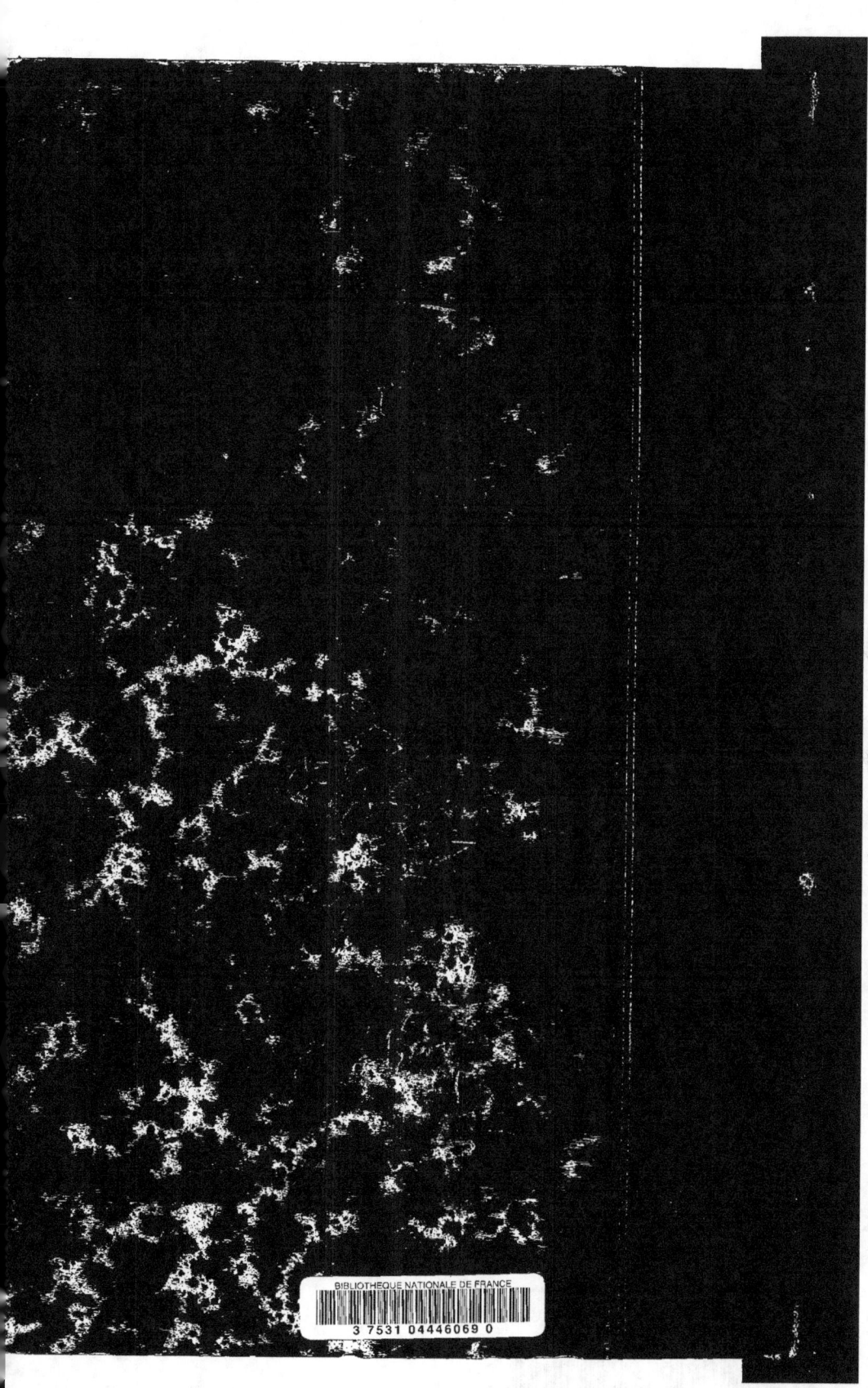

www.ingramcontent.com/pod-product-compliance
Lightning Source LLC
Chambersburg PA
CBHW070403230426
43665CB00012B/1228